本書出版得到國家古籍整理出版專項經費資助

中國博士後科學基金資助項目
陝西師範大學博士後科學基金資助項目

秦文字編

一

王輝　主編
楊宗兵　彭文　蔣文孝　編著

中華書局

圖書在版編目(CIP)數據

秦文字編:全4册/王輝主編;楊宗兵,彭文,蔣文孝編著.—北京:中華書局,2015.4(2021.6重印)

ISBN 978-7-101-09946-1

Ⅰ.秦… Ⅱ.①王…②楊…③彭…④蔣… Ⅲ.漢字-古文字-秦漢時代 Ⅳ.H121

中國版本圖書館CIP數據核字(2014)第007245號

書　　名	秦文字編(全四册)
主　　編	王　輝
編 著 者	楊宗兵　彭　文　蔣文孝
出版發行	中華書局 (北京市豐臺區太平橋西里38號　100073) http://www.zhbc.com.cn E-mail:zhbc@zhbc.com.cn
印　　刷	北京市白帆印務有限公司
版　　次	2015年4月北京第1版 2021年6月北京第4次印刷
規　　格	開本787×1092毫米　1/16 印張146¼　插頁6　字數4000千字
印　　數	2701-3300册
國際書號	ISBN 978-7-101-09946-1
定　　價	680.00元

目　錄

序

李學勤

有機會在王輝教授主編的《秦文字編》卷首寫幾句推薦的話，我深以爲幸事，因爲這部既是工具書又是研究成果的著作，是對古文字學研究的一項重要貢獻，將爲有關學者案頭所必備。

衆所習知，率先將春秋戰國時期西土秦文字與東土列國文字區別開來的，是王國維先生。他於1916年撰《史籀篇疏證序》，始倡"《史籀篇》文字，秦之文字，即周秦間西土之文字"之說，其後再三申論，有鑿破混沌之功。繼之專門研究秦文字的，爲華學涑（石斧）先生。其所著《秦書三種》，包括《秦書八體原委》《秦書集存》和《倉頡佚文》（未見），係由天津博物院印行。《三種》中的《秦書集存》，是最早的秦文字編，出版時間爲1922年。博物院說明云："是編將秦金石文字，依許氏部次列之，以見相斯之遺跡，且以聯絡史籀大篆及許氏《說文》也。"這部書的體例雖好，但所能收錄的材料實極有限。

近二三十年，一般稱作戰國文字研究的學科分支迅速發展，在古文字學領域内十分凸顯。隨著考古發現的增多，研究工作的深入，這一分支又有細化的傾向。前些時，我爲何琳儀教授的《戰國文字通論》訂補本作序，曾指出首先表現出此種跡象的是秦文字，隨之是楚文字。

關於楚文字，我在那篇小序中說到："1933年發現的壽縣李三孤堆楚金文，1942年發現的長沙子彈庫楚帛書，五十年代開始出土的楚竹簡，已使楚文字躍居學者論析的焦點。前些年新出的荊門郭店楚簡與上海博物館收藏的楚簡，更確立了楚文字的重要地位。"應當說，秦文字的發現近期更有後來居上之勢，特别是陝西西安相家巷的秦封泥、湖南龍山里耶的秦簡牘，數量的繁富衆多，已超出過去所可想象。後者據《里耶發掘報告》，竟達37000支以上。

如果說，楚文字多接近殷商西周文字，有裨於向上追溯，秦文字則開啟漢以後文字端緒，可資以向下順推，同《說文》等銜接。這樣，我們對古文字的演化發展，就更能有通盤的了解。

王輝教授受業於王國維先生高弟徐中舒先生，在陝西省考古研究所任職多年，兼執教於陝西師範大學。他精研古文字學，尤擅長秦文字研究，先後撰著《秦銅器銘文編年集釋》《秦文字集證》《秦出土文獻編年》等書，既專深又廣博，確立了他秦文字專家美譽。楊宗兵博士出身北京師範大學中文系，具有嚴格專業訓練背景，繼入陝西師範大學的博士後流動站，得王輝教授指導，共同完成這部篇帙浩繁的《秦文字編》，實在是古文字學界的一件盛事。

里耶秦簡等迄今只公布了一部分，相信不久還會有新的秦文字材料出現。企望王輝教授和楊宗兵博士做好準備，於機會成熟時儘快修訂補充本書，使之更臻完善，嘉惠學人。

2007 年 10 月 4 日

凡　例

一、本書編撰旨在提供準確可靠的秦文字形體，兼顧辭例和簡要訓釋等，以供文字學、書法學、訓詁學、文獻學等研究參考之用。

二、本書所謂秦，包括春秋、戰國時的秦國和統一後的秦代，大體範圍：上起秦莊公未即位前數年內，下迄秦漢之際，前後約600餘年。本書收集、著錄秦各類傳世、出土文字材料截止於2007年7月，共2900餘條。

三、全書分正文、待釋字、刻劃符號、附錄等四個部分。

四、正文部分收錄不重複秦文字單字3269個，各字頭分部及編排順序依照《說文解字》小篆（含"新附字"）、古籀文，下標楷體。《說文解字》所無字，排在相應部首之後，僅標隸定楷字。有的字《說文》隸定字與常用寫法不同，在其後括注常用寫法，如兵（兵）、肎（肯）、屌（屌）、屆（届）、䋣（緩）等。各字形儘量以照片、拓本爲主，少數字形原拓本（照片）不存或不清晰者，僅據摹本或摹寫字形（標以"摹"字），極個別漆黑一片而又無法臨摹的，則以○號替代。各字形皆依原樣（僅稍作放大或縮小等技術處理）電腦掃描、切分，以存其真；同一字頭下所錄字形一般依銅器（含權量詔版等）、兵器、玉石、簡牘、帛書、錢幣、陶器、璽印、封泥、漆木器等著錄載體爲序。

五、本書盡可能編錄同一字的不同風格的異寫字形，但限收字形清晰完整者，各字形下一般具體注明：器物名、著錄來源、辭例、簡要訓釋等。本書所引器物著錄文獻、版本及相關略稱，詳書後所附《引器時代索引》及《引用文獻簡稱》。辭例照錄原器，一般依據原著錄文獻之句讀。對於一些不易理解的詞義，本書提供必要的簡要訓釋（標以"注"字。限於篇幅，注釋力求簡略，凡有爭議的訓釋僅選取一兩家有代表性的觀點），如有訂正或新注，則另加"編者按"。

對於本字的假借用法在辭例或簡要訓釋中予以注明，假借字在正文中不另列字頭；合文如"二日、小子、五十"等分列，歸入相應字頭下，不另立合文條目；異體字視具體情況，儘量選錄在一起，以便字形相互參照。辭例如有缺字，無論缺字多少一般僅標一個□號，殘文以意補足者加［　］號，假借字加（　）號，訛誤字加〈　〉號；辭例中如遇同字重複，則在相應字標下劃線"__"予以提示。

六、"天水放馬灘秦簡、湘西里耶秦簡、王家臺秦簡牘、揚家山秦簡"等目前只發表了部分圖版資料，本書未能完整收錄，待日後條件成熟時訂補；另，天水放馬灘秦簡辭例暫未句讀、標點。

七、待釋字部分,收錄目前秦文字中尚難釋讀的疑難字 308 個。在辭例中待釋字用〇號指代。

八、刻劃符號部分,主要收錄秦陶器、瓦器、漆器、木器等著錄載體上非文字類刻符 335 個。

九、附錄部分包括兩方面內容:

1. 引器時代索引

2. 引用文獻簡稱

卷　一

0001　一弌　一式

不其簋蓋（秦銅·3）：易（賜）女（汝）弓一矢束

高陵君鼎（集證·22）：一斗五升大半

高陵君鼎·摹（集證·22）：一斗五升大半

卅三年銀盤·摹（齊王·18.3）：廿一朱（銖）

卅七年銀器足·摹（金銀器344）：重八兩十一朱（銖）

卌年銀耳杯·摹（臨淄173.1）：重一斤十二兩十四朱（銖）

卌一年銀耳杯·摹（臨淄173.2）：工一

卌一年銀耳杯·摹（臨淄173.2）：卌一年工右狃（?）〖注〗卌一年，秦昭襄王四十一年，公元前266年。

卌一年銀耳杯·摹（臨淄173.2）：卌一年工右狃（?）

虎形轄（精華168）：禾工一〖注〗一，編號。

廿一年寺工車軎·甲軎（秦銅·93）：廿一年寺工獻〖注〗廿一年，秦王政二十一年，公元前226年。

高奴簋·摹（秦銅·198）：高奴一斗名（?）一

高奴簋·摹（秦銅·198）：高奴一斗名（?）一〖注〗名一，編號。

咸陽鼎·摹（集證·51）：咸陽鼎一斗三升

莤陽鼎（集證·54.2）：容一斗一升

莤陽鼎（集證·54.2）：容一斗一升

莤陽鼎（集證·54.3）：容一斗一升

莤陽鼎（集證·54.3）：容一斗一升

莤陽鼎（集證·55）：容一斗一升

莤陽鼎（集證·55）：容一斗一升

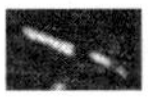

秦宜陽鼎（實録）：咸一斗四升

秦宜陽鼎·摹（鼎跋）：咸一斗四升

秦宜陽鼎（實録）：一上

雍庫鑰（秦銅·93附圖）：雝（雍）庫鑰重一斤一兩

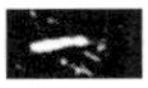

雍庫鑰（秦銅·93附圖）：雝（雍）庫鑰重一斤一兩

雍庫鑰（秦銅·93附圖）：名百一〖注〗百一，編號。

廿一年相邦冉戈一·摹（秦銅·47.1）：廿一年相邦冉造〖注〗廿一年，秦昭襄王二十一年，公元前286年。

廿一年相邦冉戈二（珍金·64）：廿一年相邦冉造

廿一年相邦冉戈二·摹（珍金·64）：廿一年相邦冉造

鑾繩朱書·摹（秦銅·158）：□車第一

銅弩機刻文・摹(秦銅・156.9):卅一

石鼓文・霝雨(先鋒本):□于水一方

石鼓文・馬薦(先鋒本):天□虹□皮□走驕=馬薦薺=莽=敚=雉□心其一□之

明瓊・摹(集證・242):十一

明瓊(集證・241):一

明瓊・摹(集證・242):一

明瓊(集證・241):十一

玉璜刻文・摹(集證・243.2):左百□(十?)一

青川牘・摹:田廣一步

青川牘・摹:辛一日

青川牘・摹:戌一日

青川牘・摹:一百(陌)道

青川牘・摹:一千(阡)道

青川牘・摹:壬一日

青川牘・摹:□一日

青川牘・摹:□一日

青川牘・摹:□一日

青川牘・摹:辰一日

青川牘・摹:二年十一月己酉朔二日

青川牘・摹:亥一日

天簡25・乙:從期三而一

天簡23・甲:入月十一日

槨室門楣刻字:五十一年曲陽士五(伍)邦

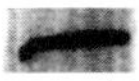

睡簡・效律・60:減辠一等

睡簡・語書・9:以一曹事不足獨治毆

睡簡・編年・18:十一年

睡簡・編年・31:卅一年

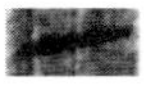

睡簡・編年・51:五十一年

睡簡・答問・4:一日

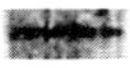

睡簡・答問・6:毄(繫)一歲

睡簡・答問・7:臧(贓)不盈一錢

睡簡・答問・8:司寇盜百一十錢

睡簡・答問・9:受分臧(贓)不盈一錢

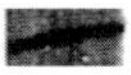

睡簡・答問・10:甲盜不盈一錢

睡簡・答問・10:當貲一盾

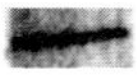

睡簡・答問・13:臧(贓)不盈一錢

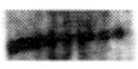

睡簡・答問・15:妻所匿百一十

睡簡・答問・16:以百一十爲盜

睡簡・答問・17:臧(贓)直(值)百一十

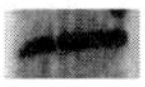

睡簡・答問・25:今或益〈盜〉一腎

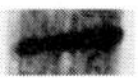

睡簡・答問・25:益〈盜〉一腎臧(贓)不盈一錢

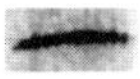

睡簡・答問・26:不盡一具

睡簡・答問・26:一[具]之臧(贓)不盈一錢

睡簡・答問・30:一日而得

睡簡・答問・35:臧(贓)直(值)百一十

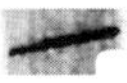

睡簡・答問・38:當貲一盾

睡簡・答問・38:告人盜百一十

睡簡・答問・49:當貲二甲一盾

睡簡・答問・50:上造甲盜一羊

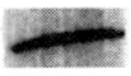

睡簡・答問・77:當貲一甲

睡簡・答問・88:其大方一寸

睡簡・答問・94:當貲一盾

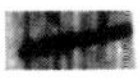

睡簡・答問・127:當貲一盾

睡簡・答問・127:一月得

睡簡・答問・129:一以上

睡簡・答問・141:或捕告人奴妾盜百一十錢

睡簡・答問・149:廷行事貲一甲

睡簡・答問・150:廷行事貲一甲

睡簡・答問・151:薦下有稼一石以上

睡簡・答問・151:令史監者一盾

睡簡・答問・151:廷行[事]貲一甲

睡簡・答問・152:鼷穴三當一鼠穴

睡簡・答問・152:廷行事鼠穴三以上貲一盾

睡簡・答問・153:當貲一甲

睡簡・答問・158:有馬一匹自牧之

睡簡・答問・158:食人稼一石

睡簡・答問・160:貲一甲

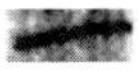

睡簡・答問・160:當貲一盾

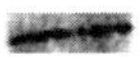

睡簡・答問・184:貲一甲

睡簡・答問・196:囚道一署旞

睡簡・答問・201:一室

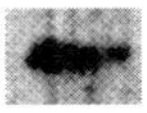

睡簡・封診・21:及馬一匹

睡簡・封診・35:其右角痏一所

睡簡・封診・48:令吏徒將傳及恆書一封詣令史

睡簡・封診・55:不智(知)可(何)男子一人

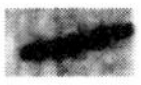

睡簡・封診・59:一十步

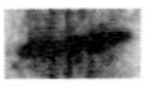

睡簡・封診・59:男子西有鬈秦綦履一兩〖注〗一兩,一雙。
睡簡・封診・67:權大一圍 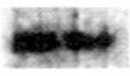
睡簡・封診・68:衣絡禪襦、帬各一 
睡簡・封診・73:自宵臧(藏)乙復(複)結衣一乙房内中
睡簡・秦律・13:爲早〈皂〉者除一更 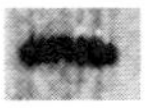
睡簡・秦律・19:今課縣、都官公服牛各一課 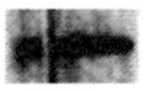
睡簡・秦律・19:十牛以上而三分一死 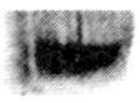
睡簡・秦律・21:萬石一積而比黎之爲戶 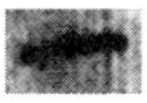
睡簡・秦律・22:而遺倉嗇夫及離邑倉佐主稟者各一戶以氣(餼)
睡簡・秦律・28:芻稾各萬石一積
睡簡・秦律・28:咸陽二萬一積
睡簡・秦律・30:欲一縣之〖注〗一,皆。 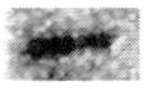
睡簡・秦律・38:禾、麥畝一斗
睡簡・秦律・43:叔(菽)、荅、麻十五斗爲一石
睡簡・秦律・47:其顧來有(又)一食禾 
睡簡・秦律・47:毋過日一食 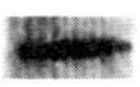
睡簡・秦律・47:一食禾 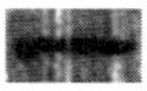
睡簡・秦律・49:隸妾一石半
睡簡・秦律・49:月禾一石
睡簡・秦律・49:月禾一石半石
睡簡・秦律・50:月禾一石二斗半斗
睡簡・秦律・51:月一石半石 
睡簡・秦律・61:其老當免老、小高五尺以下及隸妾欲以丁粼者一人贖
睡簡・秦律・64:千錢一畚
睡簡・秦律・67:錢十一當一布 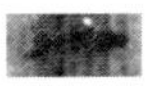
睡簡・秦律・67:錢十一當一布 
睡簡・秦律・69:小物不能各一錢者 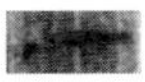
睡簡・秦律・72:見牛者一人
睡簡・秦律・72:養各一人
睡簡・秦律・73:車牛一兩(輛) 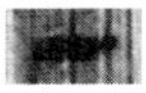
睡簡・秦律・73:見牛者一人
睡簡・秦律・74:三人以上鼠(予)養一人 
睡簡・秦律・74:食其母日粟一斗 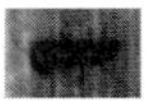
睡簡・秦律・78:毋過三分取一
睡簡・秦律・90:冬衣以九月盡十一月稟之
睡簡・秦律・91:小褐一 
睡簡・秦律・91:中褐一 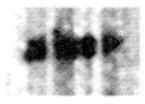
睡簡・秦律・91:大褐一

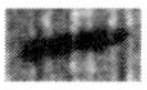

睡簡・秦律・91:爲幏布一

睡簡・秦律・92:用枲十一斤

睡簡・秦律・94:冬人百一十錢

睡簡・秦律・97:不從令者貲一甲

睡簡・秦律・109:冗隸妾二人當工一人

睡簡・秦律・109:小隸臣妾可使者五人當工一人

睡簡・秦律・110:女子一人當男子二人

睡簡・秦律・110:女子一人當男子一人

睡簡・秦律・111:故工一歲而成

睡簡・秦律・111:一歲半紅(功)

睡簡・秦律・115:貲一甲

睡簡・秦律・115:貲一盾

睡簡・秦律・130:用膠一兩、脂二錘

睡簡・秦律・130:一脂、攻閒大車一兩(輛)

睡簡・秦律・130:一脂、攻閒大車一兩(輛)

睡簡・秦律・136:一室二人以上居貲贖責(債)而莫見其室者

睡簡・秦律・137:出其一人

睡簡・秦律・140:有一馬若一牛

睡簡・秦律・140:有一馬若一牛

睡簡・秦律・146:城旦司寇一人將

睡簡・秦律・148:直(值)一錢

睡簡・秦律・151:以免一人爲庶人

睡簡・秦律・155:謁歸公士而免故妻隸妾一人者

睡簡・秦律・155:欲歸爵二級以免親父母爲隸臣妾者一人

睡簡・秦律・165:貲官嗇夫一甲

睡簡・秦律・167:度禾、芻稾而不備十分一以下

睡簡・秦律・169:而遺倉嗇夫及離邑倉佐主稟者各一戶

睡簡・秦律・178:官嗇夫貲一盾

睡簡・秦律・179:醬駟(四)分升一

睡簡・秦律・181:粺米一斗

睡簡・秦律・182:糲(糲)米一斗

睡簡・雜抄・3:貲教者一盾

睡簡・雜抄・5:居縣貲一甲

睡簡・雜抄・6:貲一甲

睡簡・雜抄・9:令、丞各一甲

睡簡・雜抄・12:貲一甲

睡簡・雜抄・12:貲戍一歲

睡簡・雜抄・13:戍一歲

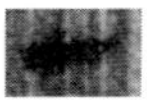

睡簡・雜抄・14:邦司空一盾

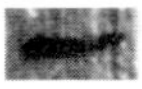

睡簡・雜抄・14:貲一甲

睡簡・雜抄・15:及令、丞貲各一甲

睡簡・雜抄・16:貲嗇夫一甲

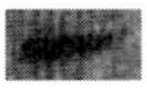

睡簡・雜抄・16:貲一甲

睡簡・雜抄・16:令、丞一盾

睡簡・雜抄・17:丞及曹長一盾

睡簡・雜抄・17:貲工師一甲

睡簡・雜抄・18:丞、曹長一甲

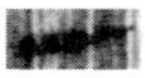

睡簡・雜抄・19:貲嗇夫一甲

睡簡・雜抄・19:縣嗇夫、丞、吏、曹長各一盾

睡簡・雜抄・20:貲嗇夫一甲

睡簡・雜抄・20:貲司空嗇夫一盾

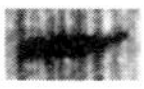

睡簡・雜抄・20:令、丞及佐各一盾

睡簡・雜抄・21:令、丞各一甲

睡簡・雜抄・21:貲嗇夫一甲

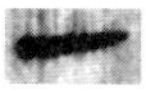

睡簡・雜抄・22:佐一盾

睡簡・雜抄・23:貲其曹長一盾

睡簡・雜抄・23:貲嗇夫一盾

睡簡・雜抄・25:貲一甲

睡簡・雜抄・26:車貲一甲

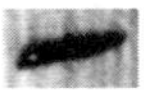

睡簡・雜抄・26:貲一盾

睡簡・雜抄・26:貲一甲

睡簡・雜抄・27:夬(決)革一寸

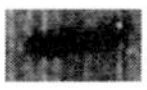

睡簡・雜抄・27:貲一盾

睡簡・雜抄・27:貲一甲

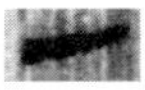

睡簡・雜抄・28:貲一盾

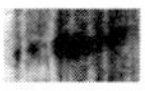

睡簡・雜抄・28:犯令,貲一盾

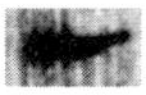

睡簡・雜抄・28:卒歲六匹以下到一匹

睡簡・雜抄・29:貲一盾

睡簡・雜抄・29:貲各一盾

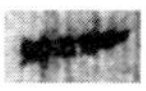

睡簡・雜抄・29:貲廄嗇夫一甲

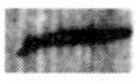

睡簡・雜抄・30:令、丞、佐、史各一盾

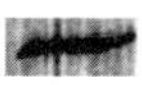

睡簡・雜抄・30:貲皂嗇夫一盾

睡簡・雜抄・31:貲嗇夫、佐各一盾

睡簡・雜抄・31:貲嗇夫、佐各一盾

睡簡・雜抄・33:貲各一甲

睡簡・雜抄・33:戶一盾

睡簡·雜抄·34:貲各一盾

睡簡·雜抄·36:貲一甲

睡簡·雜抄·40:令姑(嫴)堵一歲

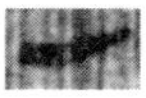

睡簡·雜抄·40:貲各一甲

睡簡·雜抄·41:貲一盾

睡簡·日甲·24正:十一月

睡簡·日甲·24背:一室中臥者眯也

睡簡·日甲·30背:五步一人一犬

睡簡·日甲·30背:五步一人一犬

睡簡·日甲·36背:一室人皆毋(無)氣以息

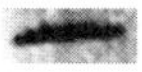

睡簡·日甲·39背:一室人皆夙(縮)筋

睡簡·日甲·40背:一宅之中毋(無)故室人皆疫

睡簡·日甲·41背:一室皆夙(縮)筋

睡簡·日甲·43背:人毋(無)故一室人皆疫

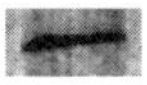

睡簡·日甲·45背:以沙人(砂仁)一升挃(實)其舂臼

睡簡·日甲·49背:獨入一人室

睡簡·日甲·50背:人毋(無)故一室人皆箠(垂)延(涎)

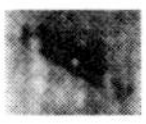

睡簡·日甲·61背:日五夕十一

睡簡·日甲·64背:日十一夕五

睡簡·日甲·65正:日五夕十一

睡簡·日甲·65正:十一月楚屈夕

睡簡·日甲·67正:日十一夕五

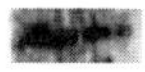

睡簡·日甲·76正:老一

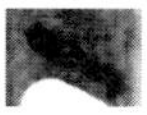

睡簡·日甲·93背:入十一月二旬五日心

睡簡·日甲·97正:十一月

睡簡·日甲·104正:十一月辛

睡簡·日甲·105正:十一月未

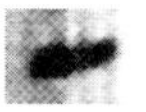

睡簡·日甲·107背:三月廿一日

睡簡·日甲·114正:三歲中日入一布

睡簡·日甲·114背:十一月丁酉材(裁)衣

睡簡·日甲·114正:日出一布

睡簡·日甲·119背:十一月丁酉材(裁)衣

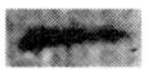

睡簡·日甲·120正:十一歲更

睡簡·日甲·128正:十一月上旬辰

睡簡·日甲·131背:十一月戌

睡簡·日甲·132背:十一月午

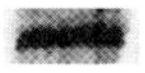

睡簡·日甲·133正:入三月廿一日

睡簡·日甲·133正:入十一月廿日

睡簡・日甲・134 正:十一月未

睡簡・日甲・138 正:十一月辛臽

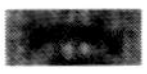

睡簡・日甲・146 背:十一月居午

睡簡・日甲・156 正:月生一日、十一日、廿一日

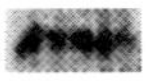

睡簡・日甲・156 正:月生一日、十一日、廿一日

睡簡・日甲・156 正:月生一日、十一日、廿一日

睡簡・日乙・1:十一月

睡簡・日乙・22:日十一夕五

睡簡・日乙・28:日五夕十一

睡簡・日乙・28:十一月

睡簡・日乙・36:十一月

睡簡・日乙・95:入正月二日一日心

睡簡・日乙・98:十一月辛臽

睡簡・日乙・100:十二月斗廿一日

睡簡・日乙・105:入十一月二旬五日心

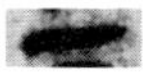

睡簡・日乙・133:十一月上旬辰

睡簡・日乙・149:三月旬一日

睡簡・日乙・149:十一月旬

睡簡・日乙・151:一日

睡簡・日乙・199:十一月

睡簡・日乙・213:十一月

睡簡・日乙・253:一宇閒之

睡簡・爲吏・7:一曰中(忠)信敬上

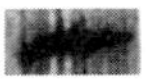

睡簡・爲吏・14:一曰誇以泄

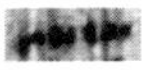

睡簡・爲吏・19:一曰見民杲(倨)敖(傲)

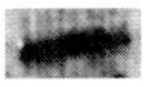

睡簡・爲吏・24:一曰不察所親

睡簡・爲吏・39:十耳當一目

睡簡・效律・3:貲官嗇夫一甲

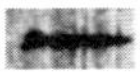

睡簡・效律・3:貲一盾

睡簡・效律・4:不盈二升到一升

睡簡・效律・5:貲一盾

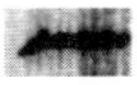

睡簡・效律・7:六分升一以上

睡簡・效律・7:廿分升一以上

睡簡・效律・7:貲各一盾

睡簡・效律・8:過二百廿錢以到千一百錢

睡簡・效律・8:直(值)百一十錢以到二百廿錢

睡簡・效律・9:過千一百錢以到二千二百錢

睡簡・效律・9:貲官嗇夫一甲

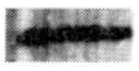

睡簡·效律·9:貲嗇夫一盾

睡簡·效律·12:縣料而不備其見(現)數五分一以上

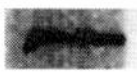

睡簡·效律·12:十分一以到不盈五分一

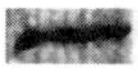

睡簡·效律·13:過千一百錢以到二千二百錢

睡簡·效律·13:十分一以到不盈五分一

睡簡·效律·13:直(值)過二百廿錢以到千一百錢

睡簡·效律·14:百分一以到不盈十分一

睡簡·效律·14:百分一以到不盈十分一

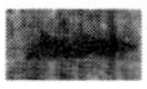

睡簡·效律·14:貲官嗇夫一盾

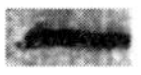

睡簡·效律·14:貲官嗇夫一甲

睡簡·效律·23:貲官嗇夫一甲

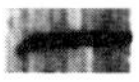

睡簡·效律·25:十分一以下

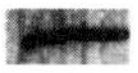

睡簡·效律·27:萬石一積而比黎之爲戶

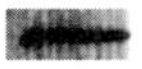

睡簡·效律·29:而遺倉嗇夫及離邑倉佐主稟者各一戶

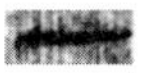

睡簡·效律·38:櫟陽二萬石一積

睡簡·效律·40:官嗇夫貲一盾

睡簡·效律·42:貲官嗇夫一甲

睡簡·效律·44:貲官嗇夫一盾

睡簡·效律·47:貲各一盾

睡簡·效律·47:貲各一甲

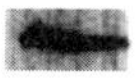

睡簡·效律·51:令、丞貲一盾

睡簡·效律·51:令、丞貲一甲

睡簡·效律·51:官嗇夫貲一甲

睡簡·效律·56:貲一盾

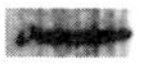

睡簡·效律·57:貲一甲

睡簡·效律·57:人戶、馬牛一

睡簡·效律·57:貲一盾

睡簡·效律·57:貲一甲

睡簡·效律·59:貲官嗇夫一盾

睡簡·效律·59:貲官嗇夫一甲

睡簡·效律·60:人戶、馬牛一以上爲大誤

龍簡·288·摹:□貲一□

龍簡·33:鹿一、彘一、麋一、麃一、狐二

龍簡·33:鹿一、彘一、麋一、麃一、狐二

龍簡·33:鹿一、彘一、麋一、麃一、狐二

龍簡·33:鹿一、彘一、麋一、麃一、狐二

龍簡·40:二百廿錢到百一十錢

龍簡·41·摹:不盈廿二錢到一錢

龍簡・41・摹:不盈一錢□

龍簡・48:去道過一里濯者□水(?)□

龍簡・118:一盾

龍簡・120:貲一甲

龍簡・127:一町

龍簡・128・摹:詐(詐)一程若二程□之□

龍簡・132:□貲租者一甲□

龍簡・133・摹:田一町

龍簡・140:租笄索不平一尺以上

龍簡・140・摹:貲一甲

龍簡・140:不盈一尺到□

龍簡・145:購金一兩

龍簡・149:遺者罪減焉□一等

龍簡・152・摹:令、丞、令史各一甲

龍簡・188:不盈[十]石到一石

龍簡・190・摹:□不盈一石□

龍簡・191・摹:不盈十石到一石

龍簡・205:史□貲各一盾

龍簡・212:□各貲一盾□

龍簡・217・摹:□一甲□

龍簡・219・摹:□貲一盾□

龍簡・236:□貲一甲

里簡・J1(9)11 正:今爲錢校券一

里簡・J1(6)1 正:三七廿一

里簡・J1(6)1 正:一[二]而二

里簡・J1(6)1 正:二半而一

里簡・J1(6)1 正:凡一千＝百一十三字

里簡・J1(6)1 正:九九八十一

里簡・J1(16)5 背:水十一刻[刻]下九

里簡・J1(8)134 正:競(竟)陵薀(蕩)陰狼叚(假)遷陵公船一

里簡・J1(9)1 正:今爲錢校券一

里簡・J1(9)2 正:今爲錢校券一

里簡・J1(9)3 正:今爲錢校券一

里簡・J1(9)4 正:今爲錢校券一

里簡・J1(9)5 正:今爲錢校券一

里簡・J1(9)6 正:今爲錢券一

里簡・J1(9)7 正:陽陵褆陽士五(伍)小欬有貲錢萬＝千二百七十一

里簡・J1(9)7 正:陽陵褆陽士五(伍)小欬有貲錢萬一千二百七十

二

里簡·J1(9)7正:今爲錢校券一

里簡·J1(9)8正:今爲錢校券一

里簡·J1(9)9正:今爲錢校券一

里簡·J1(9)10正:今爲錢校券一

關沮牘·正·1:十一月甲辰大

關簡·70:十一月丙戌小

關簡·133:晝當一日

關簡·134:入月一日

關簡·137:十一日

關簡·137:廿一日

關簡·137:廿一二日

關簡·138:十一月

關簡·314:取一匕以殽沐

關簡·315:取東〈柬〉灰一升

關簡·321:以□四分升一歙(飲)之〖注〗四分升一,四分之一升。

關簡·329:先貍(埋)一瓦垣止(址)下

關簡·331:其一曰

關簡·341:以一杯盛米

關簡·342:毋下一升

關簡·348:爲一席

關簡·349:先農笱(苟)令某禾多一邑〖注〗多一邑,在一邑中居最多。

關簡·368:以脩(滫)清一梧(杯)

關簡·373:一月已

關簡·375:取東灰一斗

帛書·死候·85:其病唯折骨列(裂)膚一死

帛書·病方·2:□毁一垸(丸)音(杯)酒中

帛書·病方·3:卽以赤荅一斗并□

帛書·病方·5:一

帛書·病方·8:溫酒一音(杯)中

帛書·病方·8:冶而□一垸(丸)

帛書·病方·8:一

帛書·病方·10:一

帛書·病方·11:一

帛書·病方·12:一

帛書·病方·13:一

帛書·病方·14:一

帛書·病方·15:一

帛書·病方·16:一

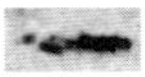

帛書・病方・17:一

帛書・病方・17:以續[䜌(斷)]根一把

帛書・病方・21:一

帛書・病方・22:一

帛書・病方・23:一

帛書・病方・24:取三指最(撮)一

帛書・病方・24:入溫酒一音(杯)中而飲之

帛書・病方・25:冶一

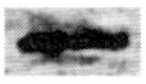

帛書・病方・25:一

帛書・病方・26:醇酒盈一衷桮(杯)

帛書・病方・26:取三指最(撮)到節一

帛書・病方・30:取一斗

帛書・病方・32:一熨寒汗出

帛書・病方・34:一

帛書・病方・37:一

帛書・病方・41:小刌一犬

帛書・病方・41:一

帛書・病方・42:和以溫酒一音(杯)

帛書・病方・42:以三指一撮

帛書・病方・43:一

帛書・病方・43:擇薤一把

帛書・病方・44:一

帛書・病方・46:鹽一

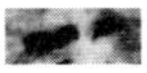

帛書・病方・48:大者以一斗

帛書・病方・49:取一分置水中

帛書・病方・49:三日一浴

帛書・病方・57:一

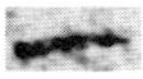

帛書・病方・60:一

帛書・病方・63:一

帛書・病方・64:一

帛書・病方・67:一

帛書・病方・72:一

帛書・病方・74:一

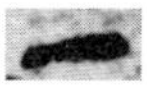

帛書・病方・75:一

帛書・病方・76:一

帛書・病方・77:一

帛書・病方・77:而煮水二甕□一音(杯)

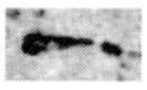

帛書・病方・77:而煮水一甕□二音(杯)

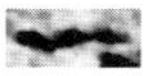

帛書・病方・80:一

帛書・病方・81:一

帛書・病方・82:一

帛書・病方・84:一

帛書・病方・86:一

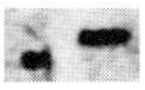

帛書・病方・88:一

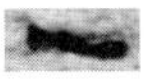

帛書・病方・89:一

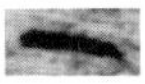

帛書・病方・90:一

帛書・病方・90:以堇一陽筑(築)封之

帛書・病方・91:一

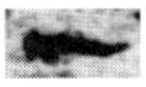

帛書・病方・92:水十五而米一

帛書・病方・92:一

帛書・病方・94:一

帛書・病方・96:一

帛書・病方・97:湮汲一音(杯)入奚蠡中

帛書・病方・99:一

帛書・病方・100:一

帛書・病方・103:一

帛書・病方・104:一

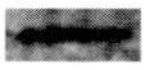

帛書・病方・105:一

帛書・病方・108:一

帛書・病方・109:一

帛書・病方・111:不出一月宥(疣)已

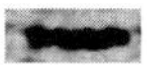

帛書・病方・111:一

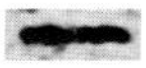

帛書・病方・114:一

帛書・病方・115:其一名灌曾

帛書・病方・115:取如□鹽廿分斗一

帛書・病方・115:竈黄土十分升一

帛書・病方・130:一

帛書・病方・133:一

帛書・病方・137:□以蠸一入卵中□之

帛書・病方・141:一

帛書・病方・142:一

帛書・病方・144:一

帛書・病方・153:一

帛書・病方・154:一

帛書・病方・154:以龍須(鬚)一束并者(煮)□

帛書・病方・155:一

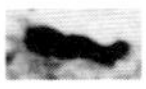

帛書・病方・156:一

帛書・病方・158:一

帛書・病方・161:一

帛書・病方・162:牡[厲(蠣)]一

帛書・病方・163:取三指最(撮)到節一

帛書・病方・168:爲汁一參

帛書・病方・168:一

帛書・病方・168:以水一斗煮葵種一斗

帛書・病方・168:以水一斗煮葵種一斗

帛書・病方・168:以其汁煮膠一廷(梃)半

帛書・病方・169:一

帛書・病方・171:一

帛書・病方・172:一

帛書・病方・172:以酒一音(杯)

帛書・病方・173:葵種一升

帛書・病方・173:一

帛書・病方・173:以水一斗半[煮一]分

帛書・病方・174:有(又)煮一分

帛書・病方・176:取景天長尺、大圍束一

帛書・病方・176:一

帛書・病方・178:一

帛書・病方・179:□莤莢一

帛書・病方・179:合而一區

帛書・病方・180:一

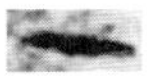

帛書・病方・181:一

帛書・病方・181:以水一斗煮膠一參、米一升

帛書・病方・181:以水一斗煮膠一參、米一升

帛書・病方・181:以水一斗煮膠一參、米一升

帛書・病方・182:薤一拼(葉)

帛書・病方・182:一

帛書・病方・183:一

帛書・病方・184:一

帛書・病方・185:一

帛書・病方・186:一

帛書・病方・187:一

帛書・病方・188:居一日

帛書・病方・188:一

帛書・病方・189:一

帛書・病方・190：一

帛書・病方・190：以衣中衽（紝）緇〈繢〉約左手大指一

帛書・病方・195：賁者一襄胡

帛書・病方・196：令某㿗（癩）毋一

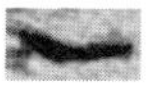

帛書・病方・198：一

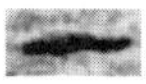

帛書・病方・199：一

帛書・病方・201：一

帛書・病方・202：一

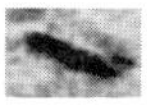

帛書・病方・203：一

帛書・病方・204：一

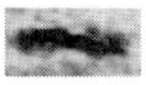

帛書・病方・206：一

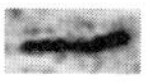

帛書・病方・208：一

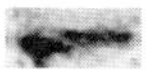

帛書・病方・209：一

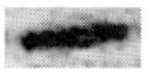

帛書・病方・210：一

帛書・病方・211：一

帛書・病方・213：一

帛書・病方・214：一

帛書・病方・215：食衣白魚一七

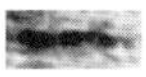

帛書・病方・215：一

帛書・病方・216：嬰以一升

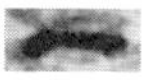

帛書・病方・217：一

帛書・病方・219：日一爲

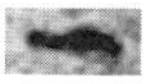

帛書・病方・221：一

帛書・病方・225：一

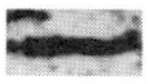

帛書・病方・227：治困（菌）［桂］尺、獨□一升

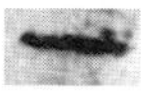

帛書・病方・236：旦取丰（蜂）卵一

帛書・病方・236：漬美醯一桮（杯）

帛書・病方・237：以溫酒一杯和

帛書・病方・241：一

帛書・病方・242：各□一分

帛書・病方・244：一

帛書・病方・246：一

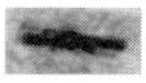

帛書・病方・253：一

帛書・病方・254：一

帛書・病方・257：駱阮一名曰白苦、苦浸

帛書・病方・258：一

帛書・病方・259：不智（知）益一

帛書・病方・259：始食一

帛書・病方・259:一

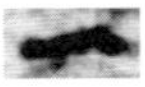

帛書・病方・261:一

帛書・病方・261:煮一斗棗、一斗膏

帛書・病方・261:煮一斗棗、一斗膏

帛書・病方・262:一

帛書・病方・264:以弱(溺)孰(熟)煮一牡鼠

帛書・病方・266:治之以柳蕈一捼、艾二〖注〗《說文》:"捼,一曰兩手相切摩也。"一捼,疑指一捧。

帛書・病方・272:并以三指大最(撮)一入桮(杯)酒中

帛書・病方・272:其餘各一

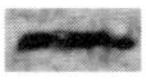

帛書・病方・273:一

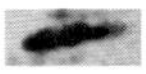

帛書・病方・274:一

帛書・病方・276:□以酒一桮(杯)□

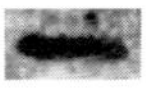

帛書・病方・280:一

帛書・病方・283:罷合一

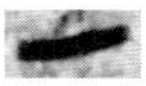

帛書・病方・283:一

帛書・病方・284:一

帛書・病方・286:取大叔(菽)一斗

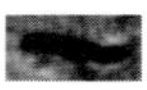

帛書・病方・286:一

帛書・病方・287:醇酒一斗淳之

帛書・病方・287:一飲病未已

帛書・病方・289:一

帛書・病方・292:一

帛書・病方・295:一

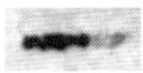

帛書・病方・301:淳酒一斗□

帛書・病方・305:一

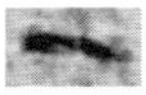

帛書・病方・307:一

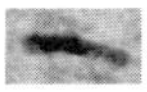

帛書・病方・308:一

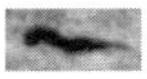

帛書・病方・309:一

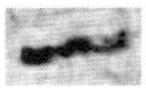

帛書・病方・310:一

帛書・病方・311:一

帛書・病方・312:一

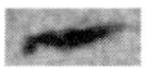

帛書・病方・313:一

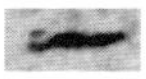

帛書・病方・314:一

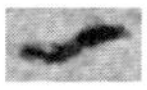

帛書・病方・315:一

帛書・病方・316:一

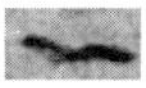

帛書・病方・317:一

帛書・病方・318:丹一

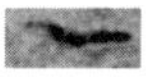

帛書・病方・318:一

帛書・病方・319:毋見星月一月

帛書・病方・320:一

帛書・病方・325:一

帛書・病方・327:一

帛書・病方・328:一

帛書・病方・329:一

帛書・病方・332:一

帛書・病方・335:病不□者一入湯中卽瘳

帛書・病方・338:一

帛書・病方・339:一

帛書・病方・340:一

帛書・病方・341:一

帛書・病方・342:一

帛書・病方・345:一

帛書・病方・347:取慶(蜣)良(螂)一斗

帛書・病方・347:一

帛書・病方・348:一

帛書・病方・349:一

帛書・病方・350:冶烏家(喙)、黎(藜)盧、蜀叔(菽)、庶、蜀椒、桂各一合

帛書・病方・351:一

帛書・病方・352:一

帛書・病方・353:□米一升入中

帛書・病方・353:冶烏家(喙)、四果(顆)、陵(菱)枝(芰)一升半

帛書・病方・353:一

帛書・病方・353:以南(男)潼(童)弱(溺)一斗半并□

帛書・病方・354:一

帛書・病方・355:一

帛書・病方・356:一

帛書・病方・358:一

帛書・病方・360:一

帛書・病方・361:一

帛書・病方・362:一

帛書・病方・364:□一音(杯)□

帛書・病方・365:取桐本一猷所

帛書・病方・365:一

帛書・病方・366:一

帛書・病方・368:一

帛書・病方・372:一

帛書·病方·376:一

帛書·病方·377:候其洎不盡一斗

帛書·病方·378:冶半夏一

帛書·病方·378:一

帛書·病方·378:圜一寸

帛書·病方·381:一

帛書·病方·382:一

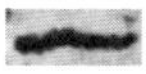

帛書·病方·383:飲其□一音(杯)

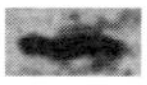

帛書·病方·398:一

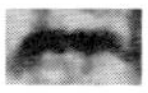

帛書·病方·399:一

帛書·病方·401:一

帛書·病方·402:一

帛書·病方·407:一

帛書·病方·408:頭脂一升

帛書·病方·409:二夜一□

帛書·病方·410:熬陵(菱)枝(芰)一參

帛書·病方·410:一

帛書·病方·411:一

帛書·病方·411:最(撮)取大者一枚

帛書·病方·412:後日一夜

帛書·病方·412:一

帛書·病方·413:烏家(喙)一齊〖注〗一齊,一份。

帛書·病方·413:芫華(花)一齊

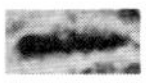

帛書·病方·413:一

帛書·病方·413:礜一齊

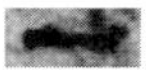

帛書·病方·415:一

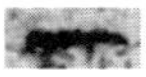

帛書·病方·416:而入豬膏□者一合其中

帛書·病方·417:一

帛書·病方·418:豕膏一升

帛書·病方·418:一

帛書·病方·420:一

帛書·病方·421:一

帛書·病方·421:礜一

帛書·病方·422:一

帛書·病方·423:一

帛書·病方·424:一

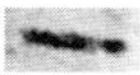

帛書·病方·426:一

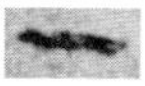

帛書·病方·427:一

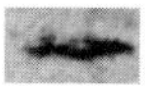

帛書・病方・428:一

帛書・病方・431:一

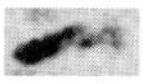

帛書・病方・432:一

帛書・病方・433:一

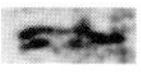

帛書・病方・434:一

帛書・病方・436:一

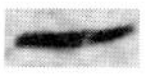

帛書・病方・438:一

帛書・病方・438:以烏雄鷄一、蛇一

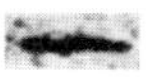

帛書・病方・438:以烏雄鷄一、蛇一

帛書・病方・439:令病者每旦以三指三最(撮)藥入一桮(杯)酒若鬻(粥)中而飲之

帛書・病方・441:一

帛書・病方・443:一

帛書・病方・454:一

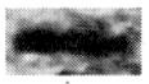

帛書・病方・454:治以丹□爲一合

帛書・病方・457:日一洒

帛書・病方・殘1:□最(撮)者一桮(杯)酒中

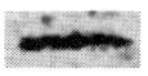

帛書・病方・殘1:治以蜀焦(椒)一委(捼)

帛書・病方・殘4:□旁一痏

帛書・病方・殘8:䵍去湯可一寸□

帛書・病方・殘9:□水一斗□

帛書・病方・殘14:□美棗一斗

帛書・病方・殘17:一□

帛書・病方・無編號:一

帛書・病方・無編號:一

帛書・病方・無編號:一

帛書・脈法・72:到下一□焉

帛書・脈法・76:一害

帛書・灸經甲・58:去内腂(踝)一寸

先秦幣・101.4:一珠重一兩

先秦幣・101.2:一珠重一兩

先秦幣・101.2:一珠重一兩

先秦幣・101.3:一珠重一兩〖注〗一兩爲二十四銖。

先秦幣・101.3:一珠重一兩

先秦幣・101.4:一珠重一兩

集證・214.206:一

安邑銅鐘(附)・摹(陶罐・3):十三斗一升

秦陶・1:一

秦陶・2:一

秦陶·157:十一

秦陶·158:十一

秦陶·192:卌一

秦陶·193:四一

秦陶·362:稺一

秦陶·1474:飤官□反一斗

麗山茝府陶盤·摹(秦銅·52附圖):一斗二升

瓦書·郭子直摹:一里廿輯〖注〗一,數詞。李學勤訓爲皆。

瓦書(秦陶·1610):一里廿輯

漆器M13·5(雲夢·附二):□里一八

木骰子(王家台·14):一

關簡·367:日中弌(一)

秦印編1:樂弌(一)

0002 元 元

北私府橢量·二世詔(秦銅·147):元年制詔丞相斯、去疾〖注〗元年,秦二世元年,公元前209年。

大騩銅權(秦銅·131):元年制詔丞相斯、去疾

二世元年詔版一(秦銅·161):元年制詔丞相斯、去疾

二世元年詔版二(秦銅·162):元年制詔丞相斯、去疾

二世元年詔版五(秦銅·165):元年制詔丞相斯、去疾

二世元年詔版七(秦銅·167):元年制詔丞相斯、去疾

二世元年詔版八(秦銅·168):元年制詔丞相斯、去疾

二世元年詔版十一(秦銅·171):元年制詔丞相斯、去疾

兩詔斤權一(集證·45):元年制詔丞相斯、去疾

兩詔斤權一·摹(集證·46):元年制詔丞相斯、去疾

兩詔斤權二·摹(集證·49):元年制詔丞相斯、去疾

兩詔版(秦銅·174.1):元年制詔丞相斯、去疾

兩詔銅權二(秦銅·176):元年制詔丞相斯、去疾

兩詔銅權三(秦銅·178):元年制詔丞相斯、去疾

兩詔銅權四(秦銅·179.2):元年制詔丞相斯、去疾

兩詔橢量一(秦銅·148):元年制詔丞相斯、去疾

兩詔橢量二(秦銅·149):元年制詔丞相斯、去疾

美陽銅權(秦銅·183):元年制詔丞相斯、去疾

平陽銅權·摹(秦銅·182):元年制詔丞相斯、去疾

僅存銘兩詔銅權(秦銅·135-18.2):元年制詔丞相斯、去疾

旬邑銅權(秦銅·133):元年制詔丞相斯、去疾

左樂兩詔鈞權(集證·43):元年制詔丞相斯、去疾

秦政伯喪戈一(珍金·42):乍(作)遣(造)元戈喬黄

秦政伯喪戈一·摹(珍金·42):乍(作)造(造)元戈喬黄

秦政伯喪戈二·摹(珍金·43):乍(作)造(造)元戈喬黄

故宮藏秦子戈(集證·10):秦子乍(作)造(造)中辟元用〖注〗元,大、善。元用,春秋兵器習語,義近"寶用、永用"。

故宮藏秦子戈·摹(集證·10):秦子乍(作)造(造)中辟元用

傳世秦子戈(集證·11):秦子乍(作)造(造)公族元用

西安秦子戈·摹(集證·13):秦子元用

珍秦齋秦子戈(珍金·38):秦子乍(作)造(造)左辟元用

珍秦齋秦子戈·摹(珍金·38):秦子乍(作)造(造)左辟元用

香港秦子戈二·摹(新戈·2):秦子乍(作)造(造)公族元用

元用戈·摹(秦銅·187):□元用戈

元年上郡假守暨戈(珍金·92):元年上郡叚(假)守暨造〖注〗元年,秦莊襄王元年,公元前249年。

元年上郡假守暨戈·摹(珍金·92):元年上郡叚(假)守暨造

元年丞相斯戈·摹(秦銅·160):元年丞相斯造〖注〗元年,秦二世元年,公元前二〇九年。

秦子矛(集證·12):秦子□□公族元用

吉爲作元用劍·摹(秦銅·189):吉爲乍(作)元用

吉爲作元用劍·摹(秦銅·189):吉爲乍(作)元用

睡簡·編年·1:昭王元年〖注〗昭王元年,公元前306年。

睡簡·編年·4:孝文王元年〖注〗孝文王元年,公元前250年。

睡簡·編年·5:莊王元年〖注〗莊王卽莊襄王。

睡簡·編年·8:今元年〖注〗今,今王,秦王政。其元年爲公元前246年。

秦印編1:千元

0003　天

秦編鐘·甲鐘(秦銅·10.1):卲合(答)皇天

秦編鐘·甲鐘(秦銅·10.1):我先且(祖)受天命商(賞)宅受或(國)

秦編鐘·甲鐘鉦部·摹(秦銅·11.1):我先且(祖)受天命商(賞)宅受或(國)

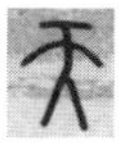

秦編鐘·甲鐘鉦部·摹(秦銅·11.1):卲合(答)皇天

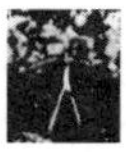

秦編鐘·丙鐘(秦銅·10.3):我先且(祖)受天命商(賞)宅受或(國)

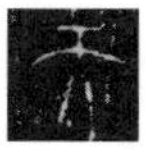

秦鎛鐘·1號鎛(秦銅·12.1):卲合(答)皇天

秦鎛鐘·1號鎛(秦銅·12.1):我先且(祖)受天命商(賞)宅受或(國)

秦鎛鐘·2號鎛(秦銅·12.4):卲合(答)皇天

秦鎛鐘·2號鎛(秦銅·12.4):我先且(祖)受天命商(賞)宅受或(國)

秦鎛鐘·3號鎛(秦銅·12.7):卲合(答)皇天

秦鎛鐘·3號鎛(秦銅·12.7):我先且(祖)受天命商(賞)宅受或(國)

秦公簋·蓋(秦銅·14.2):畯(畯)疐才(在)天〈立〉〖注〗天,當是"立(位)"之訛。

秦公簋・器(秦銅・14.1):不(丕)顯朕皇且(祖)受天命

秦公簋・器(秦銅・14.1):嚴龏夤天命

秦公鎛鐘・摹(秦銅・16.1):嚴龏夤天命

秦公鎛鐘・摹(秦銅・16.1):不(丕)顯朕皇且(祖)受天命

北私府橢量・始皇詔(秦銅・146):皇帝盡并(併)兼天下諸矦

北私府橢量・始皇詔(秦銅・146):皇帝盡并(併)兼天下諸矦

大騩銅權(秦銅・131):皇帝盡并(併)兼天下諸矦

兩詔版(秦銅・174.1):皇帝盡并(併)兼天下諸矦

兩詔斤權一(集證・45):皇帝盡并(併)兼天下諸矦

兩詔斤權一・摹(集證・46):皇帝盡并(併)兼天下諸矦

兩詔斤權二・照片(集證・47.2):皇帝盡并(併)兼天下諸矦

兩詔斤權二・摹(集證・49):皇帝盡并(併)兼天下諸矦

兩詔銅權一(秦銅・175):皇帝盡并(併)兼天下諸矦

兩詔銅權二(秦銅・176):皇帝盡并(併)兼天下諸矦

兩詔銅權三(秦銅・178):皇帝盡并(併)兼天下諸矦

兩詔銅權四(秦銅・179.1):皇帝盡并(併)兼天下諸矦

兩詔橢量二(秦銅・149):皇帝盡并(併)兼天下諸矦

美陽銅權(秦銅・183):皇帝盡并(併)兼天下諸矦

平陽銅權・摹(秦銅・182):皇帝盡并(併)兼天下諸矦

僅存銘始皇詔銅權・一(秦銅・135-1):皇帝盡并(併)兼天下諸矦

僅存銘始皇詔銅權・二(秦銅・135-2):皇帝盡并(併)兼天下諸矦

僅存銘始皇詔銅權・三(秦銅・135-3):皇帝盡并(併)兼天下諸矦

僅存銘始皇詔銅權・四(秦銅・135-4):皇帝盡并(併)兼天下諸矦

僅存銘始皇詔銅權・五(秦銅・135-5):皇帝盡并(併)兼天下諸矦

僅存銘始皇詔銅權・六(秦銅・135-6):皇帝盡并(併)兼天下諸矦

僅存銘始皇詔銅權・七(秦銅・135-7):皇帝盡并(併)兼天下諸矦

僅存銘始皇詔銅權・八(秦銅・135-8):皇帝盡并(併)兼天下諸矦

僅存銘始皇詔銅權・九(秦銅・135-9):皇帝盡并(併)兼天下諸矦

僅存銘始皇詔銅權・十(秦銅・135-10):皇帝盡并(併)兼天下諸矦

僅存銘始皇詔銅權・十一(秦銅・135-11):皇帝盡并(併)兼天下諸矦

僅存銘始皇詔銅權・十二(秦銅・135-12):皇帝盡并(併)兼天下諸矦

僅存銘始皇詔銅權・十三(秦銅・135-13):皇帝盡并(併)兼天下諸矦

僅存銘始皇詔銅權・十四(秦銅・135-14):皇帝盡并(併)兼天下諸矦

僅存銘始皇詔銅權・十六(秦銅・135-16):皇帝盡并(併)兼天下諸矦

僅存銘始皇詔銅權・十七(秦銅・135-17):皇帝盡并(併)兼天下諸矦

僅存銘兩詔銅權(秦銅・135－18.1):皇帝盡并(併)兼天下諸矦

始皇詔八斤銅權一(秦銅・134):皇帝盡并(併)兼天下諸矦

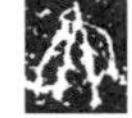始皇詔八斤銅權二(秦銅・135):皇帝盡并(併)兼天下諸矦

商鞅方升(秦銅·21):皇帝盡并(併)兼天下諸侯

始皇詔版一(秦銅·136):皇帝盡并(併)兼天下諸侯

始皇詔版二(秦銅·137):皇帝盡并(併)兼天下諸侯

始皇詔版三(秦銅·138):皇帝盡并(併)兼天下諸侯

始皇詔版八(秦銅·144):皇帝盡并(併)兼天下諸侯

始皇詔十六斤銅權一(秦銅·127):皇帝盡并(併)兼天下諸侯

始皇詔十六斤銅權二(秦銅·128):皇帝盡并(併)兼天下諸侯

始皇詔十六斤銅權三(秦銅·129):皇帝盡并(併)兼天下諸侯

始皇詔十六斤銅權四(秦銅·130.1):皇帝盡并(併)兼天下諸侯

始皇詔鐵石權二(秦銅·121):皇帝盡并(併)兼天下諸侯

始皇詔鐵石權三(秦銅·122):皇帝盡并(併)兼天下諸侯

始皇詔鐵石權四(秦銅·123):皇帝盡并(併)兼天下諸侯

始皇詔鐵石權五(秦銅·124):皇帝盡并(併)兼天下諸侯

始皇詔鐵石權七(秦銅·125):皇帝盡并(併)兼天下諸侯

始皇詔銅方升一(秦銅·98):皇帝盡并(併)兼天下諸侯

始皇詔銅方升二(秦銅·99):皇帝盡并(併)兼天下諸侯

始皇詔銅方升三(秦銅·100):皇帝盡并(併)兼天下諸侯

始皇詔銅權一(秦銅·110):皇帝盡并(併)兼天下諸侯

始皇詔銅權二(秦銅·111):皇帝盡并(併)兼天下諸侯

始皇詔銅權三(秦銅·112):皇帝盡并(併)兼天下諸侯

始皇詔銅權四(秦銅·113):皇帝盡并(併)兼天下諸侯

始皇詔銅權六(秦銅·115):皇帝盡并(併)兼天下諸侯

始皇詔銅權九(秦銅·118):皇帝盡并(併)兼天下諸侯

始皇詔銅權十(秦銅·119):皇帝盡并(併)兼天下諸侯

始皇詔銅權十一(珍金·125):皇帝盡并(併)兼天下諸侯

武城銅橢量(秦銅·109):皇帝盡并(併)兼天下諸侯

始皇詔銅橢量一(秦銅·102):皇帝盡并(併)兼天下諸侯

始皇詔銅橢量二(秦銅·103):皇帝盡并(併)兼天下諸侯

始皇詔銅橢量三(秦銅·104):皇帝盡并(併)兼天下諸侯

始皇詔銅橢量四(秦銅·105):皇帝盡并(併)兼天下諸侯

始皇詔銅橢量五(秦銅·106):皇帝盡并(併)兼天下諸侯

始皇詔銅橢量六(秦銅·107):皇帝盡并(併)兼天下諸侯

旬邑銅權(秦銅·133):皇帝盡并(併)兼天下諸侯

左樂兩詔鈞權(集證·43):皇帝盡并(併)兼天下諸侯

天 秦懷后磬·摹:天君賜之釐〖注〗天君,君后之稱。李學勤說指周王后。

大墓殘磬(集證·59):天子匽(燕)喜〖注〗天子,周天子。

大墓殘磬(集證·61):天子匽(燕)喜

大墓殘磬(集證·63):紬(申)(紹)天命

石鼓文・而師(先鋒本):天子□來

石鼓文・馬薦(先鋒本):□天□虹□皮□走驕=馬薦薵=莽=敚=雉□心其一□之

石鼓文・吾水(先鋒本):天子永寍(寧)

詛楚文・亞駝(中吳本):亦應受皇天上帝及不(丕)顯大神亞駝之幾(機)靈德賜

詛楚文・亞駝(中吳本):不畏皇天上帝及不(丕)顯大神亞駝之光列(烈)威神

詛楚文・亞駝(中吳本):求蔑灋(廢)皇天上帝及不(丕)顯大神亞駝之卹祠、圭玉、羲(犧)牲

詛楚文・湫淵(中吳本):不畏皇天上帝及大沈氒(厥)湫之光列(烈)威神

詛楚文・湫淵(中吳本):求蔑灋(廢)皇天上帝及大神氒(厥)湫之卹祠、圭玉、羲(犧)牲

詛楚文・湫淵(中吳本):亦應受皇天上帝及大沈氒(厥)湫之幾(機)靈德賜

詛楚文・巫咸(中吳本):不畏皇天上帝及不(丕)顯大神巫咸之光列(烈)威神

詛楚文・巫咸(中吳本):求蔑灋(廢)皇天上帝及不(丕)顯大神巫咸之卹祠、圭玉、羲(犧)牲

詛楚文・巫咸(中吳本):亦應受皇天上帝及不(丕)顯大神巫咸[之]幾(機)靈德賜

秦駰玉版・甲・摹:欲事天地、四亟(極)、三光、山川、神示(祇)、五祀、先祖

秦駰玉版・乙・摹:欲事天地、四亟(極)、三光、山川、神示(祇)、五祀、先祖

泰山刻石・宋拓本:既平天下

繹山刻石・宋刻本:壹家天下

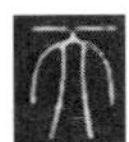會稽刻石・宋刻本:窺軵(巡)天下

會稽刻石・宋刻本:天下承風

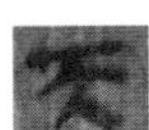天簡 28・乙:在黄鐘天下清

天簡 35・乙:合音婁(數)者是謂天絕紀

天簡 35・乙:自天以戒

關簡・345:某馬心天

睡簡・日甲・7 背:天以震高山

睡簡・日甲・41 背:天火燔人宮

睡簡・日甲・79 正:庚申是天昌

睡簡・日甲・102 背:天所以張生時

睡簡・日甲・104 背:天所以張生時

睡簡・日甲・105 背:天所以張生時

睡簡・日甲・147 背:天以壞高山

睡簡・日甲・145 背:天李正月居子〖注〗天李,卽天理。

睡簡・日乙・88:天閻

睡簡・日乙・101:十一月乙卯天臽

帛書・病方・66:侯(候)天甸(電)而兩手相靡(摩)

帛書・病方・176:取景天長尺、大圍束一〖注〗景天,草藥名。

帛書・病方・204:天神下干疾

帛書・病方・380:天啻(帝)下若

秦陶量(秦印編1):天

始皇詔陶印(《研究》附):皇帝盡并(併)兼天下諸矦

瓦書(秦陶・1610):周天子使卿夫=(大夫)辰來致文武之酢(胙)〖注〗周天子,周顯王。

瓦書・郭子直摹:周天子使卿夫=(大夫)辰來致文武之酢(胙)

秦陶・1549:□盡并(併)兼天下諸矦

秦陶・1557:并(併)兼天下諸矦

秦陶・1558:并(併)兼天下□

秦陶・1567:帝盡并(併)□天□

秦陶・1571:天□諸

秦陶・1573:□并(併)兼天下□

秦陶・1574:□天下諸□

秦陶・1605:□兼天下諸□

0004　𠭥　吏

睡簡・答問・33:吏爲失刑辠

睡簡・答問・33:問甲及吏可(何)論

睡簡・答問・35:吏弗直(值)

睡簡・答問・35:吏爲失刑辠

睡簡・答問・35:問甲及吏可(何)論

睡簡・答問・36:吏智(知)而端重若輕之

睡簡・答問・46:卽告吏曰盜三羊

睡簡・答問・77:其室人弗言吏

睡簡・答問・119:吏論以爲鬭傷人

睡簡・答問・119:吏當論不當

睡簡・答問・139:問吏及乙論可(何)殹

睡簡・答問・139:有秩吏捕闌亡者

睡簡・答問・154:吏有故當止食

睡簡・答問・155:吏從事於官府

睡簡・答問・164:吏、典已令之

睡簡・答問・180:其邦徒及僞吏不來

睡簡・答問・180:徒、吏與偕使而弗爲私舍人

睡簡・答問・184:可(何)謂"布吏"

睡簡・答問・184:客未布吏而與賈

睡簡・答問・184:詣符傳於吏是謂"布吏"

睡簡・答問・204:命客吏曰"匧"

睡簡・答問・204：它邦耐(能)吏、行旞與偕者

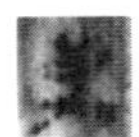睡簡・秦律・20：吏主者、徒食牛者及令、丞皆有辠

睡簡・秦律・29：廷令長吏雜封其廥

睡簡・秦律・31：令其故吏與新吏雜先索(索)出之

睡簡・秦律・31：令其故吏與新吏雜先索(索)出之

睡簡・秦律・31：令有秩之吏、令史主

睡簡・秦律・31：其故吏弗欲

睡簡・秦律・31：其毋(無)故吏者

睡簡・秦律・44：宦者、都官吏、都官人有事上爲將

睡簡・秦律・46：有秩吏不止

睡簡・秦律・48：吏輒柀事之

睡簡・秦律・55：令吏主

睡簡・秦律・57：以犯令律論吏主者

睡簡・秦律・68：賈市居死者及官府之吏

睡簡・秦律・68：吏循之不謹

睡簡・秦律・79：令其官嗇夫及吏主者代賞(償)之

睡簡・秦律・80：嗇夫即以其直(值)錢分負其官長及冗吏〖注〗冗吏，群吏。

睡簡・秦律・106：吏代賞(償)

睡簡・秦律・108：隸臣、下吏、城旦與工從事者冬作〖注〗秦漢時把原有一定地位的人交給官吏審處，稱爲"下吏"。

睡簡・秦律・117：輒以效苑吏

睡簡・秦律・122：吏程攻(功)

睡簡・秦律・128：官長及吏以公車牛稟其月食及公牛乘馬之稟

睡簡・秦律・134：羣下吏毋耐者

睡簡・秦律・149：吏主者負其半

睡簡・秦律・157：縣、都官、十二郡免除吏及佐、羣官屬

睡簡・秦律・158：置吏律

睡簡・秦律・159：除吏、尉

睡簡・秦律・160：置吏律

睡簡・秦律・160：不得除其故官佐、吏以之新官

睡簡・秦律・161：置吏律

睡簡・秦律・162：故吏弗效

睡簡・秦律・162：新吏居之未盈歲

睡簡・秦律・163：去者與居吏坐之

睡簡・秦律・163：新吏弗坐

睡簡・秦律・163：新吏與居吏坐之

睡簡・秦律・163：新吏與居吏坐之〖注〗居吏，留於原任的吏。

睡簡・秦律・165：令官嗇夫、冗吏共賞(償)敗禾粟

睡簡・秦律・176:必令長吏相雜以見之

睡簡・秦律・193:侯(候)、司寇及羣下吏毋敢爲官府佐、史及禁苑憲盜

睡簡・秦律・196:官吏有重辠

睡簡・秦律・197:吏已收臧(藏)

睡簡・秦律・197:官嗇夫及吏夜更行官

睡簡・秦律・198:節(即)新爲吏舍

睡簡・雜抄・1:任灋(廢)官者爲吏

睡簡・雜抄・2:除士吏、發弩嗇夫不如律

睡簡・雜抄・4:除吏律〖注〗除吏律,律名,關於任用官吏的法律。

睡簡・雜抄・10:吏自佐、史以上負從馬、守書私卒

睡簡・雜抄・12:非吏毆

睡簡・雜抄・12:令、尉、士吏弗得

睡簡・雜抄・13:縣司空、司空佐史、士吏將者弗得

睡簡・雜抄・14:吏部弗得〖注〗吏部,疑爲“部吏”誤倒。部吏,鄉部、亭部之吏。

睡簡・雜抄・15:丞、庫嗇夫、吏貲二甲

睡簡・雜抄・19:縣嗇夫、丞、吏、曹長各一盾

睡簡・雜抄・29:膚(臚)吏乘馬篤、䘲(胔)

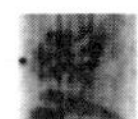
睡簡・雜抄・39:縣嗇夫、尉及士吏行戍不以律

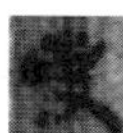
睡簡・日甲・80 正:爲大吏

睡簡・日甲・82 正:爲吏

睡簡・日乙・殘 12:□吏

睡簡・日乙・80:爲吏

睡簡・日乙・82:生爲吏

睡簡・日乙・96:子爲吏

睡簡・爲吏・1:凡爲吏之道

睡簡・爲吏・6:吏有五善

睡簡・爲吏・9:以賃(任)吏

睡簡・爲吏・13:吏有五失

睡簡・效律・2:官嗇夫、冗吏皆共賞(償)不備之貨而入贏

睡簡・效律・20:代者與居吏坐之

睡簡・效律・20:故吏弗效

睡簡・效律・20:去者與居吏坐之

睡簡・效律・20:新吏弗坐

睡簡・效律・20:新吏居之未盈歲

睡簡・效律・21:新吏與居吏坐之

睡簡・效律・21:新吏與居吏坐之

睡簡・效律・24:令官嗇夫、冗吏共賞(償)敗禾粟

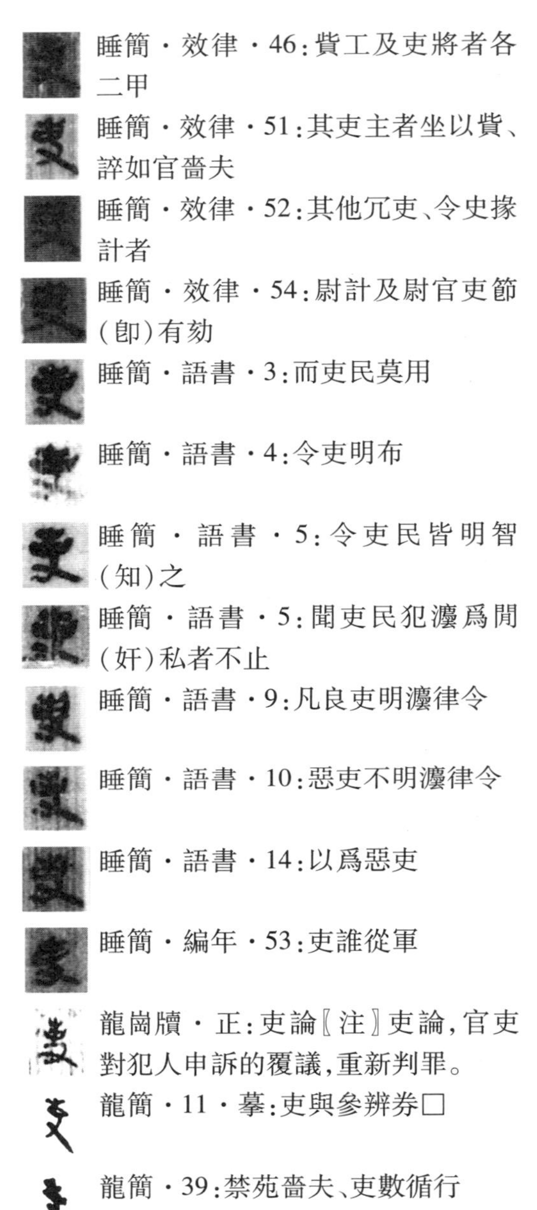

睡簡・效律・46:貲工及吏將者各二甲

睡簡・效律・51:其吏主者坐以貲、誶如官嗇夫

睡簡・效律・52:其他冗吏、令史掾計者

睡簡・效律・54:尉計及尉官吏節(卽)有劾

睡簡・語書・3:而吏民莫用

睡簡・語書・4:令吏明布

睡簡・語書・5:令吏民皆明智(知)之

睡簡・語書・5:聞吏民犯灋爲閒(奸)私者不止

睡簡・語書・9:凡良吏明灋律令

睡簡・語書・10:惡吏不明灋律令

睡簡・語書・14:以爲惡吏

睡簡・編年・53:吏誰從軍

龍崗牘・正:吏論〖注〗吏論,官吏對犯人申訴的覆議,重新判罪。

龍簡・11・摹:吏與參辨券□

龍簡・39:禁苑嗇夫、吏數循行

龍簡・45:吏弗劾論

龍簡・59:若吏[徒]□

龍簡・66:令吏徒讀

龍簡・68・摹:吏具

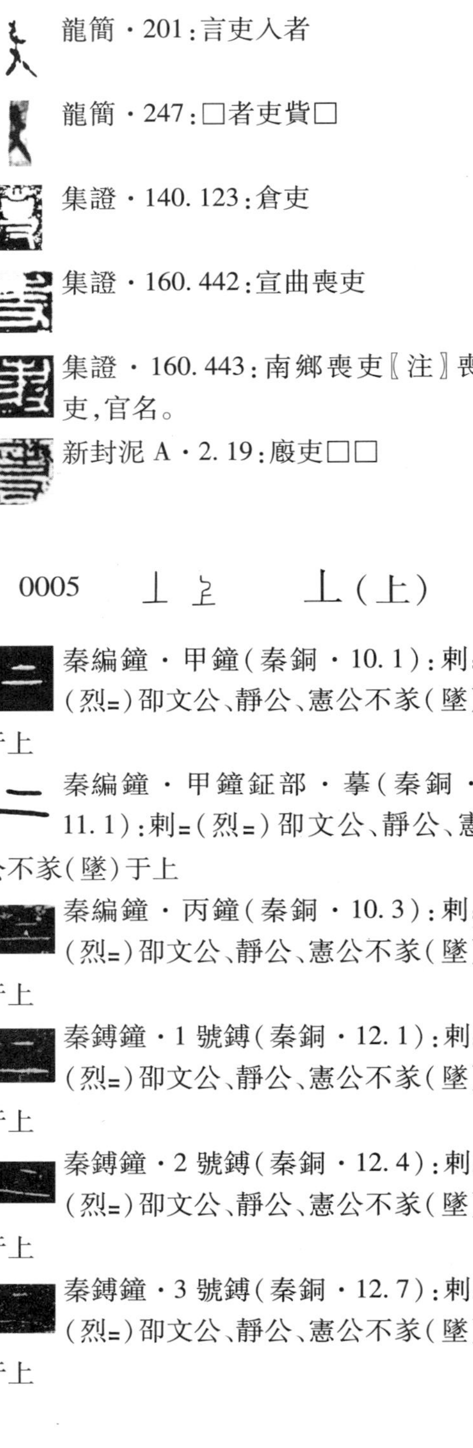

龍簡・116・摹:吏行田贏律(?)詐(詐)□

龍簡・197・摹:吏及徒去辨□

龍簡・201:言吏入者

龍簡・247:□者吏貲□

集證・140.123:倉吏

集證・160.442:宣曲喪吏

集證・160.443:南鄉喪吏〖注〗喪吏,官名。

新封泥A・2.19:廄吏□□

0005　丄　𠄞　　丄(上)

秦編鐘・甲鐘(秦銅・10.1):剌=(烈=)卲文公、静公、憲公不彖(墜)于上

秦編鐘・甲鐘鉦部・摹(秦銅・11.1):剌=(烈=)卲文公、静公、憲公不彖(墜)于上

秦編鐘・丙鐘(秦銅・10.3):剌=(烈=)卲文公、静公、憲公不彖(墜)于上

秦鎛鐘・1號鎛(秦銅・12.1):剌=(烈=)卲文公、静公、憲公不彖(墜)于上

秦鎛鐘・2號鎛(秦銅・12.4):剌=(烈=)卲文公、静公、憲公不彖(墜)于上

秦鎛鐘・3號鎛(秦銅・12.7):剌=(烈=)卲文公、静公、憲公不彖(墜)于上

秦公鎛鐘·摹(秦銅·16.1):不叒(墜)丄〈于〉上

秦公鎛鐘·摹(秦銅·16.1):不叒(墜)丄〈于〉上〖注〗丄,"于"或"才"字之殘。

杜虎符(秦銅·25):用兵五十人以上

新郪虎符(集證·38):用兵五十人以上

新郪虎符·摹(集證·37):用兵五十人以上

廿一年寺工車軎·甲軎(秦銅·93):工上造但〖注〗上造,秦爵之二級。

秦宜陽鼎(實錄):一上

元年丞相斯戈·摹(秦銅·160):工上〖注〗上,人名。

廣衍矛·摹(秦銅·37):上武〖注〗上武,"上郡武庫"之省文。

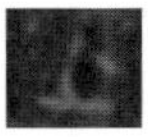

三年相邦呂不韋矛二(撫順·1):上郡叚(假)守定

銅條(集證·44.1):上五〖注〗上五,編號。

四年相邦樛斿戈(秦銅·26.1):櫟陽工上造閒

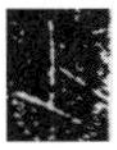

王五年上郡疾戈(秦銅·27):王五年上郡疾造〖注〗上郡,郡名。

王五年上郡疾戈·摹(秦銅·27):王五年上郡疾造

王六年上郡守疾戈·摹(秦銅·28.2):王六年上郡守疾之造

王七年上郡守疾(?)戈·摹(秦銅·29):王七(?)年上郡守疾(?)之造

六年上郡守閒戈(登封·4.2):六年上郡守閒之造

七年上郡守閒戈·照片(秦銅·33):七年上郡守閒造

七年上郡守閒戈·摹(秦銅·33):七年上郡守閒造

十二年上郡守壽戈·摹(秦銅·35):十二年上郡守壽造

十三年上郡守壽戈·摹(集證·21):十三年上郡守壽造

□□年上郡守戈·摹(集證·20):□□年上郡守□造

十五年上郡守壽戈(集證·23):十五年上郡守壽之造

十五年上郡守壽戈·摹(集證·24):十五年上郡守壽之造

十八年上郡戈·摹(秦銅·41):上郡武庫

廿五年上郡守厝戈·摹(秦銅·43):廿五年上郡守厝造

廿五年上郡守厝戈·摹(秦銅·43):上郡武庫

廿五年上郡守周戈(登封·3.2):上〖注〗上,"上郡"之省。

廿五年上郡守周戈(登封·4.1):廿五年上郡守周造

廿七年上郡守趞戈·故宮藏·摹(秦銅·46):廿七年上守趞造

廿七年上郡守趞戈(集證·25.2):廿七年上守趞造

卅七年上郡守慶戈·摹(精粹19):卅七年上郡守慶造

卅八年上郡守慶戈(長平):卅八年上郡守慶造

卅八年上郡守慶戈·摹(長平):卅八年上郡守慶造

卌年上郡守起戈一·摹(秦銅·50):卌年上郡守起[造]

卌年上郡守起戈二·摹(集證·30):卌年上郡守起造

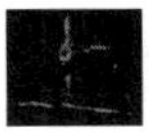

卌八年上郡假守鼂戈(珍金·88):卌八年上郡叚(假)守鼂造

卌八年上郡假守鼂戈・摹(珍金・88):卌八年上郡叚(假)守鼂造

卌八年上郡假守鼂戈(珍金・89):上郡武庫

卌八年上郡假守鼂戈・摹(珍金・89):上郡武庫

元年上郡假守暨戈・摹(珍金・92):元年上郡叚(假)守暨造

二年上郡守冰戈・摹(秦銅・55):二年上郡守冰造

二年上郡守戈(集證・18):二年上郡守冰(?)造

三年上郡守冰戈・摹(秦銅・57):三年上郡守冰造

三年上郡戈・摹(秦銅・59附圖):三年上郡[□(守)□(不)□(造)]

上黨武庫戈(集成11054):上黨武庫〖注〗上黨,地名。

上郡矛(秦銅・196):上郡武庫

廿四年上郡守戟(潛山・19):廿四年上郡守□造

廿四年上郡守戟(潛山・19):上

大墓殘磬(集證・76):上帝是睽

大墓殘磬(集證・77):上帝是□

大墓殘磬(集證・78):上帝□

大墓殘磬(集證・81):□或教自上□〖注〗上,指上帝、上天。

繹山刻石・宋刻本:上薦高號

詛楚文・亞駝(中吳本):不畏皇天上帝及不(丕)顯大神亞駝之光列(烈)威神

詛楚文・亞駝(中吳本):求蔑灋(廢)皇天上帝及不(丕)顯大神亞駝之卹祠、圭玉、羲(犧)牲

詛楚文・亞駝(中吳本):亦應受皇天上帝及不(丕)顯大神亞駝之幾(機)靈德賜

詛楚文・湫淵(中吳本):不畏皇天上帝及大沈氒(厥)湫之光列(烈)威神

詛楚文・湫淵(中吳本):求蔑灋(廢)皇天上帝及大神氒(厥)湫之卹祠、圭玉、羲(犧)牲

詛楚文・湫淵(中吳本):亦應受皇天上帝及大沈氒(厥)湫之幾(機)靈德賜

詛楚文・巫咸(中吳本):不畏皇天上帝及不(丕)顯大神巫咸之光列(烈)威神

詛楚文・巫咸(中吳本):求蔑灋(廢)皇天上帝及不(丕)顯大神巫咸之卹祠、圭玉、羲(犧)牲

詛楚文・巫咸(中吳本):亦應受皇天上帝及不(丕)顯大神巫咸[之]幾(機)靈德賜

天簡28・乙:所其奈上□

天簡29・乙:庚雨上下

天簡29・乙:壬雨上中癸

天簡31・乙:上□毆長

天簡33・乙:而爲二上北而生

睡簡・語書・9:有(又)廉絜(潔)敦慤而好佐上

睡簡・語書・10:毋(無)以佐上

睡簡・語書・12:而上猶智(知)之毆

睡簡·答問·1:臧(臟)一錢以上

睡簡·答問·50:上造甲盜一羊

睡簡·答問·59:貲盾以上

睡簡·答問·63:將上不仁邑里者而縱之〖注〗將上,向上級押送。

睡簡·答問·82:智(知)以上爲"提"

睡簡·答問·107:葆子以上

睡簡·答問·113:爵當上造以上

睡簡·答問·113:爵當上造以上

睡簡·答問·126:將盜戒(械)囚刑臯以上

睡簡·答問·129:一以上

睡簡·答問·130:所捕耐臯以上得取

睡簡·答問·140:上朱(珠)玉內史

睡簡·答問·140:其耐臯以上

睡簡·答問·152:廷行事鼠穴三以上貲一盾

睡簡·答問·151:廌下有稼一石以上

睡簡·答問·177:致耐臯以上

睡簡·答問·191:及六百石吏以上

睡簡·封診式·65:索上終權

睡簡·封診式·65:頭上去權二尺

睡簡·封診式·67:堪上可道終索

睡簡·封診式·76:上高二尺三寸

睡簡·封診式·76:上如豬竇狀

睡簡·封診式·95:捕校上來詣之

睡簡·秦律·8:芻自黃䅽(穌)及䕉束以上皆受之

睡簡·秦律·10:輒上石數縣廷

睡簡·秦律·19:十牛以上而三分一死

睡簡·秦律·20:及受服牛者卒歲死牛三以上

睡簡·秦律·28:上內史

睡簡·秦律·29:上贏不備縣廷

睡簡·秦律·29:輒上數廷

睡簡·秦律·35:已獲上數

睡簡·秦律·37:縣上食者籍及它費大(太)倉

睡簡·秦律·44:宦者、都官吏、都官人有事上爲將

睡簡·秦律·73:七人以上鼠(予)車牛、僕

睡簡·秦律·74:三人以上鼠(予)養一人

睡簡·秦律·92:有餘褐十以上

睡簡·秦律·112:籍書而上內史

睡簡·秦律·112:能先期成學者謁上

睡簡・秦律・118:過三堵以上

睡簡・秦律・123:上之所興

睡簡・秦律・123:羸員及減員自二日以上

睡簡・秦律・125:折軲上

睡簡・秦律・135:葆子以上居贖刑以上到贖死

睡簡・秦律・135:葆子以上居贖刑以上到贖死

睡簡・秦律・136:一室二人以上居貲贖責(債)而莫見其室者

睡簡・秦律・146:免城旦勞三歲以上者

睡簡・秦律・150:有上令除之

睡簡・秦律・164:百石以上到千石

睡簡・秦律・167:過十分以上

睡簡・秦律・175:至計而上廥籍內史

睡簡・秦律・179:自官士大夫以上

睡簡・秦律・182:上造以下到官佐、史毋(無)爵者

睡簡・秦律・187:都官歲上出器求補者數

睡簡・秦律・187:上會九月內史
〖注〗上會,報賬。

睡簡・雜抄・1:上造以上不從令

睡簡・雜抄・1:上造以上不從令

睡簡・雜抄・5:上造以上爲鬼薪

睡簡・雜抄・5:上造以上爲鬼薪

睡簡・雜抄・9:驀馬五尺八寸以上

睡簡・雜抄・11:吏自佐、史以上負從馬、守書私卒

睡簡・雜抄・34:宿者已上守除

睡簡・雜抄・34:徒卒不上宿

睡簡・日甲・3正:上下羣神鄉(饗)之

睡簡・日甲・6正:以見君上

睡簡・日甲・7正:上下皆吉

睡簡・日甲・31背:是上神相

睡簡・日甲・30背:置藩(牆)上

睡簡・日甲・38背:其上旱則淳

睡簡・日甲・41背:其上毋(無)草

睡簡・日甲・47正:從上右方數朔之初日及枳(支)各一日

睡簡・日甲・71背:從以上辟(臂)臑梗

睡簡・日甲・81背:丙名曰轓可癸上

睡簡・日甲・81背:丁名曰浮妾榮辨僕上

睡簡・日甲・101正:害於上皇
〖注〗上皇,謂東皇太一。一說,指帝王。

睡簡・日甲・127正:毋以正月上旬午

睡簡・日甲・127正:二月上旬亥

睡簡·日甲·127 正:三月上旬申

睡簡·日甲·127 正:四月上旬丑

睡簡·日甲·127 正:五月上旬戌

睡簡·日甲·127 正:六月上旬卯

睡簡·日甲·127 正:七月上旬子

睡簡·日甲·128 正:八月上旬巳

睡簡·日甲·128 正:九月上旬寅

睡簡·日甲·128 正:十月上旬未

睡簡·日甲·128 正:十一月上旬辰

睡簡·日甲·128 正:十二月上旬酉

睡簡·日乙·107:上車毋顧

睡簡·日乙·126:命曰毋(無)上剛

睡簡·日乙·132:毋以正月上旬午

睡簡·日乙·132:二月上旬亥

睡簡·日乙·132:三月上旬

睡簡·日乙·133:四月上旬丑

睡簡·日乙·133:五月上旬戌

睡簡·日乙·133:六月上旬卯

睡簡·日乙·133:七月上旬子

睡簡·日乙·133:八月上旬巳

睡簡·日乙·133:九月上旬寅

睡簡·日乙·133:十月上旬未

睡簡·日乙·133:十一月上旬辰

睡簡·日乙·133:十二月上旬丑

睡簡·日乙·248:必爲上卿

睡簡·日乙·253:其疵其上得□其女若母爲巫

睡簡·日乙·257:其上作折其□齒之其□

睡簡·爲吏·6:祿立(位)有續孰敨上

睡簡·爲吏·7:上毋閒阹

睡簡·爲吏·7:一曰中(忠)信敬上

睡簡·爲吏·16:敬上勿犯

睡簡·爲吏·17:四曰犯上弗智(知)害

睡簡·爲吏·25:上亦毋驕

睡簡·爲吏·32:五曰非上

睡簡·爲吏·44:爲人上則明

睡簡·爲吏·48:上明下聖

睡簡·效律·3:十六兩以上

睡簡·效律·4:二升以上

 睡簡・效律・6:八兩以上

 睡簡・效律・7:半朱(銖)[以]上

 睡簡・效律・7:六分升一以上

 睡簡・效律・7:廿分升一以上

 睡簡・效律・10:過二千二百錢以上

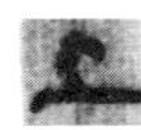 睡簡・效律・12:縣料而不備其見(現)數五分一以上

 睡簡・效律・14:過二千二百錢以上

 睡簡・效律・15:過二千二百錢以上

 睡簡・效律・23:過千石以上

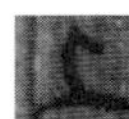 睡簡・效律・25:過十分以上

 睡簡・效律・46:水減二百斗以上

 睡簡・效律・49:上節(卽)發委輸

 睡簡・效律・57:自二以上

 睡簡・效律・57:過二千二百錢以上

 睡簡・效律・59:過六百六十錢以上

 睡簡・效律・60:人戶、馬牛一以上爲大誤

 龍簡・42:故罪當完城旦舂以上者

 龍簡・125:不以敗程租上□

 龍簡・137:分以上

龍簡・140・摹:租笄索不平一尺以上

龍簡・141:上

龍簡・187:□以上

龍簡・233・摹:上及□車□

龍簡・235:□以上貲二□

龍簡・239・摹:□上典

龍簡・250:□鄉邑上□

 里簡・J1(8)152 正:洞庭上帬直(值)

里簡・J1(8)154 正:恆以朔日上所買徒隸數

 里簡・J1(9)1 正:上謁言洞庭尉

 里簡・J1(9)1 正:寫上

 里簡・J1(9)2 正:上謁言洞庭尉

 里簡・J1(9)2 正:寫上

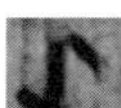 里簡・J1(9)3 正:上謁言洞庭尉

 里簡・J1(9)3 正:寫上

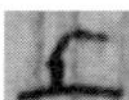 里簡・J1(9)4 正:上謁言洞庭尉

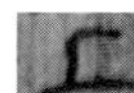 里簡・J1(9)4 正:寫上

 里簡・J1(9)5 正:上謁言洞庭尉

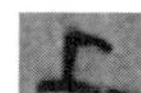 里簡・J1(9)5 正:寫上

里簡·J1(9)6正:上謁言洞庭尉

里簡·J1(9)6正:陽陵褆陽上造徐有貲錢二千六百八十八

里簡·J1(9)7正:上謁言洞庭尉

里簡·J1(9)7正:寫上

里簡·J1(9)8正:上謁令洞庭尉

里簡·J1(9)8正:寫上

里簡·J1(9)9正:上謁言洞庭尉

里簡·J1(9)9正:寫上

里簡·J1(9)10正:寫上

里簡·J1(9)10正:上謁言洞庭尉

里簡·J1(9)11正:上謁洞庭尉

里簡·J1(9)11正:寫上

里簡·J1(9)981正:具志已前上

關簡·31:丁卯宿□上

關簡·47:癸未奏上

關簡·50:戊子宿迣贏邑北上渧〖注〗上渧,地名。

關簡·297:上公、兵死、陽(殤)主歲=在中

關簡·302:里袥、冢主歲=爲上

關簡·321:上槖莫以丸礜

關簡·328:置牛上

帛書·足臂·25:循筋上兼(廉)

帛書·足臂·31:循臂上骨下兼(廉)

帛書·足臂·33:循骨上兼(廉)

帛書·脈法·73:□上而不下

帛書·脈法·74:陽上於環二寸而益爲一久(灸)

帛書·病方·49:浴之道頭上始

帛書·病方·52:上□

帛書·病方·84:毋敢上下尋

帛書·病方·114:取犬尾及禾在圈垣上[者]

帛書·病方·128:即置其編於栚火上

帛書·病方·156:上有□鋭某□

帛書·病方·169:有(又)以涂(塗)隋(脽)□下及其上

帛書·病方·221:先上卵

帛書·病方·248:不後上鄉(嚮)者方

帛書·病方·258:涂(塗)上〈土〉

帛書·病方·267:置柳蕈艾上

帛書·病方·342:以久脂涂(塗)其上

帛書·病方·351:置突上五、六日

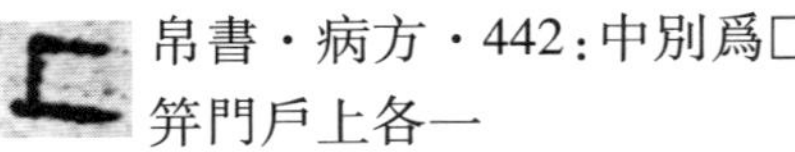

帛書·病方·442:中別爲□之倡而笄門戶上各一

帛書·灸經甲·39:[出]□上

帛書·灸經甲·39:上出魚股之[外]

帛書·灸經甲·43:循骭而上

帛書·灸經甲·52:出臂上廉

帛書·灸經甲·52:起於次指與大指上

帛書·灸經甲·54:出[內]踝之上廉

帛書·灸經甲·54:上[當]走心〖注〗上當走心,疑指逆氣衝心。

帛書·灸經甲·54:腨上廉

帛書·灸經甲·58:觳(繫)於足大指菆(叢)[毛]之上

帛書·灸經甲·58:上[腂(踝)]五寸而[出大(太)陰之後]

帛書·灸經甲·59:上出魚股內廉

帛書·灸經甲·62:上穿脊之□廉

帛書·灸經甲·65:上氣

帛書·灸經甲·67:筋之上

帛書·灸經甲·67:上骨下廉

帛書·灸經甲·70:之下骨上廉

帛書·足臂·1:上貫膞(腨)

帛書·足臂·2:上於豆(脰)

帛書·足臂·5:上貫膝外兼(廉)

帛書·足臂·10:上出乳內兼(廉)

帛書·足臂·10:上貫膝中

帛書·足臂·10:以上之鼻

帛書·足臂·13:上貫膊(腨)

帛書·足臂·16:出內踝上兼(廉)

帛書·足臂·19:上八寸

帛書·足臂·19:上入脞間

帛書·足臂·19:以上出胻內兼(廉)

秦印編1:上官越人

秦印編1:王上

秦印編1:□上

秦印編1:上官賢

秦印編1:上官果

秦印編1:上官鞏

秦印編1:上官董

秦印編1:上官郢

秦印編1:上官遺

秦印編1:上官莊

秦印編 2:上東陽鄉

秦印編 2:上造段周

秦印編 2:上賢事能

秦印編 2:敬上

秦印編 2:敬上

秦印編 2:敬上

秦印編 2:敬上

秦印編 2:敬上

秦印編 2:上林丞印

秦印編 2:上寢

封泥集 167・1:上林丞印〖注〗上林,苑名。

封泥集 167・2:上林丞印

封泥集 200・3:上寖

封泥集 200・5:上寖

封泥集 200・6:上寖

封泥集 250・1:上家馬丞

封泥集 250・4:上家馬丞

封泥集 250・5:上家馬丞

封泥集 363・2:上東陽鄉

封泥集 363・3:上東陽鄉

封泥集 363・4:上東陽鄉

集證・137. 75:上家馬

集證・137. 76:上家馬丞

集證・148. 242:上林郎池

集證・148. 243:上林丞印

集證・149. 262:泰上寖左田

集證・160. 429:上郡候丞

集證・161. 446:上官鞏〖注〗上官,複姓。

集證・161. 447:上官鮮

集證・161. 450:上官□

集證・185. 768:效上士〖注〗上士,道德高尚之人。

封泥印 20:上家馬丞

封泥印 50:上林丞印

封泥印 59:泰上寖□

封泥印 153:上官擨

新封泥 A・3. 15:上□苑□

秦陶・479:東武居貲上造慶忌

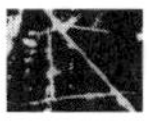

秦陶・492. 1:媰(鄒)上造姜

秦陶・1490:上官

秦陶 A・3.2:上邽工明〖注〗上邽,地名。

漆器 M3・21(雲夢・附二):上

漆器 M8・2(雲夢・附二):亭上

漆器 M9・10(雲夢・附二):咸亭上

漆器 M9・10(雲夢・附二):咸亭上

漆器 M11・1(雲夢・附二):□□上

漆器 M11・4(雲夢・附二):咸亭上包

漆器 M11・4(雲夢・附二):亭上

漆器 M11・16(雲夢・附二):上造

漆器 M11・36(雲夢・附二):咸上

漆器 M11・47(雲夢・附二):亭上

漆器 M11・47(雲夢・附二):咸亭上

漆器 M14・4(雲夢・附二):上

地圖注記・摹(地圖・4):上臨

地圖注記・摹(地圖・5):上辟磨

地圖注記・摹(地圖・5):上臨

地圖注記・摹(地圖・5):上楊谷

0006　帝　帝

秦公簋・器(秦銅・14.1):才(在)帝之坏

陽陵虎符(秦銅・97):右才(在)皇帝

商鞅方升(秦銅・21):皇帝盡并(併)兼天下諸矦

商鞅方升(秦銅・21):立號爲皇帝

高奴禾石銅權(秦銅・32.2):皇帝盡并(併)兼天下諸矦

高奴禾石銅權(秦銅・32.2):立號爲皇帝

始皇詔銅方升一(秦銅・98):皇帝盡并(併)兼天下諸矦

始皇詔銅方升一(秦銅・98):立號爲皇帝

始皇詔銅方升二(秦銅・99):皇帝盡并(併)兼天下諸矦

始皇詔銅方升三(秦銅・100):皇帝盡并(併)兼天下諸矦

始皇詔銅方升三(秦銅・100):立號爲皇帝

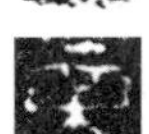
始皇詔銅方升四(秦銅・101):皇帝盡并(併)兼天下諸矦

始皇詔銅橢量一(秦銅・102):皇帝盡并(併)兼天下諸矦

始皇詔銅橢量一(秦銅・102):立號爲皇帝

始皇詔銅橢量二(秦銅・103):皇帝盡并(併)兼天下諸矦

始皇詔銅橢量二(秦銅・103):立號爲皇帝

始皇詔銅橢量三(秦銅・104):皇帝盡并(併)兼天下諸矦

始皇詔銅橢量三(秦銅・104):立號爲皇帝

始皇詔銅橢量四(秦銅·105):皇帝盡并(併)兼天下諸矦

始皇詔銅橢量四(秦銅·105):立號爲皇帝

始皇詔銅橢量五(秦銅·106):皇帝盡并(併)兼天下諸矦

始皇詔銅橢量五(秦銅·106):立號爲皇帝

始皇詔銅橢量六(秦銅·107):皇帝盡并(併)兼天下諸矦

始皇詔銅橢量六(秦銅·107):皇帝盡并(併)兼天下諸矦

始皇詔銅橢量六(秦銅·107):立號爲皇帝

武城銅橢量(秦銅·109):皇帝盡并(併)兼天下諸矦

武城銅橢量(秦銅·109):立號爲皇帝

始皇詔銅權一(秦銅·110):皇帝盡并(併)兼天下諸矦

始皇詔銅權一(秦銅·110):立號爲皇帝

始皇詔銅權二(秦銅·111):皇帝盡并(併)兼天下諸矦

始皇詔銅權二(秦銅·111):立號爲皇帝

始皇詔銅權三(秦銅·112):皇帝盡并(併)兼天下諸矦

始皇詔銅權三(秦銅·112):立號爲皇帝

始皇詔銅權四(秦銅·113):皇帝盡并(併)兼天下諸矦

始皇詔銅權四(秦銅·113):立號爲皇帝

始皇詔銅權五(秦銅·114):立號爲皇帝

始皇詔銅權六(秦銅·115):皇帝盡并(併)兼天下諸矦

始皇詔銅權六(秦銅·115):立號爲皇帝

始皇詔銅權八(秦銅·117):皇帝盡并(併)兼天下諸矦

始皇詔銅權九(秦銅·118):皇帝盡并(併)兼天下諸矦

始皇詔銅權九(秦銅·118):立號爲皇帝

始皇詔銅權十(秦銅·119):皇帝盡并(併)兼天下諸矦

始皇詔銅權十(秦銅·119):立號爲皇帝

始皇詔銅權十一(珍金·124·摹):立號爲皇帝

始皇詔銅權十一(珍金·125):皇帝盡并(併)兼天下諸矦

始皇詔鐵石權二(秦銅·121):皇帝盡并(併)兼天下諸矦

始皇詔鐵石權二(秦銅·121):立號爲皇帝

始皇詔鐵石權五(秦銅·124):立號爲皇帝

始皇詔鐵石權七(秦銅·125):皇帝盡并(併)兼天下諸矦

始皇詔鐵石權七(秦銅·125):立號爲皇帝

始皇詔十六斤銅權一(秦銅·127):皇帝盡并(併)兼天下諸矦

始皇詔十六斤銅權一(秦銅·127):立號爲皇帝

始皇詔十六斤銅權二(秦銅·128):皇帝盡并(併)兼天下諸矦

始皇詔十六斤銅權二(秦銅·128):立號爲皇帝

始皇詔十六斤銅權三(秦銅·129):皇帝盡并(併)兼天下諸矦

始皇詔十六斤銅權三(秦銅·129):立號爲皇帝

始皇詔十六斤銅權四（秦銅·130.1）：皇帝盡并（併）兼天下諸矦

始皇詔十六斤銅權四（秦銅·130.1）：立號爲皇帝

大騩銅權（秦銅·131）：皇帝盡并（併）兼天下諸矦

大騩銅權（秦銅·131）：今襲號而刻辭不稱始皇帝

大騩銅權（秦銅·131）：盡始皇帝爲之

大騩銅權（秦銅·131）：立號爲皇帝

旬邑銅權（秦銅·133）：皇帝盡并（併）兼天下諸矦

旬邑銅權（秦銅·133）：今襲號而刻辭不稱始皇帝

旬邑銅權（秦銅·133）：盡始皇帝爲之

旬邑銅權（秦銅·133）：立號爲皇帝

始皇詔八斤銅權一（秦銅·134）：皇帝盡并（併）兼天下諸矦

始皇詔八斤銅權一（秦銅·134）：立號爲皇帝

始皇詔八斤銅權二（秦銅·135）：皇帝盡并（併）兼天下諸矦

始皇詔八斤銅權二（秦銅·135）：立號爲皇帝

僅存銘始皇詔銅權·一（秦銅·135-1）：皇帝盡并（併）兼天下諸矦

僅存銘始皇詔銅權·一（秦銅·135-1）：立號爲皇帝

僅存銘始皇詔銅權·二（秦銅·135-2）：皇帝盡并（併）兼天下諸矦

僅存銘始皇詔銅權·二（秦銅·135-2）：立號爲皇帝

僅存銘始皇詔銅權·三（秦銅·135-3）：皇帝盡并（併）兼天下諸矦

僅存銘始皇詔銅權·三（秦銅·135-3）：立號爲皇帝

僅存銘始皇詔銅權·四（秦銅·135-4）：皇帝盡并（併）兼天下諸矦

僅存銘始皇詔銅權·四（秦銅·135-4）：立號爲皇帝

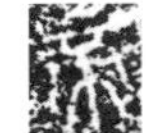
僅存銘始皇詔銅權·五（秦銅·135-5）：皇帝盡并（併）兼天下諸矦

僅存銘始皇詔銅權·五（秦銅·135-5）：立號爲皇帝

僅存銘始皇詔銅權·六（秦銅·135-6）：皇帝盡并（併）兼天下諸矦

僅存銘始皇詔銅權·六（秦銅·135-6）：立號爲皇帝

僅存銘始皇詔銅權·七（秦銅·135-7）：皇帝盡并（併）兼天下諸矦

僅存銘始皇詔銅權·七（秦銅·135-7）：立號爲皇帝

僅存銘始皇詔銅權·八（秦銅·135-8）：皇帝盡并（併）兼天下諸矦

僅存銘始皇詔銅權·八（秦銅·135-8）：立號爲皇帝

僅存銘始皇詔銅權·九（秦銅·135-9）：皇帝盡并（併）兼天下諸矦

僅存銘始皇詔銅權·九（秦銅·135-9）：立號爲皇帝

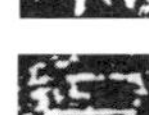
僅存銘始皇詔銅權·十（秦銅·135-10）：皇帝盡并（併）兼天下諸矦

僅存銘始皇詔銅權·十（秦銅·135-10）：立號爲皇帝

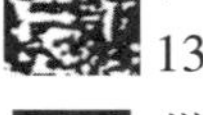
僅存銘始皇詔銅權·十一（秦銅·135-11）：皇帝盡并（併）兼天下諸矦

僅存銘始皇詔銅權·十一（秦銅·135-11）：立號爲皇帝

僅存銘始皇詔銅權·十二（秦銅·135-12）：皇帝盡并（併）兼天下諸矦

僅存銘始皇詔銅權·十二（秦銅·135-12）：立號爲皇帝

僅存銘始皇詔銅權・十三(秦銅・135-13):皇帝盡并(併)兼天下諸侯

僅存銘始皇詔銅權・十三(秦銅・135-13):立號爲皇帝

僅存銘始皇詔銅權・十四(秦銅・135-14):立號爲皇帝

僅存銘始皇詔銅權・十四(秦銅・135-14):皇帝盡并(併)兼天下諸侯

僅存銘始皇詔銅權・十六(秦銅・135-16):立號爲皇帝

僅存銘始皇詔銅權・十七(秦銅・135-17):皇帝盡并(併)兼天下諸侯

僅存銘始皇詔銅權・十七(秦銅・135-17):立號爲皇帝

僅存銘兩詔銅權(秦銅・135-18.1):皇帝盡并(併)兼天下諸侯

僅存銘兩詔銅權(秦銅・135-18.1):立號爲皇帝

僅存銘兩詔銅權(秦銅・135-18.2):今襲號而刻辭不稱始皇帝

僅存銘兩詔銅權(秦銅・135-18.2):盡始皇帝爲之

僅存銘兩詔銅權(秦銅・135-18.2):立號爲皇帝

始皇詔版一(秦銅・136):皇帝盡并(併)兼天下諸侯

始皇詔版一(秦銅・136):立號爲皇帝

始皇詔版二(秦銅・137):皇帝盡并(併)兼天下諸侯

始皇詔版三(秦銅・138):皇帝盡并(併)兼天下諸侯

始皇詔版三(秦銅・138):立號爲皇帝

始皇詔版七(秦銅・143):皇帝盡并(併)兼天下諸侯

始皇詔版七(秦銅・143):立號爲皇帝

始皇詔版八(秦銅・144):皇帝盡并(併)兼天下諸侯

始皇詔版八(秦銅・144):立號爲皇帝

始皇詔版九(殘)(集證・44.2):立號爲皇帝

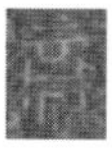

秦箕斂(箕斂・封3):皇帝盡并(併)兼天下諸侯

北私府橢量・始皇詔(秦銅・146):皇帝盡并(併)兼天下諸侯

北私府橢量・始皇詔(秦銅・146):立號爲皇帝

北私府橢量・始皇詔(秦銅・146):皇帝盡并(併)兼天下諸侯

北私府橢量・始皇詔(秦銅・146):立號爲皇帝

北私府橢量・二世詔(秦銅・147):今襲號而刻辭不稱始皇帝

北私府橢量・二世詔(秦銅・147):盡始皇帝爲之

兩詔橢量一(秦銅・148):今襲號而刻辭不稱始皇帝

兩詔橢量一(秦銅・148):盡始皇帝爲之

兩詔橢量一(秦銅・148):立號爲皇帝

兩詔橢量一(秦銅・148):皇帝盡并(併)兼天下諸侯

兩詔橢量二(秦銅・149):今襲號而刻辭不稱始皇帝

兩詔橢量二(秦銅・149):盡始皇帝爲之

兩詔橢量二(秦銅・149):立號爲皇帝

兩詔橢量三之一(秦銅・150):立號爲皇帝

兩詔橢量三之一(秦銅・150):皇帝盡并(併)兼天下諸侯

兩詔橢量三之二（秦銅・151）：今襲號而刻辭不稱始皇帝

兩詔橢量三之二（秦銅・151）：盡始皇帝爲之

左樂兩詔鈞權（集證・43）：皇帝盡并（併）兼天下諸矦

左樂兩詔鈞權（集證・43）：今襲號而刻辭不稱始皇帝

左樂兩詔鈞權（集證・43）：盡始皇帝爲之

左樂兩詔鈞權（集證・43）：立號爲皇帝

二世元年詔版一（秦銅・161）：今襲號而刻辭不稱始皇帝

二世元年詔版一（秦銅・161）：盡始皇帝爲之

二世元年詔版二（秦銅・162）：今襲號而刻辭不稱始皇帝

二世元年詔版二（秦銅・162）：盡始皇帝爲之

二世元年詔版三（秦銅・163）：今襲號而刻辭不稱始皇帝

二世元年詔版三（秦銅・163）：盡始皇帝爲之

二世元年詔版四（秦銅・164）：今襲號而刻辭不稱始皇帝

二世元年詔版四（秦銅・164）：盡始皇帝爲之

二世元年詔版五（秦銅・165）：今襲號而刻辭不稱始皇帝

二世元年詔版五（秦銅・165）：盡始皇帝爲之

二世元年詔版六（秦銅・166）：今襲號而刻辭不稱始皇帝

二世元年詔版六（秦銅・166）：盡始皇帝爲之

二世元年詔版八（秦銅・168）：今襲號而刻辭不稱始皇帝

二世元年詔版八（秦銅・168）：盡始皇帝爲之

二世元年詔版九（秦銅・169）：今襲號而刻辭不稱始皇帝

二世元年詔版十（秦銅・170）：盡始皇帝爲之

二世元年詔版十一（秦銅・171）：今襲號而刻辭不稱始皇帝

二世元年詔版十一（秦銅・171）：盡始皇帝爲之

二世元年詔版十二（秦銅・172）：今襲號而刻辭不稱始皇帝

二世元年詔版十二（秦銅・172）：盡始皇帝爲之

二世元年詔版十三（集證・50）：今襲號而刻辭不稱始皇帝

二世元年詔版十三（集證・50）：盡始皇帝爲之

兩詔版（秦銅・174.1）：盡始皇帝爲之

兩詔版（秦銅・174.1）：立號爲皇帝

兩詔版（秦銅・174.2）：皇帝盡并（併）兼天下諸矦

兩詔銅權一（秦銅・175）：今襲號而刻辭不稱始皇帝

兩詔銅權一（秦銅・175）：盡始皇帝爲之

兩詔銅權一（秦銅・175）：皇帝盡并（併）兼天下諸矦

兩詔銅權一（秦銅・175）：立號爲皇帝

兩詔銅權一（秦銅・175）：立號爲皇帝

兩詔銅權二（秦銅・176）：皇帝盡并（併）兼天下諸矦

兩詔銅權二（秦銅・176）：今襲號而刻辭不稱始皇帝

兩詔銅權二(秦銅·176):盡始皇帝爲之

兩詔銅權二(秦銅·176):立號爲皇帝

兩詔銅權三(秦銅·178):皇帝盡并(併)兼天下諸矦

兩詔銅權三(秦銅·178):今襲號而刻辭不稱始皇帝

兩詔銅權三(秦銅·178):盡始皇帝爲之

兩詔銅權三(秦銅·178):立號爲皇帝

兩詔銅權四(秦銅·179.1):皇帝盡并(併)兼天下諸矦

兩詔銅權四(秦銅·179.1):立號爲皇帝

兩詔銅權五(秦銅·180):皇帝盡并(併)兼天下諸矦

兩詔銅權五(秦銅·180):今襲號而刻辭不稱始皇帝

兩詔銅權五(秦銅·180):立號爲皇帝

兩詔斤權一(集證·45):今襲號而刻辭不稱始皇帝

兩詔斤權一(集證·45):立號爲皇帝

兩詔斤權一(集證·45):皇帝盡并(併)兼天下諸矦

兩詔斤權一·摹(集證·46):皇帝盡并(併)兼天下諸矦

兩詔斤權一·摹(集證·46):今襲號而刻辭不稱始皇帝

兩詔斤權一·摹(集證·46):盡始皇帝爲之

兩詔斤權一·摹(集證·46):立號爲皇帝

兩詔斤權二·照片(集證·47.2):皇帝盡并(併)兼天下諸矦

兩詔斤權二·照片(集證·47.2):立號爲皇帝

兩詔斤權二·摹(集證·49):立號爲皇帝

兩詔斤權二·摹(集證·49):皇帝盡并(併)兼天下諸矦

兩詔斤權二·摹(集證·49):今襲號而刻辭不稱始皇帝

兩詔斤權二·摹(集證·49):盡始皇帝爲之

平陽銅權·摹(秦銅·182):皇帝盡并(併)兼天下諸矦

平陽銅權·摹(秦銅·182):今襲號而刻辭不稱始皇帝

平陽銅權·摹(秦銅·182):立號爲皇帝

平陽銅權·摹(秦銅·182):盡始皇帝爲之

美陽銅權(秦銅·183):立號爲皇帝

美陽銅權(秦銅·183):皇帝盡并(併)兼天下諸矦

美陽銅權(秦銅·183):今襲號而刻辭不稱始皇帝

美陽銅權(秦銅·183):盡始皇帝爲之

大墓殘磬(集證·76):上帝是睽

大墓殘磬(集證·77):上帝是□

大墓殘磬(集證·78):上帝□

詛楚文·亞駝(中吳本):亦應受皇天上帝及不(丕)顯大神亞駝之幾(機)靈德賜

詛楚文·亞駝(中吳本):不畏皇天上帝及不(丕)顯大神亞駝之光列(烈)威神

詛楚文·亞駝(中吳本):求蔑灋(廢)皇天上帝及不(丕)顯大神亞駝之卹祠、圭玉、羲(犧)牲

詛楚文·湫淵(中吳本):不畏皇天上帝及大沈氒(厥)湫之光列(烈)威神

詛楚文·湫淵(中吳本):求蔑灋(廢)皇天上帝及大神氒(厥)湫之卹祠、圭玉、羲(犧)牲

詛楚文·湫淵(中吳本):亦應受皇天上帝及大沈氒(厥)湫之幾(機)靈德賜

詛楚文·巫咸(中吳本):不畏皇天上帝及不(丕)顯大神巫咸之光列(烈)威神

詛楚文·巫咸(中吳本):求蔑灋(廢)皇天上帝及不(丕)顯大神巫咸之卹祠、圭玉、羲(犧)牲

詛楚文·巫咸(中吳本):亦應受皇天上帝及不(丕)顯大神巫咸[之]幾(機)靈德賜

會稽刻石·宋刻本:皇帝並宇

會稽刻石·宋刻本:皇帝休烈

琅邪臺刻石:皇帝曰

琅邪臺刻石:今襲號而金石刻辭不稱始皇帝

琅邪臺刻石:金石刻盡始皇帝所爲也

泰山刻石·宋拓本:皇帝躬聽

泰山刻石·宋拓本:皇帝臨立

泰山刻石·宋拓本:皇帝曰

泰山刻石·宋拓本:今襲號而金石刻辭不稱始皇帝

泰山刻石·宋拓本:金石刻盡始皇帝所爲也

繹山刻石·宋刻本:皇帝立國

繹山刻石·宋刻本:皇帝曰

繹山刻石·宋刻本:今襲號而金石刻辭不稱始皇帝

繹山刻石·宋刻本:金石刻盡始皇帝所爲也

繹山刻石·宋刻本:廼今皇帝

繹山刻石·宋刻本:陀及五帝

龍簡·15:從皇帝而行及舍禁苑中者

龍簡·16·摹:皇帝過

陶量(秦印編2):帝

陶量(秦印編2):帝

陶量(秦印編2):帝

陶量(秦印編2):帝

封泥集105·1:皇帝信璽

集證·133.1:皇帝信璽

始皇詔陶印(《研究》附):立號爲皇帝

始皇詔陶印(《研究》附):皇帝盡并(併)兼天下諸侯

赤峰秦瓦量·殘(銘刻選43):皇帝盡并(併)兼天下諸侯

秦陶·1547:皇帝盡并(併)兼

秦陶·1548:皇帝盡并(併)兼

秦陶·1550:立號爲皇帝

秦陶·1555:年□帝□

秦陶·1563:年□帝盡□

秦陶·1565:年皇帝□

秦陶·1566:年皇帝盡□

秦陶·1567:□帝盡并(併)□天

秦陶·1568:□帝盡并(併)兼□

秦陶·1569:□帝盡并(併)兼□

秦陶·1570:年□帝盡并(併)兼天下

秦陶·1577:立□爲□帝

秦陶·1579:□帝□

秦陶·1581:□爲皇帝□

秦陶·1582:□爲皇帝

秦陶·1584:帝乃詔丞□

秦陶·1587:□帝□

秦陶·1609:皇帝□諸矦

0007　旁　

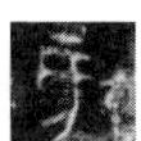秦政伯喪戈一(珍金·42):戮政西旁(方)

秦政伯喪戈一·摹(珍金·42):戮政西旁(方)

秦政伯喪戈二·摹(珍金·43):戮政西旁(方)

天簡25·乙:旁桑毀

天簡39·乙:水旁

睡簡·日甲·17背:宇四旁高

睡簡·日甲·60背:多益其旁人

睡簡·日乙·147:不可祠道旁

睡簡·答問·101:偕旁人不援

睡簡·封診·22:今日見亭旁

睡簡·封診·76:其所以埱者類旁鑿〖注〗旁,《廣雅》:"廣也。"旁鑿,寬刃的鑿子。

睡簡·封診式·89:皆言甲前旁有乾血

睡簡·秦律·120:縣嗇夫材興有田其旁者

睡簡·秦律·196:閉門輒靡其旁火

龍簡·252:□旁不可□

里簡·J1(8)158背:守府快行旁

關簡·354:取戶旁腏黍

帛書·病方·43:卽温衣陜(夾)坐四旁

帛書·病方·109:有(又)以殺本若道旁葥(葥)根二七

帛書·病方·134:或在口旁

帛書·病方·167:□澤旁

帛書·病方·212:陰乾之旁逢卵〖注〗旁,疑讀爲"房"。

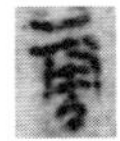
帛書·病方·240:取內戶旁祠空中黍腏、燔死人頭皆冶

帛書·病方·244:牡痔居竅旁

帛書·病方·265:痔者其直(?)旁有小空(孔)

帛書·灸經甲·59:大漬(眥)旁

0008 丅 𠄟 丅(下)

秦公鎛鐘·摹(秦銅·16.1):竈(肇)又(有)下國

武城銅橢量(秦銅·109):皇帝盡并(併)兼天下諸矦

旬邑銅權(秦銅·133):皇帝盡并(併)兼天下諸矦

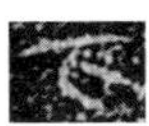
左樂兩詔鈞權(集證·43):皇帝盡并(併)兼天下諸矦

北私府橢量·始皇詔(秦銅·146):皇帝盡并(併)兼天下諸矦

北私府橢量·始皇詔(秦銅·146):皇帝盡并(併)兼天下諸矦

大騩銅權(秦銅·131):皇帝盡并(併)兼天下諸矦

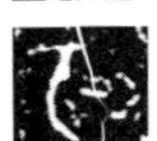
兩詔版(秦銅·174.1):皇帝盡并(併)兼天下諸矦

兩詔斤權一(集證·45):皇帝盡并(併)兼天下諸矦

兩詔斤權一·摹(集證·46):皇帝盡并(併)兼天下諸矦

兩詔斤權二·照片(集證·47.2):皇帝盡并(併)兼天下諸矦

兩詔斤權二·摹(集證·49):皇帝盡并(併)兼天下諸矦

兩詔銅權一(秦銅·175):皇帝盡并(併)兼天下諸矦

兩詔銅權二(秦銅·176):皇帝盡并(併)兼天下諸矦

兩詔銅權三(秦銅·178):皇帝盡并(併)兼天下諸矦

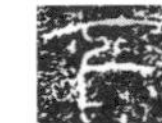
兩詔銅權四(秦銅·179.1):皇帝盡并(併)兼天下諸矦

兩詔橢量一(秦銅·148):皇帝盡并(併)兼天下諸矦

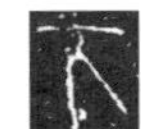
兩詔橢量二(秦銅·149):皇帝盡并(併)兼天下諸矦

平陽銅權·摹(秦銅·182):皇帝盡并(併)兼天下諸矦

美陽銅權(秦銅·183):皇帝盡并(併)兼天下諸矦

僅存銘兩詔銅權(秦銅·135-18.1):皇帝盡并(併)兼天下諸矦

僅存銘始皇詔銅權·一(秦銅·135-1):皇帝盡并(併)兼天下諸矦

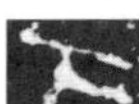
僅存銘始皇詔銅權·二(秦銅·135-2):皇帝盡并(併)兼天下諸矦

僅存銘始皇詔銅權·三(秦銅·135-3):皇帝盡并(併)兼天下諸矦

僅存銘始皇詔銅權·四(秦銅·135-4):皇帝盡并(併)兼天下諸矦

僅存銘始皇詔銅權·六(秦銅·135-6):皇帝盡并(併)兼天下諸矦

僅存銘始皇詔銅權·七(秦銅·135-7):皇帝盡并(併)兼天下諸矦

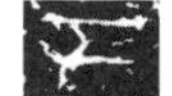
僅存銘始皇詔銅權·八(秦銅·135-8):皇帝盡并(併)兼天下諸矦

僅存銘始皇詔銅權·九(秦銅·135-9):皇帝盡并(併)兼天下諸矦

僅存銘始皇詔銅權·十一(秦銅·135-11):皇帝盡并(併)兼天下諸矦

僅存銘始皇詔銅權·十二(秦銅·135-12):皇帝盡并(併)兼天下諸矦

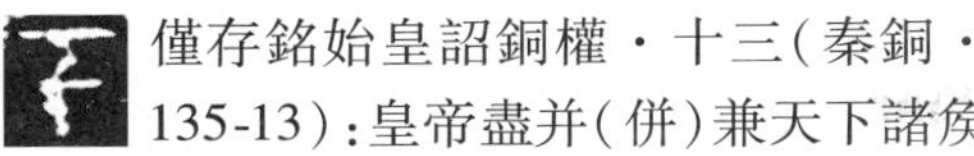
僅存銘始皇詔銅權・十三(秦銅・135-13):皇帝盡并(併)兼天下諸矦

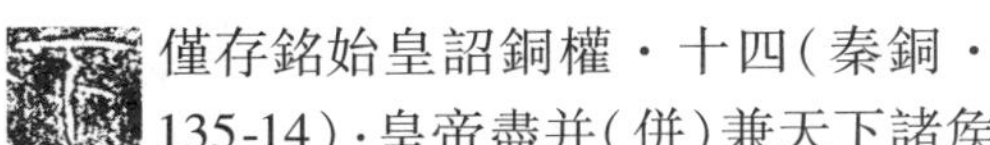
僅存銘始皇詔銅權・十四(秦銅・135-14):皇帝盡并(併)兼天下諸矦

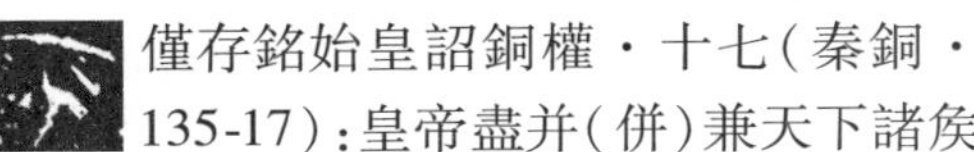
僅存銘始皇詔銅權・十七(秦銅・135-17):皇帝盡并(併)兼天下諸矦

始皇詔八斤銅權二(秦銅・135):皇帝盡并(併)兼天下諸矦

始皇詔版一(秦銅・136):皇帝盡并(併)兼天下諸矦

始皇詔版二(秦銅・137):皇帝盡并(併)兼天下諸矦

始皇詔版三(秦銅・138):皇帝盡并(併)兼天下諸矦

始皇詔版八(秦銅・144):皇帝盡并(併)兼天下諸矦

始皇詔十六斤銅權一(秦銅・127):皇帝盡并(併)兼天下諸矦

始皇詔十六斤銅權二(秦銅・128):皇帝盡并(併)兼天下諸矦

始皇詔十六斤銅權三(秦銅・129):皇帝盡并(併)兼天下諸矦

始皇詔十六斤銅權四(秦銅・130.1):皇帝盡并(併)兼天下諸矦

始皇詔鐵石權二(秦銅・121):皇帝盡并(併)兼天下諸矦

始皇詔鐵石權三(秦銅・122):皇帝盡并(併)兼天下諸矦

始皇詔鐵石權四(秦銅・123):皇帝盡并(併)兼天下諸矦

始皇詔鐵石權七(秦銅・125):皇帝盡并(併)兼天下諸矦

始皇詔銅方升一(秦銅・98):皇帝盡并(併)兼天下諸矦

始皇詔銅方升二(秦銅・99):皇帝盡并(併)兼天下諸矦

始皇詔銅方升三(秦銅・100):皇帝盡并(併)兼天下諸矦

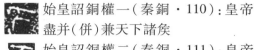

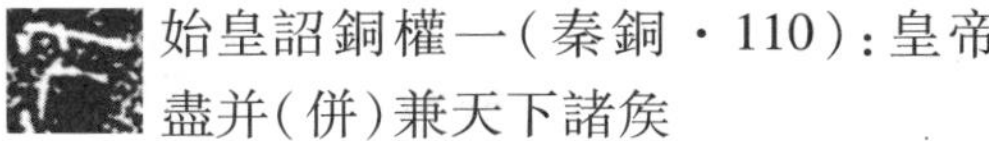
始皇詔銅權一(秦銅・110):皇帝盡并(併)兼天下諸矦

始皇詔銅權二(秦銅・111):皇帝盡并(併)兼天下諸矦

始皇詔銅權三(秦銅・112):皇帝盡并(併)兼天下諸矦

始皇詔銅權四(秦銅・113):皇帝盡并(併)兼天下諸矦

始皇詔銅權六(秦銅・115):皇帝盡并(併)兼天下諸矦

始皇詔銅權九(秦銅・118):皇帝盡并(併)兼天下諸矦

始皇詔銅權十(秦銅・119):皇帝盡并(併)兼天下諸矦

始皇詔銅權十一(珍金・125):皇帝盡并(併)兼天下諸矦

始皇詔銅橢量一(秦銅・102):皇帝盡并(併)兼天下諸矦

始皇詔銅橢量二(秦銅・103):皇帝盡并(併)兼天下諸矦

始皇詔銅橢量三(秦銅・104):皇帝盡并(併)兼天下諸矦

始皇詔銅橢量四(秦銅・105):皇帝盡并(併)兼天下諸矦

始皇詔銅橢量五(秦銅・106):皇帝盡并(併)兼天下諸矦

始皇詔銅橢量六(秦銅・107):皇帝盡并(併)兼天下諸矦

秦駰玉版・乙・摹:虔心以下(?)

會稽刻石・宋刻本:窺軗(巡)天下

會稽刻石・宋刻本:天下承風

繹山刻石・宋刻本:壹家天下

泰山刻石・宋拓本:既平天下

青川牘・䓡:下厚二尺

天簡 27・乙:木下

天簡 28・乙:在黃鐘天下清

天簡 29・乙:庚雨上下

天簡 30・乙:以政下黔首

天簡 33・乙:下八而生者三而爲二

睡簡・語書・2:故後有閒(干)令下者

睡簡・語書・4:故騰爲是而脩灋律令、田令及爲閒(奸)私方而下之

睡簡・語書・6:自從令、丞以下智(知)而弗舉論

睡簡・效律・22:不盈百石以下

睡簡・效律・25:十分一以下

睡簡・效律・47:不盈十斗以下及稟鬃縣中而負者

睡簡・效律・47:不盈百斗以下到十斗

睡簡・效律・47:不盈二百斗以下到百斗

睡簡・效律・56:自二百廿錢以下

睡簡・6號牘・正:綌(綸)布謹善者毋下二丈五尺□

睡簡・答問・2:不盈二百廿以下到一錢

睡簡・答問・25:當貲以下耐爲隸臣

睡簡・答問・151:廌下有稼一石以上

睡簡・答問・152:二以下誶

睡簡・封診・1:治(笞)諒(掠)爲下

睡簡・封診・66:下遺矢弱(溺)

睡簡・封診・76:下廣二尺五寸

睡簡・封診・76:穴下齊小堂

睡簡・封診・88:其頭、身、臂、手指、股以下到足、足指類人

睡簡・秦律・20:不[盈]十牛以下

睡簡・秦律・45:有事軍及下縣者〖注〗下縣,指郡的屬縣。

睡簡・秦律・61:其老當免老、小高五尺以下及隸妾欲以丁粼者一人贖

睡簡・秦律・108:隸臣、下吏、城旦與工從事者冬作

睡簡・秦律・118:三堵以下

睡簡・秦律・164:其不可食者不盈百石以下

睡簡・秦律・167:度禾、芻稾而不備十分一以下

睡簡・秦律・181:不更以下到謀人

睡簡・秦律・182:上造以下到官佐、史毋(無)爵者

睡簡・秦律・192:下吏能書者

睡簡・秦律・193:侯(候)、司寇及羣下吏毋敢爲官府佐、史及禁苑憲盜

睡簡・雜抄・5:公士以下刑爲城旦

睡簡・雜抄・28:卒歲六匹以下到一匹

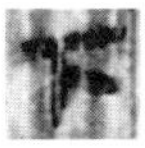

睡簡·雜抄·34:擅下

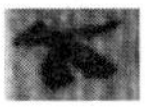

睡簡·日甲·3正:上下羣神鄉(饗)之

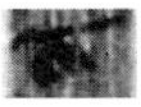

睡簡·日甲·7正:上下皆吉

睡簡·日甲·16背:宇最邦之下

睡簡·日甲·17背:中央下

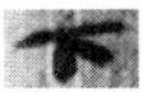

睡簡·日甲·18背:宇四旁下

睡簡·日甲·19背:南方下

睡簡·日甲·20背:北方下

睡簡·日甲·21背:西方下

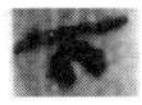

睡簡·日甲·32背:好下樂入

睡簡·日甲·39背:是上神下取妻

睡簡·日甲·63背:取丘下之莠

睡簡·日甲·69背:臧(藏)於垣內中糞蔡下

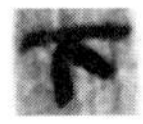

睡簡·日甲·70背:臧(藏)牛廄中草木下

睡簡·日甲·73背:臧(藏)東南反(阪)下

睡簡·日甲·74背:臧(藏)於瓦器下

睡簡·日甲·75背:臧(藏)於草木下

睡簡·日甲·78背:臧(藏)於園中草下

睡簡·日甲·80背:臧(藏)於圂中垣下

睡簡·日甲·128正:凡是日赤啻(帝)恆以開臨下民而降其英(殃)

睡簡·日甲·151正:在足下者賤

睡簡·日乙·134:凡是日赤啻(帝)恆以開臨下民而降央(殃)

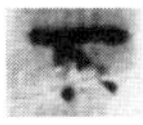

睡簡·日乙·156:下市申

睡簡·爲吏·8:下雖善欲獨可(何)急

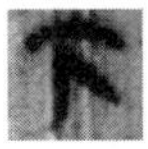

睡簡·爲吏·11:欲令之具下勿議

睡簡·爲吏·12:下恆行巧而威故移

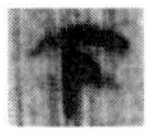

睡簡·爲吏·15:茲(慈)下勿陵

睡簡·爲吏·45:爲人下則聖

睡簡·爲吏·48:上明下聖

龍簡·238:□下皆□

里簡·J1(8)152正:廷下御史書

里簡·J1(8)154背:水十一刻[刻]下二

里簡·J1(8)156:水十一刻[刻]下五

里簡·J1(8)156:遷陵守丞色下少內

里簡·J1(8)158正:主令史下絡帬直(值)書已到

里簡·J1(9)3正:陽陵下里士五(伍)不識有貲餘錢千七百廿八

〖注〗下里,里名。

里簡·J1(9)5正:陽陵下里士五(伍)鹽有貲錢三百八十四

里簡·J1(9)984背:水下八刻

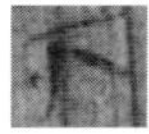 里簡・J1(16)5 背:水十一刻[刻]下九

 關簡・165:下餔

 關簡・297:其下有白衣之冣

 關簡・299:其下有旱

 關簡・299:籔(築)囚、行、炊主歲=爲下

 關簡・300:其下有大敗

 關簡・302:其下有水

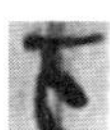 關簡・312:下氣

 關簡・328:即取垣瓦貍(埋)東陳垣止(址)下

 關簡・328:置垣瓦下

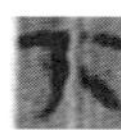 關簡・329:先貍(埋)一瓦垣止(址)下

 關簡・340:令可下免廱(甕)

 關簡・341:□下免繘廱(甕)

 關簡・342:毋下一升

 關簡・348:到囷下

 關簡・351:到囷下

關簡・351:即言囷下曰

 關簡・352:與腏以并涂囷廥下

 關簡・364:其庚寅遺書下

 關簡・372:毋下九日

 關簡・375:淳毋下三斗

 帛書・脈法・72:以眡(脈)法明教下

 帛書・脈法・73:□上而不下

 帛書・病方・目錄:夕下

 帛書・病方・31:適下

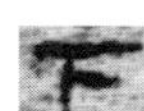 帛書・病方・49:下盡身

 帛書・病方・53:下如賠(衃)血

 帛書・病方・70:夕下靡〖注〗夕下,皮膚病名。

 帛書・病方・84:毋敢上下尋

 帛書・病方・94:以食□逆甗下

 帛書・病方・95:令下盂中

 帛書・病方・105:以月晦日日下餔(晡)時〖注〗日下餔時,即下晡,申之後五刻。

 帛書・病方・110:投澤若淵下

 帛書・病方・162:潰(沸)下

 帛書・病方・191:先取鵲棠下蒿

 帛書・病方・204:天神下干疾

 帛書・病方・206:令積(癩)者屋霤下東鄉(嚮)

 帛書・病方・208:立堂下東鄉(嚮)

帛書・病方・217:東鄉(嚮)坐於東陳垣下

帛書・病方・219:輒棱杙垣下

帛書・病方・221:引下其皮

帛書・病方・228:而傅之隋(脽)下

帛書・病方・249:貍(埋)席下

帛書・病方・256:下□而□

帛書・病方・269:則下之

帛書・病方・380:今若爲下民疕

帛書・病方・380:天啻(帝)下若

帛書・病方・380:以履下靡(磨)抵〈抵〉之〖注〗履下,鞋底。

帛書・病方・437:以下湯敦(淳)符灰

帛書・灸經甲・48:下肩

帛書・灸經甲・50:[上骨]下廉

帛書・灸經甲・54:出魚股陰下廉

帛書・灸經甲・67:上骨下廉

帛書・灸經甲・70:筋之下

帛書・灸經甲・70:之下骨上廉

帛書・足臂・1:枝之下膞〖注〗下膞,人體部位名。

帛書・足臂・2:枝顔下

帛書・足臂・27:出臑内下兼(廉)

帛書・足臂・27:循筋下兼(廉)

帛書・足臂・29:出臑下兼(廉)

帛書・足臂・29:循骨下兼(廉)

帛書・足臂・31:循臂上骨下兼(廉)

秦印編2:下池登

秦印編2:下官屆

集證・137.78:下家馬丞〖注〗家馬,官名。

秦印編2:下家馬丞

封泥印20:下家馬丞

秦印編2:涇下家馬

集證・137.79:涇下家馬

集證・155.359:下密丞印〖注〗下密,地名。

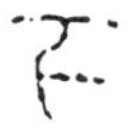

秦印編2:下密丞印

新封泥B・2.12:下相丞印〖注〗下相,地名。

封泥印127:下相丞印

秦印編2:下邽丞印〖注〗下邽,地名。

封泥集274・1:下邽丞印

封泥集274・2:下邽丞印

 集證・147.236:下廏[丞]印

 集證・151.300:下[邽]丞印

 集證・152.301:下邽丞印

 封泥集196・1:下廏

 封泥集197・1:下廏丞印

 新封泥B・3.25:下邑丞印〖注〗下邑,地名。

 封泥印144:下邑丞印

 陶量(秦印編2):下

 秦陶・1549:□盡并(併)兼天下諸矦

 秦陶・1557:□并(併)兼天下諸矦

 秦陶・1558:□并(併)兼天下

 秦陶・1570:□帝盡并(併)兼天下

 秦陶・1573:□并(併)兼天下

 秦陶・1574:□天下諸□

 秦陶・1605:廿六年□兼天下諸□

 始皇詔陶印(《研究》附):皇帝盡并(併)兼天下諸矦

 秦陶・1255:下邽

 集證・222.274:下邽

集證・222.275:下邽

 集證・223.278:下邽

 地圖注記・摹(地圖・5):下楊谷

 地圖注記・摹(地圖・5):下辟磨

地圖注記・摹(地圖・5):下臨

0009 示

 秦駰玉版・甲・摹:欲事天地、四亟(極)、三光、山川、神示(祇)、五祀、先祖〖注〗神祇,指天神地祇。

 秦駰玉版・乙・摹:欲事天地、四亟(極)、三光、山川、神示(祇)、五祀、先祖

 秦印編2:示□

 秦印編2:李示麇

 秦陶・424:示

 秦陶・425:□示

 秦陶・426:示

 秦陶・1050:示

 秦陶・1051:示

 秦陶・1052:示

 秦陶・1086:示

秦陶・1087:示

0010 禮礼

詛楚文・湫淵(中吳本):禮使介老

詛楚文・巫咸(中吳本):禮使介老

詛楚文・亞駝(中吳本):禮使介老

里簡・J1(16)6 正:洞庭守禮謂縣嗇夫

帛書・病方・295:出禮(體)

秦印編 3:李禮

0011 祿

睡簡・編年・52:王稽、張祿死〖注〗張祿,即范雎。

睡簡・日甲・75 背:名徹達祿得獲錯

睡簡・爲吏・6:祿立(位)有續孰敃上

睡簡・爲吏・9:非以官祿夬助治

集證・166.517:任祿〖注〗任祿,人名。

集證・168.549:杜祿〖注〗杜祿,人名。

集證・178.676:楊祿〖注〗楊祿,人名。

集證・182.717:榮祿〖注〗榮祿,人名。

集證・222.271:安邑祿〖注〗祿,人名。

秦陶 A・2.5:安邑祿

秦印編 3:趙祿

秦印編 3:祿

秦印編 3:賈祿

秦印編 3:駱祿

秦印編 3:祿印

秦印編 3:王祿

秦印編 3:橋祿

秦印編 3:榮祿

封泥集 369・1:宋祿〖注〗宋祿,人名。

秦印編 3:公祿

封泥集 378・1:皃祿〖注〗皃祿,人名。

0012 福

不其簋蓋(秦銅・3):用匄多福

滕縣不其簋器(秦銅・4):用匄多福

秦編鐘・甲鐘(秦銅・10.1):以受多福

秦編鐘・甲鐘左鼓・摹(秦銅・11.2):以受多福

秦編鐘・乙鐘(秦銅・10.2):以受大福

秦編鐘・乙鐘左鼓・摹(秦銅・11.6):以受大福

秦編鐘・戊鐘(秦銅・10.5):以受大福

秦鎛鐘·1號鎛(秦銅·12.2):以受多福

秦鎛鐘·1號鎛(秦銅·12.3):以受大福

秦鎛鐘·2號鎛(秦銅·12.5):以受多福

秦鎛鐘·2號鎛(秦銅·12.6):以受大福

秦鎛鐘·3號鎛(秦銅·12.8):以受多福

秦鎛鐘·3號鎛(秦銅·12.9):以受大福

秦公鎛鐘·摹(秦銅·16.2):以受多福

睡簡·日乙·146:唯福是司

睡簡·日乙·146:多投福

睡簡·秦律·66:福(幅)廣二尺五寸〖注〗幅,布的寬度。

睡簡·爲吏·5:過(禍)去福存

秦印編3:福遺

秦印編3:尹福

封泥印145:福

0013　神

大墓殘磬(集證·76):左(佐)以靇(靈)神〖注〗靈神,即神靈。

大墓殘磬(集證·79):神

大墓殘磬(集證·79):以靇(靈)神

詛楚文·亞駝(中吳本):亦應受皇天上帝及不(丕)顯大神亞駝之幾(機)靈德賜

詛楚文·亞駝(中吳本):以盟(明)大神之威神

詛楚文·亞駝(中吳本):以盟(明)大神之威神

詛楚文·亞駝(中吳本):不畏皇天上帝及不(丕)顯大神亞駝之光列(烈)威神

詛楚文·亞駝(中吳本):不畏皇天上帝及不(丕)顯大神亞駝之光列(烈)威神

詛楚文·亞駝(中吳本):親印(仰)不(丕)顯大神亞駝而質焉

詛楚文·亞駝(中吳本):求蔑灋(廢)皇天上帝及不(丕)顯大神亞駝之卹祠、圭玉、羲(犧)牲

詛楚文·亞駝(中吳本):使其宗祝邵鼛布愍(檄)告於不(丕)顯大神亞駝

詛楚文·巫咸(中吳本):以盟(明)大神之威神

詛楚文·巫咸(中吳本):以盟(明)大神之威神

詛楚文·巫咸(中吳本):不畏皇天上帝及不(丕)顯大神巫咸之光列(烈)威神

詛楚文·巫咸(中吳本):不畏皇天上帝及不(丕)顯大神巫咸之光列(烈)威神

詛楚文·巫咸(中吳本):親印(仰)不(丕)顯大神巫咸而質焉

詛楚文·巫咸(中吳本):求蔑灋(廢)皇天上帝及不(丕)顯大神巫咸之卹祠、圭玉、羲(犧)牲

詛楚文·巫咸(中吳本):使其宗祝邵鼛布愍(檄)告於不(丕)顯大神巫咸

詛楚文·巫咸(中吳本):亦應受皇天上帝及不(丕)顯大神巫咸[之]

幾(機)靈德賜〖注〗大神,卽明神。

詛楚文·湫淵(中吳本):求蔑灋(廢)皇天上帝及大神氒(厥)湫之卹祠、圭玉、羲(犧)牲

詛楚文·湫淵(中吳本):以盟(明)大神之威神

詛楚文·湫淵(中吳本):以盟(明)大神之威神

詛楚文·湫淵(中吳本):不畏皇天上帝及大沈氒(厥)湫之光列(烈)威神

詛楚文·湫淵(中吳本):使其宗祝卲鼛布愍(檄)告於不(丕)顯大神氒(厥)湫

秦駰玉版·甲·摹:𦣞=(孯孯)㮚(烝)民之事明神〖注〗明神,神明、神靈。

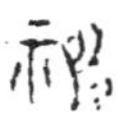

秦駰玉版·甲·摹:若明神不□其行

秦駰玉版·甲·摹:使明神智(知)吾情

秦駰玉版·甲·摹:欲事天地、四亟(極)、三光、山川、神示(祇)、五祀、先祖〖注〗神祇,指天神地祇。

秦駰玉版·乙·摹:𦣞=(孯孯)㮚(烝)民之事明神

秦駰玉版·乙·摹:若明神不□其行

秦駰玉版·乙·摹:使明神智(知)吾情

秦駰玉版·乙·摹:欲事天地、四亟(極)三光、山川、神示(祇)、五祀、先祖

睡簡·日甲·3正:上下羣神鄉(饗)之

睡簡·日甲·27背:大神

睡簡·日甲·28背:見其神以投之

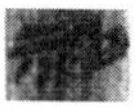

睡簡·日甲·31背:是上神相

睡簡·日甲·34背:是神虫僞爲人

睡簡·日甲·36背:是狀神在其室

睡簡·日甲·48背:是神狗僞爲鬼

睡簡·日甲·133背:是胃(謂)土神

睡簡·日甲·138背:神以毀宫

睡簡·日甲·156背:馬禖合神

帛書·病方·204:神女倚序聽神吾(語)

帛書·病方·204:天神下干疾

帛書·病方·308:黄神且與言〖注〗黄神,古代神名。

帛書·病方·427:黄神興□

帛書·病方·427:黄神在竈中

0014 齋 𪗉

詛楚文·湫淵(中吳本):衫以齋盟〖注〗齋,齋戒。或說借爲"齊",一心。

詛楚文·巫咸(中吳本):衫以齋盟

詛楚文·亞駝(中吳本):衫以齋盟

0015 祭

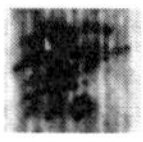

睡簡·日甲·2正:不成以祭

睡簡·日甲·4正:以祭門行、行水

睡簡·日甲·5正:祭門行

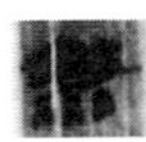睡簡·日甲·5正:以祭,最衆必亂者

睡簡·日甲·6正:祭祀、家(嫁)子、取(娶)婦、入材

睡簡·日甲·7正:以祭,上下皆吉

睡簡·日甲·10正:利以祭祀

睡簡·日甲·13正:大祭

睡簡·日甲·103正:毋以寅祭祀、鑿井

睡簡·日乙·15:利以見人、祭、作大事、取(娶)妻

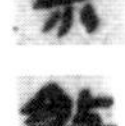睡簡·日乙·20:利以祭、之四旁(方)野外

睡簡·日乙·24:利以起大事、祭、家(嫁)子

睡簡·日乙·25:利以乘車、寇〈冠〉、帶劍、裚(製)衣常(裳)、祭、作大事、家(嫁)子

睡簡·日乙·155:祭祀、嫁子、作大事

秦印編3:祭敬

秦印編3:敦祭尊印

0016 祀 禩 祀 禩

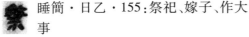

秦編鐘·甲鐘(秦銅·10.1):余夙夕虔敬朕祀

秦編鐘·甲鐘左鼓·摹(秦銅·11.2):余夙夕虔敬朕祀

秦編鐘·丁鐘(秦銅·10.4):余夙夕虔敬朕祀

秦鎛鐘·1號鎛(秦銅·12.2):余夙夕虔敬朕祀

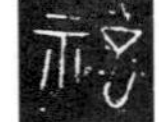秦鎛鐘·2號鎛(秦銅·12.5):余夙夕虔敬朕祀

秦鎛鐘·3號鎛(秦銅·12.8):余夙夕虔敬朕祀

秦公鎛鐘·摹(秦銅·16.2):虔敬朕祀

秦公簋·蓋(秦銅·14.2):虔敬朕祀

秦駰玉版·甲·摹:欲事天地、四亟(極)、三光、山川、神示(祇)、五祀、先祖〖注〗五祀,指古代祭祀的五種神。

秦駰玉版·乙·摹:欲事天地、四亟(極)、三光、山川、神示(祇)、五祀、先祖

睡簡·日甲·6正:祭祀、家(嫁)子、取(娶)婦、入材

睡簡·日甲·10正:利以祭祀

睡簡·日甲·42正:以祠祀、飲食、哥(歌)樂

睡簡·日甲·44正:不可祠祀、哥(歌)樂

睡簡·日甲·103正:毋以寅祭祀鑿井

睡簡·日甲·139正:不可祠祀、殺生(牲)

睡簡·6號牘·背:爲驚祠祀

睡簡·日乙·40:祠五祀日

睡簡·日乙·155:祭祀、嫁子、作大事

秦印編3:祠祀〖注〗祠祀,官署名。

封泥集 179・1:祠祀

集證・133.12:祠祀

封泥印 4:祠祀

0017　祖　祖

秦駰玉版・甲・搴:欲事天地、四亟(極)、三光、山川、神示(祇)、五祀、先祖

秦駰玉版・乙・搴:欲事天地、四亟(極)、三光、山川、神示(祇)、五祀、先祖

集證・175.625:彭祖〖注〗彭祖,人名。

0018　祠　祠

詛楚文・湫淵(中吳本):求蔑灋(廢)皇天上帝及大神氒(厥)湫之卹祠、圭玉、羲(犧)牲〖注〗卹祠,血祀,即血食祭品。于省吾說卹訓敬慎,卹祠,虔誠地祭祀。

詛楚文・巫咸(中吳本):求蔑灋(廢)皇天上帝及不(丕)顯大神巫咸之卹祠、圭玉、羲(犧)牲

詛楚文・亞駝(中吳本):求蔑灋(廢)皇天上帝及不(丕)顯大神亞駝之卹祠、圭玉、羲(犧)牲

天簡 22・甲:可以祝祠

天簡 39・乙:有法祠

睡簡・6 號牘・背:爲驚祠祀

睡簡・答問・27:可(何)謂"祠未闗"

睡簡・答問・28:王室祠

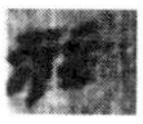

睡簡・答問・161:擅興奇祠〖注〗奇祠,不合法的祠廟。

睡簡・答問・161:王室所當祠固有矣

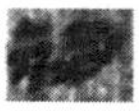

睡簡・日甲・14 正:可以祠

睡簡・日甲・18 正:爲官府室祠

睡簡・日甲・22 背:祠木臨宇〖注〗祠木,疑即社木。

睡簡・日甲・32 正:利祠

睡簡・日甲・34 正:以祠,吉

睡簡・日甲・38 正:不可臨官、飲食、樂、祠祀

睡簡・日甲・40 正:利以祠外

睡簡・日甲・42 正:以祠祀、飲食、哥(歌)樂

睡簡・日甲・49 背:人毋(無)故而鬼祠(伺)其宮〖注〗伺,窺伺。

睡簡・日甲・71 正:取婦、家(嫁)女、出入貨及祠

睡簡・日甲・79 正:祠行良日

睡簡・日甲・80 正:利祠

睡簡・日甲・101 正:不可以取婦、家(嫁)女、禱祠、出貨

睡簡・日甲・113 正:大祠

睡簡・日乙・31:祠室中日

睡簡・日乙・33:祠戶日

睡簡・日乙・37:祠行日

睡簡・日乙・39:祠□日

睡簡・日乙・40:祠五祀日

睡簡・日乙・43:不可祠

睡簡・日乙・52:祠史先龍丙望

睡簡・日乙・54:可以祠

睡簡・日乙・57:祠,出入人民、畜生

睡簡・日乙・59:利祠外

睡簡・日乙・61:葬貍(埋)祠

睡簡・日乙・62:祠,必鬬見血

睡簡・日乙・77:皆不可以大祠

睡簡・日乙・80:利祠

睡簡・日乙・82:祠及行

睡簡・日乙・83:祠及百事

睡簡・日乙・90:祠及行

睡簡・日乙・94:以祠,必有火起

睡簡・日乙・96:利祠及[行]

睡簡・日乙・97:祠、爲門行

睡簡・日乙・98:祠及行、出入[貨],吉

睡簡・日乙・99:祠,吉

睡簡・日乙・100:不可祠及行

睡簡・日乙・101:以祠,必有敫(檄)

睡簡・日乙・102:不可祠

睡簡・日乙・103:利祠及行賈、賈市

睡簡・日乙・105:祠、賈市、取妻

睡簡・日乙・120:勿以作事、大祠

睡簡・日乙・125:可以家(嫁)女、取婦、寇〈冠〉帶、祠

睡簡・日乙・143:祠常行道右

睡簡・日乙・144:祠常行

睡簡・日乙・144:行祠

睡簡・日乙・145:行行祠

睡簡・日乙・145:行祠

睡簡・日乙・145:祠道左

睡簡・日乙・145:祠道右

睡簡・日乙・147:□祠

睡簡・日乙・147:丁不可祠道旁

睡簡・日乙・147:戊辰不可祠道𢓜(旁)

睡簡・日乙・147:正□癸不可祠人伏

睡簡・日乙・148:祠室

睡簡・日乙・148:祠親

睡簡・日乙・148:祠戶

睡簡・日乙・殘6:人祠有細單毋大

睡簡・日乙・殘12:祠祀

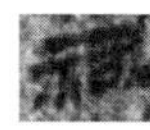岳山牘・M36:43正:以五卯祠之必有得也

關簡・347:我獨祠先農

關簡・347:人皆祠泰父

帛書・病方・240:取內戶旁祠空中黍腏、燔死人頭皆冶

集證・133.12:祠祀

封泥印4:祠祀

秦印編4:祠祀

封泥印5:雍祠丞印

集證・133.13:祠廚〖注〗祠廚,祠祀廚官,官名。

0019　祝

石鼓文・吳人(先鋒本):□□大祝〖注〗大,通"太"。太祝,官名。

詛楚文・湫淵(中吳本):使其宗祝邵鼛布愍(檄)告于不(丕)顯大神氒(厥)湫〖注〗宗祝,官名。

詛楚文・巫咸(中吳本):使其宗祝邵鼛布愍(檄)告于不(丕)顯大神巫咸

詛楚文・亞駝(中吳本):使其宗祝邵鼛布愍(檄)告于不(丕)顯大神亞駝

天簡22・甲:夫可以祝祠

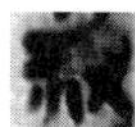睡簡・日乙・145:其祝曰

睡簡・日乙・194:祝曰

關簡・330:祝曰

關簡・338:祝曰

關簡・343:祝投米曰

關簡・343:祝曰

關簡・345:鄉(向)馬祝曰

關簡・348:祝曰

帛書・病方・13:祝曰〖注〗祝,即咒。

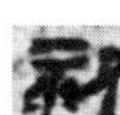帛書・病方・52:祝之曰

帛書・病方・66:鄉(嚮)甸(電)祝之

帛書・病方・104:祝曰

帛書・病方・111:祝尤(疣)

帛書・病方・206:祝曰

帛書・病方・381:祝曰

帛書・病方・427:其祝曰

帛書・病方・443:祝曰

集證・133.10:祝印〖注〗祝,官名。

集證・133.11:祝印

新封泥C・17.10:祝印

封泥印2:祝印

秦印編4:祝印

秦印編4:祝闌

0020 禱 禂 𥜒 禱 禂 𥜒

睡簡・日甲・101正:不可以取(娶)婦、家(嫁)女、禱祠、出貨

關簡・352:歲歸其禱

關簡・353:恆以臘日塞禱如故〖注〗塞禱,指酬報神的祭祀。

0021 禖 禖

睡簡・日甲・156背:馬禖合神〖注〗禖,媒。馬禖,祈禱馬匹繁殖的祭祀,或即祭祀馬祖。

睡簡・日甲・156背:馬禖

0022 社 䄕 社 䄕

詛楚文・湫淵(中吳本):欲剗伐我社稷(稷)

詛楚文・巫咸(中吳本):欲剗伐我社稷(稷)

詛楚文・亞駝(中吳本):欲剗伐我社稷(稷)

睡簡・日乙・164:中鬼見社爲姓(眚)

0023 禍 禍

會稽刻石・宋刻本:遂起禍殃

0024 祟 𥜒 祟 𥜒

睡簡・日甲・72正:王母爲祟

睡簡・日甲・74正:外鬼傷(殤)死爲祟

睡簡・日甲・76正:外鬼爲祟

睡簡・日乙・206:明鬼祟之

睡簡・日乙・216:明鬼祟之

0025 禁 禁

會稽刻石・宋刻本:禁止淫泆

嶧山刻石・宋刻本:莫能禁止

睡簡・秦律・5:邑之紤(近)皂及它禁苑者〖注〗禁苑,王室畜養禽獸的苑囿,禁止百姓入內。

睡簡・秦律・6:百姓犬入禁苑中而不追獸及捕獸者

睡簡・秦律・7:河(呵)禁所殺犬

睡簡・秦律・7:其他禁苑殺者

睡簡·秦律·12:田嗇夫、部佐謹禁御之

睡簡·秦律·117:縣葆禁苑、公馬牛苑

睡簡·秦律·119:縣所葆禁苑之傅山、遠山

睡簡·秦律·193:侯(候)、司寇及羣下吏毋敢爲官府佐、史及禁苑憲盜

龍簡·1·摹:諸叚兩雲夢池魚(籞)及有到雲夢禁中者〖注〗禁中,皇家禁區。

龍簡·6:禁苑吏、苑人及黔首有事禁中

龍簡·6:禁苑吏、苑人及黔首有事禁中

龍簡·7:諸有事禁苑中者

龍簡·13·摹:盜入禁苑□

龍簡·15:從皇帝而行及舍禁苑中者

龍簡·17:亡人挾弓、弩、矢居禁中者

龍簡·18·摹:追盜賊、亡人出入禁苑耎(?)者得□

龍簡·19·摹:其在(?)禁(?)□當出(?)者(?)

龍簡·20·摹:以盜入禁苑律論之

龍簡·23·摹:敺(驅)入禁苑中

龍簡·27·摹:禁毋敢取耎(壖)中獸

龍簡·27·摹:取者其罪與盜禁中[同]□

龍簡·27:諸禁苑爲耎(壖)

龍簡·28:諸禁苑有耎(壖)者

龍簡·30:黔首其欲弋射耎射獸者勿禁

龍簡·31·摹:去甬道、禁苑□

龍簡·31:諸弋射甬道、禁苑外卅(?)里(?)毄(繫)

龍簡·32:諸取禁中豺狼者

龍簡·38:諸取禁苑中柞(柞)、棫、檣、楢產葉及皮□

龍簡·39:禁苑嗇夫、吏數循行

龍簡·49·摹:盜禁苑□

龍簡·82:河禁所殺犬

龍簡·83:□它禁苑

龍簡·84:□禁苑□

龍簡·112·摹:馬、牛、駒、犢、[羔]皮及□皆入禁□(官)□

龍簡·113·摹:□病駒禁有□

龍簡·210·摹:□勿禁

帛書·病方·33:毋禁〖注〗禁,禁忌。

帛書·病方·36:毋禁

帛書·病方·65:毋禁

帛書·病方·136:毋禁

帛書·病方·194:[毋]禁

帛書·病方·238:服藥時禁毋食彘肉、鮮魚

帛書·病方·288:毋禁

帛書·病方·362:毋禁

帛書·病方·429:傅藥時禁□

帛書·病方·450:毋禁

秦印編4:宜春禁丞

封泥印68:宜春禁丞

新封泥D·34:宜春禁丞

封泥印·待考164:突原禁丞

新封泥D·32:突原禁丞

秦印編4:陽陵禁丞

封泥印69:陽陵禁丞

集證·149.256:陽陵禁丞

封泥印62:盧山禁丞

新封泥D·36:盧山禁丞

新封泥A·3.16:盧山禁印

新封泥A·3.12:平原禁印

新封泥C·16.10:禁苑右監

封泥印60:華陽禁印〖注〗禁,禁苑。

封泥印61:斥禁丞印

封泥印73:平阿禁印

新封泥D·33:琊禁丞印

新封泥A·3.10:上林禁印

0026 袷

睡簡·殘12:以祠袷〖注〗《龍龕手鑑》:"袷,或作;祀,今。"

0027 袜

睡簡·日甲·27背:大袜(魅)恆入人室〖注〗《山海經》注:"袜卽魅也。"《說文》作"鬽":"老精物也。"

0028 禝

詛楚文·湫淵(中吳本):欲剗伐我社禝(稷)

詛楚文·巫咸(中吳本):欲剗伐我社禝(稷)

詛楚文·亞駝(中吳本):欲剗伐我社禝(稷)

0029 祄

關簡·302:里祄、冢主歲=爲上〖注〗祄,卽"社"。《說文》:"袿,古文社。"此省從木。

0030 三 弎 三 弎

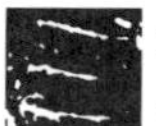
卅六年私官鼎·口沿(秦銅·49):十三斤八兩十四朱(銖)

卲宮私官盉(秦銅·194):廿三斤十兩

雍工敃壺·摹(秦銅·53):三斗

二年寺工壺·摹(秦銅·52):三斗

卌年銀耳杯·摹(臨淄173.1):名曰三

卅三年銀盤·摹(齊王·18.3):六斤十三兩二斗

卅三年銀盤·摹(齊王·18.3):千三百廿二斱

卅三年銀盤·摹(齊王·18.3):卅三年左工□〖注〗卅三年,秦始皇三十三年,公元前214年。

卅三年銀盤·摹(齊王·19.4):重六斤十三兩

銅車馬當顱·摹(秦銅·157.2):道三

轡繩朱書·摹(秦銅·158):钀三〖注〗钀三,編號。

麗山園鍾(秦銅·185):麗山園容十二斗三升

麗山園鍾(秦銅·185):重二鈞十三斤八兩

咸陽鼎(集證·51):咸陽鼎一斗三升

咸陽鼎·摹(集證·51):咸陽鼎一斗三升

安邑銅鐘(附)·摹(陶罐·3):十三斗一升

高奴禾石銅權(秦銅·32.1):三年漆工配、丞詘造〖注〗三年,秦昭襄王三年,公元前304年。

王八年内史操戈(珍金·57):三

十三年相邦義戈·摹(秦銅·30):十三年相邦義之造〖注〗十三年,惠文王前或後元十三年,公元前325年或前312年。

十三年上郡守壽戈·摹(集證·21):十三年上郡守壽造〖注〗十三年,秦昭襄王十三年,公元前294年。

王廿三年家丞戈(珍金·68):王廿三年家丞禺(?)造〖注〗王廿三年,秦昭襄王二十三年,公元前284年。

王廿三年家丞戈·摹(珍金·68):王廿三年家丞禺(?)造

卅三年詔事戈·摹(秦銅·48):卅三年詔事〖注〗卅三年,秦昭襄王三十三年,公元前274年。

三年上郡守冰戈·摹(秦銅·57):三年上郡守冰造〖注〗三年,秦莊襄王三年,公元前247年。

三年上郡戈·摹(秦銅·59附圖):三年上郡[□(守)□□(造)]

三年相邦呂不韋戈·摹(秦銅·60):三年相邦呂□□造〖注〗三年,秦王政三年,公元前244年。

廿三年少府戈(珍金·106):廿三年少工爲〖注〗廿三年,秦王政二十三年,公元前222年。

廿三年少府戈·摹(珍金·107):廿三年少工爲

三年相邦呂不韋矛一·摹(秦銅·59):三年相邦呂[不韋]

十三年少府矛·摹(秦銅·73):十三年少府工簷〖注〗十三年,秦王政十三年,公元前234年。

三年相邦呂不韋戟(秦銅·61):三年相邦呂不韋造

三年相邦呂不韋戟·摹(秦銅·61):三年相邦呂不韋造

九年相邦呂不韋戟·摹(集證·35):東工守文居戈三

十五年寺工鈹三·摹(秦銅·77):戍三〖注〗戍三,編號。

十八年寺工鈹・摹(秦銅・85):五三〖注〗五三,編號。

秦駰玉版・甲・摹:四亟(極)、三光〖注〗三光,指日、月、星三辰。

秦駰玉版・乙・摹:三人(?)壹(一)家

秦駰玉版・乙・摹:四亟(極)、三光

二號坑馬飾文・摹(集證・240):丙七三

明瓊・摹(集證・242):三

青川牘・摹:道廣三步

天簡 25・乙:從期三而一

天簡 31・乙:三月戊旨

天簡 33・乙:下八而生者三而爲二

天簡 33・乙:三而爲四

天簡 34・乙:三月

天簡 35・乙:三以三倍之到三止

天簡 35・乙:三以三倍之到三止

天簡 35・乙:三日風不利豕

天簡 35・乙:三以三倍之到三止

天簡 38・乙:百里大兇三

天簡 38・乙:冬三月戊戌不可北行

天簡 38・乙:三以子爲貞

睡簡・爲吏・9:三曰舉事審當

睡簡・爲吏・16:三曰擅裚割

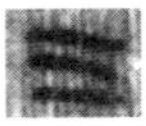

睡簡・爲吏・20:三枼(世)之後

睡簡・爲吏・21:三曰居官善取

睡簡・爲吏・28:三曰興事不當

睡簡・雜抄・17:省三歲比殿

睡簡・雜抄・21:鬃園三歲比殿

睡簡・雜抄・22:三歲比殿

睡簡・編年・3:三年

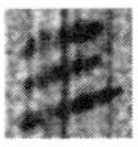

睡簡・編年・7:莊王三年

睡簡・編年・13:十三年

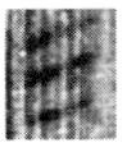

睡簡・編年・23:廿三年

睡簡・編年・30:廿三年

睡簡・編年・33:卅三年

睡簡・編年・53:[五十]三年

睡簡・答問・7:貲繇(徭)三旬

睡簡・答問・14:當以三百論爲盜

睡簡・答問・14:妻所匿三百

睡簡・答問・15:夫盜三百錢

睡簡・答問・46:即告吏曰盜三羊

睡簡・答問・102:當三環之不

睡簡・答問・152:廷行事鼠穴三以上貲一盾

睡簡・答問・152:鼷穴三當一鼠穴

睡簡・封診・52:以三歲時病疕

睡簡・封診・67:袤三尺

睡簡・秦律・8:頃入芻三石

睡簡・秦律・13:賜牛長日三旬

睡簡・秦律・19:十牛以上而三分一死

睡簡・秦律・20:及受服牛者卒歲死牛三以上

睡簡・秦律・43:爲䊪三斗

睡簡・秦律・74:三人以上鼠(予)養一人

睡簡・秦律・78:毋過三分取一

睡簡・秦律・91:用枲三斤

睡簡・秦律・95:夏卅三錢

睡簡・秦律・108:賦之三日而當夏二日

睡簡・秦律・115:失期三日到五日

睡簡・秦律・118:過三堵以上

睡簡・秦律・118:三堵以下

睡簡・秦律・146:免城旦勞三歲以上者

睡簡・秦律・157:盡三月而止之

睡簡・日甲・1 正:秋三月辰

睡簡・日甲・1 正:冬三月未

睡簡・日甲・1 正:春三月戌

睡簡・日甲・1 正:夏三月亥

睡簡・日甲・1 背:夏三月季壬癸

睡簡・日甲・1 背:冬三月季丙丁

睡簡・日甲・1 背:秋三月季甲乙

睡簡・日甲・1 背:春三月季庚辛

睡簡・日甲・3 背:不出三歲

睡簡・日甲・6 背:冬三月奎、婁吉

睡簡・日甲・12 背:三月、四月、九月、十月爲牝月

睡簡・日甲・16 正:三月

睡簡・日甲・27 正:三月四月

睡簡・日甲・28 正:三日不吉

睡簡・日甲・29 正:廿二日廿三日吉

睡簡・日甲・34 正:命胃(謂)三勝

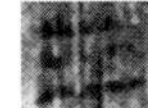
睡簡・日甲・34 正:是胃(謂)三昌

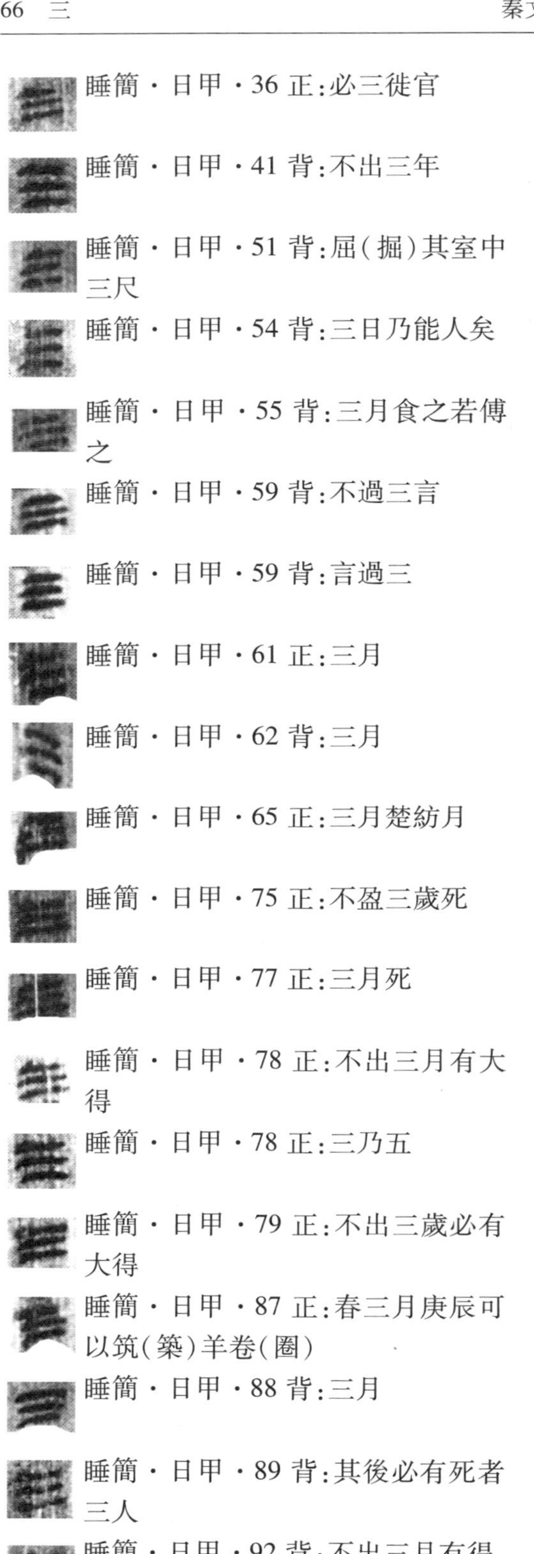

睡簡・日甲・36正:必三徙官

睡簡・日甲・41背:不出三年

睡簡・日甲・51背:屈(掘)其室中三尺

睡簡・日甲・54背:三日乃能人矣

睡簡・日甲・55背:三月食之若傅之

睡簡・日甲・59背:不過三言

睡簡・日甲・59背:言過三

睡簡・日甲・61正:三月

睡簡・日甲・62背:三月

睡簡・日甲・65正:三月楚紡月

睡簡・日甲・75正:不盈三歲死

睡簡・日甲・77正:三月死

睡簡・日甲・78正:不出三月有大得

睡簡・日甲・78正:三乃五

睡簡・日甲・79正:不出三歲必有大得

睡簡・日甲・87正:春三月庚辰可以筑(築)羊卷(圈)

睡簡・日甲・88背:三月

睡簡・日甲・89背:其後必有死者三人

睡簡・日甲・92背:不出三月有得

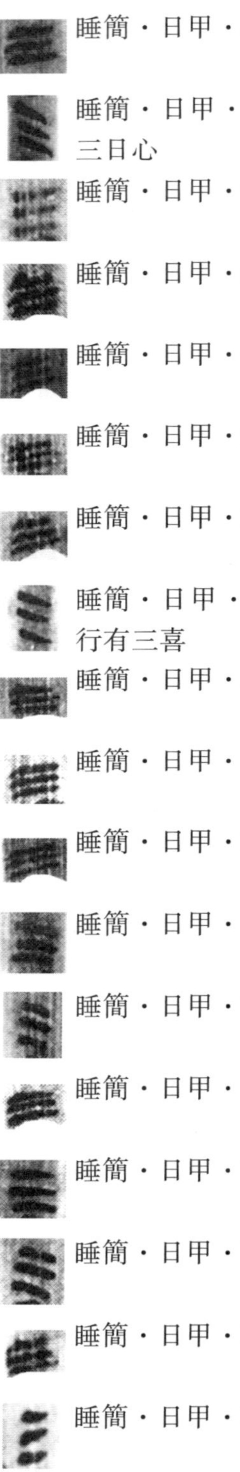

睡簡・日甲・94背:死必三人

睡簡・日甲・94背:其咎在三室

睡簡・日甲・94背:入十二月二日三日心

睡簡・日甲・96正:三月

睡簡・日甲・97正:夏三月

睡簡・日甲・98正:秋三月

睡簡・日甲・99正:冬三月

睡簡・日甲・99正:冬三月

睡簡・日甲・100背:莫(暮)食以行有三喜

睡簡・日甲・102正:冬三月丙丁

睡簡・日甲・102正:秋三月甲乙

睡簡・日甲・102正:夏三月壬癸

睡簡・日甲・102背:春三月甲乙

睡簡・日甲・103背:夏三月丙丁

睡簡・日甲・104正:三月甲

睡簡・日甲・104背:秋三月庚辛

睡簡・日甲・105背:冬三月壬癸

睡簡・日甲・106正:冬三月亥

睡簡・日甲・107背:三月廿一日

睡簡·日甲·109背:三月甲子

睡簡·日甲·110正:三月南方

睡簡·日甲·111背:禹步三

睡簡·日甲·114正:三歲中日入一布

睡簡·日甲·114正:三歲中弗更

睡簡·日甲·122正:其主必富三渫(世)

睡簡·日甲·127正:三月上旬申

睡簡·日甲·129正:不出三月

睡簡·日甲·131正:冬三月戊戌不可北

睡簡·日甲·131正:秋三月己未不可西

睡簡·日甲·131正:夏三月戊辰不可南

睡簡·日甲·132背:三月末

睡簡·日甲·133正:入三月廿一日

睡簡·日甲·134正:有三喜

睡簡·日甲·134背:春三月戊辰、己巳

睡簡·日甲·134背:冬三月戊寅、己丑

睡簡·日甲·134背:夏三月戊申、己未

睡簡·日甲·136正:夏三月丑徼

睡簡·日甲·137正:春三月戊敫

睡簡·日甲·138正:三月戊臽

睡簡·日甲·138正:秋三月辰敫

睡簡·日甲·140背:春三月毋起東鄉(嚮)室

睡簡·日甲·140背:冬三月毋起北鄉(嚮)室

睡簡·日甲·140背:秋三月毋起西鄉(嚮)室

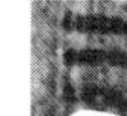睡簡·日甲·145背:三月居午

睡簡·日甲·154背:一月當有三反枳(支)

睡簡·日甲·155正:三棄

睡簡·日乙·1:三月

睡簡·日乙·20:三月

睡簡·日乙·28:三月

睡簡·日乙·42:不出三歲必代寄焉

睡簡·日乙·48:三月

睡簡·日乙·77:春三月戌

睡簡·日乙·77:秋三月辰

睡簡·日乙·84:三月

睡簡·日乙·90:三月戊臽

睡簡·日乙·91:二月角十三日

睡簡·日乙·97:入三月七日直心

睡簡・日乙・103：入九月三日心

睡簡・日乙・103：不到三年死

睡簡・日乙・105：三月死

睡簡・日乙・106：入十二月二日三日心

睡簡・日乙・106：禹步三

睡簡・日乙・110：冬三月丙丁

睡簡・日乙・110：秋三月甲乙

睡簡・日乙・110：春三月庚辛

睡簡・日乙・110：夏三月壬癸

睡簡・日乙・120：三月、七月之未

睡簡・日乙・132：三月上旬

睡簡・日乙・135：不出三月

睡簡・日乙・145：合三土皇

睡簡・日乙・145：亦席三叕（餟）

睡簡・日乙・149：三月旬一日

睡簡・日乙・151：三月二日

睡簡・日乙・153：三月己酉

睡簡・日乙・199：三月

睡簡・日乙・202：春三月

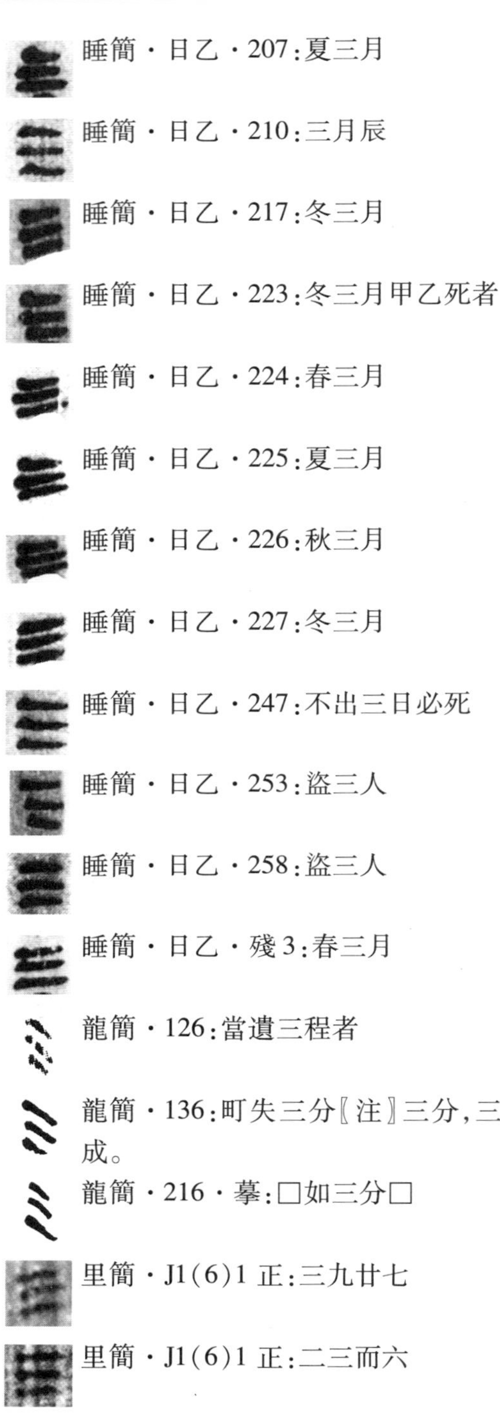

睡簡・日乙・207：夏三月

睡簡・日乙・210：三月辰

睡簡・日乙・217：冬三月

睡簡・日乙・223：冬三月甲乙死者

睡簡・日乙・224：春三月

睡簡・日乙・225：夏三月

睡簡・日乙・226：秋三月

睡簡・日乙・227：冬三月

睡簡・日乙・247：不出三日必死

睡簡・日乙・253：盜三人

睡簡・日乙・258：盜三人

睡簡・日乙・殘3：春三月

龍簡・126：當遺三程者

龍簡・136：町失三分〖注〗三分，三成。

龍簡・216・摹：□如三分□

里簡・J1(6)1正：三九廿七

里簡・J1(6)1正：二三而六

里簡・J1(6)1正：凡一千一百一十三字

里簡・J1(6)1正：七九六十三

里簡・J1(6)1 正:三[三]而九

里簡・J1(6)1 正:三八廿四

里簡・J1(6)1 正:三六十八

里簡・J1(6)1 正:三七廿一

里簡・J1(6)1 正:三四十二

里簡・J1(6)1 正:三五十五

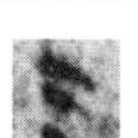里簡・J1(8)133 正:廿六年三月甲午

里簡・J1(8)134 正:袤三丈三尺

里簡・J1(8)134 正:袤三丈三尺

里簡・J1(9)1 正:卅三年四月辛丑朔丙午

里簡・J1(9)3 正:卅三年三月辛未朔戊戌

里簡・J1(9)3 正:卅三年三月辛未朔戊戌

里簡・J1(9)4 正:陽陵孝里士五(伍)衷有貲錢千三百卌四

里簡・J1(9)4 正:卅三年四月辛丑朔丙午

里簡・J1(9)5 正:卅三年四月辛丑朔丙午

里簡・J1(9)7 正:卅三年四月辛丑朔戊申

里簡・J1(9)8 正:卅三年四月辛丑朔丙午

里簡・J1(9)8 正:陽陵逆都士五(伍)越人有貲錢千三百卌四

里簡・J1(9)9 正:卅三年三月辛未朔戊戌

里簡・J1(9)9 正:卅三年三月辛未朔戊戌

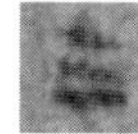里簡・J1(9)10 正:卅三年四月辛丑朔丙午

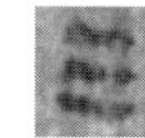里簡・J1(9)10 正:陽陵叔作士五(伍)勝日有貲錢千三百卌四

里簡・J1(9)11 正:卅三年三月辛未朔丁酉

里簡・J1(9)11 正:卅三年三月辛未朔丁酉

里簡・J1(16)8 正:司空三人

關簡・29:三月乙丑治競(竟)陵

關簡・74:三月小

關簡・85:三月戊寅大

關簡・133:直周中三晝者

關簡・134:十三日

關簡・136:入月三日

關簡・143:是謂三閉

關簡・147:三月胃

關簡・174:夜三分之一〖注〗夜三分之一,即夜少半。

關簡・263:十三日以到十八日

關簡・312:取車前草實,以三指竄(撮)〖注〗三指撮,古代用藥的估量方法。

關簡・324:而三溫鬺(煮)之〖注〗三溫,反復加熱。

關簡・324:以羊矢(屎)三斗

 關簡・326:禹步三步

 關簡・329:復環禹步三步

 關簡・332:禹步三步

 關簡・340:禹步三

 關簡・343:某有子三旬

 關簡・345:禹步三

 關簡・348:三腏

 關簡・350:禹步三

 關簡・375:淳毋下三斗

 關簡・376:禹步三步

 關沮牘・正・1:三月壬寅大

 帛書・足臂・21:三陰之病亂

 帛書・足臂・21:揗温(脈)如三人參舂

 帛書・足臂・22:不過三日死

 帛書・足臂・22:不過三日死

 帛書・足臂・23:三陰病雜以陽病

 帛書・病方・6:入三指最(撮)半音(杯)溫酒□者

 帛書・病方・24:取三指最(撮)一

 帛書・病方・42:以三指一撮

 帛書・病方・48:取雷尾〈戻(矢)〉三果(顆)

 帛書・病方・48:三分和

 帛書・病方・49:三日已

 帛書・病方・52:爲湮汲三渾〖注〗三渾,澄清三次。

 帛書・病方・57:取竈末灰三指最(撮)□水中

 帛書・病方・68:黄柃(芩)長三寸

 帛書・病方・72:以三指大捽(撮)飲之

 帛書・病方・92:冥(冪)口以布三□

 帛書・病方・94:亨(烹)三宿雄鷄二

 帛書・病方・94:洎水三斗

 帛書・病方・96:同產三夫

 帛書・病方・97:鄉(嚮)人禹步三

 帛書・病方・106:禹步三

 帛書・病方・113:三日而已

 帛書・病方・124:先毋食□二、三日

 帛書・病方・125:二、三月十五日到十七日取烏卵

 帛書・病方・154:湮汲水三斗

 帛書・病方・156:□三湮汲

 帛書・病方・156:取桮(杯)水歕(噴)鼓三

帛書・病方・161：黑叔（菽）三升

帛書・病方・162：毒堇治三

帛書・病方・163：取三指最（撮）到節一

帛書・病方・164：三日

帛書・病方・173：三分之

帛書・病方・174：如此以盡三分

帛書・病方・176：分以爲三

帛書・病方・177：不過三飲而已

帛書・病方・184：三溫之而飲之

帛書・病方・185：三溫煮石韋若酒而飲之

帛書・病方・187：取三歲陳霍（藿）

帛書・病方・189：以醯、酉（酒）三乃（沥）煮黍稷而飲其汁

帛書・病方・190：三日□

帛書・病方・193：取馬矢觕者三斗

帛書・病方・195：漬者三襄胡

帛書・病方・195：禹步三

帛書・病方・196：□獨有三

帛書・病方・199：各三

帛書・病方・199：禹步三

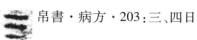

帛書・病方・203：三、四日

帛書・病方・203：三指最（撮）至節

帛書・病方・204：三

帛書・病方・210：三

帛書・病方・210：禹步三

帛書・病方・216：節三〖注〗節三，取三物適量。

帛書・病方・226：壹射以三矢

帛書・病方・237：取三［指大撮］三

帛書・病方・241：取其汁滑（漬）美黍米三斗

帛書・病方・248：狀類牛幾三□然

帛書・病方・250：日三熏

帛書・病方・253：三［日］而止

帛書・病方・255：［廣］三寸

帛書・病方・272：并以三指大最（撮）一入桮（杯）酒中

帛書・病方・273：三沥煮逢（蓬）虆

帛書・病方・283：白蘞三

帛書・病方・296：煮成三升

帛書・病方・300：令成三升

帛書・病方・301：□三挤（齏）

帛書・病方・308:即三涶(唾)之

帛書・病方・318:置突[上]二、三月

帛書・病方・321:三而已

帛書・病方・332:凡三物

帛書・病方・339:三、四傅

帛書・病方・358:三傅□

帛書・病方・359:取其灰□三□[已]

帛書・病方・359:取三歲織(膱)豬膏

帛書・病方・380:三

帛書・病方・393:三□數

帛書・病方・395:三日而肉產

帛書・病方・410:三沸止

帛書・病方・415:置溫所三日

帛書・病方・417:三沥

帛書・病方・419:三

帛書・病方・419:輒停三日

帛書・病方・426:三沥煮

帛書・病方・439:令病者每旦以三指三最(撮)藥入一棓(杯)酒若鬻(粥)中而飲之

帛書・病方・439:令病者每旦以三指三最(撮)藥入一棓(杯)酒若鬻(粥)中而飲之

帛書・病方・442:禹步三

帛書・病方・448:復再三傅其處而已

帛書・病方・殘1:□[治以]酸棗根三□

帛書・病方・殘13:□三□

帛書・病方・殘14:□此三物□

帛書・病方・殘14:□三□

帛書・死候・85:凡三陽

帛書・死候・85:凡三陰

帛書・死候・86:三陰貸(腐)臧(臟)煉(爛)腸而主殺

帛書・灸經甲・51:爲三病

帛書・灸經甲・56:三者同則死

秦陶・18:三

秦陶・19:三

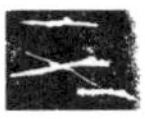

秦陶・20:三

秦陶・21:三

秦陶・22:三

秦陶・160:十三

秦陶・161:十三

秦陶・162:十三

秦陶・163:十三

秦陶・164:十三

秦陶・185:三四

秦陶・186:三二

秦陶・187:三四

秦陶・188:三五

秦陶・189:三五

秦陶・194:四三

秦陶・196:四三

秦陶・220:十十三

秦陶・1153:廿三

集證・198.53:吉三

南郊710・199:易九斗三斗

漆器M14・4(雲夢・附二):三十

漆器M14・10(雲夢・附二):三

0031 王 𤣩 王 𤣩

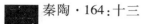

不其簋蓋(秦銅・3):王命我羞追于西

滕縣不其簋器(秦銅・4):王命我羞追于西

秦編鐘・甲鐘(秦銅・10.1):公及王姬曰〖注〗王姬,周王之女,秦武公之母或妻。

秦編鐘・甲鐘左鼓・摹(秦銅・11.2):公及王姬曰

秦編鐘・丙鐘(秦銅・10.3):公及王姬曰

秦鎛鐘・1號鎛(秦銅・12.1):公及王姬曰

秦鎛鐘・2號鎛(秦銅・12.4):公及王姬曰

秦鎛鐘・3號鎛(秦銅・12.7):公及王姬曰

新郪虎符(集證・38):必會王符

新郪虎符(集證・38):右才(在)王

新郪虎符・摹(集證・37):必會王符

新郪虎符・摹(集證・37):右才(在)王

王四年相邦張儀戈(集證・17):王四年相邦張義(儀)〖注〗王四年,秦惠文王後元四年,公元前321年。

王五年上郡疾戈(秦銅・27):王五年上郡疾造〖注〗王五年,惠文王後元五年,公元前320年。

王五年上郡疾戈・摹(秦銅・27):王五年上郡疾造

王六年上郡守疾戈・摹(秦銅・28.2):王六年上郡守疾之造〖注〗王六年,惠文王後元六年,公元前319年。

王七年上郡守疾(?)戈・摹(秦銅・29):王七(?)年上郡守疾(?)之造〖注〗王七年,惠文王後元七年,公元前318年。

王八年內史操戈(珍金・56):王八年內史操左之造〖注〗王八年,秦惠文王後元八年,公元前317年。

王八年内史操戈·摹(珍金·56):王八年内史操左之造

王廿三年家丞戈(珍金·68):王廿三年家丞禺(?)造〖注〗王廿三年,秦昭襄王二十三年,公元前284年。

王廿三年家丞戈·摹(珍金·68):王廿三年家丞禺(?)造

秦懷后磬·摹:王始(姒)之釐〖注〗始,李學勤讀爲"姒"。王姒,指周王后。

石鼓文·而師(先鋒本):嗣王始□

詛楚文·湫淵(中吳本):敢數楚王熊相之倍(背)盟犯詛〖注〗楚王,楚懷王。

詛楚文·湫淵(中吳本):又(有)秦嗣王〖注〗嗣王,郭沫若説爲秦惠文王;姜亮夫説爲秦昭襄王。

詛楚文·湫淵(中吳本):今楚王熊相康回無道

詛楚文·湫淵(中吳本):昔我先君穆公及楚成王是繆(勠)力同心

詛楚文·湫淵(中吳本):以底(詆)楚王熊相之多皋

詛楚文·亞駝(中吳本):又(有)秦嗣王

詛楚文·亞駝(中吳本):敢數楚王熊相之倍(背)盟犯詛

詛楚文·亞駝(中吳本):今楚王熊相康回無道

詛楚文·亞駝(中吳本):以底(詆)楚王熊相之多皋

詛楚文·亞駝(中吳本):昔我先君穆公及楚成王是繆(勠)力同心

詛楚文·巫咸(中吳本):以底(詆)楚王熊相之多皋

詛楚文·巫咸(中吳本):又(有)秦嗣王

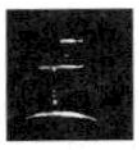

詛楚文·巫咸(中吳本):昔我先君穆公及楚成王是繆(勠)力同心

詛楚文·巫咸(中吳本):敢數楚王熊相之倍(背)盟犯詛

詛楚文·巫咸(中吳本):今楚王熊相康回無道

秦駰玉版·甲·摹:王室相如

秦駰玉版·乙·摹:王室相如

繹山刻石·宋刻本:嗣世稱王

會稽刻石·宋刻本:六王專倍

青川牘·摹:王命丞相戊(茂)、内史匽〖注〗王,秦武王。

睡簡·語書·2:是以聖王作爲灋度

睡簡·日乙·146:毋(無)王事

睡簡·日乙·158:高王父譴適(謫)

睡簡·日乙·168:高王父譴姓(眚)

睡簡·日乙·174:王父譴

睡簡·日乙·178:高王父爲姓(眚)

睡簡·日乙·181:王父欲殺

睡簡·日乙·183:王父爲姓(眚)

睡簡·日乙·184:王父爲姓(眚)

睡簡·編年·1:昭王元年〖注〗昭王,秦昭王。

睡簡·編年·4:孝文王元年

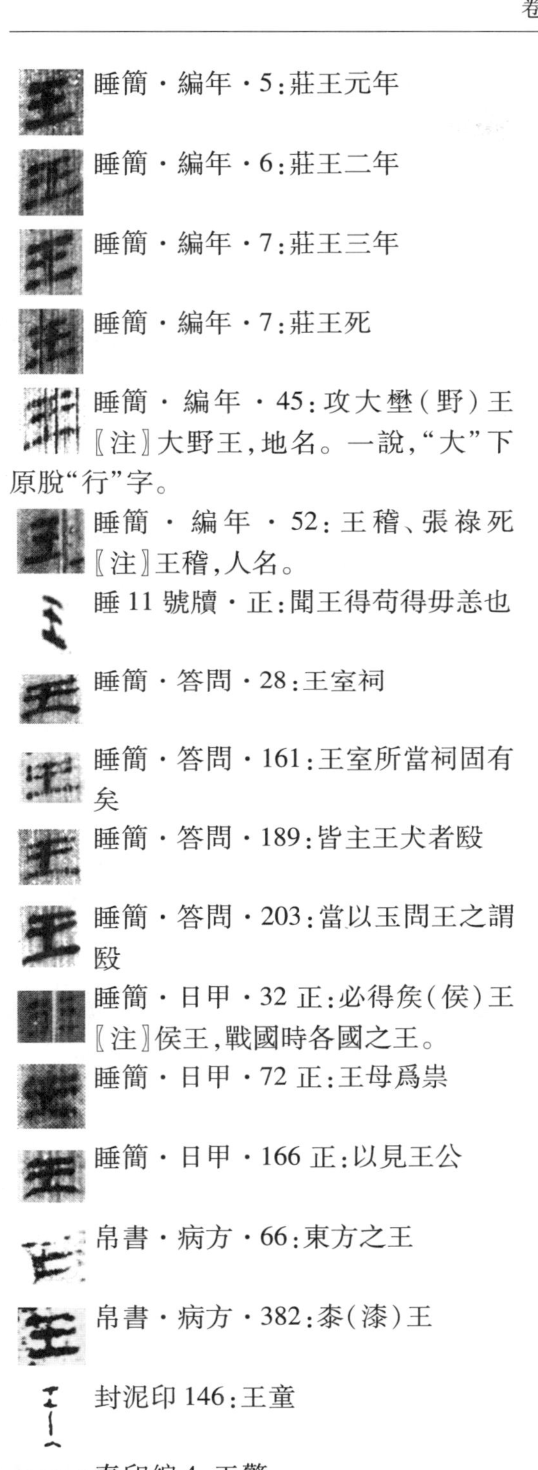

睡簡・編年・5:莊王元年

睡簡・編年・6:莊王二年

睡簡・編年・7:莊王三年

睡簡・編年・7:莊王死

睡簡・編年・45:攻大壄(野)王
〖注〗大野王,地名。一説,“大”下原脱“行”字。

睡簡・編年・52:王稽、張祿死
〖注〗王稽,人名。

睡11號牘・正:聞王得苟得毋恙也

睡簡・答問・28:王室祠

睡簡・答問・161:王室所當祠固有矣

睡簡・答問・189:皆主王犬者毆

睡簡・答問・203:當以玉問王之謂毆

睡簡・日甲・32正:必得矦(侯)王
〖注〗侯王,戰國時各國之王。

睡簡・日甲・72正:王母爲祟

睡簡・日甲・166正:以見王公

帛書・病方・66:東方之王

帛書・病方・382:桼(漆)王

封泥印146:王童

秦印編4:王驚

秦印編4:王快

秦印編4:王丹

秦印編4:王蹻

秦印編4:王暨

秦印編4:王瘣

秦印編4:王也

秦印編4:王酉

秦印編4:王觭

秦印編4:王講

秦印編4:王戎

秦印編4:王懿

秦印編5:王禹

秦印編5:王褡

秦印編5:王□

秦印編5:王黽

秦印編5:王季印

秦印編5:王更

秦印編5:王朔

秦印編5:王鼂

秦印編5:王央

秦印編 5:王宏

秦印編 5:王它人

秦印編 5:王朱

秦印編 5:王忌

秦印編 5:王

集證・142.154:王戎兵器〖注〗王戎,王所乘用之車。

集證・161.453:王匄〖注〗王匄,人名。

集證・161.454:王夸〖注〗王夸,人名。

集證・161.455:王子〖注〗王子,人名。

集證・161.456:王盼〖注〗王盼,人名。

集證・161.457:王驩〖注〗王驩,人名。

集證・161.458:王獿〖注〗王獿,人名。

集證・161.459:王欣〖注〗王欣,人名。

集證・161.460:王芮〖注〗王芮,人名。

集證・162.461:王隋〖注〗王隋,人名。

集證・162.462:王駔〖注〗王駔,人名。

集證・162.463:王它人〖注〗王它人,人名。

集證・162.464:王婻〖注〗王婻,人名。

集證・162.465:王慶〖注〗王慶,人名。

集證・162.466:王黽〖注〗王黽,人名。

集證・162.467:王乘〖注〗王乘,人名。

集證・162.468:王欬〖注〗王欬,人名。

集證・162.469:王益〖注〗王益,人名。

集證・162.470:王家〖注〗王家,人名。

集證・162.471:王廣〖注〗王廣,人名。

集證・162.472:王轂〖注〗王轂,人名。

集證・162.473:王母人〖注〗王母人,人名。

集證・162.474:王厥〖注〗王厥,人名。

集證・162.475:王窒〖注〗王窒,人名。

集證・162.476:王棄〖注〗王棄,人名。

集證・163.477:王頯〖注〗王頯,人名。

集證・163.478:王鞅〖注〗王鞅,人名。

集證・163.479:王中山〖注〗王中山,人名。

集證・163.480:王金〖注〗王金,人名。

集證・163.481:王得〖注〗王得,人名。

集證・163.482:王强〖注〗王强,人名。

集證・163.483:王彭沮〖注〗王彭沮,人名。

任家咀 240・183.7:王□

南郊 708・196:王

南郊 709・197:樂定王氏九斗

秦陶・400:王

秦陶・1100:王

秦陶・1173:王

秦陶・1441:王

秦陶・1443:王

秦陶・1485:北園王氏缶容十斗

漆器(滎經・8):王邦

0032　閏　閏

睡簡・爲吏・22:廿五年閏再十二月丙午朔辛亥

0033　皇　皇

不其簋蓋(秦銅・3):用乍(作)朕皇且(祖)公白(伯)、孟姬隫毁

滕縣不其簋器(秦銅・4):用乍(作)朕皇且(祖)公白(伯)、孟姬隫毁

秦編鐘・甲鐘(秦銅・10.1):卲合(答)皇天

秦編鐘・甲鐘鉦部・摹(秦銅・11.1):卲合(答)皇天

秦編鐘・乙鐘(秦銅・10.2):以匽(燕)皇公〖注〗皇公,偉大的先公。

秦編鐘・乙鐘鉦部・摹(秦銅・11.5):以匽(燕)皇公

秦編鐘・丙鐘(秦銅・10.3):卲合(答)皇天

秦編鐘・戊鐘(秦銅・10.5):以匽(燕)皇公

秦鎛鐘・1 號鎛(秦銅・12.1):卲合(答)皇天

秦鎛鐘・1 號鎛(秦銅・12.3):以匽(燕)皇公

秦鎛鐘・2 號鎛(秦銅・12.4):卲合(答)皇天

秦鎛鐘・2 號鎛(秦銅・12.6):以匽(燕)皇公

秦鎛鐘・3 號鎛(秦銅・12.7):卲合(答)皇天

秦鎛鐘・3 號鎛(秦銅・12.9):以匽(燕)皇公

秦公簋・蓋(秦銅・14.2):以卲皇且(祖)

秦公簋・器(秦銅・14.1):不(丕)顯朕皇且(祖)受天命

秦公鎛鐘・摹(秦銅・16.1):不(丕)顯朕皇且(祖)受天命

陽陵虎符(秦銅・97):右才(在)皇帝

武城銅橢量(秦銅・109):皇帝盡并(併)兼天下諸矦

武城銅橢量(秦銅・109):立號爲皇帝

北私府橢量・始皇詔(秦銅・146):皇帝盡并(併)兼天下諸矦

北私府橢量・始皇詔(秦銅・146):立號爲皇帝

北私府橢量・始皇詔(秦銅・146):皇帝盡并(併)兼天下諸矦

北私府橢量・始皇詔(秦銅・146):立號爲皇帝

北私府橢量・二世詔(秦銅・147):今襲號而刻辭不稱始皇帝

北私府橢量・二世詔(秦銅・147):盡始皇帝爲之
大騩銅權(秦銅・131):皇帝盡并(併)兼天下諸矦 
大騩銅權(秦銅・131):今襲號而刻辭不稱始皇帝 
大騩銅權(秦銅・131):盡始皇帝爲之 
大騩銅權(秦銅・131):立號爲皇帝 
二世元年詔版一(秦銅・161):今襲號而刻辭不稱始皇帝 
二世元年詔版一(秦銅・161):盡始皇帝爲之 
二世元年詔版二(秦銅・162):今襲號而刻辭不稱始皇帝 
二世元年詔版二(秦銅・162):盡始皇帝爲之 
二世元年詔版三(秦銅・163):今襲號而刻辭不稱始皇帝 
二世元年詔版三(秦銅・163):盡始皇帝爲之 
二世元年詔版四(秦銅・164):今襲號而刻辭不稱始皇帝 
二世元年詔版四(秦銅・164):盡始皇帝爲之 
二世元年詔版五(秦銅・165):今襲號而刻辭不稱始皇帝 
二世元年詔版五(秦銅・165):盡始皇帝爲之 
二世元年詔版六(秦銅・166):今襲號而刻辭不稱始皇帝 
二世元年詔版六(秦銅・166):盡始皇帝爲之 
二世元年詔版八(秦銅・168):今襲號而刻辭不稱始皇帝 
二世元年詔版八(秦銅・168):盡始皇帝爲之 

二世元年詔版九(秦銅・169):今襲號而刻辭不稱始皇帝
二世元年詔版十(秦銅・170):盡始皇帝爲之 
二世元年詔版十一(秦銅・171):今襲號而刻辭不稱始皇帝 
二世元年詔版十一(秦銅・171):盡始皇帝爲之 
二世元年詔版十二(秦銅・172):今襲號而刻辭不稱始皇帝 
二世元年詔版十二(秦銅・172):盡始皇帝爲之 
二世元年詔版十三(集證・50):今襲號而刻辭不稱始皇帝 
二世元年詔版十三(集證・50):盡始皇帝爲之 
高奴禾石銅權(秦銅・32.2):皇帝盡并(併)兼天下諸矦 
高奴禾石銅權(秦銅・32.2):立號爲皇帝 
兩詔斤權一(集證・45):今襲號而刻辭不稱始皇帝 
兩詔斤權一(集證・45):盡始皇帝爲之 
兩詔斤權一(集證・45):立號爲皇帝 
兩詔斤權一(集證・45):皇帝盡并(併)兼天下諸矦
兩詔斤權一・摹(集證・46):皇帝盡并(併)兼天下諸矦 
兩詔斤權一・摹(集證・46):今襲號而刻辭不稱始皇帝 
兩詔斤權一・摹(集證・46):盡始皇帝爲之 
兩詔斤權一・摹(集證・46):立號爲皇帝 
兩詔斤權二・照片(集證・47.2):皇帝盡并(併)兼天下諸矦

兩詔斤權二·照片(集證·47.2):立號爲皇帝

兩詔斤權二·摹(集證·49):皇帝盡并(倂)兼天下諸侯

兩詔斤權二·摹(集證·49):今襲號而刻辭不稱始皇帝

兩詔斤權二·摹(集證·49):盡始皇帝爲之

兩詔斤權二·摹(集證·49):立號爲皇帝

兩詔版(秦銅·174.1):立號爲皇帝

兩詔版(秦銅·174.1):皇帝盡并(倂)兼天下諸侯

兩詔版(秦銅·174.1):盡始皇帝爲之

兩詔銅權一(秦銅·175):立號爲皇帝

兩詔銅權一(秦銅·175):皇帝盡并(倂)兼天下諸侯

兩詔銅權一(秦銅·175):今襲號而刻辭不稱始皇帝

兩詔銅權一(秦銅·175):盡始皇帝爲之

兩詔銅權一(秦銅·175):立號爲皇帝

兩詔銅權二(秦銅·176):皇帝盡并(倂)兼天下諸侯

兩詔銅權二(秦銅·176):今襲號而刻辭不稱始皇帝

兩詔銅權二(秦銅·176):盡始皇帝爲之

兩詔銅權二(秦銅·176):立號爲皇帝

兩詔銅權三(秦銅·178):皇帝盡并(倂)兼天下諸侯

兩詔銅權三(秦銅·178):今襲號而刻辭不稱始皇帝

兩詔銅權三(秦銅·178):盡始皇帝爲之

兩詔銅權三(秦銅·178):立號爲皇帝

兩詔銅權四(秦銅·179.1):皇帝盡并(倂)兼天下諸侯

兩詔銅權四(秦銅·179.1):立號爲皇帝

兩詔銅權四(秦銅·179.2):今襲號而刻辭不稱始皇帝

兩詔銅權五(秦銅·180):皇帝盡并(倂)兼天下諸侯

兩詔橢量一(秦銅·148):皇帝盡并(倂)兼天下諸侯

兩詔橢量一(秦銅·148):今襲號而刻辭不稱始皇帝

兩詔橢量一(秦銅·148):盡始皇帝爲之

兩詔橢量一(秦銅·148):立號爲皇帝

兩詔橢量二(秦銅·149):今襲號而刻辭不稱始皇帝

兩詔橢量二(秦銅·149):盡始皇帝爲之

兩詔橢量二(秦銅·149):立號爲皇帝

兩詔橢量三之一(秦銅·150):立號爲皇帝

兩詔橢量三之一(秦銅·150):皇帝盡并(倂)兼天下諸侯

兩詔橢量三之二(秦銅·151):今襲號而刻辭不稱始皇帝

兩詔橢量三之二(秦銅·151):盡始皇帝爲之

美陽銅權(秦銅·183):皇帝盡并(倂)兼天下諸侯

美陽銅權(秦銅·183):今襲號而刻辭不稱始皇帝

美陽銅權(秦銅·183):盡始皇帝爲之

美陽銅權(秦銅·183):立號爲皇帝

平陽銅權·摹(秦銅·182):皇帝盡并(併)兼天下諸矦

平陽銅權·摹(秦銅·182):今襲號而刻辭不稱始皇帝

平陽銅權·摹(秦銅·182):盡始皇帝爲之

平陽銅權·摹(秦銅·182):立號爲皇帝

僅存銘兩詔銅權(秦銅·135－18.1):皇帝盡并(併)兼天下諸矦

僅存銘兩詔銅權(秦銅·135－18.1):立號爲皇帝

僅存銘兩詔銅權(秦銅·135－18.2):今襲號而刻辭不稱始皇帝

僅存銘兩詔銅權(秦銅·135－18.2):盡始皇帝爲之

僅存銘兩詔銅權(秦銅·135－18.2):立號爲皇帝

僅存銘始皇詔銅權·一(秦銅·135-1):皇帝盡并(併)兼天下諸矦

僅存銘始皇詔銅權·一(秦銅·135-1):立號爲皇帝

僅存銘始皇詔銅權·二(秦銅·135-2):皇帝盡并(併)兼天下諸矦

僅存銘始皇詔銅權·二(秦銅·135-2):立號爲皇帝

僅存銘始皇詔銅權·三(秦銅·135-3):皇帝盡并(併)兼天下諸矦

僅存銘始皇詔銅權·三(秦銅·135-3):立號爲皇帝

僅存銘始皇詔銅權·四(秦銅·135-4):皇帝盡并(併)兼天下諸矦

僅存銘始皇詔銅權·四(秦銅·135-4):立號爲皇帝

僅存銘始皇詔銅權·五(秦銅·135-5):皇帝盡并(併)兼天下諸矦

僅存銘始皇詔銅權·五(秦銅·135-5):立號爲皇帝

僅存銘始皇詔銅權·六(秦銅·135-6):皇帝盡并(併)兼天下諸矦

僅存銘始皇詔銅權·六(秦銅·135-6):立號爲皇帝

僅存銘始皇詔銅權·七(秦銅·135-7):皇帝盡并(併)兼天下諸矦

僅存銘始皇詔銅權·七(秦銅·135-7):立號爲皇帝

僅存銘始皇詔銅權·八(秦銅·135-8):皇帝盡并(併)兼天下諸矦

僅存銘始皇詔銅權·八(秦銅·135-8):立號爲皇帝

僅存銘始皇詔銅權·九(秦銅·135-9):皇帝盡并(併)兼天下諸矦

僅存銘始皇詔銅權·九(秦銅·135-9):立號爲皇帝

僅存銘始皇詔銅權·十(秦銅·135-10):立號爲皇帝

僅存銘始皇詔銅權·十一(秦銅·135-11):皇帝盡并(併)兼天下諸矦

僅存銘始皇詔銅權·十一(秦銅·135-11):立號爲皇帝

僅存銘始皇詔銅權·十二(秦銅·135-12):皇帝盡并(併)兼天下諸矦

僅存銘始皇詔銅權·十二(秦銅·135-12):立號爲皇帝

僅存銘始皇詔銅權·十三(秦銅·135-13):皇帝盡并(併)兼天下諸矦

僅存銘始皇詔銅權·十三(秦銅·135-13):立號爲皇帝

僅存銘始皇詔銅權·十四(秦銅·135-14):皇帝盡并(併)兼天下諸矦

僅存銘始皇詔銅權·十四(秦銅·135-14):立號爲皇帝

僅存銘始皇詔銅權·十六(秦銅·135-16):立號爲皇帝

僅存銘始皇詔銅權·十七(秦銅·135-17):皇帝盡并(併)兼天下諸侯

僅存銘始皇詔銅權·十七(秦銅·135-17):立號爲皇帝

秦箕斂(箕斂封三):皇帝盡并(併)兼天下諸侯

商鞅方升(秦銅·21):立號爲皇帝

商鞅方升(秦銅·21):皇帝盡并(併)兼天下諸侯

始皇詔八斤銅權一(秦銅·134):皇帝盡并(併)兼天下諸侯

始皇詔八斤銅權一(秦銅·134):立號爲皇帝

始皇詔八斤銅權二(秦銅·135):皇帝盡并(併)兼天下諸侯

始皇詔八斤銅權二(秦銅·135):立號爲皇帝

始皇詔版一(秦銅·136):皇帝盡并(併)兼天下諸侯

始皇詔版一(秦銅·136):立號爲皇帝

始皇詔版二(秦銅·137):皇帝盡并(併)兼天下諸侯

始皇詔版三(秦銅·138):皇帝盡并(併)兼天下諸侯

始皇詔版三(秦銅·138):立號爲皇帝

始皇詔版七(秦銅·143):皇帝盡并(併)兼天下諸侯

始皇詔版七(秦銅·143):立號爲皇帝

始皇詔版八(秦銅·144):皇帝盡并(併)兼天下諸侯

始皇詔版八(秦銅·144):立號爲皇帝

始皇詔十六斤銅權一(秦銅·127):皇帝盡并(併)兼天下諸侯

始皇詔十六斤銅權一(秦銅·127):立號爲皇帝

始皇詔十六斤銅權二(秦銅·128):皇帝盡并(併)兼天下諸侯

始皇詔十六斤銅權二(秦銅·128):立號爲皇帝

始皇詔十六斤銅權三(秦銅·129):皇帝盡并(併)兼天下諸侯

始皇詔十六斤銅權三(秦銅·129):立號爲皇帝

始皇詔十六斤銅權四(秦銅·130.1):皇帝盡并(併)兼天下諸侯

始皇詔十六斤銅權四(秦銅·130.1):立號爲皇帝

始皇詔鐵石權二(秦銅·121):皇帝盡并(併)兼天下諸侯

始皇詔鐵石權三(秦銅·122):皇帝盡并(併)兼天下諸侯

始皇詔鐵石權四(秦銅·123):皇帝盡并(併)兼天下諸侯

始皇詔鐵石權五(秦銅·124):立號爲皇帝

始皇詔鐵石權七(秦銅·125):皇帝盡并(併)兼天下諸侯

始皇詔鐵石權七(秦銅·125):立號爲皇帝

始皇詔銅方升一(秦銅·98):皇帝盡并(併)兼天下諸侯

始皇詔銅方升一(秦銅·98):立號爲皇帝

始皇詔銅方升二(秦銅·99):皇帝盡并(併)兼天下諸侯

始皇詔銅方升三(秦銅·100):皇帝盡并(併)兼天下諸侯

始皇詔銅方升三(秦銅·100):立號爲皇帝

始皇詔銅方升四（秦銅·101）：皇帝盡并（併）兼天下諸矦

始皇詔銅方升四（秦銅·101）：立號爲皇帝

始皇詔銅權一（秦銅·110）：皇帝盡并（併）兼天下諸矦

始皇詔銅權一（秦銅·110）：立號爲皇帝

始皇詔銅權二（秦銅·111）：立號爲皇帝

始皇詔銅權三（秦銅·112）：皇帝盡并（併）兼天下諸矦

始皇詔銅權三（秦銅·112）：立號爲皇帝

始皇詔銅權四（秦銅·113）：皇帝盡并（併）兼天下諸矦

始皇詔銅權四（秦銅·113）：立號爲皇帝

始皇詔銅權五（秦銅·114）：立號爲皇帝

始皇詔銅權六（秦銅·115）：皇帝盡并（併）兼天下諸矦

始皇詔銅權六（秦銅·115）：立號爲皇帝

始皇詔銅權八（秦銅·117）：立號爲皇帝

始皇詔銅權九（秦銅·118）：皇帝盡并（併）兼天下諸矦

始皇詔銅權九（秦銅·118）：立號爲皇帝

始皇詔銅權十（秦銅·119）：皇帝盡并（併）兼天下諸矦

始皇詔銅權十（秦銅·119）：立號爲皇帝

始皇詔銅權十一（珍金·125）：皇帝盡并（併）兼天下諸矦

始皇詔銅橢量一（秦銅·102）：皇帝盡并（併）兼天下諸矦

始皇詔銅橢量一（秦銅·102）：立號爲皇帝

始皇詔銅橢量二（秦銅·103）：皇帝盡并（併）兼天下諸矦

始皇詔銅橢量二（秦銅·103）：立號爲皇帝

始皇詔銅橢量三（秦銅·104）：皇帝盡并（併）兼天下諸矦

始皇詔銅橢量三（秦銅·104）：立號爲皇帝

始皇詔銅橢量四（秦銅·105）：皇帝盡并（併）兼天下諸矦

始皇詔銅橢量四（秦銅·105）：立號爲皇帝

始皇詔銅橢量五（秦銅·106）：皇帝盡并（併）兼天下諸矦

始皇詔銅橢量五（秦銅·106）：立號爲皇帝

始皇詔銅橢量六（秦銅·107）：立號爲皇帝

始皇詔銅橢量六（秦銅·107）：皇帝盡并（併）兼天下諸矦

始皇詔銅橢量六（秦銅·107）：皇帝盡并（併）兼天下諸矦

旬邑銅權（秦銅·133）：盡始皇帝爲之

旬邑銅權（秦銅·133）：立號爲皇帝

旬邑銅權（秦銅·133）：皇帝盡并（併）兼天下諸矦

旬邑銅權（秦銅·133）：今襲號而刻辭不稱始皇帝

左樂兩詔鈞權（集證·43）：盡始皇帝爲之

左樂兩詔鈞權（集證·43）：立號爲皇帝

左樂兩詔鈞權（集證·43）：皇帝盡并（併）兼天下諸矦

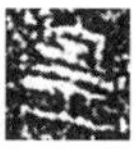

左樂兩詔鈞權(集證·43):今襲號而刻辭不稱始皇帝

大墓殘磬(集證·81):皇且(祖)〖注〗皇祖,伟大的先祖。

詛楚文·亞駝(中吳本):不畏皇天上帝及不(丕)顯大神亞駝之光列(烈)威神

詛楚文·亞駝(中吳本):求蔑灋(廢)皇天上帝及不(丕)顯大神亞駝之卹祠、圭玉、羲(犧)牲

詛楚文·亞駝(中吳本):亦應受皇天上帝及不(丕)顯大神亞駝之幾(機)靈德賜

詛楚文·湫淵(中吳本):不畏皇天上帝及大沈氒(厥)湫之光列(烈)威神

詛楚文·湫淵(中吳本):求蔑灋(廢)皇天上帝及大神氒(厥)湫之卹祠、圭玉、羲(犧)牲

詛楚文·湫淵(中吳本):亦應受皇天上帝及大沈氒(厥)湫之幾(機)靈德賜

詛楚文·巫咸(中吳本):不畏皇天上帝及不(丕)顯大神巫咸之光列(烈)威神

詛楚文·巫咸(中吳本):求蔑灋(廢)皇天上帝及不(丕)顯大神巫咸之卹祠、圭玉、羲(犧)牲

詛楚文·巫咸(中吳本):亦應受皇天上帝及不(丕)顯大神巫咸[之]幾(機)靈德賜

會稽刻石·宋刻本:皇帝并宇

會稽刻石·宋刻本:皇帝休烈

琅邪臺刻石:皇帝曰

琅邪臺刻石:今襲號而金石刻辭不稱始皇帝

琅邪臺刻石:金石刻盡始皇帝所爲也

泰山刻石·宋拓本:皇帝躬聽

泰山刻石·宋拓本:皇帝臨立

泰山刻石·宋拓本:皇帝曰

泰山刻石·宋拓本:今襲號而金石刻辭不稱始皇帝

泰山刻石·宋拓本:金石刻盡始皇帝所爲也

繹山刻石·宋刻本:皇帝立國

繹山刻石·宋刻本:皇帝曰

繹山刻石·宋刻本:今襲號而金石刻辭不稱始皇帝

繹山刻石·宋刻本:金石刻盡始皇帝所爲也

繹山刻石·宋刻本:廼今皇帝

睡簡·日甲·101正:害於上皇〖注〗上皇,謂東皇太一。一說,指帝王。

睡簡·日乙·145:合三土皇

龍簡·15:從皇帝而行及舍禁苑中者

龍簡·16·摹:皇帝過

陶量(秦印編5):皇

陶量(秦印編5):皇

封泥集105·1:皇帝信璽

始皇詔陶印(《研究》附):立號爲皇帝

始皇詔陶印(《研究》附):皇帝盡并(併)兼天下諸矦

秦印編5:皇帝信璽

集證·133.1:皇帝信璽

赤峰秦瓦量·殘(銘刻選43):皇帝盡并(併)兼天下諸矦

秦陶·1547:皇帝盡并(併)兼

秦陶·1548:皇帝盡并(併)兼

秦陶·1550:立號爲皇帝

秦陶·1554:廿六年皇□

秦陶·1565:皇帝

秦陶·1580:立號爲皇□

秦陶·1582:□爲皇帝

秦陶·1609:皇帝□

集證·223.282:安邑皇〖注〗皇,人名。

秦陶A·2.6:安邑皇

漆器M11·1(雲夢·附二):皇

0034 王　玉

詛楚文·湫淵(中吳本):敢用吉玉宣璧〖注〗宣,讀爲"瑄"。吉玉宣璧,古人祭祀所用玉幣,多用圭、璋、璧之屬。或說吉玉指珪。

詛楚文·湫淵(中吳本):求蔑灋(廢)皇天上帝及大神氒(厥)湫之卹祠、圭玉、羲(犧)牲

詛楚文·巫咸(中吳本):敢用吉玉宣璧

詛楚文·巫咸(中吳本):求蔑灋(廢)皇天上帝及不(丕)顯大神巫咸之卹祠、圭玉、羲(犧)牲

詛楚文·亞駝(中吳本):敢用吉玉宣璧

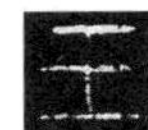
詛楚文·亞駝(中吳本):求蔑灋(廢)皇天上帝及不(丕)顯大神亞駝之卹祠、圭玉、羲(犧)牲

秦駰玉版·甲·摹:玉□(帛?)既精

秦駰玉版·乙·摹:玉□(帛?)既精

睡簡·答問·140:盜出朱(珠)玉邦關及買(賣)於客者

睡簡·答問·140:上朱(珠)玉內史

睡簡·答問·203:當以玉問王之謂殹

睡簡·答問·203:可(何)謂"亹玉"

秦印編5:成玉人

秦印編5:玉□

秦印編5:田玉

秦陶·1420:咸禾里玉〖注〗玉,人名。

0035 瓊　璚瓗琁

睡簡·答問·202:可(何)謂"瓊"〖注〗瓊者,玉檢也,即玉上面的封檢。一說此爲"瓄"字之誤,即盛玉之櫝。

0036　璿 璿 叡　璿 璿叡

秦公鎛鐘·摹(秦銅·16.2):叡專(敷)明井(型)〖注〗《説文》:"璿,美玉也。"籀文作"叡"。

0037　璧　璧

詛楚文·湫淵(中吳本):敢用吉玉宣璧

詛楚文·巫咸(中吳本):敢用吉玉宣璧

詛楚文·亞駝(中吳本):敢用吉玉宣璧

秦駰玉版·甲·摹:小子駰敢以芥(介)圭、吉璧、吉叉(瑍)

秦駰玉版·甲·摹:壹(一)璧先之

秦駰玉版·甲·摹:壹(一)璧先之

秦駰玉版·乙·摹:小子駰敢以芥(介)圭、吉璧、吉叉(瑍)

秦駰玉版·乙·摹:壹(一)璧先之

秦駰玉版·乙·摹:壹(一)璧先之

0038　環　環

天簡 26·乙:名曰環

睡簡·爲吏·14:令數囚環〖注〗囚,讀爲"究"。究環,追回。

睡簡·爲吏·23:槍閵(藺)環殳〖注〗環,讀爲"戹",《説文》:"屋牡瓦也。"

睡簡·答問·102:當三環之不〖注〗環,讀爲"原",寬宥從輕。

睡簡·答問·102:不當環

睡簡·答問·147:吏環〖注〗環,推卻。

睡簡·雜抄·25:虎環(還)

睡簡·日甲·21背:道周環宇

睡簡·日甲·77背:名責環貉豺干都寅

睡簡·日甲·77背:申,環也〖注〗環,讀爲"猨",即猿字。

睡簡·日乙·104:右環(還)

睡簡·日乙·105:右環(還)

里簡·J1(9)3正:以環書道遠

里簡·J1(9)9正:道遠毋環書

關簡·262:復環之

關簡·329:復環禹步三步

帛書·病方·346:蟲環出

帛書·死候·87:目環(睘)視褱(衺)〖注〗《説文》:"睘,目驚視也。"

秦印編5:環兼

0039　珥　珥

睡簡·答問·80:非必珥所入乃爲夬(決)〖注〗珥,珠玉飾耳物。

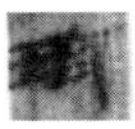

睡簡·答問·80:所夬(決)非珥所入殹

0040　瑕　瑕

秦印編 6:勞瑕〖注〗勞瑕,人名。

0041　理　理

會稽刻石・宋刻本:運理羣物

泰山刻石・宋拓本:遠近畢理

繹山刻石・宋刻本:以開爭理

0042　珍　珍

秦陶・1183:珍

0043　瑣　瑣

集證・171.579:狐瑣〖注〗狐瑣,人名。

秦印編 6:瑣衷

0044　珠　珠

睡簡・爲吏・36:朱珠丹青

先秦幣・101.2:一珠重一兩〖注〗一珠重,一枚圜錢之重。

先秦幣・101.3:一珠重一兩

先秦幣・101.4:一珠重一兩

0045　琅　琅

秦印編 6:琅左鹽丞

封泥集・附一 407:琅左鹽丞〖注〗琅左,地名。

秦印編 6:琅邪左鹽〖注〗琅邪,地名。

封泥集 266・1:琅邪左鹽

封泥集 263・1:琅邪司馬

封泥印・附二 191:琅邪司馬

封泥集 324・1:琅邪縣丞

封泥集 264・1:琅邪候印

秦印編 6:琅邪司丞

集證・143.167:琅邪發弩

0046　靈 靈　靈(靈)

詛楚文・湫淵(中吳本):亦應受皇天上帝及大沈氒(厥)湫之幾(機)靈德賜

詛楚文・巫咸(中吳本):亦應受皇天上帝及不(丕)顯大神巫咸[之]幾(機)靈德賜

詛楚文・亞駝(中吳本):亦應受皇天上帝及不(丕)顯大神亞駝之幾(機)靈德賜

天簡 35・乙:中宵畏忌室有靈巫

0047　　　　　靁

大墓殘磬(集證·84):允龢又(有)靁(靈)殸(磬)〖注〗靈,美好。一説指靈異。

大墓殘磬(集證·62):又(有)蠘(蠘)㦰(載)□又(有)靁(靈)〖注〗靁,王輝説爲"靈"之繁構,或即其籀文,威靈、神靈。

大墓殘磬(集證·76):左(佐)以靁(靈)神〖注〗靈神,即神靈。

大墓殘磬(集證·79):以靁(靈)神

大墓殘磬(集證·60):高陽又(有)靁(靈)

0048　　　　　珊

大墓殘磬(集證·75):□珊靁(靈)□〖注〗珊,王輝説即玨朋之"朋"本字,祭祀神靈之玉。

0049　　　　　琦

秦印編285:李琦

0050　班　　　　班

集證·173.598:班〖注〗班,人名。

秦印編6:班

0051　𠄌　　　　气(乞)

睡簡·答問·115:以乞鞫及爲人乞鞫者〖注〗乞鞫,要求重加審判。

睡簡·答問·115:以乞鞫及爲人乞鞫者

0052　士　　　　士

秦子簋蓋(珍金·34):義(宜)其士女〖注〗士女,泛指男女百姓人民。

秦子簋蓋·摹(珍金·31):義(宜)其士女

秦編鐘·甲鐘頂篆部·摹(秦銅·11.3):盩龢胤士〖注〗胤士,陳直説爲父子承襲之世官。

秦編鐘·丁鐘(秦銅·10.4):盩龢胤士

秦鎛鐘·1號鎛(秦銅·12.2):盩龢胤士

秦鎛鐘·3號鎛(秦銅·12.8):盩龢胤士

秦公鎛鐘·摹(秦銅·16.3):咸畜百辟胤士

秦公簋·蓋(秦銅·14.2):咸畜胤士

杜虎符(秦銅·25):凡興士被甲

新郪虎符(集證·38):凡興士被甲

新郪虎符·摹(集證·37):凡興士被甲

詛楚文·亞駝(中吴本):奮士盛師

詛楚文·湫淵(中吴本):奮士盛師

詛楚文·巫咸(中吴本):奮士[盛]師

秦駰玉版·甲·摹:東方又(有)士〖注〗士,指有才能的人。李零釋爲"土"。

秦駰玉版·乙·摹:東方又(有)士

楖室門楣刻字(集證·226.2):五十一年曲陽士五(伍)邦〖注〗士伍,軍士。

睡簡·答問·71:士五(伍)甲毋(無)子

睡簡·答問·84:士五(伍)甲鬭

睡簡·答問·163:今士五(伍)甲不會

睡簡·答問·185:得比公士贖耐不得

睡簡·答問·189:可(何)謂"宮狡士、外狡士"

睡簡·答問·189:可(何)謂"宮狡士、外狡士"

睡簡·秦律·155:謁歸公士而免故妻隸妾一人者

睡簡·秦律·155:及隸臣斬首爲公士

睡簡·秦律·179:自官士大夫以上

睡簡·日甲·5背:敝毛之士以取妻

睡簡·封診·6:士五(伍),居某里

睡簡·封診·8:封有鞫者某里士五(伍)甲家室、妻、子、臣妾、衣器、畜產

睡簡·封診·15:以五月晦與同里士五(伍)丙盜某里士五(伍)丁千錢

睡簡·封診·17:甲故士五(伍)

睡簡·封診·28:士五(伍),居某里

睡簡·封診·37:某里士五(伍)甲縛詣男子丙

睡簡·封診·47:士五(伍)咸陽才(在)某里曰丙

睡簡·封診·50:甲親子同里士五(伍)丙不孝

睡簡·封診·50:某里士五(伍)甲告曰

睡簡·封診·73:某里士五(伍)乙告曰

睡簡·封診·91:某里公士甲等廿人詣里人士五(伍)丙

睡簡·封診·91:某里公士甲等廿人詣里人士五(伍)丙

睡簡·封診·96:士五(伍),居某里

睡簡·雜抄·2:除士吏、發弩嗇夫不如律〖注〗士吏,軍官名。

睡簡·雜抄·4:游士在〖注〗遊士,專門從事游說的人。

睡簡·雜抄·5:公士以下刑爲城旦

睡簡·雜抄·5:游士律

睡簡·雜抄·12:令、尉、士吏弗得

睡簡·雜抄·13:縣司空、司空佐史、士吏將者弗得

睡簡·雜抄·39:縣嗇夫、尉及士吏行戍不以律

睡簡·爲吏·15:囷造之士久不陽

睡簡·爲吏·18:五曰賤士而貴貨貝

睡簡·爲吏·20:欲士(仕)士(仕)之

睡簡·爲吏·26:享(烹)牛食士

睡簡·爲吏·31:則士毋所比

里簡·J1(8)157正:除士五(伍)成里匄、成

里簡·J1(9)1 正:陽陵宜居士五(伍)毋死有貲餘錢八千六十四

里簡·J1(9)2 正:陽陵仁陽士五(伍)不狄有貲錢八百卅六

里簡·J1(9)3 正:陽陵下里士五(伍)不識有貲餘錢千七百廿八

里簡·J1(9)4 正:陽陵孝里士五(伍)衷有貲錢千三百卌四

里簡·J1(9)5 正:陽陵下里士五(伍)鹽有貲錢三百八十四

里簡·J1(9)7 正:陽陵褆陽士五(伍)小欬有貲錢萬一千二百七十一

里簡·J1(9)8 正:陽陵逆都士五(伍)越人有貲錢千三百卌四

里簡·J1(9)9 正:陽陵仁陽士五(伍)頯有贖錢七千六百八十

里簡·J1(9)10 正:陽陵叔作士五(伍)勝日有貲錢千三百卌四

里簡·J1(9)11 正:陽陵谿里士五(伍)采有貲餘錢八百五十二

集證·185.768:效上士〖注〗上士,官名,或指道德高尚之人。

秦印編7:效上士

秦印編6:馮士

秦印編7:士行

秦印編6:馬適士

秦印編7:貞士

集證·184.751:正行治士〖注〗士,秦時低級官吏或無職官的讀書人。

秦印編6:正行治士

秦印編7:平士

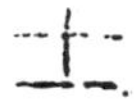

封泥印54:狡士之印〖注〗狡士,官名。

秦印編7:思士

秦印編7:宜士和衆

秦印編7:信士

秦印編6:仁士

秦印編6:仁士

秦印編6:仁士

秦印編6:仁士

集證·160.438:走士〖注〗走士,官名。

封泥集224·1:走士

封泥印78:走士

集證·185.767:云子思士

秦印編6:云子思士

秦印編6:云子思士

集證·160.439:走士丞印

封泥印79:走士丞印

秦印編7:走士丞印

封泥集225·2:走士丞印

封泥集225·4:走士丞印

封泥集 225・5:走士丞印

集證・139.96:衛士丞印〖注〗衛士,官名。

集證・139.97:衛士丞印

封泥印 11:衛士丞印

集證・138.91:罕士〖注〗罕士,官名。

集證・184.755:忠仁思士〖注〗思士,勤於思考的士吏。

集證・184.756:忠仁思士

集證・185.757:忠仁思士

秦印編 6:忠仁思士

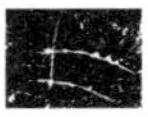

秦印編 6:忠仁思士

秦陶・433:士

秦陶・486:[楊]氏居貲公士富

秦陶・487:楊氏居貲武德公士契必〖注〗公士,秦爵之一級。

秦陶・488:平陰居貲北游公士滕

漆器(關簡 149):士五(伍)坰

漆器(關簡 149):士五(伍)坰

漆器 M4・3-1(雲夢・附二):脩士楊

漆器 M8・12(雲夢・附二):漆士□

漆器 M11・9(雲夢・附二):士五(伍)軍

漆器 M11・18(雲夢・附二):士五(伍)軍

漆器 M11・19(雲夢・附二):士五(伍)軍

0053　壻(婿)

睡簡・爲吏・19:贅壻後父〖注〗朱駿聲《説文通訓定聲》:"贅而不贖,主家配以女,則謂之贅婿。"指身份低下之人。

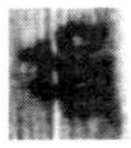

睡簡・爲吏・21:故某慮(閭)贅壻某叟之乃(仍)孫

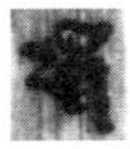

睡簡・爲吏・23:贅壻後父

0054　壯

元年上郡假守暨戈・摹(珍金・92):桼(漆)工壯〖注〗壯,人名。

睡簡・秦律・190:除佐必當壯以上〖注〗壯,壯年。

睡簡・日甲・71 背:盜者壯

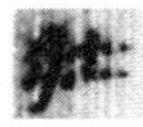

睡簡・爲吏・33:壯能衰

帛書・病方・320:善削瓜壯者

秦印編 7:壯沽

秦印編 7:趙壯

秦印編 7:壯

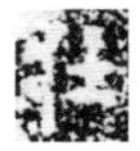

秦陶・1392:咸沙□壯

0055 中

仲滋鼎・摹(集證・14):中(仲)滋正(?)衍(行)〖注〗仲滋,人名。

卌年銀器足・摹(金銀器344):卌年中舍〖注〗中舍,官名。

金銀泡(序號15)・摹(集證・228~237):中

故宫藏秦子戈(集證・10):秦子乍(作)遣(造)中辟元用

故宫藏秦子戈・摹(集證・10):秦子乍(作)遣(造)中辟元用

六年漢中守戈(集證・19):六年莫中守□造〖注〗莫,即"漢"本字。漢中,郡名。

六年漢中守戈・摹(集證・19):六年莫中守□造

十五年上郡守壽戈・摹(集證・24):中陽〖注〗中陽,地名。

卅年詔事戈・摹(珍金・75):中陽

卅年詔事戈・摹(珍金・76):中陽

五十年詔事戈・摹(集證・31):工中〖注〗中,人名。

廣衍戈・摹(秦銅・192):中陽

石鼓文・吳人(先鋒本):中囿孔□

詛楚文・湫淵(中吳本):寘(置)者(諸)冥室櫝棺之中

詛楚文・巫咸(中吳本):寘(置)者(諸)冥室櫝棺之中

詛楚文・亞駝(中吳本):寘(置)者(諸)冥室櫝棺之中

會稽刻石・宋刻本:六合之中

天簡21・甲:中夜南吉

天簡21・甲:日中吉

天簡21・甲:中夜

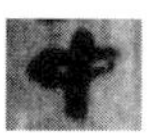

天簡21・甲:南吉日中西吉

天簡21・甲(吉中夜南)〖編者按〗疑此条重出。

天簡21・甲:旦南吉日中西吉

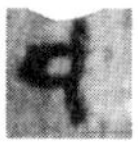

天簡22・甲:旦東吉

天簡22・甲:西吉中夜北吉

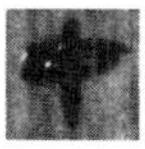

天簡23・甲:日中南吉

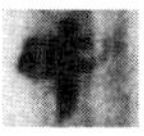

天簡23・甲:昏西吉中夜北吉

天簡23・甲:安食凶日中吉

天簡23・甲:日中吉

天簡23・甲:中夜吉

天簡24・乙:中

天簡24・乙:日入至晨投中黄鐘

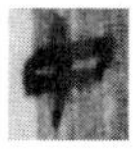

天簡25・乙:中期

天簡26・乙:芻稾中

天簡26・乙:投中大吕旄牛毆

天簡27・乙:糞土中

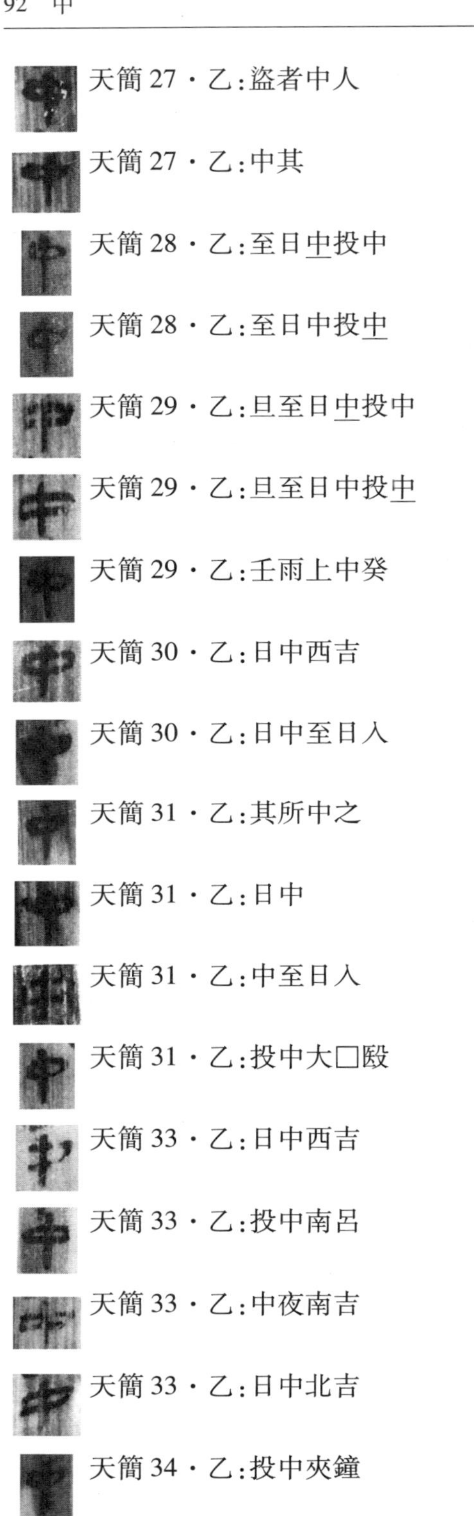

天簡 27・乙:盜者中人

天簡 27・乙:中其

天簡 28・乙:至日中投中

天簡 28・乙:至日中投中

天簡 29・乙:旦至日中投中

天簡 29・乙:旦至日中投中

天簡 29・乙:壬雨上中癸

天簡 30・乙:日中西吉

天簡 30・乙:日中至日入

天簡 31・乙:其所中之

天簡 31・乙:日中

天簡 31・乙:中至日入

天簡 31・乙:投中大□毆

天簡 33・乙:日中西吉

天簡 33・乙:投中南呂

天簡 33・乙:中夜南吉

天簡 33・乙:日中北吉

天簡 34・乙:投中夾鐘

天簡 35・乙:中宵畏忌室有靈巫

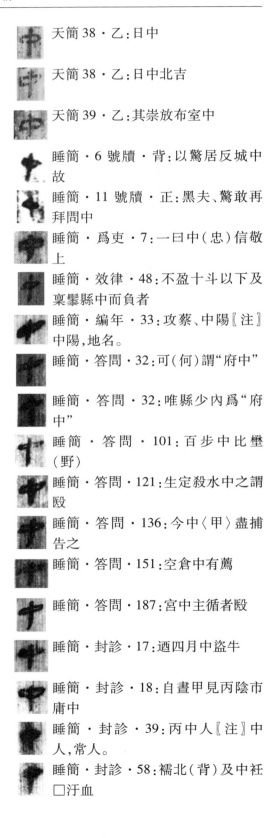

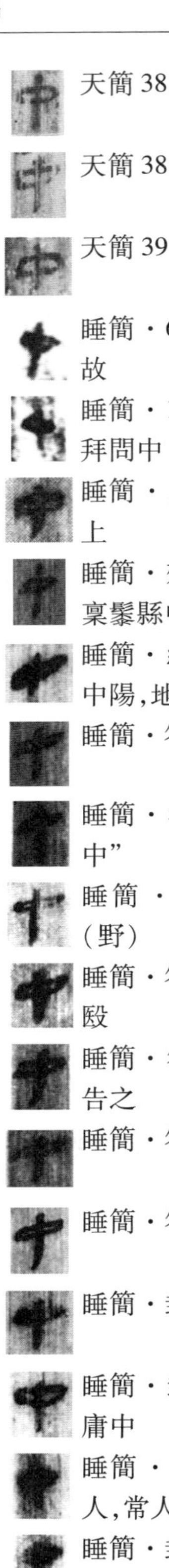

天簡 38・乙:日中

天簡 38・乙:日中北吉

天簡 39・乙:其祟放布室中

睡簡・6 號牘・背:以驚居反城中故

睡簡・11 號牘・正:黑夫、驚敢再拜問中

睡簡・爲吏・7:一曰中(忠)信敬上

睡簡・效律・48:不盈十斗以下及稟鬃縣中而負者

睡簡・編年・33:攻蔡、中陽〖注〗中陽,地名。

睡簡・答問・32:可(何)謂"府中"

睡簡・答問・32:唯縣少內爲"府中"

睡簡・答問・101:百步中比壄(野)

睡簡・答問・121:生定殺水中之謂殹

睡簡・答問・136:今中〈甲〉盡捕告之

睡簡・答問・151:空倉中有薦

睡簡・答問・187:宮中主循者殹

睡簡・封診・17:迺四月中盜牛

睡簡・封診・18:自畫甲見丙陰市庯中

睡簡・封診・39:丙中人〖注〗中人,常人。

睡簡・封診・58:襦北(背)及中衽□汙血

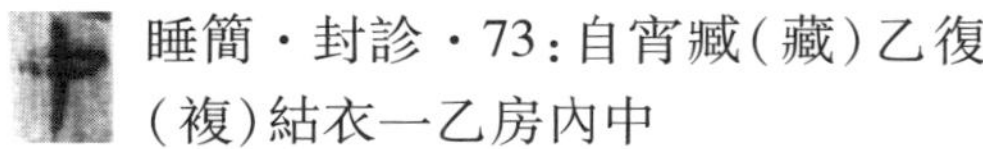
睡簡·封診·73:自宵臧(藏)乙復(複)結衣一乙房内中

睡簡·封診·74:斲(徹)内中

睡簡·封診·76:穴斲(徹)内中

睡簡·封診·81:内中有竹柖

睡簡·秦律·6:百姓犬入禁苑中而不追獸及捕獸者

睡簡·秦律·17:其大廄、中廄、宮廄馬牛殹〖注〗中廄,秦廄名。

睡簡·秦律·70:八月、九月中其有輸

睡簡·秦律·91:中褐一

睡簡·秦律·97:受錢必輒入其錢缿中

睡簡·秦律·115:御中發徵〖注〗御中,向朝廷進獻。

睡簡·秦律·116:興徒以爲邑中之紅(功)者

睡簡·秦律·148:當行市中者

睡簡·秦律·197:毋敢以火入臧(藏)府、書府中

睡簡·雜抄·2:發弩嗇夫射不中

睡簡·雜抄·2:及發弩射不中

睡簡·雜抄·8:奪中卒傳〖注〗中卒,兵種名,中軍勁卒。

睡簡·雜抄·8:輕車、趀張、引强、中卒所載傅〈傳〉到軍

睡簡·雜抄·11:不當稟軍中而稟者

睡簡·雜抄·16:中勞律〖注〗中勞律,律名,關於從軍勞績的法律。

睡簡·日甲·5背:中冬竹(箕)、斗

睡簡·日甲·5背:中秋奎、東辟(壁)

睡簡·日甲·5背:中夏參、東井

睡簡·日甲·17背:中央下

睡簡·日甲·18背:中央高

睡簡·日甲·23背:宇中有谷

睡簡·日甲·24背:一室中臥者眯也

睡簡·日甲·26背:入人醯、醬、滫、將(漿)中

睡簡·日甲·34背:一室中有鼓音

睡簡·日甲·37背:一宅中毋(無)故而室人皆疫

睡簡·日甲·40背:必中虫首

睡簡·日甲·40背:一宅之中毋(無)故室人皆疫

睡簡·日甲·43正:歲中

睡簡·日甲·51背:屈(掘)其室中三尺

睡簡·日甲·51背:取牡棘烰(炮)室中

睡簡·日甲·52背:燔生桐其室中

睡簡·日甲·55背:燔豕矢室中

睡簡·日甲·58背:乃棄其屨於中道

睡簡·日甲·58背:取盎之中道

睡簡・日甲・67 背:凡邦中之立叢

睡簡・日甲・69 背:臧(藏)於垣内中糞蔡下

睡簡・日甲・70 背:臧(藏)牛廄中草木下

睡簡・日甲・72 背:臧(藏)於草中

睡簡・日甲・76 背:臧(藏)於芻稾中

睡簡・日甲・78 背:臧(藏)於圂中草下

睡簡・日甲・79 背:臧於糞蔡<u>中</u>土中

睡簡・日甲・79 背:臧於糞蔡中土<u>中</u>

睡簡・日甲・80 背:臧(藏)於圂中垣下

睡簡・日甲・92 背:中央土

睡簡・日甲・93 背:日中死兇(凶)

睡簡・日甲・98 背:日中以行有五喜

睡簡・日甲・100 正:中子婦死

睡簡・日甲・111 背:掓其畫中央土而懷之

睡簡・日甲・112 正:巚(獻)馬、中夕、屈夕作事東方

睡簡・日甲・114 正:三歲中弗更

睡簡・日甲・114 正:三歲中日入一布

睡簡・日甲・129 正:必先計月中閒日

睡簡・日甲・129 正:其央(殃)不出歲中

睡簡・日甲・131 正:百中大凶

睡簡・日甲・135 正:甲乙壬癸丙丁日中行

睡簡・日甲・138 背:月中旬

睡簡・日乙・31:祠室中日

睡簡・日乙・40:戊己内中土

睡簡・日乙・61:歲中

睡簡・日乙・127:不可伐室中尌(樹)木

睡簡・日乙・164:中鬼見社爲姓(眚)

睡簡・日乙・135:必先計月中間曰□直赤啻(帝)臨日

睡簡・日乙・156:日中午

睡簡・日乙・184:□邦中

睡簡・日乙・184:中歲在西

睡簡・日乙・189:人〈入〉水中及谷

龍簡・1:諸叚兩雲夢池魚(籞)及有到雲夢禁中者

龍簡・6:禁苑吏、苑人及黔首有事禁中

龍簡・7:諸有事禁苑中者

龍簡・11:□于禁苑中者

龍簡・15・摹:從皇帝而行及舍禁苑中者

龍簡・17:亡人挾弓、弩、矢居禁中者

龍簡・23:敺(驅)入禁苑中

龍簡・27・摹:禁毋敢取耎(壖)中獸

龍簡・27・摹:取者其罪與盜禁中[同]□

龍簡・29:射耎中□之□有□殹

龍簡・32:諸取禁中豺狼者

龍簡・35:沙丘苑中風荼者

龍簡・38:諸取禁苑中柞(柞)、棫、櫓、楢産葉及皮□

龍簡・48:中質

龍簡・50・摹:□中過□

龍簡・54・摹:敢行馳道中者

龍簡・60・摹:中

龍簡・64:□道中而弗得

龍簡・77:黔首犬入禁苑中而不追獸及捕□

龍簡・85:中獸

龍簡・160:迸徙其田中之臧(贓)而不□

龍簡・249・摹:□中以□

里簡・J1(8)157 背:正月戊戌日中

里簡・J1(9)981 正:史逐將作者汜中

關簡・119:此中牀

關簡・133:直周中三畫者

關簡・160:日未中

關簡・161:日中

關簡・161:日過中

關簡・193:人中子也

關簡・245:日中

關簡・298:上公、兵死、陽主歲=在中

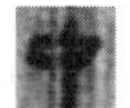關簡・309:取肥牛膽盛黑叔(菽)中

關簡・309:取十餘叔(菽)置鬻(粥)中而歓(飲)之

關簡・312:入酒若鬻(粥)中

關簡・313:置淳(醇)酒中

關簡・316:浾(和)稾(藁)本東〈柬〉灰中

關簡・323:卒(淬)之醇酒中

關簡・333:匿屋中

關簡・346:以靡(摩)其鼻中

關簡・367:日中弌(一)

關簡・372:置晋斧(釜)中

關簡・377:置梮中

帛書・病方・2:□毀一垸(丸)音(杯)酒中

帛書・病方・21：薺（齏）杏𩂹〈覈（核）〉中人（仁）〖注〗杏核中仁，即杏仁。

帛書・病方・22：稍（消）石直（置）溫湯中

帛書・病方・24：入溫酒一音（杯）中而飲之

帛書・病方・26：入藥中

帛書・病方・30：卒（淬）醇酒中

帛書・病方・49：取一分置水中

帛書・病方・50：輒棄其水圂中

帛書・病方・54：而洒之桮（杯）水中

帛書・病方・57：注音（杯）中

帛書・病方・58：取竈末灰三指最（撮）□水中

帛書・病方・73：𢀜（舂）木臼中

帛書・病方・85：產其中者

帛書・病方・88：以葥（芥）印其中顛〖注〗中顛，頭頂正中部。

帛書・病方・95：令下盂中

帛書・病方・95：炊五榖（穀）、兔□肉陀（他）甗中

帛書・病方・97：湮汲一音（杯）入奚蠡中

帛書・病方・100：入酒中

帛書・病方・101：取井中泥

帛書・病方・112：而中剝（劙）鷄□

帛書・病方・118：□其中

帛書・病方・127：以美醯□之於瓦鬴中

帛書・病方・149：□酒中飲□

帛書・病方・155：久（灸）左足中指

帛書・病方・159：燔段（煆）□火而焠酒中

帛書・病方・163：入中□飲

帛書・病方・172：漬糯頸及頭垢中

帛書・病方・178：即燒陳稾其中

帛書・病方・179：燔之坎中

帛書・病方・190：以衣中衽（紝）緇〈繢〉約左手大指一

帛書・病方・202：破卵音（杯）醯中

帛書・病方・203：入半音（杯）酒中飲之

帛書・病方・209：以久（灸）穨（癩）者中顛

帛書・病方・210：令穨（癩）者北首臥北鄉（嚮）廡中

帛書・病方・213：□中指蚤（搔）二［七］

帛書・病方・218：即內（納）腎臚於壺空（孔）中

帛書・病方・227：而盛竹甬（筩）中

帛書・病方・239：有空（孔）其中

帛書・病方・240：而入之其空（孔）中

帛書・病方・240:取内戶旁祠空中黍腏、燔死人頭皆冶〖注〗"空中"二字疑爲衍文。

帛書・病方・245:其中有如兔髕

帛書・病方・247:淬醯中

帛書・病方・248:牝痔之入竅中寸

帛書・病方・249:抒置甕中

帛書・病方・253:置器中

帛書・病方・255:[燔]□炭其中

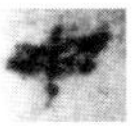

帛書・病方・256:取肥□肉置火中

帛書・病方・261:置般(盤)中而居(踞)之

帛書・病方・262:入直(脜)中

帛書・病方・267:而置艾其中

帛書・病方・270:取石置中

帛書・病方・272:并以三指大最(撮)一入桮(杯)酒中

帛書・病方・274:取商〈商〉牢漬醯中

帛書・病方・280:入藥中□

帛書・病方・319:私内中〖注〗内中,寢室中。

帛書・病方・327:取無(蕪)夷(荑)中覈(核)

帛書・病方・327:熱膏沃冶中

帛書・病方・330:取久溺中泥〖注〗久溺中泥,或稱"溺白垽、人中白"。

帛書・病方・330:置泥器中

帛書・病方・333:□湯中

帛書・病方・333:即置小木湯中

帛書・病方・334:朝已食而入湯中

帛書・病方・335:病不□者一入湯中即瘳

帛書・病方・336:即毋入[湯]中矣

帛書・病方・353:□米一升入中

帛書・病方・374:即取水銀靡(磨)掌中

帛書・病方・400:□布其汁中

帛書・病方・416:而入豬膏□者一合其中

帛書・病方・417:即入湯中

帛書・病方・417:有(又)飲熱酒其中

帛書・病方・423:行山中而疕出其身

帛書・病方・427:黃神在竈中

帛書・病方・438:并直(置)瓦赤鋪(鬴)中

帛書・病方・439:令病者每旦以三指三最(撮)藥入一桮(杯)酒若鬻(粥)中而飲之

帛書・病方・441:冶桂入中

帛書・病方・442:中別爲□之倡而笄門戶上各一

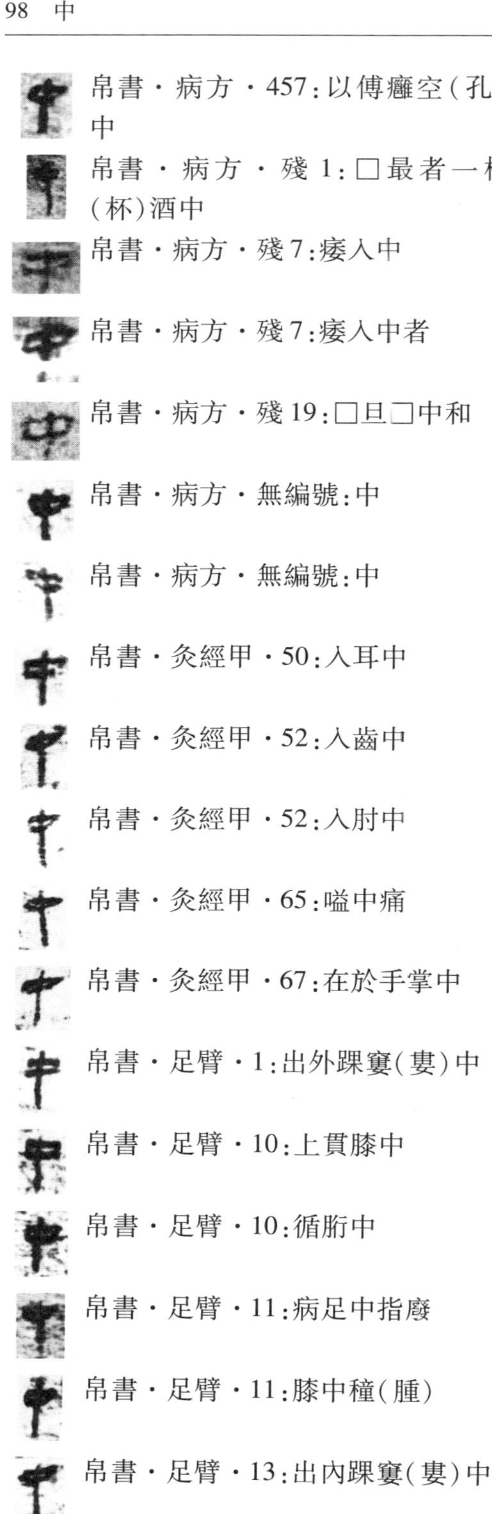

帛書·病方·457:以傅癰空(孔)中

帛書·病方·殘1:☐最者一桮(杯)酒中

帛書·病方·殘7:痿入中

帛書·病方·殘7:痿入中者

帛書·病方·殘19:☐旦☐中和

帛書·病方·無編號:中

帛書·病方·無編號:中

帛書·灸經甲·50:入耳中

帛書·灸經甲·52:入齒中

帛書·灸經甲·52:入肘中

帛書·灸經甲·65:嗌中痛

帛書·灸經甲·67:在於手掌中

帛書·足臂·1:出外踝窶(婁)中

帛書·足臂·10:上貫膝中

帛書·足臂·10:循胻中

帛書·足臂·11:病足中指廢

帛書·足臂·11:膝中穜(腫)

帛書·足臂·13:出内踝窶(婁)中

帛書·足臂·31:出中指

帛書·足臂·33:出中指間

集證·185.760:中壹〖注〗中,讀爲"忠"。

集證·185.761:中壹

秦印編7:中壹

秦印編7:中壹

秦印編7:左中馬將

秦印編7:中侯

秦印編8:中信

秦印編8:中信

秦印編8:中信

秦印編7:中行羞府

封泥集166·1:中行羞府

集證·137.68:中行羞府

秦印編7:中官徒府

秦印編7:中官徒府

集證·145.194:中官徒府

秦印編8:中廄

封泥集187·1:中廄

封泥集187·3:中廄

封泥集 187・6：中廄

秦印編 7：中司馬印

集證・143. 165：中司馬印

封泥集 176・1：中府丞印〖注〗中府，官名。

封泥集 176・2：中府丞印

封泥集 176・3：中府丞印

封泥集 177・5：中府丞印

封泥集 177・7：中府丞印

集證・145. 192：中府丞印

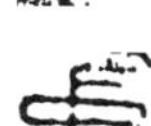集證・145. 193：中府丞印

新封泥 C・17. 4：中府丞印

秦印編 7：西宮中官

集證・135. 40：西宮中官

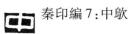

秦印編 7：中歙

封泥集 261・1：齊中尉印〖注〗中尉，官名。

封泥集 188・1：中廄丞印

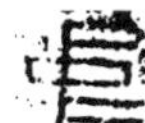封泥集 188・2：中廄丞印

封泥集 188・3：中廄丞印

封泥集 188・4：中廄丞印

封泥集 188・5：中廄丞印

封泥集 188・7：中廄丞印

封泥集 188・8：中廄丞印

封泥集 188・9：中廄丞印

封泥集 188・10：中廄丞印

封泥集 188・12：中廄丞印

封泥集 188・13：中廄丞印

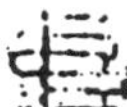封泥集 189・14：中廄丞印

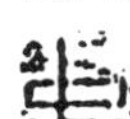封泥集 189・17：中廄丞印

封泥集 189・18：中廄丞印

封泥集 189・19：中廄丞印

封泥集 189・20：中廄丞印

封泥集 189・21：中廄丞印

封泥集 189・24：中廄丞印

封泥集 189・28：中廄丞印

封泥集 189・29：中廄丞印

封泥集 189・30：中廄丞印

封泥集 189・31：中廄丞印

封泥集 189・32：中廄丞印

封泥集 190・34：中廄丞印

集證・138. 90：中謁者〖注〗中，"中宮"之省。

秦印編 8：中謁者

新封泥 C・17. 17：中謁者

封泥印 75：中謁者

秦印編 7：張中

集證・138. 89：中宮〖注〗中宮，皇后之宮；或官名。

封泥集 200・1：中宮

秦印編 7：任中

秦印編 7：公中

封泥集 120・2：中車府丞

封泥集 120・4：中車府丞

封泥集 120・5：中車府丞

封泥集 120・6：中車府丞

封泥集 120・9：中車府丞

集證・144. 189：中車府丞

集證・145. 190：中車府丞

封泥印 12：中車府丞

秦印編 7：中翁

秦印編 8：西中謁府

封泥印 77：西中謁府

秦印編 7：呂中

秦印編 8：中羞丞印〖注〗中羞，官名。

封泥集 164・1：中羞丞印

封泥集 164・2：中羞丞印

封泥集 164・3：中羞丞印

封泥集 164・4：中羞丞印

封泥集 164・5：中羞丞印

封泥集 164・6：中羞丞印

封泥集 164・7：中羞丞印

封泥集 164・8：中羞丞印

封泥集 165・9：中羞丞印

封泥集 165・10：中羞丞印

封泥集 165・12：中羞丞印

封泥集 165・18：中羞丞印

封泥集 165・19：中羞丞印

封泥集 165・20：中羞丞印

封泥集 165・21：中羞丞印

封泥集 165・22:中羞丞印

集證・137.65:中羞丞印

集證・137.67:中羞丞印

封泥印 49:中羞丞印

秦印編 7:中年

秦印編 7:中年

秦印編 8:中廄馬府

秦印編 8:中廄馬府

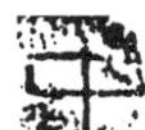
封泥集 191・2:中廄馬府

封泥集 191・3:中廄馬府

封泥集 191・4:中廄馬府

秦印編 8:郎中左田〖注〗郎中,官名。

封泥集 114・2:郎中左田

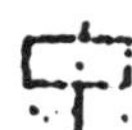
封泥集 114・3:郎中左田

封泥集 115・6:郎中左田

集證・149.267:郎中左田

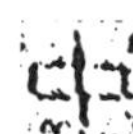
封泥集 172・1:中尉之印

封泥集 172・2:中尉之印

封泥集 172・3:中尉之印

封泥印 83:中尉之印

封泥集 113・2:郎中丞印

封泥集 113・4:郎中丞印

封泥集 113・6:郎中丞印

封泥集 113・8:郎中丞印

封泥集 113・10:郎中丞印

封泥集 113・11:郎中丞印

封泥集 113・12:郎中丞印

封泥集 113・13:郎中丞印

封泥集 114・15:郎中丞印

封泥集 114・18:郎中丞印

集證・138.92:郎中丞印

新封泥 C・17.12:郎中丞印

封泥印 10:郎中丞印

封泥集 166・1:中羞府印

封泥集 166・2:中羞府印

封泥印 49:中羞府印

集證・137.77:右中馬丞〖注〗右中馬,官名。

封泥集 173・1:右中馬丞

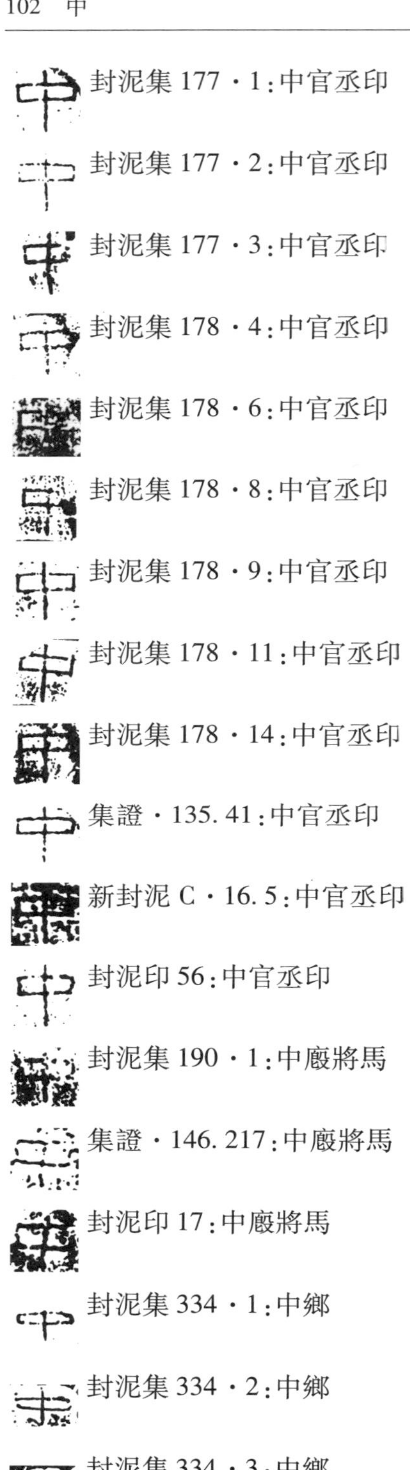

封泥集 177・1:中官丞印

封泥集 177・2:中官丞印

封泥集 177・3:中官丞印

封泥集 178・4:中官丞印

封泥集 178・6:中官丞印

封泥集 178・8:中官丞印

封泥集 178・9:中官丞印

封泥集 178・11:中官丞印

封泥集 178・14:中官丞印

集證・135. 41:中官丞印

新封泥 C・16. 5:中官丞印

封泥印 56:中官丞印

封泥集 190・1:中廄將馬

集證・146. 217:中廄將馬

封泥印 17:中廄將馬

封泥集 334・1:中鄉

封泥集 334・2:中鄉

封泥集 334・3:中鄉

集證・146. 207:中廄馬府

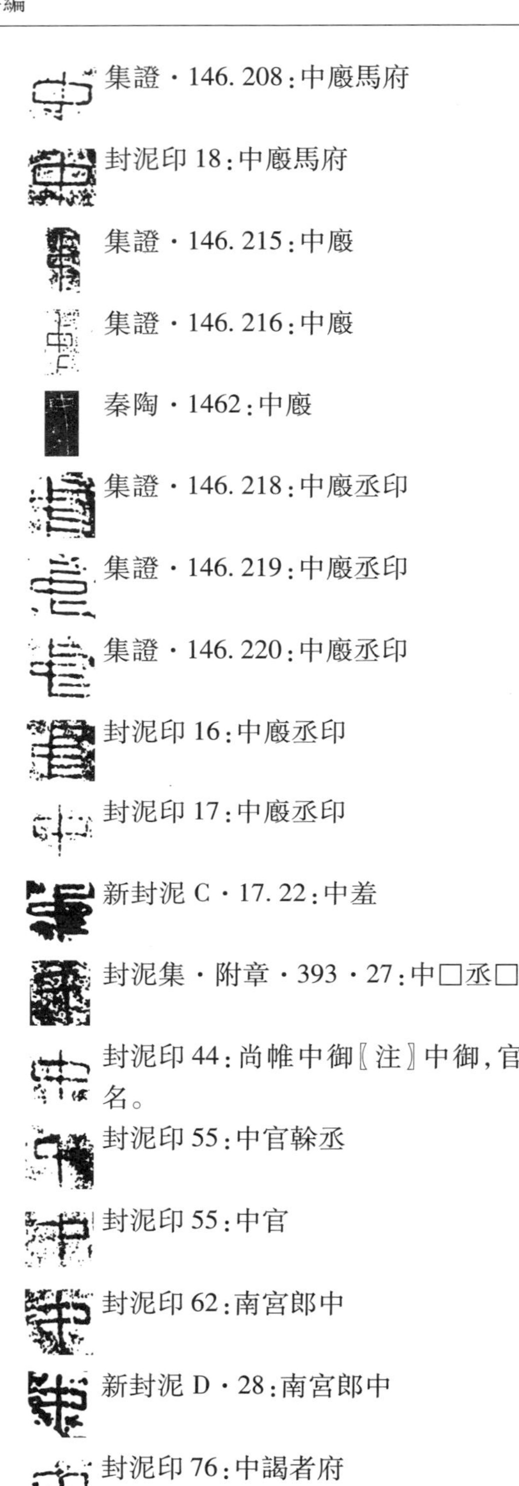

集證・146. 208:中廄馬府

封泥印 18:中廄馬府

集證・146. 215:中廄

集證・146. 216:中廄

秦陶・1462:中廄

集證・146. 218:中廄丞印

集證・146. 219:中廄丞印

集證・146. 220:中廄丞印

封泥印 16:中廄丞印

封泥印 17:中廄丞印

新封泥 C・17. 22:中羞

封泥集・附章・393・27:中□丞□

封泥印 44:尚帷中御〖注〗中御,官名。

封泥印 55:中官榦丞

封泥印 55:中官

封泥印 62:南宮郎中

新封泥 D・28:南宮郎中

封泥印 76:中謁者府

封泥印 136:閬中丞印〖注〗閬中,地名。

封泥印·待考168:□中材廥

新封泥D·20:中尉

新封泥A·1.5:郎中西田

新封泥A·1.13:中車丞璽〖注〗中車,官名。

新封泥A·2.18:中廄廷府

新封泥A·4.11:西方中謁

集證·146.221:左中將馬〖注〗左中,官名。

封泥集·附一409:郎中監印

集證·163.479:王中山〖注〗王中山,人名。

集證·184.741:中精外誠〖注〗精,讀爲"清"。"中清"即本身廉潔無私。

集證·185.758:中仁〖注〗中,讀爲"忠"。忠仁,儒家提倡的道德準則。

集證·185.759:中仁

秦陶·1404:咸中□□

秦陶·427:中

秦陶·428:中

秦陶·1449:中

秦陶·1513①:中

漆器M9·10(雲夢·附二):中

漆器M9·10(雲夢·附二):中

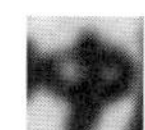
地圖注記·摹(地圖·3):中田

0056　屯

不其簋蓋(秦銅·3):永屯(純)霝冬(終)

滕縣不其簋器(秦銅·4):永屯(純)霝冬(終)

秦編鐘·乙鐘(秦銅·10.2):屯(純)魯多釐〖注〗純魯,典籍作"純嘏",指厚福。

秦編鐘·乙鐘左鼓·摹(秦銅·11.6):屯(純)魯多釐

秦編鐘·戊鐘(秦銅·10.5):屯(純)魯多釐

秦鎛鐘·1號鎛(秦銅·12.3):屯(純)魯多釐

秦鎛鐘·2號鎛(秦銅·12.6):屯(純)魯多釐

秦公鎛鐘·摹(秦銅·16.4):以受屯(純)魯多釐

秦公簋·蓋(秦銅·14.2):以受屯(純)魯多釐

屯留戈(集成10927):屯留〖注〗屯留,地名。

大墓殘磬(集證·82):屯(純)魯吉康

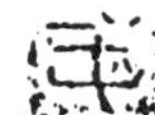
封泥集312·1:屯留

秦印編8:姚屯

秦印編8:屯留

0057 每

龍簡・28:□去叀(壖)廿里毋敢每(謀)殺□〖注〗每,疑讀爲"謀",圖謀、謀劃。一説此爲毒字之殘。

帛書・病方・439:令病者每旦以三指三最(撮)藥入一桮(杯)酒若鬻(粥)中而飲之

帛書・病方・444:每行□

0058 毒 蔔

睡簡・封診・91:丙有寧毒言〖注〗毒言,口舌有毒。

睡簡・封診・94:丙而不把毒〖注〗把毒,帶毒。

睡簡・秦律・5:毋□毒魚鼈

帛書・病方・目錄:毒[烏家(喙)]

帛書・病方・71:毒烏家(喙)者〖注〗烏頭汁名射罔,古代用來制造毒箭。

帛書・病方・76:禺(遇)人毒者〖注〗毒,被毒箭射傷。

帛書・病方・162:毒堇冶三〖注〗毒堇,疑卽紫堇,藥名。

帛書・病方・164:毒堇不暴(曝)

帛書・病方・165:歲[更]取毒堇

帛書・病方・165:以夏日至到□毒堇

帛書・病方・殘3:□去毒□

0059 熏

帛書・病方・249:以熏痔

帛書・病方・250:日三熏

帛書・病方・253:以熏痔〖注〗《説文》:"熏,火煙上出也。"

帛書・病方・255:坐以熏下竅

帛書・病方・258:以羽熏纂

帛書・病方・269:令烟熏直(膇)

帛書・病方・325:而以氣熏其痏

0060 莊 𦿆

會稽刻石・宋刻本:黔首齊(齋)莊

睡簡・編年・5:莊王元年

睡簡・編年・6:莊王二年

睡簡・編年・7:莊王死

睡簡・編年・7:莊王三年

秦印編8:莊直

集證・176.650:莊季〖注〗莊季,人名。

集證・176.651:莊文〖注〗莊文,人名。

秦印編8:莊駘之印

秦印編 8:莊密

秦印編 8:莊□

0061　苔　苔

睡簡・秦律・38:黍、苔畝大半斗〖注〗苔,小豆。

睡簡・秦律・43:叔(菽)、苔、麻十五斗爲一石

睡簡・日甲・19 正:菽、苔卯

帛書・病方・3:令大如苔

帛書・病方・3:卽以赤苔一斗并□〖注〗赤苔,赤小豆。

0062　莠　莠

睡簡・日甲・63 背:取丘下之莠〖注〗《說文》:"莠,禾粟下生莠。"

0063　葩 䕯　葩 䕯

秦印編 8:白葩

0064　蘇　蘇

秦印編 9:蘇游

秦印編 9:蘇離

秦印編 9:蘇媚

秦印編 9:蘇產

集證・183. 735:蘇被〖注〗蘇被,人名。

秦印編 9:蘇臣

秦印編 9:蘇級

秦印編 9:蘇宇

秦印編 9:蘇和

秦印編 9:蘇嬰

秦印編 9:蘇□

封泥印 152:蘇段

集證・183. 733:蘇段

封泥集 386・2:蘇段

集證・183. 734:蘇建

南郊 137・125:蘇氏十斗

封泥集 385・1:蘇則

0065　葵　葵

睡簡・日乙・65:癸葵

帛書・病方・109:葵莖靡(磨)又(疣)二七

帛書・病方・109:靡(磨)又(疣)以葵戟〈榦〉

帛書・病方・153:冶筴蓂少半升、陳葵種一□〖注〗葵種,卽冬葵子,藥名。

帛書・病方・168:以水一斗煮葵種一斗

帛書・病方・171:亨(烹)葵

帛書・病方・173:葵種一升

帛書・病方・192:以水與弱(溺)煮陳葵種而飲之

帛書・病方・355:取陳葵莖

帛書・病方・420:鳖葵

0066 蘠 蘠

帛書・病方・249:乾蘠(薑)二果(顆)

0067 蓼 蓼

封泥集 322・1:蓼城丞印〖注〗蓼城,地名。

0068 莒 莒

廿四年莒傷(陽)銅斧(沂南・2):廿四年莒傷(陽)丞寺〖注〗莒陽,地名。

0069 葷 葷

帛書・病方・28:葷〖注〗葷,《儀禮》注:"辛物,葱薤之屬。"

0070 蘘 蘘

秦印編 9:方蘘〖注〗方蘘,人名。

0071 藍 藍

封泥集 275・1:藍田丞印〖注〗藍田,地名。

秦印編 9:藍田

秦陶・1266:藍田

秦陶・1226:藍田

秦陶 A・3.15:藍田

秦陶・1242:藍□

0072 蘭 蘭

帛書・病方・87:𨭆(齏)蘭〖注〗蘭,蘭草。

帛書・病方・140:𨭆(齏)蘭□

帛書・病方・143:取蘭□

0073 茝 茝

睡簡・日甲・74 背:名西茝亥旦

睡簡・爲吏・11:不有可茝〖注〗茝,讀爲"改"。

帛書・病方・372:白茝、白衡〖注〗白茝,白芷。

集證・145.200:茝陽少内〖注〗茝陽,地名,即芷陽。

秦印編 9:茝陽少内

封泥集 277・1:茝陽丞印

 集證・152.302:莒陽丞印

集證・152.303:莒陽丞印

封泥印 99:莒陽丞印

 秦陶・1217:莒陽工癸

 秦陶・1218:莒陽工癸

 秦印編 9:莒陽工癸

 秦陶・1219:莒陽工□

秦印編 9:莒陽癸

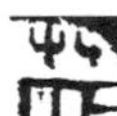 秦陶・1220:莒陽癸

秦陶・1221:莒陽癸

秦陶・1222:莒陽癸

秦陶・1223:莒陽癸

 秦陶・1224:莒陽癸

封泥印 100:莒丞之印

 秦陶・1323:莒

 秦陶・1324:莒

 秦陶・1325:莒

 秦陶・1326:莒

 秦陶・1327:莒

 秦陶・1328:莒

 秦陶・1329:莒

 秦陶・1330:莒

 集證・194.34:莒

 集證・194.35:莒

 集證・194.36:莒

 集證・196.39:莒

 集證・196.42:莒

 集證・196.43:莒

 集證・196.48:莒

 集證・198.53:莒

 集證・202.61:莒

 集證・202.62:莒

 集證・202.63:莒

 集證・202.64:莒

 集證・202.65:莒

 集證・214.202:莒

 集證・214.203:莒陽

 集證・214.204:莒

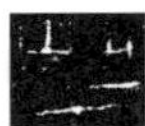集證·215.210:茝

集證·215.211:茝

秦印編9:茝

秦印編9:茝

秦印編9:茝

0074 莁

秦印編10:李莁〖注〗李莁,人名。

0075 薛(辥)

睡簡·爲吏·34:身亦毋薛(辥)〖注〗辥,罪。

帛書·病方·41:湔與薛(糵)半斗〖注〗糵,米麴。

集證·157.390:薛丞之印〖注〗薛,地名。

集證·182.723:薛究〖注〗薛究,人名。

封泥集293·1:薛丞之印

秦印編10:薛義

秦印編10:薛賀

秦印編10:薛更

秦印編10:薛鏤

秦印編277:辥得

秦印編277:辥毋傷

封泥集384·1:薛赫〖注〗薛赫,人名。

封泥集384·1:薛鼻〖注〗薛鼻,人名。

0076 苦

帛書·病方·74:以□汁粲(餐)叔(菽)若苦〖注〗苦,疑指大苦,即豉,藥名。

帛書·病方·166:□葉、實味苦

帛書·病方·257:骆阮一名曰白苦、苦浸〖注〗白苦,藥名。

帛書·病方·352:冶莁夷(荑)、苦瓠瓣〖注〗苦瓠,藥名。

秦印編10:封苦

秦印編10:毋苦來

秦印編10:苦成裹

地圖注記·摹(地圖·5):苦谷

地圖注記·摹(地圖·4):苦谷

0077 茅

睡簡·秦律·195:獨高其置芻廥及倉茅蓋者

睡簡·日甲·55正:玄戈毄(繫)茅(昴)〖注〗昴,星名。

睡簡·日甲·56背:苞以白茅

睡簡·日甲·57背:取白茅及黄土而西(洒)之

龍簡・153:取人草□菼、茅、芻、稾□

帛書・病方・231:以白□縣(懸)茅比所

秦印編10:茅□

集證・171.577:茅豎〖注〗茅豎,人名。

秦印編10:茅倉

秦印編10:茅乾滑

秦印編10:茅拾

秦印編10:張茅

秦印編10:茅配

0078 菅

帛書・病方・258:以菅裹〖注〗菅,茅草。

集證・158.411:菅里〖注〗菅里,里名。

集證・158.412:菅里

秦印編10:菅里

0079 蘄

瓦當・1.1:蘄年宫當〖注〗蘄年宫,宫名。

0080 藺

睡簡・日乙・175:西以東藺(吝)

睡簡・日乙・177:以入,藺(吝)

0081 蒲

睡簡・編年・5:歸蒲反〖注〗蒲反,即"蒲阪",地名。

睡簡・秦律・131:毋(無)井者以蒲、藺以枲萷(䌸)之〖注〗蒲,蒲草。

帛書・病方・102:取敝蒲席若籍之弱(蒻)〖注〗蒲席,蒲草編織的席子。

封泥印111:蒲反丞印

集證・154.336:蒲反丞印

封泥集313・3:蒲反丞印

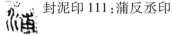

秦陶・1261:蒲反

集證・216.216:咸蒲里奇〖注〗蒲里,里名。

集證・217.232:咸蒲里奇

秦印編11:咸蒲里奇

0082 萯

萯陽鼎(集證・54.2):萯共〖注〗萯共,"萯陽共鼎"省文。

萯陽鼎(集證・55):萯陽共鼎〖注〗萯陽,地名。

封泥集201・1:萯陽宫印〖注〗萯陽宫,宫名。

集證・149.261:萯陽宫印

秦印編11:萯陽苑丞

漆器 M3・21(雲夢・附二):蒼

0083　蒐

秦印編 11:蒐譙

0084　茈

帛書・病方・368:取茈半斗〖注〗茈,柴胡,藥名。

0085　苞

睡簡・日甲・56 背・摹:苞以白茅

秦印編 11:苞

0086　艾

帛書・病方・209:以艾裹〖注〗艾,艾草。

帛書・病方・266:而置艾其中

帛書・病方・266:治之以柳蕈一挼、艾二

帛書・病方・267:而燔其艾、蕈

帛書・病方・267:置柳蕈、艾上

0087　薺

帛書・病方・21:薺(齏)杏霾〈覈(核)〉中人(仁)〖注〗齏,或寫作"韲",粉碎。

帛書・病方・25:取薺孰(熟)乾實〖注〗薺,薺菜。

帛書・病方・76:取麋(蘼)蕪本若□薺一□傅宥(痏)

秦印編 11:公孫薺

秦印編 11:成薺

秦印編 11:成薺

秦印編 11:汪薺

秦印編 11:留薺

0088　董

秦印編 11:董□

集證・179.682:董㝔〖注〗董㝔,人名。

秦印編 11:董黝

秦印編 11:董畜

秦印編 11:董同

秦印編 11:董得

秦印編 11:上官董

秦印編 12:董豎

秦印編 12:董

秦印編 12:董它人

集證・179.681:董多牛〖注〗董多牛,人名。

集證·179.683:董文〖注〗董文,人名。

0089 蘞

帛書·病方·271:骨睢(疽)倍白蘞(蘞)〖注〗白蘞,藥名。

帛書·病方·271:冶白蘞(蘞)

帛書·病方·275:以白蘞、黄旹(耆)、芍藥、甘草四物者(煮)

帛書·病方·283:白蘞三

0090 芩

帛書·病方·290:戴糵(糝)、黄芩、白蔹(蘞)〖注〗黄芩,藥名。

0091 蓍

帛書·病方·271:[肉]睢(疽)[倍]黄蓍(耆)〖注〗黄蓍,藥名,又名戴糵(糝)。

帛書·病方·271:黄蓍(耆)

封泥集315·1:蓍丞之印〖注〗蓍,地名。

封泥集315·2:蓍丞之印

封泥集315·3:蓍丞之印

秦印編12:蓍丞之印

秦印編12:蓍丞之印

0092 莪

新封泥A·3.14:青莪禁印〖注〗青莪,地名。

0093 芍

帛書·病方·271:芍樂(藥)

帛書·病方·272:腎睢(疽)倍芍藥〖注〗芍藥,藥名。

帛書·病方·275:以白蘞、黄旹(耆)、芍藥、甘草四物者(煮)

0094 蘠

睡簡·日甲·30背:置蘠(墻)上

睡簡·爲吏·15·摹:困屋蘠(墻)垣

0095 蓂

帛書·病方·153:冶筴蓂少半升〖注〗筴蓂,《說文》作"析蓂",《爾雅》作"菥蓂",藥名。

帛書·病方·228:盈甬(筩)□即蓂(冪)以布〖注〗冪,罩蓋。

0096 芫

帛書·病方·413:芫華(花)一齊〖注〗芫花,藥名。

0097 莍

帛書·病方·251:取者(署)莍(蒁)汁二斗以漬之〖注〗署蒁,即薯

蕷,今名山藥。

0098 菌

帛書·病方·372:白茝、白衡、菌桂、枯畺(薑)、薪(新)雉〖注〗菌桂,藥名。

0099 蕈

帛書·病方·266:治之以柳蕈一捼、艾二

帛書·病方·267:而燔其艾、蕈〖注〗蕈,藥名。

0100 荊 𦶇

里簡·J1(8)134正:以求故荊積瓦

帛書·病方·184:煮荊〖注〗荊,此指牡荊,藥名。

帛書·病方·251:荊名曰[萩]〖注〗荊,荊楚,地名。

帛書·病方·251:荊名曰盧茹

帛書·病方·359:燔胕(腐)荊箕〖注〗荊箕,荊編畚箕。

帛書·病方·435:燔扁(蝙)輻(蝠)以荊薪

秦印編12:徐荊

秦印編12:荊溫

0101 萌

秦印編12:陳萌

0102 莖

帛書·病方·63:煮莖〖注〗《說文》:"莖,枝柱也。"

帛書·病方·109:葵莖靡(磨)又(疣)二七

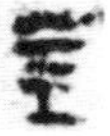

帛書·病方·166:赤莖

帛書·病方·250:取茴莖乾冶二升

帛書·病方·252:其莖有刺(刺)

帛書·病方·355:取陳葵莖

0103 葉

□□年丞相觸戈·摹(秦銅·39):咸□□[陽工]帀(師)葉〖注〗葉,人名。

廿一年相邦冉戈一·摹(秦銅·47.1):雝(雍)工帀(師)葉

廿一年相邦冉戈二(珍金·64):雝(雍)工帀(師)葉

廿一年相邦冉戈二·摹(珍金·64):雝(雍)工帀(師)葉

睡簡·答問·7:或盜采人桑葉

睡簡·日甲·64背:完掇其葉二七

睡簡·日乙·158:外鬼父葉(世)爲姓(眚)

睡簡·日乙·172:母葉(世)外死爲姓(眚)

龍簡·38:諸取禁苑中柞(柞)、棫、檽、楢產葉及皮□

帛書·病方·165:取葉、實并冶

帛書・病方・166:□葉、實味苦

帛書・病方・166:堇葉異小

帛書・病方・166:葉從(縱)纚者

帛書・病方・242:厚如韭葉

帛書・病方・252:其葉可亨(烹)而酸

帛書・病方・305:灸梓葉〖注〗梓葉,藥名。

帛書・病方・329:夏日取堇葉

帛書・病方・417:煮桃葉

帛書・病方・426:以槐東鄉(嚮)本、枝、葉

0104　英

睡簡・日甲・64 正:南遇英(殃)

○ 睡簡・日甲・66 正:北禺(遇)英(殃)

睡簡・日甲・128 正・摹:凡是日赤啻(帝)恆以開臨下民而降其英(殃)

0105　萋

石鼓文・霝雨(先鋒本):萋=□=〖注〗《說文》:"萋,艸盛。"薛尚功釋爲"淒"。

0106　莢

帛書・病方・179:□莤莢一〖注〗莤,"酒(糟)"字之省。或說莤莢,即皂莢,藥名。

帛書・病方・194:取芥衷莢〖注〗芥衷莢,疑即芥菜角。

0107　芒

秦印編 12:芒丞之印〖注〗芒,地名。

集證・156.373:芒丞之印

封泥印 125:芒丞之印

秦印編 12:芒得

0108　茲

泰山刻石・宋拓本:登茲泰山〖編者按〗或說此與 0809 號"兹"爲一字。

睡簡・爲吏・15:茲(慈)下勿陵

睡簡・爲吏・40:爲人父則茲(慈)

睡簡・爲吏・46:父茲(慈)子孝

睡簡・爲吏・51:茲(慈)愛萬姓

帛書・病方・91:蚩殺人今茲

0109　蒼

封泥集 308・1:蒼丞之印〖注〗蒼,地名。

0110　芮

集證・161.460:王芮〖注〗王芮,人名。

秦印編 13:咸芮里喜

集證・219.249:咸芮里臣〖注〗芮里,里名。

秦陶・1501④:咸亭芮里嬰器

0111　薈

秦印編 13:咸郿里薈〖注〗薈,人名。

0112　蒼

里簡・J1(16)6 正:今洞庭兵輸内史及巴、南郡、蒼梧

秦印編 13:王蒼

秦印編 13:美陽工蒼〖注〗蒼,人名。

秦陶・1201:美陽工蒼

秦陶・1202:美□工蒼

秦陶・1206:美陽工蒼

秦陶・1198②:美陽工蒼

秦陶 A・3.12:美陽工蒼

秦陶 A・3.13:美□工蒼

秦印編 13:茅蒼

封泥集・附一 409:蒼梧候丞〖注〗蒼梧,地名。

秦印編 13:陳蒼

秦印編 13:楊蒼

秦印編 13:季蒼

0113　萃

集證・167.539:李萃〖注〗李萃,人名。

集證・169.564:楚萃〖注〗楚萃,人名。

集證・183.740:翆

秦印編 13:萃

秦印編 13:閻萃

0114　苗

睡簡・秦律・144:種時、治苗時各二旬

龍簡・166:□律賜苗□

秦印編 13:苗縮

秦印編 13:苗妾

0115　苛

睡簡・爲吏・6:安靜毋苛〖注〗苛,煩苛。

睡簡・爲吏・39:苛難留民

秦印編 14:幕苛

0116　蕪

帛書・病方・76:取麋(蘼)蕪本若□薺一□傅宥(痏)〖注〗蘼蕪本,即芎藭,今名川芎,藥名。

帛書・病方・259:冶麋(蘼)蕪本、方(防)風、烏豙(喙)、桂皆等

0117　蔽

帛書・病方・31:蔽以市(韍)

帛書・病方・121:厚蔽肉

0118　蔡

睡簡・編年・33:攻蔡、中陽〖注〗蔡,地名。

睡簡・日甲・69背:臧(藏)於垣內中糞蔡下〖注〗《說文》:"蔡,草也。"

睡簡・日甲・3正:以蔡(祭),上下羣神鄉(饗)之

睡簡・日甲・75背:長耳而操蔡

睡簡・日甲・79背:臧於糞蔡中土中

帛書・病方・51:取屋榮蔡〖注〗屋榮蔡,屋脊上的雜草。

帛書・病方・120:□三□蔡

帛書・病方・330:善擇去其蔡、沙石〖注〗蔡,草芥。

帛書・足臂・16:出大指內兼(廉)骨蔡(際)〖注〗際,空隙。

封泥集382・1:蔡卽〖注〗蔡卽,人名。

封泥集382・2:蔡卽

新封泥B・3.20:新蔡丞印〖注〗新蔡,地名。

封泥印116:新蔡丞印

秦印編14:蔡把

秦印編14:蔡得

秦印編14:蔡遂

秦印編14:蔡欬

0119　薄

帛書・病方・53:礫薄(膊)若市〖注〗膊,《左傳》注:"磔也。"殺。

帛書・病方・178:薄洒之以美酒

帛書・足臂・5:枝之肩薄(髆)

里簡・J1(8)133正:卒真(算)薄(簿)〖注〗算簿,登記人員和物資的簿籍。

里簡・J1(16)6正:踐更縣者薄(簿)

秦印編14:李薄

0120　苑

睡簡・秦律・5:邑之新(近)皂及它禁苑者〖注〗禁苑,王室畜養禽獸的苑囿,禁止百姓入內。

睡簡・秦律・6:百姓犬入禁苑中而不追獸及捕獸者

睡簡・秦律・7・摹:其他禁苑殺者

睡簡・秦律・14:廄苑律〖注〗廄苑律,律名,管理飼養牲畜的廄圈和苑囿的法律。

睡簡・秦律・15:廄苑

睡簡・爲吏・34:苑囿園池

睡簡・秦律・117:輒以效苑吏

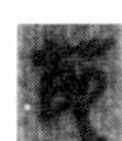
睡簡・秦律・117:縣葆禁苑、公馬牛苑

睡簡・秦律・117:縣葆禁苑、公馬牛苑

睡簡・秦律・119:令苑輒自補繕之

睡簡・秦律・119:縣所葆禁苑之傅山、遠山

睡簡・秦律・193:侯(候)、司寇及羣下吏毋敢爲官府佐、史及禁苑憲盜

睡簡・效律・55:司馬令史掾苑計〖注〗苑,苑園。

龍簡・6:禁苑吏、苑人及黔首有事禁中

龍簡・6・摹:禁苑吏、苑人及黔首有事禁中

龍簡・7:諸有事禁苑中者

龍簡・11・摹:□于禁苑中者

龍簡・13:盜入禁苑□

龍簡・15:從皇帝而行及舍禁苑中者

龍簡・18・摹:追盜賊、亡人出入禁苑耎(?)者

龍簡・21:以盜入禁苑律論之

龍簡・23:敺(驅)入禁苑中

龍簡・25:□禁苑田傳□

龍簡・27・摹:去苑卌里

龍簡・27:諸禁苑爲耎(壖)

龍簡・28:諸禁苑有耎(壖)者

龍簡・31・摹:去甬道、禁苑□

龍簡・31・摹:諸弋射甬道、禁苑外卅(?)里(?)毄(繫)

龍簡・35・摹:沙丘苑中風茶者

龍簡・38:諸取禁苑中柞(柞)、棫、橎、楢產葉及皮□

龍簡・39:禁苑嗇夫、吏數循行

龍簡・49・摹:盜禁苑□

龍簡・83:□它禁苑

龍簡・84:□禁苑□

新封泥 D・31:白水苑丞

封泥印 72:白水苑丞

秦印編 14:白水苑丞

封泥集 217・3:白水之苑

封泥印 71:白水之苑

秦印編 14：白水之苑

封泥集 216・1：鼎胡苑丞

封泥集 215・1：杜南苑丞

秦印編 14：杜南苑丞

集證・148. 251：杜南苑丞

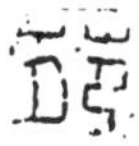

封泥印 68：杜南苑丞

集證・148. 250：東苑丞印

封泥印 58：東苑丞印

封泥印 58：東苑

新封泥 D・29：東苑尚帷

秦印編 14：苑贏〖注〗苑贏，人名。

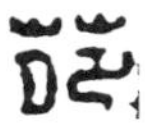

新封泥 C・16. 10：禁苑右監

新封泥 E・5：旃郎苑丞

0121　　菑 甾

秦印編 14：臨菑司馬〖注〗臨菑，地名。

集證・155. 355：臨菑丞印

集證・155. 356：臨菑丞印

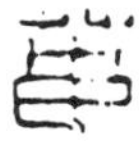

秦印編 14：臨菑丞印

封泥集 319・5：臨菑丞印

封泥集 263・1：臨菑司馬

封泥印・附二 192：臨菑司馬

秦印編 14：菑川丞相

0122　　茀

帛書・病方・373：毚（纔）茀（沸）

秦印編 183：茀歆

秦印編 14：駱茀

秦印編 14：茀欬

0123　　藥

帛書・病方・24：財（裁）益藥〖注〗藥，藥量。

帛書・病方・26：入藥中

帛書・病方・27：毋飲藥

帛書・病方・27：飲藥如數

帛書・病方・28：藥已冶

帛書・病方・28：壹冶藥

帛書・病方・40：傅藥先食後食次（恣）

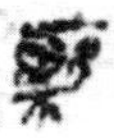

帛書・病方・69：乃以脂□所冶藥傅之

帛書・病方・72：屑勺（芍）藥〖注〗芍藥，藥名。

帛書・病方・122:雖俞(愈)而毋去其藥

帛書・病方・123:已[傅]藥

帛書・病方・123:以旦未食傅藥

帛書・病方・124:服藥時毋食魚

帛書・病方・126:此藥已成

帛書・病方・127:少取藥

帛書・病方・128:令藥已成而發之

帛書・病方・129:十歲以前藥乃乾

帛書・病方・175:藥盡更爲

帛書・病方・177:旦飲藥

帛書・病方・226:其藥曰陰乾黄牛膽

帛書・病方・238:服藥時禁毋食彘肉、鮮魚

帛書・病方・238:恆服藥廿日

帛書・病方・250:爲藥漿方

帛書・病方・250:藥寒而休

帛書・病方・250:飲藥將(漿)

帛書・病方・272:腎雎(疽)倍芍藥

帛書・病方・281:以餘藥封而裹□

帛書・病方・285:服藥卅日□已

帛書・病方・336:服藥時毋禁

帛書・病方・374:傅藥毋食□彘肉、魚及女子

帛書・病方・374:以和藥

帛書・病方・379:而以湯洒去藥

帛書・病方・392:即傅藥

帛書・病方・394:已去藥

帛書・病方・396:傅藥先旦

帛書・病方・397:服藥時□

帛書・病方・397:未傅□傅藥

帛書・病方・429:傅藥時禁□

帛書・病方・439:令病者每旦以三指三最(撮)藥入一棓(杯)酒若鬻(粥)中而飲之

帛書・病方・440:盡藥

帛書・病方・457:傅藥

帛書・病方・殘6:□藥

秦印編15:藥丹

0124　葢　　葢(蓋)

睡簡・秦律・10・摹:復以薦蓋

〖注〗薦蓋,墊蓋,動詞。

睡簡・秦律・88:凡糞其不可買(賣)而可以爲薪及蓋蘙〈蘙〉者

睡簡・秦律・127:車蕃(藩)蓋强折列(裂)〖注〗蓋,車傘。

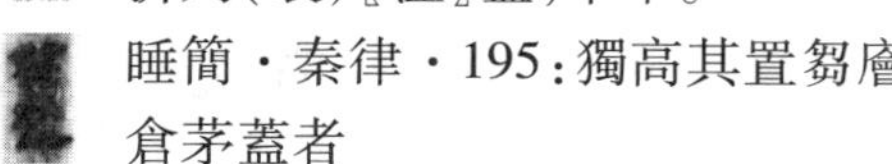
睡簡・秦律・195:獨高其置芻廥及倉茅蓋者

睡簡・日甲・1背:蓋屋

睡簡・日甲・33正:不可復(覆)室蓋屋

睡簡・日甲・38正:可以穿井、行水、蓋屋、飲樂、外除

睡簡・日甲・117正:成之即之蓋

睡簡・日乙・23:蓋絕紀之日

睡簡・日乙・45:不可以臧(藏)蓋〖注〗藏蓋,收藏。

睡簡・日乙・46:可以蓋臧(藏)及謀

睡簡・日乙・57:利以穿井、蓋屋

睡簡・日乙・96:不可蓋室

睡簡・日乙・111:屋以此日爲蓋屋

睡簡・日乙・113:不可以蓋

睡簡・日乙・113:蓋忌

關簡・328:乃以所操瓦蓋之

關簡・330:即以所操瓦而蓋□

帛書・病方・129:蓋以編

帛書・病方・255:[以]布周蓋

帛書・病方・268:而毋蓋其盉空(孔)

帛書・病方・348:以蓋而約之

帛書・病方・351:以布蓋

帛書・病方・438:即蓋以□

0125　蒨

睡簡・日甲・66背:刊之以蒨〖注〗蒨,即茜草。

睡簡・日甲・66背:縣(懸)以蒨

帛書・病方・251:蒨者

帛書・病方・250:取蒨莖乾冶二升

0126　若

詛楚文・湫淵(中吳本):兩邦若壹(一)〖注〗若,如。

詛楚文・巫咸(中吳本):兩邦若壹(一)

詛楚文・亞駝(中吳本):兩邦若壹(一)

秦駰玉版・甲・摹:若明神不□其行

秦駰玉版・甲・摹:西東若惷

秦駰玉版・乙・摹:若明神不□其行

秦駰玉版・乙・摹:西東若惷

睡6號牘・背:若大發(廢)毀

睡簡・答問・31:若未啟而得

 睡簡・答問・36:吏智(知)而端重若輕之

 睡簡・答問・43:甲告乙盜牛若賊傷人

 睡簡・答問・52:將軍材以錢若金賞

 睡簡・答問・60:未行而死若亡

 睡簡・答問・79:若折支(肢)指、胅體(體)

 睡簡・答問・80:夬(決)裂男若女耳

 睡簡・答問・83:齧斷人鼻若耳若指若脣

 睡簡・答問・83:齧斷人鼻若耳若指若脣

 睡簡・答問・83:齧斷人鼻若耳若指若脣

 睡簡・答問・88:齧人頯若顔

 睡簡・答問・107:未獄而死若已葬

 睡簡・答問・149:容指若抉

 睡簡・答問・164:已閱及敦(屯)車食若行到繇(徭)所乃亡

 睡簡・答問・202:節(卽)亡玉若人貿傷(易)之

睡簡・封診・39・摹:賈(價)若干錢

 睡簡・秦律・21:縣嗇夫若丞及倉、鄉相雜以印之〖注〗若,或。

 睡簡・秦律・102:以丹若鬃書之

 睡簡・秦律・140:百姓有貲贖責(債)而有一臣若一妾

 睡簡・秦律・161:令君子毋(無)害者若令史守官

 睡簡・秦律・168:其廥禾若干石

 睡簡・秦律・169:縣嗇夫若丞及倉、鄉相雜以封印之

 睡簡・秦律・171:某廥出禾若干石

 睡簡・秦律・172:其餘禾若干石

 睡簡・日甲・3背:棄若亡

 睡簡・日甲・10背:死若棄

 睡簡・日甲・29背:以歌若哭

 睡簡・日甲・31背:人若鳥獸及六畜恆行人宮

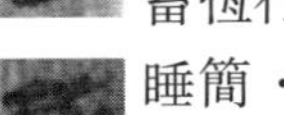 睡簡・日甲・49背:以若(箬)便(鞭)毄(擊)之

 睡簡・日甲・52背:壄(野)獸若六畜逢人而言

 睡簡・日甲・54背:若不,三月食之若傅之

 睡簡・日甲・55背:三月食之若傅之

 睡簡・日甲・58背:若弗得

 睡簡・日甲・59正:若以是月毆東徙

 睡簡・日甲・60正:若以[是]月毆南徙

 睡簡・日甲・61正:若以是月毆西徙

 睡簡・日甲・62正・摹:若以是月毆北徙

 睡簡・日甲・65背:人妻妾若朋友死

 睡簡・日甲・68正:若不[酢]

睡簡・日甲・75 正:若不酢

睡簡・日甲・77 正:若不酢

睡簡・日甲・127 正:凡且有大行、遠行若飲食、歌樂、聚畜生及夫妻同衣

睡簡・日乙・113:若或死焉

睡簡・日乙・132:[凡且有]大行遠行若飲食歌樂

睡簡・爲吏・3:表若不正

睡簡・效律・27:某廥禾若干石

睡簡・效律・28:縣嗇夫若丞及倉、鄉相雜以封印之

睡簡・效律・31:其餘禾若干石

睡簡・效律・31:某廥出禾若干石

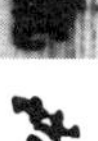龍簡・59・摹:若吏[徒]□

龍簡・128:詐(詐)一程若二程□之□〖注〗若,或。

關簡・241:所言者宦御若行者也

關簡・312:入酒若鬻(粥)中

關簡・323:燔劍若有方之端

關簡・330:予若叔(菽)子而徼之齲已

關簡・333:令若毋見風雨

關簡・376:若笱(苟)令某瘧已

帛書・灸經甲・64:面黭若灺(炧)色〖注〗若,如。

帛書・病方・29:暴(曝)若有所燥〖注〗若,或。

帛書・病方・53:取若門左〖注〗若,你。

帛書・病方・53:爲若不已

帛書・病方・53:斬若門右

帛書・病方・53:磔薄(膊)若市〖注〗若,你。

帛書・病方・71:飲小童弱(溺)若產齊赤

帛書・病方・74:以□汁粲(餐)叔(菽)若苦

帛書・病方・76:取麋(蘼)蕪本若□薺一□傅宥(痏)

帛書・病方・99:煮鹿肉若野彘肉

帛書・病方・102:取敝蒲席若藉之弱(蒻)〖注〗若,或。

帛書・病方・109:有(又)以殺本若道旁葥(葥)根二七

帛書・病方・110:投澤若淵下

帛書・病方・130:若以鷄血

帛書・病方・169:贛戎鹽若美鹽

帛書・病方・180:燔陳芻若陳薪

帛書・病方・185:三溫煮石韋若酒而飲之

帛書・病方・186:澡石大若李樺(核?)

帛書・病方・196:若以柏杵七

帛書・病方・205:斧斬若

帛書・病方・210:若智(知)某病狐□

帛書・病方・245:若有堅血如抇末而出者

帛書・病方・306:以犬毛若羊毛封之

帛書・病方・369:我以明月炻若

帛書・病方・370:□若不去

帛書・病方・370:而割若葦

帛書・病方・370:而刖若肉

帛書・病方・370:抉取若刀

帛書・病方・380:今若爲下民疕

帛書・病方・382:若不能桼(漆)甲兵

帛書・病方・434:若烝(蒸)葱熨之

帛書・病方・439:令病者每旦以三指三最(撮)藥入一桮(杯)酒若鬻(粥)中而飲之

帛書・病方・443:□若四醴(體)

帛書・病方・443:編若十指

帛書・病方・443:投若□水

帛書・病方・443:毋匿□北□巫婦求若固得

帛書・病方・445:□若□徹�□魅□所

帛書・病方・殘5:□在足指若□

秦印編15:咸商里若〖注〗若,人名。

秦印編15:王若

0127　苴

集證・171.576:苴欬〖注〗苴欬,人名。

0128　芻

天簡26・乙:芻稾中:〖編者按〗《説文》:"芻,刈艸也,象包束艸之形。"羅振玉説"從又持斷草,是芻也"。

睡簡・效律・25:度禾、芻稾而不備〖注〗芻,飼草。

睡簡・效律・33:禾、芻稾積廥

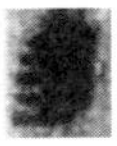

睡簡・秦律・8:入頃芻稾

睡簡・秦律・8:芻自黄䅃(穌)及䕎束以上皆受之

睡簡・秦律・8:頃入芻三石、稾二石

睡簡・秦律・8:入芻稾

睡簡・秦律・10:禾、芻稾徹(撤)木、薦

睡簡・秦律・28:芻稾各萬石一積

睡簡・秦律・28:入禾稼、芻稾

睡簡・秦律・29:禾、芻稾積索(索)出日

睡簡・秦律・167:度禾、芻稾而不備十分一以下

睡簡・秦律・174:禾、芻稾積廥

睡簡・秦律・176:芻稾如禾

睡簡・秦律・181：芻稾各半石

睡簡・秦律・195：獨高其置芻廥及倉茅蓋者

睡簡・日甲・24背：爲芻矢以鳶（弋）之

睡簡・日甲・30背：鳶（弋）以芻矢

睡簡・日甲・76背：臧（藏）於芻稾中

帛書・病方・180：燔陳芻若陳薪〖注〗陳芻，乾飼草。

秦印編15：魏芻

秦印編15：臣芻

0129　茹

帛書・病方・251：荊名曰盧茹〖注〗盧茹，疑"茹盧"之倒，茜草別名。

帛書・病方・412：取茹盧（蘆）本〖注〗茹蘆本，即茹蘆根，茜根別名。

秦印編15：楊茹

0130　薪

六年上郡守閒戈（登封・4.2）：高奴工師蕃鬼薪工臣〖注〗鬼薪，刑徒名。

七年上郡守閒戈・照片（秦銅・33）：工鬼薪帶

七年上郡守閒戈・摹（秦銅・33）：工鬼薪帶

廿五年上郡守厝戈・摹（秦銅・43）：工鬼薪詘

睡簡・答問・110：耐以爲鬼薪而鋈（夭）足

睡簡・答問・111：可（何）謂"當刑爲鬼薪"

睡簡・答問・112：是謂"當刑鬼薪"

睡簡・答問・113：可（何）謂"贖鬼薪鋈（夭）足"

睡簡・答問・113：令贖鬼薪鋈（夭）足

睡簡・答問・123：城旦、鬼薪癘

睡簡・答問・127：大夫甲堅鬼薪

睡簡・答問・129：餽遺亡鬼薪於外

睡簡・答問・193：古主取薪者毆

睡簡・秦律・88：凡糞其不可買（賣）而可以爲薪及蓋蘙〈蘙〉者

睡簡・雜抄・5：上造以上爲鬼薪

里簡・J1（16）6正：鬼薪白粲

帛書・病方・23：□薪（辛）夷、甘草各與［鼢］鼠等

帛書・病方・51：薪燔之而□匕焉

帛書・病方・180：燔陳芻若陳薪〖注〗陳薪，乾柴。

帛書・病方・372：枯畺（薑）、薪（新）雉〖注〗新雉，辛夷，藥名。

帛書・病方・388：□以木薪炊五斗米

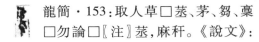

帛書・病方・435：燔扁（蝙）輻（蝠）以荊薪

0131　蒸菆

龍簡・153：取人草□菆、茅、芻、稾□勿論□〖注〗菆，麻秆。《說文》：

“蒸,析麻中榦也。从艸,烝聲。菍,蒸或省火。”

0132　斯 斱(折)

不其簋蓋(秦銅·3):女(汝)多折首執訊

不其簋蓋(秦銅·3):折首執訊

滕縣不其簋器(秦銅·4):女(汝)多折首執訊

滕縣不其簋器(秦銅·4):折首執訊

天簡30·乙:市旅折事□

睡簡·日甲·13正:寇〈冠〉、㝢車、折(裚)衣常(裳)、服帶吉〖注〗折,讀爲“裚”,即“製”字。

睡簡·日乙·112:屋不壞折

睡簡·日乙·255:乃折齒

睡簡·答問·75:比折支(肢)

睡簡·答問·75:鬭折脊項骨

睡簡·答問·79:若折支(肢)指、胅體(體)

睡簡·答問·89:毆者顧折齒

睡簡·秦律·125:折軲上

睡簡·秦律·127:車蕃(藩)蓋强折列(裂)

睡簡·秦律·148:城旦舂毀折瓦器、鐵器、木器

睡簡·秦律·148:爲大車折鞏(鞪)

睡簡·雜抄·36:告曰戰圍以折亡

帛書·死候·85:其病唯折骨列(裂)膚一死

0133　芥

秦駰玉版·甲·摹:小子駰敢以芥(介)圭、吉璧、吉叉(瑑)〖注〗芥,讀爲“介”。“介”又作“玠”,《說文》:“大圭也。”

秦駰玉版·乙·摹:小子駰敢以芥(介)圭、吉璧、吉叉(瑑)

睡簡·秦律·126:及不芥(介)車〖注〗介,覆蓋。

帛書·病方·194:取芥衷莢〖注〗芥衷莢,疑即芥菜角。

秦印編15:芥歐

集證·169.559:芥癰〖注〗芥癰,人名。

0134　蔥

睡簡·秦律·179:給之韭蔥

關簡·316:因多食蔥

帛書·病方·150:□乾蔥□鹽隋(脽)炙尻

0135　莎

睡簡·日甲·65背:以莎芾(茇)、牡棘枋(柄)〖注〗莎茇,莎草的根。

0136　堇

天簡29·乙:歲戊雨堇〖編者按〗《說文》:“堇,艸也。根如薺,葉如細柳,蒸食之甘。"

0137　葦

睡簡・日甲・38 背:毄(繫)以葦

睡簡・日甲・39 背:毄(繫)以葦

帛書・病方・370:而割若葦

0138　葭

廿四年丞□戈・摹(集證・26.2):葭明〖注〗葭明,地名。

0139　荔

睡簡・秦律・4:取生荔、麛䴡(卵)鷇〖注〗荔,疑讀爲"甲",孚甲,卽植物發芽時所戴的種皮。或說"荔"字係衍文。

0140　蒙

會稽刻石・宋刻本:蒙被休經

秦印編 16:疾蒙

秦印編 16:沈蒙

秦印編 16:武蒙

秦印編 16:蒙洋

0141　范

秦印編 17:范赤

0142　芑

秦印編 16:芑眯

0143　荼

龍簡・36:風荼宊(突)出

龍簡・35:沙丘苑中風荼者〖注〗風荼,胡平生疑爲虎之别名。

封泥集 377・1:荼豸〖注〗荼豸,人名。

封泥集 377・2:荼豸

秦印編 16:張荼

秦印編 16:荼豸

秦印編 80:忌䒸

0144　蒿

天簡 29・乙:蒿毆己雨禾秀

帛書・病方・81:以疾(蒺)黎(藜)、白蒿封之〖注〗白蒿,藥名。

帛書・病方・191:先取鵲棠下蒿

帛書・病方・248:以煮青蒿大把二、鮒魚如手者七〖注〗青蒿,卽萩。

帛書・病方・251:青蒿者

0145 蓬 荃

秦印編 16:垣蓬

秦印編 16:蓬昌

0146 藸

秦印編 16:義藸

秦印編 16:左藸

0147 葆

睡簡·秦律·89:葆繕參邪〖注〗葆繕,維修。

睡簡·秦律·89:取不可葆繕者

睡簡·秦律·117:縣葆禁苑、公馬牛苑

睡簡·秦律·118:縣葆者補繕之

睡簡·秦律·119:縣所葆禁苑之傅山、遠山

秦印編 16:葆脩

0148 蕃

六年上郡守閒戈(登封·4.2):高奴工師蕃鬼薪工臣〖編者按〗蕃,人名,从竹,"竹、艸"义近通用。

封泥印 141:蕃丞之印〖注〗蕃,地名。

0149 茸

秦印編 17:李茸

0150 蘘

秦印編 17:衰蘘

秦印編 17:尹蘘

0151 草(皂)

石鼓文·乍遵(先鋒本):□□□草〖注〗《説文》:"草,草斗,櫟實也。一曰象斗子。"

青川牘·摹:及登千(阡)百(陌)之大草

青川牘·摹:鮮草離

睡簡·日甲·41 背:其上毋(無)草

睡簡·日甲·159 背:腹爲百草囊

睡簡·答問·210:草實可食殹

睡簡·秦律·4:毋敢夜草爲灰

睡簡·日甲·70 背:臧(藏)牛廄中草木下

睡簡·日甲·72 背:臧(藏)於草中

睡簡·日甲·75 背:臧(藏)於草木下

睡簡·日甲·78 背:臧(藏)於園中草下

龍簡・153:取人草茭、茅、芻、稾

關簡・312:取車前草實,以三指竄(撮)〖注〗車前草實,即車前子。

帛書・病方・1:□膏、甘草各二〖注〗甘草,藥名。

帛書・病方・8:百草末八灰

帛書・病方・23:□薪(辛)夷、甘草各與[鼢]鼠等

帛書・病方・44:冶黄黚(芩)、甘草相半

帛書・病方・275:以白蘞、黄眚(耆)、芍藥、甘草四物者(煮)

睡簡・秦律・5:邑之紤(近)皂及它禁苑者〖注〗皂,牛馬圈。〖編者按〗草,後用爲草木字,另造"皂"字,表草斗櫟實義。

睡簡・秦律・14:罰冗皂者二月〖注〗皂者,養馬者。

睡簡・雜抄・30:貲皂嗇夫一盾

秦陶・1498・摹:皂

0152 萅 萅(春)

天簡32・乙:□支(?)宜春夏

天簡34・乙:行忌春

睡簡・秦律・4:春二月

睡簡・日甲・1正:春三月戌

睡簡・日甲・1背:春三月季庚辛

睡簡・日甲・87正:春三月庚辰可以筑(築)羊卷(圈)

睡簡・日甲・96正:春三月

睡簡・日甲・102背:春三月甲乙

睡簡・日甲・134背:春三月戊辰、己巳

睡簡・日甲・136背:春之乙亥

睡簡・日甲・137正:春三月戊敫

睡簡・日甲・140背:春三月毋起東鄉(嚮)室

睡簡・日甲・143背:入月七日及冬未、春戌、夏丑、秋辰

睡簡・日甲・151正:春

睡簡・日甲・155正:及春之未戌

睡簡・日乙・77:春三月戌、夏丑

睡簡・日乙・110:春三月庚辛

睡簡・日乙・111:春庚辛

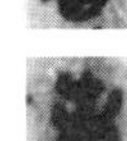睡簡・日乙・202:春三月

睡簡・日乙・224:春三月

睡簡・日乙・252:亥失火,利春〖注〗春,疑讀爲"偆",《説文》:"富也。"

睡簡・日乙・殘3:春三月

睡簡・日乙・殘12:春□

封泥集・附二404:宜春禁丞〖注〗宜春,地名。

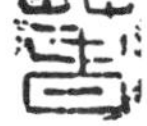封泥印68:宜春禁丞

新封泥 D・34:宜春禁丞

封泥印 121:壽春丞印〖注〗壽春,地名。

封泥集 350・1:宜春鄉印

0153 茜

二年寺工壺・摹(秦銅・52):茜府〖注〗茜,濾酒使清。茜府,約相當於《周禮・天官》的酒府。一説茜讀爲"曹"。

二年寺工壺(集證・32):茜府

雍工敃壺・摹(秦銅・53):茜府

0154 萗

秦印編 285:徐萗

0155 葮

帛書・病方・200:操葮(鍛)石毄(擊)而母

0156 芾

睡簡・日甲・65 背:以莎芾(茇)、牡棘枋(柄)熱(爇)以寺(持)之〖注〗芾,讀爲"茇",草根。

0157 蓌

帛書・病方・242:卽取蓌(鋊)末、菽醬之宰(滓)半〖注〗鋊末,銅屑。

0158 茾

睡簡・秦律・131:其縣山之多茾者〖注〗茾,疑讀爲"菅",一種柔韌可製繩索的草。

睡簡・秦律・131:毋(無)茾者以蒲、藺以枲莿(製)之

0159 茱

睡簡・日甲・25 背:壐(爾)必以茱(某)月日死

0160 莿

睡簡・秦律・132:毋(無)茾者以蒲、藺以枲莿(製)之〖注〗製,緘束。

0161 蔂

睡簡・封診・82:絲絮五斤蔂(裝)

0162 蘗

睡簡・爲吏・27:尊賢養蘗〖注〗蘗,讀爲"乂",俊傑。

0163 薦

睡簡・秦律・10:禾、芻稾徹(撤)木、薦〖注〗薦,草墊。

睡簡・秦律・10:復以薦蓋〖注〗薦蓋,墊蓋,動詞。

睡簡・答問・151:空倉中有薦

0164　蘚

秦駰玉版・甲・摹:典灋(法)蘚(鮮)亡〖注〗蘚,讀爲"鮮",少、盡也。李零讀爲"散"。

秦駰玉版・乙・摹:典灋(法)蘚(鮮)亡

睡簡・雜抄・25:虎未越泛蘚〖注〗蘚,疑讀爲"鮮",生肉。或說"泛蘚"爲聯綿詞,與"蹁躚"義同。

0165　䕲

睡簡・秦律・8:芻自黄䵅及䕲束以上皆受之〖注〗䕲,疑讀爲"曆",指亂草;或說讀爲"薖",水草名。

0166　蘙(䕥)

睡簡・秦律・88:凡糞其不可買(賣)而可以爲薪及蓋蘙〈䕥〉者〖注〗䕥,通"翳",障也。

0167　葪

帛書・病方・88:以葪(芥)印其中顛〖注〗葪,讀爲"芥"。

0168　蘽

帛書・病方・273:三汎煮逢(蓬)蘽〖注〗蓬蘽,藥名。

0169　菽

睡簡・日甲・19正:菽、荅卯

帛書・病方・242:即取嵏(鉛)末、菽醬之宰(滓)半〖注〗菽,大豆。

0170　荎

帛書・病方・341:冶亭(葶)曆(藶)、荎夷(荑)〖注〗荎荑,藥名。

0171　薙

帛書・病方・43:擇薙一把〖注〗薙,藥名。

帛書・病方・182:薙一拼(㽲)

0172　茖

帛書・病方・275:以白蘞、黄茖(耆)、芍藥、甘草四物者(煮)〖注〗黄耆,藥名。

0173　荅

秦印編285:牛荅

秦印編285:荅朝

秦印編285:橋荅家印

集證・163.489:公荅

秦印編285:王荅

秦印編285:荅朝

秦印編285:荅繒

秦印編285:荅疾

0174　　歖

秦印編 286：莊歖

0175　　蓫

秦印編 285：臣蓫

秦印編 285：趙蓫

0176　　芺

秦印編 285：隗芺

0177　　茉

帛書・病方・332：鬱、茉（术）皆［冶］〖注〗术，藥名。

0178　　蓦

集證・178.672：楊蓦

秦印編 300：蓦頑

0179　　萅

帛書・病方・91：萅殺人今茲〖注〗萅，或寫作"痜"，《廣雅》："痛也。"

0180　　冢

天簡 27・乙：冢賓毋射之卦曰〖編者按〗冢，即《說文》"蕤"字："蕤，艸木華垂貌。"蕤賓，樂律名。

0181　　蒪蘚

帛書・病方・84：母爲鳳鳥蒪

漆器 M13・30（雲夢・附二）：蒪嬰□

0182　　莫

會稽刻石・宋刻本：莫不順令

繹山刻石・宋刻本：莫能禁止

睡簡・爲吏・5：來者有稽莫敢忘

睡簡・封診・82：不智（知）盜者可（何）人及蚤（早）莫（暮）

睡簡・封診・93：皆莫肯與丙共桮（杯）器

睡簡・秦律・137：一室二人以上居貲贖責（債）而莫見其室者

睡簡・秦律・184：必書其起及到日月夙莫（暮）〖注〗夙暮，朝夕。

睡簡・日甲・8 背：十二日曰見莫取

睡簡・日甲・14 正：利棗（早）不利莫（暮）

睡簡・日甲・77 背：夙得莫（暮）不得

睡簡・日甲・78 背：夙得莫（暮）不得

睡簡・日甲・79 背：夙得莫（暮）不得

睡簡・日甲・80 背：夙得莫（暮）不得

睡簡・日甲・97 背：莫（暮）市以行有九喜

睡簡・日甲・100背:莫(暮)食以行有三喜

睡簡・日乙・156:莫(暮)食巳

睡簡・日乙・233:清旦、食時、日則(昃)、莫(暮)、夕

睡簡・語書・3:而吏民莫用

睡簡・語書・13:曹莫受〖注〗莫,不。

關簡・245:莫食

關簡・321:上橐莫以丸礜〖注〗橐莫,馬繼興疑爲"橐吾",草藥名。

帛書・病方・59:□狂犬齧者□莫傅

帛書・病方・60:冶礜與橐莫

帛書・病方・177:先莫(暮)毋食〖注〗先暮,前一晚。

帛書・病方・214:莫(暮)而□小

帛書・病方・238:到莫(暮)有(又)先食飲

封泥集356・1:句莫鄉印

封泥集356・2:句莫鄉印

封泥集356・3:句莫鄉印

秦印編17:句莫鄉印

秦印編17:莫章

秦印編17:莫□

秦印編17:張莫

集證・176.648:莫〖注〗莫,人名。

秦陶・1172:莫

秦印編17:莫

0183　茻　　莽

二年寺工壺・搴(秦銅・52):廩人莽〖注〗莽,人名。

睡簡・封診・22:帛裏莽緣領褎(袖)〖注〗莽,大。

0184　𦽉　　葬

睡簡・答問・68:今甲病死已葬

睡簡・答問・77:弗言而葬

睡簡・答問・77:卽葬貍(薶)之

睡簡・答問・107:未獄而死若已葬

睡簡・日甲・11背:牝日以葬

睡簡・日甲・34正:可葬貍(埋)

睡簡・日甲・42正:可取婦、家(嫁)女、葬貍(埋)

睡簡・日甲・46正:而可以葬貍(埋)

睡簡・日甲・50背:是幼殤死不葬

睡簡・日乙・17:利以說盂(盟)詐(詛)、棄疾、鑿宇、葬

睡簡・日乙・54:可以葬

睡簡·日乙·61:葬貍(埋)祠

睡簡·日乙·108:死以葬

龍簡·196·墓:未葬□

龍簡·197·墓:棺葬具

0185 暮

關簡·368:女毋辟(避)瞀暮=者〖注〗暮,通"暯",《玉篇》:"目不明。"此字或釋爲"暮",與0725號"暯"爲一字。

0186 䓝

石鼓文·馬薦(先鋒本):□天□虹□皮□走驕=馬薦䓝=芔=敚=雉□心其一□之〖注〗䓝,舊釋"楷",木名。羅君惕說爲"蓍",《玉篇》蓍,古文作"旨"。"䓝"蓋"旨"之繁文。《說文》"蓍,蒿屬"。

0187 芔

石鼓文·馬薦(先鋒本):□天□虹□皮□走驕=馬薦䓝=芔=敚=雉□心其一□之〖注〗罗君惕釋"苄",《集韻》:"苄,藥草也,蒿類。"

卷　二

0188　小　小

不其簋蓋（秦銅·3）：女（汝）小子〖注〗小子，合文，自稱或謙稱。

秦公簋·器（秦銅·14.1）：余雖小子〖注〗小子，合文。

秦編鐘·甲鐘（秦銅·10.1）：余小子〖注〗小子，合文。

秦編鐘·甲鐘左鼓·摹（秦銅·11.2）：余小子〖注〗小子，合文。

秦鎛鐘·1號鎛（秦銅·12.1）：余小子〖注〗小子，合文。

秦鎛鐘·2號鎛（秦銅·12.4）：余小子〖注〗小子，合文。

秦鎛鐘·3號鎛（秦銅·12.7）：余小子〖注〗小子，合文。

秦公鎛鐘·摹（秦銅·16.2）：余雖小子〖注〗小子，合文。

石鼓文·而師（先鋒本）：小大具□〖注〗小大，合文。

石鼓文·汧殹（先鋒本）：澫又（有）小魚〖注〗小魚，合文。

秦駰玉版·甲·摹：小子駰敢以芥（介）圭、吉璧、吉叉（�）〖注〗小子，合文。

秦駰玉版·甲·摹：又（有）秦曾孫小子駰曰〖注〗小子，合文。

秦駰玉版·甲·摹：惴=小子〖注〗小子，合文。

秦駰玉版·乙·摹：小子駰敢以芥（介）圭、吉璧、吉叉（瑓）〖注〗小子，合文。

秦駰玉版·乙·摹：以余小子駰之病日復〖注〗小子，合文。

秦駰玉版·乙·摹：又（有）秦曾孫小子駰曰〖注〗小子，合文。

秦駰玉版·乙·摹：惴=小子〖注〗小子，合文。

石礎·摹（始皇陵·2）：小

天簡27·乙：爲人小頸

天簡33·乙：大雨大虫小雨小虫

睡簡·答問·92：小畜生入人室

睡簡·答問·116：子小不可别

睡簡·答問·116：子小未可别

睡簡·答問·144：以小犯令論

睡簡·答問·158：甲小未盈六尺

睡簡·答問·209：其他爲小

睡簡·封診·76：穴下齊小堂

睡簡·封診·79：垣北去小堂北脣丈

睡簡·秦律·16：其小隸臣疾死者

睡簡·秦律·49：小妾、舂作者〖注〗小妾，小隸妾。

睡簡·秦律·49：小城旦、隸臣作者

睡簡・秦律・52：皆爲小

睡簡・秦律・61：其老當免老、小高五尺以下及隸妾欲以丁粼者一人贖

睡簡・秦律・69：小物不能各一錢者

睡簡・秦律・74：小官毋(無)嗇夫者

睡簡・秦律・91：小褐一

睡簡・秦律・94：其小者冬七十七錢

睡簡・秦律・95：隸臣妾之老及小不能自衣者

睡簡・秦律・98：其小大、短長、廣亦必等

睡簡・秦律・109：小隸臣妾可使者五人當工一人

睡簡・日甲・3 正：小夫四成

睡簡・日甲・19 背：大宫小門

睡簡・日甲・19 背：依道爲小内

睡簡・日甲・23 背：取婦爲小内

睡簡・日甲・34 正：它毋(無)小大盡吉

睡簡・日甲・34 正：小事果成

睡簡・日甲・38 正：是胃(謂)又(有)小逆

睡簡・日甲・41 正：又(有)小兵

睡簡・日甲・61 背：不終日，小事也

睡簡・日甲・75 背：小腑

睡簡・日甲・92 背：其後必有小子死

睡簡・日甲・106 背：<u>小</u>殺小央(殃)

睡簡・日甲・106 背：小殺<u>小</u>央(殃)

睡簡・日甲・113 正：以小生(牲)<u>小</u>凶

睡簡・日甲・113 正：以<u>小</u>生(牲)小凶

睡簡・日甲・129 正：小大必至

睡簡・日乙・22：利以小然〈祭〉

睡簡・日乙・54：□毋小大

睡簡・日乙・120：小生(牲)兇(凶)

睡簡・日乙・134：小大必致(至)

睡簡・日乙・179：以入，小亡

睡簡・日乙・243：小(少)孤

睡簡・日乙・殘 6：□有小夷

里簡・J1(9)7 正：陽陵褆陽士五(伍)小欬有貲錢萬一千二百七十一〖注〗小欬，人名。

龍簡・207：□小期□

龍簡・265：□小□

關沮牘・正・1：二月癸酉小

關沮牘・正・1：十二月甲戌小

關沮牘・正・1：十月乙亥小

關沮牘・正・1:四月壬申小

關沮牘・正・2:六月辛未小

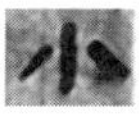

關簡・70:十一月丙戌小

關簡・74:三月小

關簡・76:五月小

關簡・79:九月小

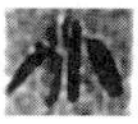

關簡・82:十二月庚戌小

關簡・86:四月戊申小

關簡・84:二月己酉小

關簡・88:六月丁未小

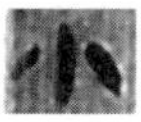

關簡・90:八月丙午小

關簡・133:小𡚸(徹)

關簡・136:卅日小𡚸(徹)

關簡・141:凡小𡚸(徹)之日

關簡・315:齊約大如小指

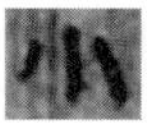

關簡・315:取槀(藁)本小弱者

關簡・317:小大如黑子

帛書・足臂・3:病足小指廢

帛書・足臂・7:病足小指次[指]廢

帛書・足臂・29:出小指

帛書・脈法・75:則稱其小大而□之

帛書・病方・7:小者[卌]

帛書・病方・41:小韧一犬〖注〗小韧,切爲小段。

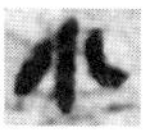

帛書・病方・48:小嬰兒以水[半]斗

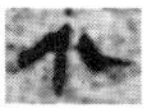

帛書・病方・57:小(少)多如再食浖(漿)〖注〗少多,卽多少。

帛書・病方・71:飲小童弱(溺)若產齊赤〖注〗小童溺,童便。

帛書・病方・166:堇葉異小

帛書・病方・214:莫(暮)而□小

帛書・病方・217:穿小瓠壺

帛書・病方・239:把其本小者而盭(盭)絕之

帛書・病方・239:末大本小

帛書・病方・244:小者如棗覈(核)者方

帛書・病方・244:絜以小繩

帛書・病方・244:以小角角之

帛書・病方・247:燔小隋(橢)石〖注〗小橢石,橢圓形小石。

帛書・病方・265:痔者其直(脜)旁有小空(孔)

帛書・病方・333:即置小木湯中

帛書・病方・415:小刌一升

帛書・病方・449:疣其末大本小□者

集證・147.232:小廄丞印

集證・147.233:小廄丞印

秦印編17:小廄丞印

秦印編17:小廄丞印

封泥集194・2:小廄丞印

封泥集194・3:小廄丞印

封泥集194・4:小廄丞印

封泥集194・7:小廄丞印

封泥集194・9:小廄丞印

封泥集194・10:小廄丞印

封泥集194・11:小廄丞印

封泥集194・12:小廄丞印

封泥印19:小廄丞印

集證・150.274:小廄南田

秦印編17:小廄南田

封泥集・附一404:小廄南田

秦印編17:小廄將馬

封泥集195・2:小廄將馬

集證・147.230:小廄將馬

封泥集・附一399:小廄將馬

集證・161.451:小畀

秦印編17:小畀

封泥印19:小廄將□

秦印編17:小廄將□

秦印編18:咸鄙小有

秦印編18:咸鄙小有

秦陶・1335:咸鄙小有

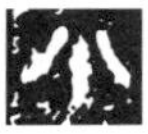

秦陶・1336:咸鄙小有

集證・216.224:咸鄙小有

秦陶・397:小遬

秦陶・398:小遬

秦陶・1360:咸鄙小穎

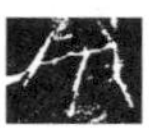

秦陶・1463:小廄

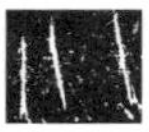

秦陶・1464:小廄

漆器M11・2(雲夢・附二):小女子

漆器M11・7(雲夢・附二):小女子

漆器M11・21(雲夢・附二):小女子

漆器 M11・24(雲夢・附二):小女子

漆器 M11・34(雲夢・附二):小

漆器 M11・49(雲夢・附二):小女子

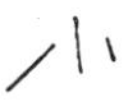

漆器 M12・7(雲夢・附二):小男子包

漆器 M13・32(雲夢・附二):小女子甲

0189 少

卲宮私官盉(秦銅・194):四斗少半斗

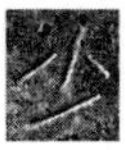

咸陽四斗方壺(珍金・119):四斗少半升〖注〗少,讀爲"小"。小半升,卽三分之一升。

咸陽四斗方壺・摹(珍金・119):四斗少半升

咸陽四斗方壺(珍金・120):咸四斗少半升

咸陽四斗方壺・摹(珍金・120):咸四斗少半升

洛陽少府戈・摹(珍金 220・1):少府

襄陽少府鐓・摹(珍金 220・2):少府

襄陽少府戈・摹(珍金 220・2):卌四年少工楒

襄陽少府戈・摹(珍金 220・2):少府

二年少府戈・摹(秦銅・56):少府二年作

五年相邦呂不韋戈三・摹(秦銅・69):少府工室阾

五年相邦呂不韋戈三・摹(秦銅・69):少府

十六年少府戈(珍金・102):少府

十六年少府戈・摹(珍金・102):少府

十六年少府戈(珍金・102):十六年少府工師乙

十六年少府戈・摹(珍金・102):十六年少府工師乙

廿三年少府戈(珍金・106):廿三年少工爲

廿三年少府戈・摹(珍金・107):廿三年少工爲

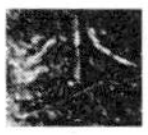

廿三年少府戈(珍金・106):少府

廿三年少府戈・摹(珍金・107):少府

少府戈一(珍金・110):少府

少府戈一・摹(珍金・110):少府

少府戈二(集成 11106.1):少府

十三年少府矛・摹(秦銅・73):十三年少府工簷

少府矛・摹(秦銅・72):少府

天簡 30・乙:氒(厥)以少病有

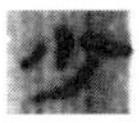

睡簡・爲吏・27:息子多少

睡簡・效律・5:不盈半升到少半升

睡 11 號牘・正:願母遺黑夫用勿少

睡簡・答問・32:唯縣少內爲"府中"

睡簡・秦律・19:錢少律者

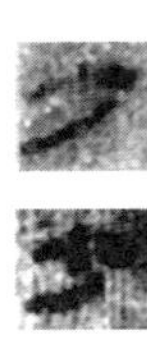睡簡・秦律・30:其少,欲一縣之

睡簡・秦律・60:日少半斗

睡簡・秦律・80:以效少內〖注〗少內,官名。

睡簡・秦律・180:少半斗

睡簡・日甲・47 正:張、翼少吉

睡簡・日甲・50 正:畢此(觜)巂少吉

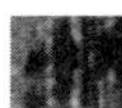睡簡・日甲・51 正:胃、參少吉

睡簡・日甲・52 正:奎、婁少吉

睡簡・日甲・53 正:危、營室少吉

睡簡・日甲・54 正:須女、虛少吉

睡簡・日甲・55 正:斗、牽牛少吉

睡簡・日甲・56 正:心、尾少吉

睡簡・日甲・57 正:角、房少吉

睡簡・日甲・58 正:張、翼少吉

睡簡・日甲・59 正:東北少吉

睡簡・日甲・60 正:東南少吉

睡簡・日甲・61 正:西南少吉

睡簡・日甲・62 正:西北少吉

睡簡・日甲・130 正:少(小)顡(顧)是胃(謂)少(小)楮(佇)

睡簡・日甲・130 正:少(小)顡(顧)是胃(謂)少(小)楮(佇)

睡簡・日甲・146 正:少孤

睡簡・日乙・157:派〈辰〉少翏(瘳)

睡簡・日乙・159:卯少翏(瘳)

睡簡・日乙・161:午少翏(瘳)

睡簡・日乙・163:未少翏(瘳)

睡簡・日乙・165:酉少翏(瘳)

睡簡・日乙・167:申少翏(瘳)

睡簡・日乙・169:丑少翏(瘳)

睡簡・日乙・171:子少翏(瘳)

睡簡・日乙・173:子少翏(瘳)

睡簡・日乙・175:戌少翏(瘳)

睡簡・日乙・177:卯少翏(瘳)

睡簡・日乙・188:少者死之

睡簡・日乙・238:少孤

睡簡・日乙・243:少疾

龍簡・142:詐(詐)毋少多

里簡・J1(8)152 正:少內守是敢言之

里簡・J1(8)156:遷陵守丞色下少內

里簡・J1(8)156:守府快行少內

關簡・193:占病,少[可]

關簡・221:占病者,少可

關簡・313:以正月取桃橐(蠹)矢(屎)少半升

關簡・369:用水多少

帛書・脈法・82:臂之大(太)陰、少陰

帛書・病方・127:少取藥

帛書・病方・152:以封隋(脽)及少[腹]□

帛書・病方・153:冶筴蓂少半升、陳葵種一□

帛書・病方・255:叚(煆)駱阮少半斗

帛書・病方・337:以少(小)嬰兒弱(溺)漬羖羊矢〖注〗小嬰兒溺,童便。

帛書・病方・338:少殽以醯

帛書・病方・408:水銀兩少半

帛書・灸經甲・40:是少陽[眽(脈)主]治〖注〗少陽脈,人體脈名。

帛書・灸經甲・59:觸少腹〖注〗少腹,即小腹。

帛書・灸經甲・62:少陰眽(脈)〖注〗少陰脈,人體脈名。

帛書・灸經甲・71:是臂少陰眽(脈)主治〖注〗臂少陰脈,人體脈名。

帛書・足臂・5:足少陽温(脈)

帛書・足臂・9:皆久(灸)少陽温(脈)

帛書・足臂・10:夾(挾)少腹

帛書・足臂・13:足少陰温(脈)

帛書・足臂・15:[皆久(灸)]足少陰[温(脈)]

帛書・足臂・27:臂少陰[温(脈)]

帛書・足臂・28:皆[久(灸)]臂少陰[温(脈)]

帛書・足臂・31:臂少陽温(脈)

集證・145.199:少內

秦印編18:少內

秦印編18:少府

秦印編18:少府

封泥集128・1:少府

封泥集128・2:少府

封泥集128・3:少府

封泥集128・5:少府

封泥集129・10:少府

封泥印32:少府

集證・134.16:少府

集證・134.17:少府

新封泥 C・17.6:少府

秦印編 18:少府工室

秦印編 18:少府工丞

秦印編 18:少府工丞

封泥集 129・1:少府工丞

封泥集 130・7:少府工丞

封泥集 130・9:少府工丞

封泥集 130・10:少府工丞

封泥集 130・11:少府工丞

封泥集 130・14:少府工丞

封泥集 130・15:少府工丞

封泥集 130・17:少府工丞

封泥集 130・18:少府工丞

封泥集 130・19:少府工丞

封泥集 130・20:少府工丞

集證・134.23:少府工丞

新封泥 C・16.18:少府工丞

封泥印 33:少府工丞

集證・134.24:少[府]幹丞

封泥集 133・2:少府幹丞

封泥印 33:少府幹丞

新封泥 D・7:少府幹官

秦印編 18:咸原少申

秦陶・1293:咸原少申

集證・216.222:咸原少𠈉

集證・216.221:咸原少公

秦陶・1278:咸原少角

秦陶・1281:咸原少角

集證・191.3・摹:咸原少瓬

集證・191.2:咸原少瓬

集證・145.200:茝陽少內

秦印編 18:少庫

秦陶・434:少

0190 八

麗山園鍾(秦銅・185):重二鈞十三斤八兩

商鞅方升(秦銅・21):十八年〖注〗十八年,秦孝公十八年,公元前 344 年。

卅七年銀器足・摹(金銀器 344):重八兩十一朱(銖)

譽繩朱書・摹(秦銅・158):鐴八〖注〗鐴八,編號。

始皇詔八斤銅權一(秦銅・134):八斤

始皇詔八斤銅權二(秦銅・135):八斤

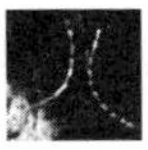

王八年内史操戈(珍金・56):王八年内史操左之造〖注〗王八年,秦惠文王更元八年,公元前317年。

王八年内史操戈・摹(珍金・56):王八年内史操左之造

十八年上郡戈・摹(秦銅・41):十八年桼(漆)工朐丞巨造〖注〗十八年,秦昭襄王十八年,公元前289年。

卅八年上郡守慶戈・摹(長平圖版):卅八年上郡守慶造〖注〗卅八年,秦昭襄王三十八年,公元前269年。

卌八年上郡假守鼂戈(珍金・88):卌八年上郡叚(假)守鼂造

卌八年上郡假守鼂戈・摹(珍金・88):卌八年上郡叚(假)守鼂造

八年丞甬戈・摹(集證・34):八年□丞甬工悍〖注〗八年,秦王政八年,公元前239年。

八年相邦吕不韋戈・摹(秦銅・71):八年相邦吕不韋造

十八年寺工鈹・摹(秦銅・85):十八年寺工敏〖注〗十八年,秦王政十八年,公元前229年。

十九年寺工鈹二・摹(秦銅・87):七十八〖注〗七十八,編號。

大墓殘磬(集證・67):隹(惟)四年八月初吉甲申

詛楚文・湫淵(中吳本):而兼倍(背)十八世[之]詛盟

詛楚文・巫咸(中吳本):而兼倍(背)十八世之詛盟

詛楚文・亞駝(中吳本):而兼倍(背)十八世之詛盟

秦駰玉版・乙・摹:八月己酉(?)

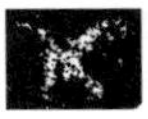

明瓊(集證・241):八

明瓊・摹(集證・242):八

二號坑馬飾文・摹(集證・240):乙十八

青川牘・摹:袤八則爲畛

青川牘・摹:以秋八月脩(修)封捋(埒)

天簡33・乙:入八月四日己丑

天簡33・乙:入月廿八日旦

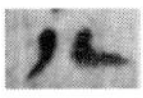

天簡33・乙:下八而生者三

睡簡・效律・3:不盈十六兩到八兩

睡簡・效律・5:八兩以上

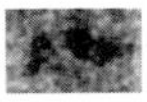

睡簡・雜抄・9:驀馬五尺八寸以上

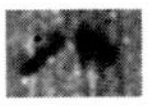

睡簡・秦律・41:九[斗]爲毀(毇)米八斗

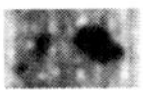

睡簡・秦律・47:皆八馬共

睡簡・秦律・70:八月、九月中其有輸

睡簡・秦律・91:用枲十八斤

睡簡・秦律・139:盡八月各以其作日及衣數告其計所官

睡簡・秦律・152:日八錢

睡簡・日甲・12背:十二月、正月、七月、八月爲牡月

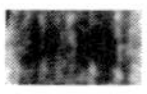

睡簡・日甲・29 正:廿八日廿九日吉

睡簡・日甲・64 正:日八夕八

睡簡・日甲・64 正:日八夕八

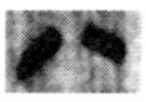

睡簡・日甲・66 正:日八夕八

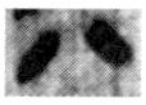

睡簡・日甲・66 正:日八夕八

睡簡・日甲・66 正:八月楚爨月

睡簡・日甲・67 背:日八夕八

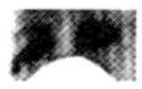

睡簡・日甲・67 正:五月楚八月

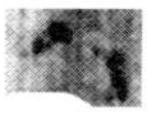

睡簡・日甲・89 背:入七月八日心

睡簡・日甲・95 正:七月、八月、九月

睡簡・日甲・104 正:八月丁

睡簡・日甲・105 正:八月辰

睡簡・日甲・107 背:八月十八日

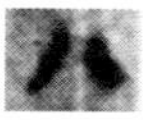

睡簡・日甲・107 背:四月八日

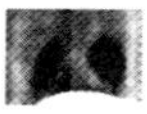

睡簡・日甲・109 背:八月丙寅

睡簡・日甲・115 正:八歲昌

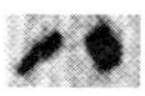

睡簡・日甲・118 正:八歲更

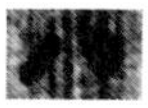

睡簡・日甲・122 正:八歲更

睡簡・日甲・124 背:八日刺

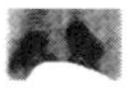

睡簡・日甲・131 背:八月子

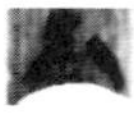

睡簡・日甲・132 背:八月卯

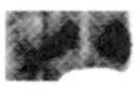

睡簡・日甲・133 正:入八月九日

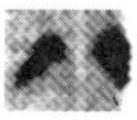

睡簡・日甲・133 正:入四月八日

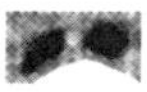

睡簡・日甲・134 正:八月辰

睡簡・日甲・145 背:八月居酉

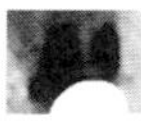

睡簡・日乙・1:八月

睡簡・日乙・25:八月

睡簡・日乙・25:日八夕八

睡簡・日乙・25:日八夕八

睡簡・日乙・33:八月

睡簡・日乙・45:入月六日、七日、八日

睡簡・日乙・50:七月、八月

睡簡・日乙・95:八月丁臽

睡簡・日乙・95:七月七星廿八日

睡簡・日乙・96:八月

睡簡・日乙・96:八月軫廿八日

睡簡・日乙・96:八月軫廿八日

睡簡・日乙・101:入七月八日心

睡簡・日乙・102:入八月五日心

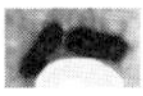

睡簡・日乙・120:四月、八月、十二月之辰

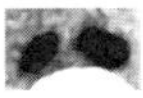

睡簡・日乙・133:八月上旬巳

睡簡・日乙・149:八月旬八日

睡簡・日乙・149:八月旬八日

睡簡・日乙・149:四月八日

睡簡・日乙・151:四月八日

睡簡・日乙・151:八月旬八日

睡簡・日乙・151:八月旬八日

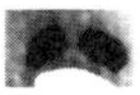

睡簡・日乙・153:八月庚辰

睡簡・日乙・196:及入月旬八日皆大凶

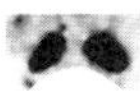

睡簡・日乙・200:四月、八月、十二月

睡簡・日乙・207:八月酉

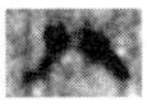

里簡・J1(6)1 正:二八十六

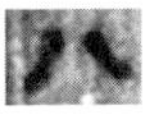

里簡・J1(6)1 正:二九十八

里簡・J1(6)1 正:二四而八

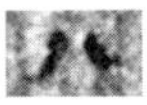

里簡・J1(6)1 正:六八卌八

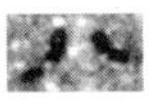

里簡・J1(6)1 正:七八五十六

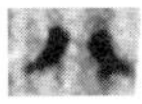

里簡・J1(6)1 正:三八廿四

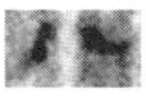

里簡・J1(6)1 正:四八卅二

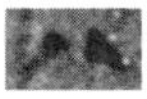

里簡・J1(6)1 正:四七廿八

里簡・J1(9)2 正:卅四年八月癸巳朔[朔]日

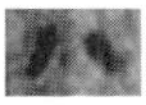

里簡・J1(9)2 正:陽陵仁陽士五(伍)不豺有貲錢八百卅六

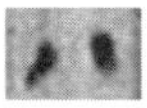

里簡・J1(9)4 正:卅四年八月癸巳朔甲午

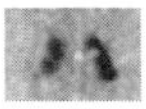

里簡・J1(9)5 正:卅四年八月癸巳朔[朔]日

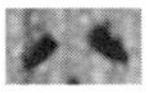

里簡・J1(9)5 正:陽陵下里士五(伍)鹽有貲錢三百八十四

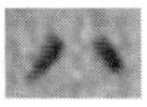

里簡・J1(9)6 正:卅四年八月癸巳朔[朔]日

里簡・J1(9)6 正:陽陵褆陽上造徐有貲錢二千六百八十八

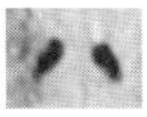

里簡・J1(9)7 背:卅四年八月癸巳朔[朔]日

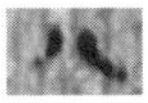

里簡・J1(9)8 正:卅四年八月癸巳朔[朔]日

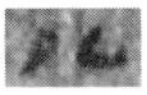

里簡・J1(9)9 正:陽陵仁陽士五(伍)顡有贖錢七千六百八十

里簡・J1(9)9 背:卅四年八月癸巳朔[朔]日

里簡・J1(9)11 正:陽陵谿里士五(伍)采有貲餘錢八百五十二

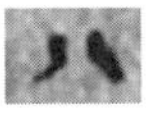

里簡・J1(9)11 正:卅四年八月癸巳朔[朔]日

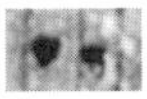

里簡・J1(9)984 背:水下八刻

里簡・J1(16)8 正:□倉八人

關簡・1:八月癸巳

關簡・77:八月壬子

關簡·135:十八日

關簡·135:八日

關簡·138:廿八日

關簡·263:十三日以到十八日

關沮牘·正·貳:八月庚午小

帛書·足臂·19:上八寸

帛書·病方·7:大□者八十

帛書·病方·8:百草末八灰

帛書·病方·270:水八米〖注〗八,八倍。

帛書·病方·395:可八[九日]而傷平

帛書·病方·殘14:□置八□

帛書·病方·無編號:八

秦陶·113:八

秦陶·114:八

秦陶·115:八

秦陶·116:八

秦陶·117:八

秦陶·118:八

秦陶·119:八

秦陶·120:八

秦陶·121:八

秦陶·122:八

秦陶·123:八

秦陶·176:十八

秦陶·212:弋六十八

秦陶·214:八十

秦陶·215:八十五

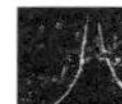
秦陶·216:八十七

秦陶·217:八十八

秦陶·217:八十八

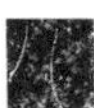
秦陶·221:十、十八

秦陶·355:封八

秦陶·1159:八

秦陶·1452:八

秦陶·1461:左廄容八斗

秦陶·1499:八

陝博·3:一斗八升

木骰子(王家台·14):八

木骰子(王家台·14):八

木骰子(王家台·14):八

地圖注記·摹(地圖·4):八里

木器(遺址·7):東□八

漆器 M13·5(雲夢·附二):□里一八

0191　分

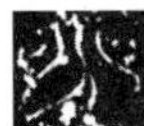商鞅方升(秦銅·21):大良造鞅爰積十六尊(寸)五分尊(寸)壹爲升

泰山刻石·宋拓本:貴賤分明

繹山刻石·宋刻本:分土建邦

天簡 28·乙:分其短長

睡簡·效律·7:六分升一以上

睡簡·效律·7:廿分升一以上

睡簡·效律·12:十分一以到不盈五分一

睡簡·效律·12:縣料而不備其見(現)數五分一以上

睡簡·效律·13:十分一以到不盈五分一

睡簡·效律·14:百分一以到不盈十分一

睡簡·效律·14:百分一以到不盈十分一

睡簡·效律·25:過十分以上

睡簡·效律·25:十分一以下

睡簡·答問·9:受分臧(贓)不盈一錢

睡簡·答問·67:受分十錢

睡簡·答問·139:約分購

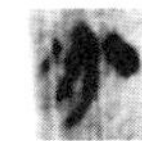睡簡·秦律·19:十牛以上而三分一死

睡簡·秦律·78:毋過三分取一

睡簡·秦律·80:嗇夫即以其直(值)錢分負其官長及冗吏〖注〗分負,分攤負擔。

睡簡·秦律·83:令與其稗官分

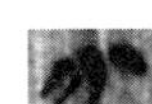睡簡·秦律·84:抉出其分

睡簡·秦律·84:其已分而死

睡簡·秦律·130:以數分膠以之

睡簡·秦律·167:度禾、芻稾而不備十分一以下

睡簡·秦律·167:過十分以上

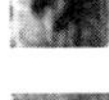睡簡·秦律·179:醬駟(四)分升一

睡簡·秦律·182:鹽廿二分升二

睡簡·日甲·10 背:戌興〈與〉亥是胃(謂)分離日

睡簡·日甲·52 正:唯利以分異

龍簡·136:町失三分〖注〗三分,三成。

龍簡·137:分以上

龍簡·186:□分

龍簡・216・摹:□如三分□

關簡・211:所言者分楬事也

關簡・321:以□四分升一歓(飲)之〖注〗四分升一,四分之一升。

帛書・病方・48:三分和〖注〗三分,三份。

帛書・病方・49:取一分置水中

帛書・病方・115:竈黄土十分升一

帛書・病方・173:三分之

帛書・病方・174:如此以盡三分

帛書・病方・174:以水一斗半[煮一]分

帛書・病方・174:有(又)煮一分

帛書・病方・176:分以爲三

帛書・病方・241:分以爲二

帛書・病方・242:各□一分

秦印編18:耐分

0192　曾　　曾

石鼓文・吴人(先鋒本):□曾受其章

秦駰玉版・甲・摹:又(有)秦曾孫小子駰曰〖注〗曾孫,孫之子,或泛指。

秦駰玉版・乙・摹:又(有)秦曾孫小子駰曰

帛書・病方・115:其一名灌曾〖注〗灌曾,藥名。

0193　尚　　尚

秦駰玉版・乙・摹:以此爲尚(常)〖注〗尚,王輝讀爲"常",常規。曾憲通等釋爲崇尚。劉國勝讀爲"掌"。

天簡28・乙:以爲音尚久乃處之

睡簡・封診・89:今尚血出而少

睡簡・秦律・165:禾粟雖敗而尚可食殹

睡簡・雜抄・35:尚有棲(遲)未到戰所

睡簡・效律・24:禾粟雖敗而尚可飤(食)殹

龍崗牘・背・摹:令自尚(常)也

里簡・J1(16)5背:隸臣尚行〖注〗尚,人名。

帛書・病方・無編號:尚

帛書・足臂・15:舌輅□旦尚□數腸(喝)

集證・176.643:黄尚

集證・135.42:南宮尚浴〖注〗尚浴,官名。

封泥集・附一405:府尚

秦印編18:府尚

秦印編18:王尚

秦陶・1473:麗山尚

秦印編18:隋尚

秦印編 18:右尚

秦印編 18:尚浴

秦印編 18:尚浴

封泥集 160・1:尚浴

封泥集 160・2:尚浴

封泥集 160・3:尚浴

封泥集 160・4:尚浴

封泥集 160・5:尚浴

集證・135.43:尚浴

封泥印 47:尚浴

封泥集 161・1:尚浴府印

集證・135.44:尚浴府印

封泥集 162・1:尚臥〖注〗尚臥,官名。

秦印編 18:尚臥

封泥印 31:尚臥倉印〖注〗尚,通"掌",主持,掌管。

秦印編 18:尚父鄉印

封泥集 358・1:尚父鄉印

封泥集 358・2:尚父鄉印

封泥集 358・3:尚父鄉印

封泥印 46:尚冠〖注〗尚冠,官名。

新封泥 D・14:尚冠

封泥印 48:尚佩府印

封泥集 161・1:尚佩〖注〗尚佩,官名。

新封泥 D・38:御弄尚虛

新封泥 A・2.14:尚浴寺般

封泥印 44:尚帷中御〖注〗尚帷,官名。

新封泥 A・2.16:尚犬〖注〗尚犬,官名。

集證・135.46:尚□

秦陶・464:尚

秦陶・634:右司空尚

秦陶・636:右司空尚

秦陶・640:右尚

秦陶・642:右尚

秦陶・644:右尚

秦陶・638:右尚

秦陶・639:右尚

0194　豕　豕

秦鎛鐘・1 號鎛(秦銅・12.1):剌=(烈=)卲(昭)文公、靜公、憲公不豕

(墜)于上〖注〗豖,"墜"之初文,失。

秦編鐘・甲鐘(秦銅・10.1):刺=(烈=)卲(昭)文公、静公、憲公不豖(墜)于上

秦鎛鐘・2號鎛(秦銅・12.4):刺=(烈=)卲(昭)文公、静公、憲公不豖(墜)于上

秦公鎛鐘・摹(秦銅・16.1):不豖(墜)上(才或于)上

秦鎛鐘・3號鎛(秦銅・12.7):刺=(烈=)卲(昭)文公、静公、憲公不豖(墜)于上

秦編鐘・丙鐘(秦銅・10.3):刺=(烈=)卲文公、静公、憲公不豖(墜)于上

秦編鐘・甲鐘鉦部・摹(秦銅・11.1):刺=(烈=)卲文公、静公、憲公不豖(墜)于上

0195　詹

二十九年漆奩・黄盛璋摹(集證・27):廿九年大(太)后詹事丞向〖注〗詹事,官名。

十七年太后漆盒・摹(漆盒・3):十七年大(太)后詹事丞□

0196　介

石鼓文・田車(先鋒本):四介既簡(閑)

詛楚文・湫淵(中吳本):禮使介老〖注〗介,讀爲"芥"。介老,庶老。姜亮夫釋爲介胄之老。

詛楚文・巫咸(中吳本):禮使介老

詛楚文・亞駝(中吳本):禮使介老

睡簡・答問・206:可(何)謂"介人"

睡簡・答問・206:是謂"介人"

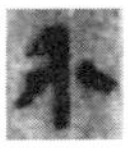

睡簡・答問・206:貣(貸)人贏律及介人〖注〗介,讀爲"丐",給予。

睡簡・答問・207:可(何)謂"介人"

睡簡・答問・207:氣(餼)人贏律及介人

睡簡・答問・207:是謂"介人"

0197　公

不其簋蓋(秦銅・3):用乍(作)朕皇且(祖)公白(伯)、孟姬障𣪘〖注〗公伯,秦仲之父,莊公之祖。

滕縣不其簋器(秦銅・4):用乍(作)朕皇且(祖)公白(伯)、孟姬障𣪘

上博秦公鼎三(集證・1):秦公乍(作)寶用鼎〖注〗秦公,王輝說指襄公。

上博秦公鼎四(集證・2):秦公乍(作)寶用鼎

上博秦公簋一(集證・3):秦公乍(作)寶𣪘

上博秦公簋二(集證・4.1):秦公乍(作)寶𣪘

秦公壺(集證・9):秦公乍(作)鑄障壺〖注〗秦公,王輝說指文公。

秦公壺(集證・9):秦公乍(作)鑄障壺

上博秦公鼎一(集證・5):秦公乍(作)鑄用鼎〖注〗秦公,王輝說指文公。

上博秦公鼎二(集證・6):秦公乍(作)鑄用鼎

禮縣秦公鼎一（集證・8.1）：秦公乍（作）鑄用鼎

禮縣秦公鼎二（集證・8.2）：秦公乍（作）鑄用鼎

禮縣秦公簋（集證・8.3）：秦公乍（作）鑄用毁

秦編鐘・甲鐘（秦銅・10.1）：剌＝（烈＝）卲文公、静公、憲公不㒸（墜）于上

秦編鐘・甲鐘（秦銅・10.1）：剌＝（烈＝）卲文公、静公、憲公不㒸（墜）于上

秦編鐘・甲鐘（秦銅・10.1）：剌＝（烈＝）卲文公、静公、憲公不㒸（墜）于上

秦編鐘・甲鐘（秦銅・10.1）：公及王姬曰〖注〗公，秦武公。

秦編鐘・甲鐘（秦銅・10.1）：秦公曰

秦編鐘・乙鐘（秦銅・10.2）：秦公嬰畯䵒才（在）立（位）

秦編鐘・乙鐘（秦銅・10.2）：以匽（燕）皇公〖注〗皇公，偉大的先公。

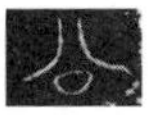

秦編鐘・丙鐘（秦銅・10.3）：秦公曰

秦編鐘・丙鐘（秦銅・10.3）：公及王姬曰

秦編鐘・丙鐘（秦銅・10.3）：剌＝（烈＝）卲文公、静公、憲公不㒸（墜）于上

秦編鐘・丙鐘（秦銅・10.3）：剌＝（烈＝）卲文公、静公、憲公不㒸（墜）于上

秦編鐘・丙鐘（秦銅・10.3）：剌＝（烈＝）卲文公、静公、憲公不㒸（墜）于上

秦編鐘・戊鐘（秦銅・10.5）：以匽（燕）皇公

秦編鐘・甲鐘鉦部・摹（秦銅・11.1）：剌＝（烈＝）卲文公、静公、憲公不㒸（墜）于上

秦編鐘・甲鐘鉦部・摹（秦銅・11.1）：剌＝（烈＝）卲文公、静公、憲公不㒸（墜）于上

秦編鐘・甲鐘鉦部・摹（秦銅・11.1）：剌＝（烈＝）卲文公、静公、憲公不㒸（墜）于上

秦編鐘・甲鐘鉦部・摹（秦銅・11.1）：秦公曰

秦編鐘・甲鐘鉦部・摹（秦銅・11.1）：公及王姬曰

秦編鐘・乙鐘鉦部・摹（秦銅・11.5）：以匽（燕）皇公

秦編鐘・乙鐘左鼓・摹（秦銅・11.6）：秦公嬰畯䵒才（在）立（位）

秦鎛鐘・1號鎛（秦銅・12.1）：剌＝（烈＝）卲文公、静公、憲公不㒸（墜）于上

秦鎛鐘・1號鎛（秦銅・12.1）：剌＝（烈＝）卲文公、静公、憲公不㒸（墜）于上

秦鎛鐘・1號鎛（秦銅・12.1）：剌＝（烈＝）卲文公、静公、憲公不㒸（墜）于上

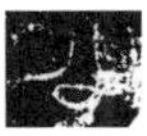

秦鎛鐘・1號鎛（秦銅・12.1）：秦公曰

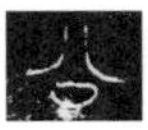

秦鎛鐘・1號鎛（秦銅・12.1）：公及王姬曰

秦鎛鐘・1號鎛（秦銅・12.3）：以匽（燕）皇公

秦鎛鐘・1號鎛（秦銅・12.3）：秦公嬰畯䵒才（在）立（位）

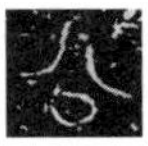

秦鎛鐘・2號鎛（秦銅・12.4）：秦公曰

秦鎛鐘・2號鎛（秦銅・12.4）：剌＝（烈＝）卲文公、静公、憲公不㒸（墜）

于上

秦鎛鐘・2 號鎛(秦銅・12.4):剌=(烈=)卲文公、靜公、憲公不豕(墜)于上

秦鎛鐘・2 號鎛(秦銅・12.4):剌=(烈=)卲文公、靜公、憲公不豕(墜)于上

秦鎛鐘・2 號鎛(秦銅・12.4):公及王姬曰

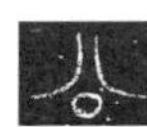
秦鎛鐘・2 號鎛(秦銅・12.6):秦公嬰畯䵒才(在)立(位)

秦鎛鐘・2 號鎛(秦銅・12.6):以匽(燕)皇公

秦鎛鐘・3 號鎛(秦銅・12.7):剌=(烈=)卲文公、靜公、憲公不豕(墜)于上

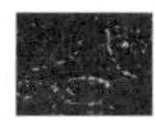
秦鎛鐘・3 號鎛(秦銅・12.7):剌=(烈=)卲文公、靜公、憲公不豕(墜)于上

秦鎛鐘・3 號鎛(秦銅・12.7):剌=(烈=)卲文公、靜公、憲公不豕(墜)于上

秦鎛鐘・3 號鎛(秦銅・12.7):秦公曰

秦鎛鐘・3 號鎛(秦銅・12.9):以匽(燕)皇公

秦鎛鐘・3 號鎛(秦銅・12.9):秦公嬰畯䵒才(在)立(位)

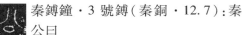

秦公鎛鐘・摹(秦銅・16.1):秦公曰

秦公鎛鐘・摹(秦銅・16.1):十又(有)二公

秦公簋・器(秦銅・14.1):十又(有)二公〖注〗十二公,王輝說指文、竫、憲、出、武、德、宣、成、穆、康、共、桓諸公。

秦公簋・器(秦銅・14.1):秦公曰

傳世秦子戈(集證・11):秦子乍(作)遣(造)公族元用〖注〗公族,公之同族,指握有大權的同姓高官。

秦子矛(集證・12):秦子□□公族元用

香港秦子戈二・摹(新戈・2):秦子乍(作)遣(造)公族元用

太后車軎・摹(秦銅・51):公

秦懷后磬・摹:以□□辟公〖注〗公,李學勤說指秦公。

石鼓文・吾水(先鋒本):公謂大□

詛楚文・湫淵(中吳本):昔我先君穆公及楚成王是繆(勠)力同心

詛楚文・巫咸(中吳本):昔我先君穆公及楚成王是繆(勠)力同心

詛楚文・亞駝(中吳本):昔我先君穆公及楚成王是繆(勠)力同心

睡簡・語書・9:故有公心

睡簡・語書・11:毋(無)公端之心

睡簡・效律・39:效公器贏、不備

睡簡・封診・15:某里公士甲自告曰

睡簡・封診・91:某里公士甲等廿人詣里人士五(伍)丙

睡簡・答問・25:公祠未闋

睡簡・答問・32:府中公金錢私貣用之

睡簡・答問・90:擘(搹)布入公

睡簡・答問・103:"非公室告"可(何)殹

睡簡・答問・103:"公室告"[何]殹

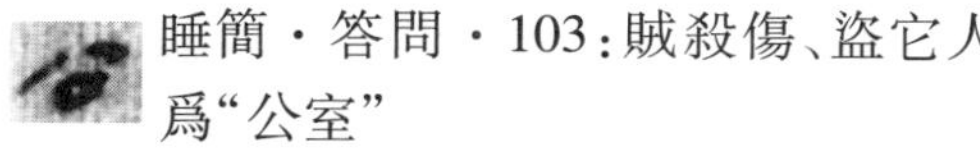
睡簡·答問·103:賊殺傷、盜它人爲"公室"

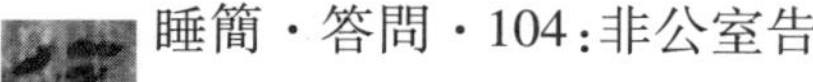
睡簡·答問·104:非公室告

睡簡·答問·104:可(何)謂"非公室告"

睡簡·答問·104:是謂"非公室告"

睡簡·答問·133:得比公瘁(癃)不得〖注〗公癃,疑指因公殘廢的人。

睡簡·答問·141:問主購之且公購

睡簡·答問·146:亡久書、符券、公璽、衡羸(纍)〖注〗公璽,官印。

睡簡·答問·159:今舍公官(館)〖注〗公館,官府的館舍。

睡簡·答問·159:雖有公器

睡簡·答問·168:或入公

睡簡·答問·177:真臣邦君公有辠

睡簡·答問·185:得比公士贖耐不得

睡簡·答問·190:"甸人"守孝公、瀫(獻)公冢者毆

睡簡·秦律·7:皆完入公

睡簡·秦律·16:將牧公馬牛

睡簡·秦律·18:其乘服公馬牛亡馬者而死縣

睡簡·秦律·19:今課縣、都官公服牛各一課

睡簡·秦律·46:月食者已致稟而公使有傳食

睡簡·秦律·48:妾未使而衣食公

睡簡·秦律·50:雖有母而與其母冗居公者

睡簡·秦律·76:公有責(債)百姓未賞(償)

睡簡·秦律·76:有責(債)於公及貲、贖者居它縣

睡簡·秦律·77:百姓叚(假)公器及有責(債)未賞(償)

睡簡·秦律·77:及隸臣妾有亡公器、畜生者

睡簡·秦律·84:牧將公畜生而殺、亡之

睡簡·秦律·86:縣都官以七月糞公器不可繕者

睡簡·秦律·101:邦中之繇(徭)及公事官(館)舍

睡簡·秦律·101:其叚(假)公

睡簡·秦律·102:公甲兵各以其官名刻久(記)之

睡簡·秦律·103:皆沒入公

睡簡·秦律·104:其或叚(假)公器

睡簡·秦律·104:公器官□久(記)

睡簡·秦律·106:毀傷公器及□者令賞(償)

睡簡·秦律·106:毋擅叚(假)公器

睡簡·秦律·117:縣葆禁苑、公馬牛苑

睡簡·秦律·121:縣毋敢擅壞更公舍官府及廷

睡簡·秦律·122:欲以城旦舂益爲公舍官府及補繕之

睡簡·秦律·126:官府叚(假)公車牛者

 睡簡・秦律・128：官長及吏以公車牛稟其月食及公牛乘馬之稟

 睡簡・秦律・128：官長及吏以公車牛稟其月食及公牛乘馬之稟

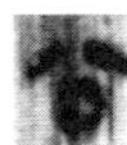 睡簡・秦律・129：以攻公大車

 睡簡・秦律・133：居官府公食者

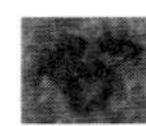 睡簡・秦律・133：有辠以貲贖及有責(債)於公

 睡簡・秦律・142：貣(貸)衣食公

 睡簡・秦律・143：公食當責者

 睡簡・秦律・155：及隸臣斬首爲公士

 睡簡・秦律・155：謁歸公士而免故妻隸妾一人者

 睡簡・秦律・178：公器不久(記)刻者

 睡簡・雜抄・5：公士以下刑爲城旦

 睡簡・雜抄・14：入粟公

 睡簡・雜抄・26：公車司馬

 睡簡・日甲・19 正：必摯(執)而入公而止

 睡簡・日甲・40 正：私公必閉

睡簡・日甲・166 正：以見王公

 睡簡・日乙・249：有(又)公〈火〉起

 里簡・J1(8)134 正：競(竟)陵蘯(蕩)陰狼叚(假)遷陵公船一

 關簡・49：不坐椽曹從公

 關簡・297：上公、兵死、陽主歲₌在中

 秦印編 19：公耳異

 集證・164. 503：史公

 秦印編 19：史公

秦印編 19：右公田印

集證・150. 272：右公田印

秦印編 19：公主田印

集證・150. 273：公主田印

秦印編 19：公

秦印編 19：公孫穀印

秦印編 19：公端

秦印編 19：栩公

秦印編 19：公祿

秦印編 19：公柏

秦印編 19：公子□

秦印編 19：公癸

秦印編 19：公宣

 秦印編 19：公荅

 秦印編 19：公乘

秦印編 19:公中

秦印編 19:公族周

秦印編 19:公故私印

秦印編 19:公孫鶩

秦印編 19:公孫

秦印編 19:公印〖注〗公印,公璽。

封泥集 117・9:公車司馬丞

秦印編 19:公車司馬丞

封泥集 116・1:公車司馬

封泥集 117・3:公車司馬丞

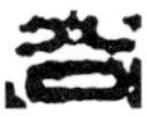

新封泥 C・19. 1:公車司馬丞

封泥印 11:公車司馬丞

封泥集 117・4:公車司馬丞

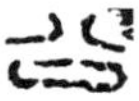

封泥集 117・5:公車司馬丞

封泥集 117・7:公車司馬丞

封泥集 117・8:公車司馬丞

新封泥 E・13:公車司馬丞

新封泥 A・1. 6:公車司馬丞

集證・139. 98:公車司馬丞

集證・139. 99:公車司馬丞

集證・163. 485:公臼敲〖注〗公臼,複姓。

集證・163. 486:公宣

集證・163. 487:公子杏〖注〗公子杏,或即秦惠文王子公子雍。

集證・163. 488:公孫齮〖注〗公孫,複姓。

集證・163. 489:公蓉

秦陶・1446:公

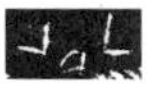

秦陶・1495:公

集證・216. 221:咸原少公

秦陶・486:[楊]氏居貲公士富〖注〗公士,秦爵之一級。

秦陶・487:楊氏居貲武德公士契必

秦陶・488:平陰居貲北游公士滕

遺址・3:公

0198　𠁥　必

杜虎符(秦銅・25):必會君符

天簡 24・乙:入必盡

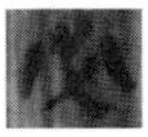

天簡 27・乙:大復(腹)出目必得

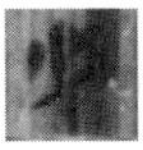

天簡 34・乙:邦君必或死之

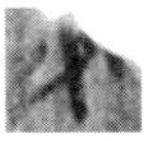

里簡・J1(16)6 正:必先悉行城旦舂、隸臣妾、居貲贖責(債)

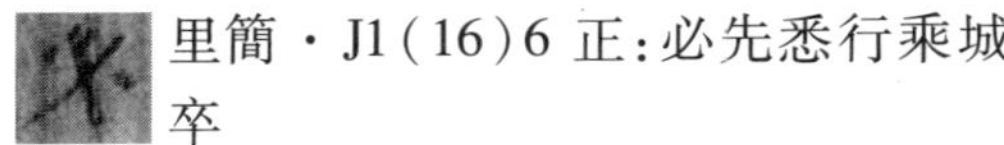
里簡・J1(16)6 正:必先悉行乘城卒

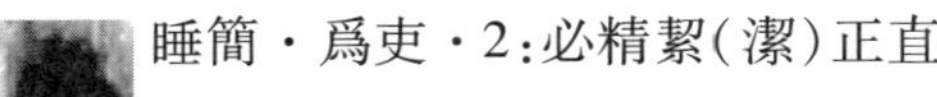
睡簡・爲吏・2:必精絜(潔)正直

睡簡・爲吏・12:必有大賞

睡簡・爲吏・32:興之必疾

睡簡・爲吏・35:罔(輞)服必固

睡簡・爲吏・40:安樂必戒

睡簡・效律・19:官嗇夫必與去者效代者

睡簡・效律・32:必以廥籍度之

睡簡・秦律・98:其小大、短長、廣亦必等

睡簡・秦律・102:必書其久(記)

睡簡・秦律・104:久(記)必乃受之〖注〗久必,標記符號。

睡簡・秦律・121:必灋之

睡簡・秦律・123:度攻(功)必令司空與匠度之

睡簡・秦律・150:必復請之

睡簡・秦律・162:官嗇夫必與去者效代者

睡簡・秦律・172:必以廥籍度之

睡簡・秦律・184:必書其起及到日月夙莫(暮)

睡簡・秦律・188:必以書

睡簡・秦律・190:除佐必當壯以上

睡簡・秦律・201:必署其已稟年日月

睡簡・日甲・2 背:必以子死

睡簡・日甲・2 背:室必盡

睡簡・日甲・2 正:寄人必奪主室

睡簡・日甲・3 背:父母必從居

睡簡・日甲・5 正:最(聚)眾必亂者

睡簡・日甲・7 正:女必出於邦

睡簡・日甲・9 正:必耦(遇)寇盜

睡簡・日甲・11 背:必復之

睡簡・日甲・12 正:男女必美

睡簡・日甲・19 背:其君不瘁(癃)必窮

睡簡・日甲・20 背:必絕後

睡簡・日甲・22 背:其後必肉食

睡簡・日甲・22 背:不窮必刑

睡簡・日甲・25 背:璽(爾)必以某(某)月日死

睡簡・日甲・36 正:必三徙官

睡簡・日甲・40 正:私公必閉

睡簡・日甲・40 背:必中蟲首

睡簡・日甲・44 正:不得必死

睡簡・日甲・55 背:必枯骨也

睡簡・日甲・56 正:同居必寠

睡簡・日甲・57 正:入寄者必代居其室

睡簡・日甲・59 背:家必有恙

睡簡・日甲・60 正:必代居室

睡簡・日甲・75 背:必依阪險

睡簡・日甲・76 背:必得

睡簡・日甲・79 正:不出三歲必有大得

睡簡・日甲・83 背:其後必以子死

睡簡・日甲・84 背:其後必有病者三人

睡簡・日甲・84 正:生子,必使

睡簡・日甲・86 背:其後必有子將弟也死

睡簡・日甲・86 正:必二妻

睡簡・日甲・86 正:必二人

睡簡・日甲・87 背:其後必有敬(警)

睡簡・日甲・88 背:其後必有別

睡簡・日甲・89 背:必有死者二人

睡簡・日甲・89 背:其後必有死者三人

睡簡・日甲・92 背:其後必有小子死

睡簡・日甲・94 背:死必三人

睡簡・日甲・94 正:取妻,必棄

睡簡・日甲・95 背:必復有死

睡簡・日甲・96 背:必有大女子死

睡簡・日甲・99 正:必有死者

睡簡・日甲・106 正:必或死

睡簡・日甲・106 正:必死

睡簡・日甲・107 正:其肉未索必死

睡簡・日甲・108 正:必死

睡簡・日甲・109 正:必有大英(殃)

睡簡・日甲・114 背:不卒歲必衣絲

睡簡・日甲・115 背:必死

睡簡・日甲・116 背:必入之

睡簡・日甲・116 背:必鼠(予)死者

睡簡・日甲・116 正:必并人家

睡簡・日甲・117 正:廿歲必富

睡簡・日甲・117 正:其主必富

睡簡・日甲・118 正:其主必富

睡簡・日甲・120 背:必鼠(予)死者

睡簡・日甲・121 背：必入之

睡簡・日甲・122 正：其主必富三渫（世）

睡簡・日甲・125 正：必以炼（殚）死人

睡簡・日甲・129 背：凡有土事必果

睡簡・日甲・129 正：必先計月中閏日

睡簡・日甲・129 正：必有死亡之志至

睡簡・日甲・129 正：小大必至

睡簡・日甲・131 正：二百里外必死

睡簡・日甲・141 背：必有死者

睡簡・日甲・143 正：必賞（嘗）毄（繫）囚

睡簡・日甲・145 正：必爲人臣妾

睡簡・日甲・146 背：入室必威（滅）

睡簡・日甲・146 背：入官必有辠

睡簡・日甲・153 正：雖求額（告？）啻（帝）必得

睡簡・日甲・153 正：必得之

睡簡・日甲・156 正：必死

睡簡・日甲・158 正：必七徙

睡簡・日甲・165 正：必辱去

睡簡・日甲・166 正：必有拜也

睡簡・日乙・17：人必奪其室

睡簡・日乙・18：必入資貨

睡簡・日乙・21：必見兵

睡簡・日乙・42：不出三歲必代寄焉

睡簡・日乙・45：必復出

睡簡・日乙・45：它人必發之

睡簡・日乙・50：必以歲後

睡簡・日乙・51：必以歲前

睡簡・日乙・62：必鬬見血

睡簡・日乙・86：取妻必二

睡簡・日乙・89：必五生（牲）死

睡簡・日乙・94：必棄

睡簡・日乙・94：必有火起

睡簡・日乙・95：必賀

睡簡・日乙・97：必有爵

睡簡・日乙・101：必有敫（懒）

睡簡・日乙・108：必復之

睡簡・日乙・108：必復之

睡簡・日乙・112：主人必大傷

睡簡・日乙・113:必有火起

睡簡・日乙・117:夫妻必有死者

睡簡・日乙・129:必敝

睡簡・日乙・130:必以五月庚午

睡簡・日乙・131:必代當家

睡簡・日乙・135:必先計月中間曰□

睡簡・日乙・135:小大必致(至)

睡簡・日乙・150:不得必死

睡簡・日乙・150:凡以此往亡必得

睡簡・日乙・152:不得必死

睡簡・日乙・163:必有大亡

睡簡・日乙・181:有病者必五病而□

睡簡・日乙・188:必代病

睡簡・日乙・190:必富

睡簡・日乙・217:必兵死

睡簡・日乙・223:必兵死

睡簡・日乙・238:不然必有疵於前

睡簡・日乙・241:必有事

睡簡・日乙・242:必善醫

睡簡・日乙・244:必事君

睡簡・日乙・245:必有疵於體(體)

睡簡・日乙・247:不出三日必死

睡簡・日乙・248:必爲上卿

睡簡・日乙・250:必有鬼

睡簡・日乙・殘11:□必代

睡簡・11號牘・正:報必言相家爵來未來

睡簡・11號牘・正:母必爲之

睡簡・答問・27:必已置乃爲"具"

睡簡・答問・80:非必珥所入乃爲夬(決)

岳山牘・M36:43正:以五卯祠之必有得也

龍簡・3・摹:必行其所當行之道

龍簡・8・摹:必復請之

龍簡・68・摹:必亟入

龍簡・220:□謁者必

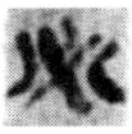

關簡・219:必後失之

關簡・369:浴蠶(蠶)必以日毚(纔)始出時浴之

帛書・病方・196:必令同族抱□積(癩)者

帛書・病方・229:炊者必順其身

帛書·病方·238:雖久病必□

帛書·病方·457:傅[藥]必先洒之

帛書·脈法·75:用碧(砭)啟脈(脈)者必如式

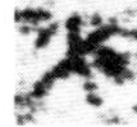
帛書·病方·321:必善齊(齋)戒

集證·185.763:交仁必可〖注〗交仁必可,與仁人交往,必可無禍。

秦印編19:必穀

秦陶·487:楊氏居貲武德公士契必〖注〗契必,人名。

秦陶·492.2·摹:𢼄(訾)[居]貲□□不更□必

集證·164.500:必(?)穀

0199 余 𩻛 余 𩻛

不其簋蓋(秦銅·3):余來歸獻禽(擒)〖注〗余,我。

不其簋蓋(秦銅·3):余命女(汝)御追于畧

滕縣不其簋器(秦銅·4):余來歸獻禽(擒)

滕縣不其簋器(秦銅·4):余命女(汝)御追于畧

秦編鐘·甲鐘(秦銅·10.1):余夙夕虔敬朕祀

秦編鐘·甲鐘(秦銅·10.1):余小子

秦編鐘·甲鐘左鼓·摹(秦銅·11.2):余小子

秦編鐘·甲鐘左鼓·摹(秦銅·11.2):余夙夕虔敬朕祀

秦編鐘·丙鐘(秦銅·10.3):余小子

秦編鐘·丙鐘(秦銅·10.3):余夙夕虔敬朕祀

秦鎛鐘·1號鎛(秦銅·12.1):余夙夕虔敬朕祀

秦鎛鐘·1號鎛(秦銅·12.1):余小子

秦鎛鐘·2號鎛(秦銅·12.4):余小子

秦鎛鐘·2號鎛(秦銅·12.4):余夙夕虔敬朕祀

秦鎛鐘·3號鎛(秦銅·12.7):余夙夕虔敬朕祀

秦公鎛鐘·摹(秦銅·16.2):余雖小子

秦公簋·器(秦銅·14.1):余雖小子

石鼓文·吾水(先鋒本):害(曷)不余從

秦駰玉版·甲·摹:余身曹(遭)病

秦駰玉版·甲·摹:余無辠也

秦駰玉版·甲·摹:余亦弗智(知)

秦駰玉版·甲·摹:余毓子氒(厥)惑

秦駰玉版·乙·摹:以余小子駰之病日復

秦駰玉版·乙·摹:余身曹(遭)病

秦駰玉版·乙·摹:余無辠也

秦駰玉版·乙·摹:余亦弗智(知)

秦駰玉版·乙·摹:余毓子氒(厥)惑

睡簡·日乙·26:余(除)卯

秦陶・484:博昌居此(賁)用里不更余〖注〗余,人名。

0200　宷(審)

會稽刻石・宋刻本:審別職任

睡簡・爲吏・4:審悉毋(無)私

睡簡・爲吏・18:審智(知)民能

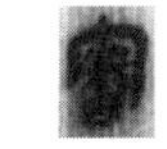睡簡・效律・50:計用律不審而贏、不備〖注〗《説文》:"審,悉也。知宷諦也。"確實。

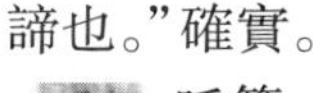

睡簡・答問・98:審不存

睡簡・答問・96:不審

睡簡・答問・96:爲告不審

睡簡・答問・97:當以告不審論

睡簡・答問・68:甲殺人審

睡簡・答問・48:告不審

睡簡・答問・48:爲告黥城旦不審

睡簡・答問・47:爲告不審

睡簡・答問・43:爲告不審

睡簡・答問・44:或曰爲告不審

睡簡・答問・45:且爲告不審

睡簡・答問・53:毄(繫)投書者鞫審瀫之

睡簡・答問・100:而論其不審

睡簡・封診・68:診必先謹審視其迹

睡簡・秦律・124:其不審

睡簡・雜抄・6:置任不審

睡簡・雜抄・32:及占瘁(癃)不審

睡簡・爲吏・9:審民能,以賃(任)吏

睡簡・爲吏・38:審耳目口

睡簡・爲吏・42:能審行此

里簡・J1(9)981 正:船亡審

秦印編 19:敀審

秦印編 19:審信

秦印編 19:審事

秦印編 19:審登

秦印編 19:審事

0201　悉 恖

詛楚文・湫淵(中吳本):今又悉興其眾

詛楚文・巫咸(中吳本):今有(又)悉興其眾

詛楚文・亞駝(中吳本):今又悉興其眾

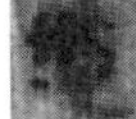睡簡・爲吏・4:審悉毋(無)私

里簡・J1(16)6 正:必先悉行城旦春、隸臣妾、居貲贖責(債)

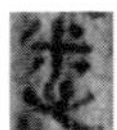
里簡・J1(16)6 正:必先悉行乘城卒

睡簡・爲吏・4:審悉毋(無)私

0202 半

高陵君鼎(集證・22):一斗五升大半

高陵君鼎・摹(集證・22):一斗五升大半

卅六年邦工師扁壺・摹(隨州・4):四斗大半斗

卲宮私官盉(秦銅・194):四斗少半斗

半斗鼎・摹(秦銅・205):半斗

半斗鼎・摹(秦銅・205):半斗

咸陽四斗方壺(珍金・119):四斗少半升〖注〗少半升,三分之一升。

咸陽四斗方壺・摹(珍金・119):四斗少半升

咸陽四斗方壺(珍金・120):咸四斗少半升

咸陽四斗方壺・摹(珍金・120):咸四斗少半升

北私府橢量・柄刻文(秦銅・147):半斗

咸陽亭半兩銅權(秦銅・184):半兩

睡簡・答問・88:深半寸

睡簡・秦律・60:日少半斗〖注〗少半斗,三分之一斗。

睡簡・秦律・38:稻、麻畝用二斗大半斗〖注〗大半斗,三分之二斗。

睡簡・秦律・38:叔(菽)畝半斗

睡簡・秦律・49:隸妾一石半

睡簡・秦律・49:月禾一石半石

睡簡・秦律・43:毀(毇)米六斗大半斗

睡簡・秦律・59:食男子旦半夕參

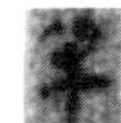
睡簡・秦律・55:旦半夕參〖注〗半,量制單位,五升器。

睡簡・秦律・51:月一石半石

睡簡・秦律・51:到九月盡而止其半石

睡簡・秦律・51:禾月半石

睡簡・秦律・51:以二月月稟二石半石

睡簡・秦律・50:嬰兒之毋(無)母者各半石

睡簡・秦律・50:月禾一石二斗半斗

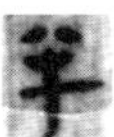
睡簡・秦律・180:少半斗

睡簡・秦律・180:食糲(糲)米半斗

睡簡・秦律・181:芻稾各半石

睡簡・秦律・179:食粺米半斗

睡簡・秦律・149:吏主者負其半

睡簡・秦律・111:一歲半紅(功)

睡簡・日甲・74 正:貧富半

睡簡・日甲・37 正:歲半入

睡簡・日甲・37 正:半日

睡簡・日乙・56:歲半

睡簡・日乙・102:貧富半

睡簡・效律・6:少半升以上

睡簡・效律・7:半朱(銖)[以]上

睡簡・效律・5:半升以上

睡簡・效律・5:半石不正

睡簡・效律・5:不盈半升到少半升

龍簡・164:□田以其半□

關簡・218:白、黑半

關簡・212:白、黑半

關簡・313:以正月取桃橐(蠹)矢(屎)少半升

關簡・174:夜半

關簡・208:白、黑半

關簡・204:白、黑半

帛書・病方・408:水銀兩少半

帛書・病方・410:以淳酒半斗煮之

帛書・病方・6:入三指最(撮)半音(杯)溫酒□者

帛書・病方・26:酒半桮(杯)

帛書・病方・41:湔與薛(糵)半斗

帛書・病方・43:以敦(淳)酒半斗者(煮)潰(沸)

帛書・病方・44:冶黃黔(芩)、甘草相半

帛書・病方・60:[醯]半音(杯)

帛書・病方・72:以□半桮(杯)

帛書・病方・117:治之[以]鳥卵勿毀半斗

帛書・病方・153:冶筴蓂少半升

帛書・病方・168:以其汁煮膠一廷(梃)半

帛書・病方・176:以淳酒半斗

帛書・病方・178:坎方尺有半

帛書・病方・178:令其灰不盈半尺

帛書・病方・203:入半音(杯)酒中飲之

帛書・病方・242:即取薺(鋊)末、菽醬之宰(滓)半

帛書・病方・247:□黿𪘨(腦)與地膽蟲相半

帛書・病方・254:穿地深尺半

帛書・病方・255:叚(煆)駱阮少半斗

帛書・病方・270:善伐米大半升

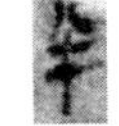帛書・病方・296:人攜之甚□半斗

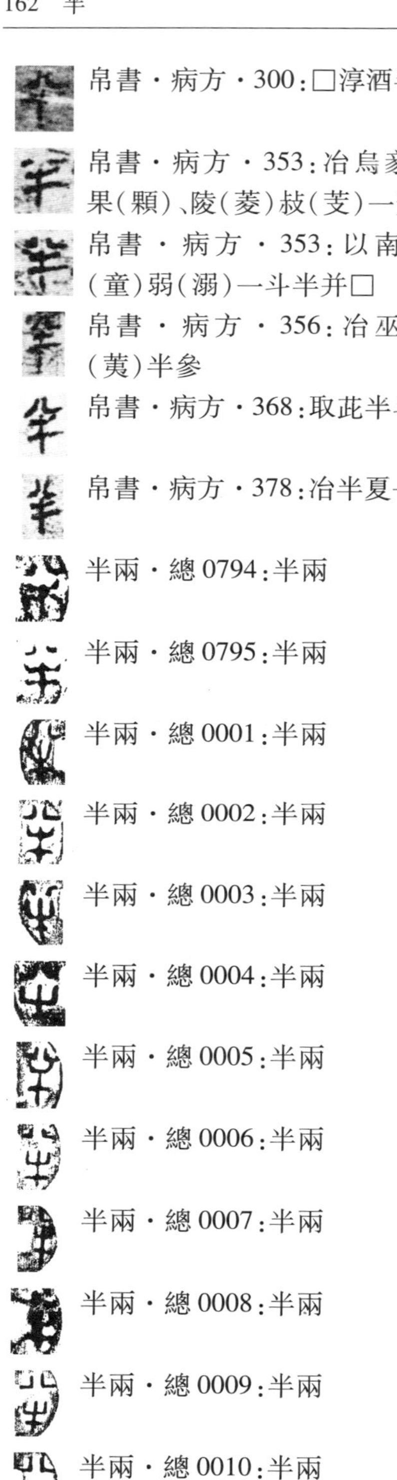

帛書・病方・300:□淳酒半斗

帛書・病方・353:冶烏豙(喙)四果(顆)、陵(菱)芰(芰)一升半

帛書・病方・353:以南(男)潼(童)弱(溺)一斗半并□

帛書・病方・356:冶巫(莁)夷(荑)半參

帛書・病方・368:取芘半斗

帛書・病方・378:冶半夏一

半兩・總0794:半兩

半兩・總0795:半兩

半兩・總0001:半兩

半兩・總0002:半兩

半兩・總0003:半兩

半兩・總0004:半兩

半兩・總0005:半兩

半兩・總0006:半兩

半兩・總0007:半兩

半兩・總0008:半兩

半兩・總0009:半兩

半兩・總0010:半兩

半兩・總0011:半兩

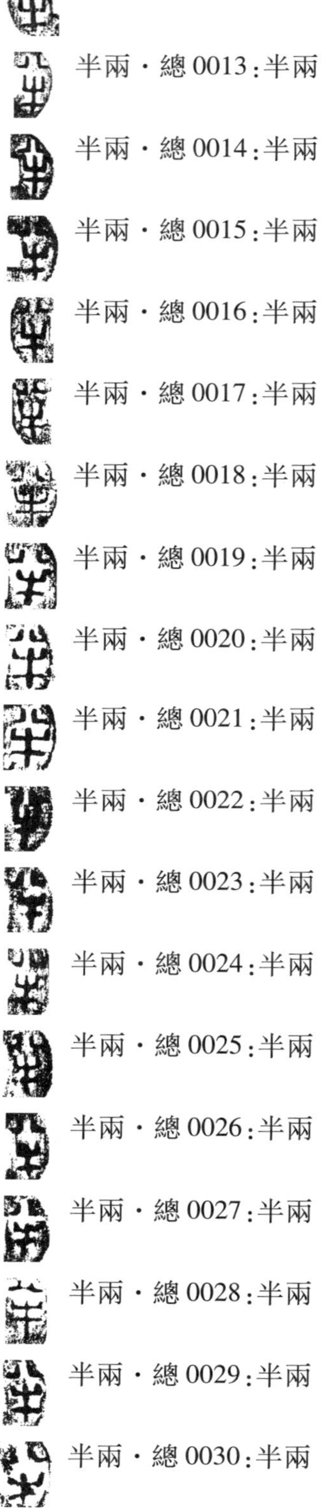

半兩・總0012:半兩

半兩・總0013:半兩

半兩・總0014:半兩

半兩・總0015:半兩

半兩・總0016:半兩

半兩・總0017:半兩

半兩・總0018:半兩

半兩・總0019:半兩

半兩・總0020:半兩

半兩・總0021:半兩

半兩・總0022:半兩

半兩・總0023:半兩

半兩・總0024:半兩

半兩・總0025:半兩

半兩・總0026:半兩

半兩・總0027:半兩

半兩・總0028:半兩

半兩・總0029:半兩

半兩・總0030:半兩

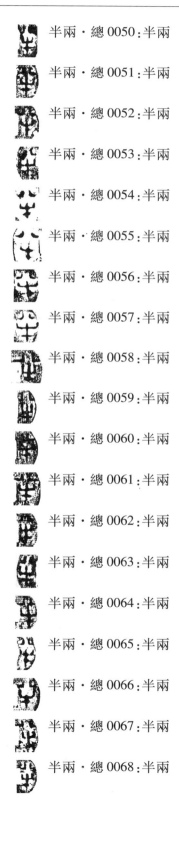

半兩・總 0031:半兩

半兩・總 0032:半兩

半兩・總 0033:半兩

半兩・總 0034:半兩

半兩・總 0035:半兩

半兩・總 0036:半兩

半兩・總 0037:半兩

半兩・總 0038:半兩

半兩・總 0039:半兩

半兩・總 0040:半兩

半兩・總 0041:半兩

半兩・總 0042:半兩

半兩・總 0043:半兩

半兩・總 0044:半兩

半兩・總 0045:半兩

半兩・總 0046:半兩

半兩・總 0047:半兩

半兩・總 0048:半兩

半兩・總 0049:半兩

半兩・總 0050:半兩

半兩・總 0051:半兩

半兩・總 0052:半兩

半兩・總 0053:半兩

半兩・總 0054:半兩

半兩・總 0055:半兩

半兩・總 0056:半兩

半兩・總 0057:半兩

半兩・總 0058:半兩

半兩・總 0059:半兩

半兩・總 0060:半兩

半兩・總 0061:半兩

半兩・總 0062:半兩

半兩・總 0063:半兩

半兩・總 0064:半兩

半兩・總 0065:半兩

半兩・總 0066:半兩

半兩・總 0067:半兩

半兩・總 0068:半兩

半兩・總 0069：半兩

半兩・總 0070：半兩

半兩・總 0071：半兩

半兩・總 0072：半兩

半兩・總 0073：半兩

半兩・總 0074：半兩

半兩・總 0075：半兩

半兩・總 0076：半兩

半兩・總 0077：半兩

半兩・總 0078：半兩

半兩・總 0079：半兩

半兩・總 0080：半兩

半兩・總 0081：半兩

半兩・總 0082：半兩

半兩・總 0083：半兩

半兩・總 0084：半兩

半兩・總 0085：半兩

半兩・總 0086：半兩

半兩・總 0087：半兩

半兩・總 0088：半兩

半兩・總 0089：半兩

半兩・總 0090：半兩

半兩・總 0091：半兩

半兩・總 0092：半兩

半兩・總 0093：半兩

半兩・總 0094：半兩

半兩・總 0095：半兩

半兩・總 0096：半兩

半兩・總 0097：半兩

半兩・總 0098：半兩

半兩・總 0099：半兩

半兩・總 0100：半兩

半兩・總 0101：半兩

半兩・總 0102：半兩

半兩・總 0103：半兩

半兩・總 0104：半兩

半兩・總 0105：半兩

半兩・總 0106：半兩

半兩・總0107:半兩

半兩・總0108:半兩

半兩・總0109:半兩

半兩・總0110:半兩

半兩・總0111:半兩

半兩・總0112:半兩

半兩・總0113:半兩

半兩・總0114:半兩

半兩・總0115:半兩

半兩・總0116:半兩

半兩・總0117:半兩

半兩・總0118:半兩

半兩・總0119:半兩

半兩・總0120:半兩

半兩・總0121:半兩

半兩・總0122:半兩

半兩・總0123:半兩

半兩・總0124:半兩

半兩・總0125:半兩

半兩・總0126:半兩

半兩・總0127:半兩

半兩・總0128:半兩

半兩・總0129:半兩

半兩・總0130:半兩

半兩・總0131:半兩

半兩・總0132:半兩

半兩・總0133:半兩

半兩・總0134:半兩

半兩・總0135:半兩

半兩・總0136:半兩

半兩・總0137:半兩

半兩・總0138:半兩

半兩・總0139:半兩

半兩・總0140:半兩

半兩・總0141:半兩

半兩・總0142:半兩

半兩・總0143:半兩

半兩・總0144:半兩

半兩・總 0145：半兩

半兩・總 0146：半兩

半兩・總 0147：半兩

半兩・總 0148：半兩

半兩・總 0149：半兩

半兩・總 0150：半兩

半兩・總 0151：半兩

半兩・總 0152：半兩

半兩・總 0153：半兩

半兩・總 0154：半兩

半兩・總 0155：半兩

半兩・總 0156：半兩

半兩・總 0157：半兩

半兩・總 0158：半兩

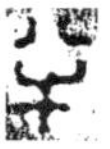

半兩・總 0159：半兩

半兩・總 0160：半兩

半兩・總 0161：半兩

半兩・總 0162：半兩

半兩・總 0163：半兩

半兩・總 0164：半兩

半兩・總 0165：半兩

半兩・總 0166：半兩

半兩・總 0167：半兩

半兩・總 0168：半兩

半兩・總 0169：半兩

半兩・總 0170：半兩

半兩・總 0171：半兩

半兩・總 0172：半兩

半兩・總 0173：半兩

半兩・總 0174：半兩

半兩・總 0175：半兩

半兩・總 0176：半兩

半兩・總 0177：半兩

半兩・總 0178：半兩

半兩・總 0179：半兩

半兩・總 0180：半兩

半兩・總 0181：半兩

半兩・總 0182：半兩

半兩・總0183:半兩

半兩・總0184:半兩

半兩・總0185:半兩

半兩・總0186:半兩

半兩・總0187:半兩

半兩・總0188:半兩

半兩・總0189:半兩

半兩・總0190:半兩

半兩・總0191:半兩

半兩・總0192:半兩

半兩・總0193:半兩

半兩・總0194:半兩

半兩・總0195:半兩

半兩・總0196:半兩

半兩・總0197:半兩

半兩・總0198:半兩

半兩・總0199:半兩

半兩・總0200:半兩

半兩・總0201:半兩

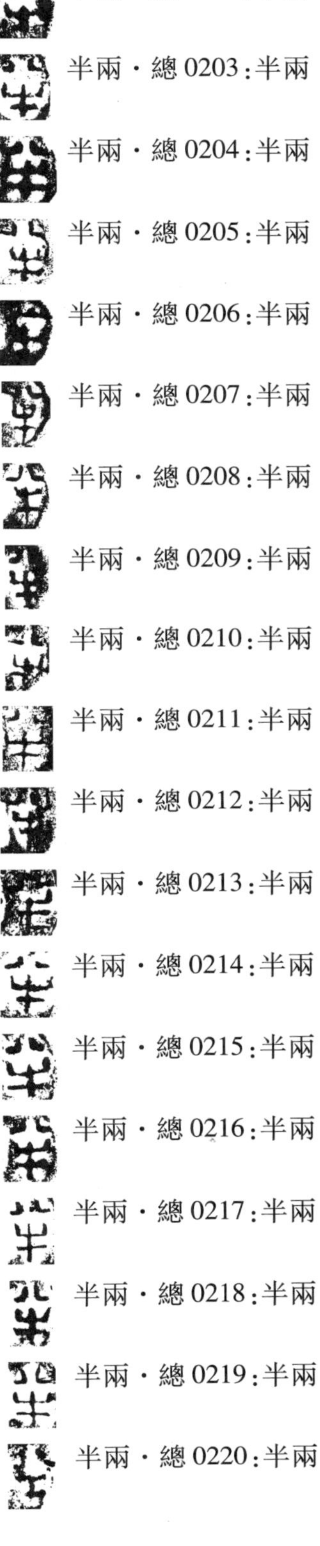

半兩・總0202:半兩

半兩・總0203:半兩

半兩・總0204:半兩

半兩・總0205:半兩

半兩・總0206:半兩

半兩・總0207:半兩

半兩・總0208:半兩

半兩・總0209:半兩

半兩・總0210:半兩

半兩・總0211:半兩

半兩・總0212:半兩

半兩・總0213:半兩

半兩・總0214:半兩

半兩・總0215:半兩

半兩・總0216:半兩

半兩・總0217:半兩

半兩・總0218:半兩

半兩・總0219:半兩

半兩・總0220:半兩

半兩・總0221：半兩
半兩・總0222：半兩 
半兩・總0223：半兩 
半兩・總0224：半兩 
半兩・總0225：半兩 
半兩・總0226：半兩 
半兩・總0227：半兩 
半兩・總0228：半兩 
半兩・總0229：半兩 
半兩・總0230：半兩 
半兩・總0231：半兩 
半兩・總0232：半兩 
半兩・總0233：半兩 
半兩・總0234：半兩 
半兩・總0235：半兩 
半兩・總0236：半兩 
半兩・總0237：半兩 
半兩・總0238：半兩 
半兩・總0239：半兩 
半兩・總0240：半兩 
半兩・總0241：半兩 
半兩・總0242：半兩 
半兩・總0243：半兩 
半兩・總0244：半兩 
半兩・總0245：半兩 
半兩・總0246：半兩 
半兩・總0247：半兩 
半兩・總0248：半兩 
半兩・總0249：半兩 
半兩・總0250：半兩 
半兩・總0251：半兩 
半兩・總0252：半兩 
半兩・總0253：半兩 
半兩・總0254：半兩 
半兩・總0255：半兩 
半兩・總0256：半兩 
半兩・總0257：半兩 
半兩・總0258：半兩

半兩・總 0259:半兩

半兩・總 0260:半兩

半兩・總 0261:半兩

半兩・總 0262:半兩

半兩・總 0263:半兩

半兩・總 0264:半兩

半兩・總 0265:半兩

半兩・總 0266:半兩

半兩・總 0267:半兩

半兩・總 0268:半兩

半兩・總 0269:半兩

半兩・總 0270:半兩

半兩・總 0271:半兩

半兩・總 0272:半兩

半兩・總 0273:半兩

半兩・總 0274:半兩

半兩・總 0275:半兩

半兩・總 0276:半兩

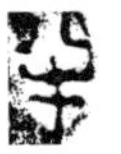

半兩・總 0277:半兩

半兩・總 0278:半兩

半兩・總 0279:半兩

半兩・總 0280:半兩

半兩・總 0281:半兩

半兩・總 0282:半兩

半兩・總 0283:半兩

半兩・總 0284:半兩

半兩・總 0285:半兩

半兩・總 0286:半兩

半兩・總 0287:半兩

半兩・總 0288:半兩

半兩・總 0289:半兩

半兩・總 0290:半兩

半兩・總 0291:半兩

半兩・總 0292:半兩

半兩・總 0293:半兩

半兩・總 0294:半兩

半兩・總 0295:半兩

半兩・總 0296:半兩

半兩・總 0297:半兩

半兩・總 0298:半兩

半兩・總 0299:半兩

半兩・總 0300:半兩

半兩・總 0301:半兩

半兩・總 0302:半兩

半兩・總 0303:半兩

半兩・總 0304:半兩

半兩・總 0305:半兩

半兩・總 0306:半兩

半兩・總 0307:半兩

半兩・總 0308:半兩

半兩・總 0309:半兩

半兩・總 0310:半兩

半兩・總 0311:半兩

半兩・總 0312:半兩

半兩・總 0313:半兩

半兩・總 0314:半兩

半兩・總 0315:半兩

半兩・總 0316:半兩

半兩・總 0317:半兩

半兩・總 0318:半兩

半兩・總 0319:半兩

半兩・總 0320:半兩

半兩・總 0321:半兩

半兩・總 0322:半兩

半兩・總 0323:半兩

半兩・總 0324:半兩

半兩・總 0325:半兩

半兩・總 0326:半兩

半兩・總 0327:半兩

半兩・總 0328:半兩

半兩・總 0329:半兩

半兩・總 0330:半兩

半兩・總 0331:半兩

半兩・總 0332:半兩

半兩・總 0333:半兩

半兩・總 0334:半兩

半兩·總0335:半兩

半兩·總0336:半兩

半兩·總0337:半兩

半兩·總0338:半兩

半兩·總0339:半兩

半兩·總0340:半兩

半兩·總0341:半兩

半兩·總0342:半兩

半兩·總0343:半兩

半兩·總0344:半兩

半兩·總0345:半兩

半兩·總0346:半兩

半兩·總0347:半兩

半兩·總0348:半兩

半兩·總0349:半兩

半兩·總0350:半兩

半兩·總0351:半兩

半兩·總0352:半兩

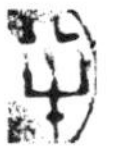

半兩·總0353:半兩

半兩·總0354:半兩

半兩·總0355:半兩

半兩·總0356:半兩

半兩·總0357:半兩

半兩·總0358:半兩

半兩·總0359:半兩

半兩·總0360:半兩

半兩·總0361:半兩

半兩·總0362:半兩

半兩·總0363:半兩

半兩·總0364:半兩

半兩·總0365:半兩

半兩·總0366:半兩

半兩·總0367:半兩

半兩·總0368:半兩

半兩·總0369:半兩

半兩·總0370:半兩

半兩·總0371:半兩

半兩·總0372:半兩

半兩·總0373:半兩

半兩·總0374:半兩

半兩·總0375:半兩

半兩·總0376:半兩

半兩·總0377:半兩

半兩·總0378:半兩

半兩·總0379:半兩

半兩·總0380:半兩

半兩·總0381:半兩

半兩·總0382:半兩

半兩·總0383:半兩

半兩·總0384:半兩

半兩·總0385:半兩

半兩·總0386:半兩

半兩·總0387:半兩

半兩·總0388:半兩

半兩·總0389:半兩

半兩·總0390:半兩

半兩·總0391:半兩

半兩·總0392:半兩

半兩·總0393:半兩

半兩·總0394:半兩

半兩·總0395:半兩

半兩·總0396:半兩

半兩·總0397:半兩

半兩·總0398:半兩

半兩·總0399:半兩

半兩·總0400:半兩

半兩·總0401:半兩

半兩·總0402:半兩

半兩·總0403:半兩

半兩·總0404:半兩

半兩·總0405:半兩

半兩·總0406:半兩

半兩·總0407:半兩

半兩·總0408:半兩

半兩·總0409:半兩

半兩·總0410:半兩

半兩・總0411:半兩

半兩・總0412:半兩

半兩・總0413:半兩

半兩・總0414:半兩

半兩・總0415:半兩

半兩・總0416:半兩

半兩・總0417:半兩

半兩・總0418:半兩

半兩・總0419:半兩

半兩・總0420:半兩

半兩・總0421:半兩

半兩・總0422:半兩

半兩・總0423:半兩

半兩・總0424:半兩

半兩・總0425:半兩

半兩・總0426:半兩

半兩・總0427:半兩

半兩・總0428:半兩

半兩・總0429:半兩

半兩・總0430:半兩

半兩・總0431:半兩

半兩・總0432:半兩

半兩・總0433:半兩

半兩・總0434:半兩

半兩・總0435:半兩

半兩・總0436:半兩

半兩・總0437:半兩

半兩・總0438:半兩

半兩・總0439:半兩

半兩・總0440:半兩

半兩・總0441:半兩

半兩・總0442:半兩

半兩・總0443:半兩

半兩・總0444:半兩

半兩・總0445:半兩

半兩・總0446:半兩

半兩・總0447:半兩

半兩・總0448:半兩

半兩・總 0449:半兩

半兩・總 0450:半兩

半兩・總 0452:半兩

半兩・總 0453:半兩

半兩・總 0454:半兩

半兩・總 0455:半兩

半兩・總 0456:半兩

半兩・總 0457:半兩

半兩・總 0458:半兩

半兩・總 0459:半兩

半兩・總 0460:半兩

半兩・總 0461:半兩

半兩・總 0462:半兩

半兩・總 0463:半兩

半兩・總 0464:半兩

半兩・總 0465:半兩

半兩・總 0466:半兩

半兩・總 0467:半兩

半兩・總 0468:半兩

半兩・總 0469:半兩

半兩・總 0470:半兩

半兩・總 0471:半兩

半兩・總 0472:半兩

半兩・總 0473:半兩

半兩・總 0474:半兩

半兩・總 0475:半兩

半兩・總 0476:半兩

半兩・總 0477:半兩

半兩・總 0478:半兩

半兩・總 0479:半兩

半兩・總 0480:半兩

半兩・總 0481:半兩

半兩・總 0482:半兩

半兩・總 0483:半兩

半兩・總 0484:半兩

半兩・總 0485:半兩

半兩・總 0486:半兩

半兩・總 0487:半兩

半兩・總0488:半兩

半兩・總0489:半兩

半兩・總0490:半兩

半兩・總0491:半兩

半兩・總0492:半兩

半兩・總0493:半兩

半兩・總0494:半兩

半兩・總0495:半兩

半兩・總0496:半兩

半兩・總0497:半兩

半兩・總0498:半兩

半兩・總0499:半兩

半兩・總0500:半兩

半兩・總0501:半兩

半兩・總0502:半兩

半兩・總0503:半兩

半兩・總0504:半兩

半兩・總0505:半兩

半兩・總0506:半兩

半兩・總0507:半兩

半兩・總0508:半兩

半兩・總0509:半兩

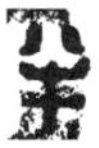

半兩・總0510:半兩

半兩・總0511:半兩

半兩・總0512:半兩

半兩・總0513:半兩

半兩・總0514:半兩

半兩・總0515:半兩

半兩・總0516:半兩

半兩・總0517:半兩

半兩・總0518:半兩

半兩・總0519:半兩

半兩・總0520:半兩

半兩・總0521:半兩

半兩・總0522:半兩

半兩・總0523:半兩

半兩・總0524:半兩

半兩・總0525:半兩

半兩・總 0526:半兩

半兩・總 0527:半兩

半兩・總 0528:半兩

半兩・總 0529:半兩

半兩・總 0530:半兩

半兩・總 0531:半兩

半兩・總 0532:半兩

半兩・總 0533:半兩

半兩・總 0534:半兩

半兩・總 0535:半兩

半兩・總 0536:半兩

半兩・總 0537:半兩

半兩・總 0538:半兩

半兩・總 0539:半兩

半兩・總 0540:半兩

半兩・總 0541:半兩

半兩・總 0542:半兩

半兩・總 0543:半兩

半兩・總 0544:半兩

半兩・總 0545:半兩

半兩・總 0546:半兩

半兩・總 0547:半兩

半兩・總 0548:半半

半兩・總 0548:半半

半兩・總 0549:半兩

半兩・總 0550:半兩

半兩・總 0551:半兩

半兩・總 0552:半兩

半兩・總 0553:半兩

半兩・總 0554:半兩

半兩・總 0555:半兩

半兩・總 0556:半兩

半兩・總 0557:半兩

半兩・總 0558:半兩

半兩・總 0559:半兩

半兩・總 0560:半兩

半兩・總 0561:半兩

半兩・總 0562:半兩

半兩・總0563:半兩

半兩・總0564:半兩

半兩・總0565:半兩

半兩・總0566:半兩

半兩・總0567:半兩

半兩・總0568:半兩

半兩・總0569:半兩

半兩・總0570:半兩

半兩・總0571:半兩

半兩・總0572:半兩

半兩・總0573:半兩

半兩・總0574:半兩

半兩・總0575:半兩

半兩・總0576:半兩

半兩・總0577:半兩

半兩・總0578:半兩

半兩・總0579:半兩

半兩・總0580:半兩

半兩・總0581:半兩

半兩・總0582:半兩

半兩・總0583:半兩

半兩・總0584:半兩

半兩・總0585:半兩

半兩・總0586:半兩

半兩・總0587:半兩

半兩・總0588:半兩

半兩・總0589:半兩

半兩・總0590:半兩

半兩・總0591:半兩

半兩・總0592:半兩

半兩・總0593:半兩

半兩・總0594:半兩

半兩・總0595:半兩

半兩・總0596:半兩

半兩・總0597:半兩

半兩・總0598:半兩

半兩・總0599:半兩

半兩・總0600:半兩

半兩・總0601:半兩
半兩・總0602:半兩 
半兩・總0603:半兩 
半兩・總0604:半兩 
半兩・總0605:半兩 
半兩・總0606:半兩 
半兩・總0607:半兩 
半兩・總0608:半兩 
半兩・總0609:半兩 
半兩・總0610:半兩 
半兩・總0611:半兩 
半兩・總0612:半兩 
半兩・總0613:半兩 
半兩・總0614:半兩 
半兩・總0615:半兩 
半兩・總0616:半兩 
半兩・總0617:半兩 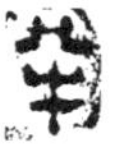
半兩・總0618:半兩 
半兩・總0619:半兩 
半兩・總0620:半兩 
半兩・總0621:半兩 
半兩・總0622:半兩 
半兩・總0623:半兩 
半兩・總0624:半兩 
半兩・總0625:半兩 
半兩・總0626:半兩 
半兩・總0627:半兩 
半兩・總0628:半兩 
半兩・總0629:半兩 
半兩・總0630:半兩 
半兩・總0631:半兩 
半兩・總0632:半兩 
半兩・總0633:半兩 
半兩・總0634:半兩 
半兩・總0635:半兩 
半兩・總0636:半兩 
半兩・總0637:半兩 
半兩・總0638:半兩

半兩・總0639:半兩

半兩・總0640:半兩

半兩・總0641:半兩

半兩・總0642:半兩

半兩・總0643:半兩

半兩・總0644:半兩

半兩・總0645:半兩

半兩・總0646:半兩

半兩・總0647:半兩

半兩・總0648:半兩

半兩・總0649:半兩

半兩・總0650:半兩

半兩・總0651:半兩

半兩・總0652:半兩

半兩・總0653:半兩

半兩・總0654:半兩

半兩・總0655:半兩

半兩・總0656:半兩

半兩・總0657:半兩

半兩・總0658:半兩

半兩・總0659:半兩

半兩・總0660:半兩

半兩・總0661:半兩

半兩・總0662:半兩

半兩・總0663:半兩

半兩・總0664:半兩

半兩・總0665:半兩

半兩・總0666:半兩

半兩・總0667:半兩

半兩・總0668:半兩

半兩・總0669:半兩

半兩・總0670:半兩

半兩・總0671:半兩

半兩・總0672:半兩

半兩・總0673:半兩

半兩・總0674:半兩

半兩・總0675:半兩

半兩・總0676:半兩

半兩·總0677:半兩

半兩·總0678:半兩

半兩·總0679:半兩

半兩·總0680:半兩

半兩·總0681:半兩

半兩·總0682:半兩

半兩·總0683:半兩

半兩·總0684:半兩

半兩·總0685:半兩

半兩·總0686:半兩

半兩·總0687:半兩

半兩·總0688:半兩

半兩·總0689:半兩

半兩·總0690:半兩

半兩·總0691:半兩

半兩·總0692:半兩

半兩·總0693:半兩

半兩·總0694:半兩

半兩·總0695:半兩

半兩·總0696:半兩

半兩·總0697:半兩

半兩·總0698:半兩

半兩·總0699:半兩

半兩·總0700:半兩

半兩·總0701:半兩

半兩·總0702:半兩

半兩·總0703:半兩

半兩·總0704:半兩

半兩·總0705:半兩

半兩·總0706:半兩

半兩·總0707:半兩

半兩·總0708:半兩

半兩·總0709:半兩

半兩·總0710:半兩

半兩·總0711:半兩

半兩·總0712:半兩

半兩·總0713:半兩

半兩·總0714:半兩

半兩・總0715:半兩

半兩・總0716:半兩

半兩・總0717:半兩

半兩・總0718:半兩

半兩・總0719:半兩

半兩・總0720:半兩

半兩・總0721:半兩

半兩・總0722:半兩

半兩・總0723:半兩

半兩・總0724:半兩

半兩・總0725:半兩

半兩・總0726:半兩

半兩・總0727:半兩

半兩・總0728:半兩

半兩・總0729:半兩

半兩・總0730:半兩

半兩・總0731:半兩

半兩・總0732:半兩

半兩・總0733:半兩

半兩・總0734:半兩

半兩・總0735:半兩

半兩・總0736:半兩

半兩・總0737:半兩

半兩・總0738:半兩

半兩・總0739:半兩

半兩・總0740:半兩

半兩・總0741:半兩

半兩・總0742:半兩

半兩・總0743:半兩

半兩・總0744:半兩

半兩・總0745:半兩

半兩・總0746:半兩

半兩・總0747:半兩

半兩・總0748:半兩

半兩・總0749:半兩

半兩・總0750:半兩

半兩・總0751:半兩

半兩・總0752:半兩

半兩・總 0753:半兩
半兩・總 0754:半兩 
半兩・總 0755:半兩 
半兩・總 0756:半兩 
半兩・總 0757:半兩 
半兩・總 0758:半兩 
半兩・總 0759:半兩 
半兩・總 0760:半兩 
半兩・總 0761:半兩 
半兩・總 0762:半兩 
半兩・總 0763:半兩 
半兩・總 0764:半兩 
半兩・總 0765:半兩 
半兩・總 0766:半兩 
半兩・總 0767:半兩 
半兩・總 0768:半兩 
半兩・總 0769:半兩 
半兩・總 0770:半兩 
半兩・總 0771:半兩 
半兩・總 0772:半兩 
半兩・總 0773:半兩 
半兩・總 0774:半兩 
半兩・總 0775:半兩 
半兩・總 0776:半兩 
半兩・總 0777:半兩 
半兩・總 0778:半兩 
半兩・總 0779:半兩 
半兩・總 0780:半兩 
半兩・總 0781:半兩 
半兩・總 0782:半兩 
半兩・總 0783:半兩 
半兩・總 0784:半兩 
半兩・總 0785:半兩 
半兩・總 0786:半兩 
半兩・總 0787:半兩 
半兩・總 0788:半兩 
半兩・總 0789:半兩 
半兩・總 0790:半兩

半兩・總0791:半兩

半兩・總0792:半兩

半兩・總0793:半兩

先秦幣・101.1:半睘〖注〗半睘,一兩圜錢的一半,即半兩。

南郊・3・185.16:半兩

南郊・3・185.18:半兩

南郊・3・185.19:半兩

南郊・3・185.20:半兩

南郊・3・185.22:半兩

秦印編20:半□

秦印編20:非有毋半

集證・184.742:非有毋半

0203　　䪛

秦印編286:公子䪛

集證・174.622:張䪛

集證・172.590:恆䪛〖注〗恆䪛,人名。

0204　牜　　牛

秦駰玉版・乙・摹:用牛羲(犧)貳(二)〖注〗牛犧,牛牲。

天簡25・乙:丑牛殹

天簡26・乙:日入至晨投中大呂旄牛殹

睡簡・效律・44:馬牛誤職(識)耳

睡簡・日乙・104:不可殺牛

睡簡・日乙・104:以入牛

睡簡・日乙・156:牛羊入戌

睡簡・效律・57:人戶、馬牛一

睡簡・秦律・20:及受服牛者卒歲死牛三以上

睡簡・秦律・128:官長及吏以公車牛稟其月食及公牛乘馬之稟

睡簡・秦律・20:及受服牛者卒歲死牛三以上

睡簡・秦律・128:官長及吏以公車牛稟其月食及公牛乘馬之稟

睡簡・答問・209:人戶、馬牛及者(諸)貨材(財)直(值)過六百六十錢爲"大誤"

睡簡・答問・47:不盜牛

睡簡・答問・47:甲告乙盜牛

睡簡・答問・43:甲告乙盜牛若賊傷人

睡簡・答問・43:今乙不盜牛、不傷人

睡簡・答問・44:非盜牛殹

睡簡・答問・44:甲告乙盜牛

睡簡・答問・45:即端告曰甲盜牛

睡簡・答問・5:人臣甲謀遣人妾乙盜主牛

睡簡・封診・17:迺四月中盜牛

睡簡・秦律・20:不[盈]十牛以下

睡簡・秦律・20:吏主者、徒食牛者及令、丞皆有辠

睡簡・秦律・72:見牛者一人

睡簡・秦律・73:各與其官長共養、車牛

睡簡・秦律・73:見牛者一人

睡簡・秦律・74:以此鼠(予)僕、車牛

睡簡・秦律・18:其乘服公馬牛亡馬者而死縣

睡簡・秦律・126:官府叚(假)公車牛者

睡簡・秦律・126:或私用公車牛

睡簡・秦律・126:牛訾(胔)

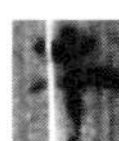睡簡・秦律・127:其主車牛者及吏、官長皆有辠

睡簡・秦律・120:其近田恐獸及馬牛出食稼者

睡簡・秦律・19:官告馬牛縣出之

睡簡・秦律・19:今課縣、都官公服牛各一課

睡簡・秦律・16:將牧公馬牛

睡簡・秦律・17:其大廄、中廄、宮廄馬牛殹

睡簡・秦律・13:賜牛長日三旬

睡簡・秦律・14:牛減絜

睡簡・秦律・14:其以牛田

睡簡・秦律・11:乘馬服牛稟〖注〗乘馬服牛,駕車的牛馬。

睡簡・秦律・117:縣葆禁苑、公馬牛苑

睡簡・雜抄・31:牛大牝十

睡簡・雜抄・31:牛羊課〖注〗牛羊課,律名,關於考核牛羊畜養的法律。

睡簡・日甲・87背:其咎在五室馬牛

睡簡・日甲・84正:牛良日

睡簡・日甲・93背:其咎在室馬牛豕也

睡簡・日甲・70背:丑,牛也

睡簡・日甲・70背:臧(藏)牛廄中草木下

睡簡・日甲・76正:不可殺牛

睡簡・日甲・49正:須女、斗、牽牛大凶〖注〗牽牛,二十八宿之一。

睡簡・日甲・58正:斗、牽牛致死

睡簡・日甲・52正:斗、牽牛大吉

睡簡・日甲・55正:斗、牽牛少吉

睡簡・日甲・100正:牛羊死

睡簡・日乙・殘11:牛有□

睡簡・日乙・70:可以出入牛、服之

睡簡・日乙・70:牛良日

睡簡・日乙・70:牛日

睡簡・日乙・41:可以入馬牛、臣［妾］□

睡簡・爲吏・26:享(烹)牛食士

睡簡・效律・60:人戶、馬牛一以上爲大誤

龍簡・111:□馬、牛、羊、犬、彘于人田□

龍簡・101・摹:馬、牛殺之及亡之

龍簡・110:□［馬］、牛殺□

龍簡・112:亡馬、牛、駒、犢、［羔］

龍簡・115:□盜馬、牛歸□

龍簡・268:□牛□

龍簡・98・摹:廿五年四月乙亥以來□馬牛羊□

龍簡・58:有(又)沒入其車、馬、牛、縣、道［官］

龍簡・55:□牛₌□

龍簡・100:牧縣官馬、牛、羊盜□之

龍簡・102・摹:沒入私馬、牛、［羊］、［駒］、犢、羔縣道官

龍簡・103:諸馬、牛到所

龍簡・104・摹:□人馬、牛者□

關簡・365:十月戊子齊而牛止司命在庭□明星

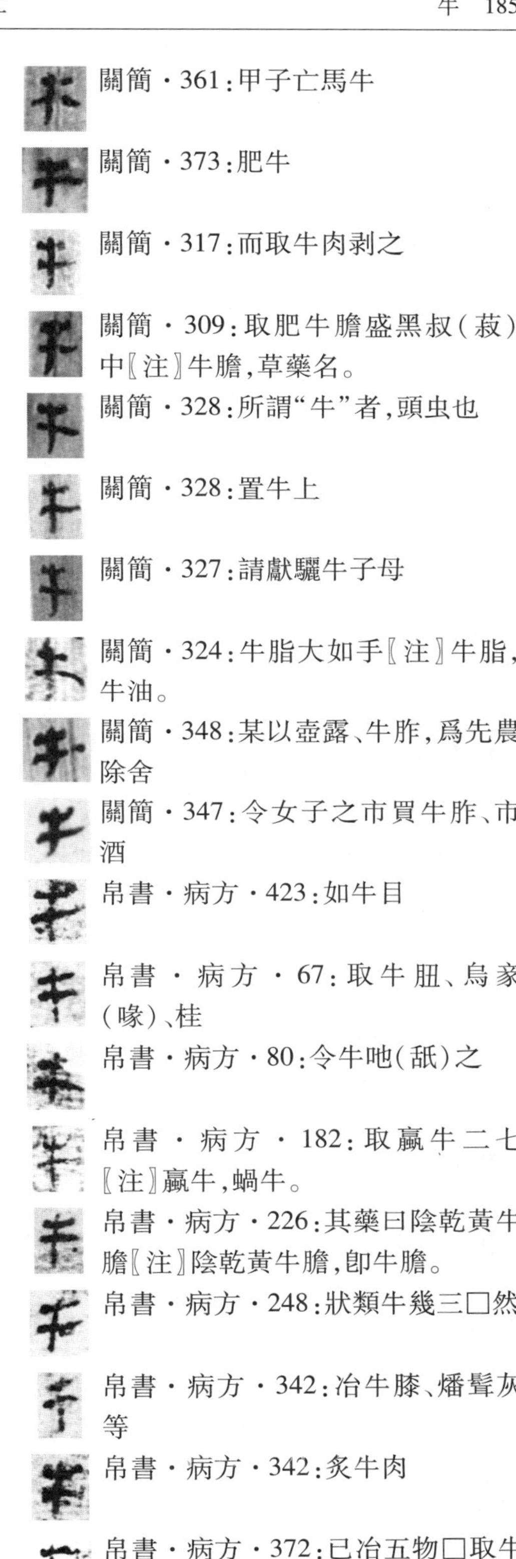

關簡・361:甲子亡馬牛

關簡・373:肥牛

關簡・317:而取牛肉剥之

關簡・309:取肥牛膽盛黑叔(菽)中〖注〗牛膽,草藥名。

關簡・328:所謂"牛"者,頭虫也

關簡・328:置牛上

關簡・327:請獻驪牛子母

關簡・324:牛脂大如手〖注〗牛脂,牛油。

關簡・348:某以壺露、牛胙,爲先農除舍

關簡・347:令女子之市買牛胙、市酒

帛書・病方・423:如牛目

帛書・病方・67:取牛肛、烏家(喙)、桂

帛書・病方・80:令牛吔(舐)之

帛書・病方・182:取嬴牛二七〖注〗嬴牛,蝸牛。

帛書・病方・226:其藥曰陰乾黄牛膽〖注〗陰乾黄牛膽,卽牛膽。

帛書・病方・248:狀類牛幾三□然

帛書・病方・342:冶牛膝、燔髶灰等

帛書・病方・342:炙牛肉

帛書・病方・372:已冶五物□取牛脂□細布□

帛書・病方・378:牛煎脂二

秦印編 20:牛唐

秦印編 20:牛蒈

集證・179.681:董多牛

秦印編 20:牛犬

秦印編 20:牛痍

秦印編 20:氏牛

秦印編 20:多牛

秦陶・1277:咸陽市牛〖注〗牛,人名。

0205 牡 牡

天簡 39・乙:申牡子者辰

睡簡・日甲・66 背:以莎芾(茇)、牡棘枋(柄)熱(爇)以寺(待)之

睡簡・日甲・36 背:以牡棘之劍刺之

睡簡・日甲・42 背:以牡棘之劍刺之

睡簡・日甲・12 背:牝月牡日取妻

睡簡・日甲・12 背:十二月、正月、七月、八月爲牡月

睡簡・日甲・11 背:子、寅、卯、巳、酉、戌爲牡日

關簡・368:腹毋辟(避)男女牝牡者

帛書・病方・162:牡[厲(蠣)]一

帛書・病方・244:牡痔居竅旁〖注〗牡痔,病名。

帛書・病方・246:牡痔之居竅𤻮(廉)

帛書・病方・349:燔牡鼠矢

帛書・病方・360:以牡彘膏饍

帛書・病方・376:取牡□一

帛書・病方・454:瘧者有牝牡

帛書・病方・目錄:牡痔

0206 特 特

石鼓文・車工(先鋒本):遊敺其特〖注〗《說文》:“特,朴特,牛父也。”

集證・145.204:特庫之印〖注〗特庫,庫名。

封泥印 82:特庫丞印

封泥印 82:特庫之印

秦印編 20:特庫丞印

秦印編 20:特庫丞印

秦印編 20:特庫丞印

秦印編 20:特庫丞印

封泥集 221・1:特庫之印

封泥集 222・1:特庫丞印

封泥集 222・2:特庫丞印

封泥集222·3:特庫丞印

封泥集222·5:特庫丞印

封泥集222·6:特庫丞印

封泥集222·7:特庫丞印

0207 牝

睡簡·封診·21:騅牝右剽

睡簡·雜抄·31:牛大牝十

睡簡·雜抄·31:羊牝十

睡簡·日甲·12背:三月、四月、九月、十月爲牝月

睡簡·日甲·136背:是胃(謂)牝日

睡簡·日甲·11背:丑、辰、申、午、未、亥爲牝

關簡·368:腹毋辟(避)男女牝牡者

帛書·病方·目錄:牝痔〖注〗牝痔,病名。

帛書·病方·253:牝痔有空(孔)而欒

帛書·病方·254:牝痔之有數竅

帛書·病方·454:瘍者有牝牡

帛書·病方·454:牝有空(孔)

0208 犢

龍簡·112·摹:亡馬、牛、駒、犢、[羔]

集證·181.704:趙犢

秦印編20:犢

秦印編20:大犢

0209 牭 犙

秦印編20:牭

秦印編20:李牭印

0210 牟

高奴禾石銅權(秦銅·32.1):工隸臣牟〖注〗牟,人名。

集證·166.527:牟寬

集證·167.542:李牟

集證·170.572:胡牟

秦印編21:章牟

秦印編21:王牟

秦印編21:尹牟

秦印編21:牟成

秦印編21:牟橋

集證·155.362:東牟丞印〖注〗東牟,地名。

0211 牲 牲

六年漢中守戈·摹(集證·19):工牲〖注〗牲,人名。

詛楚文·湫淵(中吳本):求蔑灋(廢)皇天上帝及大神氒(厥)湫之卹祠、圭玉、羲(犧)牲

詛楚文·巫咸(中吳本):求蔑灋(廢)皇天上帝及不(丕)顯大神巫咸之卹祠、圭玉、羲(犧)牲

詛楚文·亞駝(中吳本):求蔑灋(廢)皇天上帝及不(丕)顯大神亞駝之卹祠、圭玉、羲(犧)牲

睡簡·秦律·151:百姓有母及同牲(生)爲隸妾〖注〗同生,同產,指親姐妹。

0212 牽 牽

睡簡·答問·29:甲即牽羊去

睡簡·日甲·3背:牽牛以取織女而不果

睡簡·日甲·4背:直牽牛、須女出女

睡簡·日甲·58正:斗、牽牛致死

睡簡·日甲·52正:斗、牽牛大吉

睡簡·日甲·55正:斗、牽牛少吉

睡簡·日甲·155正:牽牛以取織女

關簡·139:牽=(牽牛)〖注〗牽牛,二十八宿之一。

關簡·203:斗乘牽=(牽牛)

0213 牢 牢

睡簡·封診·51:與牢隸臣某執丙

睡簡·日甲·65背:乃爲灰室而牢之〖注〗牢,圈禁。

睡簡·日甲·103正:爲羊牢馬廄

睡簡·日甲·16正:可以築閒(閑)牢

帛書·病方·274:取商〈商〉牢漬醯中〖注〗商牢,即商陸,藥名。

秦印編20:牢贅

0214 犂 犂

睡簡·秦律·168:萬[石一積而]比犂之爲戶〖注〗比犂(黎):指荊笆或籬笆。

0215 牴 牴

秦印編21:王牴

秦印編21:牴

睡簡·日甲·58:牴(氐)、奎、婁大凶

0216 犀 犀

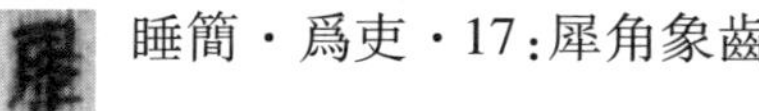睡簡·爲吏·17:犀角象齒

0217 物 物

會稽刻石・宋刻本:運理羣物

睡簡・答問・23:以買它物

睡簡・答問・25:祠固用心腎及它支(肢)物

睡簡・答問・69:其子新生而有怪物其身及不全而殺之

睡簡・爲吏・19:久(記)刻職(識)物

睡簡・效律・34:羣它物當負賞(償)而僞出之以彼(貱)賞(償)

睡簡・效律・44:及物之不能相易者

睡簡・答問・69:毋(無)怪物

睡簡・秦律・87:糞其有物不可以須時

睡簡・秦律・2:早〈旱〉及暴風雨、水潦、蚤(螽)蚰、羣它物傷稼者

〖注〗羣它物,等物。

睡簡・秦律・69:小物不能各一錢者

睡簡・秦律・174:羣它物當負賞(償)而僞出之以彼(貱)賞(償)

睡簡・秦律・110:隸妾及女子用箴(針)爲緡(文)繡它物

睡簡・效律・1:物直(值)之

龍簡・26:錢財它物于縣、道官

里簡・J1(9)3正:有物故

關簡・198:占物,青、黃〖注〗物,顏色。

關簡・192:占物,青、黃

關簡・196:占物,赤、黃

關簡・194:占物,白

關簡・200:占物,黃、青

關簡・208:占物,白、黑半

關簡・202:占物,白

關簡・206:占物,白

關簡・204:占物,白、黑半

關簡・220:占物,雜

關簡・228:占物,黃、白

關簡・222:占物,黃、白

關簡・226:占物,黃、白

關簡・224:占物,黃、白

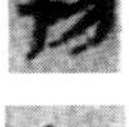
關簡・230:占物,黃、白

關簡・238:占物,青、黃

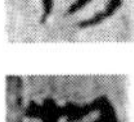
關簡・232:占物,赤、黑

關簡・236:占物,青、黃

關簡・234:占物,青、赤

關簡・240:占物,青、黃

 關簡・242:占物,黃、白

 關簡・210:占物,雜、白

 關簡・218:占物,白、黑半

 關簡・212:占物,白、黑半

 關簡・216:占物,黃、赤

 關簡・214:占物,青、黑

 關簡・188:占物,黃、白

 關簡・190:占物,青、赤

 帛書・病方・275:□、畺(薑)、蜀焦(椒)、樹(茱)臾(萸)四物而當一物

帛書・病方・275:□、畺(薑)、蜀焦(椒)、樹(茱)臾(萸)四物而當一物

 帛書・病方・25:凡二物并和

 帛書・病方・162:凡[二]物□

帛書・病方・237:取野獸肉食者五物之毛等

帛書・病方・266:凡二物

帛書・病方・271:凡七物

帛書・病方・275:以白蘞、黃茞(耆)、芍藥、甘草四物者(煮)

 帛書・病方・286:諸疽物初發者

 帛書・病方・372:凡五物等

帛書・病方・372:已冶五物□

帛書・病方・殘12:物皆□

帛書・病方・殘14:□此三物□

帛書・足臂・4:諸病此物者〖注〗物,《國語》注:"類也。"

帛書・足臂・8:諸[病]此物者

帛書・足臂・12:諸病此物者

帛書・足臂・20:諸病此物者

帛書・足臂・26:諸病此物者

帛書・足臂・27:諸病[此]物者

帛書・足臂・30:諸病此物者

帛書・足臂・34:[諸]病此物者

0218 犓

帛書・病方・193:取馬矢犓者三斗〖注〗犓,粗。

0219 犂

帛書・病方・362:財冶犂(藜)盧〖注〗藜盧,藥名。

帛書・病方・413:取犂(藜)盧二齊

0220 牸

石鼓文・車工(先鋒本):牸=角弓〖注〗《玉篇》:"牸,赤牛也。"鄭業斆

釋爲古文“騂”。

0221　　犺

集證·218.241:咸完里犺〖注〗犺,人名。

集證·218.240:咸郚里犺

集證·218.239:咸郚里犺

0222　　㹁

秦印編 289:楊㹁

0223　　犢

睡簡·爲吏·17:犢(密)而牧之〖注〗犢,讀爲“密”,寧。

0224　　犤

廿一年舌或戈(珍金·137):襄犤〖注〗襄犤,讀爲“襄牛”,地名。《玉篇》:犤同“犤”。

廿一年舌或戈·摹(珍金·137):襄犤

0225　　犫

封泥集 386·1:上官臥犫〖注〗臥犫,人名。一説臥犫當釋爲“攍”。

0226　　犨

十九年大良造鞅殳鐏·摹(集證·15):犨、鄭

集證·153.320:犨丞之印〖注〗犨,同“犛”,地名。

封泥印 104:犨丞之印

封泥集 280·5:犨丞之印

封泥集 280·2:犨丞之印

封泥集 280·3:犨丞之印

封泥集 280·4:犨丞之印

集證·225.287:犨亭

集證·225.288:犨亭

0227　　犛　庲

秦印編 21:犛蟜

秦印編 21:張犛

0228　　告

詛楚文·湫淵(中吳本):使其宗祝卲鼛布愍(檄)告于不(丕)顯大神氒(厥)湫

詛楚文·巫咸(中吳本):使其宗祝卲鼛布愍(檄)告于不(丕)顯大神巫咸

詛楚文·亞駝(中吳本):使其宗祝卲鼛布愍(檄)告于不(丕)顯大神亞駝

秦駰玉版·甲·摹:吾敢告之

秦駰玉版·甲·摹:以告于嶪(華)大山

秦駰玉版・乙・摹:故告大(?)壹(?)、大將軍

秦駰玉版・乙・摹:吾敢告之

秦駰玉版・乙・摹:以告于崋(華)大山

睡簡・11 號牘・正:告黑夫其未來狀

睡簡・答問・8:先自告

睡簡・答問・205:即告亡

睡簡・答問・96:而告它人

睡簡・答問・96:爲告不審

睡簡・答問・97:當以告不審論

睡簡・答問・68:告不聽〖注〗告不聽,對控告不予受理。

睡簡・答問・68:人乃後告甲

睡簡・答問・62:其妻先自告

睡簡・答問・38:告人盜百一十

睡簡・答問・38:告者可(何)論

睡簡・答問・48:告不審

睡簡・答問・48:告人曰邦亡

睡簡・答問・48:爲告黥城旦不審

睡簡・答問・40:告者可(何)論

睡簡・答問・46:即告吏曰盜三羊

睡簡・答問・46:爲告盜駕(加)臧(贓)

睡簡・答問・47:爲告不審

睡簡・答問・43:爲告不審

睡簡・答問・43:甲告乙盜牛若賊傷人

睡簡・答問・44:或曰爲告不審

睡簡・答問・44:甲告乙盜牛

睡簡・答問・45:當爲告盜駕(加)臧(贓)

睡簡・答問・45:即端告曰甲盜牛

睡簡・答問・38:問告者可(何)論

睡簡・答問・45:且爲告不審

睡簡・答問・182:人後告臧(藏)者

睡簡・答問・18:告甲

睡簡・答問・108:或告

睡簡・答問・108:以當刑隸臣辠誣告人

睡簡・答問・102:免老告人以爲不孝

睡簡・答問・100:可(何)謂"州告"

睡簡・答問・106:父死而誧(甫)告之

睡簡・答問・106:父死而告之

睡簡・答問・167:甲弗告請(情)

睡簡・答問・167:乃告請(情)

睡簡・答問・107:而誧(甫)告之

睡簡・答問・170:妻先告

睡簡・答問・100:其所告且不審

睡簡・答問・103:"非公室告"可(何)殹

睡簡・答問・103:"公室告"[何]殹

睡簡・答問・138:告盜書丞印以亡

睡簡・答問・103:不爲"公室告"

睡簡・答問・136:今中〈甲〉盡捕告之〖注〗捕告,逮捕告官。

睡簡・答問・134:甲告乙賊傷人

睡簡・答問・104:臣妾告主

睡簡・答問・104:而行告

睡簡・答問・104:非公室告

睡簡・答問・104:可(何)謂"非公室告"

睡簡・答問・104:是謂"非公室告"

睡簡・答問・141:或捕告人奴妾盜百一十錢

睡簡・答問・104:子告父母

睡簡・答問・15:告妻

睡簡・答問・105:它人有(又)襲其告之

睡簡・答問・110:葆子□未斷而誣告人

睡簡・答問・112:以當刑隸臣及完城旦誣告人

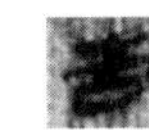睡簡・答問・100:有(又)以它事告之

睡簡・封診・84:某里士五(伍)妻甲告曰

睡簡・封診・85:今甲裹把子來詣自告

睡簡・封診・22:告曰

睡簡・封診・25:告曰

睡簡・封診・95:告曰

睡簡・封診・91:皆告曰

睡簡・封診・91:來告之

睡簡・封診・6:敢告某縣主

睡簡・封診・73:某里士五(伍)乙告曰

睡簡・封診・74:來告

睡簡・封診・37:告曰

睡簡・封診・34:各告曰

睡簡・封診・50:敢告

睡簡・封診・50:某里士五(伍)甲告曰

睡簡・封診・55:來告

睡簡・封診・16:來自告

睡簡·封診·14:敢告主

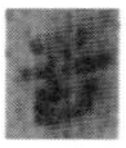

睡簡·封診·15:某里公士甲自告曰

睡簡·秦律·68:列伍長弗告

睡簡·秦律·46:及告歸盡月不來者〖注〗告歸,休假歸。

睡簡·秦律·186:縣各告都官在其縣者

睡簡·秦律·184:亟告官

睡簡·秦律·19:官告馬牛縣出之

睡簡·秦律·19:令其人備之而告官

睡簡·秦律·17:告其□之

睡簡·秦律·17:以其診書告官論之

睡簡·秦律·139:盡八月各以其作日及衣數告其計所官

睡簡·秦律·104:官輒告叚(假)器者曰

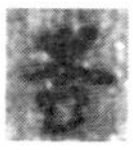

睡簡·秦律·140:盡九月而告其計所官

睡簡·雜抄·36:敦(屯)長、什伍智(知)弗告

睡簡·雜抄·36:告曰戰圍以折亡

睡簡·雜抄·33:典、老弗告

睡簡·雜抄·34:署君子、敦(屯)長、僕射不告

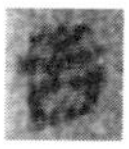

睡簡·雜抄·12:徒食、敦(屯)長、僕射弗告

睡簡·雜抄·13:同車食、敦(屯)長、僕射弗告

睡簡·日甲·24背:告如詰之

睡簡·日甲·160正:有告

睡簡·日甲·162正:有告

睡簡·日甲·162正:有告

睡簡·日甲·162正:有告

睡簡·日甲·163正:有告

睡簡·日甲·161正:有告

睡簡·日甲·161正:有告

睡簡·日甲·13背:敢告璽(爾)矜 竒

睡簡·日甲·159正:有告

睡簡·日甲·157正:有告

睡簡·日甲·157正:有告

睡簡·日甲·111背:敢告曰

睡簡·日乙·194:敢告璽(爾)宛奇

睡簡·爲吏·22:□告將軍

睡簡·語書·13:以告府

龍簡·39:亟告縣

龍簡·150:告典、田典

里簡·J1(16)5背:告鄉司空、倉主

里簡・J1(8)134 正:謁告昌官令狼歸船

里簡・J1(8)158 正:敢告主

里簡・J1(8)158 正:遷陵守丞色敢告酉陽丞

關簡・335:敢告泰=山=高也

關簡・343:敢告鬻

關簡・248:有告

關簡・249:有告

關簡・247:告,不聽

關簡・247:告,聽之

關簡・250:告,聽之

關簡・252:告,不聽

關簡・252:告,聽之

關簡・252:有告

關簡・253:告,聽之

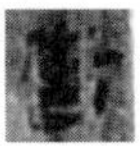

關簡・251:告,不聽

關簡・251:告,聽之

關簡・251:有告

關簡・326:敢告東陳垣君子

關簡・338:敢告曲池

漆器 M11・47(雲夢・附二):告

漆器 M13・5(雲夢・附二):告

漆器 M11・4(雲夢・附二):告

漆器 M11・4(雲夢・附二):告

漆器 M11・1(雲夢・附二):告

漆器 M11・3(雲夢・附二):告

漆器 M11・36(雲夢・附二):告

0229 ㅂ 口

睡簡・封診・66:其口鼻氣出渭(喟)然

睡簡・封診・70:視口鼻渭(喟)然不殹

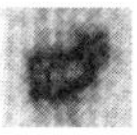

睡簡・秦律・188:毋口請

睡簡・日甲・82 正:女子愛而口臭

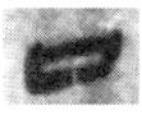

睡簡・日甲・69 背:盜者兑(鋭)口

睡簡・日乙・256:其食者五口

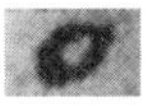

睡簡・日乙・253:食五口

睡簡・爲吏・32:口者,關

睡簡・語書・11:易口舌〖注〗口舌,爭辯。

帛書・灸經甲・53:口乾

帛書・足臂・10:夾(挾)口

帛書・足臂・33：奏（湊）脂（枕），之口

帛書・病方・35：强啟其口

帛書・病方・45：其㝛（冒）直而口釦〖注〗釦，讀爲“拘”。口拘，口噤。

帛書・病方・92：冥（冪）口以布三□

帛書・病方・134：或在口旁

帛書・病方・402：貣（蟘）食（蝕）口鼻

地圖注記・摹（地圖・5）：去谷口可五里

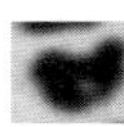
地圖注記・摹（地圖・5）：去口可八里

0230　喙

天簡26・乙：長喙而脫〖注〗喙，口。

天簡33・乙：五月辰=日大雨大虫小雨小虫喙長□

0231　吻 脗

睡簡・封診・66・摹：舌出齊脣吻〖注〗吻，口邊。

0232　吞

帛書・病方・259：大如黑叔（菽），而吞之

0233　嗌 𦍓

帛書・灸經甲・51：嗌穜（腫）〖注〗嗌，咽喉。

帛書・灸經甲・60：甚則嗌乾

帛書・灸經甲・65：嗌乾

帛書・灸經甲・65：嗌中痛

0234　哆

秦印編21：鄭哆〖注〗鄭哆，人名。

0235　咀

帛書・病方・433：咀簦（薙）〖注〗咀，即㕮咀，用口嚼碎。

帛書・病方・殘7：完者相雜咀

帛書・病方・殘13：□咀□

0236　啜

帛書・病方・181：孰（熟）而啜之〖注〗啜，食。

0237　味

睡簡・日甲・33背・摹：有美味

帛書・病方・166：□葉、實味苦

0238　噫

帛書・灸經甲・55：善噫

0239　唾 涶　唾涶

帛書・病方・52:因唾匕

帛書・病方・55:復唾匕彖(漿)以揗

帛書・病方・381:卽唾之

0240　喘　喘

帛書・灸經甲・63:㗇(喝)㗇(喝)如喘〖注〗喘,疾息。

0241　吸　吸

秦印編22:章吸

0242　名　名

秦公鎛鐘・摹(秦銅・16.3):氒(厥)名曰甾(叶)邦

卌年銀耳杯・摹(臨淄173.1):名曰三

卅三年銀盤・摹(齊王・18.3):名東

卅三年銀盤・摹(齊王・18.3):名吉七

咸陽四斗方壺(珍金・120):名唐

咸陽四斗方壺・摹(珍金・120):名唐

雍庫鑰(秦銅・93附圖):名百一〖注〗名百一,編號。

高奴簋・摹(秦銅・198):高奴一斗名(?)一〖注〗名一,編號。名,或"又"字誤摹。

秦懷后磬・摹:氒(厥)名曰懷后

秦駰玉版・甲・摹:氏(是)亓(其)名曰陘(經)

秦駰玉版・乙・摹:氏(是)亓(其)名曰陘(經)

會稽刻石・宋刻本:始定刑名

會稽刻石・宋刻本:各載其名

天簡26・乙:名曰環

天簡39・乙:名曰灌

睡簡・日乙・137:它日唯(雖)有不吉之名

睡簡・日甲・74背:名西茝亥旦

睡簡・日甲・75背:名徹達祿得獲錯

睡簡・日甲・130正:它日雖有不吉之名

睡簡・爲吏・44:死毋(無)名

睡簡・封診・91:卽疏書甲等名事關諜(牒)北(背)

睡簡・封診・40:其定名事里

睡簡・封診・44:定名事里

睡簡・秦律・25:而書入禾增積者之名事邑里于廥籍

睡簡・秦律・102:公甲兵各以其官名刻久(記)之

睡簡・秦律・147:其名將司者

睡簡・日甲・80背:名豚孤夏穀□亥

睡簡・日甲・82 背:庚名曰甲郢相衛魚

睡簡・日甲・82 背:癸名曰陽生先智丙

睡簡・日甲・82 背:壬名曰黑疾齊誰

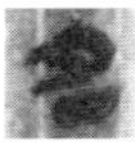

睡簡・日甲・82 背:辛名曰秦桃乙忌慧

睡簡・日甲・82 背:己名曰宜食成怪目

睡簡・日甲・81 背:丙名曰轓可癸上

睡簡・日甲・81 背:丁名曰浮妾榮辨僕上

睡簡・日甲・81 背:甲盜名曰耤鄭壬췱强當良

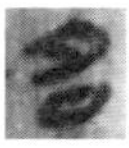

睡簡・日甲・81 背:戊名曰匽爲勝死

睡簡・日甲・81 背:乙名曰舍徐可不詠亡悳(憂)

睡簡・日甲・78 背:名多酉起嬰

睡簡・日甲・79 背:名馬童龏思(勇)辰戌

睡簡・日甲・76 背:名建章丑吉

睡簡・日甲・77 背:名責環貉豺干都寅

睡簡・日甲・11 正:□可名曰毄(擊)日

里簡・J1(9)11 正:[司空]不名計

里簡・J1(8)134 正:名曰梔(?)

里簡・J1(9)8 正:[司空]不名計

里簡・J1(9)9 正:[司空]不名計

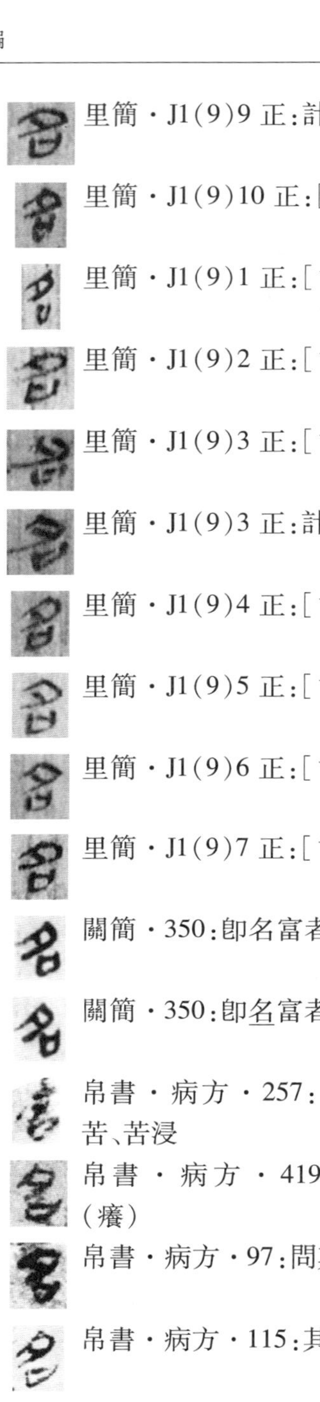

里簡・J1(9)9 正:計年、名爲報

里簡・J1(9)10 正:[司空]不名計

里簡・J1(9)1 正:[司空]不名計

里簡・J1(9)2 正:[司空]不名計

里簡・J1(9)3 正:[司空]不名計

里簡・J1(9)3 正:計年、名爲報

里簡・J1(9)4 正:[司空]不名計

里簡・J1(9)5 正:[司空]不名計

里簡・J1(9)6 正:[司空]不名計

里簡・J1(9)7 正:[司空]不名計

關簡・350:即名富者名

關簡・350:即名富者名

帛書・病方・257:駱阮一名曰白苦、苦浸

帛書・病方・419:疕毋名而養(癢)

帛書・病方・97:問其名

帛書・病方・115:其一名灌曾

帛書・病方・208:更名曰禹

帛書・病方・251:葪名曰[菻]

帛書・病方・251:葪名曰盧茹

集證・168.550:更名〖注〗更名,改名。更,或爲職務、身份。

0243　吾　吾

四年相邦樛斿戈(秦銅・26.1):吾〖注〗吾,或即"衙"字,地名。

吾宜戈(秦銅・190):吾宜

秦駰玉版・乙・摹:吾敢告之

秦駰玉版・乙・摹:吾竆(窮)而無柰(奈)之

秦駰玉版・甲・摹:使明神智(知)吾情

秦駰玉版・甲・摹:吾敢告之

秦駰玉版・甲・摹:吾竆(窮)而無柰(奈)之

秦駰玉版・乙・摹:使明神智(知)吾情

天簡 35・乙:卦曰是=自天以戒室有大司壽吾康=

睡簡・日甲・33 背:敔吾

睡簡・日甲・159 背:吾歲不敢忘

帛書・病方・204:神女倚序聽神吾(語)

帛書・病方・103:吾尤(疣)

0244　君　君

杜虎符(秦銅・25):必會君符〖注〗君,陳直說指長安君成蟜。馬非百說指惠文君。

高陵君鼎・摹(集證・22):十五年高陵君丞趯〖注〗高陵君,昭襄王同母弟,又號葉陽君。

秦懷后磬・摹:天君賜之釐〖注〗天君,君后之稱,李學勤說指周王后。

石鼓文・車工(先鋒本):君子鼎(員)邋(獵)

石鼓文・車工(先鋒本):君子之求

石鼓文・霝雨(先鋒本):君子卽涉

石鼓文・汧殹(先鋒本):君子漁之

石鼓文・田車(先鋒本):君子逌樂

詛楚文・湫淵(中吳本):昔我先君穆公及楚成王是繆(勠)力同心

詛楚文・巫咸(中吳本):昔我先君穆公及楚成王是繆(勠)力同心

詛楚文・亞駝(中吳本):昔我先君穆公及楚成王是繆(勠)力同心

天簡 30・乙:得事君吉

睡簡・爲吏・38:以此爲人君則鬼(懷)

睡簡・爲吏・46:君鬼(懷)臣忠

睡簡・爲吏・47:君子敬如始

睡簡・爲吏・44:君子不病殹

睡簡・答問・72:及臣邦君長所置爲後大(太)子

睡簡・答問・177:真臣邦君公有辠

睡簡・答問・113:臣邦真戎君長

睡簡・秦律・161:令君子毋(無)害者若令史守官

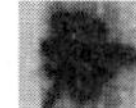睡簡・秦律・116:司空將紅(功)及君子主堵者有辠

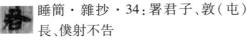

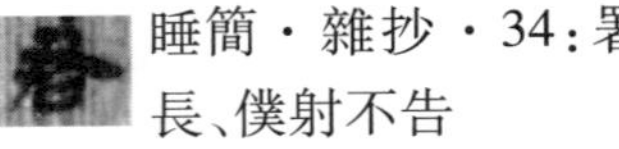
睡簡・雜抄・34：署君子、敦（屯）長、僕射不告

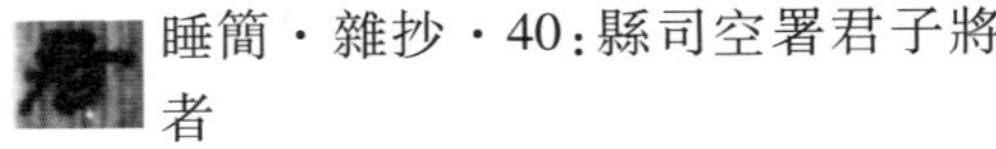
睡簡・雜抄・40：縣司空署君子將者

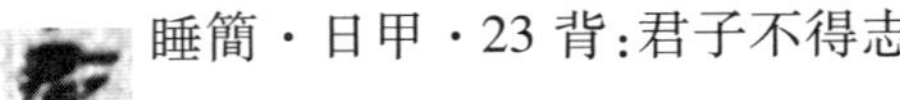
睡簡・日甲・23背：君子不得志

睡簡・日甲・6正：以見君上

睡簡・日甲・19背：其君不瘁（癃）必窮

睡簡・日甲・144正：事君

睡簡・日甲・159背：主君勉飲勉食

睡簡・日甲・157背：到主君所

睡簡・日甲・157背：主君笱屏詷馬

睡簡・日甲・119正：是胃（謂）邦君門

睡簡・日乙・248：女子爲邦君妻

睡簡・日乙・244：必事君

睡簡・日乙・250：君子兵死

睡簡・日乙・15：君子益事

關簡・326：敢告東陳垣君子

秦印編22：樂平君印

集證・159.425：昌武君印

秦印編22：陽平君印

集證・159.427：長安君

秦印編22：閔都君印

秦印編22：翟君

秦印編22：君有百离

秦印編22：君事

秦印編22：君

集證・159.426：廣□君印

0245　　

不其簋蓋（秦銅・3）：余命女（汝）御追于畧

滕縣不其簋器（秦銅・4）：余命女（汝）御追于畧

秦子簋蓋・摹（珍金・31）：秉德受命屯（純）魯

秦公簋・器（秦銅・14.1）：嚴龔（恭）夤天命

秦公簋・器（秦銅・14.1）：不（丕）顯朕皇且（祖）受天命

秦公鎛鐘・摹（秦銅・16.1）：不（丕）顯朕皇且（祖）受天命

秦公鎛鐘・摹（秦銅・16.1）：嚴龔（恭）夤天命

大墓殘磬（集證・63）：□𦅫（紹）天命

青川牘・摹：王命丞相戊（茂）、内史匽氏

睡簡・日甲・118正：命曰吉恙（祥）門

睡簡・日甲・161正：請命

睡簡・日甲・161正：請命

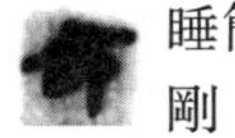睡簡・日乙・126:命曰毋(無)上剛

睡簡・爲吏・28:魏奔命律

睡簡・日乙・125:命曰毋(無)後

睡簡・日乙・135:命之央(殃)蚤(早)至

睡簡・答問・204:命客吏曰"匧"

睡簡・答問・95:命都官曰"長"〖注〗命,名。

睡簡・答問・196:所道旞者命曰"署人"

睡簡・封診・17:去亡以命

睡簡・秦律・183:行命書及書署急者〖注〗命書,即制書。

睡簡・雜抄・4:爲(僞)聽命書

睡簡・雜抄・18:非歲紅(功)及毋(無)命書

睡簡・日甲・34 正:命胃(謂)三勝

睡簡・日甲・129 正:命曰央(殃)蚤(早)至

睡簡・日甲・160 正:請命

睡簡・日甲・160 正:請命

睡簡・日甲・164 正:請命

睡簡・日甲・165 正:請命

睡簡・日甲・161 正:請命

關簡・365:十月戊子齊而牛止司命在庭□明星

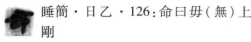

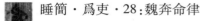

關簡・251:請命

瓦書・郭子直摹:大良造庶長游出命曰〖注〗出命,宣布王命。

瓦書(秦陶・1610):大良造庶長游出命曰

0246 召 召

睡簡・封診・92:召甲等

睡簡・封診・93:亦未嘗召丙飲

睡簡・日甲・25 背:鬼恆召(詔)人曰〖注〗詔,告訴。

睡簡・日甲・139 背:是胃(謂)召(招)䍃(搖)合日

睡簡・日甲・137 背:是胃(謂)召(招)䍃(搖)合日〖注〗招搖,星名。

秦印編 22:召遇

秦印編 22:召□

集證・159.417:召亭之印

0247 問 問

睡簡・6 號牘・背:驚敢大聲問姑秭(姐)

睡簡・6 號牘・正:驚多問新負、嬃皆得毋恙也

睡簡・11 號牘・背:爲黑夫、驚多問東室季須(嬃)苟得毋恙也

睡簡・11 號牘・背:爲黑夫、驚多問姑姊

睡簡・11 號牘・背:爲黑夫、驚多問夕陽呂嬰、匽里閻諍丈人得毋恙

□矣

 睡簡・11 號牘・背:爲黑夫、驚多問嬰記季事可(何)如

 睡簡・11 號牘・正:黑夫、驚敢再拜問中

 睡簡・答問・203:當以玉問王之謂

毆〖注〗問,贈送。

 睡簡・答問・98:問當論不當

 睡簡・答問・94:問史可(何)論

 睡簡・答問・9:問乙可(何)論

 睡簡・答問・68:問甲當論及收不當

 睡簡・答問・66:問殺人者爲賊殺人

 睡簡・答問・6:問甲可(何)論

 睡簡・答問・77:問死者有妻、子當收

 睡簡・答問・38:問盜百

 睡簡・答問・38:問告者可(何)論

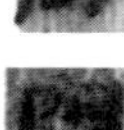 睡簡・答問・33:問甲及吏可(何)論

 睡簡・答問・3:問辠當駕(加)如害盜不當

 睡簡・答問・35:問甲及吏可(何)論

 睡簡・答問・46:問乙可(何)論

 睡簡・答問・47:問可(何)論

 睡簡・答問・43:問甲可(何)論

 睡簡・答問・44:問甲當論不當

 睡簡・答問・40:問盜六百七十

 睡簡・答問・45:問乙爲誣人

 睡簡・答問・10:問乙論可(何)殹

 睡簡・答問・122:問甲可(何)以論

 睡簡・答問・127:問甲可(何)論

 睡簡・答問・168:問安置其子

 睡簡・答問・138:問甲當購不當

 睡簡・答問・139:問吏及乙論可(何)殹

 睡簡・答問・136:問甲當購幾可(何)

 睡簡・答問・137:問甲當購幾可(何)

 睡簡・答問・134:問乙賊殺人

 睡簡・答問・147:問吏可(何)論

 睡簡・答問・141:問主購之且公購

 睡簡・答問・158:問當論不當

 睡簡・封診・72:問其同居

 睡簡・秦律・135:所弗問而久毄(繫)之〖注〗問,訊問。

 睡簡・日乙・239:有問(聞)邦〖注〗問,讀爲“聞”。

 睡簡・日乙・188:以問病者

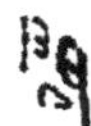 龍簡・206・摹:官長問之(?)□

 里簡・J1(16)9 正:今問之劾等徙□書

 里簡・J1(8)154 正:問之

 里簡・J1(9)1 正:問何縣官計

 里簡・J1(9)2 正:問何縣官計

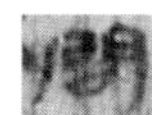 里簡・J1(9)3 正:問何縣官計

 里簡・J1(9)4 正:問何縣官計

 里簡・J1(9)5 正:問何縣官計

 里簡・J1(9)6 正:問何縣官計

 里簡・J1(9)7 正:問何縣官計

 里簡・J1(9)8 正:問何縣官計

 里簡・J1(9)9 正:問何縣官計

 里簡・J1(9)10 正:問何縣官計

 里簡・J1(9)11 正:問何縣官計

 里簡・J1(9)981 正:問不亡定

 里簡・J1(9)981 正:問之

 里簡・J1(8)134 正:今而補曰謁問復獄卒史衰、義

 里簡・J1(8)134 正:問狼船存所

 關簡・235:問獄訟

 帛書・病方・97:問其名

0248　唯　　唯

 不其簋蓋(秦銅・3):唯九月初吉戊申

 滕縣不其簋器(秦銅・4):唯九月初吉戊申

 秦懷后磬・摹:唯敏□竈

 詛楚文・湫淵(中吳本):唯是秦邦之嬴眾敝賦

 詛楚文・巫咸(中吳本):唯是秦邦之嬴眾敝賦

 詛楚文・亞駝(中吳本):唯是秦邦之嬴眾敝賦

 睡簡・日乙・146:唯福是司

 睡簡・效律・30:唯倉所自封印是度縣

 睡6號牘・背:衷唯毋方行新地

 睡簡・答問・32:唯縣少內爲"府中"

 睡簡・秦律・23:唯倉自封印者是度縣

 睡簡・秦律・5:唯不幸死而伐綰(棺)享(槨)者

 睡簡・秦律・196:慎守唯敬(儆)

 睡簡・秦律・171:唯倉所自封印是度縣

 睡簡・日甲・51 正:唯利以分異

 睡簡・日乙・殘3:居室唯甲寅甚害

 睡簡・日乙・137:它日唯(雖)有不吉之名

 帛書・死候・85:其病唯折骨列(裂)膚一死

集證·173.603:徒唯〖注〗徒唯,人名。徒,或爲身份。

0249 咊 和

會稽刻石·宋刻本:和安敦勉

睡簡·答問·94:史不與嗇夫和〖注〗和,合謀。

睡簡·答問·148:和受質者

睡簡·答問·148:擅强質及和受質者〖注〗和,雙方同意。

睡簡·爲吏·13:和平毋怨

關簡·378:和合樂□[歙](飲)食

帛書·病方·424:以久膏和傅

帛書·病方·455:以豬織(膱)膏和

帛書·病方·25:凡二物并和

帛書·病方·34:寒和〖注〗寒和,溫度和宜。

帛書·病方·42:和以溫酒一音(杯)

帛書·病方·48:以豬煎膏和之

帛書·病方·135:□而以鹽財和之

帛書·病方·216:并以醯二升和

帛書·病方·247:和,以傅之

帛書·病方·307:卽冶厚柎(樸)和傅

帛書·病方·311:以乳汁和

帛書·病方·318:并和

帛書·病方·326:以犬膽和

帛書·病方·328:以豬膏和[傅]

帛書·病方·350:并和

帛書·病方·361:以水銀、穀汁和而傅之

帛書·病方·362:以蠭(蜂)駘弁和之

帛書·病方·374:以和藥

帛書·病方·421:豕膏和

集證·186.778:宜民和眾〖注〗和眾,使民眾和順。

集證·186.776:和眾

集證·186.777:宜民和眾

秦印編22:張和

秦印編23:和衆

秦印編22:蘇和

秦印編23:和衆

秦印編22:盧和

秦印編23:和衆

秦印編22:和仲印

秦印編23:和衆

秦印編 22：和易

秦印編 23：和衆

秦印編 22：和

秦印編 23：和衆

秦印編 23：和衆

秦印編 23：宜民和衆

秦印編 23：宜民和衆

秦印編 23：宜民和衆

集證・163.484：和仲印

集證・186.775：和眾

0250　嘑

關簡・376：嘑（呼）

關簡・330：嘑（呼）

帛書・病方・103：令人嘑（呼）曰

帛書・病方・210：步嘑（呼）曰

0251　台

秦印編 23：韥台

0252　咸

秦編鐘・甲鐘頂篆部・摹（秦銅・11.3）：咸畜左右〖注〗咸，皆。

秦編鐘・丁鐘（秦銅・10.4）：咸畜左右

秦鎛鐘・2 號鎛（秦銅・12.5）：咸畜左右

秦鎛鐘・3 號鎛（秦銅・12.8）：咸畜左右

秦公鎛鐘・摹（秦銅・16.3）：咸畜百辟胤士

秦公簋・蓋（秦銅・14.2）：咸畜胤士

咸陽鼎（集證・51）：咸陽鼎一斗三升

咸陽鼎・摹（集證・51）：咸陽鼎一斗三升

新見秦宜陽鼎・摹（鼎跋）：咸一斗四升

新見秦宜陽鼎（實錄）：咸一斗四升

咸陽四斗方壺（珍金・120）：咸四斗少半升〖注〗咸，"咸陽"省文。

咸陽四斗方壺・摹（珍金・119）：咸陽

咸陽四斗方壺・摹（珍金・120）：咸四斗少半升

咸陽亭半兩銅權（秦銅・184）：咸陽亭

十三年相邦義戈・摹（秦銅・30）：咸陽工帀（師）田

□□年丞相觸戈・摹（秦銅・39）：咸□□［陽工］帀（師）葉

寺工矛一・摹（秦銅・95）：咸陽

大墓殘磬（集證・59）：百樂咸奏

詛楚文・巫咸(中吳本):亦應受皇天上帝及不(丕)顯大神巫咸[之]幾(機)靈德賜〖注〗巫咸,神名。

詛楚文・巫咸(中吳本):不畏皇天上帝及不(丕)顯大神巫咸之光列(烈)威神

詛楚文・巫咸(中吳本):親印(仰)不(丕)顯大神巫咸而質焉

詛楚文・巫咸(中吳本):求蔑灋(廢)皇天上帝及不(丕)顯大神巫咸之卹祠、圭玉、羲(犧)牲

詛楚文・巫咸(中吳本):使其宗祝邵鼛布愍(檄)告于不(丕)顯大神巫咸

會稽刻石・宋刻本:咸化廉清

繹山刻石・宋刻本:咸思攸長

泰山刻石・宋拓本:咸承聖志

睡簡・秦律・26:咸陽十萬一積

睡簡・秦律・93:在咸陽者致其衣大內

睡簡・答問・58:咸陽及它縣發弗智(知)者當皆貲

睡簡・答問・57:今當獨咸陽坐以貲

睡簡・封診・47:士五(伍)咸陽才(在)某里曰丙

睡簡・秦律・28:咸陽二萬一積

睡簡・效律・38:咸陽十萬石一積

關簡・337:而心疾不智(知)而咸䤪

秦印編23:咸高里昌

秦印編23:咸鄘小有

秦印編23:咸陽右鄉

秦印編24:咸鄘里駔

秦印編23:咸鄘里驕

秦印編24:咸芮里喜

秦印編23:咸□園相

秦印編23:咸鄘里竭

秦印編23:咸陽丞印

秦印編23:咸陽亭印

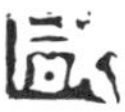

秦印編23:咸亭當柳恚器

秦印編23:咸平沃僉

秦印編23:咸鄘里夸

秦印編23:咸鄘里致

秦印編23:咸鄘里致

秦印編23:咸倉故□

秦印編23:咸亭沙壽□器

秦印編23:咸陽巨鬲

秦印編23:咸直里繚

秦印編23:咸蒲里奇

封泥集 244·1:咸陽工室丞

封泥集 365·1:咸陽亭丞

封泥集 242·1:咸陽丞印

封泥集 242·5:咸陽丞印

封泥集 242·6:咸陽丞印

封泥集 242·7:咸陽丞印

封泥集 242·9:咸陽丞印

封泥集 242·12:咸陽丞印

封泥集 242·13:咸陽丞印

封泥集 243·14:咸陽丞印

封泥集 243·15:咸陽丞印

封泥集 243·16:咸陽丞印

封泥集 243·17:咸陽丞印

封泥集 243·18:咸陽丞印

封泥集 243·20:咸陽丞印

封泥集 243·23:咸陽丞印

封泥集 243·24:咸陽丞印

封泥集 243·28:咸陽丞印

封泥集 243·30:咸陽丞印

封泥集 243·31:咸陽丞印

封泥集 365·3:咸陽亭丞

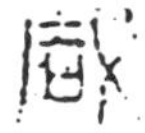

集證·142. 143:咸陽工室丞

集證·151. 293:咸陽

集證·151. 294:咸陽丞印

集證·159. 415:咸陽亭丞

新封泥 C·17. 25:咸陽丞印

封泥印 89:咸陽丞印

封泥印 89:咸陽工室丞

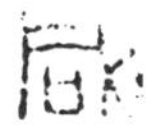

封泥印 88:咸陽亭丞

封泥印 88:咸陽亭印

集證·161. 445:咸郿里□〖注〗咸,“咸亭”之省。

集證·158. 399:咸陽右鄉

集證·191. 3·摹:咸原少甂

集證·218. 242:咸完里駕

南郊 707·194. 10:咸亭完里丹器

南郊 707·194. 9:咸亭完里丹器

集證·218. 243:咸重成□

秦陶·1501:咸亭芮里嬰器

 秦陶·1422:咸芮里喜

 秦陶·1456:咸□高□

 秦陶·312:咸陽衣

 秦陶·313:咸陽危

 秦陶·314:咸陽慶

 秦陶·315:咸衣

 秦陶·316:咸慶

 秦陶·317:咸陽

 秦陶·318:咸陽

 秦陶·319:咸陽□

 秦陶·320:咸陽賜

 秦陶·321:咸陽午

 秦陶·322:咸敬

 秦陶·323:咸敬

 秦陶·324:咸敬

 秦陶·325:咸嬫

 秦陶·326:咸敬

 秦陶·328:咸嬫

 秦陶·329:咸路

 秦陶·330:咸陽笴

 秦陶·331:咸陽秸

 秦陶·332:咸秸

 秦陶·335:咸陽野

 秦陶·336:咸秸

 秦陶·337:咸野

 秦陶·338:咸諣

 秦陶·344:咸諣

 秦陶·351:咸處

 秦陶·352:咸午

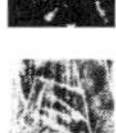 秦陶·353:咸五

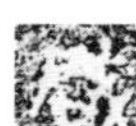 秦陶·356:咸行

 秦陶·357:咸行

 秦陶·364:咸穉

 秦陶·367:咸

 秦陶·368:咸陽高

 秦陶·369:咸

 秦陶·370:咸

 秦陶·371:咸

秦陶 · 409 : 咸

秦陶 · 1130 : 咸故倉□

秦陶 · 1277 : 咸陽市牛

秦陶 · 1278 : 咸原少角

秦陶 · 1281 : 咸原少角〖注〗咸原，"咸陽原"省文。

秦陶 · 1284 : 咸陽巨鬲

秦陶 · 1285 : 咸陽巨鬲

秦陶 · 1286 : 咸陽成石

秦陶 · 1288 : 咸陽成石

秦陶 · 1289 : 咸陽巨巻

秦陶 · 1290 : 咸陽成□

秦陶 · 1291 : 咸陽成洛

秦陶 · 1292 : 咸陽□□

秦陶 · 1293 : 咸原少申

秦陶 · 1295 : 咸邑如頃〖注〗咸邑，"咸陽邑"省文。

秦陶 · 1331 : 咸亭郿里絭器

秦陶 · 1332 : 咸亭郿里芮器

秦陶 · 1333 : 咸郿里譽

秦陶 · 1334 : 咸郿里臺

秦陶 · 1335 : 咸郿小有

秦陶 · 1336 : 咸郿小有

秦陶 · 1337 : 咸郿里跬

秦陶 · 1338 : 咸郿里跬

秦陶 · 1339 : 咸郿里跬

秦陶 · 1340 : 咸郿里善

秦陶 · 1342 : 咸郿里絭

秦陶 · 1343 : 咸郿里善

秦陶 · 1345 : 咸郿里害

秦陶 · 1346 : 咸郿里紀

秦陶 · 1347 : 咸郿里□

秦陶 · 1348 : 咸郿里□

秦陶 · 1349 : 咸郿里彊

秦陶 · 1350 : 咸郿里段

秦陶 · 1353 : 咸郿里駔

秦陶 · 1354 : 咸郿里段

秦陶 · 1355 : 咸郿里薈

秦陶 · 1357 : 咸郿里貝

秦陶 · 1360 : 咸郿小穎

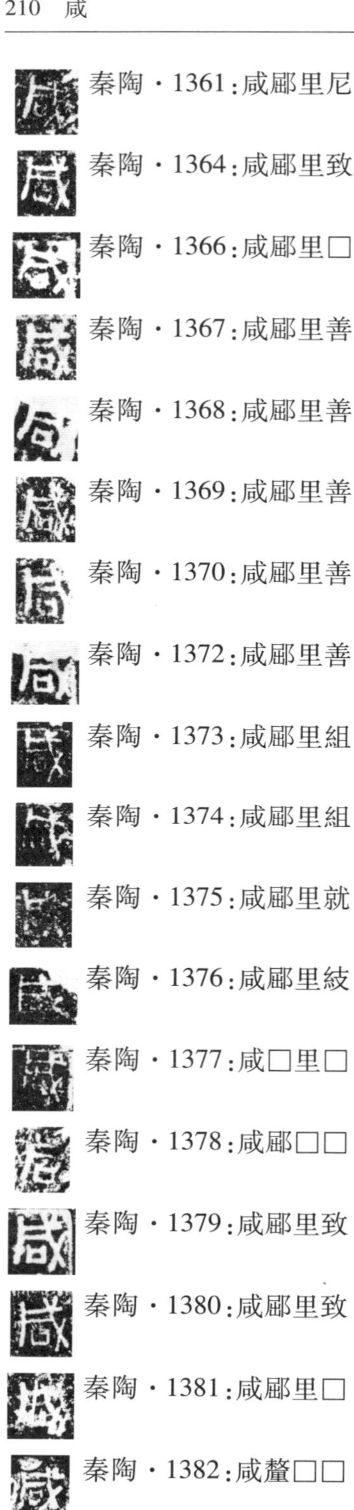
秦陶·1361:咸鄏里尼
秦陶·1364:咸鄏里致
秦陶·1366:咸鄏里□
秦陶·1367:咸鄏里善
秦陶·1368:咸鄏里善
秦陶·1369:咸鄏里善
秦陶·1370:咸鄏里善
秦陶·1372:咸鄏里善
秦陶·1373:咸鄏里組
秦陶·1374:咸鄏里組
秦陶·1375:咸鄏里就
秦陶·1376:咸鄏里紱
秦陶·1377:咸□里□
秦陶·1378:咸鄏□□
秦陶·1379:咸鄏里致
秦陶·1380:咸鄏里致
秦陶·1381:咸鄏里□
秦陶·1382:咸鳌□□
秦陶·1386:咸廣里高

秦陶·1387:咸廣里高
秦陶·1388:咸商里宣
秦陶·1389:咸商里宣
秦陶·1390:咸沙里疢
秦陶·1391:咸商里若
秦陶·1393:咸新安盼
秦陶·1394:咸直里文
秦陶·1396:咸□里□
秦陶·1397:咸□里□
秦陶·1398:咸亭右里道器
秦陶·1399:咸平沃夤
秦陶·1400:咸亭東里倕器
秦陶·1401:咸亭涇里僨器
秦陶·1402:咸鄏里□
秦陶·1403:咸亭涇里忿器
秦陶·1404:咸中□□
秦陶·1405:咸戎里旗
秦陶·1406:咸卜□戎
秦陶·1408:咸卜里戎

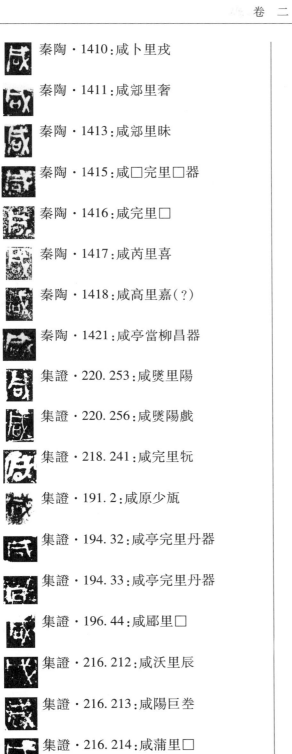

秦陶・1410:咸卜里戎

秦陶・1411:咸郚里奢

秦陶・1413:咸郚里昧

秦陶・1415:咸□完里□器

秦陶・1416:咸完里□

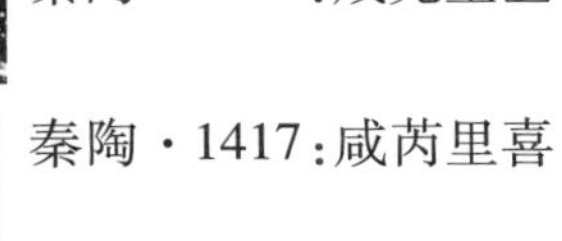
秦陶・1417:咸芮里喜

秦陶・1418:咸高里嘉(?)

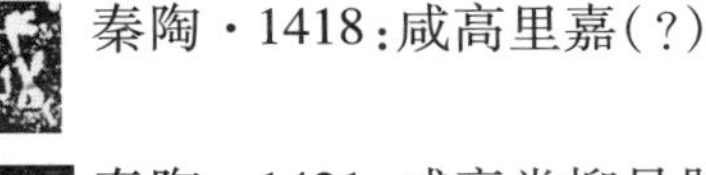
秦陶・1421:咸亭當柳昌器

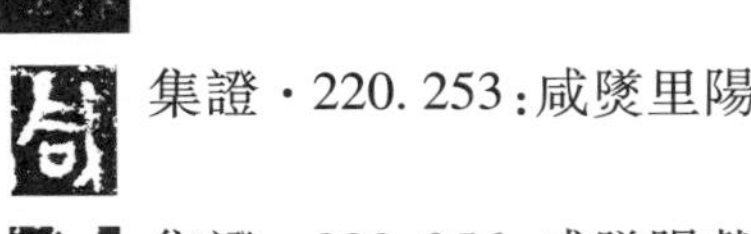
集證・220.253:咸襞里陽

集證・220.256:咸襞陽戲

集證・218.241:咸完里忨

集證・191.2:咸原少旃

集證・194.32:咸亭完里丹器

集證・194.33:咸亭完里丹器

集證・196.44:咸郿里□

集證・216.212:咸沃里辰

集證・216.213:咸陽巨卷

集證・216.214:咸蒲里□

集證・216.215:咸郿里襞

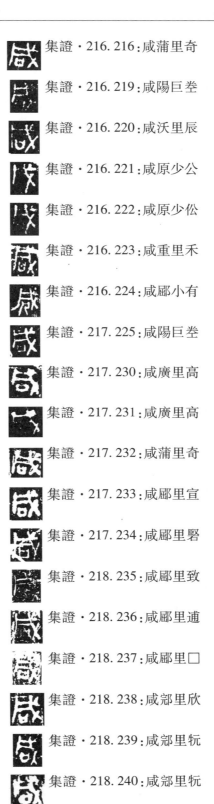

集證・216.216:咸蒲里奇

集證・216.219:咸陽巨卷

集證・216.220:咸沃里辰

集證・216.221:咸原少公

集證・216.222:咸原少伀

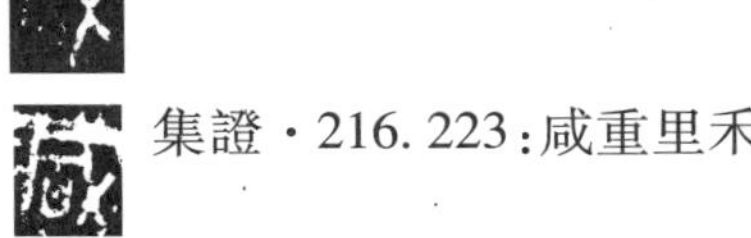
集證・216.223:咸重里禾

集證・216.224:咸郿小有

集證・217.225:咸陽巨卷

集證・217.230:咸廣里高

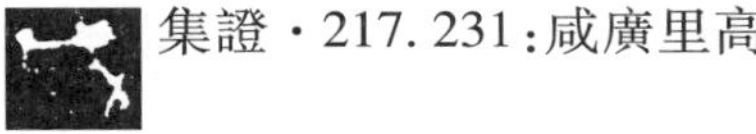
集證・217.231:咸廣里高

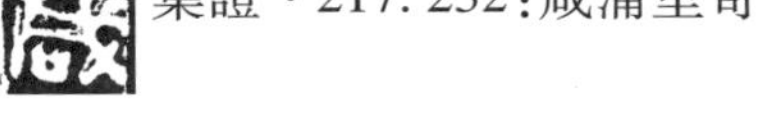
集證・217.232:咸蒲里奇

集證・217.233:咸郿里宣

集證・217.234:咸郿里䂄

集證・218.235:咸郿里致

集證・218.236:咸郿里逋

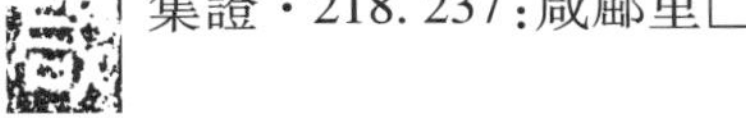
集證・218.237:咸郿里□

集證・218.238:咸郚里欣

集證・218.239:咸郚里忨

集證・218.240:咸郚里忨

 集證・220.254:咸甘里周

 集證・219.244:咸重成鳥

 集證・219.245:咸□西辟

 集證・219.247:咸商(?)西亘

 集證・219.248:咸闟里林

 集證・219.249:咸芮里臣

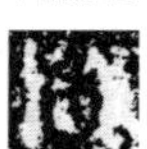 集證・219.250:咸商里若

 集證・219.252:咸反里逗

 任家嘴240・183.6:咸□里□

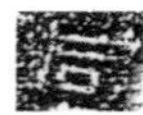 任家嘴240・183.10:咸□□□□器

 任家嘴240・183.1:咸亭完里□器

 任家嘴240・183.14:咸亭商里□器

 任家嘴240・183.12:咸商里宣

 任家嘴240・183.2:咸亭完里□器

 任家嘴240・183.3:咸亭完里□器

 任家嘴240・183.4:咸亭完里□器

 秦陶A・3.14:咸陽工崖

 南郊707・194.3:咸亭完里丹器

 南郊707・194.8:咸亭完里丹器

 南郊707・194.4:咸亭完里丹器

 南郊707・194.6:咸亭完里丹器

 南郊139・127.2:咸

 南郊707・194.1:咸亭完里丹器

 南郊707・194.2:咸亭完里丹器

 漆器M11・1(雲夢・附二):咸亭

漆器M11・3(雲夢・附二):咸

漆器M11・47(雲夢・附二):咸亭上

漆器M11・3(雲夢・附二):咸亭包

漆器M11・4(雲夢・附二):咸亭上包

漆器M11・4(雲夢・附二):咸亭上

漆器M11・36(雲夢・附二):咸上

漆器M8・2(雲夢・附二):咸甲

漆器M9・6(雲夢・附二):咸乙四

漆器M9・10(雲夢・附二):咸亭上

漆器M8・2(雲夢・附二):咸亭上

漆器M9・6(雲夢・附二):咸乙四

漆器M9・10(雲夢・附二):咸亭上

漆器M6・8(雲夢・附二):咸乙九

漆器 M6・9(雲夢・附二):咸市

漆器 M6・14(雲夢・附二):咸甲

漆器 M9・51(雲夢・附二):咸亭□

0253　右

秦編鐘・甲鐘頂篆部・摹(秦銅・11.3):咸畜左右〖注〗左右,近旁,身邊。

秦編鐘・丁鐘(秦銅・10.4):咸畜左右

秦鎛鐘・2號鎛(秦銅・12.5):咸畜左右

秦鎛鐘・3號鎛(秦銅・12.8):咸畜左右

杜虎符(秦銅・25):右才(在)君

卅七年銀器足・摹(金銀器344):卅七年工右舍〖注〗工右舍,官名。

卅七年銀器足・摹(金銀器344):右

卌一年銀耳杯・摹(臨淄173.2):卌一年工右狃(?)〖注〗右狃,人名。

新郪虎符(集證・38):右才(在)王

新郪虎符・摹(集證・37):右才(在)王

陽陵虎符(秦銅・97):右才(在)皇帝

銅車馬當顱・摹(秦銅・157.1):輚右一

北私府橢量・柄刻文(秦銅・147):右

傳世秦子戈(集證・11):左右帀(師)□用逸宜〖注〗左右師,指軍隊的組織形式。

故宮藏秦子戈(集證・10):左右帀(師)鮇(旅)用逸宜

故宮藏秦子戈・摹(集證・10):左右帀(師)鮇(旅)用逸宜

珍秦齋秦子戈(珍金・38):左右帀(師)鮇(旅)用逸宜

珍秦齋秦子戈・摹(珍金・38):左右帀(師)鮇(旅)用逸宜

香港秦子戈二・摹(新戈・2):左右帀(師)鮇(旅)逸宜

秦子矛(集證・12):□右帀(師)鮇(旅)用逸宜

石鼓文・田車(先鋒本):右驂騝=

睡簡・雜抄・23:大(太)官、右府、左府、右采鐵、左采鐵課殿

睡簡・雜抄・23:大(太)官、右府、左府、右采鐵、左采鐵課殿〖注〗右采鐵,官名,主鐵官。

睡簡・答問・52:聲聞左右者

睡簡・日乙・105:□右環(還)

睡簡・日乙・143:祠常行道右

睡簡・日乙・145:祠道右

睡簡・答問・179:亡校券右爲害

睡簡・封診・21:騅牝右剽

睡簡・封診・35:其右角痏一所

睡簡・日甲・20背:入里門之右

睡簡・日甲・47正:從上右方數朔之初日及枳(支)各一日

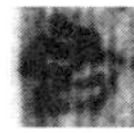 睡簡·日甲·100 正:筑(築)右圬(序)

 睡簡·日甲·130 正:從道右吉

 睡簡·日甲·14 背:宇右長左短

 睡簡·日甲·118 正:左井右囷

 睡簡·日乙·236:甲子到乙亥是右〈君〉也

 關簡·263:右之

 關簡·244:宿右行

 帛書·病方·殘 4:右方

 帛書·病方·53:斬若門右

 帛書·病方·381:啻(帝)右(有)五兵

 帛書·病方·451:瘺居右

 帛書·病方·451:□馬右頰[骨]

 秦印編 54:右淳右般

 秦印編 54:右司空印

 封泥集·附一 408:右淳右般

 秦印編 54:右司空印

 秦印編 54:利陽右尉

 秦印編 54:高陵右尉

 秦印編 54:樂陰右尉

 秦印編 54:右公田印

 秦印編 54:右褐府印

 秦印編 54:右淳右般

 封泥集 270·1:江右鹽丞

 秦印編 54:右馬將廄

 秦印編 54:咸陽右鄉

 秦印編 54:右行戎

 秦印編 54:右丞相印

 秦印編 54:右廄丞印

 秦印編 54:右礜桃支

 秦印編 54:郡右邸印

 秦印編 54:右織

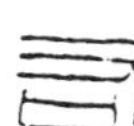 秦印編 54:右市

 秦印編 54:右司空昧

 秦印編 54:右尚

 秦印編 54:右窖

 秦印編 54:右□

 秦印編 54:右

 封泥集 108·1:右丞相印

封泥集 108・5:右丞相印

封泥集 108・7:右丞相印

封泥集 108・9:右丞相印

封泥集 118・1:公車右馬

封泥集 151・1:右織

封泥集 156・1:郡右邸印

封泥集 156・2:郡右邸印

封泥集 156・3:郡右邸印

封泥集 156・4:郡右邸印

封泥集 156・5:郡右邸印

封泥集 156・6:郡右邸印

封泥集 156・8:郡右邸印

封泥集 156・9:郡右邸印

封泥集 156・10:郡右邸印

封泥集 156・12:郡右邸印

封泥集 156・13:郡右邸印

封泥集 157・16:郡右邸印

封泥集 157・17:郡右邸印

封泥集 157・18:郡右邸印

封泥集 157・19:郡右邸印

封泥集 157・23:郡右邸印

封泥集 157・24:郡右邸印

封泥集 157・25:郡右邸印

封泥集 157・27:郡右邸印

封泥集 157・29:郡右邸印

封泥集 173・1:右中馬丞

封泥集 193・1:右廄丞印

封泥集 193・4:右廄丞印

封泥集 193・5:右廄丞印

封泥集 226・1:右礜桃支

封泥集 228・2:右礜桃丞

封泥集 228・4:右礜桃丞

封泥集 228・5:右礜桃丞

封泥集 335・1:右鄉〖注〗右鄉,鄉名。

封泥集 335・2:右鄉

封泥集 335・3:右鄉

封泥集 336・1:右鄉之印

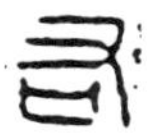

集證・133.5:右丞相印

集證・133.6:右丞相印

集證・137.77:右中馬丞

集證・140.113:郡右邸印

集證・140.114:郡右邸印

集證・140.115:郡右邸印

集證・141.130:江右鹽丞

集證・147.228:右廄丞印

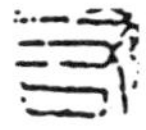

集證・147.229:右廄丞印

新封泥 C・16.10:禁苑右監

新封泥 C・17.24:郡右邸印

新封泥 C・18.10:右□相□

新封泥 C・19.2:右廄丞印

封泥印 1:右丞相印

封泥印 2:泰醫右府

封泥印 18:右廄丞印

封泥印 23:郡右邸印

封泥印 29:江右鹽□

封泥印 40:右織

封泥印 73:右雲夢丞

封泥印・待考 155:右礜桃支

封泥印・待考 156:右礜桃丞

封泥印・待考 159:右般私官

新封泥 D・5:泰醫右府

新封泥 D・25:私官右般

新封泥 A・2.13:尚浴右般

新封泥 A・3.17:右雲夢丞

封泥集・附一 402.1:右司空印

封泥集・附一 402.2:右司空印

封泥集・附一 403.1:右廄將馬

封泥集・附一 403.2:右廄將馬

封泥集・附一 406:高陵右尉

封泥集・附一 407:咸陽右鄉

封泥集・附一 408:右公田印

封泥集・附一 408:右褐府印

封泥集・附一 409:樂陶右尉

集證・141.132:右司空印

集證・141.133:右司空印

集證・145.195:右褐府印

集證・147.225:右廄將馬

集證・147.226:右廄將馬

集證・150.272:右公田印

集證・152.308:高陵右尉

集證・152.313:利陽右尉

集證・154.343:樂陰右尉

集證・158.399:咸陽右鄉

秦陶・1468:麗山飤官右〖注〗右,編號。

秦陶・1469:麗山飤官右

秦陶A・1.15:右歆

瓦書・郭子直摹:以爲右庶長歜宗邑〖注〗右庶長,秦爵之十一級。

秦陶・308:右□

秦陶・310:右

秦陶・615:右司空係

秦陶・616:右司空係

秦陶・617:右司空係

秦陶・618:右司空係

秦陶・619:右司空係

秦陶・620:右司空係

秦陶・621:右司空詨

秦陶・622:右司空係

秦陶・623:右司空係

秦陶・624:右司空詨

秦陶・625:右司空詨

秦陶・626:右司空詨

秦陶・629:右司空率

秦陶・631:右司空眛

秦陶・632:右司空眛

秦陶・634:右司空尚

秦陶・636:右司空尚

秦陶・637:右司空尚

秦陶・638:右尚〖注〗右,“右司空”省稱。

秦陶・639:右尚

秦陶・640:右尚

秦陶・641:右角

秦陶・642:右尚

秦陶・668:右(?)

秦陶・644:右尚

秦陶・645:右角

秦陶・646:右熢

秦陶・647:右熢

秦陶・648:右弱

秦陶・649:右弱

秦陶・650:右□

秦陶・651:右弱

秦陶・653:右豙

秦陶・654:右豙

秦陶・655:右窅

秦陶・656:右窅

秦陶・657:右

秦陶・662:右熢

秦陶・663:右熢

秦陶・664:右穴

秦陶・665:右工帀

秦陶・666:右水

秦陶・672:右窅

秦陶・669:右渫

秦陶・673:右

秦陶・671:右穴

秦陶・683:右迂

秦陶・684:右迂

秦陶・685:右□

秦陶・676:右□

秦陶・677:右□

秦陶・680:右校

秦陶・681:右

秦陶・686:右迂

秦陶・688:右□

秦陶・1197:泰右東十八

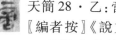

秦陶・1467:麗山飤官右

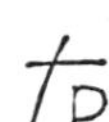
漆器 M11・31(雲夢・附二):右

二十九年漆奩・黄盛璋摹(集證・27):右工帀(師)象

二十九年漆奩・王輝摹(集證・27):右工帀(師)象

0254 啻　　啻

天簡 28・乙:啻乃誂之,分其短長

〖編者按〗《説文》:"啻,語時不啻也。一曰啻諟也。"徐中舒説"啻帝同"。

何雙全讀爲"適",意爲宜。

睡簡·日甲·153正:雖求額啇(帝)必得

睡簡·日乙·136:□直赤啇(帝)臨日

睡簡·日乙·134:凡是日赤啇(帝)恆以開臨下民而降央(殃)

睡簡·日甲·27正:啇(帝)以殺巫減(咸)

睡簡·日甲·98正:啇(帝)爲室巳

睡簡·日甲·99正:啇(帝)爲室辰

睡簡·日甲·96正:啇

睡簡·日甲·97正:啇(帝)爲室寅

睡簡·日甲·129正:句(苟)毋(無)直赤啇(帝)臨日

帛書·病方·380:天啇(帝)下若

帛書·病方·381:啇(帝)右(有)五兵

帛書·病方·274:取商〈商〉牢漬醯中〖注〗商牢,即商陸,藥名。

0255 吉 吉

不其簋蓋(秦銅·3):唯九月初吉戊申

滕縣不其簋器(秦銅·4):唯九月初吉戊申

卅三年銀盤·摹(齊王·18.3):名吉七

吉爲作元用劍·摹(秦銅·189):吉爲乍(作)元用〖注〗吉,"吉日"省文。

吉爲作元用劍·摹(秦銅·189):吉爲乍(作)元用

秦懷后磬·摹:擇其吉石

大墓殘磬(集證·67):佳(惟)四年八月初吉甲申〖注〗初吉,月相術語。其含義學術界有四分月相、定點二說。

大墓殘磬(集證·68):□四年□□初吉甲□

大墓殘磬(集證·82):屯(純)魯吉康〖注〗吉康,指安寧。

詛楚文·湫淵(中吳本):敢用吉玉宣璧

詛楚文·巫咸(中吳本):敢用吉玉宣璧

詛楚文·亞駝(中吳本):敢用吉玉宣璧

秦駰玉版·甲·摹:小子駰敢以芥(介)圭、吉璧、吉叉(瑑)〖注〗吉璧,吉祥美好之璧。

秦駰玉版·甲·摹:小子駰敢以芥(介)圭、吉璧、吉叉(瑑)

秦駰玉版·乙·摹:小子駰敢以芥(介)圭、吉璧、吉叉(瑑)

秦駰玉版·乙·摹:小子駰敢以芥(介)圭、吉璧、吉叉(瑑)

天簡21·甲:旦南吉

天簡21·甲:吉日失吉

天簡21·甲:南吉

天簡21·甲:申旦吉

天簡22·甲:旦東吉

天簡23·甲:安食凶日中吉

天簡23·甲:東吉

 天簡 23・甲:旦東吉

 天簡 23・甲:昏北吉中夜北吉

 天簡 30・乙:吉日中西吉

 天簡 32・乙:吉日中西吉

 天簡 33・乙:西吉日中北吉

 天簡 33・乙:吉日中西吉

 天簡 38・乙:日中凶日失吉夕日凶

 天簡 32・乙:吉日中西吉

 天簡 21・甲:吉昏北吉

 天簡 21・甲:日失吉

 天簡 21・甲:吉昏北吉

 天簡 21・甲:日中吉

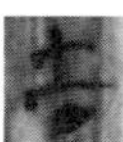 天簡 22・甲:南吉

 天簡 23・甲:日失吉

 天簡 23・甲:南吉

 天簡 23・甲:日中南吉

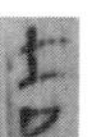 天簡 23・甲:昏北吉

 天簡 30・乙:吉日中西吉

 天簡 33・乙:西吉日中北吉

 天簡 33・乙:吉日失凶夕日吉

 天簡 38・乙:西吉

 天簡 21・甲:吉昏北吉

 天簡 21・甲:中夜南吉

 天簡 22・甲:中夜北吉

 天簡 23・甲:昏西吉

 天簡 33・乙:昏東吉

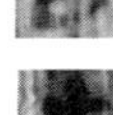 天簡 33・乙:吉日失凶夕日吉

 天簡 21・甲:吉

 天簡 30・乙:得事君吉

 天簡 32・乙:多女子吉宜亡冬(終)

 天簡 32・乙:多女子吉宜□〖編者按〗疑此條剪貼重出。

 睡簡・日乙・157:子以東吉

 睡簡・日乙・154:見人吉

 睡簡・日甲・82 正:祠及行,吉

 睡簡・日甲・83 正:百事吉

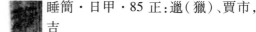

 睡簡・日甲・84 正:利入禾粟及爲囷倉,吉

 睡簡・日甲・85 正:邋(獵)、賈市,吉

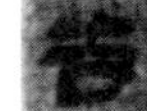 睡簡・日甲・20 背:不吉

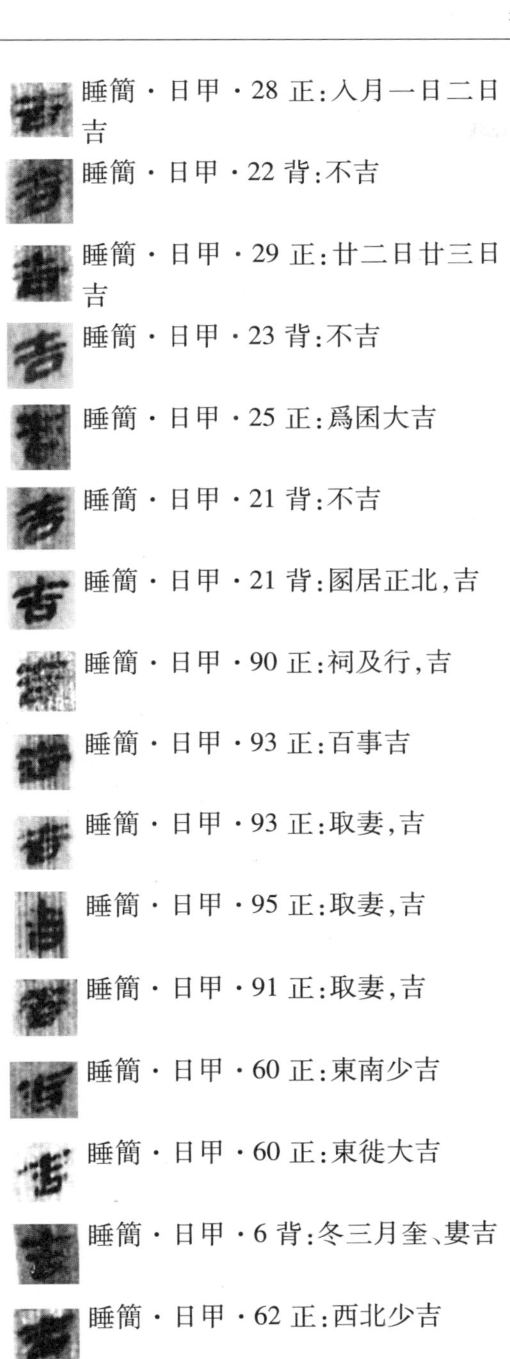

睡簡·日甲·28 正:入月一日二日吉

睡簡·日甲·22 背:不吉

睡簡·日甲·29 正:廿二日廿三日吉

睡簡·日甲·23 背:不吉

睡簡·日甲·25 正:爲囷大吉

睡簡·日甲·21 背:不吉

睡簡·日甲·21 背:圂居正北,吉

睡簡·日甲·90 正:祠及行,吉

睡簡·日甲·93 正:百事吉

睡簡·日甲·93 正:取妻,吉

睡簡·日甲·95 正:取妻,吉

睡簡·日甲·91 正:取妻,吉

睡簡·日甲·60 正:東南少吉

睡簡·日甲·60 正:東徙大吉

睡簡·日甲·6 背:冬三月奎、婁吉

睡簡·日甲·62 正:西北少吉

睡簡·日甲·62 正:西徙大吉

睡簡·日甲·61 正:南徙大吉

睡簡·日甲·61 正:西南少吉

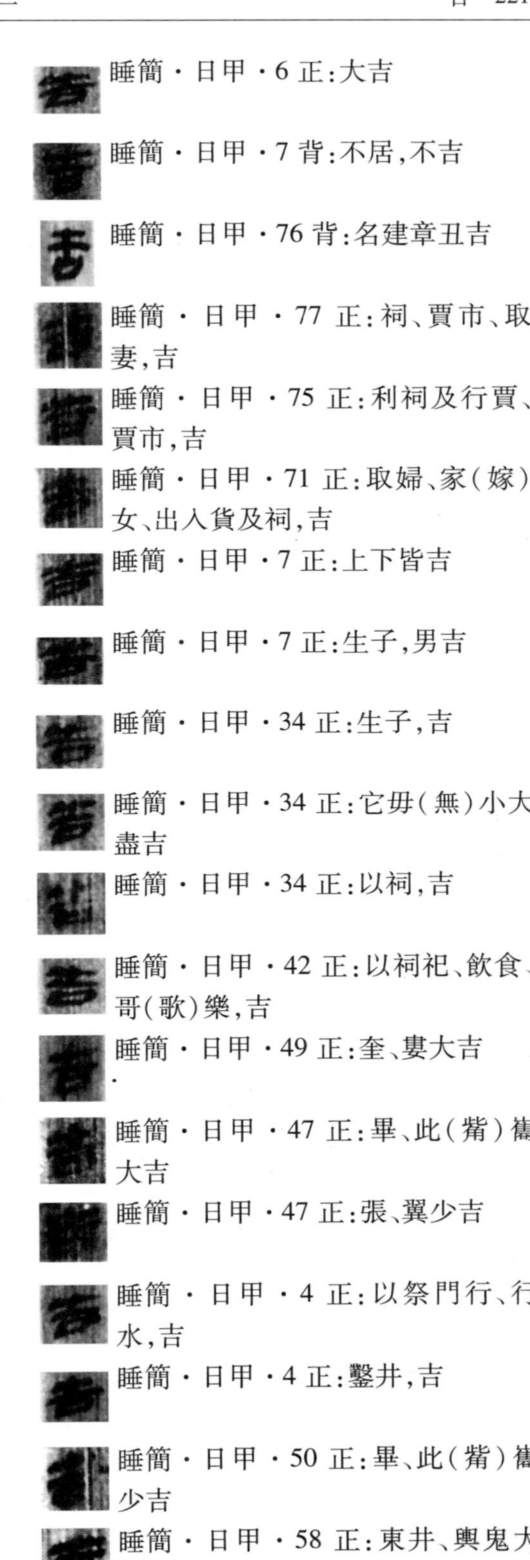

睡簡·日甲·6 正:大吉

睡簡·日甲·7 背:不居,不吉

睡簡·日甲·76 背:名建章丑吉

睡簡·日甲·77 正:祠、賈市、取妻,吉

睡簡·日甲·75 正:利祠及行賈、賈市,吉

睡簡·日甲·71 正:取婦、家(嫁)女、出入貨及祠,吉

睡簡·日甲·7 正:上下皆吉

睡簡·日甲·7 正:生子,男吉

睡簡·日甲·34 正:生子,吉

睡簡·日甲·34 正:它毋(無)小大盡吉

睡簡·日甲·34 正:以祠,吉

睡簡·日甲·42 正:以祠祀、飲食、哥(歌)樂,吉

睡簡·日甲·49 正:奎、婁大吉

睡簡·日甲·47 正:畢、此(觜)巂大吉

睡簡·日甲·47 正:張、翼少吉

睡簡·日甲·4 正:以祭門行、行水,吉

睡簡·日甲·4 正:鑿井,吉

睡簡·日甲·50 正:畢、此(觜)巂少吉

睡簡·日甲·58 正:東井、輿鬼大吉

睡簡・日甲・58 正:張、翼少吉

睡簡・日甲・52 正:斗、牽牛大吉

睡簡・日甲・52 正:奎、婁少吉

睡簡・日甲・59 正:東北少吉

睡簡・日甲・56 正:心、尾少吉

睡簡・日甲・56 正:張、翼大吉

睡簡・日甲・57 正:角、房少吉

睡簡・日甲・57 正:柳、七星大吉

睡簡・日甲・53 正:危、營室少吉

睡簡・日甲・53 正:心、尾大吉

睡簡・日甲・54 正:角、房大吉

睡簡・日甲・54 正:須女、虛少吉

睡簡・日甲・55 正:斗、牽牛少吉

睡簡・日甲・55 正:角、犺(亢)大吉

睡簡・日甲・51 正:胃、參少吉

睡簡・日甲・51 正:須女、虛大吉

睡簡・日甲・5 正:祭門行,吉

睡簡・日甲・10 正:作事、入材,皆吉

睡簡・日甲・120 正:入貨吉

睡簡・日甲・12 背:牝月牡日取妻,吉

睡簡・日甲・122 正:大吉門

睡簡・日甲・125 正:大吉門

睡簡・日甲・19 背:貴吉

睡簡・日甲・160 正:戌入官,吉

睡簡・日甲・16 背:囷居宇西南陋,吉

睡簡・日甲・161 正:亥入官,吉

睡簡・日甲・17 背:不吉

睡簡・日甲・17 背:内居正東,吉

睡簡・日甲・17 背:囷居宇東北陋,吉

睡簡・日甲・130 正:從道右吉

睡簡・日甲・130 正:它日雖有不吉之名

睡簡・日甲・130 正:直述(術)吉

睡簡・日甲・138 正:東南、西吉

睡簡・日甲・132 正:以行不吉

睡簡・日甲・136 背:百事不吉

睡簡・日甲・136 正:辰,北吉

睡簡・日甲・136 正:西南吉

睡簡・日甲・136 正:旦北吉

睡簡・日甲・137 正:西南吉

睡簡・日甲・134 正:不吉

睡簡・日甲・13 正:大祭,吉

睡簡・日甲・13 正:寇〈冠〉、轚車、折(裚)衣常(裳)、服帶吉

睡簡・日甲・13 正:生子吉

睡簡・日甲・14 背:屏居宇後,吉

睡簡・日甲・14 背:宇右長左短,吉

睡簡・日甲・142 正:丙子生子,不吉

睡簡・日甲・149 正:不吉

睡簡・日甲・147 正:吉及穀(穀)

睡簡・日甲・147 正:辛亥生子,不吉

睡簡・日甲・147 正:辛酉生子,不吉

睡簡・日甲・143 正:不吉

睡簡・日甲・145 正:己未生子,吉

睡簡・日甲・141 正:乙巳生子,吉

睡簡・日甲・14 正:有爲也,吉

睡簡・日甲・158 正:吉,必七徙

睡簡・日甲・15 背:不吉

睡簡・日甲・155 正:不吉

睡簡・日甲・118 正:命曰吉恙(祥)門

睡簡・日甲・112 正:皆吉

睡簡・日甲・119 背:辛巳、丑、酉,吉

睡簡・日甲・117 正:大吉

睡簡・日甲・113 背:丁巳、丑,吉

睡簡・日甲・113 正:以腊古(腒)吉

睡簡・日乙・88:百事吉

睡簡・日乙・82:祠及行,吉

睡簡・日乙・83:祠及百事,吉

睡簡・日乙・84:利入禾粟及爲囷倉,吉

睡簡・日乙・85:邋(獵)、賈市,吉

睡簡・日乙・殘 7:吉

睡簡・日乙・殘 4:不吉

睡簡・日乙・殘 4:酉吉

睡簡・日乙・殘 5:不吉

睡簡・日乙・200:正西吉富

睡簡・日乙・28:吉丑

睡簡・日乙・28:吉午

睡簡・日乙・22:利以小然〈祭〉,吉

睡簡・日乙・29:吉未

睡簡・日乙・29:吉寅

睡簡・日乙・26:吉辰

睡簡・日乙・26:吉亥

睡簡・日乙・27:吉巳

睡簡・日乙・27:吉子

睡簡・日乙・234:實〈寅〉、巳入官,吉

睡簡・日乙・240:丙子生,吉

睡簡・日乙・242:辛卯生,不吉

睡簡・日乙・24:利以起大事、祭、家(嫁)子,吉

睡簡・日乙・246:辛酉生,不吉

睡簡・日乙・243:丁酉生,吉

睡簡・日乙・243:壬寅生,不吉

睡簡・日乙・244:丁未生,不吉

睡簡・日乙・244:癸卯生,不吉

睡簡・日乙・245:辛亥生,不吉

睡簡・日乙・241:辛巳生,當〈富〉吉

睡簡・日乙・25:皆可,吉

睡簡・日乙・90:祠及行,吉

睡簡・日乙・99:祠,吉

睡簡・日乙・99:取婦、家(嫁)女、出入貨,吉

睡簡・日乙・96:利祠及[行],吉

睡簡・日乙・97:祠、爲門行,吉

睡簡・日乙・93:百事吉

睡簡・日乙・95:乘車、衣常(裳)、取妻,吉

睡簡・日乙・91:取妻,吉

睡簡・日乙・91:百事吉

睡簡・日乙・30:吉卯

睡簡・日乙・30:吉申

睡簡・日乙・38:乙亥,吉

睡簡・日乙・32:吉[巳]

睡簡・日乙・32:吉戌

睡簡・日乙・32:己酉,吉

睡簡・日乙・39:丁丑,吉

睡簡・日乙・36:吉

睡簡・日乙・36:吉寅

睡簡・日乙・37:吉[戌、實]亥

睡簡・日乙・37:吉卯

睡簡·日乙·33:吉亥

睡簡·日乙·33:吉午

睡簡·日乙·34:亥,吉

睡簡·日乙·34:吉未

睡簡·日乙·34:吉子

睡簡·日乙·35:吉丑

睡簡·日乙·35:吉申

睡簡·日乙·31:吉辰

睡簡·日乙·31:吉酉

睡簡·日乙·40:吉,實日

睡簡·日乙·54:□毋小大,吉

睡簡·日乙·103:利祠及行賈、賈市,吉

睡簡·日乙·105:祠、賈市、取妻,吉

睡簡·日乙·18:吉、勝

睡簡·日乙·189:其吉日

睡簡·日乙·121:以昔肉吉

睡簡·日乙·198:正東吉富

睡簡·日乙·199:正南吉富

睡簡·日乙·197:正北吉富

睡簡·日乙·191:戊已夢黑,吉

睡簡·日乙·19:作事,吉

睡簡·日乙·16:□吉

睡簡·日乙·169:以入,吉

睡簡·日乙·167:巳以東吉

睡簡·日乙·167:以入,吉

睡簡·日乙·163:卯以東吉

睡簡·日乙·165:辰以東吉

睡簡·日乙·165:以入,吉

睡簡·日乙·161:以入,吉

睡簡·日乙·161:寅以東北吉

睡簡·日乙·17:吉

睡簡·日乙·179:北吉

睡簡·日乙·177:冬之吉

睡簡·日乙·173:西吉

睡簡·日乙·173:以入,吉

睡簡·日乙·171:西南吉

睡簡·日乙·171:以入,吉

睡簡·日乙·130:必以五月庚午,吉

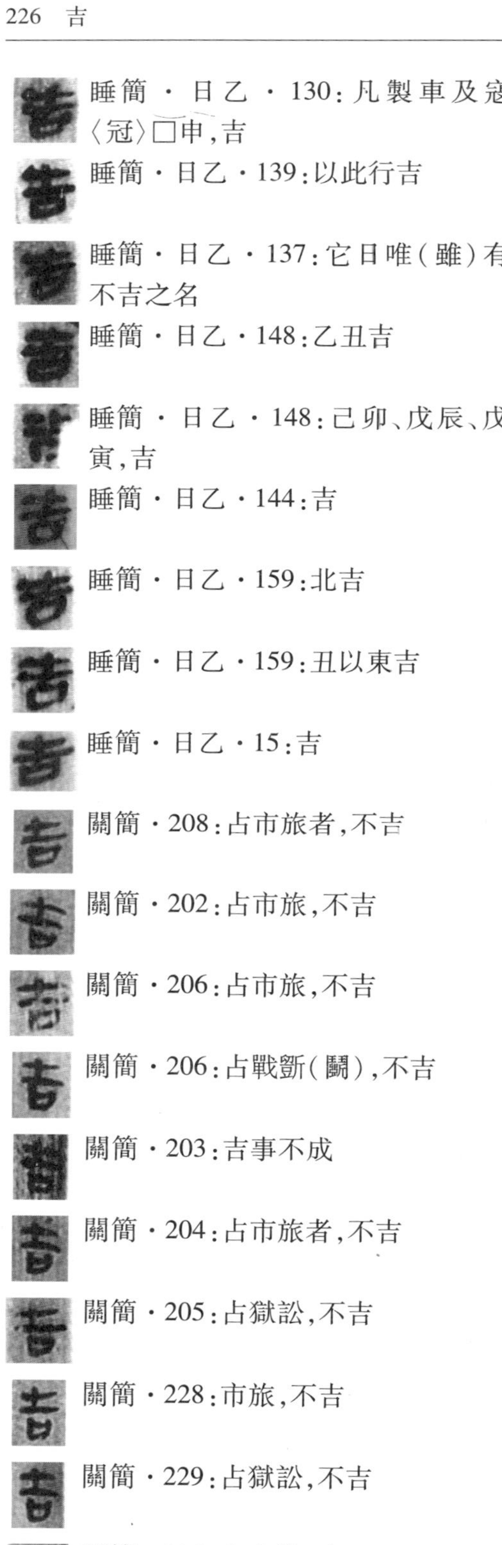

睡簡·日乙·130:凡製車及寇〈冠〉□申,吉

睡簡·日乙·139:以此行吉

睡簡·日乙·137:它日唯(雖)有不吉之名

睡簡·日乙·148:乙丑吉

睡簡·日乙·148:己卯、戊辰、戊寅,吉

睡簡·日乙·144:吉

睡簡·日乙·159:北吉

睡簡·日乙·159:丑以東吉

睡簡·日乙·15:吉

關簡·208:占市旅者,不吉

關簡·202:占市旅,不吉

關簡·206:占市旅,不吉

關簡·206:占戰斲(鬭),不吉

關簡·203:吉事不成

關簡·204:占市旅者,不吉

關簡·205:占獄訟,不吉

關簡·228:市旅,不吉

關簡·229:占獄訟,不吉

關簡·226:占市旅,吉

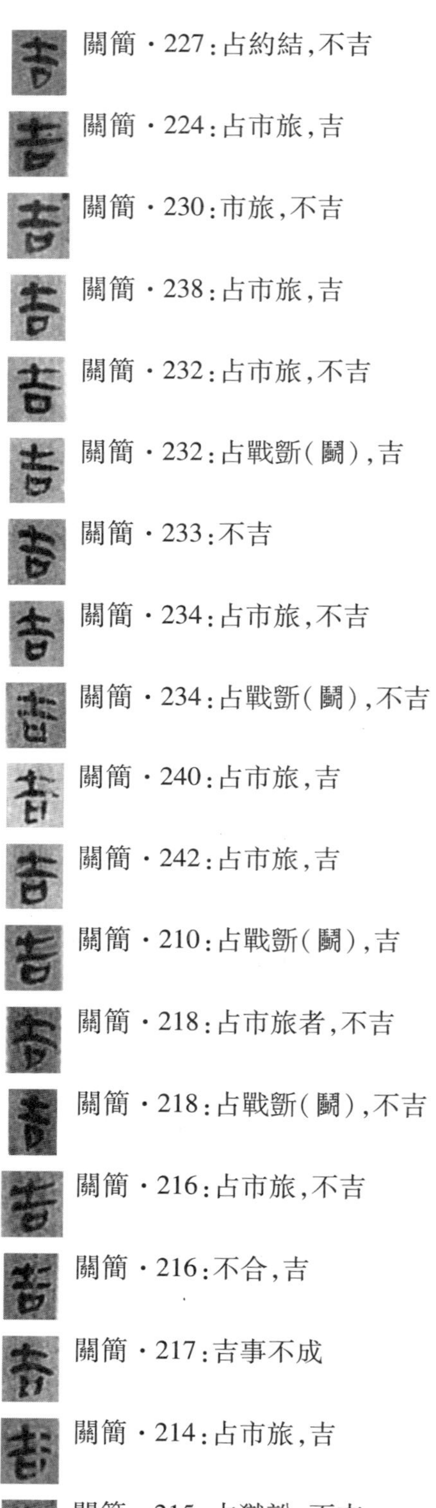

關簡·227:占約結,不吉

關簡·224:占市旅,吉

關簡·230:市旅,不吉

關簡·238:占市旅,吉

關簡·232:占市旅,不吉

關簡·232:占戰斲(鬭),吉

關簡·233:不吉

關簡·234:占市旅,不吉

關簡·234:占戰斲(鬭),不吉

關簡·240:占市旅,吉

關簡·242:占市旅,吉

關簡·210:占戰斲(鬭),吉

關簡·218:占市旅者,不吉

關簡·218:占戰斲(鬭),不吉

關簡·216:占市旅,不吉

關簡·216:不合,吉

關簡·217:吉事不成

關簡·214:占市旅,吉

關簡·215:占獄訟,不吉

 關簡・188:占[市旅]者,不吉

 關簡・189:占獄訟,不吉

 關簡・187:不吉

 關簡・190:占市旅,不吉

 關簡・198:占市旅,吉

 關簡・192:占市旅,不吉

 關簡・192:占戰斲(鬬),不吉

 關簡・196:占市旅,吉

 關簡・197:所言者吉事也

 關簡・194:占市旅,吉

 關簡・142:取(娶)婦、嫁女,吉

 集證・164. 495:方將吉印〖注〗方將吉,人名。

 秦印編24:程吉

秦印編24:吉

秦印編24:吉

 秦印編24:吉

 秦印編24:吉

 集證・198. 53:吉三、�

0256 周 周

七年上郡守閒戈・摹(秦銅・33):平周〖注〗平周,地名。

 廿五年上郡守周戈(登封・3. 2):平周

卌年上郡守起戈二・摹(集證・30):平周

 七年相邦呂不韋戟一(秦銅・70):寺工周〖注〗周,人名。

 七年相邦呂不韋戟二・摹(俑坑・3. 2):寺工周

 秦駰玉版・甲・摹:周世既叟(沒)

 秦駰玉版・乙・摹:氒(厥)氣𤸫(戕)周(凋)

 秦駰玉版・乙・摹:周世既叟(沒)

秦駰玉版・甲・摹:氒(厥)氣𤸫(戕)周(凋)〖注〗周,讀爲"凋"。戕凋,即殘凋、凋殘。

 會稽刻石・宋刻本:周覽遠方

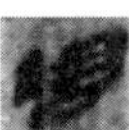 睡簡・日甲・21背:道周環宇

 睡簡・日甲・58背:周其室

 關簡・262:斆(徹)周竈=周斆=周竈=周□日直竈(窮)

 關簡・262:斆(徹)周竈=周斆=周竈=周□日直竈(窮)

 關簡・133:直周者

 關簡・133:直周中三畫者

 關簡・262:斆(徹)周竈=周斆=周竈=周□日直竈(窮)

關簡・262：勶（徹）周竆=周勶=周竆=周□日直竆（窮）

關簡・262：直周

帛書・病方・255：[以]布周蓋

帛書・病方・53：因以匕周揗嬰兒瘛所

秦印編24：忌周

秦印編24：周都

秦印編24：周臧

秦印編24：周商

秦印編24：杜殷周印

秦印編24：上造段周

秦印編24：殷周

秦陶・1106：周

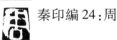

秦印編24：周

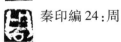

秦印編24：周

封泥集371・1：周係

集證・177.657：隗周

秦陶・1169：周

秦陶・1175：周

集證・220.254：咸甘里周

瓦書・郭子直摹：周天子使卿夫=（大夫）辰來致文武之酢（胙）〖注〗周天子，周顯王。

瓦書（秦陶・1610）：周天子使卿夫=（大夫）辰來致文武之酢（胙）

秦陶・1076：周當

秦陶・1101：周

秦陶・1102：周

秦陶・1103：周

秦陶・1104：周

秦陶・1105：周

0257　唐　暘

咸陽四斗方壺（珍金・120）：名唐〖注〗唐，李學勤説器物編號。

咸陽四斗方壺・摹（珍金・120）：名唐

帛書・灸經甲・56：唐（溏）泄

帛書・足臂・22：唐（溏）[泄]恆出

秦印編24：李唐

秦印編24：唐忌

秦印編24：唐㪿

秦印編24：唐術

秦印編24：王唐

秦印編 24:王唐

秦印編 24:唐爲

秦印編 24:牛唐

秦印編 24:唐

集證・173.607:唐

秦陶・1275:唐□

0258　噴

帛書・病方・52:噴者豦(劇)噴

秦印編 25:垣噴私印

秦印編 25:橋噴

0259　脣

帛書・死候・86:脣反人盈

0260　吁

帛書・病方・210:步嘑(呼)曰:"吁! 狐麃"〖注〗吁,驚。

0261　嘵

秦印編 25:李嘵

0262　嘅

秦陶・333:工嘅

0263　吝 㕕

睡簡・日甲・130 正:從左吝

睡簡・日甲・130 正:少(小)顡(顧)是胃(謂)少(小)楮(佇),吝

0264　各

秦公簋・蓋(秦銅・14.2):㽙嚴AI各

石鼓文・田車(先鋒本):□出各亞〖注〗各,羅振玉釋爲來格之"格",至。馬叙倫釋爲"挌"之省文。

會稽刻石・宋刻本:各載其名

睡簡・語書・1:民各有鄉俗

睡簡・雜抄・31:貲嗇夫、佐各一盾

睡簡・答問・89:各以其律論之

睡簡・答問・86:各可(何)論

睡簡・答問・83:論各可(何)毆

睡簡・答問・25:皆各爲一具

睡簡・答問・5:各畀主

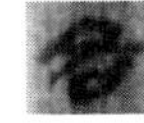睡簡・答問・12:各坐臧(贓)

睡簡・答問・12:卽各盜

睡簡・答問・12:其臧(贓)直(值)各四百

睡簡・答問・139:當貲各二甲

睡簡・封診・9:各有戶

睡簡・封診・68:衣絡禪襦、帬各一

睡簡・封診・69:頭足去終所及地各幾可(何)

睡簡・封診・78:厀(膝)、手各六所

睡簡・封診・57:袤各四寸

睡簡・封診・14:亡及逋事各幾可(何)日

睡簡・秦律・28:芻稾各萬石一積

睡簡・秦律・22:而遺倉嗇夫及離邑倉佐主稟者各一戶以氣(餼)

睡簡・秦律・69:小物不能各一錢者

睡簡・秦律・72:養各一人

睡簡・秦律・73:各與其官長共養、車牛

睡簡・秦律・186:縣各告都官在其縣者〖注〗告,請。

睡簡・秦律・102:公甲兵各以其官名刻久(記)之

睡簡・秦律・19:今課縣、都官公服牛各一課

睡簡・秦律・169:而遺倉嗇夫及離邑倉佐主稟者各一戶

睡簡・秦律・132:各以其㰚〈穫〉時多積之

睡簡・秦律・139:盡八月各以其作日及衣數告其計所官

睡簡・秦律・144:種時、治苗時各二旬

睡簡・雜抄・29:貲各一盾

睡簡・雜抄・20:令、丞及佐各一盾

睡簡・雜抄・20:徒絡組各廿給

睡簡・雜抄・21:令、丞各一甲

睡簡・雜抄・9:令、丞各一甲

睡簡・雜抄・9:令、尉貲各二甲

睡簡・雜抄・30:令、丞、佐、史各一盾

睡簡・雜抄・33:貲各一甲

睡簡・雜抄・34:貲各一盾

睡簡・雜抄・31:貲嗇夫、佐各一盾

睡簡・雜抄・40:貲各一甲

睡簡・雜抄・18:工師及丞貲各二甲

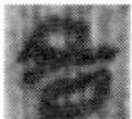睡簡・雜抄・19:縣嗇夫、丞、吏、曹長各一盾

睡簡・雜抄・15:及令、丞貲各一甲

睡簡・爲吏・36:各樂其所樂

睡簡・爲吏・35:人各食其所耆(嗜)

睡簡・效律・29:而遺倉嗇夫及離邑倉佐主稟者各一戶

睡簡・效律・7：貲各一盾

睡簡・效律・46：貲工及吏將者各二甲

睡簡・效律・47：貲各一盾

睡簡・效律・47：貲各一甲

睡簡・效律・17：各坐其所主

睡簡・效律・17：同官而各有主殹

龍簡・152：令、丞、令史各一甲

龍簡・205・摹：史□貲各一盾

龍簡・270：□各善□

龍簡・53：貲各二甲

龍簡・130：□各二程□

龍簡・142・摹：各以其□

龍簡・152：部主者各二甲

里簡・J1(16)6 正：嘉、穀、尉各謹案所部縣卒

關簡・377：各盡其復(腹)

關簡・369：礬赤叔(菽)各二七

帛書・病方・350：庶、蜀椒、桂各一合

帛書・病方・442：中別爲□之倡而笄門戶上各一

帛書・病方・456：用良叔(菽)、雷矢各□而乔(擣)之

帛書・病方・1：□膏、甘草各二

帛書・病方・23：薪(辛)夷、甘草各與[鼢]鼠等

帛書・病方・199：各三

帛書・病方・272：其餘各一

秦印編25：李各

秦陶A・1.7：宮各〖注〗各，人名。

0265  哀

睡簡・日甲・29背：是哀乳之鬼

睡簡・日甲・63背：人有思哀也弗忘

睡簡・爲吏・31：樂能哀

0266  咼

睡簡・日甲・28背：操以咼(過)之

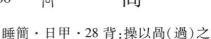

睡簡・日甲・27背：其所不可咼(過)也

0267 唬

秦公鎛鐘・摹(秦銅・16.2)：唬夙夕〖注〗唬，于省吾釋爲虩，讀作“虔”。郭沫若讀作“乎”，介詞。楊樹達讀作“效”。

0268　局

睡簡・爲吏・1：晝局陳㚅（棋）以爲耤（籍）〖注〗局，棋盤。

0269　呈

封泥集 301・1：烏呈之印〖注〗呈，卽呈字。烏呈，卽烏程，地名。

0270　吹

帛書・病方・91：吹〖注〗《玉篇》："吹，呼氣。"

帛書・病方・96：賁（噴）吹

0271　嚴

不其簋蓋（秦銅・3）：馭方嚴允（玁狁）廣伐西俞〖注〗玁狁，王輝說又稱犬戎，爲西戎之一支。

不其簋蓋（秦銅・3）：女（汝）以我車宕伐嚴允（玁狁）于高陶（陶）

滕縣不其簋器（秦銅・4）：馭方嚴允（玁狁）廣伐西俞

滕縣不其簋器（秦銅・4）：女（汝）以我車宕伐嚴允（玁狁）于高陶（陶）

秦公簋・蓋（秦銅・14.2）：嬰嚴龏各

秦公簋・器（秦銅・14.1）：嚴龏（恭）夤天命〖注〗嚴，敬。

秦公鎛鐘・摹（秦銅・16.1）：嚴龏（恭）夤天命

睡簡・爲吏・4：有嚴不治

0272　單

睡簡・日乙・殘6：人祠有細單毋大

睡簡・日乙・62：利單（戰）伐

關簡・313：令人不單（憚）病〖注〗單，讀爲"憚"。

秦印編 25：單

秦印編 25：單志

0273　哭

睡簡・日甲・155 背：毋哭

睡簡・日乙・191：辰不可以哭、穿肂（殡）

0274　喪

秦政伯喪戈一（珍金・42）：秦政（正）白（伯）喪〖注〗伯喪，人名。董珊說卽《史記・秦本紀》所見大庶長弗忌。

秦政伯喪戈一・摹（珍金・42）：秦政（正）白（伯）喪

秦政伯喪戈二（珍金・43）：秦政（正）白（伯）喪

秦政伯喪戈二・摹（珍金・43）：秦政（正）白（伯）喪

有司伯喪矛一（珍金・46）：又（有）嗣（司）白（伯）喪之車矛

有司伯喪矛一・摹（珍金・46）：又（有）嗣（司）白（伯）喪之車矛

有司伯喪矛二（珍金・47）：又（有）嗣（司）白（伯）喪之車矛

有司伯喪矛二・摹(珍金・47):又(有)𤔲(司)白(伯)喪之車矛

睡簡・日甲・86 背:有外喪

睡簡・日甲・105 正:必有重喪

睡簡・日甲・136 背:有女喪

睡簡・日乙・57:有細喪

睡簡・日乙・191:且有二喪

封泥集・附一 410:南鄉喪吏

集證・160. 443:南鄉喪吏

集證・160. 442:宣曲喪吏

集證・160. 444:喪尉

秦印編 25:喪尉

0275 罾

不其簋蓋(秦銅・3):余命女(汝)御追于罾〖注〗罾,地名。

滕縣不其簋器(秦銅・4):余命女(汝)御追于罾

0276 走

石鼓文・馬薦(先鋒本):□天□虹□皮□走驕=馬薦䕷=莽=敚=雉□

睡簡・日甲・13 背:走歸豿䂂之所

里簡・J1(9)984 背:卽走印行都鄉

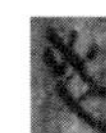

里簡・J1(16)6 背:走袑行尉

秦印編 25:走翟丞印

秦印編 25:宦走丞印

秦印編 25:走士丞印

秦印編 25:走士〖注〗走士,官名。

新封泥 D・13:宦走

封泥集 154・1:宦走丞印

封泥集 154・2:宦走丞印

封泥集 224・1:走士

封泥集 225・1:走士丞印

封泥集 225・2:走士丞印

封泥集 225・4:走士丞印

封泥集 225・5:走士丞印

封泥集 225・7:走士丞印

封泥集 231・1:走翟丞印

封泥集 231・2:走翟丞印

封泥集 231・3:走翟丞印〖注〗走翟,官名。

集證・160. 437:走翟丞印

集證・160. 438:走士

集證・160.439：走士丞印

封泥印 43：宦走丞印〖注〗宦走，官名。

封泥印 78：走士

封泥印・待考 157：走翟丞印

0277　趨

封泥集 238・2：容趨丞印

新封泥 B・3.28：容趨

新封泥 B・3.35：容趨丞印

0278　趣

睡簡・答問・199：有大繇（徭）而曹鬬相趣〖注〗趣，讀爲"聚"。

0279　超

秦印編 26：□超

0280　趫

秦印編 26：鮮于趫

秦印編 26：趫

0281　越

睡簡・雜抄・25：虎未越泛蘚〖注〗越，跑開。

里簡・J1（9）8 正：陽陵逆都士五（伍）越人有貲錢千三百卌四

里簡・J1（9）8 正：越人成洞庭郡

里簡・J1（12）10 正：越人以城邑反

里簡・J1（9）8 正：令越人署所縣責

關簡・363：東行越木

關簡・363：南行越火

關簡・363：西行越金

關簡・363：北行越水

帛書・病方・65：已沃而□越之

秦印編 26：上官越人

秦印編 26：越

秦印編 26：師越

秦印編 26：張越

秦印編 26：王越

秦印編 26：任越

秦陶・447：越悁

秦陶・448：越

秦陶・449：越

秦陶・450：越

秦陶・451:越

0282　䟩　䟩

廿七年上郡守䟩戈・故宮藏・摹(秦銅・46):廿七年上守䟩造〖注〗䟩,人名。陳平說或爲司馬錯。

廿七年上郡守䟩戈(集證・25.2):廿七年上守䟩造

秦印編26:趙䟩

秦印編26:徒䟩

秦印編26:任䟩

秦印編26:王䟩

秦印編26:王䟩

秦印編26:䟩

0283　趙　趙

秦印編26:趙

0284　蹇　蹇

秦印編27:蹇璽

0285　起 记　起 记

卌年上郡守起戈二・摹(集證・30):卌年上郡守起造〖注〗起,人名。陳平說爲白起。

會稽刻石・宋刻本:遂起禍殃

繹山刻石・宋刻本:兵不復起

睡簡・爲吏・1:敬而起之

睡簡・封診・73:今旦起啟戶取衣

睡簡・秦律・184:必書其起及到日月夙莫(暮)

睡簡・日甲・99 正:毋起北鄉(嚮)室

睡簡・日甲・96 正:毋起東鄉(嚮)室

睡簡・日甲・97 正:毋起南鄉(嚮)室

睡簡・日甲・78 背:名多酉起嬰

睡簡・日甲・107 正:不可壞垣、起之

睡簡・日甲・17 正:可以取妻、入人、起事

睡簡・日甲・138 背:毋起北南陳垣及矰(增)之

睡簡・日甲・138 背:毋起土攻(功)

睡簡・日甲・136 背:以起土攻(功)

睡簡・日甲・131 背:當其地不可起土攻(功)

睡簡・日甲・13 正:利以起大事

睡簡・日甲・140 背:春三月毋起東鄉(嚮)室

睡簡・日甲・140 背:冬三月毋起北鄉(嚮)室

睡簡・日甲・140 背:秋三月毋起西鄉(嚮)室

睡簡・日甲・140背：夏三月毋起南鄉（嚮）室

睡簡・日甲・141背：以此起室

睡簡・日甲・115正：起門

睡簡・日乙・220：正北有火起

睡簡・日乙・249：有（又）公〈火〉起

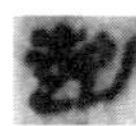睡簡・日乙・24：利以起大事、祭、家（嫁）子

睡簡・日乙・94：必有火起

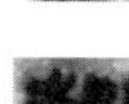睡簡・日乙・113：必有火起

帛書・灸經甲・50：起於手北（背）

帛書・灸經甲・52：起於次指與大指上

帛書・灸經甲・63：坐而起則目瞙（眡）如毋見

帛書・灸經甲・70：起於臂兩骨之間

帛書・病方・124：已炙□之而起

帛書・病方・160：令□起自次（恣）殹

帛書・病方・207：某起

帛書・病方・274：雎（疽）始起

帛書・病方・284：□起而□冶

帛書・病方・殘7：晨起，起□復飲之

帛書・灸經甲・48：起於耳後

秦印編27：起

秦印編27：枝起

集證・175.636：䇹起〖注〗䇹讀爲“郭”。郭起，人名。

秦印編27：笱起

秦印編27：梁起

0286　　趩

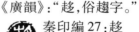

石鼓文・車工（先鋒本）：其來趩＝〖注〗《說文》：“趩，行聲也。一曰不行皃。”

0287　　趍

石鼓文・鑾車（先鋒本）：趍＝□馬〖注〗《說文》：“趍，趨趙，夊也。”《廣韻》：“趍，俗趨字。”

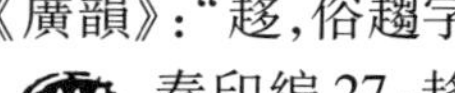

秦印編27：趍

0288　　趙

秦印編27：趙緩

秦印編27：趙甲

秦印編27：趙隋

秦印編27：趙勁

秦印編27：趙顛

秦印編27：趙御

秦印編 27:郝趙

秦印編 27:趙樊

秦印編 27:趙戎

秦印編 27:趙相如印

秦印編 27:趙宵

秦印編 27:趙犢

秦印編 27:趙衷

秦印編 27:趙仁

秦印編 27:趙得

秦印編 27:趙季

秦印編 27:趙武

秦印編 28:趙游

秦印編 28:趙邦

秦印編 28:趙巳

秦印編 28:趙毋忌

秦印編 28:趙交

秦印編 28:趙匕

秦印編 28:趙午

秦印編 28:趙地

秦印編 28:趙淩

秦印編 28:趙末

秦印編 28:趙殷

秦印編 28:趙觽

秦印編 28:趙□

秦印編 28:趙部者

秦印編 28:趙癸印

秦印編 28:趙瓮

秦印編 28:趙亥

秦印編 28:趙胡

秦印編 28:趙容

秦印編 28:趙鼂

秦印編 28:趙雍

秦印編 28:趙趞

集證・181.704:趙犢

集證・181.705:趙相如印

集證・181.706:趙游

集證・181.707:趙章

集證・181.709:趙騷

集證・181.710:趙樊

集證・181.711:趙部者

集證・181.712:趙衷

集證・181.713:趙歙

南郊 713・207:趙東

青川牘・11.3:趙志

南郊 709・198:南陽趙氏十斗

南郊 711・201:趙

南郊 711・202:趙

0289　越

集證・165.514:州越〖注〗州越,人名。

秦陶・1263:杜越

0290　趧

高陵君鼎(集證・22):十五年高陵君丞趧〖注〗趧,人名。

高陵君鼎・摹(集證・22):十五年高陵君丞趧

0291　趚

石鼓文・車工(先鋒本):麀鹿趚=〖注〗趚,羅振玉釋爲"速",卽"迹"字。王昶釋爲"趚",《説文》:"趚,側行也。"

0292　趌

秦陶・1337:咸郿里趌〖注〗《説文》:"趌,半步也。讀若跬同。"此趌爲人名。

秦陶・1339:咸郿里趌

集證・165.509:吕趌

0293　趀

睡簡・雜抄・8:輕車、趀張、引强、中卒所載傅〈傳〉到軍〖注〗趀張,用腳踏張的硬弩。

帛書・病方・198:以箭趀之二七〖注〗趀,讀爲"捌"。

0294　趯

石鼓文・田車(先鋒本):多庶趯=〖注〗《説文》:"趯,動也。"郭沫若云:"言从獵之衆庶欣欣然喜躍。"

0295　趄

秦公簋・器(秦銅・14.1):剌(烈)=趄(桓)=〖注〗烈=桓=,形容威武之貌。趄,楊樹達説爲盤桓之"桓"本字。

秦公一号大墓残磬(集證・60):龔(共)趄(桓)是嗣〖注〗桓,王輝説指秦桓公(共公子)。

秦公鎛鐘・摹(秦銅・16.3):剌(烈)=趄(桓)=

0296　蟲

石鼓文·田車(先鋒本):其□蟲夜〖注〗羅振玉説從三走,象衆奔之形。《字彙》:"蟲,作奔。"强運開釋爲"赴"字。

0297　趙

石鼓文·汧殹(先鋒本):逞=趙=〖注〗郭沫若云:"卽行動之意,猶赴赴也。"羅君惕釋爲往來奔走。馬叙倫釋爲"逋"字。

0298　趟

石鼓文·汧殹(先鋒本):其斿趟=〖注〗潘迪釋爲"躐"字;鄭業斅云:"與躐跚並同,卽蹣跚之意。"

0299　趚

睡簡·日甲·70背:多〈名〉徐善趚以未〖注〗陈振裕、刘信芳釋爲人名。

0300　㞢　止

石鼓文·霝雨(先鋒本):勿□□止

石鼓文·田車(先鋒本):遊戎止陕

石鼓文·吾水(先鋒本):遊□既止

繹山刻石·宋刻本:莫能禁止

會稽刻石·宋刻本:禁止淫泆

天簡35·乙:三以三倍之到三止

睡簡·日甲·14背:則止矣

睡簡·語書·3:鄉俗淫失(泆)之民不止

睡簡·日甲·55背:則止矣

睡簡·日甲·51背:則止矣

睡簡·日甲·130正:毋止

睡簡·語書·5:聞吏民犯灋爲閒(奸)私者不止

睡簡·日甲·64背:則止矣

睡簡·日甲·49背:則止矣

睡簡·答問·126:斬左止(趾)爲城旦

睡簡·答問·154:弗止

睡簡·答問·154:吏有故當止食

睡簡·答問·1:斬左止(趾)

睡簡·秦律·74:旬五日而止之

睡簡·秦律·46:有秩吏不止

睡簡·秦律·46:止其後朔食

睡簡·秦律·51:到九月盡而止其半石

睡簡·秦律·157:盡三月而止之

睡簡·日甲·60背:則止矣

睡簡・日甲・68 背:則止矣

睡簡・日甲・63 背:則止矣

睡簡・日甲・64 背:則止矣

睡簡・日甲・61 背:卽止矣

睡簡・日甲・39 背:則止矣

睡簡・日甲・36 背:則止矣

睡簡・日甲・31 背:則止

睡簡・日甲・49 背:則止矣

睡簡・日甲・46 背:則止矣

睡簡・日甲・47 背:燔鬈(髼)及六畜毛邋(鬣)其止所

睡簡・日甲・44 背:則止矣

睡簡・日甲・41 背:則止矣

睡簡・日甲・56 背:遽則止矣

龍簡・262・摹:□止

關簡・329:先貍(埋)一瓦垣止(址)下〖注〗止,讀爲"址",牆基。

關簡・365:十月戊子齊而牛止司命在庭□

關簡・330:垣止(址)

關簡・328:卽取垣瓦貍(埋)東陳垣止(址)下

帛書・病方・410:三沸止

帛書・病方・殘 6:□止毋傅癰□

帛書・病方・11:止血出者

帛書・病方・24:至不癰而止

帛書・病方・32:止

帛書・病方・96:毋居南止

帛書・病方・121:□之於□熱弗能支而止

帛書・病方・121:扁(遍)施所而止

帛書・病方・131:卅[日]而止

帛書・病方・136:病已,止

帛書・病方・162:參(三)潰(沸),止

帛書・病方・162:止火

帛書・病方・175:病[已]而止

帛書・病方・193:水清,止

帛書・病方・220:須積(癪)已而止

帛書・病方・253:三[日]而止

帛書・病方・294:卽浚□出而止

帛書・病方・334:熱卽止火

帛書・病方・392:傅藥薄厚盈空(孔)而止

秦印編 29:畢止

0301　歫　　　　歫

集證・178.678:楊歫〖注〗楊歫,人名。

0302　歬　　　　前

會稽刻石・宋刻本:善否陳前

天簡 24・乙:得其前五

睡簡・日乙・238:不然必有疵於前

睡簡・日乙・51:必以歲前

睡簡・日甲・125 正:前富後貧

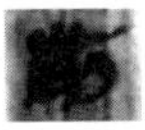

睡簡・日甲・143 正:乃有疵前

睡簡・秦律・24:其前入者是增積

睡簡・爲吏・43:慎前慮後

睡簡・答問・27:置豆俎鬼前未徹乃爲"未闃"

睡簡・答問・37:或以赦前盜千錢

睡簡・答問・12:其前謀

睡簡・答問・15:非前謀毆

睡簡・答問・15:其前謀

睡簡・封診・89:皆言甲前旁有乾血

睡簡・封診・86:診甲前血出及癰狀〖注〗前,指陰部。

睡簡・封診・29:已等已前得

睡簡・封診・39:令少內某、佐某以市正賈(價)賈丙丞某前

里簡・J1(9)981 正:具志已前上

里簡・J1(16)5 背:前書已下

里簡・J1(8)134 正:前日言

關簡・327:前見地瓦

關簡・342:前置杯水女子前

關簡・312:取車前草實〖注〗車前草實,即車前子。

關簡・177:前鳴

關簡・342:前置杯水女子前

帛書・足臂・5:出於踝前

帛書・足臂・8:耳前痛

帛書・灸經甲・39:毄(繫)於外踝之前廉

帛書・病方・55:如前

帛書・病方・70:淒傅之如前

帛書・病方・129:十歲以前藥乃乾

帛書・病方・166:前[日]至可六、七日秀(秀)

帛書・病方・211:以囊□前行□

帛書・病方・238:如前數

 帛書・病方・285:[傅]樂(藥)前洒以溫水

 帛書・病方・393:傅[藥]如前

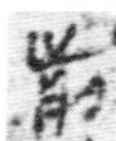 帛書・病方・429:捚如前

 帛書・病方・殘2:□如前

 帛書・病方・無編號:前

0303 歸 𢨋 歸 𢨋

 不其簋蓋(秦銅・3):余來歸獻禽(擒)

 滕縣不其簋器(秦銅・4):余來歸獻禽(擒)

 睡簡・爲吏・33:材(財)不可歸

 睡簡・爲吏・50:貨不可歸

 睡簡・編年・8:新城歸

 睡簡・編年・5:歸蒲反

 睡簡・秦律・46:及告歸盡月不來者〖注〗告歸,休假歸。

 睡簡・秦律・104:歸之

 睡簡・秦律・144:居貲贖責(債)者歸田農

 睡簡・秦律・155:謁歸公士而免故妻隸妾一人者

 睡簡・雜抄・37:不死者歸

 睡簡・雜抄・35:冗募歸

 睡簡・日甲・65背:其鬼歸之者

 睡簡・日甲・36正:自歸

 睡簡・日甲・108背:是日在行不可以歸

 睡簡・日甲・13背:走歸豿竒之所

 睡簡・日甲・133正:凡此日以歸

 睡簡・日甲・131正:歸行

 睡簡・日甲・110背:從遠行歸

 睡簡・日甲・110背:是謂出亡歸死之日也

 睡簡・日乙・119:軍歸

 岳山牘・M36:44正:壬戌、癸亥不可以之遠□及來歸入室

 里簡・J1(8)134正:未歸船

 關簡・333:操歸

 關簡・352:歲歸其禱

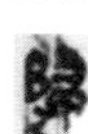 關簡・351:即取腏以歸

 秦印編29:馬歸

 秦印編29:歸皁

 秦印編29:王歸

0304 疌 疌

 秦印編29:姚疌〖注〗姚疌,人名。

0305　⿱永止

不其簋蓋(秦銅·3):⿱永止(永)追女(汝)〖注〗永,長、遠。

不其簋蓋(秦銅·3):用⿱永止(永)乃事

滕縣不其簋器(秦銅·4):用⿱永止(永)乃事

0306　⿱止㐄

詛楚文·湫淵(中吳本):淫⿱止㐄(泆)甚(耽)亂〖注〗⿱止㐄,舊釋失,讀爲"佚"或"泆"。郭沫若說爲"跨"之本字,讀爲"誇"。

詛楚文·巫咸(中吳本):淫⿱止㐄(泆)甚(耽)亂

詛楚文·亞駝(中吳本):淫⿱止㐄(泆)甚(耽)亂

0307　㠻

睡簡·日甲·61背:毋(無)氣之徒而㠻(動)

0308　登⿱癶⿱豆廾

會稽刻石·宋刻本:遂登會稽

泰山刻石·宋拓本:登兹泰山

繹山刻石·宋刻本:登於繹山

封泥集·附一408:沈登傳送

秦印編29:魏登

秦印編29:審登

秦印編29:陳登

秦印編29:下池登

睡簡·日甲·12正:利以登高、飲食、邋(獵)四方野外

0309　癹

青川牘·摹:及癹千(阡)百(陌)之大草〖注〗癹,芟,割草。

0310　步

青川牘·摹:道廣三步

青川牘·摹:田廣一步

睡簡·日乙·106:禹步三

睡簡·爲吏·6:安騶而步

睡簡·答問·101:百步中比壄(野)

睡簡·封診·79:垣東去內五步

睡簡·封診·59:去男子其一奇六步

睡簡·封診·59:一十步

睡簡·日甲·30背:五步一人一犬

睡簡·日甲·111背:勉壹步〖注〗勉壹步,進一步。

睡簡·日甲·111背:禹步三〖注〗禹步,古代巫師作法術時的一種行步方法。

關簡·350:禹步三

關簡・376:禹步三步

關簡・376:禹步三步

關簡・332:禹步三步

關簡・332:禹步三步

關簡・326:禹步三步

關簡・326:禹步三步

關簡・329:復環禹步三步

關簡・327:乃禹步

關簡・330:復環禹步三步

關簡・339:禹步揁房桊

關簡・340:禹步三

關簡・343:□步

關簡・345:禹步三

帛書・灸經甲・66:重履而步

帛書・病方・106:禹步三

帛書・病方・195:禹步三〖注〗《玉函秘典》:“禹步法:閉氣,先前左足,次前右足,以左足並右足,爲三步也。”

帛書・病方・199:禹步三

帛書・病方・210:步嘑(呼)曰

帛書・病方・210:禹步三

帛書・病方・442:禹步三

帛書・病方・97:鄉(嚮)人禹步三

封泥印 147:步嬰

集證・168.552:步强

秦陶・1216:新城如步〖注〗如步,人名。

秦陶・1209:新城□步

0311 嵗 歲

天簡 29・乙:□歲戌雨董蒿毆

睡簡・效律・21:其盈歲

睡簡・效律・30:終歲而爲出凡曰

睡簡・效律・20:新吏居之未盈歲

睡簡・答問・6:毄(繫)一歲

睡簡・答問・127:卒歲得〖注〗卒歲,滿一年。

睡簡・答問・167:居二歲

睡簡・答問・163:未盈卒歲得

睡簡・答問・163:未卒歲而得

睡簡・答問・118:有(又)毄(繫)城旦六歲

睡簡・秦律・81:隃(逾)歲而弗入及不如令者

睡簡・秦律・20:及受服牛者卒歲死牛三以上

 睡簡・秦律・78:終歲衣食不𨁈以稍賞(償)

 睡簡・秦律・35:歲異積之

 睡簡・秦律・187:都官歲上出器求補者數

 睡簡・秦律・199:歲讎辟律於御史

 睡簡・秦律・19:卒歲

 睡簡・秦律・163:新吏居之未盈歲

 睡簡・秦律・171:終歲而爲出凡曰

 睡簡・秦律・13:卒歲

 睡簡・秦律・146:免城旦勞三歲以上者

 睡簡・秦律・100:毋過歲壺〈壹〉

 睡簡・秦律・151:非適(謫)辠殹而欲爲冗邊五歲

 睡簡・秦律・118:卒歲而或陕(決)壞

 睡簡・秦律・119:及雖未盈卒歲而或盜陕(決)道出入

 睡簡・秦律・116:令結(嫴)堵卒歲

 睡簡・秦律・117:未卒歲或壞陕(決)

 睡簡・秦律・111:故工一歲而成

 睡簡・秦律・111:其後歲賦紅(功)與故等

 睡簡・秦律・111:新工二歲而成

 睡簡・秦律・111:一歲半紅(功)

 睡簡・雜抄・22:賦歲紅(功)

 睡簡・雜抄・22:三歲比殿

 睡簡・雜抄・21:髼園三歲比殿

 睡簡・雜抄・40:令姑(嫴)堵一歲

 睡簡・雜抄・5:卒歲

 睡簡・雜抄・18:非歲紅(功)及毋(無)命書

 睡簡・雜抄・12:戍二歲

 睡簡・雜抄・12:貲戍一歲

 睡簡・雜抄・17:省三歲比殿

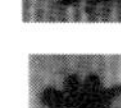 睡簡・雜抄・13:戍一歲

 睡簡・雜抄・13:貲戍二歲

 睡簡・雜抄・15:敢深益其勞歲數者

 睡簡・日甲・96背:不出卒歲

 睡簡・日甲・64正:歲在東方〚注〛歲,木星。

 睡簡・日甲・79正:不出三歲必有大得

 睡簡・日甲・77正:歲在北方

 睡簡・日甲・75正:不盈三歲死

 睡簡・日甲・75正:歲在西方

 睡簡・日甲・3背:不出三歲

睡簡・日甲・33 正:歲善

睡簡・日甲・35 正:歲善

睡簡・日甲・4 背:不出二歲

睡簡・日甲・43 正:歲中

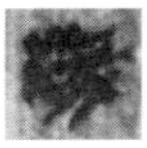

睡簡・日甲・41 正:又(有)歲

睡簡・日甲・58 正:不出歲亦寄焉

睡簡・日甲・59 背:不出壹歲

睡簡・日甲・120 背:不卒歲必衣絲

睡簡・日甲・120 正:十一歲更

睡簡・日甲・120 正:四歲更

睡簡・日甲・122 正:八歲更

睡簡・日甲・129 正:其央(殃)不出歲中

睡簡・日甲・124 正:五歲弗更

睡簡・日甲・125 正:五歲更

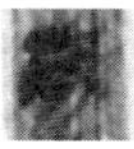

睡簡・日甲・121 正:五歲弗更

睡簡・日甲・131 正:歲忌

睡簡・日甲・152 背:其歲或弗食

睡簡・日甲・118 正:八歲更

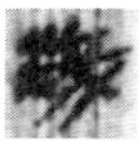

睡簡・日甲・118 正:十二歲更

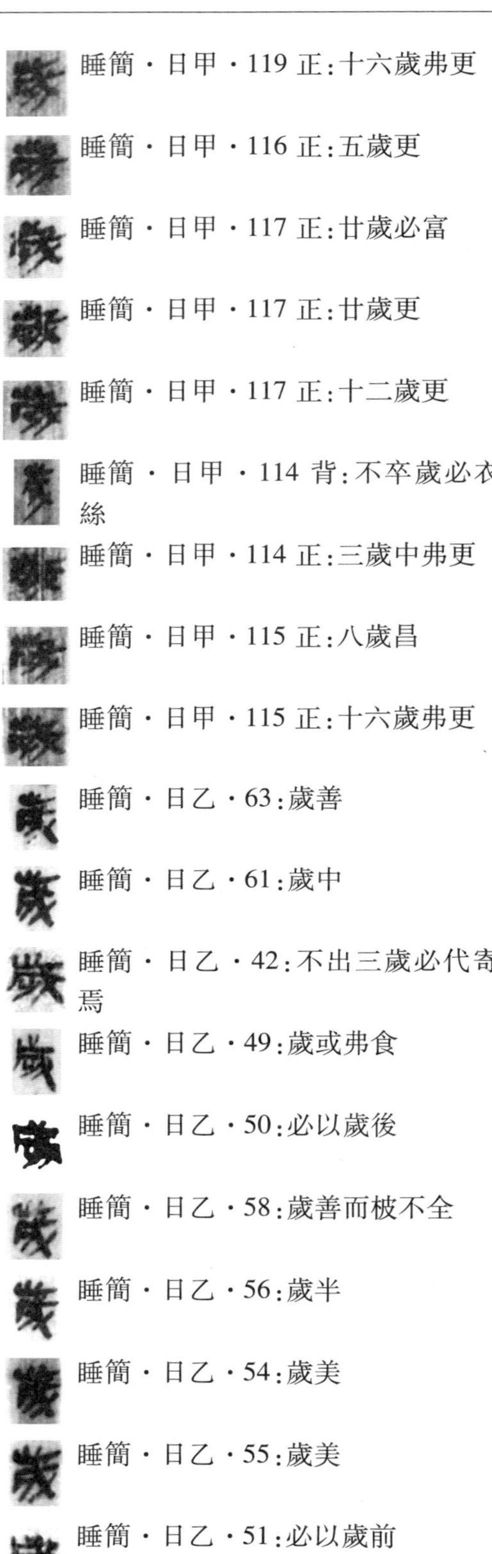

睡簡・日甲・119 正:十六歲弗更

睡簡・日甲・116 正:五歲更

睡簡・日甲・117 正:廿歲必富

睡簡・日甲・117 正:廿歲更

睡簡・日甲・117 正:十二歲更

睡簡・日甲・114 背:不卒歲必衣絲

睡簡・日甲・114 正:三歲中弗更

睡簡・日甲・115 正:八歲昌

睡簡・日甲・115 正:十六歲弗更

睡簡・日乙・63:歲善

睡簡・日乙・61:歲中

睡簡・日乙・42:不出三歲必代寄焉

睡簡・日乙・49:歲或弗食

睡簡・日乙・50:必以歲後

睡簡・日乙・58:歲善而被不全

睡簡・日乙・56:歲半

睡簡・日乙・54:歲美

睡簡・日乙・55:歲美

睡簡・日乙・51:必以歲前

睡簡·日乙·183:煩及歲皆在南方

睡簡·日乙·184:中歲在西

睡簡·日乙·134:其央(殃)不出歲

關簡·352:歲歸其禱

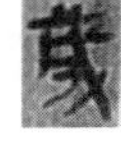
關簡·299:簕(築)囚、行、炊主歲=爲下

關簡·297:上公、兵死、陽主歲=在中

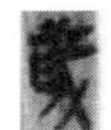
關簡·302:里袜、塚主歲=爲上

帛書·病方·359:取三歲織(膱)豬膏

帛書·病方·126:居雖十[餘]歲到□歲

帛書·病方·126:居雖十[餘]歲到□歲

帛書·病方·129:十歲以前藥乃乾

帛書·病方·165:歲[更]取毒堇

帛書·病方·187:取三歲陳霍(藿)

集證·186.783:千歲〖注〗千歲,祈求長壽之辭。

秦印編30:萬歲

秦印編30:萬歲

秦印編30:晉歲

秦印編30:萬歲

秦印編30:萬歲

秦陶·1442:歲

集證·186.782:萬歲

遺址·4.1:萬歲

瓦當·2.3:羽陽千歲

0312　此

大騩銅權(秦銅·131):刻此詔故刻左

旬邑銅權(秦銅·133):刻此詔故刻左

兩詔橢量一(秦銅·148):刻此詔故刻左

兩詔橢量二(秦銅·149):刻此詔故刻左

左樂兩詔鈞權(集證·43):刻此詔故刻左

二世元年詔版一(秦銅·161):刻此詔故刻左

二世元年詔版三(秦銅·163):刻此詔故刻左

二世元年詔版四(秦銅·164):刻此詔故刻左

二世元年詔版五(秦銅·165):刻此詔故刻左

二世元年詔版六(秦銅·166):刻此詔故刻左

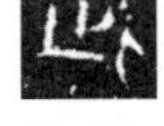
二世元年詔版八(秦銅·168):刻此詔故刻左

二世元年詔版九(秦銅·169):刻此詔故刻左

二世元年詔版十一(秦銅·171):刻此詔故刻左

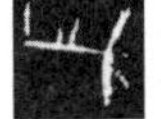
二世元年詔版十二(秦銅·172):刻此詔故刻左

二世元年詔版十三(集證・50):刻此詔故刻左

兩詔銅權二(秦銅・176):刻此詔故刻左

兩詔銅權三(秦銅・178):刻此詔故刻左

兩詔銅權四(秦銅・179.2):刻此詔故刻左

兩詔斤權一(集證・45):刻此詔故刻左

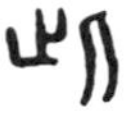

兩詔斤權一・摹(集證・46):刻此詔故刻左

兩詔斤權二・摹(集證・49):刻此詔故刻左

平陽銅權・摹(秦銅・182):刻此詔故刻左

美陽銅權(秦銅・183):刻此詔故刻左

秦駰玉版・甲・摹:以此爲尚(常)

秦駰玉版・乙・摹:以此爲尚(常)

會稽刻石・宋刻本:請刻此石

繹山刻石・宋刻本:刻此樂石

睡簡・11號牘・正:黑夫自以布此

睡簡・語書・12:故如此者不可不爲罰

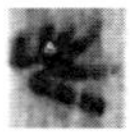

睡簡・答問・2:求盜比此

睡簡・答問・126:它辠比羣盜者皆如此

睡簡・答問・114:其他辠比羣盜者亦如此

睡簡・封診・83:以此直(值)衣賈(價)

睡簡・封診・20:甲、乙捕索(索)其室而得此錢、容(鎔)

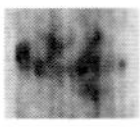

睡簡・封診・26:見丁與此首人而捕之

睡簡・秦律・74:以此鼠(予)僕、車牛

睡簡・日甲・91背:□此胃者不出

睡簡・日甲・47正:此所胃(謂)艮山

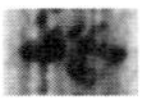

睡簡・日甲・56正:張、畢、此(觜)巂大凶

睡簡・日甲・53正:畢、此(觜)巂致死

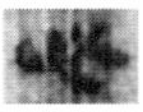

睡簡・日甲・53正:玄戈毄(繫)此(觜)巂

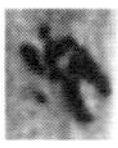

睡簡・日甲・106背:此皆不可殺

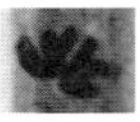

睡簡・日甲・1背:此大敗日

睡簡・日甲・133正:凡此日以歸

睡簡・日甲・134正:凡此日不可以行

睡簡・日甲・146背:凡此日不可入官及入室

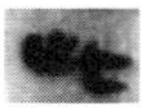

睡簡・日乙・87:此(觜)觽(巂)

睡簡・日乙・139:以此行吉

睡簡・日乙・150:凡以此往亡必得

睡簡・日乙・111:屋以此日爲蓋屋

睡簡・日乙・111:以此日暴屋

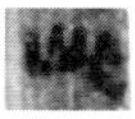

睡簡・爲吏・38:以此爲人君則鬼(懷)

睡簡・爲吏・42:能審行此

睡簡・語書・6:如此

龍簡・183・摹:□犯此令□

里簡・J1(9)981 正:此以未定

關簡・119:此中牀

關簡・132:此所謂戎磨日毆

關簡・150:此(觜)觿(嶲)〖注〗觜嶲,二十八宿之一。

關簡・225:此(觜)嶲

關簡・225:斗乘此(觜)嶲

關簡・265:以此見人及戰斲(鬬)皆可

關簡・244:此正月平旦毄(繫)申者

關簡・244:此直引也

關簡・244:今此十二月子日皆爲平

帛書・足臂・30:諸病此物者

帛書・足臂・34:[諸]病此物者

帛書・脈法・81:□此□則□它脈(脈)□

帛書・脈法・82:氏□則□此□

帛書・病方・50:以此藥皆已

帛書・病方・126:此藥已成

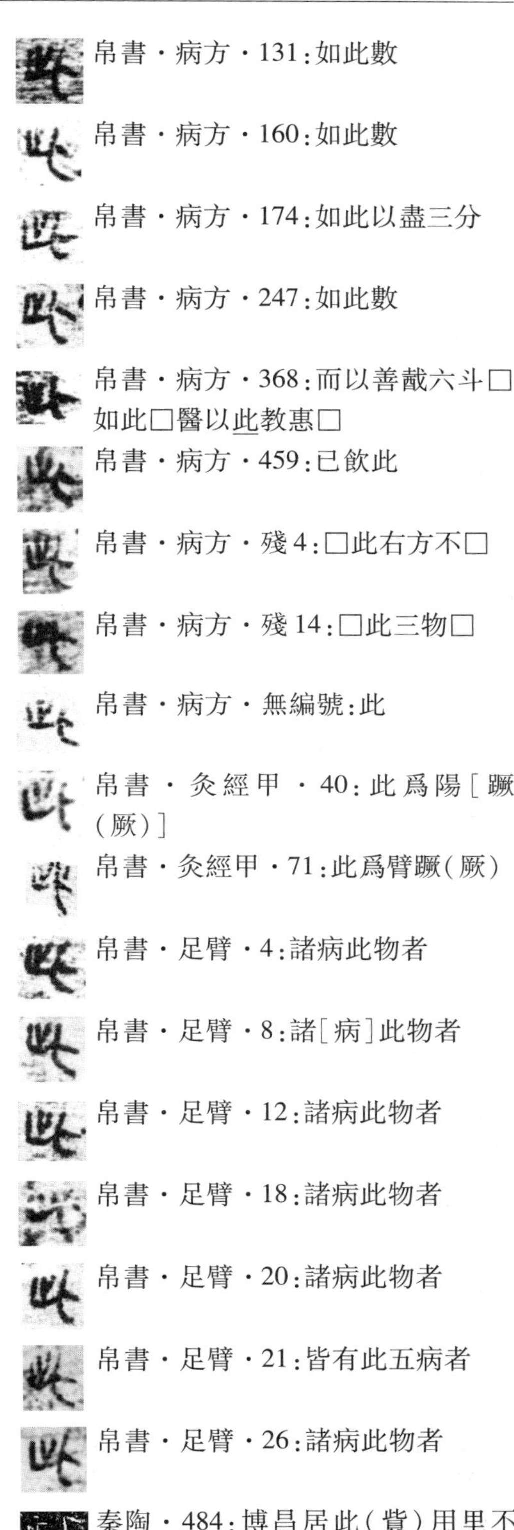

帛書・病方・131:如此數

帛書・病方・160:如此數

帛書・病方・174:如此以盡三分

帛書・病方・247:如此數

帛書・病方・368:而以善截六斗□如此□醫以此教惠□

帛書・病方・459:已飲此

帛書・病方・殘4:□此右方不□

帛書・病方・殘14:□此三物□

帛書・病方・無編號:此

帛書・灸經甲・40:此爲陽[蹶(厥)]

帛書・灸經甲・71:此爲臂蹶(厥)

帛書・足臂・4:諸病此物者

帛書・足臂・8:諸[病]此物者

帛書・足臂・12:諸病此物者

帛書・足臂・18:諸病此物者

帛書・足臂・20:諸病此物者

帛書・足臂・21:皆有此五病者

帛書・足臂・26:諸病此物者

秦陶・484:博昌居此(貲)用里不更余〖注〗居貲,刑徒名,服勞役以抵償罰貲。

0313 正 𤴓 𤴓 正 𤴓 𤴓

仲滋鼎・摹(集證・14):中(仲)滋正(?)衍(行)〖注〗正,讀爲"征"。

卅四年工師文罍・摹(集證・28):正十七斤十四兩〖注〗正,正確。

十八年上郡戈・摹(秦銅・41):工正〖注〗正,人名。

秦駰玉版・乙・摹:□(清?)可以爲正

秦駰玉版・甲・摹:□(清?)可以爲正〖注〗正,正直。李零解爲主宰,動詞。

青川牘・摹:正彊(疆)畔

王家台・12:正

天簡34・乙:甲辰旬申酉虛寅卯孤失虛在正西

天簡34・乙:正月甲乙雨禾

睡簡・效律・3:衡石不正

睡簡・效律・3:甬(桶)不正

睡簡・效律・5:半石不正

睡簡・編年・14:正月甲寅

睡簡・秦律・194:正之如用者

睡簡・秦律・13:以四月、七月、十月、正月膚(臚)田牛

睡簡・秦律・13:以正月大課之

睡簡・秦律・100:有工者勿爲正

睡簡・日甲・86背:正月

睡簡・日甲・87正:生子,爲正〖注〗正,官長。

睡簡・日甲・20背:女子爲正

睡簡・日甲・20背:圈居宇正北

睡簡・日甲・26正:丑戌正陽

睡簡・日甲・26正:正月二月

睡簡・日甲・27正:卯子正陽

睡簡・日甲・21背:圂居正北

睡簡・日甲・21背:女子爲正

睡簡・日甲・21背:圈居宇正東方〖注〗正,主。

睡簡・日甲・96正:正月、二月、三月

睡簡・日甲・7正:利以行帥〈師〉出正(征)、見人

睡簡・日甲・38背:正立而貍(埋)

睡簡・日甲・32正:臨官立(涖)正(政)相宜也〖注〗立政,讀爲"涖政",處理政務。

睡簡・日甲・39正:正月以朔

睡簡・日甲・37正:正月以朔

睡簡・日甲・33正:正月以朔

睡簡・日甲・35正:正月以朔

睡簡・日甲・41正:正月以朔

睡簡・日甲・59 正:正月五月九月

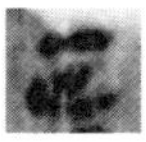

睡簡・日甲・109 背:正月乙丑

睡簡・日甲・107 背:正月七日

睡簡・日甲・104 正:土徼正月壬

睡簡・日甲・12 背:十二月、正月、七月、八月爲牡月

睡簡・日甲・127 正:毋以正月上旬午

睡簡・日甲・17 背:内居正東

睡簡・日甲・138 背:正月申

睡簡・日甲・136 正:正月壬臽

睡簡・日甲・137 背:正月乙卯

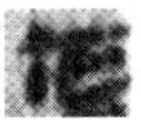

睡簡・日甲・133 正:入正月七日

睡簡・日甲・143 正:不正

睡簡・日甲・145 背:天李(理)正月居子

睡簡・日甲・14 正:正月

睡簡・日甲・15 背:女子爲正

睡簡・日甲・15 背:爲池正北

睡簡・日乙・80:正月

睡簡・日乙・88:正月壬臽

睡簡・日乙・89:正月虚□

睡簡・日乙・87:生子,爲正

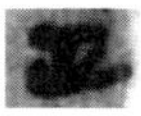

睡簡・日乙・200:正北盡

睡簡・日乙・200:正東夬麗

睡簡・日乙・200:正南續光

睡簡・日乙・200:正西吉富

睡簡・日乙・202:正東有得

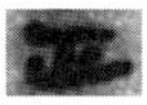

睡簡・日乙・209:正西南有憙(禧)

睡簡・日乙・203:正西惡之

睡簡・日乙・220:正北有火起

睡簡・日乙・26:正月

睡簡・日乙・238:丁卯,不正

睡簡・日乙・213:正月寅

睡簡・日乙・215:正北有憙(禧)

睡簡・日乙・95:入正月二日一日心

睡簡・日乙・62:正月以朔多雨

睡簡・日乙・61:正月以朔多雨

睡簡・日乙・48:卯[子]正陽

睡簡・日乙・49:巳寅正陽

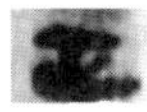

睡簡・日乙・47:正月、二月

睡簡・日乙・50:未辰正陽

睡簡・日乙・59:正月以朔旱

睡簡・日乙・56:正月以朔多雨

睡簡・日乙・57:正月以朔多雨

睡簡・日乙・53:正月以朔旱

睡簡・日乙・54:正陽

睡簡・日乙・55:正月以朔

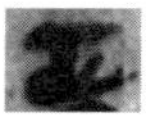

睡簡・日乙・120:正月、五月、九月之丑

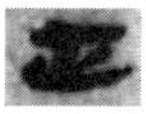

睡簡・日乙・198:正南盡

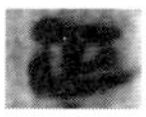

睡簡・日乙・198:正北郄

睡簡・日乙・198:正東吉富

睡簡・日乙・198:正西夬麗

睡簡・日乙・199:正北夬麗

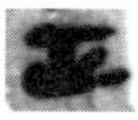

睡簡・日乙・199:正東郄(隙)逐

睡簡・日乙・199:正南吉富

睡簡・日乙・199:正西盡

睡簡・日乙・197:正北吉富

睡簡・日乙・197:正東盡

睡簡・日乙・197:正西郄(隙)逐

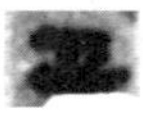

睡簡・日乙・197:正月、五月

睡簡・日乙・132:毋以正月上旬午

睡簡・日乙・153:正月甲午、庚午、甲戌

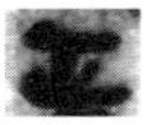

睡簡・日乙・151:正月七日

睡簡・日乙・117:正月、七月朔日

睡簡・日乙・1:正月

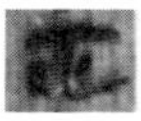

睡簡・爲吏・2:必精絜(潔)正直

睡簡・爲吏・27:發正亂昭

睡簡・爲吏・21:正以橋(矯)之

睡簡・爲吏・3:表若不正

睡簡・爲吏・44:夬(決)獄不正

睡簡・爲吏・5:正行脩身

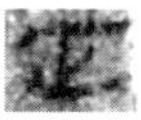

睡簡・效律・6:參不正

睡簡・效律・6:鈞不正

睡簡・效律・7:黄金衡羸(纍)不正

睡簡・效律・7:升不正

睡簡・效律・5:斗不正

龍簡・116:廿四年正月甲寅以來

里簡・J1(8)157背:正月戊戌日中

里簡·J1(8)157正:卅二年正月戊寅朔甲午

關簡·244:此正月平旦毄(繫)申者

關簡·313:以正月取桃橐(蠹)矢(屎)少半升

關簡·143:正月

關簡·29:正月丁卯嘉平視事

封泥集·附一410:安民正印〖注〗安民正,官名,掌獄訟。

集證·143.171:安民正印

集證·184.751:正行治士〖注〗正行,行爲端正、規範。

秦印編30:安民正印

集證·186.773:正衆〖注〗正,矯正。

秦印編30:正行

秦印編30:正行

秦印編30:正行

秦印編30:正行

秦印編30:正行

秦印編30:正行治士

秦印編30:正行治士

秦印編30:正行治士

秦印編30:正行治士

秦印編30:正行治士

封泥印25:宗正

秦印編30:宗正

封泥集123·1:宗正

集證·133.15:宗正

集證·184.752:正行

秦印編30:正行

0314　乏

睡簡·答問·164:皆爲"乏繇(徭)"〖注〗乏徭,沒有服足徭役時間。

睡簡·秦律·115:乏弗行〖注〗乏,廢。

0315　舂

帛書·病方·242:并舂(舂)

帛書·病方·411:壽(擣)之以舂(舂)

帛書·病方·73:舂(舂)木臼中

帛書·病方·456:用良叔(菽)、雷矢各□而舂(擣)之〖注〗此字或隸定作"舂"

0316　是是

秦公簋·器(秦銅·14.1):邁(萬)民是敕〖注〗是,句中助詞,使賓語

前置。

秦公鎛鐘・摹(秦銅・16.3):萬生(姓)是敕

大墓殘磬(集證・60):龔(共)超(桓)是嗣

大墓殘磬(集證・62):龔(共)超(桓)是嗣

大墓殘磬(集證・76):上帝是睽〖注〗是,讀爲“寔”,卽實。

大墓殘磬(集證・77):上帝是□

石鼓文・而師(先鋒本):滔=是戴

石鼓文・吳人(先鋒本):求又□是

詛楚文・湫淵(中吳本):昔我先君穆公及楚成王是繆(勠)力同心

詛楚文・湫淵(中吳本):唯是秦邦之羸眾敝賦

詛楚文・巫咸(中吳本):唯是秦邦之羸眾敝賦

詛楚文・巫咸(中吳本):昔我先君穆公及楚成王是繆(勠)力同心

詛楚文・亞駝(中吳本):唯是秦邦之羸眾敝賦

詛楚文・亞駝(中吳本):昔我先君穆公及楚成王是繆(勠)力同心

天簡 38・乙:貞在瘫(應)鐘是

天簡 38・乙:曰是=大□以

天簡 27・乙:是=夫婦皆居

天簡 27・乙:是亡盜者中人毆

天簡 35・乙:不合音婁(數)者是謂天絕紀

天簡 35・乙:卦曰是

睡簡・語書・4:故騰爲是而脩灋律令、田令及爲閒(奸)私方而下之〖注〗爲是,爲此。

睡簡・語書・10:是以不爭書(署)

睡簡・語書・11:是以善斥(訴)事

睡簡・語書・1:是以聖王作爲灋度

睡簡・答問・28:是謂“庢”

睡簡・答問・206:是謂“介人”

睡簡・答問・207:是謂“介人”

睡簡・答問・200:是謂“旅人”

睡簡・答問・64:且非是

睡簡・答問・64:是,不重

睡簡・答問・188:是謂“宮更人”

睡簡・答問・108:是胃(謂)“家皋”

睡簡・答問・180:是謂“邦徒、僞使”

睡簡・答問・108:是謂“當刑隸臣”

睡簡・答問・184:詣符傳於吏是謂“布吏”

睡簡・答問・126:是謂“處隱官”

睡簡・答問・199:是謂“逵卒”

睡簡・答問・197:且非是

睡簡・答問・168:入公異是〖注〗異是,與之不合。

睡簡・答問・179：是以炎之

睡簡・答問・176：欲去秦屬是謂"夏"

睡簡・答問・177：臣邦父母產子及產它邦而是謂"真"

睡簡・答問・142：是謂"犯令"

睡簡・答問・104：是謂"非公室告"

睡簡・答問・112：是謂"當刑鬼薪"

睡簡・秦律・23：非入者是出之

睡簡・秦律・23：唯倉自封印者是度縣

睡簡・秦律・24：其前入者是增積

睡簡・秦律・24：其他人是增積

睡簡・秦律・5：是不用時

睡簡・秦律・168：是縣入之

睡簡・秦律・171：唯倉所自封印是度縣

睡簡・日甲・28 背：是=遽鬼毋(無)所居

睡簡・日甲・29 背：是哀乳之鬼

睡簡・日甲・29 背：是=丘鬼

睡簡・日甲・29 背：是兇鬼

睡簡・日甲・25 背：是衭鬼僞爲鼠

睡簡・日甲・62 背：是=餓鬼

睡簡・日甲・62 正：若以是月殹北徙

睡簡・日甲・67 背：是遽鬼執人以自伐〈代〉也

睡簡・日甲・65 背：是水亡傷(殤)取之

睡簡・日甲・61 正：若以是月殹西徙

睡簡・日甲・79 正：庚申是天昌

睡簡・日甲・38 背：是=棘鬼在焉

睡簡・日甲・38 正：是胃(謂)又(有)小逆

睡簡・日甲・32 背：是肇(誘)鬼

睡簡・日甲・32 背：是夭鬼

睡簡・日甲・39 背：是會虫居其室西臂(壁)

睡簡・日甲・36 背：是不辜鬼

睡簡・日甲・36 背：是狀(戕)神在其室

睡簡・日甲・34 背：是鬼鼓

睡簡・日甲・34 背：是神虫僞爲人

睡簡・日甲・34 正：是胃(謂)三昌

睡簡・日甲・31 背：是地辥(蠥)居之

睡簡・日甲・31 背：是上神相

睡簡・日甲・40 正：是胃(謂)其羣不捧

睡簡・日甲・48 背：是神狗僞爲鬼

睡簡·日甲·42背:是暴(暴)鬼

睡簡·日甲·49背:是祖□游

睡簡·日甲·44背:是宲宲〈是是宲〉人生爲鬼

睡簡·日甲·44正:是胃(謂)六甲相逆

睡簡·日甲·41背:是=句鬼貍(埋)焉

睡簡·日甲·50背:是幼殤死不葬

睡簡·日甲·52背:是不辜鬼處之

睡簡·日甲·59背:是夭(妖)也

睡簡·日甲·59正:若以是月殹東徙

睡簡·日甲·57背:是粲迓(牙?)之鬼處之

睡簡·日甲·51背:是游鬼

睡簡·日甲·108背:是日在行不可以歸

睡簡·日甲·108背:是=大兇(凶)

睡簡·日甲·108正:是胃(謂)并亡

睡簡·日甲·10背:戌興〈與〉亥是胃(謂)分離日

睡簡·日甲·104正:是謂血明

睡簡·日甲·128正:凡是日赤啻(帝)恆以開臨下民而降其英(殃)

睡簡·日甲·129正:凡是有爲也

睡簡·日甲·130正:大顮(顧)是胃(謂)大楮(佇)

睡簡·日甲·130正:少(小)顮(顧)是胃(謂)少(小)楮(佇)

睡簡·日甲·138背:是胃(謂)地杓

睡簡·日甲·132背:是胃(謂)土神

睡簡·日甲·139背:是胃(謂)召(招)䍃(搖)合日

睡簡·日甲·136背:是胃(謂)牝日

睡簡·日甲·137背:是胃(謂)召(招)䍃(搖)合日

睡簡·日甲·134背:是胃(謂)地衝

睡簡·日甲·142背:是胃(謂)發埶

睡簡·日甲·156正:是謂相(霜)

睡簡·日甲·110背:是謂出亡歸死之日也

睡簡·日甲·119正:是胃(謂)邦君門

睡簡·日乙·236:甲子到乙亥是右〈君〉也

睡簡·日乙·237:是胃(謂)貴勝賤

睡簡·日乙·134:凡是日赤啻(帝)恆以開臨下民而降央(殃)

睡簡·日乙·146:唯福是司

睡簡·日乙·152:凡是往亡[必得]

睡簡·效律·28:是縣入之

睡簡·效律·30:唯倉所自封印是度縣

睡簡·語書·6:是即不勝任、不智殹

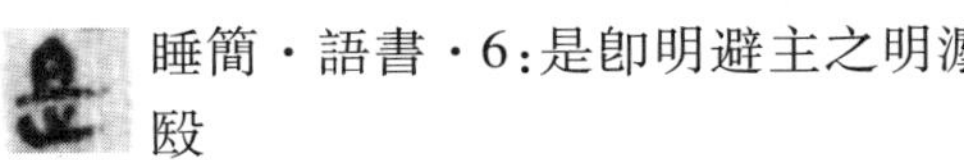

睡簡・語書・6:是卽明避主之明灋殹

睡簡・語書・3:是卽灋(廢)主之明灋殹

里簡・J1(8)152 正:少内守是敢言之〖注〗是,人名。

關簡・143:是謂三閉

帛書・灸經甲・71:是臂少陰脈(脈)主治

帛書・病方・103:若胡爲是

帛書・病方・192:是胃(謂)内復

帛書・病方・423:是胃(謂)日□

帛書・灸經甲・39:是動則病

帛書・灸經甲・44:是動則病

帛書・灸經甲・46:是陽明脈(脈)主治

帛書・灸經甲・48:是[動則病]

帛書・灸經甲・49:是肩脈(脈)主治

帛書・灸經甲・50:是動則病

帛書・灸經甲・51:是耳脈(脈)主治

帛書・灸經甲・52:是[動]則病

帛書・灸經甲・53:是齒脈(脈)主治

帛書・灸經甲・54:是動則病

帛書・灸經甲・54:是胃脈(脈)殹

帛書・灸經甲・55:是鉅陰脈(脈)主治

帛書・灸經甲・60:是厥陰脈(脈)主治

帛書・灸經甲・68:是動則病

秦印編 30:李是家印

瓦書・郭子直摹:志是霾(埋)封

0317　迹 蹟 速　迹(蹟)速

詛楚文・湫淵(中吳本):將欲復其睨(凶)速(迹)〖注〗速,舊釋爲"跡"。郭沫若釋爲"逑",讀爲"求"。

詛楚文・巫咸(中吳本):將欲復其睨(凶)速(迹)

詛楚文・亞駝(中吳本):將欲復其睨(凶)速(迹)

會稽刻石・宋刻本:本原事速(迹)

泰山刻石・宋拓本:從臣思速(迹)

睡簡・封診・78:内中及穴中外壤上有䣛(膝)、手迹

睡簡・封診・78:外壤秦綦履迹四所

睡簡・封診・79:其履迹類故履

睡簡・封診・80:不可迹

睡簡・封診・80:類足歫之之迹

睡簡・封診・69:終所黨(儻)有通迹

睡簡・封診・66:索迹栋(椒)鬱

 睡簡・封診・67:它度毋(無)兵刃木索迹

 睡簡・封診・76:迹廣□寸大半寸

 睡簡・封診・71:索迹不鬱

 龍簡・73:賊迹〖注〗迹,踪迹。

0318　　邁

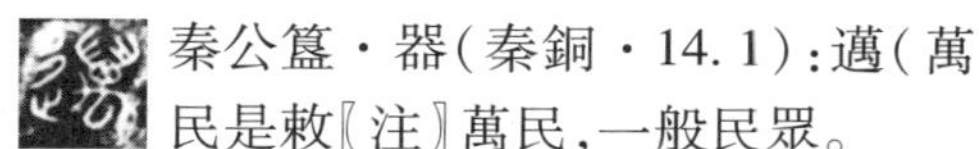

秦公簋・器(秦銅・14.1):邁(萬)民是敕〖注〗萬民,一般民衆。

0319　　徒

二年上郡守冰戈・摹(秦銅・55):工隸臣徒

 三年相邦呂不韋矛二(撫順・1):徒浧

 廿四年上郡守戟(潛山・19):徒

石鼓文・鑾車(先鋒本):徒驂孔庶

石鼓文・霝雨(先鋒本):徒驂湯=〖注〗《説文》:"徒,步行也。"

石鼓文・鑾車(先鋒本):□徒如章

 睡簡・爲吏・28:徒隸攻丈

 睡簡・爲吏・2:不敢徒語恐見惡〖注〗徒語,疑爲説空話。

 睡簡・答問・180:可(何)謂"邦徒、僞使"

 睡簡・答問・180:其邦徒及僞吏不來〖注〗徒,從者。

 睡簡・答問・180:是謂"邦徒、僞使"

 睡簡・答問・180:徒、吏與偕使而弗爲私舍人

 睡簡・封診・48:令吏徒將傳及恆書一封詣令史

 睡簡・秦律・20:吏主者、徒食牛者及令、丞皆有辠〖注〗徒,服徭役的人。

睡簡・秦律・124:而以其實爲繇(徭)徒計

 睡簡・秦律・118:令縣復興徒爲之

 睡簡・秦律・116:令其徒復垣之

 睡簡・秦律・117:興徒以斬(塹)垣離(籬)散及補繕之

 睡簡・秦律・101:亦令其徒、舍人任其叚(假)

 睡簡・雜抄・26:徒出射之

 睡簡・雜抄・20:徒絡組各廿給

 睡簡・雜抄・20:徒治(笞)五十

 睡簡・雜抄・34:徒卒不上宿

 睡簡・雜抄・18:徒絡組五十給

 睡簡・雜抄・12:徒食、敦(屯)長、僕射弗告〖注〗徒食,一起領食軍糧的軍人。

 睡簡・雜抄・17:徒絡組廿給

睡簡・日甲・61背:毋(無)氣之徒而𨔝(動)

 睡簡・日甲・35背:與人爲徒

 睡簡・日乙・19:利以行師徒、見人、入邦

龍簡・197・摹:吏及徒去辨□

龍簡・66・摹:令吏徒讀

里簡・J1(16)6 正:徒隸

里簡・J1(8)154 正:恆以朔日上所買徒隸數

關簡・351:農夫使其徒來代之

帛書・病方・254:蟯白徒道出者方〖注〗徒,眾、眾多。

集證・173.603:徒唯〖注〗徒唯,人名。徒,或爲身份。

秦印編 30:中官徒府

集證・171.578:信徒間〖注〗信徒,即"申徒",古複姓。

秦印編 30:中官徒府

秦印編 31:李徒

秦印編 30:徒穿

秦印編 31:徒得

秦印編 30:徒頩

秦印編 31:徒趞

秦印編 30:公孫徒得

秦印編 31:杜徒

秦印編 30:司徒賞

0320　隨

睡簡・語書・10:緰(偷)隨(惰)疾事

秦印編 31:徐隨

秦印編 31:司馬隨

0321　述 ⿺辶秫

詛楚文・湫淵(中吳本):述(遂)取衙(吾)邊城新郢及鄗(於)、長、敘(莘)〖注〗述,讀爲"遂"。姜亮夫讀爲"墜"。

詛楚文・巫咸(中吳本):述(遂)取衙(吾)邊城新郢及鄗(於)、[長]、敘(莘)

睡簡・日甲・130 正:直述(術)吉〖注〗直術,走道路中央。

0322　遵

會稽刻石・宋刻本:皆遵軌度

泰山刻石・宋拓本:遵奉遺詔

0323　適

睡簡・答問・51:譽適(敵)以恐眾心者

睡簡・秦律・151:非適(謫)辠殹而欲爲冗邊五歲〖注〗適,讀爲"謫",流放。

睡簡・日乙・158:高王父譴適(謫)豕□

帛書・病方・338:令其□溫適

帛書・病方・31:適下

帛書・病方・33:過四日自適

帛書・病方・163:醯寒溫適

帛書・病方・289:痛毋適

帛書・病方・333:湯溫適

帛書・病方・334:自適殹

秦印編 31:馬適士

秦印編 31:馬適詡

0324　過　　過

葿陽鼎(集證・54.2):六斤十二兩,過〖注〗過,超過。

睡簡・效律・14:過二千二百錢以上

睡簡・效律・15:過二千二百錢以上

睡簡・效律・15:直(值)過千一百錢以到二千二百錢

睡簡・答問・209:人戶、馬牛及者(諸)貨材(財)直(值)過六百六十錢爲"大誤"

睡簡・答問・29:議不爲過羊

睡簡・答問・35:臧(贓)直(值)過六百六十

睡簡・答問・181:邦亡來通錢過萬

睡簡・答問・1:盜過六百六十錢

睡簡・秦律・90:過時者勿稟

睡簡・秦律・78:毋過三分取一

睡簡・秦律・47:毋過日一食

睡簡・秦律・167:過十分以上

睡簡・秦律・139:毋過九月而觱(畢)到其官

睡簡・秦律・100:毋過歲壺〈壹〉

睡簡・秦律・118:過三堵以上

睡簡・秦律・11:過二月弗稟、弗致者

睡簡・秦律・115:過旬

睡簡・雜抄・27:過二寸

睡簡・雜抄・13:軍人買(賣)稟稟所及過縣

睡簡・雜抄・14:軍人稟所、所過縣百姓買其稟

睡簡・日甲・59 背:不過三言

睡簡・日甲・59 背:言過三

睡簡・日甲・124 正:食過門

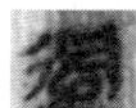睡簡・爲吏・41:須身旞(遂)過

睡簡・爲吏・5:過(禍)去福存

睡簡・爲吏・14:悔過勿重

睡簡・效律・8:過二百廿錢以到千一百錢

睡簡・效律・23:過千石以上

睡簡・效律・25:過十分以上

睡簡・效律・9:過二千二百錢以上

睡簡・效律・9:過千一百錢以到二千二百錢

睡簡・效律・59:過六百六十錢以上

睡簡・效律・56:過二百廿錢以到二千二百錢

睡簡・效律・57:過二千二百錢以上

睡簡・效律・13:過千一百錢以到二千二百錢

睡簡・效律・13:直(值)過二百廿錢以到千一百錢

龍簡・48:去道過一里濯者□

龍簡・50・摹:□行□中過□其□

龍簡・193・摹:不盈十石及過十□

龍簡・16・摹:皇帝過〖注〗過,通過。

關簡・347:過街

關簡・162:日過中

關簡・175:夜過半

帛書・足臂・22:不過三日死

帛書・足臂・22:不過三日死

帛書・脈法・74:過之□會環而久(灸)之

帛書・病方・32:過四日自適

帛書・病方・177:不過三飲而已

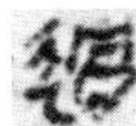帛書・病方・288:不過數飲

帛書・足臂・21:[不]過十日死

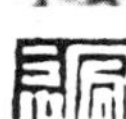秦印編31:過

秦印編31:戰過

0325　遺　遺

石鼓文・車工(先鋒本):其来遺=〖注〗潘迪釋爲"續",行相續或行聲。

0326　進　進

集證・177.655:進欸〖注〗進欸,人名。

0327　造　艁　造艁

廿一年寺工車軎・甲軎(秦銅・93):工上造但〖注〗上造,秦爵之二級。

高奴禾石銅權(秦銅・32.1):三年漆工配、丞詘造

商鞅方升(秦銅・21):大良造鞅爰積十六尊(寸)五分尊(寸)壹爲升〖注〗大良造,秦爵之十六級。

四年相邦樛斿戈(秦銅・26.1):櫟陽工上造間

四年相邦樛斿戈(秦銅・26.1):四年相邦樛斿之造

王四年相邦張儀戈(集證・17):庶長□操之造□界戟

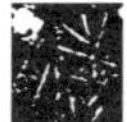
王五年上郡疾戈(秦銅・27):王五年上郡疾造

王五年上郡疾戈・摹(秦銅・27):王五年上郡疾造

王六年上郡守疾戈・摹(秦銅・28.2):王六年上郡守疾之造

王七年上郡守疾(?)戈・摹(秦銅・29):王七(?)年上郡守疾(?)之造

王八年內史操戈(珍金・56):王八年內史操左之造

王八年內史操戈・摹(珍金・56):王八年內史操左之造

十三年相邦義戈・摹(秦銅・30):十三年相邦義之造

六年漢中守戈・摹(集證・19):六年莫(漢)中守□造

六年上郡守閒戈(登封・4.2):六年上郡守閒之造

七年上郡守閒戈・摹(秦銅・33):七年上郡守閒造

七年上郡守閒戈・照片(秦銅・33):七年上郡守閒造

十二年上郡守壽戈・摹(秦銅・35):十二年上郡守壽造

十三年上郡守壽戈・摹(集證・21):十三年上郡守壽造

□□年上郡守戈(集證・20):□□年上郡守□造

□□年上郡守戈・摹(集證・20):□□年上郡守□造

十四年相邦冉戈・摹(秦銅・38):十四年相邦冉造

十五年上郡守壽戈(集證・23):十五年上郡守壽之造

十五年上郡守壽戈・摹(集證・24):十五年上郡守壽之造

□□年丞相觸戈・摹(秦銅・39):□□年丞相觸造

十七年丞相啟狀戈・摹(秦銅・40):十七年丞相啟狀造

廿年相邦冉戈・摹(秦銅・42):廿年相邦冉造

廿一年相邦冉戈一・摹(秦銅・47.1):廿一年相邦冉造

廿一年相邦冉戈二(珍金・64):廿一年相邦冉造

廿一年相邦冉戈二・摹(珍金・64):廿一年相邦冉造

王廿三年家丞戈(珍金・68):王廿三年家丞禺(?)造

王廿三年家丞戈・摹(珍金・68):王廿三年家丞禺(?)造

廿五年上郡守厝戈・摹(秦銅・43):廿五年上郡守厝造

廿五年上郡守周戈(登封・4.1):廿五年上郡守周造

廿六年戈・王輝摹(珍金179):廿六年相□守之造

廿七年上郡守趞戈(集證・25.2):廿七年上守趞造

廿七年上郡守趞戈・故宮藏・摹(秦銅・46):廿七年上守趞造

○ 卅二年相邦冉戈(珍金・80):卅二年相邦冉造

卅二年相邦冉戈・摹(珍金・80):卅二年相邦冉造

卅四年蜀守戈・摹(集證・29):卅四年蜀守□造

卅七年上郡守慶戈・摹(精粹19):卅七年上郡守慶造

卅八年上郡守慶戈(長平圖版):卅八年上郡守慶造

卅八年上郡守慶戈・摹(長平圖版):卅八年上郡守慶造

卌年上郡守起戈二・摹(集證・30):卌年上郡守起造

卌八年上郡假守鼂戈（珍金·88）：卌八年上郡叚（假）守鼂造

卌八年上郡假守鼂戈·摹（珍金·88）：卌八年上郡叚（假）守鼂造

元年上郡假守暨戈（珍金·92）：元年上郡叚（假）守暨造

元年上郡假守暨戈·摹（珍金·92）：元年上郡叚（假）守暨造

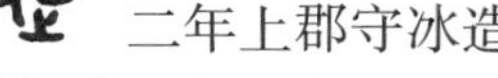
二年上郡守冰戈·摹（秦銅·55）：二年上郡守冰造

二年上郡守戈（集證·18）：二年上郡守冰（?）造

三年上郡守冰戈·摹（秦銅·57）：三年上郡守冰造

□年相邦呂不韋戈（珍金·98）：□年相邦呂不韋造

□年相邦呂不韋戈·摹（珍金·98）：□年相邦呂不韋造

五年相邦呂不韋戈一（集證·33）：五年相邦呂不韋造

五年相邦呂不韋戈二（秦銅·68.1）：五年相邦呂不韋造

五年相邦呂不韋戈二·摹（秦銅·68.1）：五年相邦呂不韋造

五年相邦呂不韋戈三·摹（秦銅·69）：五年相邦呂不韋造

八年相邦呂不韋戈·摹（秦銅·71）：八年相邦呂不韋造

十七年寺工鈹五·摹（秦銅·83）：十七年寺工敏造

廿年上郡戈·摹（集成11548.1）：廿年漆工帀（師）攻（?）丞□造

廿二年臨汾守戈（集證·36.1）：工歍造

廿二年臨汾守戈·摹（集證·36.1）：工歍造

元年丞相斯戈·摹（秦銅·160）：元年丞相斯造

四年相邦呂不韋矛·摹（秦銅·66）：四年相邦呂不韋造

大良造鞅殳鐏·摹（集證·16）：□造庶長鞅之造殳

大良造鞅殳鐏·摹（集證·16）：□造庶長鞅之造殳

大良造鞅殳鐏（集證·16）：□造庶長鞅之造殳

十六年大良造鞅戈鐓（秦銅·17）：十六年大良造庶長鞅之造

十六年大良造鞅戈鐓（秦銅·17）：十六年大良造庶長鞅之造

十九年大良造鞅殳鐏（集證·15）：十九年大良造庶長鞅之造殳

十九年大良造鞅殳鐏·摹（集證·15）：十九年大良造庶長鞅之造殳

十九年大良造鞅殳鐏·摹（集證·15）：十九年大良造庶長鞅之造殳

大良造鞅戟（秦銅·24）：□年大良造鞅之造戟

大良造鞅戟（秦銅·24）：□年大良造鞅之造戟

十四年□平匽氏戟（珍金·60）：十四年□平匽氏造戟

十四年□平匽氏戟·摹（珍金·60）：十四年□平匽氏造戟

廿四年上郡守戟（潛山·19）：廿四年上郡守□造

三年相邦呂不韋戟·摹（秦銅·61）：三年相邦呂不韋造

四年相邦呂不韋戟·摹（秦銅·65）：四年相邦呂不韋造

七年相邦呂不韋戟一（秦銅·70）：七年相邦呂不韋造

七年相邦呂不韋戟二·摹（俑坑·3.2）：七年相邦呂不韋造

九年相邦呂不韋戟·摹（集證·35）：九年相邦呂不韋造

十五年寺工鈹一·摹（秦銅·75）：工黑造

十六年寺工鈹·摹（秦銅·78）：十六年寺工敏造

十七年寺工鈹一·摹（秦銅·79）：十七年寺工敏造

睡簡·雜抄·1：上造以上不從令

睡簡·日甲·163 正：日虒見，造〖注〗或說造讀爲“告”。

睡簡·爲吏·15：困造之士久不陽

睡簡·答問·50：上造甲盜一羊

睡簡·答問·113：爵當上造以上

睡簡·秦律·182：上造以下到官佐、史毋（無）爵者

睡簡·雜抄·5：上造以上爲鬼薪

里簡·J1（9）6 正：陽陵褆陽上造徐有貲錢二千六百八十八

關簡·253：有造，惡〖注〗造，致送。或說造讀爲“告”。

封泥印 91：邯鄲造工

封泥印 91：邯造工丞〖注〗造工，官名。

秦印編 31：孟造

秦印編 31：上造段周

秦印編 31：邯鄲造工

秦印編 31：邯鄲造工

秦印編 31：邯造工丞

秦印編 31：邯造工丞

封泥集 256·1：邯鄲造工

封泥集 256·4：邯鄲造工

封泥集 256·5：邯鄲造工

封泥集 256·7：邯鄲造工

封泥集 257·3：邯造工丞

封泥集 257·4：邯造工丞

封泥集 257·5：邯造工丞

封泥集 257·6：邯造工丞

封泥集 257·7：邯造工丞

封泥集 257·8：邯造工丞

封泥集 257·10：邯造工丞

封泥集 257·11：邯造工丞

封泥集 258·4：邯造工丞

集證·142.151：邯鄲造□

集證·142.152：邯鄲造工

集證·142.153：邯造工丞

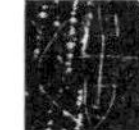
秦陶·492.1：𡠄（鄒）上造姜

秦陶·479：東武居貲上造慶忌

瓦書・郭子直摹:大良造庶長游出命曰

瓦書(秦陶・1610):大良造庶長游出命曰

漆器 M11・16(雲夢・附二):上造□

漆器 M11・52(雲夢・附二):造

漆器(揚家山・16.2・摹):造𦵹

0328 遝

睡簡・答問・143:遝免、徙不遝〖注〗遝,及、追究。

睡簡・答問・143:遝免、徙不遝

睡簡・秦律・105:遝其未靡(磨)

帛書・脈法・76:謂上〈之〉不遝〖注〗不遝,不及。

0329 速(遬)警

石鼓文・車工(先鋒本):麀鹿速=〖注〗潘迪云:"速速,疾行皃。或曰'鹿之足跡'。"

里簡・J1(9)2 正:陽陵遬敢言之

里簡・J1(9)3 背:陽陵遬敢言之

里簡・J1(9)5 正:陽陵遬敢言之

里簡・J1(9)6 正:陽陵遬敢言之

里簡・J1(9)7 背:陽陵遬敢言之

里簡・J1(9)8 正:陽陵遬敢言之

里簡・J1(9)9 背:陽陵遬敢言之

里簡・J1(9)11 正:陽陵遬敢言之

里簡・J1(9)12 背:陽陵遬敢言之

秦印編 32:乘馬遬印

秦印編 32:陳遬

秦印編 32:遬

秦陶・397:小遬〖注〗小遬,人名。

秦陶・398:小遬

秦陶・399:□遬

秦陶・1074:□遬

0330 逆

繹山刻石・宋刻本:討伐亂逆

睡簡・日甲・44 正:是胃(謂)六甲相逆

睡簡・日甲・51 背:鬼恆逆人〖注〗逆,迎。

睡簡・爲吏・23:叚(假)門逆呂(旅)

睡簡・雜抄・38:求盜勿令送逆爲它〖注〗送逆,送迎。

睡簡・爲吏・18:叚(假)門逆呂(旅)〖注〗逆旅,客店。

里簡・J1(9)8 正:陽陵逆都士五(伍)越人有貲錢千三百卌四〖注〗逆都,鄉里名。

帛書・病方・94:以食□逆甗下

秦印編33:田逆

0331 迎

秦印編32:姚迎

0332 遇

睡簡・日乙・17:而遇(寓)人〖注〗寓人,讓人寄居。

睡簡・日乙・135:有爲也而遇雨

龍簡・203:遇(?)而爭

關簡・251:遇怒

關簡・248:遇怒

關簡・252:遇怒

關簡・256:遇惡

集證・166.522:任遇

秦印編32:召遇

0333 逢

石鼓文・吴人(先鋒本):□□䋣寓逢〖注〗逢,遇見。

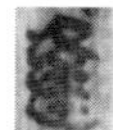
天簡35・乙:弗敬戒逢山水

睡簡・日甲・76正:母(毋)逢人

睡簡・日甲・52背:野獸若六畜逢人而言

帛書・病方・212:陰乾之旁逢卵〖注〗逢,疑讀爲"蜂"。

帛書・病方・273:三沥煮逢(蓬)虆〖注〗蓬虆,藥名。

秦印編32:逢虒

秦印編32:逢襄

0334 通

會稽刻石・宋刻本:貴賤并通

會稽刻石・宋刻本:陰通閒使

睡簡・答問・181:以通錢

睡簡・封診・69:終所黨有通迹

睡簡・答問・182:智(知)人通錢而爲臧(藏)

睡簡・答問・181:邦亡來通錢過萬〖注〗通錢,疑指行賄。

0335 徙祉屎

睡簡・日甲・116正:徙門

睡簡・答問・64:而盜徙之

睡簡・答問・147:甲徙居

睡簡・答問・147:徙數謁吏

睡簡・答問・143:遝免、徙不遝

睡簡・秦律・162:實官佐、史柀免、徙

睡簡・日甲・60 正:東徙大吉

睡簡・日甲・62 正:若以是月殹北徙

睡簡・日甲・62 正:西徙大吉

睡簡・日甲・61 正:南徙大吉

睡簡・日甲・61 正:若以是月殹西徙

睡簡・日甲・7 背:交徙人也可也

睡簡・日甲・36 正:必三徙官

睡簡・日甲・59 正:若以是月殹東徙

睡簡・日甲・126 背:丙子、寅、辰南徙

睡簡・日甲・126 背:庚子、寅、辰西徙

睡簡・日甲・126 背:壬子、寅、辰北徙

睡簡・日甲・126 背:以甲子、寅、辰東徙

睡簡・日甲・158 正:必七徙

睡簡・日甲・116 正:徙門

睡簡・日乙・88:庚子寅辰北徙死

睡簡・日乙・228:七徙

睡簡・日乙・231:不計而徙

睡簡・效律・19:實官佐、史柀免、徙

龍簡・121:盜徙封

龍簡・160:迸徙其田中之臧(贓)而不□

里簡・J1(16)9 正:劾等十七戶徙都鄉

0336　遷　拪

里簡・J1(6)2:遷陵以郵行洞庭
〖注〗遷陵,縣名。

里簡・J1(8)156:遷陵守丞色下少內

里簡・J1(8)158 正:遷陵守丞色敢告酉陽丞

里簡・J1(9)1 背:洞庭叚(假)尉觿謂遷陵丞

里簡・J1(9)1 背:陽陵卒署遷陵

里簡・J1(9)2 背:洞庭叚(假)尉觿謂遷陵丞

里簡・J1(9)2 背:陽陵卒署遷陵

里簡・J1(9)3 背:洞庭叚(假)尉觿謂遷陵丞

里簡・J1(9)3 背:陽陵卒署遷陵

里簡・J1(9)4 背:洞庭叚(假)尉觿謂遷陵丞

里簡・J1(9)4 背:陽陵卒署遷陵

里簡・J1(9)5 背:洞庭叚(假)尉觿謂遷陵丞

里簡・J1(9)5 背:陽陵卒署遷陵

里簡・J1(9)6 背:洞庭叚(假)尉觿謂遷陵丞

里簡・J1(9)6 背:陽陵卒署遷陵

里簡·J1(9)7背:洞庭叚(假)尉觿謂遷陵丞

里簡·J1(9)7背:陽陵卒署遷陵

里簡·J1(9)8背:陽陵卒署遷陵

里簡·J1(9)9背:洞庭叚(假)尉觿謂遷陵丞

里簡·J1(9)9背:陽陵卒署遷陵

里簡·J1(9)10背:洞庭叚(假)尉觿謂遷陵丞

里簡·J1(9)10背:陽陵卒署遷陵

里簡·J1(9)11背:洞庭叚(假)尉觿謂遷陵丞

里簡·J1(9)11背:陽陵卒署遷陵

里簡·J1(9)12背:洞庭叚(假)尉觿謂遷陵丞

里簡·J1(9)12背:陽陵卒署遷陵

里簡·J1(16)5背:遷陵丞歐敢告尉

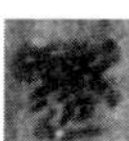
里簡·J1(16)6背:遷陵丞歐敢言之

里簡·J1(8)133背·摹:遷陵守丞陘告司空主

里簡·J1(8)133正:遷陵司空㝵(得)

里簡·J1(8)134正:競(竟)陵蘯(蕩)陰狼叚(假)遷陵公船一

里簡·J1(8)134正:遷陵守丞敦狐郄(卻)之司空

里簡·J1(8)157背:遷陵丞昌郄(卻)之啟陵

秦印編32:投遷

秦印編32:遷

0337 運

會稽刻石·宋刻本:運理羣物

泰山刻石·宋拓本:治道運行

0338 還

帛書·病方·101:以還(環)封其傷

0339 送 遊

睡簡·秦律·159:嗇夫之送見它官者

睡簡·雜抄·38:求盜勿令送逆爲它〖注〗送逆,送迎。

睡簡·日甲·90正:可以送鬼

里簡·J1(16)6正:傳送委[輸]

封泥集·附一408:沈登傳送

0340 遣

商鞅方升(秦銅·21):齊遣卿夫=(大夫)衆來聘

睡簡·答問·4:甲謀遣乙盜

睡簡·答問·5:人臣甲謀遣人妾乙盜主牛

睡簡·封診·7:遣識者以律封守

睡簡・封診・14:遣識者當騰(謄)

睡簡・秦律・159:及相聽以遣之

睡簡・秦律・159:乃令視事及遣之

里簡・J1(9)981 正:謾者訾遣詣廷

里簡・J1(9)981 正:遣佐壬操副詣廷

關簡・364:其庚寅遣書下

0341　逮

石鼓文・霝雨(先鋒本):舫舟西逮〖注〗逮,及。

0342　避

睡簡・語書・6:而養匿邪避(僻)之民〖注〗邪僻,邪惡的行爲。

睡簡・語書・6:是卽明避主之明灋殹〖注〗避,違背。

0343　達 达

泰山刻石・宋拓本:訓經宣達

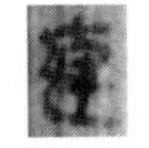天簡 30・乙:日中至日入投中南呂雞殹達面不信〖注〗達,或隸作"連"。

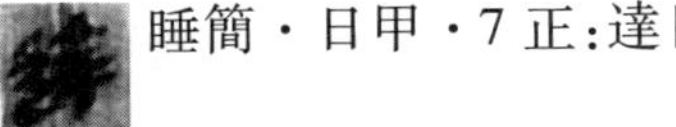睡簡・日甲・7 正:達日

睡簡・日乙・7:平達

睡簡・日乙・19:平達之日

睡簡・日甲・6 正:數達

睡簡・日甲・75 背:名徹達祿得獲錯

秦印編 33:田達

秦印編 33:王達

秦印編 33:奚達

秦印編 33:達驚

封泥集 220・1:典達〖注〗典達,官名。

封泥集 220・3:典達

0344　逯

秦印編 33:逯虒

集證・168. 546:李逯虒

秦印編 33:徐逯

0345　連

睡簡・日甲・26 背:連行奇(踦)立〖注〗連行,連步。

秦印編 33:連戎

秦印編 33:史連

秦印編 33:史連

秦印編 33:連虺

 秦印編 33:連

0346　逋　逋

睡簡・答問・164:爲"逋事"〖注〗逋事,逃避官府役使。

睡簡・封診・14:亡及逋事各幾可(何)日

龍簡・47・摹:有逋亡□〖注〗逋亡,逃亡,逃亡者。

帛書・病方・455:輒逋之〖注〗逋,疑假爲"敷"。

集證・218.236:咸郿里逋〖注〗逋,人名。

0347　遺　遺

泰山刻石・宋拓本:遵奉遺詔

睡簡・6號牘・正:室弗遺

睡簡・11號牘・正:遺黑夫錢

睡簡・11號牘・正:願母遺黑夫用勿少

睡簡・爲吏・34:謀不可遺〖注〗遺,失。

睡簡・爲吏・49:某(謀)不可遺

睡簡・效律・28:而遺倉嗇夫及離邑倉佐主稟者各一戶

睡簡・答問・129:餽遺亡鬼薪於外〖注〗餽,通"饋",饋遺,送食物給人。

睡簡・封診・69:遺矢弱(溺)不毆

睡簡・秦律・21:而遺倉嗇夫及離邑倉佐主稟者各一戶以氣(餼)〖注〗遺,留給。

睡簡・秦律・40:縣遺麥以爲種用者

睡簡・秦律・169:而遺倉嗇夫及離邑倉佐主稟者各一戶

睡簡・日乙・殘5:□遺也

龍簡・127・摹:當遺二程者

龍簡・125・摹:不遺程、敗程租者

龍簡・148:遺者罪減焉□一等〖注〗遺,遺漏、遺失。一說"遺"讀爲"歸",歸還。

龍簡・126・摹:當遺三程者

集證・179.688:遺□

集證・182.718:翟遺

秦印編33:楊遺

秦印編33:遺仁

秦印編33:陳遺

秦印編33:王遺

秦印編33:上官遺

秦印編33:福遺

秦印編33:高遺

0348　遂　遂

會稽刻石・宋刻本:遂登會稽

會稽刻石・宋刻本:遂起禍殃

天簡30・乙:不遂居家者家

秦印編33:遂

秦印編33:遂疢

秦印編33:韓遂

秦印編33:公孫遂

秦印編33:毛遂

0349　　逃

會稽刻石・宋刻本:妻爲逃嫁

天簡23・甲:除日逃亡

0350　　追

不其簋蓋(秦銅・3):巠(永)追女(汝)

不其簋蓋(秦銅・3):王命我羞追于西

不其簋蓋(秦銅・3):余命女(汝)御追于畧

滕縣不其簋器(秦銅・4):巠(永)追女(汝)

滕縣不其簋器(秦銅・4):王命我羞追于西

滕縣不其簋器(秦銅・4):余命女(汝)御追于畧

會稽刻石・宋刻本:追道高明

繹山刻石・宋刻本:追念亂世

睡簡・答問・66:求盜追捕辠人

睡簡・秦律・6・摹:百姓犬入禁苑中而不追獸及捕獸者

睡簡・秦律・6・摹:其追獸及捕獸者

睡簡・秦律・185:追之

睡簡・爲吏・35:言不可追

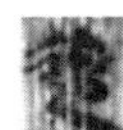
睡簡・爲吏・31:四馬弗能追也

睡簡・爲吏・48:言不可追

龍簡・19:追事已

龍簡・79・摹:其追獸□

龍簡・18:城旦舂其追盜賊、亡人

龍簡・19:□追捕之

里簡・J1(9)12背:謁追

里簡・J1(9)3背:謁追

里簡・J1(9)4正:謁追

里簡・J1(9)5正:謁追

里簡・J1(9)6正:謁追

里簡・J1(9)7背:謁追

里簡・J1(9)8正:謁追

里簡・J1(9)9 背:謁追

里簡・J1(9)10 背:謁追

里簡・J1(9)11 正:謁追

關簡・193:占逐盜、追亡人

關簡・195:逐盜、追亡人

關簡・191:占逐盜、追亡人

關簡・209:占逐盜、追亡人

關簡・207:占逐、追亡人

關簡・203:占逐盜、追亡人

關簡・205:占逐盜、追亡人

關簡・201:占逐盜、追亡人

關簡・220:占逐盜、追亡人

關簡・222:逐盜、追亡人

關簡・229:占逐盜、追亡人

關簡・227:占逐盜、追亡人

關簡・223:占逐盜、追亡人

關簡・239:占逐盜、追亡人

關簡・237:占逐盜、追亡人

關簡・233:占逐盜、追亡人

關簡・235:占逐盜、追亡人

關簡・231:占逐盜、追亡人

關簡・241:占逐盜、追亡人

關簡・218:占逐盜、追亡人

關簡・213:占逐盜、追亡人

關簡・215:占逐盜、追亡人

關簡・211:占逐盜、追亡人

關簡・189:占逐盜、追亡人

關簡・187:逐盜、追亡人

關簡・199:占逐盜、追亡人

關簡・197:占逐盜、追亡人

0351 逐

睡簡・日甲・19 背:出逐

睡簡・日乙・199:正東郄(隙)逐

里簡・J1(9)981 正:史逐將作者氾中

關簡・191:占逐盜、追亡人

關簡・209:占逐盜、追亡人

關簡・207:占逐、追亡人

關簡・203:占逐盜、追亡人

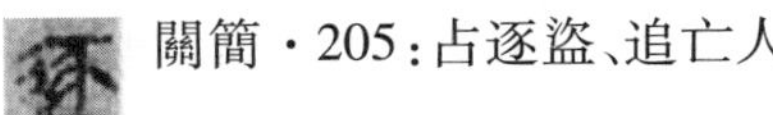

關簡・205:占逐盜、追亡人

關簡・201:占逐盜、追亡人

關簡・229:占逐盜、追亡人

關簡・227:占逐盜、追亡人

關簡・223:占逐盜、追亡人

關簡・221:逐盜、追亡人

關簡・239:占逐盜、追亡人

關簡・237:占逐盜、追亡人

關簡・233:占逐盜、追亡人

關簡・235:占逐盜、追亡人

關簡・231:占逐盜、追亡人

關簡・241:占逐盜、追亡人

關簡・219:占逐盜、追亡人

關簡・217:占逐盜、追亡人

關簡・213:占逐盜、追亡人

關簡・215:占逐盜、追亡人

關簡・211:占逐盜、追亡人

關簡・189:占逐盜、追亡人

關簡・187:逐盜、追亡人

關簡・199:占逐盜、追亡人

關簡・197:占逐盜、追亡人

關簡・193:占逐盜、追亡人

秦印編 34:殷逐

0352　　近 𡴎

會稽刻石・宋刻本:遠近畢清

泰山刻石・宋拓本:遠近畢理

睡簡・秦律・2:近縣令輕足行其書

睡簡・秦律・70:計其輸所遠近

帛書・病方・28:毋近內〖注〗近內,房事。

0353　　邋

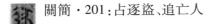

石鼓文・車工(先鋒本):君子鼎(員)邋(獵)

睡簡・日乙・246:好田邋(獵)

睡簡・日乙・91:可田邋(獵)

睡簡・日乙・59:可魚(漁)邋(獵)

睡簡・日甲・40 正:利弋邋(獵)、報讎、攻軍、韋(圍)城、始殺

睡簡・日甲・138 正:利以漁邋(獵)、請謁、責人、摯(執)盜賊

睡簡・日甲・144 正:耆(嗜)酉(酒)及田邋(獵)

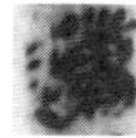
睡簡・日乙・86:以遻(獵)置罔(網)及爲門

睡簡・日乙・85:卯(昴),遻(獵)、賈市

睡簡・日乙・19:罔(網)遻(獵)

0354　迣　　迣

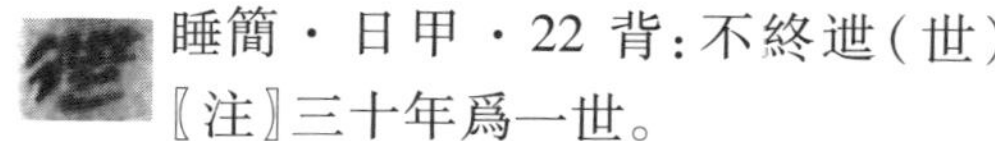
睡簡・日甲・22背:不終迣(世)〖注〗三十年爲一世。

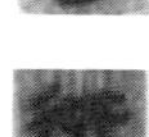
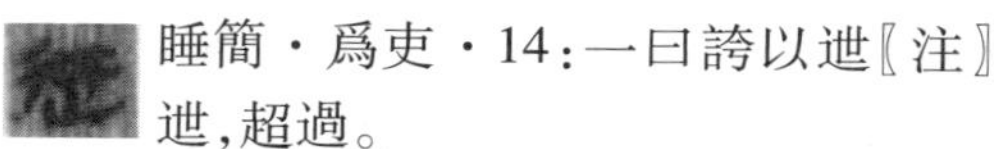
睡簡・爲吏・14:一曰誇以迣〖注〗迣,超過。

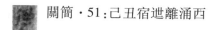

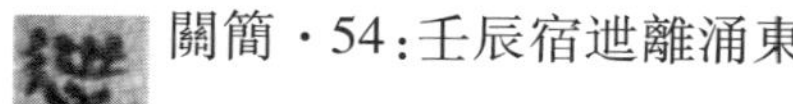
關簡・54:壬辰宿迣離涌東

關簡・51:己丑宿迣離涌西

關簡・50:戊子宿迣贏邑北上渧

關簡・53:辛卯宿迣羅涌西

0355　遠 遠　　遠 遠

北私府橢量・二世詔(秦銅・147):其於久遠也

大騩銅權(秦銅・131):其於久遠也

二世元年詔版八(秦銅・168):其於久遠也

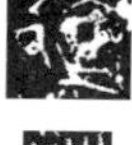
二世元年詔版九(秦銅・169):其於久遠也

二世元年詔版六(秦銅・166):其於久遠也

二世元年詔版三(秦銅・163):其於久遠也

二世元年詔版十二(秦銅・172):其於久遠也

二世元年詔版十三(集證・50):其於久遠也

二世元年詔版十一(秦銅・171):其於久遠也

二世元年詔版四(秦銅・164):其於久遠也

二世元年詔版五(秦銅・165):其於久遠也

二世元年詔版一(秦銅・161):其於久遠也

兩詔斤權一・摹(集證・46):其於久遠殹

兩詔斤權二・摹(集證・49):其於久遠殹

兩詔銅權三(秦銅・178):其於久遠殹

兩詔銅權一(秦銅・175):其於久遠也

兩詔橢量二(秦銅・149):其於久遠也

兩詔橢量三之二(秦銅・151):其於久遠也

兩詔橢量一(秦銅・148):其於久遠也

美陽銅權(秦銅・183):其於久遠也

平陽銅權・摹(秦銅・182):其於久遠殹

旬邑銅權(秦銅・133):其於久遠也

左樂兩詔鈞權(集證・43):其於久遠也

會稽刻石・宋刻本:遠近畢清

會稽刻石・宋刻本:周覽遠方

琅邪臺刻石:其於久遠也

泰山刻石・宋拓本:其於久遠也

泰山刻石・宋拓本:窺軥(巡)遠黎

泰山刻石・宋拓本:遠近畢理

繹山刻石・宋刻本:其於久遠也

繹山刻石・宋刻本:窺軥(巡)遠方

天簡 25・乙:遠數

天簡 26・乙:遠所毆

睡簡・日乙・132:[凡且有]大行遠行若飲食歌樂

睡簡・日乙・140:遠行者毋以壬戌、癸亥到室

睡簡・日乙・43:長行毋以戌亥遠去室

睡簡・6 號牘・背:驚遠家故

睡簡・秦律・87:都官遠大內者輸縣

睡簡・秦律・2:遠縣令郵行之

睡簡・秦律・70:計其輸所遠近

睡簡・秦律・139:官作居貲贖責(債)而遠其計所官者

睡簡・秦律・119:縣所葆禁苑之傅山、遠山

睡簡・日甲・56 背:果(裹)以賁(奔)而遠去之

睡簡・日甲・127 背:毋以戌、亥遠去室

睡簡・日甲・127 正:凡且有大行、遠行若飲食、歌樂、聚畜生及夫妻同衣

睡簡・日甲・134 正:己酉從遠行入

睡簡・日甲・110 背:從遠行歸

睡簡・日乙・22:生子年不可遠行

睡簡・日乙・240:遠去

里簡・J1(9)3 正:以環書道遠

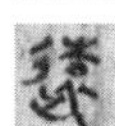
里簡・J1(9)9 正:道遠毋環書

關簡・139:利以遠行

帛書・病方・427:□遠

0356　　迂

秦陶・683:右迂〖注〗迂,人名。

秦陶・684:右迂

0357　　邍

石鼓文・鑾車(先鋒本):邍溼(隰)陰陽〖注〗邍,薛尚功釋爲"原"。鄭樵訓爲"高陸"。

石鼓文・田車(先鋒本):遊以隮于邍(原)

石鼓文・乍邍(先鋒本):乍(作)邍(原)乍(作)□

0358　　道 衜

銅車馬當顱・摹(秦銅・157.2):道(導)二〖注〗道,讀爲"導",引、先。

銅車馬當顱・摹(秦銅・157.2):道三

詛楚文・湫淵(中吳本):今楚王熊相康回無道

詛楚文・巫咸(中吳本):今楚王熊相康回無道

詛楚文・亞駝(中吳本):今楚王熊相康回無道

秦駰玉版・乙・摹:而道(導)崋(華)大山之陰陽〖注〗導,引導。

會稽刻石・宋刻本:追道高明

泰山刻石・宋拓本:治道運行

繹山刻石・宋刻本:孝道顯明

青川牘・摹:非除道之時

青川牘・摹:九月大除道及除澮

青川牘・摹:四年十二月不除道者

青川牘・摹:一百(陌)道

青川牘・摹:一千(阡)道

睡簡・爲吏・16:溝渠水道

睡簡・語書・2:以教道(導)民

睡簡・語書・1:南郡守騰謂縣、道嗇夫〖注〗道,少數民族集居的縣。

睡簡・答問・196:囚道一署旞〖注〗道,由、從。

睡簡・封診・67:堪上可道終索

睡簡・秦律・201:道官相輸隸臣妾、收人

睡簡・秦律・119:及雖未盈卒歲而或盜抉(决)道出入

睡簡・日甲・25背:道(導)令民毋麗(罹)兇(凶)央(殃)

睡簡・日甲・21背:道周環宇

睡簡・日甲・58背:取盎之中道

睡簡・日甲・59背:乃棄其屨於中道

睡簡・爲吏・30:道傷(易)車利

睡簡・爲吏・10:除陛甬道〖注〗甬道,兩側有牆的通道。

睡簡・爲吏・1:凡爲吏之道

睡簡・日甲・56背:以戊日日中而食黍於道

睡簡・日甲・19背:依道爲小內

睡簡・日甲・130正:從道右吉

睡簡・日乙・147:丁不可祠道旁

睡簡・日乙・147:戊辰不可祠道跨(旁)

睡簡・日乙・143:祠常行道右

睡簡・日乙・145:祠道左

睡簡・日乙・145:祠道右

龍簡・46・摹:衠(衝)道行禁苑中

龍簡・58:有(又)沒入其車、馬、牛縣、道[官]

龍簡・59・摹:騎馬於它馳道

龍簡・120：侵食道、千（阡）、邵（陌）

龍簡・86・摹：入其皮□縣道官

龍簡・8：所致縣、道官

龍簡・200：有言縣道官

龍簡・206・摹：道官長

龍簡・221・摹：□行道□

龍簡・26・摹：錢財它物于縣、道官

龍簡・246・摹：□道官

龍簡・60・摹：馳道與弩道同門、橋及限（？）□

龍簡・60：及弩道絕馳道

龍簡・60：及弩道絕馳道〖注〗弩道，疑爲射放弩箭之工事。

龍簡・64・摹：□道中而弗得

龍簡・61・摹：黴（徹）弩道

龍簡・7：□傳書縣、道官

龍簡・75・摹：□死□縣道［官］□

龍簡・39：垣有壞決獸道出

龍簡・31：諸弋射甬道、禁苑外卌（？）里（？）毄（繫）〖注〗甬道，築有隔墻的專供皇帝車輛行走的大道。

龍簡・48・摹：去道過一里濯者□水（？）□

龍簡・54・摹：敢行馳道中者〖注〗馳道，供皇帝車馬行走的大路。

龍簡・102：沒入私馬、牛、［羊］、［駒］、犢、羔縣道官

里簡・J1（9）3 正：以環書道遠

里簡・J1（9）9 正：道遠毋環書

關簡・260：□以孤虛循求盜所道入者及臧（藏）處

關簡・355：道東南入

關簡・49：宿長道〖注〗長道，地名。

帛書・病方・46：道頭始〖注〗道，從、由。

帛書・病方・49：浴之道頭上始

帛書・病方・58：令埶奮兩手如□間手□道□

帛書・病方・106：道南方始

帛書・病方・109：有（又）以殺本若道旁莿（葥）根二七

帛書・病方・228：即道其□

帛書・病方・254：蟯白徒道出者方

帛書・病方・254：先道（導）以滑夏鋌

秦印編 34：道

秦印編 34：道

秦印編 34：咸鄏里道〖注〗道，人名。

秦陶・1359：咸鄏里道

封泥印 136：眗衍道丞

集證·220.258:咸亭□里道器〖注〗道,人名。

秦陶·1398:咸亭右里道器

秦陶A·2.3:西道

秦印編34:西道

秦陶·1235:西道

秦陶·1236:西道

秦陶·1237:西道

秦陶·1234:西道

秦陶·1238:西道

秦陶·1240:西道

地圖注記·摹(地圖·5):北谷下道宛

秦印編286:賈逭〖編者按〗賈逭,人名。《正字通》"逭"通"道"。

0359 遽 

睡簡·日甲·67背:是遽鬼執人以自伐〈代〉也〖注〗《說文》:"遽,傳也。一曰窘也。"

睡簡·日甲·56背:遽則止矣

秦印編34:遽更

秦印編34:遽囷

0360 邊

詛楚文·湫淵(中吳本):且復略我邊城

詛楚文·湫淵(中吳本):述(遂)取衙(吾)邊城新郢及郱(於)、長、敘(莘)

詛楚文·湫淵(中吳本):以偪(逼)衙(吾)邊競(境)

詛楚文·巫咸(中吳本):述(遂)取衙(吾)邊城新郢及郱(於)、[長]、敘(莘)

詛楚文·巫咸(中吳本):以倍〈偪(逼)〉衙(吾)邊競(境)

詛楚文·亞駝(中吳本):且復略我邊城

詛楚文·亞駝(中吳本):述(遂)取衙(吾)邊城新郢及郱(於)、長、敘(莘)

詛楚文·亞駝(中吳本):以偪(逼)衙(吾)邊競(境)

會稽刻石·宋刻本:外來侵邊

睡簡·封診·47:悪(遷)蜀邊縣

睡簡·秦律·62:邊縣者

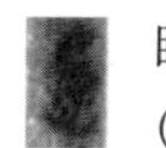
睡簡·秦律·151:非適(謫)辠殹(也)而欲爲冗邊五歲〖注〗遷,流放遷居邊境。

睡簡·雜抄·35·摹:貲日四月居邊

關簡·139:絕邊競(境)、攻毄(擊)

0361　迄

石鼓文・霝雨（先鋒本）：流迄滂=〖注〗迄，即《說文》新附"迄"字，至。

0362　迸

龍簡・160：迸徙其田中之臧（贓）而不□〖注〗迸，疑讀爲"併"，合併。又，陳振裕、劉信芳引李善注："字書曰：迸，散也。"

0363　遠

睡簡・日乙・21：空外遠之日〖注〗空外遠，日書秦徐（除）日名。

0364　迣

石鼓文・乍邍（先鋒本）：導迣（徵）我嗣〖注〗薛尚功釋爲"遄"。

0365　迪

石鼓文・鑾車（先鋒本）：迪禽□□〖注〗迪，舊訓申，重也。鄭業斆說假爲"巡、徇"。强運開釋爲"陳"字。

石鼓文・吾水（先鋒本）：□馬既迪

0366　迲

集證・164.505：江迲疾〖注〗江迲疾，人名。〖編者按〗迲、去爲一字。

0367　遙

廿七年上郡守趞戈・故宮藏・摹（秦銅・46）：漆工師遙〖注〗遙，人名。

廿七年上郡守趞戈（集證・25.2）：漆工師遙

0368　遡

石鼓文・田車（先鋒本）：遡戎止陕〖注〗遡，讀爲"吾"，我，人稱代詞。

石鼓文・車工（先鋒本）：遡馬既駘

石鼓文・車工（先鋒本）：遡車既好

石鼓文・車工（先鋒本）：遡馬既同

石鼓文・先鋒本・吳人：遡其□□

石鼓文・先鋒本・吾水：遡其□導

石鼓文・先鋒本・吾水：遡導（道）既平

石鼓文・先鋒本・吾水：遡水既瀞

石鼓文・車工（先鋒本）：遡敺其樸

石鼓文・車工（先鋒本）：遡敺其特

石鼓文・車工（先鋒本）：遡車既工

石鼓文・鑾車（先鋒本）：遡□（隻?）允異

石鼓文・田車（先鋒本）：遡以隮于邍（原）

0369 遾

石鼓文·車工(先鋒本):即遾即時〖注〗遾,薛尚功釋爲"御"。

0370 迂

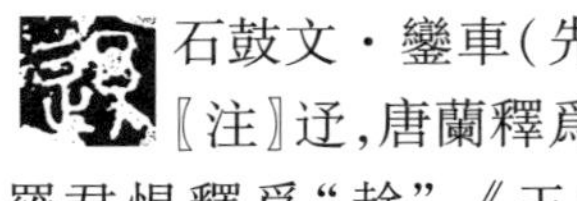石鼓文·鑾車(先鋒本):迂貙如虎〖注〗迂,唐蘭釋爲"予",第一人稱。羅君愓釋爲"�α",《玉篇》:"趙趁,伏地也。"

0371 逑

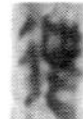關簡·378:勿令逑〖注〗《玉篇》:"逑,散走也。"

0372 逕

集證·219.252:咸反里逕〖注〗逕,人名。

0373 逸

帛書·病方·152:逸華〖注〗逸華,藥名。

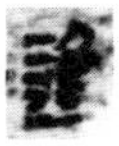

0374 德 德

秦編鐘·甲鐘(秦銅·10.1):翼受明德

秦編鐘·甲鐘左篆部·摹(秦銅·11.4):翼受明德

秦編鐘·丁鐘(秦銅·10.4):翼受明德

秦鎛鐘·2號鎛(秦銅·12.5):翼受明德

秦鎛鐘·3號鎛(秦銅·12.8):翼受明德

秦公鎛鐘·摹(秦銅·16.2):穆=帥秉明德

秦公簋·器(秦銅·14.1):穆=帥秉明德〖注〗明德,光亮的德行。

大騩銅權(秦銅·131):不稱成功盛德

旬邑銅權(秦銅·133):不稱成功盛德

僅存銘兩詔銅權(秦銅·135-18.2):不稱成功盛德

北私府橢量·二世詔(秦銅·147):不稱成功盛德

兩詔橢量一(秦銅·148):不稱成功盛德

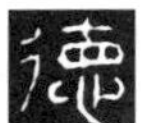兩詔橢量二(秦銅·149):不稱成功盛德

兩詔橢量三之二(秦銅·151):不稱成功盛德

二世元年詔版一(秦銅·161):不稱成功盛德

二世元年詔版三(秦銅·163):不稱成功盛德

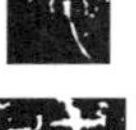二世元年詔版四(秦銅·164):不稱成功盛德

二世元年詔版五(秦銅·165):不稱成功盛德

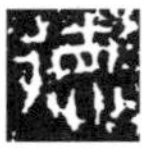

二世元年詔版六(秦銅·166):不稱成功盛德

二世元年詔版七(秦銅·167):不稱成功盛德

二世元年詔版八(秦銅·168):不稱成功盛德

二世元年詔版九(秦銅·169):不稱成功盛德

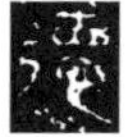二世元年詔版十一(秦銅·171):不稱成功盛德

二世元年詔版十二(秦銅·172):不稱成功盛德

二世元年詔版十三(集證·50):不稱成功盛德

兩詔銅權一(秦銅·175):不稱成功盛德

兩詔銅權三(秦銅·178):不稱成功盛德

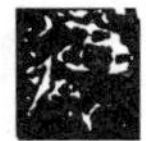
兩詔銅權五(秦銅·180):不稱成功盛德

兩詔斤權一·摹(集證·46):不稱成功盛德

兩詔斤權二·摹(集證·49):不稱成功盛德

平陽銅權·摹(秦銅·182):不稱成功盛德

美陽銅權(秦銅·183):不稱成功盛德

廿一年相邦冉戈一·摹(秦銅·47.1):懷德〖注〗懷德,地名。

詛楚文·湫淵(中吳本):亦應受皇天上帝及大沈氒(厥)湫之幾(機)靈德賜

詛楚文·巫咸(中吳本):亦應受皇天上帝及不(丕)顯大神巫咸[之]幾(機)靈德賜

詛楚文·亞駝(中吳本):亦應受皇天上帝及不(丕)顯大神亞駝之幾(機)靈德賜

泰山刻石·宋拓本:祇誦功德

會稽刻石·宋刻本:德惠攸長

會稽刻石·宋刻本:聖德廣密

琅邪臺刻石:不稱成功盛德

琅邪臺刻石:丞相臣斯、臣去疾、御史大夫臣德昧死言〖注〗德,人名。

繹山刻石·宋刻本:不稱成功盛德

繹山刻石·宋刻本:丞相臣斯、臣去疾、御史大夫臣德昧死言

秦印編34:李德

封泥印101:懷德□□〖注〗懷德,地名。

秦陶·487:楊氏居貲武德公士契必〖注〗武德,地名。

0375 復

石鼓文·而師(先鋒本):具舊□復

詛楚文·湫淵(中吳本):將欲復其䝱(凶)速(跡)

詛楚文·湫淵(中吳本):且復略我邊城

詛楚文·巫咸(中吳本):將欲復其䝱(凶)速(跡)

詛楚文·巫咸(中吳本):且復略我邊城

詛楚文·亞駝(中吳本):且復略我邊城

秦駰玉版·乙·摹:能自復如故

秦駰玉版·乙·摹:以余小子駰之病日復

繹山刻石·宋刻本:兵不復起

天簡27·乙:大復(腹)出目必得

天簡28·乙:復其故所

天簡39·乙:盜從西方入

睡簡·日乙·13:復秀

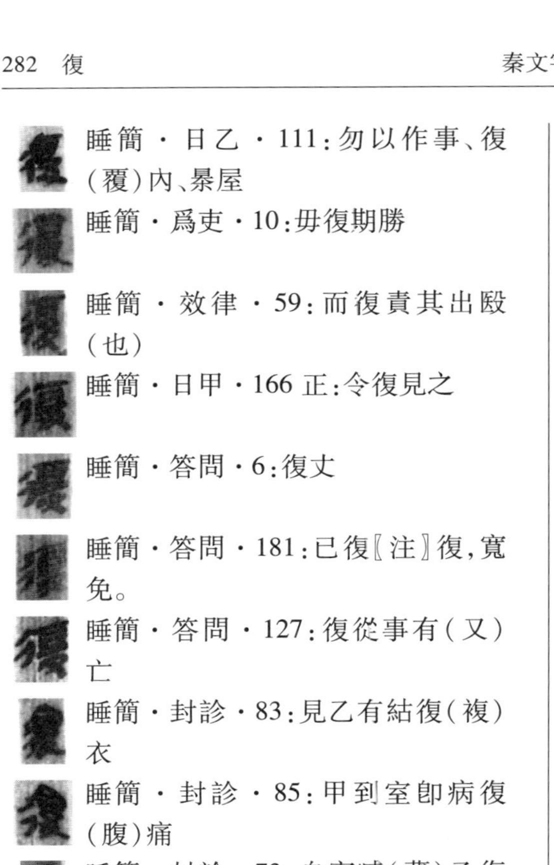

睡簡·日乙·111:勿以作事、復(覆)内、暴屋

睡簡·爲吏·10:毋復期勝

睡簡·效律·59:而復責其出殹(也)

睡簡·日甲·166正:令復見之

睡簡·答問·6:復丈

睡簡·答問·181:已復〖注〗復,寬免。

睡簡·答問·127:復從事有(又)亡

睡簡·封診·83:見乙有結復(複)衣

睡簡·封診·85:甲到室卽病復(腹)痛

睡簡·封診·73:自宵臧(藏)乙復(複)結衣一乙房内中

睡簡·秦律·82:復爲嗇夫

睡簡·秦律·22:而復雜封之

睡簡·秦律·62:復數其縣

睡簡·秦律·10:復以薦蓋

睡簡·秦律·167:令復其故數

睡簡·秦律·173:縣嗇夫令人復度及與雜出之

睡簡·秦律·150:必復請之

睡簡·秦律·118:令縣復興徒爲之

睡簡·秦律·116:令其徒復垣之

睡簡·日甲·25背:復疾,趣(趨)出

睡簡·日甲·95背:必復有死

睡簡·日甲·36正:復事

睡簡·日甲·33正:不可復(覆)室蓋屋

睡簡·日甲·33正:復事〖注〗復事,復職。

睡簡·日甲·31正:必復之

睡簡·日甲·45背:復(覆)鬴戶外

睡簡·日甲·166正:令復見之

睡簡·日甲·159正:不得,復

睡簡·日甲·157正:令復見之

睡簡·日甲·11背:必復之

睡簡·日乙·249:不復失火

睡簡·日乙·25:復秀之日

睡簡·日乙·45:必復出

睡簡·日乙·53:不可復(覆)室

睡簡·日乙·108:必復之

睡簡·日乙·108:必復之

睡簡·效律·25:令復其故數

睡簡·效律·33:縣嗇夫令人復度及與雜出之

 龍簡・8:必復請之

 龍簡・213:復以給假它人

 里簡・J1(8)134 正:在復獄已卒史衰、義報(?)

 關簡・379:女杯復產□之期曰益若子乳

 關簡・334:令毋見=復發

 關簡・199:得而復失之

 關簡・262:復環之

 關簡・264:復倍之

 關簡・246:令復見之

 關簡・247:復好見之

 關簡・254:令復之

 關簡・329:復環禹步三步

 帛書・足臂・17:復□

 帛書・病方・27:復痛

 帛書・病方・47:熨寒□復烝(蒸)

 帛書・病方・50:頸脊强而復(腹)大

 帛書・病方・55:復唾匕朵(漿)以揞

 帛書・病方・55:數復之

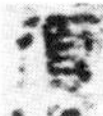 帛書・病方・70:節(卽)復欲傅之

 帛書・病方・91:有(又)復之

 帛書・病方・98:卽復(覆)奚蠡

 帛書・病方・116:有(又)復之而□灌青

 帛書・病方・157:□飲之而復(覆)其桮(杯)

 帛書・病方・160:有(又)復□

 帛書・病方・162:復炊

 帛書・病方・177:復之

 帛書・病方・183:復之

 帛書・病方・186:復之

 帛書・病方・192:是胃(謂)内復〖注〗内復,"膏溺"别名,病名。

 帛書・病方・213:積(㿉)者及股癰、鼠復(腹)者

 帛書・病方・247:有(又)復之

 帛書・病方・267:以復(覆)之

 帛書・病方・306:復以□

 帛書・病方・373:有(又)復煏𩰫(沸)

 帛書・病方・379:復傅之

 帛書・病方・416:乾而復傅者□

 帛書・病方・429:輒復傅灰

 帛書・病方・448:復再三傅其處而已

帛書・病方・殘7:晨起,起□復飲之

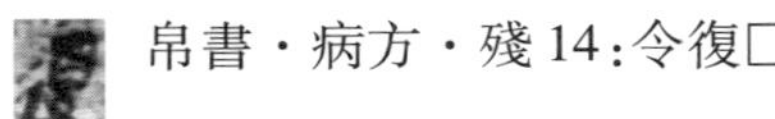

帛書・病方・殘14:令復□

帛書・灸經甲・55:使復(腹)張(脹)

睡簡・封診・21:緹復(複)衣〖注〗複衣,夾衣或棉衣。

睡簡・日甲・101正:不可以爲室、復(覆)屋

0376 往 迬

睡簡・答問・4:乙且往盜

睡簡・答問・12:甲往盜丙

睡簡・答問・12:乙亦往盜丙

睡簡・封診・85:即令令史某往執丙

睡簡・封診・50:即令令史己往執

睡簡・日乙・150:凡以此往亡必得

睡簡・日乙・152:凡是往亡[必得]

帛書・病方・106:以晦往之凷(塊)所

0377 彼

天簡24・乙:彼日毋可以有爲毆

天簡22・甲:彼寅

天簡24・乙:利彼水

天簡32・乙:執辰彼巳危午

睡簡・秦律・174:羣它物當負賞(償)而僞出之以彼(貱)賞(償)〖注〗《説文》:"貱,移予也。"貱償,補墊。

睡簡・日甲・25背:彼窋(屈)臥箕坐

睡簡・日甲・6正:彼

睡簡・爲吏・11:彼邦之𡎏(傾)

睡簡・效律・35:羣它物當負賞(償)而僞出之以彼(貱)賞(償)

帛書・灸經甲・54:彼(被)胃〖注〗被,覆蓋。

0378 徵

睡簡・答問・48:未出徵闌亡

睡簡・答問・5:出徵〖注〗徵,邊塞。

睡簡・答問・1:害盜別(背?)徵而盜〖注〗徵,"游徵"的省稱,官名。一説:徵,巡邏。

睡簡・日甲・136正:夏三月丑徵

睡簡・日乙・26:徵未

睡簡・日乙・27:徵申

睡簡・日乙・33:徵寅

睡簡・日乙・34:徵卯

龍簡・66:徵行〖注〗《説文》:"徵,循也。"徵行,循行、巡邏。

0379　循　循

睡簡・秦律・68:吏循之不謹

睡簡・雜抄・42:縣尉時循視其攻(功)及所爲

睡簡・答問・187:宮中主循者殹

睡簡・秦律・117:苑吏循之

睡簡・秦律・197:令令史循其廷府

0380　微　微

石鼓文・乍遼(先鋒本):□□□微

睡簡・爲吏・5・摹:微密韱(纖)察

0381　徐　徐

睡簡・日甲・81背:乙名曰舍徐可不詠亡惪(憂)

睡簡・日甲・70背:多〈名〉徐善趣以未

睡簡・日甲・102正:毋以丑徐(除)門戶〖注〗除,整治。

睡簡・日乙・29:徐(除)午

睡簡・日乙・30:徐(除)[未]

睡簡・日乙・32:徐(除)酉

睡簡・日乙・39:徐日

睡簡・日乙・36:徐(除)丑

睡簡・日乙・37:徐(除)寅

睡簡・日乙・33:徐(除)戌

睡簡・日乙・34:徐(除)亥

睡簡・日乙・35:徐(除)子

睡簡・日乙・31:徐(除)申

里簡・J1(9)6正:徐戍洞庭郡

里簡・J1(9)6正:陽陵褆陽上造徐有貲錢二千六百八十八〖注〗徐,人名。

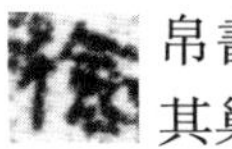
帛書・病方・262:徐以刀[剝]去其巢

帛書・病方・98:徐去徐已

帛書・病方・98:徐去徐已

集證・173.601:徐非人

集證・173.602:徐□

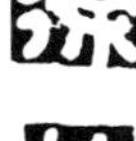
秦印編34:徐馮

秦印編34:徐非人

秦印編34:徐爲

秦印編34:徐舍

秦印編34:徐荊

秦印編34:徐隨

秦印編 34:徐建

秦印編 34:徐□

秦印編 34:徐衆

新封泥 B·3.30:徐無丞印〖注〗徐無,地名。

封泥印 128:徐丞之印

封泥印 139:徐無丞印

秦陶 A·2.15:杜徐

0382 後

北私府橢量·二世詔(秦銅·147):如後嗣爲之者

大騩銅權(秦銅·131):如後嗣爲之者

二世元年詔版八(秦銅·168):如後嗣爲之者

二世元年詔版二(秦銅·162):如後嗣爲之者

二世元年詔版九(秦銅·169):如後嗣爲之者

二世元年詔版六(秦銅·166):如後嗣爲之者

二世元年詔版三(秦銅·163):如後嗣爲之者

二世元年詔版十三(集證·50):如後嗣爲之者

二世元年詔版十一(秦銅·171):如後嗣爲之者

二世元年詔版四(秦銅·164):如後嗣爲之者

二世元年詔版五(秦銅·165):如後嗣爲之者

二世元年詔版一(秦銅·161):如後嗣爲之者

兩詔斤權一·摹(集證·46):如後嗣爲之者

兩詔斤權二·摹(集證·49):如後嗣爲之者

兩詔銅權二(秦銅·176):如後嗣爲之者

兩詔銅權三(秦銅·178):如後嗣爲之者

兩詔橢量二(秦銅·149):如後嗣爲之者

兩詔橢量三之二(秦銅·151):如後嗣爲之者

兩詔橢量一(秦銅·148):如後嗣爲之者

美陽銅權(秦銅·183):如後嗣爲之者

平陽銅權·摹(秦銅·182):如後嗣爲之者

僅存銘兩詔銅權(秦銅·135-18.2):如後嗣爲之者

旬邑銅權(秦銅·133):如後嗣爲之者

左樂兩詔鈞權(集證·43):如後嗣爲之者

會稽刻石·宋刻本:後敬奉灋

琅邪臺刻石:如後嗣爲之者

泰山刻石·宋拓本:陲於後嗣

泰山刻石·宋拓本:如後嗣爲之者

繹山刻石·宋刻本:如後嗣爲之者

天簡 24·乙:其後

 睡簡・爲吏・43:慎前慮後

 睡簡・爲吏・19:贅壻後父

 睡簡・日乙・125:命曰毋(無)後

 睡簡・日乙・145:席叕(餟)其後

 睡簡・爲吏・20:三枼(世)之後

 睡簡・語書・2:故後有閒(干)令下者

 睡簡・答問・68:人乃後告甲

 睡簡・答問・72:及臣邦君長所置爲後大(太)子

 睡簡・答問・72:皆爲"後子"〖注〗後子,作爲嫡嗣的長子。

 睡簡・答問・71:其弟子以爲後

 睡簡・答問・37:赦後盡用之而得

 睡簡・答問・49:乃後覺

 睡簡・答問・182:人後告臧(藏)者

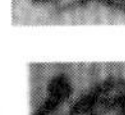 睡簡・答問・181:後來盜而得

 睡簡・答問・126:後自捕所亡

 睡簡・答問・194:後更其律如它

 睡簡・答問・146:後自得所亡

 睡簡・答問・145:後爲令

 睡簡・秦律・25:後節(即)不備

 睡簡・秦律・25:後入者獨負之

 睡簡・秦律・90:後計冬衣來年

 睡簡・秦律・71:□移計其後年

 睡簡・秦律・35:計稻後年〖注〗後年,次年。

 睡簡・秦律・46:止其後朔食

 睡簡・秦律・57:盡月而以其餘益爲後九月稟所

 睡簡・秦律・1:稼已生後而雨

 睡簡・秦律・153:有辠灋耐罨(遷)其後

 睡簡・秦律・111:其後歲賦紅(功)與故等

 睡簡・雜抄・28:志馬舍乘車馬後

 睡簡・雜抄・37:奪後爵

 睡簡・雜抄・37:論其後

 睡簡・雜抄・37:有(又)後察不死

 睡簡・日甲・88 背:其後必有別

 睡簡・日甲・89 背:其後必有死者三人

 睡簡・日甲・86 背:其後必有子將弟也死

 睡簡・日甲・87 背:其後必有敬(警)

 睡簡・日甲・20 背:必絕後

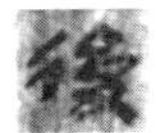 睡簡・日甲・22 背:其後必肉食

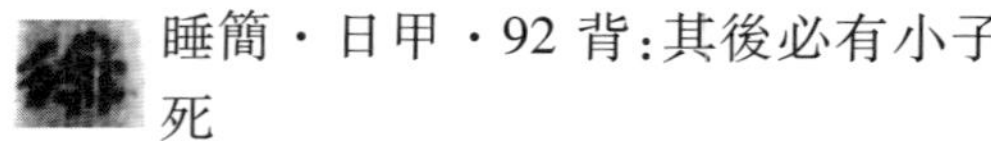

睡簡・日甲・92 背:其後必有小子死

睡簡・日甲・36 正:其後乃昌

睡簡・日甲・162 正:有後言〖注〗後言,背後的議論。

睡簡・日甲・166 正:有後言

睡簡・日甲・164 正:有後言

睡簡・日甲・17 背:絕後

睡簡・日甲・14 背:屏居宇後

睡簡・日甲・142 正:後富

睡簡・日乙・202:其後有憙(禧)

睡簡・日乙・222:□後有得

睡簡・日乙・243:後富

睡簡・日乙・60:先辱後慶

睡簡・日乙・50:必以歲後

睡簡・爲吏・23:贅壻後父

睡簡・爲吏・40:既毋後憂

關簡・59:後九月大

關簡・378:置□後數宿

關簡・35:辛未治後府

關簡・50:丙戌後事已

關簡・199:後解

關簡・246:請後見

關簡・246:有後言

關簡・252:後有言

關簡・255:有後言

關簡・219:必後失之

關簡・211:有後言語

帛書・病方・248:後而潰出血〖注〗後,大便。

帛書・灸經甲・48:起於耳後

帛書・病方・27:藥先食後食次(恣)〖注〗後食,飯後。

帛書・病方・33:熨先食後食次(恣)

帛書・病方・105:先[以]由(塊)置室後

帛書・病方・108:以月晦日之內後

帛書・病方・248:不後上鄉(嚮)者方

0383　很　很

秦印編 35:王很〖注〗王很,人名。

0384　得 㝵　得㝵

秦駰玉版・甲・摹:而不得氒(厥)方

秦駰玉版・乙・摹：而不得氒（厥）方

會稽刻石・宋刻本：子不得母

泰山刻石・宋拓本：者產得宜

天簡 24・乙：得其前五爲得爲聞得其後五爲不得

天簡 24・乙：得其前五爲得爲聞得其後五爲不得

天簡 22・甲：安得美言

天簡 23・甲：不得癰疾

天簡 24・乙：得其前五爲得

天簡 24・乙：投得

天簡 27・乙：大復（腹）出目必得

睡簡・語書・8：獨多犯令而令、丞弗得者〖注〗得，知、察覺。

睡簡・11 號牘・正・摹：聞王得苟得毋恙也

睡簡・日甲・80 背：夙得莫（暮）不得

睡簡・日甲・78 背：夙得莫（暮）不得

睡簡・日甲・79 背：夙得莫（暮）不得

睡簡・日甲・77 背：夙得莫（暮）不得

睡簡・日甲・80 背：夙得莫（暮）不得

睡簡・日甲・78 背：夙得莫（暮）不得

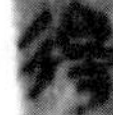
睡簡・日甲・79 背：夙得莫（暮）不得

睡簡・日甲・77 背：夙得莫（暮）不得

睡簡・6 號牘・正：驚多問新負、妴皆得毋恙也

睡簡・6 號牘・正：母得毋恙也

睡簡・11 號牘・背：爲黑夫、驚多問東室季須（嬃）苟得毋恙也

睡簡・11 號牘・背：爲黑夫、驚多問夕陽呂嬰、匽里閻諍丈人得毋恙

睡簡・答問・23：以買布衣而得

睡簡・答問・63：以須其得

睡簡・答問・65：人未蝕奸而得

睡簡・答問・76：未殺而得

睡簡・答問・37：赦後盡用之而得

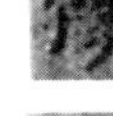
睡簡・答問・35：以得時直（值）臧（贓）

睡簡・答問・30：一日而得

睡簡・答問・31：若未啟而得

睡簡・答問・4：未到，得

睡簡・答問・5：出徼，得

睡簡・答問・53：見書而投者不得

睡簡・答問・53：投者［得］

睡簡・答問・185：得比公士贖耐不得

睡簡・答問・127：須亡者得

 睡簡・答問・127:一月得

 睡簡・答問・127:卒歲得

 睡簡・答問・125:可(何)皋得"處隱官"

 睡簡・答問・12:已去而偕得

 睡簡・答問・168:今得

 睡簡・答問・166:得及自出

 睡簡・答問・167:而得

 睡簡・答問・163:未盈卒歲得

 睡簡・答問・163:未卒歲而得

 睡簡・答問・130:捕得取錢

 睡簡・答問・137:今甲捕得其八人

 睡簡・答問・133:得比公癃(癃)不得

 睡簡・答問・133:亡而得

 睡簡・答問・130:所捕耐辠以上得取

 睡簡・答問・131:其得

 睡簡・答問・146:後自得所亡

 睡簡・封診・20:甲、乙捕索(索)其室而得此錢、容(鎔)

 睡簡・封診・29:己等已前得

 睡簡・封診・74:結衣不得

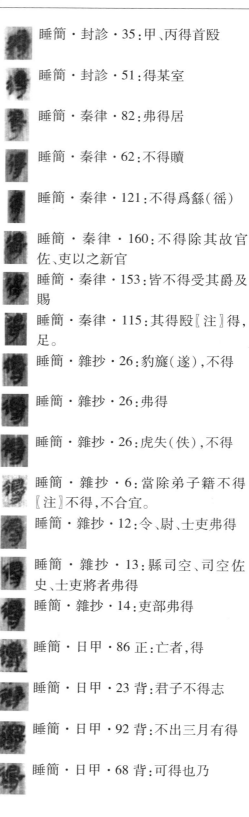

 睡簡・封診・35:甲、丙得首殹

 睡簡・封診・51:得某室

 睡簡・秦律・82:弗得居

 睡簡・秦律・62:不得贖

 睡簡・秦律・121:不得爲繇(徭)

 睡簡・秦律・160:不得除其故官佐、吏以之新官

 睡簡・秦律・153:皆不得受其爵及賜

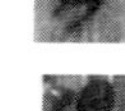 睡簡・秦律・115:其得殹〖注〗得,足。

 睡簡・雜抄・26:豹旞(遂),不得

 睡簡・雜抄・26:弗得

 睡簡・雜抄・26:虎失(佚),不得

 睡簡・雜抄・6:當除弟子籍不得〖注〗不得,不合宜。

 睡簡・雜抄・12:令、尉、士吏弗得

 睡簡・雜抄・13:縣司空、司空佐史、士吏將者弗得

 睡簡・雜抄・14:吏部弗得

 睡簡・日甲・86 正:亡者,得

 睡簡・日甲・23 背:君子不得志

 睡簡・日甲・92 背:不出三月有得

 睡簡・日甲・68 背:可得也乃

 睡簡・日甲・66 背:則得矣

 睡簡・日甲・70 正:得之赤肉、雄鷄、酉(酒)

 睡簡・日甲・78 正:不出三月有大得

 睡簡・日甲・78 正:亡者,不得

 睡簡・日甲・72 正:得之於黄色索魚、堇酉(酒)

 睡簡・日甲・79 正:不出三歲必有大得

 睡簡・日甲・76 背:必得

 睡簡・日甲・76 正:得之於酉(酒)脯脩節(鬒)肉

 睡簡・日甲・77 背:夙得莫(暮)不得

 睡簡・日甲・74 正:得之犬肉、鮮卵白色

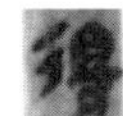 睡簡・日甲・75 背:名徹達祿得獲錯

 睡簡・日甲・38 正:亡者,不得

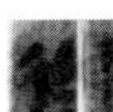 睡簡・日甲・32 正:必得侯王

 睡簡・日甲・35 正:亡者,不得

 睡簡・日甲・3 正:邦郡得年

 睡簡・日甲・40 正:亡者,得

 睡簡・日甲・48 背:不可得也

 睡簡・日甲・44 正:不得必死

 睡簡・日甲・44 正:亡者,得

 睡簡・日甲・58 背:若弗得

 睡簡・日甲・57 背:得其所

 睡簡・日甲・12 正:行有得

 睡簡・日甲・165 正:晝見,得語

 睡簡・日甲・136 正:南得

 睡簡・日甲・136 正:日中南得

 睡簡・日甲・159 正:不言,得

 睡簡・日甲・153 正:必得之

 睡簡・日甲・153 正:雖求頯(告?)啻(帝)必得

 睡簡・日甲・154 正:得之

 睡簡・日甲・11 正:□人,不得

 睡簡・日乙・202:正東有得

 睡簡・日乙・222:□後有得

 睡簡・日乙・24:行有得

 睡簡・日乙・253:其疵其上得□其女若母爲巫

 睡簡・日乙・62:亡者,得

 睡簡・日乙・45:用得

 睡簡・日乙・59:亡者,得

 睡簡・日乙・106:亡者,不得

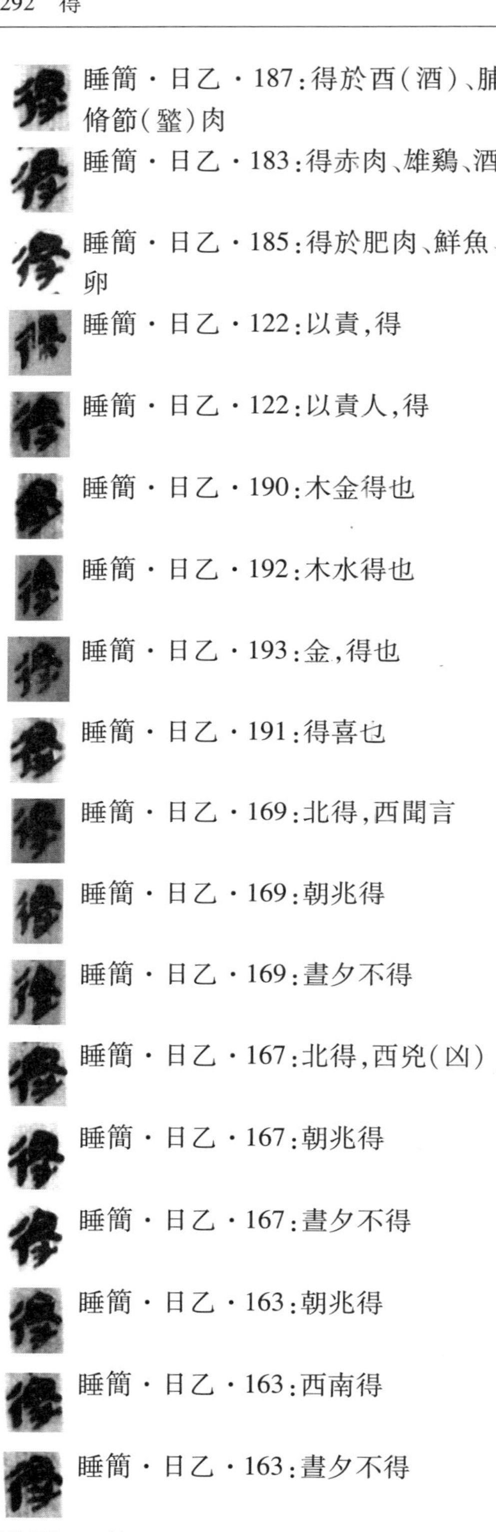
睡簡・日乙・187:得於西(酒)、脯脩節(鼈)肉
睡簡・日乙・183:得赤肉、雄鷄、酒
睡簡・日乙・185:得於肥肉、鮮魚、卵
睡簡・日乙・122:以責,得
睡簡・日乙・122:以責人,得
睡簡・日乙・190:木金得也
睡簡・日乙・192:木水得也
睡簡・日乙・193:金,得也
睡簡・日乙・191:得喜也
睡簡・日乙・169:北得,西聞言
睡簡・日乙・169:朝兆得
睡簡・日乙・169:晝夕不得
睡簡・日乙・167:北得,西兇(凶)
睡簡・日乙・167:朝兆得
睡簡・日乙・167:晝夕不得
睡簡・日乙・163:朝兆得
睡簡・日乙・163:西南得
睡簡・日乙・163:晝夕不得
睡簡・日乙・165:朝兆不得

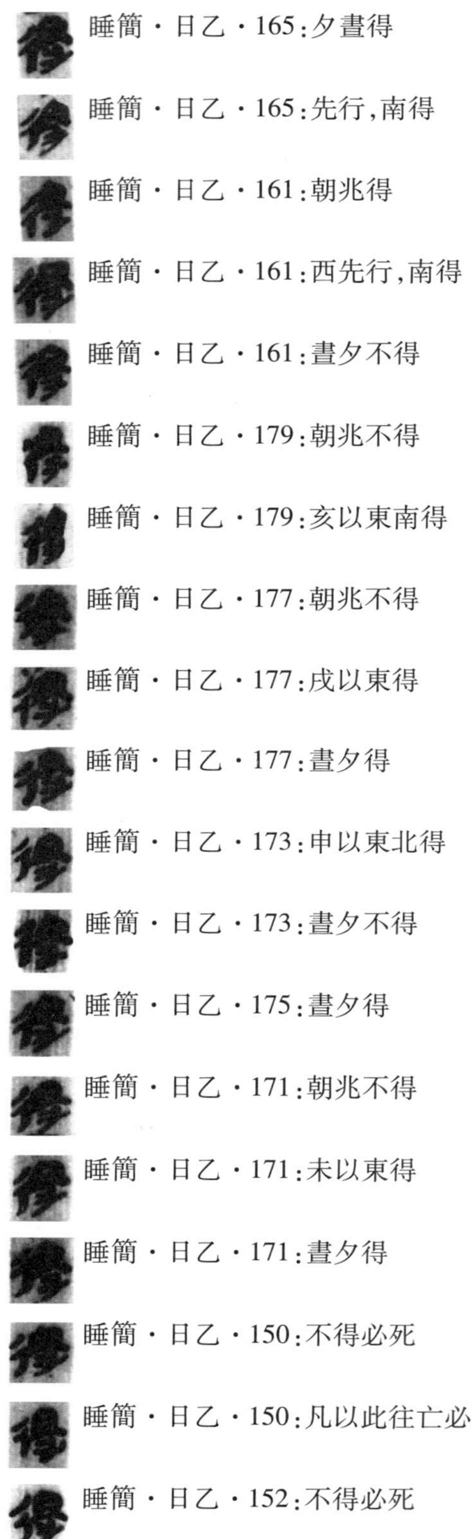
睡簡・日乙・165:夕晝得
睡簡・日乙・165:先行,南得
睡簡・日乙・161:朝兆得
睡簡・日乙・161:西先行,南得
睡簡・日乙・161:晝夕不得
睡簡・日乙・179:朝兆不得
睡簡・日乙・179:亥以東南得
睡簡・日乙・177:朝兆不得
睡簡・日乙・177:戌以東得
睡簡・日乙・177:晝夕得
睡簡・日乙・173:申以東北得
睡簡・日乙・173:晝夕不得
睡簡・日乙・175:晝夕得
睡簡・日乙・171:朝兆不得
睡簡・日乙・171:未以東得
睡簡・日乙・171:晝夕得
睡簡・日乙・150:不得必死
睡簡・日乙・150:凡以此往亡必得
睡簡・日乙・152:不得必死

 睡簡・日乙・159:朝兆得

 睡簡・日乙・159:以入,得

 睡簡・日乙・159:晝夕不得

 睡簡・日乙・157:北得,西聞言兇(凶)

 睡簡・日乙・157:朝兆不得

 睡簡・日乙・157:晝夕得

 睡簡・爲吏・2:賤不可得

 睡簡・爲吏・1:貧不可得

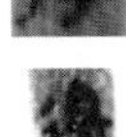 睡簡・效律・18:故嗇夫及丞皆不得除

龍簡・18・摹:追盜賊、亡人出入禁苑耎(?)者得□

龍簡・1・摹:諸叚兩雲夢池魚(籞)及有到雲夢禁中者得取灌

 龍簡・234:□主弗得

 龍簡・90:得朔

 龍簡・64:□道中而弗得

龍簡・43・摹:令終身毋得見□

龍簡・53・摹:令、丞弗得

 里簡・J1(9)12 背:未得報

 里簡・J1(9)981 正:求未得

 里簡・J1(8)154 背:郵人得行

 里簡・J1(9)3 背:未得報

 關簡・195:逐盜、追亡人,不得

 關簡・191:占逐盜、追亡人,得之

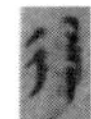 關簡・143:亡人得

 關簡・249:不得言

 關簡・209:占逐盜、追亡人,弗得

 關簡・207:占逐、追亡人,弗得

 關簡・204:得之

 關簡・205:占逐盜、追亡人,不得

 關簡・201:占逐盜、追亡人,得

 關簡・220:占逐盜、追亡人,得

 關簡・222:逐盜、追亡人,不得

 關簡・229:占逐盜、追亡人,得

 關簡・226:占亡,不得

 關簡・227:占逐盜、追亡人,不得

 關簡・223:占逐盜、追亡人,得之

 關簡・262:甐(徹)周竆=周甐=周竆=周□日直竆(窮),得

 關簡・262:直甐(徹),不得

 關簡・239:占逐盜、追亡人,得

 關簡·237:占逐盜、追亡人,得之

 關簡·233:占逐盜、追亡人,不得

 關簡·235:占逐盜、追亡人,得

 關簡·242:以有求,不得

 關簡·249:[寅]有得,怒

 關簡·249:不得言

 關簡·243:得其時宿

 關簡·241:占逐盜、追亡人,不得

 關簡·255:得語

 關簡·218:占逐盜、追亡人,得之

 關簡·219:占得利、貨、財

 關簡·213:占逐盜、追亡人,不得

 關簡·215:占逐盜、追亡人,得之

 關簡·211:占逐盜、追亡人,得之

 關簡·363:不得須良日

 關簡·187:逐盜、追亡人,得

 關簡·190:占戰斳(鬭),不合

 關簡·190:占逐盜、追亡人,得之

 關簡·199:得而復失之

 關簡·197:占逐盜、追亡人,得之

 關簡·193:占逐盜、追亡人,得之

 帛書·病方·443:毋匿□北□巫婦求若固得

 帛書·病方·459:得臥

 帛書·灸經甲·55:得後與氣則快然衰

 帛書·足臂·22:不得臥

 秦印編35:焦得

 秦印編35:張得

 秦印編35:橋得

 秦印編35:橋得

 秦印編35:李得

 秦印編35:得臣

 集證·183.732:魏得之

 秦印編35:公孫徒得

 秦印編35:趙得

 秦印編35:高得

 秦印編35:毋丘得

 秦印編35:高得臣

 秦印編35:王得

 集證・172.587:姚得

 秦印編 35:吕之得

 秦印編 35:柲得

 秦印編 35:孟得

 秦印編 35:楊子得志

 集證・177.665:楊得

 集證・163.481:王得

 集證・185.772:相思得志

 秦印編 35:相思得志

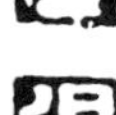 秦印編 35:相思得志

 秦陶・490:贛楡得

 秦陶・243:宫得

 秦陶・926:宫得

 秦陶・251:宫得

 秦陶・252:宫得

 秦陶・232:宫得

 秦陶・233:宫得

 秦陶・234:宫得

 秦陶・235:宫得

 秦陶・236:宫得

 秦陶・237:宫得

 秦陶・238:宫得

 秦陶・239:宫得

 秦陶・240:宫得

 秦陶・241:宫得

 秦陶・250:宫得

 秦陶・244:宫得

 秦陶・245:宫得

 秦陶・246:宫得

 秦陶・247:宫得

 秦陶・248:宫得

 秦陶・249:宫得

 秦印編 35:得

 秦陶・609:得

 秦印編 35:得

 秦印編 35:得

 秦印編 35:得

 秦陶・607:得

 秦陶・608:得

 秦印編35:得

 里簡・J1(8)133正:遷陵司空㝵(得)

0385 㣥 律

 青川牘・摹:更修爲田律

 睡簡・語書・4:故騰爲是而脩灋律令、田令及爲閒(奸)私方而下之

 睡簡・語書・5:今灋律令已布

 睡簡・語書・10:惡吏不明灋律令

 睡簡・答問・89:各以其律論之

 睡簡・答問・80:律所謂

 睡簡・答問・80:律曰

 睡簡・答問・20:律曰

 睡簡・答問・206:貣(貸)人贏律及介人

 睡簡・答問・26:以律論

 睡簡・答問・207:氣(餼)人贏律及介人

 睡簡・答問・90:入齎錢如律

 睡簡・答問・38:貲一盾應律〖注〗應律,與法律符合。

 睡簡・答問・194:後更其律如它

 睡簡・答問・162:律所謂者

 睡簡・答問・164:律所謂者

 睡簡・答問・142:律所謂者

 睡簡・封診・7:遣識者以律封守

 睡簡・封診・4:其律當治(笞)諒(掠)者

 睡簡・秦律・83:令以律居之

 睡簡・秦律・81:皆以律論之

 睡簡・秦律・201:受者以律續食衣之

 睡簡・秦律・98:工律〖注〗工律,律名,關於官營手工業的法律。

 睡簡・秦律・99:工律

 睡簡・秦律・93:以律稟衣

 睡簡・秦律・9:田律

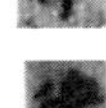 睡簡・秦律・67:以律

 睡簡・秦律・76:金布律

 睡簡・秦律・7:田律

 睡簡・秦律・75:金布律

 睡簡・秦律・71:金布律

 睡簡・秦律・3:田律

 睡簡・秦律・48:倉律

 睡簡・秦律・47:倉律

睡簡・秦律・56:以律食之

睡簡・秦律・57:以犯令律論吏主者

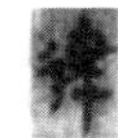睡簡・秦律・54:以律稟食

睡簡・秦律・180:傳食律

睡簡・秦律・182:傳食律

睡簡・秦律・183:留者以律論之

睡簡・秦律・181:傳食律

睡簡・秦律・124:以律論度者

睡簡・秦律・12:田律

睡簡・秦律・100:工律

睡簡・秦律・199:歲讎辟律於御史〖注〗辟律,刑律。

睡簡・秦律・19:錢少律者

睡簡・秦律・190:如廄律

睡簡・秦律・167:而以律論其不備

睡簡・秦律・161:置吏律

睡簡・秦律・160:置吏律

睡簡・秦律・177:以齎律論及賞(償)

睡簡・秦律・173:而以律論不備者

睡簡・秦律・175:以平辠人律論之

睡簡・秦律・138:令居其衣如律

睡簡・秦律・103:以齎律責之

睡簡・秦律・14:廄苑律〖注〗廄苑律,律名,管理飼養牲畜的廄圈和苑囿的法律。

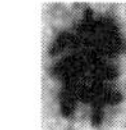睡簡・秦律・10:田律

睡簡・秦律・158:置吏律

睡簡・秦律・159:以律論之

睡簡・秦律・154:軍爵律

睡簡・秦律・101:工律

睡簡・雜抄・2:除士吏、發弩嗇夫不如律

睡簡・雜抄・27:獵律

睡簡・雜抄・6:使其弟子贏律

睡簡・雜抄・38:捕盜律曰

睡簡・雜抄・39:戍律曰〖注〗戍律,律名,關於行戍的法律。

睡簡・雜抄・39:縣嗇夫、尉及士吏行戍不以律

睡簡・雜抄・36:敦(屯)表律〖注〗屯表律,律名,關於邊防的法律。

睡簡・雜抄・33:傅律〖注〗傅律,律名,關於傅籍的法律。

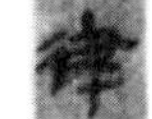睡簡・雜抄・4:除吏律〖注〗除吏律,律名,關於任用官吏的法律。

睡簡・雜抄・5:游士律

睡簡・雜抄・16:臧(藏)律〖注〗藏律,律名,關於府藏的法律。

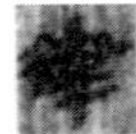 睡簡・雜抄・16:中勞律〖注〗中勞律,律名,關於從軍勞績的法律。

 睡簡・爲吏・28:魏奔命律

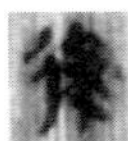 睡簡・爲吏・21:魏戶律

 睡簡・效律・26:而以律論其不備

 睡簡・效律・21:它如律

 睡簡・效律・33:而以律論不備者

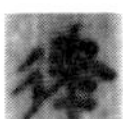 睡簡・效律・35:以平辠人律論之

 睡簡・效律・49:以律論之

 睡簡・效律・45:以職(識)耳不當之律論之

 睡簡・效律・58:計脫實及出實多於律程

 睡簡・效律・50:計用律不審而贏、不備

 睡簡・效律・50:以效贏、不備之律貲之

 睡簡・效律・1:爲都官及縣效律

 睡簡・語書・2:灋律未足

 睡簡・語書・2:凡灋律令者

 睡簡・語書・9:凡良吏明灋律令

 睡簡・語書・7:致以律

 睡簡・語書・3:今灋律令已具矣

 龍簡・150:租者且出以律

龍簡・117・摹:論之如律〖注〗論之如律,法律用語,依法論處。

 龍簡・8・摹:不從律者

 龍簡・240:□律

 龍簡・21:以盜入禁苑律論之

 龍簡・166・摹:□律賜苗□

 龍簡・177:□寫律予租□

 里簡・J1(8)134 正:狼有律

 里簡・J1(8)157 背:律令應尉

 里簡・J1(8)157 背:其以律令

 里簡・J1(8)156:它如律令

 里簡・J1(9)1 背:其以律令從事

 里簡・J1(9)2 背:以律令從事

 里簡・J1(9)3 背:以律令從事

 里簡・J1(9)4 背:以律令從事

 里簡・J1(9)6 背:以律令從事

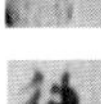 里簡・J1(9)7 背:其以律令從事

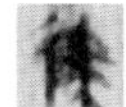 里簡・J1(9)8 背:其以律令從事

 里簡・J1(9)9 背:其以律令從事

 里簡・J1(9)10 背:其以律令從事

里簡・J1(9)11背:其以律令從事

里簡・J1(9)12背:其以律令從事

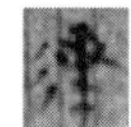
里簡・J1(16)5背:它如律令

秦印編36:夤律

0386　御馭

不其簋蓋(秦銅・3):余命女(汝)御追于䨘〖注〗御,即馭,駕車。

滕縣不其簋器(秦銅・4):余命女(汝)御追于䨘

三十三年銀盤・摹(齊王・19.4):御羞〖注〗御羞,官名。

琅邪臺刻石:丞相臣斯、臣去疾、御史大夫臣德昧死言

泰山刻石・宋拓本:丞相臣斯、臣去疾、御史大夫臣德昧死言

繹山刻石・宋刻本:丞相臣斯、臣去疾、御史大夫臣德昧死言

睡簡・秦律・115:御中發徵〖注〗御中,向朝廷進獻。

睡簡・日乙・181:禺(遇)御於豕肉〖注〗御,疑讀爲"遌",逢。

睡簡・秦律・182:及卜、史、司御、寺、府〖注〗司御,管理車輛的人。

睡簡・秦律・12:田嗇夫、部佐謹禁御之

睡簡・秦律・199:歲讎辟律於御史

睡簡・秦律・179:御史卒人使者

龍簡・59:騎作乘輿御〖注〗御,駕馭。

里簡・J1(8)152正:廷下御史書

關簡・241:所言者宦御若行者也〖注〗宦御,指任官。

集證・143.172:御府丞印〖注〗御府,府名。

秦印編36:御府丞印

秦印編36:張御

秦印編36:張御

秦印編36:御府丞印

秦印編36:御府丞印

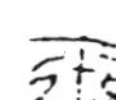
秦印編36:御府工室

秦印編36:御府之印

秦印編36:御羞丞印

秦印編36:御羞丞印

秦印編36:陽御弄印

封泥集147・1:御府之印

封泥集147・2:御府丞印

封泥集147・2:御府之印

封泥集147・3:御府丞印

封泥集147・4:御府丞印

封泥集147・6:御府丞印

封泥集147・8:御府丞印

封泥集 148・9：御府丞印

封泥集 148・10：御府丞印

封泥集 148・11：御府丞印

封泥集 148・12：御府丞印

封泥集 148・13：御府丞印

封泥集 148・14：御府丞印

封泥集 148・15：御府丞印

封泥集 148・16：御府丞印

封泥集 148・18：御府丞印

封泥集 148・19：御府丞印

封泥集 148・20：御府丞印

封泥集 148・21：御府丞印

封泥集 163・1：御羞丞印

封泥集 163・6：御羞丞印

封泥集 163・7：御羞丞印

封泥集 163・11：御羞丞印

集證・136. 63：御羞丞印

集證・137. 64：御羞丞印

集證・143. 173：御府丞印

集證・144. 174：御府丞印

集證・144. 176：御府之印

集證・144. 177：御府之印

新封泥 C・17. 14：御府丞印

新封泥 C・18. 1：御羞

封泥印 48：御羞丞印

封泥印 57：御府丞印

封泥印 57：御府之印

封泥印 80：陽御弄印

新封泥 D・11：御府工室

封泥集・附一 399：御府丞印

瓦書・郭子直摹：卑司御不更顝封之

瓦書・郭子直摹：司御心

瓦書（秦陶・1610）：卑司御不更顝封之

瓦書（秦陶・1610）：司御心

0387　　　䓊

詛楚文・湫淵（中吳本）：述（遂）取䓊（吾）邊城新郢及鄔（於）、長、敍（莘）

詛楚文・湫淵（中吳本）：䓊（吾）不敢曰可

詛楚文・湫淵(中吳本):以偪(逼)⿰彳吾(吾)邊競(境)

詛楚文・亞駝(中吳本):以偪(逼)⿰彳吾(吾)邊競(境)

詛楚文・亞駝(中吳本):述(遂)取⿰彳吾(吾)邊城新郢及鄔(於)、長、敍(莘)

詛楚文・亞駝(中吳本):⿰彳吾(吾)不敢曰可

詛楚文・巫咸(中吳本):⿰彳吾(吾)不敢曰可

詛楚文・巫咸(中吳本):以倍〈偪(逼)〉⿰彳吾(吾)邊競(境)

詛楚文・巫咸(中吳本):述(遂)取⿰彳吾(吾)邊城新郢及鄔(於)、長、敍(莘)

秦印編 286:贊⿰彳吾

秦印編 286:馮雲⿰彳吾

0388　⿰彳戜

石鼓文・乍遵(先鋒本):⿰彳戜=逌罟〖注〗⿰彳戜,羅振玉說⿰彳戜⿰彳戜即秩秩,常也。吳廣霈釋爲"⿰彳戜"。

0389　⿰彳戩

秦公簋・蓋(秦銅・14.2):嬰嚴⿰彳戩各〖注〗⿰彳戩,强運開釋爲"⿺辶戩",于省吾釋爲"徵","徵"之或體。

0390　⿰彳貴

帛書・病方・196:令某⿰彳貴(㿉)毋一〖注〗㿉,㿉疝,病名。

0391　⿰彳睪

睡簡・日乙・104:以桔(結)者,不⿰彳睪(釋)

0392　⿰彳壴

秦印編 309:⿰彳壴

秦陶・1136:⿰彳壴

秦陶・1137:⿰彳壴

秦陶・1138:⿰彳壴

秦陶・1178:⿰彳壴

秦陶・1177:⿰彳壴

0393　⿰彳彖

秦陶・478:東武⿰彳彖〖注〗⿰彳彖,人名。

0394　廷

秦公簋・蓋(秦銅・14.2):鋇(鎮)静不廷〖注〗不廷,指遠方夷狄與王朝關係疏遠者或背叛而不臣服者。

秦公鎛鐘・摹(秦銅・16.3):鋇(鎮)静不廷

大墓殘磬(集證・76):不廷鋇(鎮)□

大墓殘磬(集證・77):□廷鋇(鎮)滯(静)

睡簡・答問・95:辭者辭廷

睡簡・答問・95:今郡守爲廷不爲

睡簡・答問・66:廷行事爲賊

睡簡・答問・60:廷行事有皋當署(遷)

睡簡・答問・38:廷行事以不審論〖注〗廷行事,法廷成例。

睡簡・答問・59:廷行事吏爲詛(詐)僞

睡簡・答問・56:廷行事以僞寫印

睡簡・答問・148:廷行事强質人者論

睡簡・答問・142:廷行事皆以"犯令"論

睡簡・答問・149:廷行事貲一甲

睡簡・答問・152:廷行事鼠穴三以上貲一盾

睡簡・答問・150:廷行䡩貲一甲

睡簡・答問・151:廷行[事]貲一甲

睡簡・封診・68:即令甲、女載丙死(屍)詣廷

睡簡・秦律・29:上贏不備縣廷

睡簡・秦律・29:言縣廷

睡簡・秦律・30:輒上數廷

睡簡・秦律・185:書廷辟有曰報〖注〗廷辟,疑指郡縣衙署關於徵召的文書。

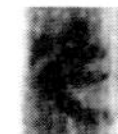
睡簡・秦律・197:令令史循其廷府

睡簡・秦律・10:輒上石數縣廷〖注〗縣廷,縣衙。

睡簡・爲吏・28:原壄(野)如廷

里簡・J1(9)981正:謾者訾遣詣廷

里簡・J1(9)981正:遣佐壬操副詣廷

里簡・J1(9)981正:廷曰

里簡・J1(8)152正:廷下御史書

里簡・J1(8)155:廷主戶發

關簡・243:以廷子爲平旦而左行

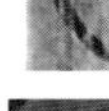
關簡・163:廷食

帛書・病方・168:以其汁煮膠一廷(梃)半

秦印編36:廷陵丞印

封泥集308・1:廷陵丞印

封泥印21:廷尉之印

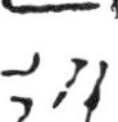
秦印編36:廷尉之印

新封泥A・1.20:御廷府印

新封泥A・2.18:中廄廷府

0395 建

泰山刻石・宋拓本:建設長利

繹山刻石・宋刻本:分土建邦

天簡22・甲:建日良日殹

天簡 32・乙:十月建亥除子

睡簡・日乙・35:建亥

睡簡・日乙・34:建戌

睡簡・日乙・31:建未

睡簡・日乙・16:建交之日

睡簡・日甲・20 正:建申

睡簡・日甲・22 正:建戌

睡簡・日甲・25 正:建丑

睡簡・日甲・21 正:建酉

睡簡・日甲・76 背:名建章丑吉

睡簡・日甲・4 正:建

睡簡・日甲・18 正:建午

睡簡・日甲・16 正:建辰

睡簡・日甲・17 正:建巳

睡簡・日甲・14 正:建日,良日也

睡簡・日甲・14 正:建寅

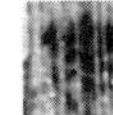睡簡・日甲・15 正:建卯

睡簡・日乙・29:建巳

睡簡・日乙・26:建寅

睡簡・日乙・30:建午

睡簡・日乙・32:建申

睡簡・日乙・36:建子

睡簡・日乙・37:建丑

睡簡・日乙・33:建酉

集證・183.734:蘇建

秦印編 36:張建

秦印編 37:徐建

秦印編 36:建鮮

秦印編 37:李建

秦印編 36:楊建

秦印編 36:楊建

秦印編 36:楊建

秦印編 36:王建

封泥集 348・1:建鄉

封泥集 348・2:建鄉

集證・178.674:楊建

秦陶・1264:杜建

0396 延 延

卌二年相邦冉戈・摹（珍金・82）：延行延阿

卌二年相邦冉戈（珍金・82）：延行延阿

卌二年相邦冉戈・摹（珍金・82）：延行延阿

睡簡・日甲・50背：人毋（無）故一室人皆箠（垂）延（涎）

睡簡・答問・160：旞（遺）火延燔里門

帛書・病方・308：從竈出毋延

封泥印148：郭延

秦印編36：黿延

秦印編37：臣行延

秦印編37：高延

秦印編37：闐延

秦印編37：張延

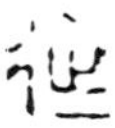

秦印編37：延鄉侯印

封泥集380・1：郭延

0397 行 行

仲滋鼎・摹（集證・14）：中（仲）滋正（?）衍（行）〖編者按〗戰國六國文字用爲"道"字。

杜虎符（秦銅・25）：乃敢行之

杜虎符（秦銅・25）：行殹

新郪虎符・摹（集證・37）：乃敢行之

新郪虎符・摹（集證・37）：行殹

卌二年相邦冉戈・摹（珍金・82）：延行延阿

石鼓文・鑾車（先鋒本）：眚車𣪠衜（行）

石鼓文・霝雨（先鋒本）：隹（惟）舟以衜（行）〖注〗舊釋爲"道"。錢大昕釋爲"行"。

秦駰玉版・甲・摹：若明神不□其行

秦駰玉版・乙・摹：若明神不□其行

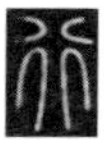

會稽刻石・宋刻本：暴虐恣行

會稽刻石・宋刻本：行爲辟方

泰山刻石・宋拓本：治道運行

青川牘・摹：而有陷敗不可行

天簡26・乙：長面大目喜疾行

天簡32・乙：凡爲行者

天簡38・乙：冬三月戊戌不可北行

天簡34・乙：千里之行

天簡34・乙：惡行僂=□

睡簡・爲吏・12：下恆行巧而威故移

睡簡・爲吏・5：正行脩身

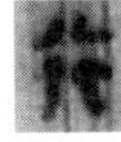
睡簡·爲吏·10:四曰喜爲善行

睡簡·語書·8:以郵行

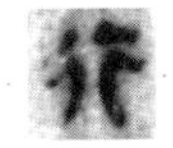
睡簡·語書·7:今且令人案行之
〖注〗案行,巡行視察。

睡簡·日乙·132:[凡且有]大行遠行若飲食歌樂

睡簡·日乙·132:[凡且有]大行遠行若飲食歌樂

睡簡·日乙·142:行龍戊、己,行忌

睡簡·日乙·145:行祠,東行南〈南行〉

睡簡·6號牘·背:衷唯毋方行新地

睡簡·答問·204:它邦耐(能)吏、行旞與偕者

睡簡·答問·204:行旞曰"面"

睡簡·答問·66:廷行事爲賊

睡簡·答問·60:廷行事有辠當䙴(遷)

睡簡·答問·60:未行而死若亡

睡簡·答問·38:廷行事以不審論
〖注〗廷行事,法廷成例。

睡簡·答問·49:且行真辠、有(又)以誣人論

睡簡·答問·59:廷行事吏爲詛(詐)僞

睡簡·答問·59:行其論

睡簡·答問·56:廷行事以僞寫印

睡簡·答問·10:行乙室〖注〗行,往。

睡簡·答問·162:然而行事比焉

睡簡·答問·163:以將陽有(又)行治(笞)

睡簡·答問·164:已閱及敦(屯)車食若行到繇(徭)所乃亡

睡簡·答問·148:廷行事强質人者論

睡簡·答問·104:而行告

睡簡·答問·142:廷行事皆以"犯令"論

睡簡·答問·104:告[者]辠已行

睡簡·答問·149:廷行事貲一甲

睡簡·答問·152:廷行事鼠穴三以上貲一盾

睡簡·答問·150:廷行事貲一甲

睡簡·答問·151:廷行[事]貲一甲

睡簡·秦律·2:近縣令輕足行其書

睡簡·秦律·200:勿敢行

睡簡·秦律·68:毋敢擇行錢、布

睡簡·秦律·66:不行

睡簡·秦律·3:遠縣令郵行之

睡簡·秦律·183:行命書及書署急者

睡簡·秦律·183:行書〖注〗行書,律名,關於傳送文書的法律。

睡簡·秦律·183:輒行之

 睡簡・秦律・184:行傳書、受書

 睡簡・秦律・185:行書

 睡簡・秦律・197:官嗇夫及吏夜更行官

 睡簡・秦律・148:勿行

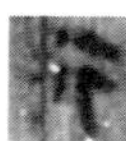 睡簡・秦律・147:當行市中者

 睡簡・秦律・115:乏弗行

 睡簡・雜抄・39:同居毋並行

 睡簡・雜抄・39:縣嗇夫、尉及士吏行戍不以律

 睡簡・日甲・80背:盜者大鼻而票(剽)行

 睡簡・日甲・83正:利祠及行

 睡簡・日甲・81正:不可行

 睡簡・日甲・26背:連行奇(踦)立〖注〗連行,連步。

 睡簡・日甲・98背:日中以行有五喜

 睡簡・日甲・99背:六庚不可以行

 睡簡・日甲・97背:莫(暮)市以行有九喜

 睡簡・日甲・9正:不可以行作

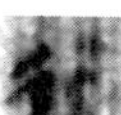 睡簡・日甲・72正:不可祠及行

 睡簡・日甲・72正:可以行水

 睡簡・日甲・79正:祠行良日

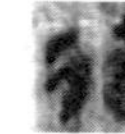 睡簡・日甲・75正:利祠及行賈、賈市

 睡簡・日甲・7正:利以行帥〈師〉出正(征)、見人

 睡簡・日甲・36正:是胃(謂)不成行

 睡簡・日甲・31背:人若鳥獸及六畜恆行人宮

 睡簡・日甲・4正:以祭門行、行水〖注〗行水,乘船。

 睡簡・日甲・5正:祭門行

 睡簡・日甲・100背:莫(暮)食以行有三喜

 睡簡・日甲・108背:是日在行不可以歸

 睡簡・日甲・108背:在室不可以行

 睡簡・日甲・101背:旦以行有二喜

 睡簡・日甲・1背:行,傳(痡?)

 睡簡・日甲・128背:丁卯不可以船行

 睡簡・日甲・128背:六壬不可以船行

 睡簡・日甲・127背:久行

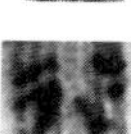 睡簡・日甲・127正:凡且有大行、遠行若飲食、歌樂、聚畜生及夫妻同衣

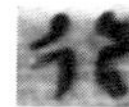 睡簡・日甲・125正:失行門

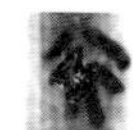 睡簡・日甲・121背:以西有(又)以東行

 睡簡・日甲・121正:失行門

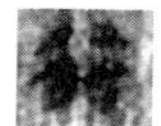 睡簡・日甲・19正:不可以行

睡簡・日甲・130 正：凡民將行

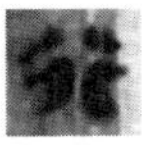

睡簡・日甲・132 正：毋以丁庚東北行

睡簡・日甲・132 正：毋以癸甲西南行

睡簡・日甲・132 正：毋以辛壬東南行

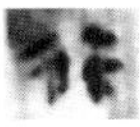

睡簡・日甲・132 正：行之敫也

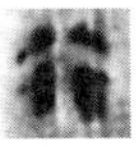

睡簡・日甲・132 正：以行不吉

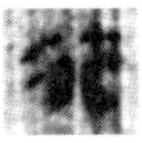

睡簡・日甲・139 正：毋以亥行

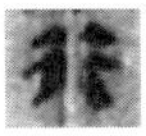

睡簡・日甲・136 正：毋行

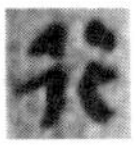

睡簡・日甲・133 正：行，亡

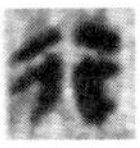

睡簡・日甲・134 正：凡此日不可以行

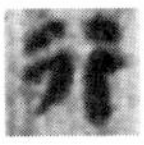

睡簡・日甲・134 正：己酉從遠行入

睡簡・日甲・135 正：庚辛戊己壬癸餔時行

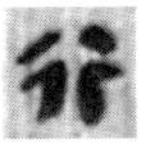

睡簡・日甲・135 正：甲乙壬癸丙丁日中行

睡簡・日甲・135 正：壬癸庚辛甲乙夕行

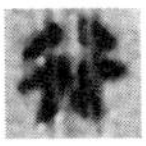

睡簡・日甲・135 正：戊己丙丁庚辛旦行

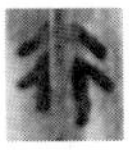

睡簡・日甲・159 背：四足善行

睡簡・日甲・157 背：四廄行

睡簡・日甲・110 背：十二月甲子以以行

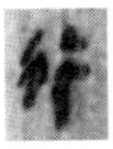

睡簡・日甲・118 背：以西有（又）以東行

睡簡・日甲・111 背：某行毋（無）咎

睡簡・日甲・111 背：行到邦門困（閫）

睡簡・日乙・82：祠及行

睡簡・日乙・81：不可行

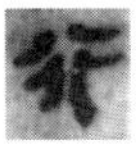

睡簡・日乙・229：戌入官，行

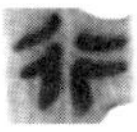

睡簡・日乙・22：生子年不可遠行

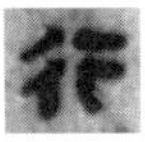

睡簡・日乙・24：行有得

睡簡・日乙・21：不可以行

睡簡・日乙・90：祠及行

睡簡・日乙・98：祠及行、出入［貨］

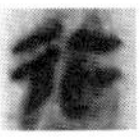

睡簡・日乙・97：祠、爲門行

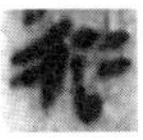

睡簡・日乙・94：利行

睡簡・日乙・37：祠行日

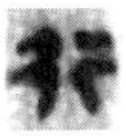

睡簡・日乙・40：壬癸行、庚辛□

睡簡・日乙・43：長行毋以戌亥遠去室

睡簡・日乙・43：久行毋以庚午入室

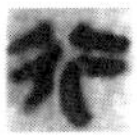

睡簡・日乙・43：可以攻軍、入城及行

睡簡・日乙・44：丁卯不可以船行

睡簡・日乙・44：六庚不可以行

睡簡・日乙・44:六壬不可以船行

睡簡・日乙・56:不成其行

睡簡・日乙・100:不可祠及行

睡簡・日乙・105:行邦□令行

睡簡・日乙・103:利祠及行賈、賈市

睡簡・日乙・105:行邦□令行

睡簡・日乙・19:利以行師徒、見人、入邦

睡簡・日乙・169:午以東先行

睡簡・日乙・165:先行

睡簡・日乙・161:西先行

睡簡・日乙・138:行日

睡簡・日乙・139:節(卽)有急行

睡簡・日乙・139:以此行吉

睡簡・日乙・140:行者

睡簡・日乙・140:遠行者毋以壬戌、癸亥到室

睡簡・日乙・142:凡行者毋犯其大忌

睡簡・日乙・142:行龍戊、己

睡簡・日乙・143:祠常行道右

睡簡・日乙・144:祠常行〖注〗常行,疑卽道路之神行。

睡簡・日乙・144:行祠

睡簡・日乙・145:其諱(號)曰大常行

睡簡・日乙・145:西北行

睡簡・日乙・145:行祠

睡簡・日乙・145:行=祠

睡簡・日乙・159:西先行

睡簡・爲吏・28:安而行之

睡簡・爲吏・30:四曰善言隋(惰)行

睡簡・爲吏・42:能審行此

睡簡・爲吏・44:長不行

睡簡・爲吏・41:毋行可悔

龍簡・58・摹:行之

龍簡・54:敢行馳道中者

龍簡・116:吏行田贏律(?)詐(詐)□〖注〗行田,授田。

龍簡・3:必行其所當行之道

龍簡・3:必行其所當行之道〖注〗當行,符合法律規定可以行走。

龍簡・87・摹:□絕行[馳]□〖注〗絕行,指横穿馳道與在馳道上行走。

龍簡・221:□行道□

龍簡・66・摹:徼行〖注〗徼行,循行、巡邏。

龍簡・63:□有行馳□

龍簡・61・摹:其故與徹(徹)(?)□(弩)□(道)行之

龍簡・39:禁苑嗇夫、吏數循行

龍簡・46:衛(衛)道行禁苑中□

龍簡・50:□行□中過□其□

龍簡・15:從皇帝而行及舍禁苑中者皆(?)□

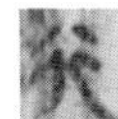里簡・J1(16)6 正:必先悉行乘城卒

里簡・J1(16)6 背:走袑行尉

里簡・J1(16)6 正:必先悉行城旦舂、隸臣妾、居貲贖責(債)

里簡・J1(16)6 正:令人日夜端行

里簡・J1(8)154 背:郵人得行

里簡・J1(6)1 背:以以郵行行守敢以以

里簡・J1(6)1 背:以以郵行行守敢以以

里簡・J1(6)2:遷陵以郵行洞庭

里簡・J1(8)156:守府快行少內〖注〗快行,發送緊急文書。

里簡・J1(8)158 背:守府快行旁

里簡・J1(9)1 背:以洞庭司馬印行事

里簡・J1(9)2 背:以洞庭司馬印行事

里簡・J1(9)3 背:以洞庭司馬印行事

里簡・J1(9)4 背:以洞庭司馬印行事

里簡・J1(9)5 背:以洞庭司馬印行事

里簡・J1(9)7 背:以洞庭司馬印行事

里簡・J1(9)9 背:以洞庭司馬印行事

里簡・J1(9)10 背:以洞庭司馬印行事

里簡・J1(9)11 背:以洞庭司馬印行事

里簡・J1(9)12 背:以洞庭司馬印行事

里簡・J1(9)984 背:卽走印行都鄉

里簡・J1(16)5 背:隸臣尚行

里簡・J1(16)6 背:令史犯行

關簡・189:所言者行事也

關簡・187:占行者

關簡・190:占行者

關簡・196:[占]行者

關簡・197:占行者

關簡・139:利以遠行

關簡・200:占行者

關簡・202:占行者

關簡・209:所言者危行事也〖注〗危行,帶有風險的行爲。

 關簡・206:占行者

 關簡・204:占行者

 關簡・220:占行者

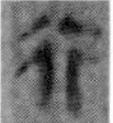 關簡・222:占行者

 關簡・224:占行者

 關簡・225:占行者

 關簡・299:毄(繫)囚、行、炊主歲=爲下

 關簡・230:占行

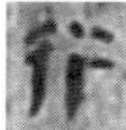 關簡・238:占行者

 關簡・232:占行者

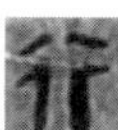 關簡・239:所言者行事也

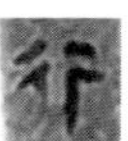 關簡・234:占行者

 關簡・240:占行者

 關簡・242:占行者

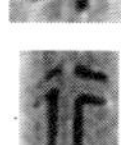 關簡・243:以廷子爲平旦而左行〖注〗左行,左周而行,即逆時針方向旋轉。

 關簡・244:毄(繫)行

 關簡・244:宿右行

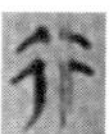 關簡・241:所言者宦御若行者也

 關簡・218:占行者

關簡・212:占行者

 關簡・213:占行者

關簡・363:有行而急

關簡・363:北行越水

 關簡・363:東行越木

 關簡・363:南行越火

 關簡・363:西行越金

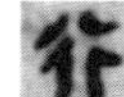 關簡・347:即行捧(拜)

 帛書・病方・444:每行□

帛書・病方・444:行人室家

 帛書・病方・211:以囊□前行□

 帛書・病方・423:行山中而疕出其身

 秦印編37:正行治士

 秦印編37:泰行〖注〗泰行,即大行,官名。

 秦印編37:中行羞府

 秦印編37:行司空久

 秦印編37:王行

 秦印編37:行員

 秦印編37:屠行

 秦印編 37:右行戎

 秦印編 37:行

 秦印編 37:行

 秦印編 37:士行

 秦印編 37:正行

 秦印編 37:正行

 秦印編 37:正行

 秦印編 37:正行

秦印編 37:正行

 秦印編 37:正行治士

 秦印編 37:正行治士

 集證・184.751:正行治士〖注〗正行,行爲端正、規範。

 集證・184.752:正行

 封泥集 122・1:泰行

 封泥集 122・2:泰行

 封泥集 122・3:泰行

 封泥集 122・4:泰行

 集證・140.116:泰行

 集證・140.117:泰行

 封泥印 22:泰行

封泥印・待考 159:行車

封泥印・待考 160:行車官印

新封泥 D・35:行車官印

新封泥 A・1.19:行車官印

 新封泥 A・4.7:行印

 集證・137.68:中行羞府

 南郊 716・214:行

 秦陶・358:行

 秦陶・359:行

 秦陶・360:行

 秦陶・357:咸行

 秦陶・356:咸行

漆器 M11・46(雲夢・附二):行

漆器 M11・49(雲夢・附二):行

漆器 M11・51(雲夢・附二):行

漆器 M11・18(雲夢・附二):行

漆器 M11・18(雲夢・附二):行

漆器 M6・5(雲夢・附二):行

漆器 M7・27(雲夢・附二):行

漆器 M11・2(雲夢・附二):行

漆器 M11・11(雲夢・附二):行

漆器 M11・17(雲夢・附二):行

漆器 M11・19(雲夢・附二):行

漆器 M11・21(雲夢・附二):行

漆器 M11・23(雲夢・附二):行

漆器 M11・24(雲夢・附二):行

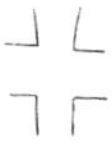

漆器 M11・28(雲夢・附二):行

漆器 M11・29(雲夢・附二):行

漆器 M11・35(雲夢・附二):行

漆器 M11・37(雲夢・附二):行

0398 術

睡簡・答問・101・摹:有賊殺傷人衝術〖注〗衝術,大道。

睡簡・爲吏・37・摹:術(怵)悐(惕)之心〖注〗怵惕,戒懼。

秦印編 37:陳術

0399 街

關簡・347:過街

帛書・足臂・14:腹街〖注〗腹街,腹股溝部。

集證・158.405:街鄉〖注〗街鄉,鄉名。

0400 衝(衟)

睡簡・日甲・1 背:毋可有爲,日衝

睡簡・日乙・29:衝[亥,剽]子

睡簡・日乙・26:衝申

睡簡・日乙・27:衝酉

睡簡・日乙・30:衝子

睡簡・日乙・32:衝寅

睡簡・日乙・36:衝午

睡簡・日乙・37:衝未

睡簡・日乙・33:衝卯

睡簡・日乙・34:衝辰

睡簡・日乙・35:衝巳

睡簡・日乙・31:衝丑

睡簡・日乙・43:衝日

龍簡・46・摹:衟(衝)道行禁苑中□〖注〗衟,通"衝",縱横相交的通道。

帛書・病方・207:父而衝

0401 衙

封泥集 283・1:衙丞之印〖注〗衙,地名。

0402 衛

詛楚文・湫淵(中吳本):衛(率)者(諸)矦之兵以臨加我

詛楚文・巫咸(中吳本):衛(率)者(諸)矦之兵以臨加我

詛楚文・亞駝(中吳本):衛(率)者(諸)矦之兵以臨加我

睡簡・爲吏・20:勞以衛(率)之

睡簡・爲吏・23:或衛(率)民不作

秦陶・629:右司空衛

0403 衛

睡簡・秦律・196:善宿衛

睡簡・日甲・82背:庚名曰甲郢相衛魚

封泥集 383・1:衛多

封泥集・附一 408:衛園邑印

秦印編 38:衛嘉

秦印編 38:衛嘉

秦印編 38:衛佗

秦印編 38:尤衛

秦印編 38:亥衛

秦印編 38:衛士丞印

秦印編 38:衛

封泥集 118・1:衛士丞印

封泥集 118・2:衛士丞印

集證・139.96:衛士丞印

集證・139.97:衛士丞印

新封泥 A・1.7:衛士

秦陶・1030:衛

秦陶・1032:衛

秦陶・1034:衛

0404 衖(巷)

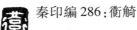

睡簡・日甲・83背:其咎才(在)渡衖〖編者按〗陸德明《釋文》:"衖,道也。《聲類》猶以爲巷字。"

0405 衡

秦印編 286:衡觭

秦印編 286:衡□

0406 齒 𠚕 齒 𠀀

卅二年相邦冉戈(珍金・80):雝(雍)工帀(師)齒〖注〗齒,人名。

卅二年相邦冉戈・摹(珍金・80):雝(雍)工帀(師)齒

秦駰玉版・甲・摹:亓(其)齒七(?)〖注〗齒,古人以牛馬齒數代其年歲。

秦駰玉版・乙・摹:亓(其)齒七(?)

睡簡・答問・89:毆者顧折齒

睡簡・日乙・255:乃折齒

睡簡・爲吏・17:犀角象齒

關簡・332:某病齒齲

關簡・326:某病齲齒

帛書・灸經甲・52:入齒中

帛書・灸經甲・53:是齒䘑(脈)主治

帛書・足臂・33:病齒[痛]

帛書・灸經甲・53:齒痛

帛書・灸經甲・53:齒痛

帛書・病方・134:或齒齦

帛書・病方・407:貣(蟘)食(蝕)齒〖注〗蟘蝕齒,即齲齒。

秦印編38:段齒

秦印編38:史齒

秦印編38:畀毋齒

秦印編38:周齒

0407 齔 齔

秦印編38:吴齔〖注〗吴齔,人名。

0408 齻 齻

秦印編39:奚齻〖注〗奚齻,人名。

0409 齜 齜

秦印編39:江齜〖注〗江齜,人名。

0410 齮 齮

集證・163.488:公孫齮

秦印編39:姚齮〖注〗姚齮,人名。

0411 齰 齚 齰 齚

秦印編39:齰

秦印編39:齰

封泥印145:齰

0412　齕

秦印編 39:莊齕〖注〗莊齕,人名。

0413　齧

睡簡・答問・88:齧人頯若顏

睡簡・答問・83:齧斷人鼻若耳若指若脣〖注〗齧,嚙咬。

帛書・病方・135:以傅蟲所齧□之

帛書・病方・目錄:狂犬齧人

帛書・病方・56:狂犬齧人

帛書・病方・56:以傅犬所齧者

帛書・病方・57:狂[犬]齧人者

帛書・病方・59:□狂犬齧者□

帛書・病方・64:犬所齧

帛書・病方・134:所齧穿者□

0414　䶂

秦印編 287:咸郿里䶂〖注〗䶂,人名。

秦印編 287:咸郿里䶂

0415　牙　𠙵

帛書・病方・389:□時取狼牙根〖注〗狼牙,牙子的別名。

秦陶・491:闌(蘭)陵居貲便里不更牙〖注〗牙,人名。

0416　猗

□□年上郡守戈(集證・20):工更長猗〖注〗長猗,人名。

□□年上郡守戈・摹(集證・20):工更長猗

十五年上郡守壽戈(集證・23):冶工隸臣猗

十五年上郡守壽戈・摹(集證・24):冶工隸臣猗

十三年上郡守壽戈・摹(集證・21):工更長猗

0417　𤢵(齲)

關簡・329:已齲方

關簡・326:已齲方〖注〗《釋名》:"齲,齒朽也。"

關簡・326:笱(苟)令某齲已

關簡・326:某病齲齒

關簡・330:笱(苟)令某齲已

關簡・330:予若叔(菽)子而徼之齲已

關簡・332:已齲方

關簡・332:笱(苟)能令某齲已

 關簡·332:某病齒齲

0418 𧾷 足

秦駰玉版·乙·摹:至于足□之病

睡簡·爲吏·27:攻城用其不足

睡簡·語書·2:灋律未足

睡簡·語書·9:以一曹事不足獨治殹

睡簡·答問·113:可(何)謂"贖鬼薪鋈(夭)足"

睡簡·答問·113:令贖鬼薪鋈(夭)足

睡簡·答問·115:鋈(夭)足

睡簡·封診·88:其頭、身、臂、手指、股以下到足

睡簡·封診·80:類足歫之之迹

睡簡·封診·69:頭足去終所及地各幾可(何)

睡簡·封診·65:足不傅地二寸

睡簡·封診·47:坐父甲謁鋈(夭)其足

睡簡·秦律·2:近縣令輕足行其書〖注〗輕足,走得快的人。

睡簡·秦律·145:城旦司寇不足以將

睡簡·日甲·74背:疵在足

睡簡·日甲·159背:四足善行

 睡簡·日甲·151正:在足下者賤

 關簡·337:而左足踐之二七

關簡·310:鬻(粥)足以入之腸

帛書·足臂·34:上足温(脈)六、手[温(脈)五]

帛書·脈法·73:聽(聖)人寒頭而煖足

帛書·脈法·73:治病者取有餘而益不足殹

帛書·病方·28:足治病〖注〗足,足够。

帛書·病方·41:毋去其足

帛書·病方·43:汗出到足

帛書·病方·44:即以彘膏財足以煎之

帛書·病方·46:稍□手足而已

帛書·病方·127:足以涂(塗)施者

帛書·病方·155:久(灸)左足中指

帛書·病方·198:令斬足者清明東鄉(嚮)〖注〗斬足者,古代受刖刑的人。

帛書·病方·215:長足二七〖注〗長足,疑卽蠨蛸,蜘蛛類。

帛書·病方·216:亦靡(磨)白魚、長足

帛書·病方·291:令汗出到足

帛書·病方·307:足(捉)取汁而煎

帛書·病方·309:煮秫米期足〖注〗期足,以够用爲度。

 帛書·病方·333:可入足

帛書・病方・333:入足湯中

帛書・病方・347:去其甲足

帛書・病方・434:燔地穿而入足

帛書・病方・殘5:□在足指若□

帛書・病方・殘9:□足鞞□

帛書・灸經甲・40:足外反

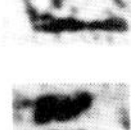帛書・灸經甲・58:毄(繫)於足大指菆(叢)[毛]之上

帛書・足臂・1:足泰(太)陽温(脈)

帛書・足臂・5:足少陽温(脈)

帛書・足臂・7:病足小指次[指]廢

帛書・足臂・10:足陽明温(脈)

帛書・足臂・11:病足中指廢

帛書・足臂・13:足少陰温(脈)

帛書・足臂・14:病足熱

帛書・足臂・15:[皆久(灸)]足少陰[温(脈)]

帛書・足臂・17:病足大指廢

帛書・足臂・18:皆久(灸)足泰(太)陰温(脈)

帛書・足臂・19:足帣(厥)陰温(脈)

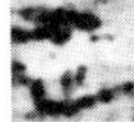帛書・足臂・20:足柎(跗)穜(腫)

秦印編39:王足

0419　蹏

秦印編40:蹏置

0420　踝

帛書・病方・無編號:踝

帛書・灸經甲・39:毄(繫)於外踝之前廉

帛書・灸經甲・42:踝〈瘶?〉

帛書・足臂・1:出外踝窶(婁)中

帛書・足臂・5:出於踝前

帛書・足臂・13:出内踝窶(婁)中

0421　踦

秦印編40:周踦〖注〗周踦,人名。

0422　蹻

秦印編40:王蹻〖注〗王蹻,人名。

0423　踐

睡簡・封診・68:踐□

里簡・J1(16)6正:踐更縣者

 里簡·J1(16)6 正:踐更縣者簿

 關簡·337:而左足踐之二七

 帛書·病方·333:踐木滑□

 帛書·病方·434:踐而涿(瘃)者〖注〗踐,赤足。踐而瘃,指足部凍瘡。

0424 蹶 蹷

帛書·灸經甲·46:骭蹶(厥)〖注〗厥,蹶。《說文》:"蹶,臀骨也。"

帛書·灸經甲·64:此爲骨蹶(厥)

帛書·灸經甲·71:此爲臂蹶(厥)

0425 跳

 帛書·灸經甲·47:膝跳〖注〗跳,《說文》:"蹶也。"即僵直。

0426 蹇

天簡 27·乙:糞土中蹇木下〖注〗《說文》:"蹇,跛也。"

0427 距

秦陶·478:贛榆距〖注〗距,人名。

0428 路

秦駰玉版·乙·摹:路車四馬〖注〗路車,即輅車,君王貴族所乘之車。

封泥集 343·2:路鄉

集證·180.699:路夫

集證·180.700:路差

封泥集 343·1:路鄉

秦印編 40:文路

秦印編 40:路

秦印編 40:路得

秦印編 40:路定

秦印編 40:路差

秦陶·329:咸路〖注〗路,人名。

 漆器 M5·14(雲夢·附二):路里

0429 蹽

睡簡·日乙·147:戊辰不可祠道蹽(旁)

0430 踐

睡簡·秦律·78:终岁衣食不踐(足)以稍賞(償)

睡簡·秦律·77:其日踐(足)以收責之

睡簡·秦律·129:期踐(足)

睡簡·秦律·146:司寇不踐(足)

睡簡・秦律・194:期踐(足)

0431　梟

睡簡・日甲・33背:男女未入宫者毄(擊)鼓奮鐸梟(譟)之

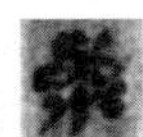睡簡・日甲・31背:鬼來陽(揚)灰毄(擊)箕以梟(譟)之

帛書・病方・殘4:□梟梟,挈去

0432　龠

四年相邦呂不韋矛・摹(秦銅・66):高工龠〖注〗龠,人名。

睡簡・爲吏・9:門戶關龠(鑰)

0433　龢

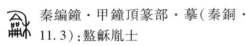

秦編鐘・甲鐘頂篆部・摹(秦銅・11.3):盭龢胤士

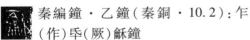

秦編鐘・乙鐘(秦銅・10.2):乍(作)氒(厥)龢鐘

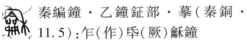

秦編鐘・乙鐘鉦部・摹(秦銅・11.5):乍(作)氒(厥)龢鐘

秦編鐘・丁鐘(秦銅・10.4):盭龢胤士〖注〗盭,即"𢾥"字,讀若"戾"。盭龢,戾和,即安和。

秦編鐘・戊鐘(秦銅・10.5):乍(作)氒(厥)龢鐘

秦鎛鐘・1號鎛(秦銅・12.2):盭龢胤士

秦鎛鐘・1號鎛(秦銅・12.3):乍(作)氒(厥)龢鐘

秦鎛鐘・2號鎛(秦銅・12.5):盭龢胤士

秦鎛鐘・2號鎛(秦銅・12.6):乍(作)氒(厥)龢鐘

秦鎛鐘・3號鎛(秦銅・12.8):盭龢胤士

秦鎛鐘・3號鎛(秦銅・12.8):乍(作)氒(厥)龢鐘

秦公鎛鐘・摹(秦銅・16.2):協龢萬民

秦公鎛鐘・摹(秦銅・16.3):乍(作)盄(淑)龢□(鐘?)

大墓殘磬(集證・83):□煌龢盄(淑)〖注〗龢,文獻多用"和",調和,和諧。

大墓殘磬(集證・84):允龢又(有)霝(靈)殸(磬)

0434　嗣　孠

北私府橢量・二世詔(秦銅・147):如後嗣爲之者〖注〗《説文》:"嗣,諸侯嗣國也。"繼承、繼嗣。

大騩銅權(秦銅・131):如後嗣爲之者

二世元年詔版八(秦銅・168):如後嗣爲之者

二世元年詔版二(秦銅・162):如後嗣爲之者

二世元年詔版九(秦銅・169):如後嗣爲之者

二世元年詔版六(秦銅・166):如後嗣爲之者

二世元年詔版三(秦銅・163):如後嗣爲之者

二世元年詔版十二(秦銅・172):如後嗣爲之者

二世元年詔版十三(集證・50):如後嗣爲之者

二世元年詔版十一(秦銅・171):如後嗣爲之者

二世元年詔版四(秦銅·164):如後嗣爲之者

二世元年詔版五(秦銅·165):如後嗣爲之者

二世元年詔版一(秦銅·161):如後嗣爲之者

兩詔斤權一·摹(集證·46):如後嗣爲之者

兩詔斤權二·摹(集證·49):如後嗣爲之者

兩詔斤權一(集證·45):如後嗣爲之者

兩詔銅權三(秦銅·178):如後嗣爲之者

兩詔銅權一(秦銅·175):如後嗣爲之者

兩詔橢量二(秦銅·149):如後嗣爲之者

兩詔橢量三之二(秦銅·151):如後嗣爲之者

兩詔橢量一(秦銅·148):如後嗣爲之者

美陽銅權(秦銅·183):如後嗣爲之者

平陽銅權·摹(秦銅·182):如後嗣爲之者

僅存銘兩詔銅權(秦銅·135-18.2):如後嗣爲之者

旬邑銅權(秦銅·133):如後嗣爲之者

左樂兩詔鈞權(集證·43):如後嗣爲之者

大墓殘磬(集證·60):龏(共)趄(桓)是嗣

大墓殘磬(集證·62):龏(共)趄(桓)是嗣

石鼓文·而師(先鋒本):嗣王始□

詛楚文·湫淵(中吳本):又(有)秦嗣王〖注〗嗣王,郭沫若説爲秦惠文王;姜亮夫説爲秦昭襄王。

詛楚文·巫咸(中吳本):又(有)秦嗣王

詛楚文·亞駝(中吳本):又(有)秦嗣王

琅邪臺刻石:如後嗣爲之者

泰山刻石·宋拓本:陲於後嗣

繹山刻石·宋刻本:如後嗣爲之者

繹山刻石·宋刻本:嗣世稱王

0435 扁 扁

睡簡·秦律·130:攻閒其扁(辨)解〖注〗扁,讀爲"辨",分。

里簡·J1(9)981背:扁發〖注〗扁,人名。

關簡·321:大如扁(蝙)蝠矢而乾之

帛書·死候·88:五者扁(徧)有

帛書·病方·46:以扁(遍)熨直育(肎)攣筋所

帛書·病方·121:扁(遍)施所而止

帛書·病方·435:燔扁(蝙)輻(蝠)以荊薪〖注〗蝙蝠,動物名。

卷　三

0436　嚻　

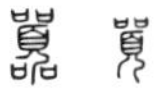

仲滋鼎·摹（集證·14）：嚻（鐈）良鈇黄〖注〗嚻，讀爲"鐈"，合金名。

0437　器

睡簡·答問·159：雖有公器

睡簡·答問·170：妻賸（媵）臣妾、衣器當收不當

睡簡·答問·171：妻賸（媵）臣妾、衣器當收

睡簡·封診·8：某里士五（伍）甲家室、妻、子、臣妾、衣器、畜產

睡簡·封診·93：皆莫肯與丙共桮（杯）器〖注〗杯器，以耳杯爲主的飲食用具。

睡簡·雜抄·18：敢爲它器

睡簡·效律·39：效公器贏、不備

睡簡·日甲·68 正：裹以桼（漆）器

睡簡·日甲·71 背：臧（藏）於瓦器閒

睡簡·日甲·74 背：臧（藏）於瓦器下

睡簡·秦律·77：百姓叚（假）公器及有責（債）未賞（償）

睡簡·秦律·77：及隸臣妾有亡公器、畜生者

睡簡·秦律·86：其金及鐵器入以爲銅

睡簡·秦律·86：縣、都官以七月糞公器不可繕者

睡簡·秦律·89：韋革、紅器相補繕

睡簡·秦律·98：爲器同物者

睡簡·秦律·104：公器官□久（記）

睡簡·秦律·104：其或叚（假）公器

睡簡·秦律·105：官輒告叚（假）器者曰

睡簡·秦律·105：叚（假）器者

睡簡·秦律·105：器敝久（記）恐靡（磨）者

睡簡·秦律·106：毋擅叚（假）公器

睡簡·秦律·107：毀傷公器及□者令賞（償）

睡簡·秦律·148：出其器

睡簡·秦律·148：城旦舂毀折瓦器、鐵器、木器

睡簡·秦律·148：城旦舂毀折瓦器、鐵器、木器

睡簡·秦律·148：城旦舂毀折瓦器、鐵器、木器

睡簡·秦律·178：公器不久（記）刻者

睡簡·秦律·187：都官歲上出器求補者數

帛書・病方・253:置器中

 帛書・病方・330:置泥器中

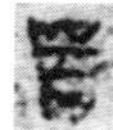 帛書・病方・351:以瓦器盛

 集證・142.154:王戎兵器

 集證・194.32:咸亭完里丹器

 集證・194.33:咸亭完里丹器

 集證・196.45:咸亭完里丹器

 集證・220.258:咸亭(?)□里道器

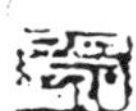 秦印編40:咸亭沙柳□器

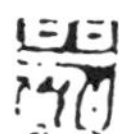 秦印編40:咸亭當柳恚器

 秦印編40:咸亭當柳昌器

秦印編40:市器

 秦印編40:咸亭東里倕器

 秦印編41:咸亭涇里忿器

 秦印編41:咸亭郿里絭器

 南郊707・194.4:咸亭完里丹器

 南郊707・194.7:咸亭完里丹器

 南郊707・194.8:咸亭完里丹器

 南郊707・194.9:咸亭完里丹器

 南郊707・194.10:咸亭完里丹器

 南郊707・194.11:咸亭完里丹器

 秦陶・1331:咸亭郿里絭器

 秦陶・1400:咸亭東里倕器

 秦陶・1401:咸亭涇里僨器

 秦陶・1403:咸亭涇里忿器

 秦陶・1414:咸亭完里丹器

 秦陶・1421:咸亭當柳昌器

 任家嘴240・183.1:咸亭完里□器

 任家嘴240・183.10:咸□□□□器

 任家嘴240・183.14:咸亭商里□器

0438 舌

 睡簡・封診・66:舌出齊脣吻

 睡簡・封診・69:乃視舌出不出

 睡簡・日甲・74正・摹:妻多舌

 睡簡・日乙・102:妻多舌

 帛書・死候・87:舌掐(陷)橐(卵)卷

 帛書・足臂・13:毄(繫)舌□

 帛書・病方・殘1:出舌

0439　舓　䑛

帛書·病方·80：令牛吔（舐）之〖注〗吔，即"舐"字，《説文》作"舓"。

0440　干

睡簡·秦律·168：其廥禾若干石

睡簡·秦律·171：某廥出禾若干石

睡簡·秦律·172：其餘禾若干石

睡簡·日甲·77背：名責環貉豺干都寅

睡簡·效律·27：某廥禾若干石

睡簡·效律·31：某廥出禾若干石

睡簡·效律·31：其餘禾若干石

帛書·病方·204：天神下干疾

秦印編41：干招印

秦印編41：干慶

秦印編41：干欺

秦印編41：干信

封泥集287·1：蘭干丞印〖注〗蘭干，地名。

0441　商

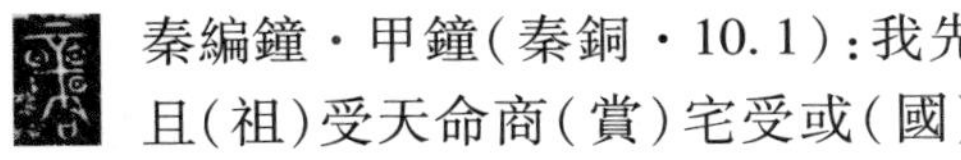
秦編鐘·甲鐘（秦銅·10.1）：我先且（祖）受天命商（賞）宅受或（國）〖注〗賞宅，李零說用作被動語態。

秦編鐘·丙鐘（秦銅·10.3）：我先且（祖）受天命商（賞）宅受或（國）

秦編鐘·甲鐘鉦部·摹（秦銅·11.1）：我先且（祖）受天命商（賞）宅受或（國）

秦鎛鐘·1號鎛（秦銅·12.1）：我先且（祖）受天命商（賞）宅受或（國）

秦鎛鐘·2號鎛（秦銅·12.4）：我先且（祖）受天命商（賞）宅受或（國）

秦鎛鐘·3號鎛（秦銅·12.7）：我先且（祖）受天命商（賞）宅受或（國）

大墓殘磬（集證·59）：灊=（湯=）氒（厥）商〖注〗商，音階名。

睡簡·日甲·145正：有商〖注〗商，讀爲"章"，功業顯著。或說讀爲"賞"。

秦印編41：商庫

秦印編41：徐商

秦印編41：商當

秦印編41：商圖

秦印編41：周商

秦印編41：商忌

秦印編41：咸商里宣〖注〗商里，里名。

秦印編41：咸商里若

封泥集285·1：商丞之印〖注〗商，地名。

封泥集285·2：商丞之印

封泥集 285・3：商丞之印

封泥集 376・1：商光〖注〗商光，人名。

集證・146. 206：商庫〖注〗商庫，官名。

集證・153. 332：商丞之印

集證・224. 286：商

秦陶 A・3. 10：商昌

秦陶・1388：咸商里宣

秦陶・1389：咸商里宣

秦陶・1391：咸商里若

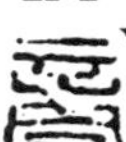
封泥印 108：商丞之印

任家咀 240・183. 11：咸商里宣

任家咀 240・183. 12：咸商里宣

任家咀 240・183. 14：咸亭商里□器

集證・219. 247：咸商(？)西亘

0442　句

睡簡・日甲・129 正：句(苟)毋(無)直赤啻(帝)臨日

睡簡・爲吏・50：不取句(苟)富

睡簡・爲吏・51：不取句(苟)免

秦印編 41：句莫鄉印〖注〗句莫鄉，鄉名。

封泥集 356・1：句莫鄉印

封泥集 356・2：句莫鄉印

封泥集 356・3：句莫鄉印

0443　拘

詛楚文・湫淵(中吳本)：拘圉其叔父〖注〗拘圉，拘囚。

詛楚文・巫咸(中吳本)：拘圉其叔父

詛楚文・亞駝(中吳本)：拘圉其叔父

0444　笱

睡簡・日甲・157 背：主君笱屏詷馬〖注〗或說笱讀爲“拘”。

睡簡・11 號牘・正：聞王得笱(苟)得毋恙也

睡簡・11 號牘・背：爲黑夫、驚多問東室季須(嬃)笱(苟)得毋恙也

關簡・326：笱(苟)令某齲已〖注〗笱，通“苟”，如果。

關簡・330：笱(苟)令某齲已

關簡・332：笱(苟)能令某齲已

關簡・349：先農笱(苟)令某禾多一邑

關簡・352：農夫笱(苟)如□

關簡・376：若笱(苟)令某瘧已

秦印編 41：笱兢

秦印編 41:笴樊于

秦印編 41:丙笴

秦印編 41:笴康

秦印編 41:笴石

秦印編 41:笴□

0445　糾

里簡·J1(9)10 背:糾手〖注〗糾,人名。

0446　古

信宫罍(珍金·129):古西共左今左般

信宫罍·摹(珍金·129):古西共左今左般

石鼓文·而師(先鋒本):古(故)我來□〖注〗古,故。

繹山刻石·宋刻本:自泰古始

天簡 38·乙:參黄鐘古先

睡簡·答問·192:古主爨竈者殹(也)

睡簡·日甲·113 正:以腊古(腒)吉

睡簡·語書·1:古者

帛書·病方·204:以辛巳日古(辜)曰〖注〗古,讀爲“辜、𧶊”。𧶊,巫人禳災的祭祀。

帛書·病方·308:古(辜)曰

秦陶·1179:古

秦陶·1180:古

秦陶·1164:古

0447　十

不其簋蓋(秦銅·3):田十田

滕縣不其簋器(秦銅·4):田十田

秦公鎛鐘·摹(秦銅·16.1):十又(有)二公

秦公簋·器(秦銅·14.1):十又(有)二公

高陵君鼎·摹(集證·22):十五年高陵君丞𧽤〖注〗十五年,秦昭襄王十五年,公元前 292 年。

杜虎符(秦銅·25):用兵五十人以上

新郪虎符·摹(集證·37):用兵五十人以上

卅四年工師文罍·摹(集證·28):正十七斤十四兩

卅四年工師文罍·摹(集證·28):正十七斤十四兩

卲宫私官盉(秦銅·194):十五〖注〗十五,編號。

卅六年私官鼎·口沿(秦銅·49):十三斤八兩十四朱(銖)

卅三年銀盤·摹(齊王·18.3):六斤十三兩

卅三年銀盤·摹(齊王·18.3):重六斤十二兩

卅三年銀盤·摹(齊王·19.4):重六斤十三兩

卅七年銀器足・摹(金銀器 344):重八兩十一朱(銖)

卌年銀耳杯・摹(臨淄 173.1):四十年〖注〗四十年,秦昭襄王四十年,公元前 267 年。

卌年銀耳杯・摹(臨淄 173.1):重一斤十二兩十四朱(銖)

卌年銀耳杯・摹(臨淄 173.1):重一斤十二兩十四朱(銖)

麗山園鍾(秦銅・185):麗山園容十二斗三升

麗山園鍾(秦銅・185):重二鈞十三斤八兩

咸陽四斗方壺(珍金・119):重十九斤四兩

咸陽四斗方壺・摹(珍金・119):重十九斤四兩

萯陽鼎(集證・54.2):六斤十二兩

萯陽鼎(集證・54.3):六斤十一兩

信宮罍(珍金・131):十九斤

信宮罍・摹(珍金・131):十九斤

安邑銅鐘(附)・摹(陶罐・3):十三斗一升

商鞅方升(秦銅・21):大良造鞅爰積十六尊(寸)五分尊(寸)壹爲升

商鞅方升(秦銅・21):冬十二月乙酉

商鞅方升(秦銅・21):十八年〖注〗十八年,秦孝公十八年,公元前 344 年。

始皇詔十六斤銅權一(秦銅・127):十六斤

始皇詔十六斤銅權二(秦銅・128):十六斤

始皇詔十六斤銅權三(秦銅・129):十六斤

始皇詔十六斤銅權四(秦銅・130.2):十六斤

十三年相邦義戈・摹(秦銅・30):十三年相邦義之造〖注〗十三年,惠文王前或後元十三年,公元前 325 年或前 312 年。

十二年上郡守壽戈・摹(秦銅・35):十二年上郡守壽造〖注〗十二年,秦昭襄王十二年,公元前 295 年。

十三年上郡守壽戈・摹(集證・21):十三年上郡守壽造〖注〗十三年,秦昭襄王十三年,公元前 294 年。

十四年相邦冉戈・摹(秦銅・38):十四年相邦冉造〖注〗十四年,秦昭襄王十四年,公元前 293 年。

十五年上郡守壽戈(集證・23):十五年上郡守壽之造〖注〗十五年,秦昭襄王十五年,公元前 292 年。

十五年上郡守壽戈・摹(集證・24):十五年上郡守壽之造

十七年丞相啟狀戈・摹(秦銅・40):十七年丞相啟狀造〖注〗十七年,秦昭襄王十七年,公元前 290 年。

十八年上郡戈・摹(秦銅・41):十八年桼(漆)工朐丞巨造〖注〗十八年,秦昭襄王十八年,公元前 289 年。

卅四年蜀守戈・摹(集證・29):十〖注〗十,編號。

五十年詔事戈・摹(集證・31):五十年詔事宕〖注〗五十年,秦昭襄王五十年,公元前 257 年。

十年寺工戈・摹(俑坑・3.1):十年寺工〖注〗十年,秦王政十年,公元前 237 年。

十四年屬邦戈・摹(秦銅・74):十四年屬邦工□□蔵〖注〗十四年,秦王政十四年，公元前233年。

十六年少府戈（珍金·102）：十六年少府工師乙〖注〗十六年，秦王政十六年，公元前231年。

十六年少府戈·摹（珍金·102）：十六年少府工師乙

十三年少府矛·摹（秦銅·73）：十三年少府工簷〖注〗十三年，秦王政十三年，公元前234年。

十六年大良造鞅戈鐓（秦銅·17）：十六年大良造庶長鞅之造〖注〗十六年，秦孝公十六年，公元前346年。

十九年大良造鞅殳鐏·摹（集證·15）：十九年大良造庶長鞅之造殳〖注〗十九年，秦孝公十九年，公元前343年。

十四年□平匽氏戟（珍金·60）：十四年□平〈守〉匽氏造戟〖注〗十四年，秦惠文王後元十四年，公元前311年。

十四年□平〈守〉匽氏戟·摹（珍金·60）：十四年□平匽氏造戟

十五年寺工鈹一·摹（秦銅·75）：十五年寺工敏〖注〗十五年，秦王政十五年，公元前232年。

十五年寺工鈹二·摹（秦銅·76）：十六〖注〗十六，編號。

十五年寺工鈹二·摹（秦銅·76）：十五年寺工敏

十六年寺工鈹·摹（秦銅·78）：十六年寺工敏造〖注〗十六年，秦王政十六年，公元前231年。

十七年寺工鈹二·摹（秦銅·91.2）：十七年寺工敏〖注〗十七年，秦王政十七年，公元前230年。

十七年寺工鈹四·摹（秦銅·82）：十七年寺工敏

十七年寺工鈹五·摹（秦銅·83）：十七年寺工敏造

十七年寺工鈹六·摹（秦銅·84）：十七年寺工敏

十八年寺工鈹·摹（秦銅·85）：十八年寺工敏〖注〗十八年，秦王政十八年，公元前229年。

十九年寺工鈹一·摹（秦銅·86）：十九年寺工邦〖注〗十九年，秦王政十九年，公元前228年。

十九年寺工鈹二·摹（秦銅·87）：七十八〖注〗七十八，編號。

十九年寺工鈹二·摹（秦銅·87）：十九年寺工邦

十九年寺工鈹三·摹（秦銅·88）：十九年寺工邦

十九年寺工鈹四·摹（秦銅·89）：十九年寺工邦

十九年寺工鈹五·摹（秦銅·90）：十九年寺工邦

銅弩機刻文·摹（秦銅·156.3）：五十五

銅弩機刻文·摹（秦銅·156.5）：十五

銅弩機刻文·摹（秦銅·156.3）：五十五

銅弩機刻文·摹（秦銅·156.3）：五十五

詛楚文·湫淵（中吳本）：而兼倍（背）十八世［之］詛盟

詛楚文·巫咸（中吳本）：而兼倍（背）十八世之詛盟

詛楚文·亞駝（中吳本）：而兼倍（背）十八世之詛盟

秦駰玉版·甲·摹：孟冬十月

秦駰玉版·乙·摹：孟冬十月

明瓊·摹（集證·242）：十

明瓊・摹(集證・242):十二

明瓊・摹(集證・242):十一

明瓊(集證・241):十

明瓊(集證・241):十二

明瓊(集證・241):十一

二號坑馬飾文・摹(集證・240):乙十八

青川牘・摹:二年十一月己酉朔二日

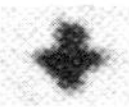

青川牘・摹:十月爲橋

青川牘・摹:四年十二月不除道者

天簡21・甲:入月十日

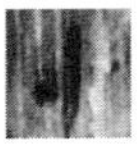

天簡23・甲:入月十一日

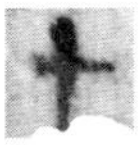

天簡28・乙:十月

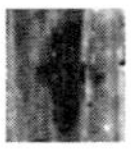

天簡32・乙:入月十日旦南吉

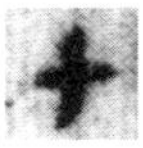

睡簡・封診式・59:一十步

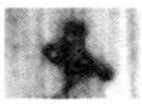

睡簡・爲吏・22:廿五年閏再十二月丙午朔辛亥

睡簡・爲吏・39:十耳當一目

睡簡・編年・3:五十六年

睡簡・編年・13:十三年

睡簡・編年・18:十一年

睡簡・編年・18:十八年

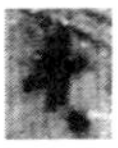

睡簡・編年・19:十九年

睡簡・編年・24:十七年

睡簡・編年・45:十二月甲午雞鳴時

睡簡・編年・51:五十一年

梆室門楣刻字:五十一年曲陽士五(伍)邦

睡簡・答問・1:盜過六百六十錢

睡簡・答問・8:司寇盜百一十錢

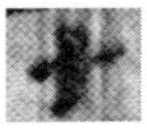

睡簡・答問・15:妻所匿百一十

睡簡・答問・16:以百一十爲盜

睡簡・答問・17:臧(贓)直(值)百一十

睡簡・答問・18:臧(贓)直(值)百五十

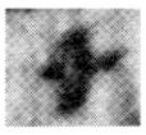

睡簡・答問・35:臧(贓)直(值)百一十

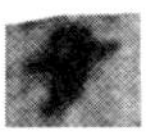

睡簡・答問・35:臧(贓)直(值)過六百六十

睡簡・答問・38:卽端盜駕(加)十錢

睡簡・答問・38:告人盜百一十

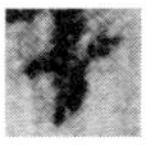

睡簡・答問・40:問盜六百七十

睡簡・答問・67:受分十錢

睡簡・答問・92:所殺直(值)二百五十錢

睡簡・答問・132:當治(笞)五十

睡簡・答問・141:或捕告人奴妾盜百一十錢

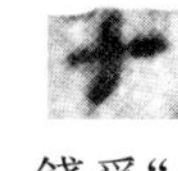睡簡・答問・209:人戶、馬牛及者(諸)貨材(財)直(值)過六百六十錢爲“大誤”

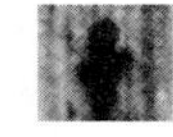睡簡・秦律・13:以四月、七月、十月、正月膚(臚)田牛

睡簡・秦律・20:不[盈]十牛以下

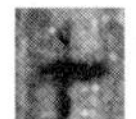睡簡・秦律・26:咸陽十萬一積

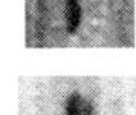睡簡・秦律・35:到十月牒書數

睡簡・秦律・43:麥十斗

睡簡・秦律・43:叔(菽)、荅、麻十五斗爲一石

睡簡・秦律・43:以十斗爲石

睡簡・秦律・43:舂爲米十斗

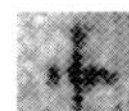睡簡・秦律・53:以十月益食

睡簡・秦律・67:錢十一當一布

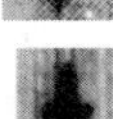睡簡・秦律・73:不盈十人者

睡簡・秦律・73:十五人

睡簡・秦律・73:都官佐、史不盈十五人者

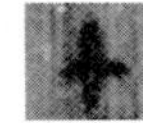睡簡・秦律・90:冬衣以九月盡十一月稟之

睡簡・秦律・91:用枲十八斤

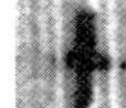睡簡・秦律・91:用枲十四斤

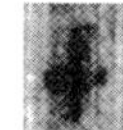睡簡・秦律・92:用枲十一斤

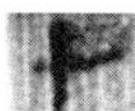睡簡・秦律・94:春冬人五十五錢

睡簡・秦律・94:冬人百一十錢

睡簡・秦律・94:其小者冬七十七錢

睡簡・秦律・94:夏五十五錢

睡簡・秦律・157:縣、都官、十二郡免除吏及佐、羣官屬

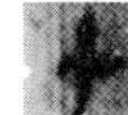睡簡・秦律・157:以十二月朔日免除

睡簡・秦律・167:過十分以上

睡簡・秦律・167:度禾、芻稾而不備十分一以下

睡簡・雜抄・18:徒絡組五十給

睡簡・雜抄・20:徒治(笞)五十

睡簡・雜抄・31:牛大牝十

睡簡・雜抄・31:羊牝十

睡簡・日甲・8背:十四日奊(謑)訽

睡簡・日甲・9背:十五日曰臣代主

睡簡・日甲・12背:三月、四月、九月、十月爲牝月

睡簡・日甲・12背:十二月、正月、七月、八月爲牡月

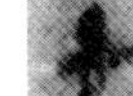睡簡・日甲・24正:十一月

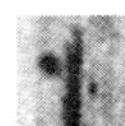睡簡・日甲・62背:日六夕十

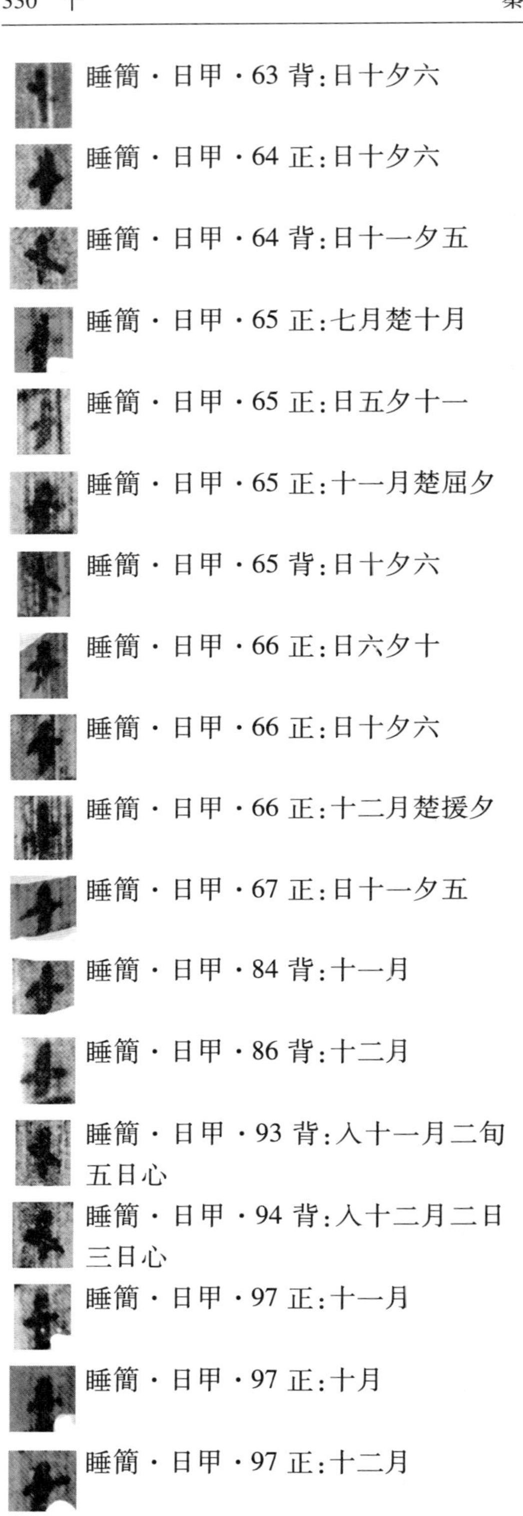

睡簡・日甲・63 背:日十夕六

睡簡・日甲・64 正:日十夕六

睡簡・日甲・64 背:日十一夕五

睡簡・日甲・65 正:七月楚十月

睡簡・日甲・65 正:日五夕十一

睡簡・日甲・65 正:十一月楚屈夕

睡簡・日甲・65 背:日十夕六

睡簡・日甲・66 正:日六夕十

睡簡・日甲・66 正:日十夕六

睡簡・日甲・66 正:十二月楚援夕

睡簡・日甲・67 正:日十一夕五

睡簡・日甲・84 背:十一月

睡簡・日甲・86 背:十二月

睡簡・日甲・93 背:入十一月二旬五日心

睡簡・日甲・94 背:入十二月二日三日心

睡簡・日甲・97 正:十一月

睡簡・日甲・97 正:十月

睡簡・日甲・97 正:十二月

睡簡・日甲・98 正:十月

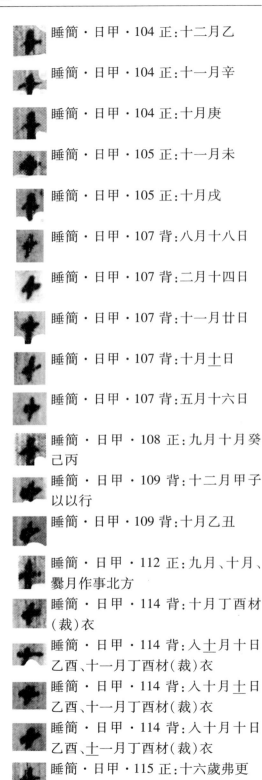

睡簡・日甲・104 正:十二月乙

睡簡・日甲・104 正:十一月辛

睡簡・日甲・104 正:十月庚

睡簡・日甲・105 正:十一月未

睡簡・日甲・105 正:十月戌

睡簡・日甲・107 背:八月十八日

睡簡・日甲・107 背:二月十四日

睡簡・日甲・107 背:十一月廿日

睡簡・日甲・107 背:十月十日

睡簡・日甲・107 背:五月十六日

睡簡・日甲・108 正:九月十月癸己丙

睡簡・日甲・109 背:十二月甲子以以行

睡簡・日甲・109 背:十月乙丑

睡簡・日甲・112 正:九月、十月、爨月作事北方

睡簡・日甲・114 背:十月丁酉材(裁)衣

睡簡・日甲・114 背:入十月十日乙酉、十一月丁酉材(裁)衣

睡簡・日甲・114 背:入十月十日乙酉、十一月丁酉材(裁)衣

睡簡・日甲・114 背:入十月十日乙酉、十一月丁酉材(裁)衣

睡簡・日甲・115 正:十六歲弗更

睡簡·日甲·117 正:十二歲更

睡簡·日甲·118 正:十二歲更

睡簡·日甲·119 背:十一月丁酉材(裁)衣

睡簡·日甲·119 背:十月丁酉材(裁)衣

睡簡·日甲·119 正:十六歲弗更

睡簡·日甲·120 正:十一歲更

睡簡·日甲·128 正:十二月上旬酉

睡簡·日甲·128 正:十一月上旬辰

睡簡·日甲·131 背:十二月丑

睡簡·日甲·131 背:十一月戌

睡簡·日甲·131 背:十月未

睡簡·日甲·132 背:十二月辰

睡簡·日甲·132 背:十一月午

睡簡·日甲·132 背:十月申

睡簡·日甲·133 正:入十月十日

睡簡·日甲·133 正:入十月十日

睡簡·日甲·133 正:入十二月卅日

睡簡·日甲·133 正:入十一月廿日

睡簡·日甲·133 正:入五月十九日

睡簡·日甲·134 正:十一月未

睡簡·日甲·134 正:十月戌、丑

睡簡·日甲·137 正:十月庚啗

睡簡·日甲·137 背:十月壬子

睡簡·日甲·138 正:十一月辛啗

睡簡·日甲·138 背:十月亥

睡簡·日甲·139 正:十二月己啗

睡簡·日甲·139 背:入月十七日

睡簡·日甲·146 背:十一月居午

睡簡·日甲·146 背:十二月居辰

睡簡·日甲·156 正:月生一日、十一日、廿一日

睡簡·日乙·1:十二月

睡簡·日乙·1:十一月

睡簡·日乙·21:日十夕六

睡簡·日乙·22:日十一夕五

睡簡·日乙·23:日十夕六

睡簡·日乙·27:十月

睡簡·日乙·27:日六夕十

睡簡·日乙·28:日五夕十一

睡簡・日乙・28:十一月

睡簡・日乙・29:十二月

睡簡・日乙・29:日六夕十

睡簡・日乙・35:十月

睡簡・日乙・36:十一月

睡簡・日乙・37:十二月

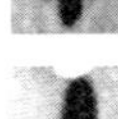睡簡・日乙・51:九月、十月

睡簡・日乙・92:四月房十四日

睡簡・日乙・97:十月庚𠂤

睡簡・日乙・98:十一月辛𠂤

睡簡・日乙・98:十月□十四日

睡簡・日乙・99:十二月己𠂤

睡簡・日乙・99:十一月參十四日

睡簡・日乙・99:十一月參十四日

睡簡・日乙・100:十月

睡簡・日乙・101:十一月乙卯天𠂤

睡簡・日乙・104:入十月朔日心

睡簡・日乙・105:入十一月二旬五日心

睡簡・日乙・106:入十二月二日三日心

睡簡・日乙・120:二月、六月、十月之戌

睡簡・日乙・120:四月、八月、十二月之辰

睡簡・日乙・133:十二月上旬丑

睡簡・日乙・133:十一月上旬辰

睡簡・日乙・133:十月上旬未

睡簡・日乙・149:十二月二旬

睡簡・日乙・149:十一月旬

睡簡・日乙・149:十月旬

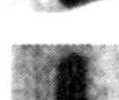睡簡・日乙・153:十二月癸未

睡簡・日乙・153:十月壬午

睡簡・日乙・198:二月、六月、十月、正南盡

睡簡・日乙・199:三月、七月、十一月

睡簡・日乙・200:四月、八月、十二月

睡簡・日乙・207:十月亥

睡簡・日乙・213:十一月子

睡簡・效律・3:不盈十六兩到八兩

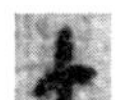睡簡・效律・3:十六兩以上

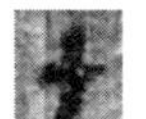睡簡・效律・8:直(值)百一十錢以到二百廿錢

睡簡・效律・12:十分一以到不盈五分一

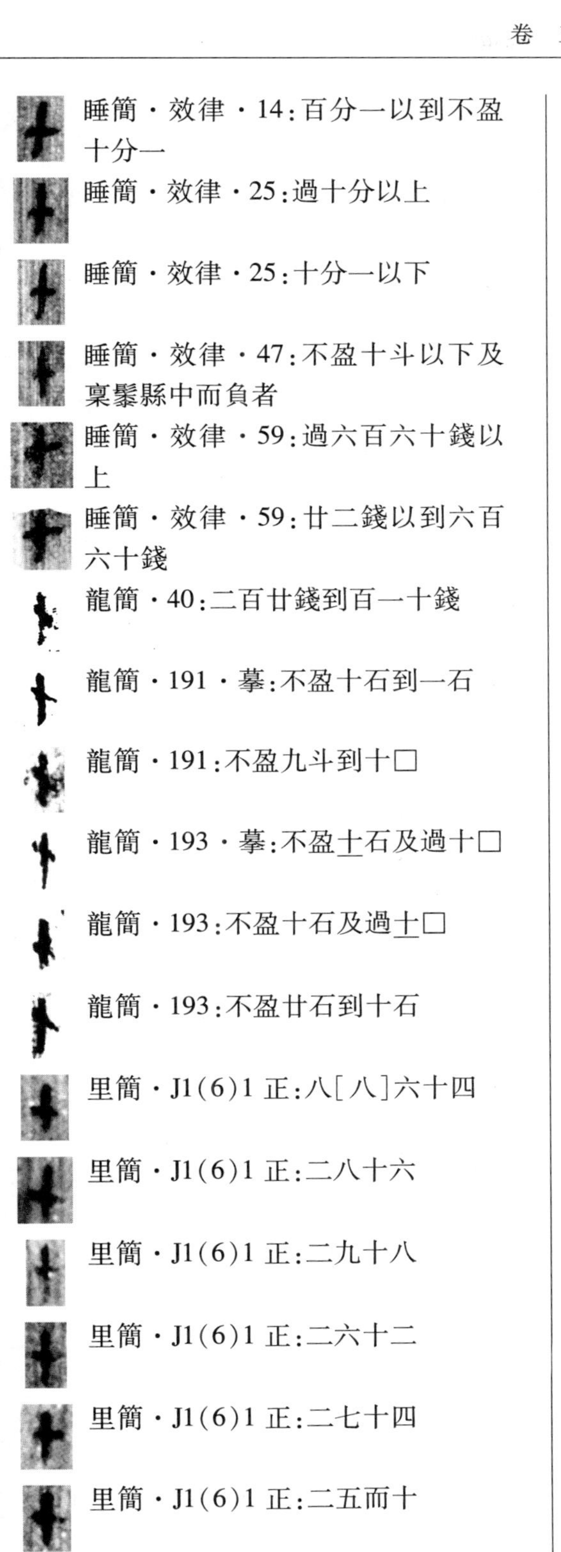

睡簡·效律·14:百分一以到不盈十分一

睡簡·效律·25:過十分以上

睡簡·效律·25:十分一以下

睡簡·效律·47:不盈十斗以下及稟鬃縣中而負者

睡簡·效律·59:過六百六十錢以上

睡簡·效律·59:廿二錢以到六百六十錢

龍簡·40:二百廿錢到百一十錢

龍簡·191·摹:不盈十石到一石

龍簡·191:不盈九斗到十□

龍簡·193·摹:不盈十石及過十□

龍簡·193:不盈十石及過十□

龍簡·193:不盈廿石到十石

里簡·J1(6)1正:八[八]六十四

里簡·J1(6)1正:二八十六

里簡·J1(6)1正:二九十八

里簡·J1(6)1正:二六十二

里簡·J1(6)1正:二七十四

里簡·J1(6)1正:二五而十

里簡·J1(6)1正:凡一千一百一十三字

里簡·J1(6)1正:九九八十一

里簡·J1(6)1正:六九五十四

里簡·J1(6)1正:七八五十六

里簡·J1(6)1正:七九六十三

里簡·J1(6)1正:三六十八

里簡·J1(6)1正:三四十二

里簡·J1(6)1正:三五十五

里簡·J1(6)1正:四[四]十六

里簡·J1(9)1正:陽陵宜居士五(伍)毋死有貲餘錢八千六十四

里簡·J1(9)5正:陽陵下里士五(伍)鹽有貲錢三百八十四

里簡·J1(9)9正:陽陵仁陽士五(伍)頯有贖錢七千六百八十

里簡·J1(9)11正:陽陵谿里士五(伍)采有貲餘錢八百五十二

里簡·J1(16)5背:水十一刻[刻]下九

里簡·J1(16)9正:□劾等十七戶徙都鄉

關簡·70:十一月丙戌小

關簡·71:十二月大

關簡·80正:十月

關簡·82:十二月庚戌小

關簡·134:十九日

 關簡·134:十三日

 關簡·135:十月

 關簡·135:十二日

 關簡·135:十四日

 關簡·135:十八日

 關簡·137:十五日

 關簡·137:十一日

 關簡·137:十日

 關簡·137:十六日

 關簡·137:十七日

 關簡·138:十一月

 關簡·140:十二月

 關簡·244:今此十二月子日皆爲平

 關簡·263:十三日以到十八日

 關簡·263:十三日以到十八日

 關簡·263:七日以到十二日

 關簡·263:十九日以到廿四日

 關簡·309:取十餘叔(菽)置鬵(粥)中而歙(飲)之

 關簡·365:十月戊子齊而牛止司命在庭□明星

 關簡·369:十五日乃已

 關沮牘·正·1:十二月甲戌小

 關沮牘·正·1:十一月甲辰大

 關沮牘·正·1:十月乙亥小

 關沮牘·背·1:以十二月戊戌嘉平

 帛書·足臂·21:[不]過十日死

 帛書·病方·目錄:凡五十二

 帛書·病方·92:水十五而米一

 帛書·病方·115:竈黄土十分升一

 帛書·病方·125:二、三月十五日到十七日取鳥卵

 帛書·病方·126:居雖十[餘]歲到□歲

 帛書·病方·129:十歲以前藥乃乾

 帛書·病方·179:棗十四

 帛書·病方·199:以月十六日始毁

 帛書·病方·249:十沸

 帛書·病方·280:睢(疽)未□烏豙(喙)十四果(顆)

 帛書·病方·443:編若十指

 帛書·病方·457:傅藥六十日

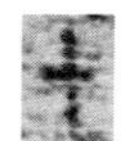 帛書·死候·86:過十日而死

帛書・灸經甲・42:爲十二病

帛書・灸經甲・65:爲十病

先秦幣・101.2:十四〖注〗十四,表紀年之數;或表範次。

先秦幣・101.3:十四

先秦幣・101.4:十二

陶器(南郊137・125):西奐蘇氏十斗

陶器(南郊137・125):西奐蘇氏十斗

陶器(南郊324・134.2):馮氏十斗

陶器(南郊708・195):杜氏十斗

陶器(南郊709・198):南陽趙氏十斗

瓦書(秦陶・1610):冬十壹月辛酉

瓦書・郭子直摹:冬十壹月辛酉

瓦書・郭子直摹:顝以四年冬十壹月癸酉封之

瓦當・2.8:十

秦陶・132:十

秦陶・133:十

秦陶・134:十

秦陶・135:十

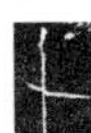秦陶・136:十

秦陶・137:十

秦陶・138:十

秦陶・139:十

秦陶・140:十

秦陶・141:十

秦陶・142:十

秦陶・143:十

秦陶・144:十

秦陶・145:十

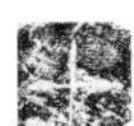秦陶・146:十

秦陶・147:十

秦陶・148:十

秦陶・149:十

秦陶・150:十

秦陶・151:十

秦陶・152:十

秦陶・153:十

秦陶・154:十

秦陶・155:十

 秦陶・156:十

 秦陶・157:十一

 秦陶・158:十二

 秦陶・158:十一

 秦陶・159:十二

 秦陶・160:十三

 秦陶・161:十三

 秦陶・162:十三

 秦陶・163:十三

 秦陶・164:十三

 秦陶・164:十四

 秦陶・165:十四

 秦陶・166:十四

 秦陶・167:十四

 秦陶・168:十四

 秦陶・169:十五

 秦陶・170:十五

 秦陶・171:十六

 秦陶・172:十六

 秦陶・173:十七

 秦陶・174:十七

 秦陶・175:十七

 秦陶・176:十八

 秦陶・177:十九

 秦陶・205:五十

 秦陶・208:五十九

 秦陶・209:六十

 秦陶・214:八十

 秦陶・218:九十

 秦陶・219:十、十

 秦陶・219:十、十

 秦陶・220:十、十三

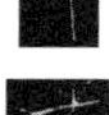 秦陶・220:十、十三

 秦陶・221:十、十八

 秦陶・221:十、十八

 秦陶・222:十、二十

 秦陶・366:稃十四

 秦陶・1193:十

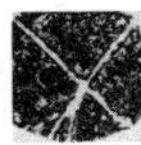
秦陶·1196:十

秦陶·1197:泰右東十八

秦陶·1198.1:十

秦陶·1440:十四□

秦陶·1484:容十斗

秦陶·1485:容十斗

秦陶·1487:容十斗

秦陶·1488:容十斗

木骰子(王家台·14):十

十七年漆盒·摹(漆盒·3):十七年大(太)后詹事丞□〖注〗十七年,秦昭襄王十七年,公元前290年。

漆器M3·17(雲夢·附二):十

漆器M3·28(雲夢·附二):十

漆器M3·33(雲夢·附二):十

漆器M7·13(雲夢·附二):十

漆器M7·38(雲夢·附二):十

漆器M8·3(雲夢·附二):十六

漆器M8·4(雲夢·附二):十六

漆器M8·9(雲夢·附二):十

漆器M8·9(雲夢·附二):十

漆器M8·10(雲夢·附二):十

漆器M8·11(雲夢·附二):十

漆器M11·22(雲夢·附二):十

漆器M13·10(雲夢·附二):十

漆器M13·23(雲夢·附二):十

漆器M13·32(雲夢·附二):十

漆器M14·4(雲夢·附二):三十

0448　丈

睡簡·答問·6:復丈

睡簡·封診·68:索袤丈

睡簡·封診·79:垣北去小堂北脣丈

睡簡·日甲·33背:以桑心爲丈(杖)

睡簡·日甲·43背:丈夫女子隋(墮)須(鬚)羸髮黄目

睡簡·日甲·45背:爲桑丈(杖)奇(倚)戶內

睡簡·日甲·47背:執丈夫

睡簡·日乙·259:盜丈夫

睡簡·6號牘·正:絲布謹善者毋下二丈五尺□

睡簡·11號牘·背:爲黑夫、驚多問夕陽呂嬰、匽里閻諍丈人得毋恙

龍簡·176:□租者不丈□〖注〗丈,丈量。

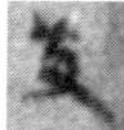里簡・J1(8)134 正:袤三丈三尺

帛書・病方・441:潰女子未嘗丈夫者[布]□音(杯)

帛書・灸經甲・66:大丈(杖)

0449 𠦃 千

卅三年銀盤・摹(齊王・18.3):千三百廿二釿

青川牘・摹:及癹千(阡)百(陌)之大草〖注〗田間之道,南北曰阡,東西曰陌。

青川牘・摹:一千(阡)道

睡簡・效律・8:過二百廿錢以到千一百錢

睡簡・效律・9:過二千二百錢以上

睡簡・效律・9:過千一百錢以到二千二百錢

睡簡・效律・9:過千一百錢以到二千二百錢

睡簡・效律・13:直(值)過二百廿錢以到千一百錢

睡簡・效律・13:過千一百錢以到二千二百錢

睡簡・效律・13:過千一百錢以到二千二百錢

睡簡・效律・14:過二千二百錢以上

睡簡・效律・15:直(值)過千一百錢以到二千二百錢

睡簡・效律・15:直(值)過千一百錢以到二千二百錢

睡簡・效律・15:過二千二百錢以上

睡簡・效律・23:百石以到千石

睡簡・效律・23:過千石以上

睡簡・效律・56:過二百廿錢以到二千二百錢

睡簡・效律・57:過二千二百錢以上

睡簡・語書・14:志千里使有籍書之

睡簡・封診・15:以五月晦與同里士五(伍)丙盜某里士五(伍)丁千錢

睡簡・答問・9:臧(贓)直(值)千錢

睡簡・答問・14:夫盜千錢

睡簡・答問・37:或以赦前盜千錢

睡簡・答問・40:告人盜千錢

睡簡・答問・48:沒錢五千而失之

睡簡・答問・64:"封"卽田千佰(阡陌)

睡簡・爲吏・14:千(阡)佰(陌)津橋

睡簡・秦律・64:不盈千者

睡簡・秦律・64:千錢一畚

睡簡・秦律・164:百石以上到千石

睡簡・秦律・165:過千石以上

龍簡・120:侵食道、千(阡)、郚(陌)

龍簡・154:黔首皆從千(阡)佰(陌)彊(疆)畔之其□

里簡・J1(6)1 正:凡一千一百一十三字

里簡・J1(9)1 正:陽陵宜居士五(伍)毋死有貲餘錢八千六十四

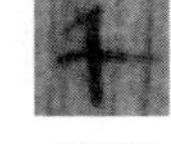里簡・J1(9)4 正:陽陵孝里士五(伍)衷有貲錢千三百卌四

里簡・J1(9)6 正:陽陵褆陽上造徐有貲錢二千六百八十八

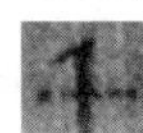里簡・J1(9)7 正:陽陵褆陽士五(伍)小欬有貲錢萬一千二百七十一

里簡・J1(9)8 正:陽陵逆都士五(伍)越人有貲錢千三百卌四

里簡・J1(9)9 正:陽陵仁陽士五(伍)顡有贖錢七千六百八十

里簡・J1(9)10 正:陽陵叔作士五(伍)勝日有貲錢千三百卌四

秦印編 42:千金

秦印編 42:千元

集證・186. 783:千歲〖注〗千歲,祈求長壽之辭。

秦印編 42:千

瓦當・2. 3:羽陽千歲

陶器(南郊 138・126. 1):千

陶器(南郊 138・126. 2):千

陶器(南郊 717・221):千

秦陶・1507:千

秦陶・1508:千

秦陶・1509:千千

秦陶・1509:千千

秦陶・1510:千千

秦陶・1510:千千

集證・199. 54:千萬〖注〗千萬,吉語。

0450　肸

帛書・病方・308:肸詘肸詘〖注〗《說文》:"肸,響布也。"

0451　博

六年上郡守閒戈(登封・4. 4・摹):博望〖注〗博望,地名。

封泥集 316・1:博城

封泥集 320・1:博昌〖注〗博昌,地名。

封泥集 320・2:博昌

封泥印・附二 205:博昌丞印

封泥印・附二 205:博昌

秦印編 42:博昌家丞

秦陶・483:博昌去疾

秦陶・484:博昌居此(貲)用里不更余

0452　廿

左樂兩詔鈞權(集證・43):廿六年〖注〗廿六年,秦始皇二十六年,公

元前 221 年。

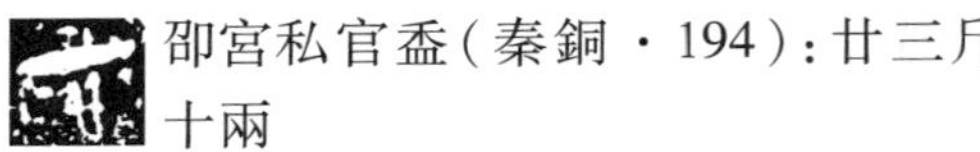

卲宮私官盉（秦銅・194）：廿三斤十兩

廿一年寺工車軎・甲軎（秦銅・93）：廿一年寺工獻〖注〗廿一年，秦王政二十一年，公元前 226 年。

卅三年銀盤・摹（齊王・18.3）：廿一朱（銖）

卅三年銀盤・摹（齊王・18.3）：千三百廿二釿

笴鼎（秦銅・199）：廿〖注〗廿，編號。

萯陽鼎（集證・55）：百廿七

信宮罍（珍金・131）：西廿〈共〉左

信宮罍・摹（珍金・131）：西廿〈共〉左

高奴禾石銅權（秦銅・32.2）：廿六年

旬邑銅權（秦銅・133）：廿六年

武城銅橢量（秦銅・109）：廿六年

平陽銅權・摹（秦銅・182）：廿六年

大騩銅權（秦銅・131）：廿六年

美陽銅權（秦銅・183）：廿六年

北私府橢量・始皇詔（秦銅・146）：廿六年

北私府橢量・始皇詔（秦銅・146）：廿六年

始皇詔銅方升三（秦銅・100）：廿六年

始皇詔銅方升三（秦銅・100）：廿六年

始皇詔銅橢量一（秦銅・102）：廿六年

始皇詔銅橢量六（秦銅・107）：廿六年

始皇詔銅橢量六（秦銅・107）：廿六年

始皇詔八斤銅權一（秦銅・134）：廿六年

始皇詔八斤銅權二（秦銅・135）：廿六年

兩詔斤權一（集證・45）：廿六年

兩詔斤權一・摹（集證・46）：廿六年

兩詔斤權二・照片（集證・47.2）：廿六年

兩詔斤權二・摹（集證・49）：廿六年

兩詔銅權一（秦銅・175）：廿六年

兩詔銅權三（秦銅・178）：廿六年

兩詔銅權四（秦銅・179.1）：廿六年

兩詔橢量一（秦銅・148）：廿六年

兩詔橢量二（秦銅・149）：廿六年

兩詔橢量三之一（秦銅・150）：廿六年

僅存銘始皇詔銅權・一（秦銅・135-1）：廿六年

僅存銘始皇詔銅權・二（秦銅・135-2）：廿六年

僅存銘始皇詔銅權・三（秦銅・135-3）：廿六年

僅存銘始皇詔銅權・四（秦銅・135-4）：廿六年

僅存銘始皇詔銅權・六(秦銅・135-6):廿六年

僅存銘始皇詔銅權・七(秦銅・135-7):廿六年

僅存銘始皇詔銅權・八(秦銅・135-8):廿六年

僅存銘始皇詔銅權・九(秦銅・135-9):廿六年

僅存銘始皇詔銅權・十(秦銅・135-10):廿六年

僅存銘始皇詔銅權・十二(秦銅・135-12):廿六年

僅存銘始皇詔銅權・十三(秦銅・135-13):廿六年

僅存銘始皇詔銅權・十四(秦銅・135-14):廿六年

僅存銘始皇詔銅權・十七(秦銅・135-17):廿六年

僅存銘兩詔銅權(秦銅・135-18.1):廿六年

秦箕斂(箕斂・封3):廿六年

商鞅方升(秦銅・21):廿六年

始皇詔版一(秦銅・136):廿六年

始皇詔版三(秦銅・138):廿六年

始皇詔版七(秦銅・143):廿六年

始皇詔版八(秦銅・144):廿六年

始皇詔十六斤銅權一(秦銅・127):廿六年

始皇詔十六斤銅權二(秦銅・128):廿六年

始皇詔十六斤銅權三(秦銅・129):廿六年

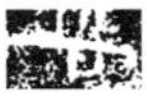

始皇詔十六斤銅權四(秦銅・130.1):廿六年

始皇詔銅石權(秦銅・126):廿六年

始皇詔鐵石權二(秦銅・121):廿六年

始皇詔鐵石權七(秦銅・125):廿六年

始皇詔銅方升一(秦銅・98):廿六年

始皇詔銅方升二(秦銅・99):廿六年

始皇詔銅方升四(秦銅・101):廿六年

始皇詔銅權一(秦銅・110):廿六年

始皇詔銅權二(秦銅・111):廿六年

始皇詔銅權三(秦銅・112):廿六年

始皇詔銅權四(秦銅・113):廿六年

始皇詔銅權六(秦銅・115):廿六年

始皇詔銅權九(秦銅・118):廿六年

始皇詔銅權十(秦銅・119):廿六年

始皇詔銅權十一(珍金・125):廿六年

始皇詔銅橢量二(秦銅・103):廿六年

始皇詔銅橢量三(秦銅・104):廿六年

始皇詔銅橢量四(秦銅・105):廿六年

始皇詔銅橢量五(秦銅・106):廿六年

廿年相邦冉戈(集證·25.1):廿年相邦冉造〖注〗廿年,秦昭襄王二十年,公元前287年。

廿年相邦冉戈·摹(秦銅·42):廿年相邦冉造

廿一年相邦冉戈二(珍金·64):廿一年相邦冉造

廿一年相邦冉戈二·摹(珍金·64):廿一年相邦冉造

王廿三年家丞戈(珍金·68):王廿三年家丞禺(?)造〖注〗王廿三年,秦昭襄王二十三年,公元前284年。

王廿三年家丞戈·摹(珍金·68):王廿三年家丞禺(?)造

廿四年上郡守戟(潛山·19):廿四年上郡守□造〖注〗廿四年,秦昭襄王二十四年,公元前283年。

廿四年莒傷銅斧(沂南·2):廿四年莒傷(陽)丞寺

廿五年上郡守厝戈·摹(秦銅·43):廿五年上郡守厝造〖注〗廿五年,秦昭襄王二十五年,公元前282年。

廿五年上郡守周戈(登封·4.1):廿五年上郡守周造

廿六年戈·王輝摹(珍金179):廿六年□相守之造〖注〗廿六年,秦昭襄王二十六年,公元前281年。

廿七年上郡守趞戈·故宫藏·摹(秦銅·46):廿七年上守趞造〖注〗廿七年,秦昭襄王二十七年,公元前280年。

廿七年上郡守趞戈(集證·25.2):廿七年上守趞造

卅二年相邦冉戈·摹(珍金·81):北廿(?)〖注〗廿,編號。

廿年上郡戈·摹(集成11548.1):廿年漆工帀(師)攻(?)丞□造〖注〗廿年,秦王政二十年,公元前227年。

廿二年臨汾守戈(集證·36.1):廿二年臨汾守曋〖注〗廿二年,秦王政二十二年,公元前225年。

廿二年臨汾守戈·摹(集證·36.1):廿二年臨汾守曋

廿三年少府戈(珍金·106):廿三年少工爲〖注〗廿三年,秦王政二十三年,公元前224年。

廿三年少府戈·摹(珍金·107):廿三年少工爲

廿四年葭萌戈·摹(集證·26.2):廿四年〖注〗廿四年,秦王政二十四年,公元前223年。

廿六年蜀守武戈(集證·36.2):廿六年蜀守武造

二號坑馬飾文·摹(集證·240):癸廿七

泰山刻石·宋拓本:廿有六年

繹山刻石·宋刻本:廿有六年

天簡33·乙:入月廿八日旦西吉

睡簡·語書·1:廿年四月丙戌朔丁亥

睡簡·封診·25:具弩二、矢廿

睡簡·封診·91:某里公士甲等廿人詣里人士五(伍)丙

睡簡·效律·7:廿分升一以上

睡簡·效律·8:過二百廿錢以到千一百錢

睡簡·效律·8:直(值)百一十錢以到二百廿錢

睡簡·效律·13:直(值)過二百廿錢以到千一百錢

睡簡·效律·56:過二百廿錢以到二千二百錢

睡簡・效律・56:自二百廿錢以下

睡簡・效律・58:廿二錢以到六百六十錢

睡簡・效律・58:不盈廿二錢

睡簡・雜抄・17:徒絡組廿給

睡簡・雜抄・21:徒絡組各廿給

睡簡・編年・20:廿年

睡簡・編年・21:廿一年

睡簡・編年・24:廿四年

睡簡・編年・25:廿五年

睡簡・編年・28:廿八年

睡簡・編年・28:廿一年

睡簡・編年・29:廿二年

睡簡・編年・32:廿五年

睡簡・編年・33:廿六年

睡簡・答問・26:或直(值)廿錢

睡簡・答問・49:誣人盜直(值)廿

睡簡・秦律・43:爲粟廿斗

睡簡・秦律・146:廿人

睡簡・秦律・182:鹽廿二分升二

睡簡・日甲・29正:廿二日廿三日吉

睡簡・日甲・29正:廿五日廿六日吉

睡簡・日甲・29正:廿二日廿三日吉

睡簡・日甲・29正:廿五日廿六日吉

睡簡・日甲・29正:廿八日廿九日吉

睡簡・日甲・29正:廿七日恐

睡簡・日甲・29正:廿四日恐

睡簡・日甲・107背:九月廿七日

睡簡・日甲・107背:三月廿一日

睡簡・日甲・107背:十一月廿日

睡簡・日甲・117正:廿歲必富

睡簡・日甲・117正:廿歲更

睡簡・日甲・133正:入九月廿七日

睡簡・日甲・133正:入六月廿四日

睡簡・日甲・133正:入三月廿一日

睡簡・日甲・133正:入十一月廿日

睡簡・日甲・156正:廿一日

睡簡・爲吏・16:廿五年閏再十二月丙午朔辛亥

睡簡・爲吏・22:廿五年閏再十二月丙午朔辛亥

睡簡・日乙・90:二月東辟(壁)廿七日

睡簡・日乙・94:六月東井廿七日

睡簡・日乙・95:七月七星廿八日

睡簡・日乙・96:八月軫廿八日

睡簡・日乙・100:十二月斗廿一日

龍簡・28:□去耎(壖)廿里毋敢每(謀)殺□

龍簡・40・摹:二百廿錢到百一十錢

龍簡・41:不盈廿二錢到一錢

龍簡・98:廿五年四月乙亥以來□

龍簡・116:廿四年正月甲寅以來

龍簡・186・摹:失廿石以□

龍簡・187:失租廿石□

龍簡・188・摹:盈廿石到十石

龍簡・193:不盈廿石到十石

龍簡・194・摹:□廿[石]□

里簡・J1(6)1 正:四七廿八

里簡・J1(6)1 正:五[五]廿五

里簡・J1(6)1 正:四五廿

里簡・J1(6)1 正:三八廿四

里簡・J1(6)1 正:三九廿七

里簡・J1(6)1 正:三七廿一

里簡・J1(6)1 正:四六廿四

里簡・J1(8)133 正:廿七年八月甲戌朔壬辰

里簡・J1(8)134 正:廿六年八月庚戌朔丙子

里簡・J1(9)3 正:陽陵下里士五(伍)不識有貲餘錢千七百廿八

關簡・134:廿五日大𢧐(徹)

關簡・135:廿四日

關簡・135:廿日

關簡・136:廿六日

關簡・137:廿二日

關簡・137:廿一二日

關簡・137:廿一日

關簡・138:廿八日

關簡・138:廿七日

關簡・138:廿九日

關簡・263:十九日以到廿四日

關簡・263:廿五日以到卅日

帛書・病方・115:取如□鹽廿分斗一

帛書·病方·238:恆服藥廿日

帛書·病方·453:廿日

赤峰秦瓦量·殘(銘刻選43):廿六年

始皇詔陶印(《研究》附):廿六年

秦印編42:廿

瓦書(秦陶·1610):一里廿輯

瓦書·郭子直摹:一里廿輯

秦陶·178:廿

秦陶·179:廿

秦陶·1152:廿

秦陶·1153:廿三

秦陶·1547:廿六年

秦陶·1548:廿六年

秦陶·1552:廿六年

秦陶·1553:廿六年

秦陶·1554:廿六年

秦陶·1556:廿□年

秦陶·1563:廿□年

秦陶·1564:廿

秦陶·1605:廿六□兼天下諸

秦陶·1608:廿□盡

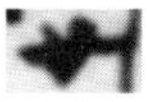

地圖注記·摹(地圖·4):宛到□廿五里

廿九年漆奩·黄盛璋摹(集證·27):廿九年大(太)后詹事丞向

漆器M6·22(雲夢·附二):□□廿

漆器M9·44(雲夢·附二):南主廿

0453　卅

三年詔事鼎(秦銅·62):卅四〖注〗卅四,編號。《玉篇》:"卅,四十也。"

虎形轄(精華168):卅六年〖注〗卅六年,秦昭襄王四十六年,公元前261年。

卅年銀器足·摹(金銀器344):卅年中舍〖注〗卅年,秦昭襄王四十年,公元前267年。

卅一年銀耳杯·摹(臨淄173.2):卅一年工右狃(?)〖注〗卅一年,秦昭襄王四十一年,公元前266年。

卅年上郡守起戈一·摹(秦銅·50):卅年上郡守起[造]

卅年上郡守起戈二·摹(集證·30):卅年上郡守起造

卅八年上郡假守鼌戈(珍金·88):卅八年上郡叚(假)守鼌造

卅八年上郡假守鼌戈·摹(珍金·88):卅八年上郡叚(假)守鼌造

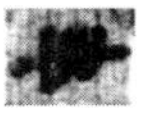

睡簡·編年·40:卅年

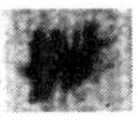

睡簡·編年·42:卅二年

睡簡・编年・44:卌四年

睡簡・编年・45:卌五年

睡簡・编年・47:卌七年

睡簡・秦律・91:直(值)卌六錢

睡簡・秦律・94:夏卌四錢

睡簡・秦律・95:其小者冬卌四錢

睡簡・秦律・95:夏卌四錢

龍簡・27・摹:去苑卌里

里簡・J1(6)1 正:七[七]卌九

里簡・J1(6)1 正:五八卌

里簡・J1(6)1 正:六八卌八

里簡・J1(6)1 正:六七卌二

里簡・J1(9)4 正:陽陵孝里士五(伍)衷有貲錢千三百卌四

里簡・J1(9)8 正:陽陵逆都士五(伍)越人有貲錢千三百卌四

里簡・J1(9)10 正:陽陵叔作士五(伍)勝日有貲錢千三百卌四

秦陶・190:卌

秦陶・191:卌二

秦陶・192:卌一

秦陶・203:卌九

0454 莫

六年漢中守戈(集證・19):六年莫中守□造〖注〗莫,即"漢"本字。漢中,郡名。

六年漢中守戈・摹(集證・19):六年莫中守□造

0455 卅 卅

卅四年工師文罍・摹(集證・28):卅四年工帀(師)文〖注〗卅四年,秦昭襄王三十四年,公元前 273 年。

卅六年私官鼎・口沿(秦銅・49):卅六年工帀(師)瘨〖注〗卅六年,秦昭襄王三十六年,公元前 271 年。

卅六年邦工師扁壺・摹(隨州・4):卅六年邦工帀(師)

卅七年銀器足・摹(金銀器 344):卅七年工右舍〖注〗卅七年,秦昭襄王三十七年,公元前 270 年。

卅三年銀盤・摹(齊王・18.3):卅三年左工□〖注〗卅三年,秦始皇三十三年,公元前 214 年。

萯陽鼎(集證・55):第百卅七

萯陽鼎(集證・55):第百卅七

宜工銅權(精粹 103):宜工重卅斤

卅年詔事戈(珍金・74):卅年詔事〖注〗卅年,王輝說有秦昭王三十年(公元前 277 年)與秦始皇三十年(公元前 217 年)兩種可能,以前者可能性大。

卅年詔事戈・摹(珍金・74):卅年詔事

卅二年相邦冉戈・摹(珍金・80):卅二年相邦冉造〖注〗卅二年,秦昭王三十二年,公元前275年。

卅三年詔事戈·摹(秦銅·48):卅三年詔事〖注〗卅三年,秦昭襄王三十三年,公元前274年。

卅四年蜀守戈·摹(集證·29):卅四年蜀守□造〖注〗卅四年,秦昭襄王三十四年,公元前273年。

襄陽少府戈·摹(珍金220·2):卅四年少工梬

卅七年上郡守慶戈·摹(精粹19):卅七年上郡守慶造〖注〗卅七年,秦昭襄王三十七年,公元前270年。

卅八年上郡守慶戈·摹(長平出土戈圖版):卅八年上郡守慶造〖注〗卅八年,秦昭襄王三十八年,公元前269年。

銅弩機刻文·摹(秦銅·156.6):卅四

銅弩機刻文·摹(秦銅·156.9):卅一

石鼓文·乍邍(先鋒本):爲卅里

會稽刻石·宋刻本:卅有七年〖注〗卅七年,秦始皇三十七年,公元前210年。

睡簡·日甲·133正:入十二月卅日

睡簡·秦律·14:治(笞)卅

睡簡·秦律·92:直(值)卅六錢

睡簡·秦律·95:夏卅三錢

睡簡·秦律·143:石卅錢

睡簡·編年·30:卅年

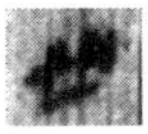

睡簡·編年·31:卅一年

睡簡·編年·32:卅二年

睡簡·編年·33:卅三年

睡簡·編年·35:卅五年

睡簡·編年·37:卅七年

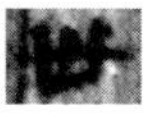

里簡·J1(6)1正:六[六]卅六

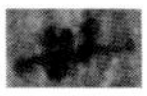

里簡·J1(6)1正:四八卅二

里簡·J1(6)1正:四九卅六

里簡·J1(6)1正:五六卅

里簡·J1(8)154正:卅三年二月壬寅朔[朔]日

里簡·J1(8)157正:卅二年正月戊寅朔甲午

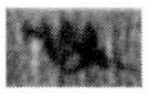

里簡·J1(8)158正:卅二年四月丙午朔甲寅

里簡·J1(9)1正:卅三年四月辛丑朔丙午

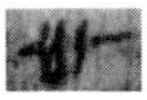

里簡·J1(9)1背:卅五年四月己未朔乙丑

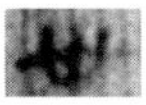

里簡·J1(9)2正:陽陵仁陽士五(伍)不豺有貲錢八百卅六

里簡·J1(9)2正:卅四年八月癸巳朔[朔]日

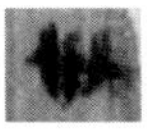

里簡·J1(9)2背:卅五年四月己未朔乙丑

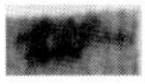

里簡·J1(9)3正:卅三年三月辛未朔戊戌

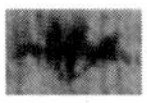

里簡·J1(9)3背:卅五年四月己未朔乙丑

里簡·J1(9)4正:卅四年八月癸巳朔甲午

里簡·J1(9)5 正:卅三年四月辛丑朔丙午

里簡·J1(9)5 正:卅四年八月癸巳朔[朔]日

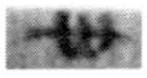

里簡·J1(9)6 正:卅四年八月癸巳朔[朔]日

里簡·J1(9)6 背:卅五年四月己未朔乙丑

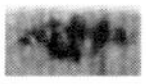

里簡·J1(9)7 正:卅三年四月辛丑朔戊申

里簡·J1(9)7 背:卅五年四月己未朔乙丑

里簡·J1(9)7 背:卅四年八月癸巳朔[朔]日

里簡·J1(9)8 正:卅三年四月辛丑朔丙午

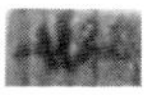

里簡·J1(9)8 正:卅四年八月癸巳朔[朔]日

里簡·J1(9)8 背:卅五年四月己未朔乙丑

里簡·J1(9)9 正:卅三年三月辛未朔戊戌

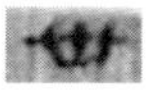

里簡·J1(9)9 背:卅四年八月癸巳朔[朔]日

里簡·J1(9)9 背:卅五年四月己未朔乙丑

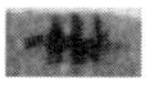

里簡·J1(9)10 正:卅三年四月辛丑朔丙午

里簡·J1(9)10 背:卅五年四月己未朔乙丑

里簡·J1(9)11 正:卅四年八月癸巳朔[朔]日

里簡·J1(9)11 背:卅五年四月己未朔乙丑

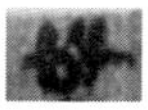

里簡·J1(9)12 背:卅五年四月己未朔乙丑

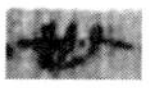

里簡·J1(9)12 背:卅四年七月甲子朔辛卯

里簡·J1(9)981 正:卅年九月丙辰朔己巳

關簡·136:卅日小奭(徹)

關簡·264:廿五日以到卅日

關簡·297:卅六年

帛書·病方·68:合盧大如□豆卅

帛書·病方·285:服藥卅日□已

秦陶·183:卅

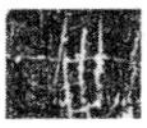

秦陶·184:卅

漆器 M9·6(雲夢·附二):卅二

地圖注記·摹(地圖·4):卅里

0456 丗 世

詛楚文·湫淵(中吳本):而兼倍(背)十八世[之]詛盟

詛楚文·巫咸(中吳本):而兼倍(背)十八世之詛盟

詛楚文·亞駝(中吳本):而兼倍(背)十八世之詛盟

秦駰玉版·甲·摹:周世既叟(沒)

〖注〗周世,指周的王世。

秦駰玉版·乙·摹:周世既叟(沒)

繹山刻石·宋刻本:世無萬數

繹山刻石·宋刻本:嗣世稱王

繹山刻石·宋刻本:追念亂世

0457 𧥢 言

琅邪臺刻石:丞相臣斯、臣去疾、御史大夫臣德昧死言

泰山刻石・廿九字本:臣斯、臣去疾、御史大夫臣□昧死言

泰山刻石・宋拓本:丞相臣斯、臣去疾、御史大夫臣德昧死言

繹山刻石・宋刻本:丞相臣斯、臣去疾、御史大夫臣德昧死言

天簡 22・甲:丑旦有言怒

天簡 22・甲:安得美言

天簡 34・乙:可論可言

睡簡・語書・11:輕惡言而易病人

睡簡・語書・12:誈訊醜言麃(儦)斫以視(示)險(檢)

睡簡・語書・12:訏詢疾言以視(示)治

睡 11 號牘・正:報必言相家爵來未來

睡簡・答問・12:與甲言

睡簡・答問・77:弗言而葬

睡簡・答問・77:其室人弗言吏

睡簡・答問・157:弗言

睡簡・封診・45:以書言

睡簡・封診・53:丁言曰

睡簡・封診・89:皆言甲前旁有乾血

睡簡・封診・91:丙有寧毒言〖注〗毒言,口舌有毒。

睡簡・秦律・1:輒以書言澍〈澍〉稼、誘(秀)粟及豤(墾)田暘毋(無)稼者頃數〖注〗言,上報。

睡簡・秦律・1:亦輒言雨少多

睡簡・秦律・2:亦輒言其頃數

睡簡・秦律・29:言縣廷〖注〗言,報告。

睡簡・秦律・33:程禾、黍□以書言年

睡簡・秦律・128:毋(無)金錢者乃月爲言脂、膠

睡簡・日甲・16 背:有女子言

睡簡・日甲・52 背:野獸若六畜逢人而言

睡簡・日甲・59 背:□鳥獸能言

睡簡・日甲・59 背:不過三言

睡簡・日甲・73 背:勿言已

睡簡・日甲・87 背:有言見〖注〗言,疑讀爲"愆"。

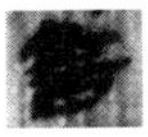

睡簡・日甲・143 正:好言語

睡簡・日甲・157 正:有美言

睡簡・日甲・157 正:有美言

睡簡・日甲・158 正:有美言

睡簡・日甲・159 正:不言

睡簡・日甲・162 正:有後言〖注〗後言,背後的議論。

 睡簡・日甲・164 正:有後言

 睡簡・日甲・165 正:有惡言

 睡簡・日甲・166 正:有後言

 睡簡・日甲・166 正:有惡言

 睡簡・日乙・14:利以結言〖注〗結言,用言語約定。

 睡簡・日乙・122:以與人言

 睡簡・日乙・122:與人言

 睡簡・日乙・157:西聞言兇(凶)

 睡簡・日乙・169:西聞言

 睡簡・日乙・175:南聞言

 睡簡・日乙・240:好言五(語)

 睡簡・爲吏・30:四曰善言隋(惰)行

 睡簡・爲吏・35:言不可追

 睡簡・爲吏・48:言不可追

 睡簡・爲吏・48:言如盟

 龍簡・21:伍人弗言者

 龍簡・159:□或即言其田實(?)□

 龍簡・198・摹:勿予其言殹

 龍簡・199:宦者其有言䙴(遷)及有罪者□

 龍簡・200:有言縣道官

 龍簡・201・摹:言吏入者

 龍簡・202・摹:□未央(決)而言者

 龍簡・209・摹:□必言者(?)入□

 里簡・J1(8)133 正:敢言之

 里簡・J1(8)134 正:前日言

 里簡・J1(8)152 正:少內守是敢言之

 里簡・J1(8)152 正:書到言

 里簡・J1(8)152 正:敢言之

 里簡・J1(8)154 正:遷陵守丞都敢言之

 里簡・J1(8)154 正:敢言之

 里簡・J1(8)157 正:啟陵鄉夫敢言之

 里簡・J1(9)1 正:司空騰敢言之

 里簡・J1(9)1 正:陽陵守丞廚敢言之

 里簡・J1(9)1 正:敢言之

 里簡・J1(9)1 正:上謁言洞庭尉

 里簡・J1(9)1 正:敢言之

 里簡・J1(9)1 背:敢言之

 里簡・J1(9)1 背:陽陵守慶敢言之

 里簡・J1(9)2 正:敢言之

 里簡・J1(9)2 正:敢言之

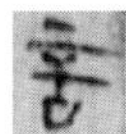 里簡・J1(9)2 正:敢言之

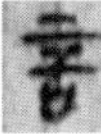 里簡・J1(9)2 正:上謁言洞庭尉

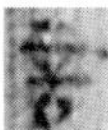 里簡・J1(9)2 正:司空騰敢言之

 里簡・J1(9)2 正:陽陵守丞恬敢言之

 里簡・J1(9)2 正:陽陵遫敢言之

 里簡・J1(9)3 正:上謁言洞庭尉

 里簡・J1(9)3 正:司空騰敢言之

 里簡・J1(9)3 正:陽陵守丞恬敢言之

 里簡・J1(9)3 背:敢言之

 里簡・J1(9)4 正:敢言之

 里簡・J1(9)4 正:上謁言洞庭尉

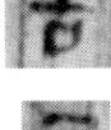 里簡・J1(9)4 正:司空騰敢言之

 里簡・J1(9)4 正:陽陵守丞廚敢言之

里簡・J1(9)4 正:敢言之

 里簡・J1(9)4 正:陽陵守丞欣敢言之

 里簡・J1(9)4 正:敢言之

 里簡・J1(9)5 正:敢言之

里簡・J1(9)5 正:敢言之

 里簡・J1(9)5 正:敢言之

 里簡・J1(9)5 正:上謁言洞庭尉

 里簡・J1(9)5 正:司空騰敢言之

 里簡・J1(9)5 正:陽陵守丞廚敢言之

 里簡・J1(9)5 正:陽陵遫敢言之

 里簡・J1(9)6 正:敢言之

 里簡・J1(9)6 正:敢言之

 里簡・J1(9)6 正:敢言之

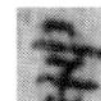 里簡・J1(9)6 正:上謁言洞庭尉

 里簡・J1(9)6 正:司空騰敢言之

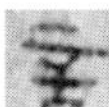 里簡・J1(9)6 正:陽陵守丞曠敢言之

 里簡・J1(9)6 正:陽陵遫敢言之

 里簡・J1(9)7 正:敢言之

 里簡・J1(9)7 正:敢言之

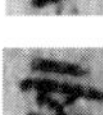 里簡・J1(9)7 正:上謁言洞庭尉

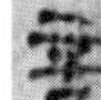 里簡・J1(9)7 正:司空騰敢言之

 里簡・J1(9)7 正:陽陵守丞廚敢言之

 里簡・J1(9)7 背:敢言之

里簡·J1(9)7背:陽陵遬敢言之

里簡·J1(9)8正:敢言之

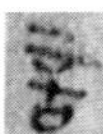
里簡·J1(9)8正:敢言之

里簡·J1(9)8正:敢言之

里簡·J1(9)8正:司空騰敢言之

里簡·J1(9)8正:陽陵守丞廚敢言之

里簡·J1(9)8正:陽陵遬敢言之

里簡·J1(9)9正:敢言之

里簡·J1(9)9正:上謁言洞庭尉

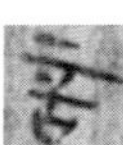
里簡·J1(9)9正:敢言之

里簡·J1(9)9正:司空騰敢言之

里簡·J1(9)9正:陽陵守丞恬敢言之

里簡·J1(9)9背:敢言之

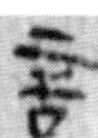
里簡·J1(9)9背:陽陵遬敢言之

里簡·J1(9)10正:敢言之

里簡·J1(9)10正:上謁言洞庭尉

里簡·J1(9)10正:司空騰敢言之

里簡·J1(9)10正:陽陵守丞廚敢言之

里簡·J1(9)10正:敢言之

里簡·J1(9)10背:敢言之

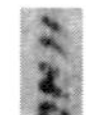
里簡·J1(9)10背:陽陵守丞慶敢言之

里簡·J1(9)11正:敢言之

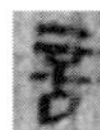
里簡·J1(9)11正:司空騰敢言之

里簡·J1(9)11正:陽陵守丞恬敢言之

里簡·J1(9)11正:陽陵遬敢言之

里簡·J1(9)11正:敢言之

里簡·J1(9)11背:敢言之

里簡·J1(9)12背:陽陵遬敢言之

里簡·J1(9)12背:敢言之

里簡·J1(9)981正:[亡]不定言

里簡·J1(9)981正:敢言之

里簡·J1(9)981正:田官守敬敢言之

里簡·J1(16)6正:當坐者言名史泰守府

里簡·J1(16)8背:敢言之

里簡·J1(16)9正:都鄉守嘉言

里簡·J1(16)9正:啟陵鄉□敢言之

里簡·J1(16)9正:移言

關簡·72:有惡言

關簡・187:所言者急事也

關簡・189:所言者行事也

關簡・191:所言者憂病事也

關簡・193:所言者家室事

關簡・197:所言者吉事也

關簡・199:所言者急

關簡・201:所言者末事、急事也

關簡・203:所言者請謁、獄訟事也

關簡・205:所言者憂病事也

關簡・207:所言者虛故事

關簡・209:所言者危行事也

關簡・211:所言者分楬事也

關簡・211:有後言語

關簡・215:所言者惡事也

關簡・217:所言者獄訟事、請謁事也

關簡・219:所言者凶事也

關簡・221:所言者惡事也

關簡・223:所言者

關簡・225:所言者錢財事也

關簡・227:所言者急事也

關簡・229:所言者家室、請謁事也

關簡・231:所言者獄訟、請謁事也

關簡・233:所言者憂病事也

關簡・235:所言者家室、故事也

關簡・237:所言者變治事也

關簡・239:所言者行事也

關簡・241:所言者宦御若行者也

關簡・246:不言

關簡・246:怒言

關簡・246:有後言

關簡・247:有美言

關簡・247:有美言

關簡・248:有惡言

關簡・248:有美言

關簡・249:不得言

關簡・249:不得言

關簡・252:後有言

關簡・254:[有美]言

關簡・254:有惡言

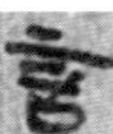
關簡・255:有後言

關簡・257:有惡言

關簡・257:有言

關簡・333:及毋與人言

關簡・347:言曰

關簡・351:卽言囷下曰

關簡・376:□言若

帛書・脈法・84:言不可不察殹

帛書・病方・106:取由(塊)言曰由(塊)言曰〖注〗末三字爲衍文。

帛書・病方・109:言曰

帛書・病方・308:黄神且與言

集證・184.744:思言敬事〖注〗思言,謹慎言論,思之而後言。

集證・184.745:思言

集證・184.747:思言敬事

集證・184.748:思言

秦印編 42:思言敬事

秦印編 42:卑言

秦印編 42:慎言敬願

秦印編 42:思言

秦印編 42:思言

秦印編 42:思言敬事

秦印編 42:思言敬事

秦印編 42:思言敬事

0458 語

睡簡・語書・15:語書〖注〗語書,教戒的文告。

睡簡・爲吏・2:不敢徒語恐見惡〖注〗徒語,說空話。

睡簡・日甲・143 正:好言語

睡簡・日甲・165 正:得語

關簡・211:有後言語

關簡・255:得語

0459 謂

石鼓文・吾水(先鋒本):公謂大□

天簡 35・乙:不合音婁(數)者是謂天絕紀

睡簡・語書・1:南郡守騰謂縣、道嗇夫

睡簡・日甲・104 正:是謂血明

睡簡・日甲・110 背:是謂出亡歸死之日也

睡簡・日甲・156 正:是謂相

睡簡・答問・1:可(何)謂"駕(加)辠"

睡簡・答問・27:可(何)謂"祠未闃"

睡簡・答問・28:可(何)謂"盜埱厓"

睡簡・答問・28:是謂"厓"

睡簡・答問・30:可(何)謂"抉籥(鑰)"

睡簡・答問・32:可(何)謂"府中"

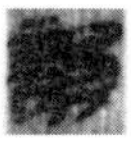

睡簡・答問・51:翏(戮)之已乃斬之之謂殹

睡簡・答問・53:所謂者

睡簡・答問・54:鞫審潚之之謂殹

睡簡・答問・76:可(何)謂牧

睡簡・答問・80:律所謂

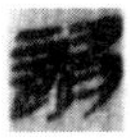

睡簡・答問・90:可(何)謂"擊(搚)"

睡簡・答問・91:可(何)謂"梃"

睡簡・答問・93:可(何)謂"縱囚"

睡簡・答問・95・摹:可(何)謂"嗇夫"

睡簡・答問・95:可(何)謂"官長"

睡簡・答問・99:"四鄰"即伍人謂殹

睡簡・答問・104:可(何)謂"非公室告"

睡簡・答問・104:是謂"非公室告"

睡簡・答問・106:可(何)謂"家辠"

睡簡・答問・108:是謂"當刑隸臣"

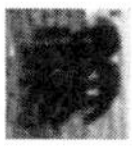

睡簡・答問・109:可(何)謂"當刑爲隸臣"

睡簡・答問・110:耤葆子之謂殹

睡簡・答問・112・摹:是謂"當刑鬼薪"

睡簡・答問・113:可(何)謂"贖宮"

睡簡・答問・113:可(何)謂"贖鬼薪鋈(夭)足"

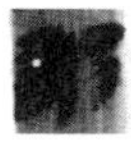

睡簡・答問・116:可(何)謂"從母爲收"

睡簡・答問・116:弗買(賣)子母謂殹

睡簡・答問・121:生定殺水中之謂殹

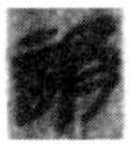

睡簡・答問・126:是謂"處隱官"

睡簡・答問・142:律所謂者

睡簡・答問・142:是謂"犯令"

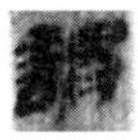

睡簡・答問・162:律所謂者

睡簡・答問・164:律所謂者

睡簡・答問・165:弗令出戶賦之謂殹

睡簡・答問・165:可(何)謂"匿戶"及"敖童弗傅"

睡簡・答問・176:欲去秦屬是謂"夏"

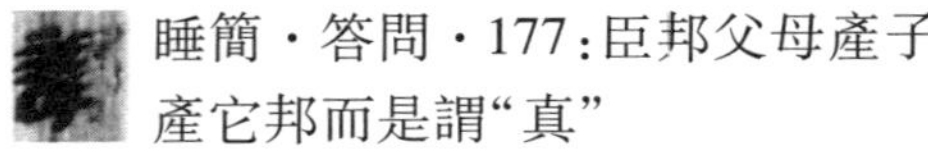
睡簡・答問・177:臣邦父母產子及產它邦而是謂"真"

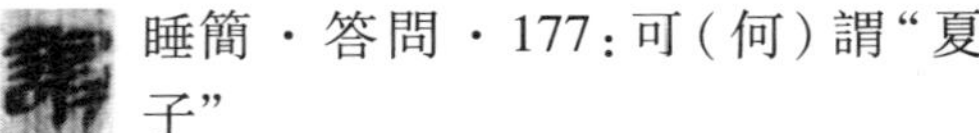
睡簡・答問・177:可(何)謂"夏子"

睡簡・答問・177:可(何)謂"真"

睡簡・答問・178:臣邦父、秦母謂骰

睡簡・答問・179:可(何)謂"亡券而害"

睡簡・答問・180:是謂"邦徒、僞使"

睡簡・答問・180:可(何)謂"邦徒、僞使"

睡簡・答問・184:詣符傳於吏是謂"布吏"

睡簡・答問・187:可(何)謂"宮均人"

睡簡・答問・188:可(何)謂"宮更人"

睡簡・答問・188:是謂"宮更人"

睡簡・答問・189:可(何)謂"宮狡士、外狡士"

睡簡・答問・190:可(何)謂"甸人"

睡簡・答問・192:可(何)謂"爨人"

睡簡・答問・193:可(何)謂"集人"

睡簡・答問・194:可(何)謂"耐卜隸、耐史隸"

睡簡・答問・195:可(何)謂"人貉"

睡簡・答問・195:其子入養主之謂也

睡簡・答問・196:可(何)謂"署人、更人"

睡簡・答問・197:可(何)謂"竇署"

睡簡・答問・198:"衛(率)敖"當里典謂骰

睡簡・答問・199:是謂"逵卒"

睡簡・答問・200:可(何)謂"旅人"

睡簡・答問・200:是謂"旅人"

睡簡・答問・202:可(何)謂"瓊"

睡簡・答問・203:可(何)謂"璽玉"

睡簡・答問・203:當以玉問王之謂骰

睡簡・答問・204:可(何)謂"匧面"

睡簡・答問・205:而實弗盜之謂骰

睡簡・答問・205:可(何)謂"臧(贓)人"

睡簡・答問・206:可(何)謂"介人"

睡簡・答問・206:是謂"介人"

睡簡・答問・207:可(何)謂"介人"

睡簡・答問・207:是謂"介人"

睡簡・答問・210:可(何)謂"羊軀(軀)"

里簡・J1(16)6 正:洞庭守禮謂縣嗇夫、卒史嘉、叚(假)卒史穀、屬尉

里簡・J1(9)1 背:洞庭叚(假)尉觽謂遷陵丞

里簡・J1(9)2 背:洞庭叚(假)尉觽謂遷陵丞

里簡・J1(9)3 背:洞庭叚(假)尉觿謂遷陵丞

里簡・J1(9)4 背:洞庭叚(假)尉觿謂遷陵丞

里簡・J1(9)5 背:洞庭叚(假)尉觿謂遷陵丞

里簡・J1(9)6 背:洞庭叚(假)尉觿謂遷陵丞

里簡・J1(9)7 背:洞庭叚(假)尉觿謂遷陵丞

里簡・J1(9)9 背:洞庭叚(假)尉觿謂遷陵丞

里簡・J1(9)10 背:洞庭叚(假)尉觿謂遷陵丞

里簡・J1(9)11 背:洞庭叚(假)尉觿謂遷陵丞

里簡・J1(9)12 背:洞庭叚(假)尉觿謂遷陵丞

里簡・J1(9)984 正:遷陵拔謂都鄉嗇夫

關簡・132:此所謂戎磨日毆

關簡・142:氏(是)謂小彂(徹)

關簡・143:是謂三閉

關簡・328:所謂"牛"者,頭虫也

帛書・脈法・76:謂上〈之〉不還

0460 誂 誂

秦印編 42:臣誂

0461 請 請

會稽刻石・宋刻本:請刻此石

琅邪臺刻石:臣請具刻詔書金石刻

泰山刻石・廿九字本:臣請具刻詔書金石刻

泰山刻石・宋拓本:臣昧死請

泰山刻石・宋拓本:臣請具刻詔書金石刻

繹山刻石・宋刻本:臣昧死請

繹山刻石・宋刻本:臣請具刻詔書金石刻

天簡 29・乙:請謁難得〖注〗請謁,請托求見。

睡簡・日乙・39:可以請謁

睡簡・日乙・91:可請謁

睡簡・爲吏・13:毋發可異史(使)煩請〖注〗煩請,反復請問。

睡簡・爲吏・14:百姓榣(搖)貳乃難請〖注〗請,問。

睡簡・答問・167:甲弗告請(情)〖注〗情,實情。

睡簡・雜抄・32:至老時不用請

睡簡・秦律・150:必復請之

睡簡・秦律・188:毋口請

睡簡・日甲・91 正:可請謁

睡簡・日甲・160 正:請命

睡簡・日甲・160 正:請命

睡簡・日甲・161 正:請命

睡簡・日甲・161 正:請命

睡簡・日甲・161 正:請命

睡簡・日甲・164 正:請命

睡簡・日甲・165 正:請命

龍簡・8・摹:必復請之〖注〗請,請示。

龍簡・22・摹:智(知)請(情)入之〖注〗知情,法律用語,指了解内情。

關簡・189:請謁事也

關簡・203:所言者請謁、獄訟事也

關簡・217:所言者獄訟事、請謁事也

關簡・229:所言者家室、請謁事也

關簡・231:所言者獄訟、請謁事也

關簡・246:請後見

關簡・250:請謁

關簡・251:請命

關簡・251:請謁

關簡・255:請謁

關簡・326:請獻驪牛子母

封泥集 348・1:請鄉之印〖注〗請鄉,鄉名。

新封泥 E・21:請璽

0462 謁

天簡 29・乙:請謁難得〖注〗請謁,請托求見。

睡簡・爲吏・1:謁私圖〖注〗謁,讀爲"遏",制止。

睡簡・效律・33:謁縣嗇夫

睡簡・效律・34:而匿弗謁

睡簡・答問・102:謁殺

睡簡・封診式・50:謁殺

睡簡・秦律・16:亟謁死所縣〖注〗謁,呈報。

睡簡・秦律・87:以書時謁其狀内史〖注〗時謁,及時報請。

睡簡・秦律・105:謁更其久(記)

睡簡・秦律・112:能先期成學者謁上

睡簡・秦律・155:謁歸公士而免故妻隸妾一人者

睡簡・秦律・173:謁縣嗇夫

睡簡・秦律・174:有贏、不備而匿弗謁

睡簡・雜抄・24:久(灸)者謁用之

睡簡・日甲・91 正:可請謁

睡簡・日甲・138 正:利以漁邋(獵)、請謁、責人、摯(執)盜賊

 睡簡・日乙・91:可請謁

 睡簡・日乙・39:可以請謁

 龍簡・220・摹:□謁者必〖注〗謁者,官名。

 里簡・J1(8)157 正:謁令、尉以從事

 里簡・J1(9)1 正:上謁言洞庭尉

 里簡・J1(9)1 正:謁報

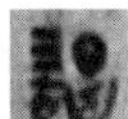 里簡・J1(9)2 正:上謁言洞庭尉

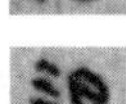 里簡・J1(9)2 正:謁報

 里簡・J1(9)2 正:謁報

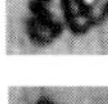 里簡・J1(9)3 正:上謁言洞庭尉

 里簡・J1(9)3 正:謁報

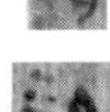 里簡・J1(9)3 背:謁追

 里簡・J1(9)4 正:上謁言洞庭尉

 里簡・J1(9)4 正:謁報

 里簡・J1(9)4 正:謁追

 里簡・J1(9)5 正:上謁言洞庭尉

 里簡・J1(9)5 正:謁報

 里簡・J1(9)5 正:謁追

 里簡・J1(9)6 正:上謁言洞庭尉

 里簡・J1(9)6 正:謁報

 里簡・J1(9)6 正:謁追

 里簡・J1(9)7 正:上謁言洞庭尉

 里簡・J1(9)7 正:謁報

 里簡・J1(9)7 背:謁追

 里簡・J1(9)8 正:上謁令洞庭尉

 里簡・J1(9)8 正:謁報

 里簡・J1(9)8 正:謁追

 里簡・J1(9)9 正:上謁言洞庭尉

 里簡・J1(9)9 正:謁報

 里簡・J1(9)9 背:謁追

 里簡・J1(9)10 正:上謁言洞庭尉

 里簡・J1(9)10 正:謁報

 里簡・J1(9)10 背:謁追

 里簡・J1(9)11 正:上謁洞庭尉

 里簡・J1(9)11 正:謁報

 里簡・J1(9)11 正:謁追

 里簡・J1(9)12 背:謁追

 里簡・J1(8)134 正:謁告昌官令狼歸船

關簡·189:請謁事也

關簡·203:所言者請謁、獄訟事也

關簡·217:所言者獄訟事、請謁事也

關簡·229:所言者家室、請謁事也

關簡·231:所言者獄訟、請謁事也

關簡·250:請謁

關簡·251:請謁

關簡·255:請謁

新封泥 A·4. 11:西方中謁

新封泥 C·17. 15:西方謁者

新封泥 C·17. 17:中謁者

新封泥 C·18. 14:謁□之□

秦印編 47:中謁者

秦印編 47:西方謁者

秦印編 47:謁者之印

秦印編 47:西中謁府

集證·134. 26:謁者之印

集證·138. 90:中謁者

封泥集 115·2:謁者之印

封泥集 222·1:中謁者

封泥集 223·1:西方謁者

封泥集 223·2:西方謁者

封泥印 75:中謁者

封泥印 76:謁者之印

封泥印 76:中謁者府

封泥印 77:西中謁府

0463 許

睡簡·答問·176:勿許

睡簡·秦律·61:許之

睡簡·秦律·61:許之

睡簡·秦律·136:許之

睡簡·秦律·137:許之

睡簡·秦律·138:許之

睡簡·秦律·156:許之

睡簡·日甲·160 正:請命,許

睡簡·日甲·161 正:請命,許

睡簡·日甲·161 正:請命,許

睡簡·日甲·161 正:請命,許

睡簡·日甲·163正:日虒見,造,許

睡簡·日甲·164正:請命,許

睡簡·日甲·165正:請命,許

睡簡·日甲·165正:晏見,造,許

關簡·251:請謁,許

關簡·251:請命,許

關簡·255:請謁,許

秦印編43:許昌

秦印編43:許悍

秦印編43:許會

秦印編43:許昌

0464　讎　讎

睡簡·秦律·37:都官以計時讎食者籍〖注〗讎,校對。

睡簡·秦律·199:歲讎辟律於御史

睡簡·日乙·87:可以敫人攻讎

秦印編43:張讎

秦印編43:讎主

0465　諸　諸

北私府橢量·始皇詔(秦銅·146):皇帝盡并(併)兼天下諸矦〖注〗諸矦,張文質説指當時被平滅的六國統治者。

北私府橢量·始皇詔(秦銅·146):皇帝盡并(併)兼天下諸矦

大騩銅權(秦銅·131):皇帝盡并(併)兼天下諸矦

高奴禾石銅權(秦銅·32.2):皇帝盡并(併)兼天下諸矦

兩詔版(秦銅·174.1):皇帝盡并(併)兼天下諸矦

兩詔斤權一(集證·45):皇帝盡并(併)兼天下諸矦

兩詔斤權一·摹(集證·46):皇帝盡并(併)兼天下諸矦

兩詔斤權二·照片(集證·47.2):皇帝盡并(併)兼天下諸矦

兩詔斤權二·摹(集證·49):皇帝盡并(併)兼天下諸矦

兩詔銅權一(秦銅·175):皇帝盡并(併)兼天下諸矦

兩詔銅權二(秦銅·176):皇帝盡并(併)兼天下諸矦

兩詔橢量三之一(秦銅·150):皇帝盡并(併)兼天下諸矦

兩詔銅權四(秦銅·179.1):皇帝盡并(併)兼天下諸矦

兩詔銅權五(秦銅·180):皇帝盡并(併)兼天下諸矦

美陽銅權(秦銅·183):皇帝盡并(併)兼天下諸矦

平陽銅權·摹(秦銅·182):皇帝盡并(併)兼天下諸矦

僅存銘兩詔銅權(秦銅·135-18.1):皇帝盡并(併)兼天下諸矦

僅存銘始皇詔銅權・一（秦銅・135-1）：皇帝盡并（併）兼天下諸矦

僅存銘始皇詔銅權・二（秦銅・135-2）：皇帝盡并（併）兼天下諸矦

僅存銘始皇詔銅權・三（秦銅・135-3）：皇帝盡并（併）兼天下諸矦

僅存銘始皇詔銅權・六（秦銅・135-6）：皇帝盡并（併）兼天下諸矦

僅存銘始皇詔銅權・七（秦銅・135-7）：皇帝盡并（併）兼天下諸矦

僅存銘始皇詔銅權・八（秦銅・135-8）：皇帝盡并（併）兼天下諸矦

僅存銘始皇詔銅權・九（秦銅・135-9）：皇帝盡并（併）兼天下諸矦

僅存銘始皇詔銅權・十（秦銅・135-10）：皇帝盡并（併）兼天下諸矦

僅存銘始皇詔銅權・十一（秦銅・135－11）：皇帝盡并（併）兼天下諸矦

僅存銘始皇詔銅權・十三（秦銅・135－13）：皇帝盡并（併）兼天下諸矦

僅存銘始皇詔銅權・十四（秦銅・135－14）：皇帝盡并（併）兼天下諸矦

僅存銘始皇詔銅權・十六（秦銅・135－16）：皇帝盡并（併）兼天下諸矦

僅存銘始皇詔銅權・十七（秦銅・135－17）：皇帝盡并（併）兼天下諸矦

始皇詔八斤銅權一（秦銅・134）：皇帝盡并（併）兼天下諸矦

始皇詔八斤銅權二（秦銅・135）：皇帝盡并（併）兼天下諸矦

始皇詔版一（秦銅・136）：皇帝盡并（併）兼天下諸矦

始皇詔版二（秦銅・137）：皇帝盡并（併）兼天下諸矦

始皇詔版三（秦銅・138）：皇帝盡并（併）兼天下諸矦

始皇詔版七（秦銅・143）：皇帝盡并（併）兼天下諸矦

始皇詔版八（秦銅・144）：皇帝盡并（併）兼天下諸矦

始皇詔版九・殘（集證・44.2）：皇帝盡并（併）兼天下諸矦

始皇詔十六斤銅權一（秦銅・127）：皇帝盡并（併）兼天下諸矦

始皇詔十六斤銅權二（秦銅・128）：皇帝盡并（併）兼天下諸矦

始皇詔十六斤銅權三（秦銅・129）：皇帝盡并（併）兼天下諸矦

始皇詔十六斤銅權四（秦銅・130.1）：皇帝盡并（併）兼天下諸矦

始皇詔鐵石權二（秦銅・121）：皇帝盡并（併）兼天下諸矦

始皇詔銅方升一（秦銅・98）：皇帝盡并（併）兼天下諸矦

始皇詔銅方升三（秦銅・100）：皇帝盡并（併）兼天下諸矦

始皇詔銅方升四（秦銅・101）：皇帝盡并（併）兼天下諸矦

始皇詔銅權一（秦銅・110）：皇帝盡并（併）兼天下諸矦

始皇詔銅權二（秦銅・111）：皇帝盡并（併）兼天下諸矦

始皇詔銅權三（秦銅・112）：皇帝盡并（併）兼天下諸矦

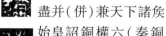

始皇詔銅權四（秦銅・113）：皇帝盡并（併）兼天下諸矦

始皇詔銅權五（秦銅・114）：皇帝盡并（併）兼天下諸矦

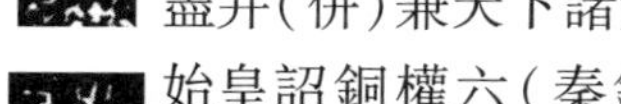
始皇詔銅權六（秦銅・115）：皇帝盡并（併）兼天下諸矦

始皇詔銅權八（秦銅・117）：皇帝盡并（併）兼天下諸矦

始皇詔銅權九（秦銅・118）：皇帝盡并（併）兼天下諸矦

始皇詔銅權十（秦銅・119）：皇帝盡并（併）兼天下諸矦

始皇詔銅權十一（珍金・125）：皇帝盡并（併）兼天下諸矦

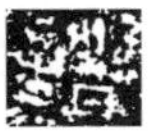

始皇詔銅石權（秦銅・126）：皇帝盡并（併）兼天下諸矦

始皇詔銅橢量一（秦銅・102）：皇帝盡并（併）兼天下諸矦

始皇詔銅橢量二（秦銅・103）：皇帝盡并（併）兼天下諸矦

始皇詔銅橢量三（秦銅・104）：皇帝盡并（併）兼天下諸矦

始皇詔銅橢量四（秦銅・105）：皇帝盡并（併）兼天下諸矦

始皇詔銅橢量五（秦銅・106）：皇帝盡并（併）兼天下諸矦

始皇詔銅橢量六（秦銅・107）：皇帝盡并（併）兼天下諸矦

武城銅橢量（秦銅・109）：皇帝盡并（併）兼天下諸矦

旬邑銅權（秦銅・133）：皇帝盡并（併）兼天下諸矦

左樂兩詔鈞權（集證・43）：皇帝盡并（併）兼天下諸矦

龍簡・1・摹：諸叚兩雲夢池魚（籞）及有到雲夢禁中者得取灌□

龍簡・27・摹：諸禁苑爲耎（堧）

龍簡・28：諸禁苑有耎（堧）者

龍簡・31・摹：諸弋射甬道、禁苑外卅（？）里（？）毄（繫）

龍簡・32・摹：諸取禁中豺狼者

龍簡・38：諸取禁苑中柞（柞）、棫、橎、楢產葉及皮□

龍簡・103：諸馬、牛到所

龍簡・178・摹：諸以錢財它勿（物）假田□

帛書・病方・目錄：諸□病

帛書・病方・37：諸傷

帛書・病方・286：諸疽物初發者

帛書・足臂・4：諸病此物者

帛書・足臂・8：諸［病］此物者

帛書・足臂・18：諸病此物者

帛書・足臂・20：諸病此物者

帛書・足臂・25：諸病此物者

帛書・足臂・27：諸病［此］物者

帛書・足臂・30：諸病此物者

帛書・足臂・31：諸病［此物者］

秦印編43：放諸

陶量（秦印編43）：諸矦

陶量（秦印編43）：諸矦

秦陶・1549：盡并（併）兼天下諸矦

秦陶・1557：□并（併）兼天下諸矦

秦陶・1561：諸矦

 秦陶・1574:天下諸□

 秦陶・1575:諸矦

 秦陶・1605:天下諸□

 秦陶・1609:諸矦

 始皇詔陶印(《研究》附):皇帝盡并(併)兼天下諸矦

0466 誦

會稽刻石・宋刻本:從臣誦烈

會稽刻石・宋刻本:羣臣誦功〖注〗誦,歌誦、誦揚。

嶧山刻石・宋刻本:羣臣誦略

0467 讀

龍簡・66・摹:令吏徒讀〖注〗讀,誦讀。

0468 訓

泰山刻石・宋拓本:訓經宣達

0469 誨

不其簋蓋(秦銅・3):女(汝)肇誨于戎工

滕縣不其簋器(秦銅・4):女(汝)肇誨于戎工〖注〗肇誨,即《詩經》之"肇敏",敏捷。

帛書・病方・237:誨(每)旦[先]食

0470 謀 呣 𧦧

會稽刻石・宋刻本:內飾詐謀

睡簡・答問・5:人臣甲謀遣人妾乙盜主牛

 睡簡・答問・12:不謀

 睡簡・答問・12:其前謀

 睡簡・答問・15:非前謀毆

 睡簡・答問・15:其前謀

 睡簡・答問・67:甲謀遣乙盜殺人

 睡簡・爲吏・34:謀不可遺

 睡簡・日乙・46:可以蓋臧(藏)及謀

0471 論

 睡簡・答問・6:問甲可(何)論

 睡簡・答問・7:可(何)論

 睡簡・答問・8:可(何)論

 睡簡・答問・9:同論

 睡簡・答問・10:問乙論可(何)毆

 睡簡・答問・10:毋論

 睡簡・答問・11:毋論

睡簡・答問・11:乙論可(何)殹

睡簡・答問・12:當並臧(贓)以論

睡簡・答問・14:當以三百論爲盜

睡簡・答問・14:可(何)以論妻

睡簡・答問・15:可(何)以論妻

睡簡・答問・15:可(何)以論妻

睡簡・答問・26:以律論

睡簡・答問・30:論皆可(何)殹

睡簡・答問・33:問甲及吏可(何)論

睡簡・答問・35:問甲及吏可(何)論

睡簡・答問・36:論可(何)殹

睡簡・答問・37:論可(何)殹

睡簡・答問・38:問告者可(何)論

睡簡・答問・38:告者可(何)論

睡簡・答問・40:告者可(何)論

睡簡・答問・43:問甲可(何)論

睡簡・答問・44:不當論

睡簡・答問・44:問甲當論不當

睡簡・答問・46:問乙可(何)論

睡簡・答問・47:可(何)論

睡簡・答問・47:問可(何)論

睡簡・答問・48:論可(何)殹

睡簡・答問・48:可(何)論

睡簡・答問・49:當並臧(贓)以論

睡簡・答問・49:且行真辠、有(又)以誣人論

睡簡・答問・56:盜封嗇夫可(何)論

睡簡・答問・59:行其論

睡簡・答問・61:論可(何)殹

睡簡・答問・63:可(何)論

睡簡・答問・65:可(何)論

睡簡・答問・67:甲可(何)論

睡簡・答問・68:問甲當論及收不當

睡簡・答問・74:交論

睡簡・答問・74:皆論不殹

睡簡・答問・75:可(何)論

睡簡・答問・75:可(何)論

睡簡・答問・78:可(何)論

睡簡・答問・80:可(何)論

睡簡・答問・81:論可(何)殹

睡簡・答問・83:論各可(何)殹

睡簡・答問・84:可(何)論

睡簡・答問・85:論比劍

睡簡・答問・86:各可(何)論

睡簡・答問・87:論可(何)殹

睡簡・答問・88:可(何)論

睡簡・答問・89:各以其律論之

睡簡・答問・89:可(何)論

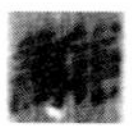

睡簡・答問・92:可(何)論

睡簡・答問・93:論出之

睡簡・答問・94:問史可(何)論

睡簡・答問・98:當論

睡簡・答問・98:問當論不當

睡簡・答問・100:而論其不審

睡簡・答問・115:論可(何)殹

睡簡・答問・117:可(何)論

睡簡・答問・117:可(何)論

睡簡・答問・119:吏當論不當

睡簡・答問・119:可(何)論

睡簡・答問・119:吏論以爲鬭傷人

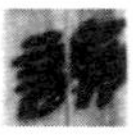

睡簡・答問・120:可(何)論

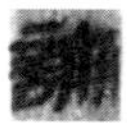

睡簡・答問・122:問甲可(何)以論

睡簡・答問・124:可(何)論

睡簡・答問・126:以故辠論

睡簡・答問・127:可(何)論

睡簡・答問・127:問甲可(何)論

睡簡・答問・128:可(何)論

睡簡・答問・129:論可(何)殹

睡簡・答問・129:毋論

睡簡・答問・131:以亡論

睡簡・答問・132:未論而自出

睡簡・答問・138:已論耐乙

睡簡・答問・139:問吏及乙論可(何)殹

睡簡・答問・142:廷行事皆以"犯令"論

睡簡・答問・144:可(何)論

睡簡・答問・144:以小犯令論

睡簡・答問・146:已坐以論

睡簡・答問・146:論當除不當

睡簡・答問・147:問吏可(何)論

睡簡・答問・148:廷行事强質人者論

睡簡・答問・152:倉鼠穴幾可(何)而當論及誶

睡簡・答問・153:會赦未論

睡簡・答問・153:其論可(何)殹

睡簡・答問・154:論可(何)殹

睡簡・答問・157:不論□爲匿田

睡簡・答問・157:當論不當

睡簡・答問・158:不當論及賞(償)稼

睡簡・答問・158:問當論不當

睡簡・答問・166:當論不當

睡簡・答問・166:不當論

睡簡・答問・166:當論

睡簡・答問・167:論可(何)殹

睡簡・答問・169:其棄妻亦當論不當

睡簡・答問・172:可(何)論

睡簡・答問・175:可(何)論

睡簡・答問・175:毋論

睡簡・答問・181:可(何)以論之

睡簡・答問・182:臧(藏)者論不論

睡簡・答問・182:臧(藏)者論不論

睡簡・答問・182:[不論]論

睡簡・答問・202:視檢智(知)小大以論及以齎負之

睡簡・封診・6:所坐論云可(何)

睡簡・封診・13:所坐論云可(何)

睡簡・秦律・17:以其診書告官論之

睡簡・秦律・32:索(索)而論不備

睡簡・秦律・57:以犯令律論吏主者

睡簡・秦律・80:已論

睡簡・秦律・81:皆以律論之

睡簡・秦律・124:以律論度者

睡簡・秦律・159:以律論之

睡簡・秦律・167:而以律論其不備

睡簡・秦律・173:而以律論不備者

睡簡・秦律・175:以平辠人律論之

睡簡・秦律・177:以齎律論及賞(償)

睡簡・秦律・183:留者以律論之

 睡簡・雜抄・35：軍新論攻城

 睡簡・雜抄・37：論其後

 睡簡・效律・26：而以律論其不備

 睡簡・效律・33：而以律論不備者

 睡簡・效律・35：以平辠人律論之

 睡簡・效律・49：以律論之

 睡簡・語書・6：自從令、丞以下智（知）而弗舉論〖注〗論，處罪。

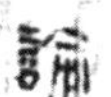 龍崗牘・正：辟死論不當爲城旦

龍崗牘・正：吏論失者已坐以論〖注〗吏論，官吏對犯人的申訴的覆議，重新判罪。

龍崗牘・正・摹：吏論失者已坐以論

 龍簡・21：以盜入禁苑律論之

 龍簡・45：吏弗劾論

 龍簡・117・摹：論之如律〖注〗論之如律，法律用語，依法論處。

 龍簡・153・摹：取人草□茲、茅、芻、稾□勿論□

 龍簡・161：□罪及稼臧（贓）論之

 龍簡・225・摹：□律論之□

 里簡・J1（9）981 正：論及讂

 里簡・J1（16）6 正：［縣］亟以律令具論

 關簡・53：己丑論脩賜〖注〗論，論罪。

0472 議

 睡簡・答問・29：議不爲過羊〖注〗議，議處。

 睡簡・答問・83：議皆當耐

 睡簡・秦律・39：稱議種之〖注〗稱議，酌情。

 睡簡・秦律・55：稱議食之

 睡簡・爲吏・11：欲令之具下勿議

0473 識

 睡簡・封診・96：以迺二月不識日去亡

 睡簡・秦律・86：有久（記）識者靡（磨）蚩（徹）之

 里簡・J1（9）3 正：不識戍洞庭郡〖注〗不識，人名。

 里簡・J1（9）3 正：陽陵下里士五（伍）不識有貲餘錢千七百廿八

 帛書・病方・357：以識（職）膏□

 秦印編 43：不識

 秦印編 43：梁識

0474 訊 𧧵

 不其簋蓋（秦銅・3）：女（汝）多折首執訊〖注〗字象虜獲戰俘，以繩索捆縛之，加口表訊問。此指戰俘。

 不其簋蓋（秦銅・3）：折首執訊

睡簡・封診・82:訊丁、乙伍人士五(伍)

睡簡・封診・86:有(又)訊甲室人甲到室居處及復(腹)痛子出狀

0475　　謹

睡簡・封診・68:診必先謹審視其迹

睡簡・秦律・68:吏循之不謹

睡簡・爲吏・3:慎謹堅固

睡簡・爲吏・34:謹之〖注〗謹,慎。

里簡・J1(8)156:謹案致之

里簡・J1(16)6 正:嘉、穀、尉各謹案所部縣卒

秦印編 43:高謹

0476　　信 㐰 訫

信宮罍(珍金・130):信宮左般〖注〗信宮,再宿行宮,宮名。

信宮罍・摹(珍金・130):信宮左般

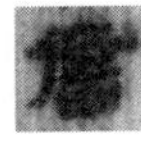
睡簡・爲吏・7:一曰中(忠)信敬上

睡簡・爲吏・12:寬俗(容)忠信

帛書・病方・30:身信(伸)而不能詘(屈)

帛書・病方・32:能詘(屈)信(伸)

帛書・病方・45:筋攣(攣)難以信(伸)

鑄錢・1.3:文信〖注〗文信,秦丞相呂不韋封號。

鑄錢・1.3:文信

鑄錢・1.5:文信

先秦幣・108.1:文信

先秦幣・108.2:文信

先秦幣・108.3:文信

集證・144.188:信宮車府

集證・171.578:信徒閒〖注〗信徒,即"申徒",古複姓。

集證・181.714:閭民信〖注〗閭民信,人名。

集證・185.764:忠信〖注〗信,誠。

秦印編 43:干信

秦印編 43:王信

秦印編 43:莊信

秦印編 43:信

秦印編 43:信士

秦印編 44:中信

秦印編 44:信

秦印編 44:中信

秦印編 44:中信

秦印編 44：審信

秦印編 44：信

秦印編 44：皇帝信璽

秦印編 44：信安鄉印

封泥集 105・1：皇帝信璽〖注〗信璽，“皇帝六璽”之一。

封泥集 199・1：信宮車府

封泥集 201・1：長信私丞

封泥集 351・1：信安鄉印

封泥集 351・2：信安鄉印

封泥集 351・3：信安鄉印

0477　誠

會稽刻石・宋刻本：男女絜誠

睡簡・秦律・184：隸臣妾老弱及不可誠仁者勿令

集證・184.741：中精外誠〖注〗外誠，即外貌忠誠正直。

0478　詔

北私府橢量・始皇詔（秦銅・146）：乃詔丞相狀、綰

北私府橢量・始皇詔（秦銅・146）：乃詔丞相狀、綰

北私府橢量・二世詔（秦銅・147）：元年制詔丞相斯、去疾

兩詔銅權一（秦銅・175）：乃詔丞相狀、綰

兩詔銅權一（秦銅・175）：乃詔丞相狀、綰

大騩銅權（秦銅・131）：刻此詔故刻左

大騩銅權（秦銅・131）：乃詔丞相狀、綰

大騩銅權（秦銅・131）：元年制詔丞相斯、去疾

二世元年詔版一（秦銅・161）：元年制詔丞相斯、去疾

二世元年詔版一（秦銅・161）：刻此詔故刻左

二世元年詔版二（秦銅・162）：刻此詔故刻左

二世元年詔版二（秦銅・162）：元年制詔丞相斯、去疾

二世元年詔版三（秦銅・163）：刻此詔故刻左

二世元年詔版四（秦銅・164）：皆有詔〈刻〉辭焉

二世元年詔版四（秦銅・164）：刻此詔故刻左

二世元年詔版四（秦銅・164）：元年制詔丞相斯、去疾

二世元年詔版五（秦銅・165）：刻此詔故刻左

二世元年詔版五（秦銅・165）：元年制詔丞相斯、去疾

二世元年詔版六（秦銅・166）：刻此詔故刻左

二世元年詔版六（秦銅・166）：元年制詔丞相斯、去疾

二世元年詔版八（秦銅・168）：刻此詔故刻左

二世元年詔版八（秦銅・168）：元年制詔丞相斯、去疾

二世元年詔版九（秦銅・169）：刻此詔故刻左

二世元年詔版十（秦銅・170）：元年制詔丞相斯、去疾

二世元年詔版十一（秦銅・171）：刻此詔故刻左

二世元年詔版十一（秦銅・171）：元年制詔丞相斯、去疾

二世元年詔版十二（秦銅・172）：刻此詔故刻左

二世元年詔版十二（秦銅・172）：元年制詔丞相斯、去疾

二世元年詔版十三（集證・50）：元年制詔丞相斯、去疾

高奴禾石銅權（秦銅・32.2）：乃詔丞相狀、綰

兩詔版（秦銅・174.2）：乃詔丞相狀、綰

兩詔斤權一・摹（集證・46）：刻此詔故刻左

兩詔斤權一・摹（集證・46）：乃詔丞相狀、綰

兩詔斤權一（集證・45）：元年制詔丞相斯、去疾

兩詔斤權一・摹（集證・46）：元年制詔丞相斯、去疾

兩詔斤權二・照片（集證・47.2）：乃詔丞相狀、綰

兩詔斤權二・摹（集證・49）：刻此詔故刻左

兩詔斤權二・摹（集證・49）：乃詔丞相狀、綰

兩詔斤權二・摹（集證・49）：元年制詔丞相斯、去疾

兩詔銅權一（秦銅・175）：元年制詔丞相斯、去疾

兩詔銅權二（秦銅・176）：刻此詔故刻左

兩詔銅權二（秦銅・176）：乃詔丞相狀、綰

兩詔銅權二（秦銅・176）：元年制詔丞相斯、去疾

兩詔銅權四（秦銅・179.1）：乃詔丞相狀、綰

兩詔銅權四（秦銅・179.2）：刻此詔故刻左

兩詔銅權五（秦銅・180）：乃詔丞相狀、綰

兩詔銅權五（秦銅・180）：元年制詔丞相斯、去疾

兩詔橢量一（秦銅・148）：刻此詔故刻左

兩詔橢量一（秦銅・148）：元年制詔丞相斯、去疾

兩詔橢量二（秦銅・149）：元年制詔丞相斯、去疾

兩詔橢量二（秦銅・149）：刻此詔故刻左

兩詔橢量三之一（秦銅・150）：乃詔丞相狀、綰

兩詔橢量三之二（秦銅・151）：刻此詔故刻左

兩詔橢量三之二（秦銅・151）：元年制詔丞相斯、去疾

美陽銅權（秦銅・183）：刻此詔故刻左

美陽銅權（秦銅・183）：乃詔丞相狀、綰

美陽銅權（秦銅・183）：元年制詔丞相斯、去疾

平陽銅權・摹（秦銅・182）：刻此詔故刻左

平陽銅權・摹（秦銅・182）：乃詔丞相狀、綰

平陽銅權・摹（秦銅・182）：元年制詔丞相斯、去疾

僅存銘兩詔銅權(秦銅·135-18.1):乃詔丞相狀、綰

僅存銘兩詔銅權(秦銅·135-18.2):刻此詔故刻左

僅存銘兩詔銅權(秦銅·135-18.2):乃詔丞相狀、綰

僅存銘兩詔銅權(秦銅·135-18.2):元年制詔丞相斯、去疾

僅存銘始皇詔銅權·一(秦銅·135-1):乃詔丞相狀、綰

僅存銘始皇詔銅權·二(秦銅·135-2):乃詔丞相狀、綰

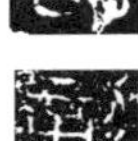
僅存銘始皇詔銅權·六(秦銅·135-6):乃詔丞相狀、綰

僅存銘始皇詔銅權·七(秦銅·135-7):乃詔丞相狀、綰

僅存銘始皇詔銅權·八(秦銅·135-8):乃詔丞相狀、綰

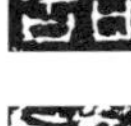
僅存銘始皇詔銅權·九(秦銅·135-9):乃詔丞相狀、綰

僅存銘始皇詔銅權·十(秦銅·135-10):乃詔丞相狀、綰

僅存銘始皇詔銅權·十一(秦銅·135-11):乃詔丞相狀、綰

僅存銘始皇詔銅權·十二(秦銅·135-12):乃詔丞相狀、綰

僅存銘始皇詔銅權·十三(秦銅·135-13):乃詔丞相狀、綰

僅存銘始皇詔銅權·十四(秦銅·135-14):乃詔丞相狀、綰

僅存銘始皇詔銅權·十六(秦銅·135-16):乃詔丞相狀、綰

僅存銘始皇詔銅權·十七(秦銅·135-17):乃詔丞相狀、綰

始皇詔八斤銅權一(秦銅·134):乃詔丞相狀、綰

始皇詔八斤銅權二(秦銅·135):乃詔丞相狀、綰

始皇詔版一(秦銅·136):乃詔丞相狀、綰

始皇詔版三(秦銅·138):乃詔丞相狀、綰

始皇詔版五·殘(秦銅·141):乃詔丞相狀、綰

始皇詔版七(秦銅·143):乃詔丞相狀、綰

始皇詔版八(秦銅·144):乃詔丞相狀、綰

始皇詔版九·殘(集證·44.2):乃詔丞相狀、綰

始皇詔十六斤銅權一(秦銅·127):乃詔丞相狀、綰

始皇詔十六斤銅權二(秦銅·128):乃詔丞相狀、綰

始皇詔十六斤銅權四(秦銅·130.1):乃詔丞相狀、綰

始皇詔鐵石權四(秦銅·123):乃詔丞相狀、綰

始皇詔鐵石權七(秦銅·125):乃詔丞相狀、綰

始皇詔銅方升一(秦銅·98):乃詔丞相狀、綰

始皇詔銅方升三(秦銅·100):乃詔丞相狀、綰

始皇詔銅權一(秦銅·110):乃詔丞相狀、綰

始皇詔銅橢量二(秦銅·103):乃詔丞相狀、綰

始皇詔銅權三(秦銅·112):乃詔丞相狀、綰

始皇詔銅權四(秦銅·113):乃詔丞相狀、綰

始皇詔銅權六(秦銅·115):乃詔丞相狀、綰

始皇詔銅權九(秦銅·118):乃詔丞相狀、綰

始皇詔銅權十（秦銅・119）：乃詔丞相狀、綰

始皇詔銅橢量一（秦銅・102）：乃詔丞相狀、綰

始皇詔銅橢量三（秦銅・104）：乃詔丞相狀、綰

始皇詔銅橢量四（秦銅・105）：乃詔丞相狀、綰

始皇詔銅橢量五（秦銅・106）：乃詔丞相狀、綰

始皇詔銅橢量六（秦銅・107）：乃詔丞相狀、綰

武城銅橢量（秦銅・109）：乃詔丞相狀、綰

旬邑銅權（秦銅・133）：刻此詔故刻左

旬邑銅權（秦銅・133）：乃詔丞相狀、綰

旬邑銅權（秦銅・133）：元年制詔丞相斯、去疾

左樂兩詔鈞權（集證・43）：刻此詔故刻左

左樂兩詔鈞權（集證・43）：乃詔丞相狀、綰

左樂兩詔鈞權（集證・43）：元年制詔丞相斯、去疾

卅年詔事戈（珍金・74）：卅年詔事〖注〗詔事，官名。

卅年詔事戈・摹（珍金・74）：卅年詔事

卅三年詔事戈・摹（秦銅・48）：卅三年詔事

五十年詔事戈・摹（集證・31）：五十年詔事宕

五年相邦呂不韋戈一（集證・33）：詔事圖

五年相邦呂不韋戈一（集證・33）：詔事

五年相邦呂不韋戈二（秦銅・68.1）：詔事圖

五年相邦呂不韋戈二・摹（秦銅・68.1）：詔事圖

五年相邦呂不韋戈二（秦銅・68.2）：詔事

五年相邦呂不韋戈二・摹（秦銅・68.2）：詔事

八年相邦呂不韋戈・摹（秦銅・71）：詔事圖

八年相邦呂不韋戈・摹（秦銅・71）：詔事

詔使矛・摹（集成 11472.2）：詔使

琅邪臺刻石：臣請具刻詔書金石刻

泰山刻石・廿九字本：臣請具刻詔書金石刻

泰山刻石・宋拓本：臣請具刻詔書金石刻

泰山刻石・宋拓本：遵奉遺詔

繹山刻石・宋刻本：臣請具刻詔書金石刻

繹山刻石・宋刻本：戎臣奉詔

封泥印 53：詔事丞印

封泥集・附一 404：詔發〖注〗詔發，官名。

秦印編 44：詔發

秦印編 44：詔事之印

秦印編 44：詔事丞印

陶量（秦印編 44）：詔

陶量(秦印編 44):詔

陶量(秦印編 44):詔

封泥集 220・5:詔事丞印

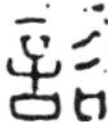
封泥集 220・6:詔事丞印

封泥集 220・9:詔事丞印

集證・142.156:詔事丞印

集證・142.157:詔事丞印

秦陶・1586:詔丞相□、綰

秦陶・1587:詔□

秦陶・1590:□詔丞相狀、綰

秦陶・1581:□詔□

秦陶・1582:乃詔丞□

秦陶・1583:乃詔□

秦陶・1584:詔丞□

秦陶・1606:詔□相

始皇詔陶印(《研究》附):乃詔丞相狀、綰

赤峰秦瓦量・殘(銘刻選 43):乃詔丞相狀、綰

0479 課

睡簡・秦律・19:今課縣、都官公服牛各一課

睡簡・秦律・19:今課縣、都官公服牛各一課

睡簡・秦律・20:大(太)倉課都官及受服者

睡簡・秦律・20:內史課縣

睡簡・秦律・13:以正月大課之

睡簡・秦律・14:有(又)里課之

睡簡・雜抄・10:到軍課之

睡簡・雜抄・23:大(太)官、右府、左府、右采鐵、左采鐵課殿

睡簡・雜抄・27:課駃騠

睡簡・雜抄・29:馬勞課殿

睡簡・雜抄・30:馬勞課殿

睡簡・語書・8:有(又)且課縣官

〖注〗課,考核。

0480 試

睡簡・秦律・100:叚(假)試卽正

〖注〗試,用。

睡簡・效律・46:到官試之

帛書・病方・21:[嘗]試

帛書・病方・65:嘗試

帛書・病方・136:嘗試

帛書・病方・285:嘗試

帛書・病方・288:嘗試

帛書・病方・362：嘗試

帛書・病方・377：嘗試

帛書・病方・430：嘗試

帛書・病方・453：嘗試

0481　訢　訢

集證・175.638：章訢〖注〗章訢，人名。章，讀爲"郭"。

0482　說　說

睡簡・日甲・159 正：晏見，說（悅）

睡簡・日甲・160 正：晏見，說（悅）

睡簡・日甲・162 正：不說（悅）

睡簡・日甲・163 正：夕見，說（悅）

睡簡・日甲・164 正：不說（悅）

睡簡・日乙・17：利以說孟（盟）詐（詛）、棄疾、鑿宇、葬〖注〗說，解除。

睡簡・日乙・23：利以裚（製）衣常（裳）、說孟（盟）詐（詛）

關簡・249：說（悅）

關簡・250：說（悅）

關簡・253：說（悅）

關簡・254：說（悅）

關簡・255：不說（悅）

關簡・257：說（悅）

0483　計　計

王家臺・12：☐計☐

睡簡・效律・50：計用律不審而贏、不備

睡簡・效律・52：其他冗吏、令史掾計者

睡簡・效律・54：尉計及尉官吏節（即）有劾

睡簡・效律・55：如令史坐官計劾然

睡簡・效律・55：司馬令史掾苑計

睡簡・效律・56：計校相繆（謬）殹

睡簡・效律・58：計脫實及出實多於律程

睡簡・秦律・34：計禾〖注〗計，算賬。

睡簡・秦律・37：都官以計時讎食者籍

睡簡・秦律・37：與計偕

睡簡・秦律・63：別計其錢

睡簡・秦律・70：計其輸所遠近

睡簡・秦律・70：受者以入計之

睡簡・秦律・71：☐移計其後年

睡簡・秦律・71：計毋相繆

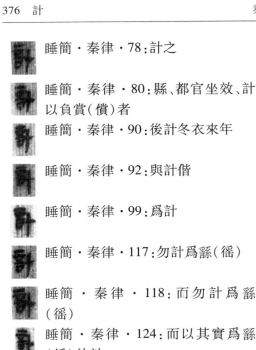

 睡簡·秦律·78:計之

 睡簡·秦律·80:縣、都官坐效、計以負賞(償)者

 睡簡·秦律·90:後計冬衣來年

 睡簡·秦律·92:與計偕

 睡簡·秦律·99:爲計

 睡簡·秦律·117:勿計爲繇(徭)

 睡簡·秦律·118:而勿計爲繇(徭)

 睡簡·秦律·124:而以其實爲繇(徭)徒計

 睡簡·秦律·139:官作居貲贖責(債)而遠其計所官者

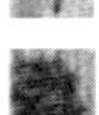 睡簡·秦律·139:盡八月各以其作日及衣數告其計所官

 睡簡·秦律·140:計之其作年

 睡簡·秦律·140:盡九月而告其計所官

 睡簡·秦律·175:至計而上廥籍內史

 睡簡·秦律·194:計其官

 睡簡·日甲·129 正:必先計月中閒日

 睡簡·日甲·162 正:不計去

 睡簡·日乙·135:必先計月中閒曰□

 睡簡·日乙·231:不計而徙

里簡·J1(9)1 正:[司空]不名計

 里簡·J1(9)1 正:問何縣官計

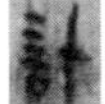 里簡·J1(9)2 正:[司空]不名計

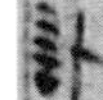 里簡·J1(9)2 正:問何縣官計

 里簡·J1(9)2 正:計年爲報

 里簡·J1(9)3 正:計年、名爲報

 里簡·J1(9)3 正:[司空]不名計

 里簡·J1(9)3 正:問何縣官計

 里簡·J1(9)4 正:[司空]不名計

 里簡·J1(9)4 正:問何縣官計

 里簡·J1(9)4 正:計年爲報

 里簡·J1(9)5 正:[司空]不名計

 里簡·J1(9)5 正:問何縣官計

 里簡·J1(9)5 正:計年爲報

 里簡·J1(9)6 正:計年爲報

 里簡·J1(9)6 正:問何縣官計

 里簡·J1(9)6 正:[司空]不名計

 里簡·J1(9)7 正:計年爲報

 里簡·J1(9)7 正:[司空]不名計

 里簡·J1(9)7 正:問何縣官計

里簡・J1(9)8 正:計年爲報

里簡・J1(9)8 正:問何縣官計

里簡・J1(9)8 正:[司空]不名計

里簡・J1(9)9 正:計年、名爲報

里簡・J1(9)9 正:[司空]不名計

里簡・J1(9)9 正:問何縣官計

里簡・J1(9)10 正:[司空]不名計

里簡・J1(9)10 正:問何縣官計

里簡・J1(9)11 正:[司空]不名計

里簡・J1(9)11 正:問何縣官計

里簡・J1(9)11 正:計年爲報

0484　諈

睡簡・日甲・82 背:壬名曰黑疾齊諈〖注〗陳振裕、劉信芳釋"諈,人名"。

0485　諉

集證・192.7:諉〖注〗諉,人名。

0486　詡

秦印編 44:馬適詡

秦印編 44:詡〖注〗詡,人名。

集證・180.703:詡

秦陶・350:詡

秦陶・338:咸詡

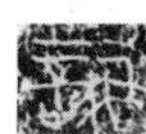
秦陶・339:詡

秦陶・340:詡

秦陶・341:詡

秦陶・342:詡

秦陶・343:詡

秦陶・344:咸詡

秦陶・345:詡

秦陶・346:詡

秦陶・347:詡

秦陶・348:詡

秦陶・349:詡

0487　詷

睡簡・日甲・157 背:主君筍屏詷馬〖注〗詷,讀爲"駧",良馬。

龍簡・74:□捕詷〈詷〉□〖注〗《說文》:"詷,知處告言之。"

0488 設

泰山刻石・宋拓本:建設長利

0489 誧

睡簡・答問・106:父死而誧(甫)告之〖注〗甫,始。

0490 認

睡簡・爲吏・8:疾而毋認〖注〗認,語失。

秦印編45:王認

0491 記

睡簡・11號牘・背:爲黑夫、驚多問嬰記、季吏可(何)如〖編者按〗此字或釋爲"汜"。

0492 譽

睡簡・答問・51:譽適(敵)以恐衆心者〖注〗譽,讚揚。

0493 謝

秦印編45:謝季

秦印編45:任謝

秦印編45:謝翔

秦印編45:章謝

秦印編45:謝

0494 詠 咏

秦陶・386:詠留〖注〗詠留,人名。此字或釋爲"談"。

秦陶・392:詠留

0495 謼

睡簡・日甲・33背:狼恆謼(呼)人門曰

睡簡・日甲・67背:其鬼恆夜謼(呼)焉

睡簡・日甲・111背:謼(呼):皋

0496 訝 迓

睡簡・日甲・57背:是粲迓(牙?)之鬼處之〖注〗迓,疑讀爲"牙"。粲牙,露齒。

0497 詣

睡簡・答問・139:令詣

睡簡・答問・184:詣符傳於吏是謂"布吏"

睡簡・封診・17:男子甲縛詣男子丙

睡簡・秦律・18:其人詣其官〖注〗詣,送交。

睡簡・封診・22:而捕來詣

睡簡・封診・32:而捕來詣

睡簡・封診・68:卽令甲、女載丙死(屍)詣廷

睡簡・封診・85:今甲裹把子來詣自告

睡簡・封診・91:某里公士甲等廿人詣里人士五(伍)丙

睡簡・秦律・115:及詣

睡簡・日甲・79 正:有(又)數詣風雨

睡簡・日乙・107:數詣風雨

龍簡・36・摹:或捕詣吏〖注〗詣,送到。

里簡・J1(9)981 正:謾者訾遣詣廷

里簡・J1(9)981 正:遣佐壬操副詣廷

0498　講

秦印編 45:王講

秦印編 45:張講

秦印編 45:耿講

秦印編 45:講

秦印編 45:龍講

集證・175.633:章講〖注〗章講,人名。章,讀爲"郭"。

0499　譊

秦印編 45:黽譊

秦印編 45:宋譊之印

秦印編 45:譊姉

秦印編 45:章譊

0500　諎唶

秦印編 45:公孫諎〖注〗公孫諎,人名。

0501　詑

睡簡・封診・4:詰之極而數詑〖注〗詑,欺騙。

0502　謾

里簡・J1(9)981 正:謾曰亡

里簡・J1(9)981 正:謾者訾遣詣廷〖注〗謾,欺騙。

0503　詐

龍簡・4・摹:詐(詐)僞、假人符傳及讓人符傳者〖注〗詐,欺騙。

龍簡・128・摹:詐(詐)一程若二程□之□

龍簡・142:詐(詐)毋少多

龍簡・12:及以它詐(詐)僞入□

龍簡・151・摹:田及爲詐(詐)僞寫田籍皆坐臧(贓)

睡簡・日乙・23:利以裚(製)衣常(裳)、説孟(盟)詐(詛)

 睡簡·日乙·17:利以說孟(盟)詐(詛)、棄疾、鑿宇、葬

0504　詒

睡簡·日甲·166 正:晏見,不詒(怡)

0505　誣

睡簡·答問·43:爲誣人

睡簡·答問·45:問乙爲誣人

睡簡·答問·49:有(又)以誣人論

睡簡·答問·49:誣人盜直(值)廿

睡簡·答問·50:誣人曰盜一豬

睡簡·答問·108:以當刑隸臣辠誣告人

睡簡·答問·110:葆子□未斷而誣告人

睡簡·答問·112:以當刑隸臣及完城旦誣告人

睡簡·答問·117:當耐司寇而以耐隸臣誣人

睡簡·答問·117:當耐爲侯(候)辠誣人

睡簡·答問·118:以司寇誣人

睡簡·答問·119:以黥城旦誣人

睡簡·答問·120:當黥城旦而以完城旦誣人

0506　謗

睡簡·爲吏·8:二曰精(清)廉毋謗〖注〗謗,怨恨。

0507　詛

詛楚文·湫淵(中吳本):而兼倍(背)十八世[之]詛盟

詛楚文·湫淵(中吳本):敢數楚王熊相之倍(背)盟犯詛

詛楚文·巫咸(中吳本):而兼倍(背)十八世之詛盟

詛楚文·巫咸(中吳本):敢數楚王熊相之倍(背)盟犯詛

詛楚文·亞駝(中吳本):而兼倍(背)十八世之詛盟

詛楚文·亞駝(中吳本):敢數楚王熊相之倍(背)盟犯詛

睡簡·答問·59:廷行事吏爲詛(詐)僞〖注〗詛,讀爲"詐"。

0508　誖(悖)[illegible]

會稽刻石·宋刻本:殄熄暴悖〖注〗《說文》:"誖,亂也。"

0509　䜌 [illegible]

秦公鎛鐘·摹(秦銅·16.2):虩事䜌(蠻)夏

秦編鐘·甲鐘(秦銅·10.1):盜(盜)百䜌(蠻)

秦編鐘·甲鐘鉦部·摹(秦銅·11.1):以虩事䜌(蠻)方〖注〗䜌,讀爲"蠻",蠻方,指西戎。

秦編鐘·丙鐘(秦銅·10.3):以虩事䜌(蠻)方

秦編鐘・甲鐘(秦銅・10.1):以虩事䜌(蠻)方

秦公簋・器(秦銅・14.1):虩事䜌(蠻)夏

秦鎛鐘・三號鎛(秦銅・12.8):盜(盜)百䜌(蠻)

秦編鐘・甲鐘左篆部・摹(秦銅・11.4):盜(盜)百䜌(蠻)

秦編鐘・丁鐘(秦銅・10.4):盜(盜)百䜌(蠻)

秦鎛鐘・1號鎛(秦銅・12.1):以虩事䜌(蠻)方

秦鎛鐘・1號鎛(秦銅・12.2):盜(盜)百䜌(蠻)

秦鎛鐘・2號鎛(秦銅・12.4):以虩事䜌(蠻)方

秦鎛鐘・3號鎛(秦銅・12.7):以虩事䜌(蠻)方

大墓殘磬(集證・63):竈(肇)尃(敷)䜌(蠻)夏

封泥集・附一409:䜌璽

帛書・足臂・3:胳(䣛)䜌(攣)

0510　誤　　　誤

睡簡・答問・207:不當氣(餼)而誤氣(餼)之

睡簡・答問・209:可(何)如爲"大誤"

睡簡・答問・209:人戶、馬牛及者(諸)貨材(財)直(值)過六百六十錢爲"大誤"

睡簡・效律・44:馬牛誤職(識)耳

睡簡・效律・60:人戶、馬牛一以上爲大誤

秦印編46:王誤

0511　訾　　　訾

睡簡・秦律・126:牛訾(胔)〖注〗胔,讀爲"瘠",瘠瘦。

里簡・J1(9)1正:已訾其家〖注〗訾,責,勒令賠償。

里簡・J1(9)2正:已訾責不狘家

里簡・J1(9)3正:已訾責其家

里簡・J1(9)4正:已訾責其家

里簡・J1(9)5正:已訾責其家

里簡・J1(9)6正:已訾其家

里簡・J1(9)8正:已訾其家

里簡・J1(9)9正:已訾責頟家

里簡・J1(9)10正:已訾其家

里簡・J1(9)11正:已訾責其家

里簡・J1(9)981正:謾者訾遣詣廷

秦印編46:張訾

0512　讙　　　讙

秦印編46:趙讙

0513　訇

秦印編 46：訇子

0514　詄

天簡 28・乙：啻(帝)乃詄之分其短長〖注〗《説文》："詄，相呼誘也。"

0515　讙

秦印編 46：櫟讙

秦印編 46：顔讙

秦印編 46：讙

0516　詐

會稽刻石・宋刻本：内飾詐謀

睡簡・語書・2：民多詐巧

睡簡・爲吏・34：觀民之詐

帛書・病方・殘 1：□者□詐

0517　訏

睡簡・語書・12：訏詢疾言以視(示)治〖注〗《説文》："訏，詭譌也。"訏詢，詭詐。

0518　謎

帛書・病方・91：謎(嗟)

0519　讋

□年相邦呂不韋戈(珍金・98)：□年相邦呂不韋造□讋〖注〗讋，人名。

□年相邦呂不韋戈・摹(珍金・98)：□年相邦呂不韋造□讋

二年寺工讋戈・摹(秦銅・58)：二年寺工讋

□年寺工讋戈(集成 11197)：□年寺工讋

四年相邦呂不韋戈・摹(秦銅・63)：寺工讋

三年相邦呂不韋戟(秦銅・61)：寺工讋

三年相邦呂不韋戟・摹(秦銅・61)：寺工讋

四年相邦呂不韋戟・摹(秦銅・65)：寺工讋

秦印編 46：李讋

秦印編 46：杜讋

秦印編 46：讋

0520　訟

關簡・187：獄訟

關簡・189：占獄訟

關簡・191:占獄訟

關簡・193:占獄訟

關簡・197:占獄訟

關簡・199:占獄訟

關簡・201:占獄訟

關簡・203:占獄訟

關簡・203:所言者請謁、獄訟事也

關簡・205:占獄訟

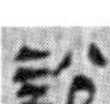關簡・207:占獄訟

關簡・209:占獄訟

關簡・211:占獄訟

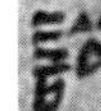關簡・213:占獄訟

關簡・215:占獄訟

關簡・217:所言者獄訟事、請謁事也

關簡・219:占獄訟

關簡・221:占獄訟

關簡・223:占獄訟

關簡・225:獄訟

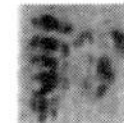關簡・227:獄訟

關簡・229:占獄訟

關簡・231:所言者獄訟、請謁事也

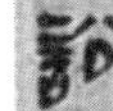關簡・231:占獄訟

關簡・233:占獄訟

關簡・235:問獄訟

關簡・237:占獄訟

關簡・239:占獄訟

關簡・241:占獄訟

0521 讙

睡簡・日乙・158:高王父讙適(謫)〖注〗讙,謫問。

睡簡・日乙・168:高王父讙姓(眚)

睡簡・日乙・174:王父讙

0522 讓

睡簡・爲吏・11:五曰龔(恭)敬多讓

龍簡・4・摹:詐(詐)僞、假人符傳及讓人符傳者〖注〗讓,轉讓、借給。

0523 譙 誚

秦印編47:萸譙

0524 誶 誶

睡簡・答問・48:當誶

睡簡・答問・119:當誶

睡簡・答問・152:倉鼠穴幾可(何)而當論及誶

睡簡・答問・152:二以下誶

睡簡・秦律・115:誶〖注〗誶,申斥。

睡簡・秦律・164:誶官嗇夫

睡簡・效律・8:誶官嗇夫

睡簡・效律・12:其貲、誶如數者然

睡簡・效律・13:誶官嗇夫

睡簡・效律・22:誶官嗇夫

睡簡・效律・51:其吏主者坐以貲、誶如官嗇夫

睡簡・效律・56:誶官嗇夫

龍簡・101・摹:當償而誶□〖注〗誶,斥責、訓斥。

龍簡・192:誶

龍簡・193・摹:誶

0525 詰 詰

睡簡・日甲・24背:告如詰之〖注〗詰,問。

睡簡・日甲・24背:詰

睡簡・日甲・24背:詰咎

0526 詘 詘 詘 誳

高奴禾石銅權(秦銅・32.1):三年漆工配、丞詘造〖注〗詘,人名。

廿五年上郡守厝戈・摹(秦銅・43):工鬼薪詘

帛書・病方・32:能詘(屈)信(伸)

帛書・病方・308:脟詘脟詘

帛書・病方・30:身信(伸)而不能詘(屈)

秦印編47:趙詘

秦印編47:吳詘

秦印編47:張詘

秦印編47:孫詘

0527 誰 誰

睡簡・編年・53:吏誰從軍〖注〗誰,推擇。

0528 診 診

睡簡・封診・32:已診丁

睡簡・封診・32:診首

睡簡・封診・53:令醫丁診之

睡簡・封診・68:診必先謹審視其迹

睡簡・封診・86:即診嬰兒男女、生髮及保(胞)之狀

睡簡・封診・86:診甲前血出及癰狀

睡簡・封診・89:令隸妾數字者某某診甲

睡簡・秦律・16:縣亟診而入之〖注〗診,檢驗。

睡簡・秦律・17:以其診書告官論之

睡簡・秦律・18:縣診而雜買(賣)其肉

0529　誅　誅

會稽刻石・宋刻本:義威誅之

0530　討　討

繹山刻石・宋刻本:討伐亂逆

0531　詬 訽　詬(訽)

睡簡・日甲・8 背:十四日奊(謑)訽〖注〗謑訽,詈辱。

睡簡・日甲・9 背:代主及奊(謑)訽

0532　諜　諜

秦印編 47:楊諜

0533　詢　詢

睡簡・語書・12:訏詢疾言以視(示)治〖注〗詢,讀爲"諼",詐。訏詢,詭詐。

0534　訙

睡簡・語書・12:諲訙醜言麃(儦)斫以視(示)險(檢)〖注〗訙,疑讀爲"誶",乖戾。

0535　詠

睡簡・日甲・81 背:乙名曰舍徐可不詠亡恴(憂)

0536　諲

睡簡・語書・12:諲訙醜言麃(儦)斫以視(示)險(檢)〖注〗諲,疑讀爲"踁",忿戾。

0537　誘

睡簡・秦律・1:及誘(秀)粟

睡簡・秦律・1:輒以書言澍〈澍〉稼、誘(秀)粟及狠(墾)田暘毋(無)稼者頃數

0538　謞

睡簡・日乙・145:其謞(號)曰大常行

0539 謈

睡簡·封診·62·摹:聞謈(號)寇者不毆

0540 詨

秦印編 287:詨〖注〗詨,人名。

秦印編 287:左司空詨

集證·180.695:橋詨〖注〗橋詨,人名。

秦陶·624:右司空詨

秦陶·625:右司空詨

0541 詋

集證·166.521:任詋〖注〗任詋,人名。

0542 試

秦陶·574:左試

秦陶·563:試

秦印編 287:左試

秦陶·595:左試

0543 誁

帛書·病方·293:令誁叔□鏊(熬)可□

0544 諮

秦印編 287:諮〖編者按〗《玉篇》:"諮,毀也。"

0545 訏

秦印編 287:圭訏

0546 譱 𧩝　譱(善)

會稽刻石·宋刻本:善否陳前

天簡 24·乙:色蒼黑善病顔

天簡 29·乙:赤黑免僂善病心腸

天簡 33·乙:兑頤啗=毆善□毆

睡簡·爲吏·10:四曰喜爲善行

睡簡·爲吏·19:善度民力

睡簡·語書·3:而使之之於爲善毆

睡簡·語書·11:是以善斥(訴)事

睡簡·6號牘·正:綌布謹善者毋下二丈五尺□

睡簡·秦律·64:錢善不善

睡簡·秦律·64:錢善不善

睡簡·秦律·126:及叚(假)人食牛不善

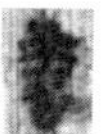
睡簡·秦律·111:工師善教之

睡簡・秦律・196:善宿衛

睡簡・雜抄・15:不完善(繕)

睡簡・日甲・22 背:妻善病

睡簡・日甲・32 背:善戲人

睡簡・日甲・33 正:歲善,有兵

睡簡・日甲・35 正:歲善,毋(無)兵

睡簡・日甲・69 背:善弄

睡簡・日甲・70 背:多〈名〉徐善�польз以未

睡簡・日甲・149 正:善得

睡簡・日甲・159 背:四足善行

睡簡・日甲・159 背:尾善毆(驅)□

睡簡・日乙・58:歲善而柀不全

睡簡・日乙・63:歲善

睡簡・日乙・242:必善醫

睡簡・日乙・251:去不善

睡簡・爲吏・6:吏有五善

睡簡・爲吏・8:下雖善欲獨可(何)急

睡簡・爲吏・21:三曰居官善取

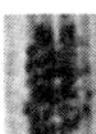睡簡・爲吏・30:四曰善言隋(惰)行

龍簡・91・摹:□善射者敦□

龍簡・270:□各善□

關簡・199:善事成

關簡・199:不善不成

關簡・213:[所言]者善事也

關簡・373:善食之〖注〗善食,指精心餵養。

帛書・足臂・17:善意(噫)

帛書・足臂・18:善肘(疛?)

帛書・病方・123:卽飲善酒

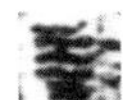帛書・病方・270:善伐米大半升

帛書・病方・320:善削瓜壯者

帛書・病方・321:必善齊(齋)戒

帛書・病方・348:以蓋而約之,善

帛書・病方・349:以善截饍而封之

帛書・病方・356:以肥滿剡豶膏□夷□善以水洒加(痂)

帛書・病方・358:先善以水洒

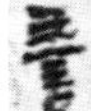帛書・病方・368:而以善截六斗□如此□醫以此教惠□

帛書・病方・414:善洒

帛書・灸經甲・55:善噫

秦印編 47:咸郿里善

秦印編 47:善守

秦陶・1340:咸郿里善〖注〗善,人名。

秦陶・1343:咸郿里善

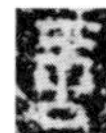
秦陶・1367:咸郿里善

秦陶・1368:咸郿里善

秦陶・1369:咸郿里善

秦陶・1371:咸郿里善

秦陶・1372:咸郿里善

0547　競

詛楚文・湫淵(中吳本):以偪(逼)俉(吾)邊競(境)

詛楚文・亞駝(中吳本):宣奓競從(縱)

詛楚文・亞駝(中吳本):以偪(逼)俉(吾)邊競(境)〖注〗競,讀爲“境”。

詛楚文・巫咸(中吳本):宣奓競從(縱)

詛楚文・巫咸(中吳本):以倍〈偪(逼)〉俉(吾)邊競(境)

詛楚文・湫淵(中吳本):宣奓競從(縱)

里簡・J1(8)134 正:競(竟)陵薀(蕩)陰狼叚(假)遷陵公船一〖注〗竟陵,縣名。

關簡・139:絕邊競(境)、攻毄(擊)

關簡・13:己酉宿競(竟)陵〖注〗競,通“竟”。竟陵,地名。

關簡・19:乙卯宿競(竟)陵

關簡・20:丙辰治競(竟)陵

關簡・21:丁巳治競(竟)陵

關簡・22:戊午治競(竟)陵

關簡・23:己未治競(竟)陵

關簡・24:庚申治競(竟)陵

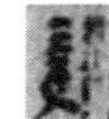
關簡・25:辛酉治競(竟)陵

關簡・26:壬戌治競(竟)陵

關簡・27:癸亥治競(竟)陵

關簡・28:甲子治競(竟)陵

關簡・29:三月乙丑治競(竟)陵

關簡・30:丙寅治競(竟)陵

關簡・51:丁亥治競(竟)陵

關簡・56:甲午宿競(竟)陵

0548　音

秦編鐘・乙鐘(秦銅・10.2):霝音鍴=雝=(雍=)

秦編鐘・乙鐘鉦部・摹(秦銅・11.5):霝音鍴=雝=(雍=)

秦編鐘・戊鐘(秦銅・10.5):霝音鍴=雝=(雍=)

秦鎛鐘・1 號鎛（秦銅・12.3）：霝音鍴=雝=（雍=）

秦鎛鐘・2 號鎛（秦銅・12.6）：霝音鍴=雝=（雍=）

秦鎛鐘・3 號鎛（秦銅・12.8）：霝音鍴=雝=（雍=）

秦公鎛鐘・摹（秦銅・16.4）：其音鍴=雝=（雍=）孔煌

大墓殘磬（集證・84）：氒（厥）音鍴=鎗=

秦懷后磬・摹：其音鎗=鉈=

天簡 25・乙：音之數矣

天簡 28・乙：□音殴

天簡 28・乙：以爲音尚久乃處之

天簡 35・乙：不合音婁（數）者是謂天絕紀

天簡 38・乙：瘛（應）鐘音殴

睡簡・日甲・34 背：一室中有鼓音

帛書・灸經甲・45：木音則儯〈惕〉然驚

帛書・灸經甲・65：音（瘖）

0549　章　　章

石鼓文・鑾車（先鋒本）：□徒如章〖注〗章，障。

詛楚文・湫淵（中吳本）：箸（書）者（諸）石章〖注〗章，趙平安讀爲“璋”。

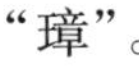
詛楚文・巫咸（中吳本）：箸（書）者（諸）石章

詛楚文・亞駝（中吳本）：箸（書）者（諸）石章

會稽刻石・宋刻本：顯陳舊章

睡簡・日甲・76 背：名建章丑吉

睡簡・爲吏・25・摹：名不章

秦印編 47：章廄將馬〖注〗章廄，王輝說即章臺廄。

秦印編 47：章廄將馬

秦印編 47：大夫章

秦印編 47：張章

秦印編 47：趙章

秦印編 47：李章

秦印編 48：矦章

秦印編 48：楊章

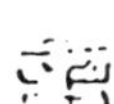
秦印編 48：章臺〖注〗章臺，宮名。

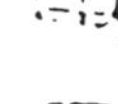
秦印編 48：高章宦丞〖注〗高章，宮名。

秦印編 48：宮章

秦印編 48：宮章

秦印編 48：咸直里章

封泥集 185・1：章廄丞印

封泥集 185・2：章廄丞印

封泥集 185・5:章廄丞印

封泥集 185・6:章廄丞印

封泥集 185・7:章廄丞印

封泥集 185・8:章廄丞印

封泥集 185・10:章廄丞印

封泥集 185・12:章廄丞印

封泥集 185・13:章廄丞印

封泥集 209・1:高章宦者

封泥集 209・1:章臺

封泥集 209・2:章臺

封泥集 210・1:高章宦丞

封泥集 210・3:高章宦丞

封泥集 210・4:高章宦丞

封泥集 210・6:高章宦丞

封泥集 210・7:高章宦丞

封泥集 210・8:高章宦丞

封泥集 210・9:高章宦丞

封泥集 210・10:高章宦丞

封泥集 210・11:高章宦丞

封泥集 210・12:高章宦丞

封泥集 210・13:高章宦丞

封泥集 211・18:高章宦丞

封泥集 211・20:高章宦丞

封泥集 211・21:高章宦丞

封泥集 211・22:高章宦丞

封泥集 211・26:高章宦丞

封泥集 211・27:高章宦丞

集證・136.50:高章宦丞

集證・136.51:高章宦丞

集證・136.52:高章宦丞

集證・136.53:高章宦者

集證・146.209:章廄將馬

集證・146.210:章廄丞印

集證・146.211:章廄丞印

集證・148.244:章臺

集證・148.245:章臺

集證・172.583:姚章

集證・174.613:張章

集證・181.707:趙章

封泥印 14:章廄丞印

封泥印 66:高章宦者

封泥印 66:章臺

封泥印 67:高章宦丞

新封泥 C・16.17:高章宦者

新封泥 C・17.2:章廄丞印

秦陶・897:宮章

秦陶・960:宮章

秦陶・961:宮章

秦陶・962:宮章

秦陶・963:宮章

秦陶・1268:新城章〖注〗章,人名。

秦陶 A・3.6:新城章

0550　竞

秦印編 48:竞印

0551　童　童

睡簡・答問・165:可(何)謂"匿戶"及"敖童弗傅"

睡簡・雜抄・32:匿敖童〖注〗敖童,李學勤說爲身份名,指達到規定年齡應傅籍負種種義務的男青年;黄盛璋說爲爵稱,指士伍中壯男。

睡簡・日甲・36 背:不能童(動)作

睡簡・日甲・79 背:名馬童龏思(勇)思辰戌

帛書・病方・71:飲小童弱(溺)若產齊赤〖注〗小童溺,童便。

帛書・病方・351:以小童弱(溺)漬陵(菱)枝(芰)

秦印編 48:童

秦印編 48:成童

秦印編 48:揖童

秦印編 48:王童

秦印編 48:王童

秦印編 48:馬童

封泥印 146:王童

瓦書・郭子直摹:大田佐敖童曰未

瓦書(秦陶・1610):大田佐敖童曰未

0552　妾

睡簡・答問・5:人臣甲謀遣人妾乙盜主牛〖注〗人妾,私家奴、婢。

睡簡・答問・20:人奴妾盜其主之父母

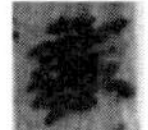

睡簡・答問・74:人奴妾治(笞)子

睡簡・答問・76:臣妾牧殺主

睡簡・答問・103:父母擅殺、刑、髡子及奴妾

睡簡・答問・104:臣妾告主

睡簡・答問・106:父殺傷人及奴妾

睡簡・答問・108:殺傷父臣妾、畜産及盜之

睡簡・答問・132:隸臣妾毄(繫)城旦舂

睡簡・答問・141:或捕告人奴妾盜百一十錢

睡簡・答問・170:妻賸(媵)臣妾、衣器當收不當

睡簡・答問・171:妻賸(媵)臣妾、衣器當收

睡簡・答問・174:或黥顏頯爲隸妾

睡簡・封診・42:乙妾毆

睡簡・封診・86:有(又)令隸妾數字者

睡簡・秦律・48:妾未使而衣食公

睡簡・秦律・49:隸妾一石半

睡簡・秦律・50:小妾、舂作者〖注〗小妾,小隸妾。

睡簡・秦律・51:隸妾、舂高不盈六尺二寸

睡簡・秦律・53:小隸臣妾以八月傅爲大隸臣妾

睡簡・秦律・54:更隸妾節(即)有急事

睡簡・秦律・59:免隸臣妾、隸臣妾垣及爲它事與垣等者

睡簡・秦律・61:其老當免老、小高五尺以下及隸妾欲以丁粼者一人贖

睡簡・秦律・77:及隸臣妾有亡公器、畜生者

睡簡・秦律・95:隸臣妾之老及小不能自衣者

睡簡・秦律・96:衣如隸臣妾

睡簡・秦律・109:更隸妾四人當工[一]人

睡簡・秦律・109:冗隸妾二人當工一人

睡簡・秦律・109:小隸臣妾可使者五人當工一人

睡簡・秦律・110:隸妾及女子用箴(針)爲緡(文)繡它物

睡簡・秦律・134:人奴妾居贖貲責(債)於城旦

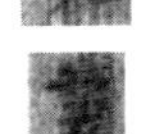
睡簡・秦律・141:隸臣妾、城旦舂之司寇、居貲贖責(債)毄(繫)城旦舂者

睡簡・秦律・142:人奴妾毄(繫)城旦舂

睡簡・秦律・145:令隸臣妾將

睡簡・秦律・151:百姓有母及同牲(生)爲隸妾

睡簡・秦律・155:謁歸公士而免故妻隸妾一人者

睡簡・秦律・155:欲歸爵二級以免親父母爲隸臣妾者一人

睡簡・秦律・184:隸臣妾老弱及不可誠仁者勿令

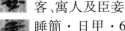

睡簡・秦律・201:道官相輸隸臣妾、收人

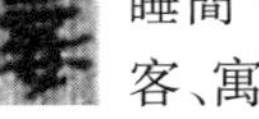
睡簡・日甲・60正:虛四徹不可入客、寓人及臣妾

睡簡・日甲・65背:人妻妾若朋友死

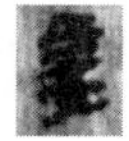睡簡・日甲・81 背:丁名曰浮妾榮辨僕上

睡簡・日甲・108 正:毋以午出入臣妾、馬[牛]

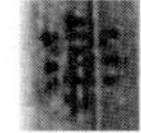睡簡・日甲・145 正:必爲人臣妾

睡簡・日乙・42:可以入臣妾

睡簡・日乙・124:不可以入臣妾及寄者

睡簡・日乙・239:爲臣妾

睡簡・日乙・247:女子爲人妾

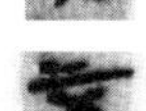睡簡・日乙・251:臣妾亡

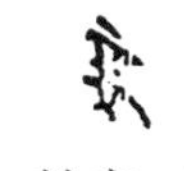龍簡・40・摹:耐爲隸臣妾〖注〗隸臣妾,服勞役的刑徒。隸臣,男性;隸妾,女性。

里簡・J1(9)984 正:亭里士五(伍)順小妾□餘有律事□遷□

里簡・J1(9)984 背:隸妾以來

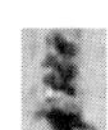里簡・J1(16)6 正:必先悉行城旦舂、隸臣妾、居貲贖責(債)

秦印編 48:苗妾

秦印編 48:妾挈

秦印編 48:妾□

秦印編 48:李妾

0553　叢　叢

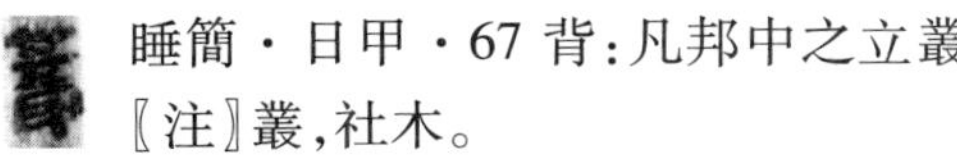睡簡・日甲・67 背:凡邦中之立叢〖注〗叢,社木。

0554　僕 𦩶　僕 𦩶

睡簡・秦律・74:以此鼠(予)僕、車牛〖注〗僕,御,趕車的人。

睡簡・秦律・150・摹:司寇勿以爲僕、養、守官府及除有爲殹

睡簡・秦律・113:勿以爲人僕、養

睡簡・秦律・180:僕,少半斗

睡簡・雜抄・13:同車食、敦(屯)長、僕射弗告〖注〗僕射,職官名。

睡簡・雜抄・34:署君子、敦(屯)長、僕射不告

睡簡・日甲・81 背:丁名曰浮妾榮辨僕上

龍簡・156・摹:□僕射□大人□

帛書・病方・339:冶僕纍(壘)〖注〗僕壘,草葯名。

秦印編 48:僕央

秦印編 48:司馬僕

秦印編 48:王僕

0555　奉　奉

會稽刻石・宋刻本:後敬奉瀍

泰山刻石・宋拓本:遵奉遺詔

嶧山刻石・宋刻本:戎臣奉詔

帛書・病方・殘 1:奉

0556 𦣻 丞

高陵君鼎·摹(集證·22):十五年高陵君丞趯〖注〗丞,“家丞”省文,官名。

丞廣銅弩機·摹(秦銅·45):丞廣

二年寺工壺(集證·32):丞抴

二年寺工壺·摹(秦銅·52):丞抴

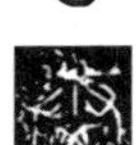

商鞅方升(秦銅·21):乃詔丞相狀、綰

高奴禾石銅權(秦銅·32.1):三年漆工配、丞詘造

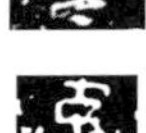

高奴禾石銅權(秦銅·32.2):乃詔丞相狀、綰

始皇詔銅方升一(秦銅·98):乃詔丞相狀、綰

始皇詔銅方升二(秦銅·99):乃詔丞相狀、綰

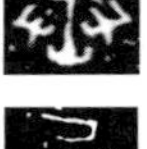

始皇詔銅方升三(秦銅·100):乃詔丞相狀、綰

始皇詔銅橢量一(秦銅·102):乃詔丞相狀、綰

始皇詔銅橢量二(秦銅·103):乃詔丞相狀、綰

始皇詔銅橢量三(秦銅·104):乃詔丞相狀、綰

始皇詔銅橢量四(秦銅·105):乃詔丞相狀、綰

始皇詔銅橢量六(秦銅·107):乃詔丞相狀、綰

武城銅橢量(秦銅·109):乃詔丞相狀、綰

始皇詔銅權一(秦銅·110):乃詔丞相狀、綰

始皇詔銅權三(秦銅·112):乃詔丞相狀、綰

始皇詔銅權四(秦銅·113):乃詔丞相狀、綰

始皇詔銅權五(秦銅·114):乃詔丞相狀、綰

始皇詔銅權六(秦銅·115):乃詔丞相狀、綰

始皇詔銅權九(秦銅·118):乃詔丞相狀、綰

始皇詔銅權十(秦銅·119):乃詔丞相狀、綰

始皇詔鐵石權四(秦銅·123):乃詔丞相狀、綰

始皇詔鐵石權五(秦銅·124):乃詔丞相狀、綰

始皇詔鐵石權七(秦銅·125):乃詔丞相狀、綰

始皇詔十六斤銅權一(秦銅·127):乃詔丞相狀、綰

始皇詔十六斤銅權二(秦銅·128):乃詔丞相狀、綰

始皇詔十六斤銅權三(秦銅·129):乃詔丞相狀、綰

始皇詔十六斤銅權四(秦銅·130.1):乃詔丞相狀、綰

大騩銅權(秦銅·131):乃詔丞相狀、綰

大騩銅權(秦銅·131):元年制詔丞相斯、去疾

旬邑銅權(秦銅·133):乃詔丞相狀、綰

旬邑銅權(秦銅·133):元年制詔丞相斯、去疾

始皇詔八斤銅權一(秦銅·134):乃詔丞相狀、綰

始皇詔八斤銅權二(秦銅·135):乃詔丞相狀、綰

僅存銘始皇詔銅權・一(秦銅・135-1):乃詔丞相狀、綰

僅存銘始皇詔銅權・二(秦銅・135-2):乃詔丞相狀、綰

僅存銘始皇詔銅權・三(秦銅・135-3):乃詔丞相狀、綰

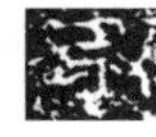
僅存銘始皇詔銅權・四(秦銅・135-4):乃詔丞相狀、綰

僅存銘始皇詔銅權・六(秦銅・135-6):乃詔丞相狀、綰

僅存銘始皇詔銅權・七(秦銅・135-7):乃詔丞相狀、綰

僅存銘始皇詔銅權・八(秦銅・135-8):乃詔丞相狀、綰

僅存銘始皇詔銅權・九(秦銅・135-9):乃詔丞相狀、綰

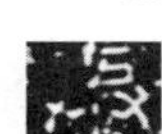
僅存銘始皇詔銅權・十(秦銅・135-10):乃詔丞相狀、綰

僅存銘始皇詔銅權・十一(秦銅・135-11):乃詔丞相狀、綰

僅存銘始皇詔銅權・十四(秦銅・135-14):乃詔丞相狀、綰

僅存銘始皇詔銅權・十七(秦銅・135-17):乃詔丞相狀、綰

僅存銘兩詔銅權(秦銅・135-18.1):乃詔丞相狀、綰

僅存銘兩詔銅權(秦銅・135-18.2):乃詔丞相狀、綰

僅存銘兩詔銅權(秦銅・135-18.2):元年制詔丞相斯、去疾

始皇詔版一(秦銅・136):乃詔丞相狀、綰

始皇詔版二(秦銅・137):乃詔丞相狀、綰

始皇詔版三(秦銅・138):乃詔丞相狀、綰

始皇詔版三・背大字(秦銅・139):乃詔丞相狀、綰

始皇詔版五・殘(秦銅・141):乃詔丞相狀、綰

始皇詔版七(秦銅・143):乃詔丞相狀、綰

始皇詔版八(秦銅・144):乃詔丞相狀、綰

始皇詔版九・殘(集證・44.2):乃詔丞相狀、綰

北私府橢量・始皇詔(秦銅・146):乃詔丞相狀、綰

北私府橢量・始皇詔(秦銅・146):乃詔丞相狀、綰

北私府橢量・二世詔(秦銅・147):元年制詔丞相斯、去疾

兩詔橢量一(秦銅・148):乃詔丞相狀、綰

兩詔橢量一(秦銅・148):元年制詔丞相斯、去疾

兩詔橢量二(秦銅・149):元年制詔丞相斯、去疾

兩詔橢量三之一(秦銅・150):乃詔丞相狀、綰

兩詔橢量三之二(秦銅・151):元年制詔丞相斯、去疾

左樂兩詔鈞權(集證・43):乃詔丞相狀、綰

左樂兩詔鈞權(集證・43):元年制詔丞相斯、去疾

二世元年詔版一(秦銅・161):元年制詔丞相斯、去疾

二世元年詔版二(秦銅・162):元年制詔丞相斯、去疾

二世元年詔版三(秦銅・163):元年制詔丞相斯、去疾

二世元年詔版四(秦銅・164):元年制詔丞相斯、去疾

二世元年詔版五(秦銅・165):元年制詔丞相斯、去疾

二世元年詔版六（秦銅・166）：元年制詔丞相斯、去疾

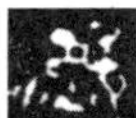二世元年詔版八（秦銅・168）：元年制詔丞相斯、去疾

二世元年詔版十（秦銅・170）：元年制詔丞相斯、去疾

二世元年詔版十一（秦銅・171）：元年制詔丞相斯、去疾

二世元年詔版十二（秦銅・172）：元年制詔丞相斯、去疾

二世元年詔版十三（集證・50）：元年制詔丞相斯、去疾

兩詔銅權一（秦銅・175）：元年制詔丞相斯、去疾

兩詔銅權一（秦銅・175）：乃詔丞相狀、綰

兩詔銅權一（秦銅・175）：乃詔丞相狀、綰

兩詔銅權二（秦銅・176）：乃詔丞相狀、綰

兩詔銅權二（秦銅・176）：元年制詔丞相斯、去疾

兩詔銅權三（秦銅・178）：乃詔丞相狀、綰

兩詔銅權三（秦銅・178）：元年制詔丞相斯、去疾

兩詔銅權四（秦銅・179.1）：乃詔丞相狀、綰

兩詔銅權五（秦銅・180）：乃詔丞相狀、綰

兩詔銅權五（秦銅・180）：元年制詔丞相斯、去疾

兩詔斤權一（集證・45）：乃詔丞相狀、綰

兩詔斤權一・摹（集證・46）：乃詔丞相狀、綰

兩詔斤權一・摹（集證・46）：元年制詔丞相斯、去疾

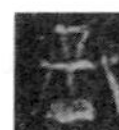兩詔斤權二・照片（集證・47.2）：乃詔丞相狀、綰

兩詔斤權二・摹（集證・49）：乃詔丞相狀、綰

兩詔斤權二・摹（集證・49）：元年制詔丞相斯、去疾

平陽銅權・摹（秦銅・182）：乃詔丞相狀、綰

平陽銅權・摹（秦銅・182）：元年制詔丞相斯、去疾

美陽銅權（秦銅・183）：元年制詔丞相斯、去疾

美陽銅權（秦銅・183）：乃詔丞相狀、綰

六年漢中守戈（集證・19）：丞□

六年漢中守戈・摹（集證・19）：丞□

十五年上郡守壽戈（集證・23）：丞□

十五年上郡守壽戈・摹（集證・24）：丞□

□□年丞相觸戈・摹（秦銅・39）：□□年丞相觸造

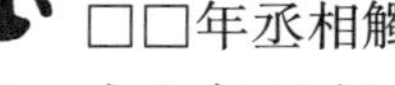

十七年丞相啟狀戈・摹（秦銅・40）：丞兼

十七年丞相啟狀戈・摹（秦銅・40）：十七年丞相啟狀造

十八年上郡戈・摹（秦銅・41）：十八年桼（漆）工朐丞巨造

王廿三年家丞戈（珍金・68）：王廿三年家丞禺（?）造

王廿三年家丞戈・摹（珍金・68）：王廿三年家丞禺（?）造

王廿三年家丞戈（珍金・68）：左工丞闌

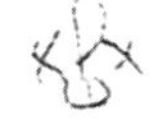王廿三年家丞戈・摹（珍金・68）：左工丞闌

廿四年丞□戈・摹(集證・26.2)：□□□丞□庫□工□

廿五年上郡守厝戈・摹(秦銅・43)：高奴工師竈丞申

廿五年上郡守周戈(登封・4.1)：丞申

廿七年上郡守趞戈・故宫藏・摹(秦銅・46)：丞拣

卅四年蜀守戈・摹(集證・29)：丞□

卅七年上郡守慶戈・摹(精粹19)：丞秦

卅八年上郡守慶戈(長平出土戈圖版)：丞秦

卅八年上郡守慶戈・摹(長平出土戈圖版)：丞秦

卌年上郡守起戈一・摹(秦銅・50)：丞秦

卌年上郡守起戈二・摹(集證・30)：丞□

卌八年上郡假守鼂戈(珍金・88)：丞冠□

卌八年上郡假守鼂戈・摹(珍金・88)：丞冠□

五十年詔事戈・摹(集證・31)：丞穆

元年上郡假守暨戈(珍金・92)：丞圂

元年上郡假守暨戈・摹(珍金・92)：丞圂

三年上郡守冰戈・摹(秦銅・57)：丞□

三年上郡戈・摹(秦銅・59附圖)：高[工□]丞申[工]

二年上郡守冰戈・摹(秦銅・55)：高工丞沐□

二年上郡守戈(集證・18)：丞□

□年相邦呂不韋戈(珍金・98)：丞義

□年相邦呂不韋戈・摹(珍金・98)：丞義

四年相邦呂不韋戈・摹(秦銅・63)：丞[義]

五年相邦呂不韋戈一(集證・33)：丞蕺

五年相邦呂不韋戈二・摹(秦銅・68.1)：丞蕺

五年相邦呂不韋戈三・摹(秦銅・69)：丞冉

八年相邦呂不韋戈・摹(秦銅・71)：丞蕺

八年丞甬戈・摹(集證・34)：八年□□□□丞甬工悍蜀□

十年寺工戈・摹(俑坑・3.1)：丞楊工造(?)

十四年屬邦戈・摹(秦銅・74)：丞□

廿年上郡戈・摹(集成11548.1)：廿年漆工帀(師)攻(?)丞□造

廿六年蜀守武戈(集證・36.2)：丞耒

廿六年蜀守武戈・摹(集證・36.2)：丞耒

元年丞相斯戈・摹(秦銅・160)：元年丞相斯造

三年相邦呂不韋矛一・摹(秦銅・59)：高工□丞申

四年相邦呂不韋矛・摹(秦銅・66)：丞申

廿四年上郡守戟(潛山・19)：丞申工隸臣渠

三年相邦呂不韋戟(秦銅・61)：丞義

三年相邦呂不韋戟・摹(秦銅・61)：丞義

四年相邦呂不韋戟·摹(秦銅·65):丞我

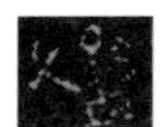
七年相邦呂不韋戟一(秦銅·70):丞義

七年相邦呂不韋戟二·摹(俑坑·3.2):丞義

廿四年莒傷銅斧(沂南·2):廿四年莒傷(陽)丞寺

石鼓文·汧殹(先鋒本):丞皮(彼)淖淵〖注〗丞,讀如"蒸"。一説讀"承"。

琅邪臺刻石:丞相臣斯、臣去疾、御史大夫臣德昧死言

泰山刻石·宋拓本:丞相臣斯、臣去疾、御史大夫臣德昧死言

繹山刻石·宋刻本:丞相臣斯、臣去疾、御史大夫臣德昧死言

青川牘·摹:王命丞相戊(茂)、內史匽氏

睡簡·語書·5:自從令、丞以下智(知)而弗舉論〖注〗丞,縣丞。

睡簡·語書·7:而令、丞弗明智(知)

睡簡·語書·8:以令、丞聞

睡簡·語書·13:當居曹奏令、丞

睡簡·答問·55:"僑(矯)丞令"可(何)殹

睡簡·答問·138:告盜書丞印以亡

睡簡·答問·145:任人爲丞

睡簡·秦律·32:令令、丞與賞(償)不備

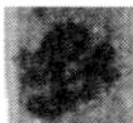
睡簡·秦律·64:以丞、令印印

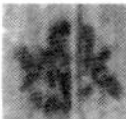
睡簡·秦律·136:大嗇夫、丞及官嗇夫有辠

睡簡·秦律·169:縣嗇夫若丞及倉、鄉相雜以封印之

睡簡·秦律·175:大嗇夫、丞智(知)而弗辠

睡簡·秦律·189:令、丞爲不從令

睡簡·秦律·196:大嗇夫、丞任之

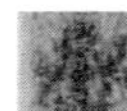
睡簡·雜抄·9:令、丞各一甲

睡簡·雜抄·10:令、丞二甲

睡簡·雜抄·15:丞、庫嗇夫、吏貲二甲

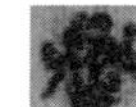
睡簡·雜抄·15:及令、丞貲各一甲

睡簡·雜抄·16:令、丞一盾

睡簡·雜抄·17:丞、曹長一甲

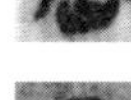
睡簡·雜抄·17:丞及曹長一盾

睡簡·雜抄·18:工師及丞貲各二甲

睡簡·雜抄·19:縣嗇夫、丞、吏、曹長各一盾

睡簡·雜抄·20:令、丞及佐各一盾

睡簡·雜抄·21:令、丞各一甲

睡簡·雜抄·30:令、丞、佐、史各一盾

睡簡·效律·18:大嗇夫及丞除

睡簡·效律·18:故嗇夫及丞皆不得除

睡簡·效律·28:縣嗇夫若丞及倉、鄉相雜以封印之

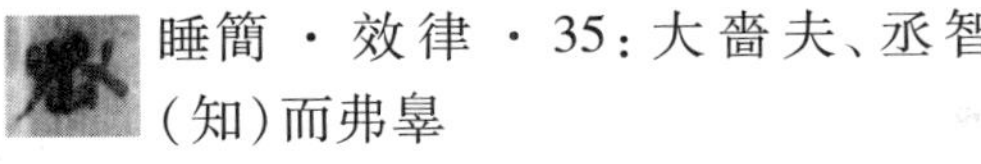

睡簡・效律・35:大嗇夫、丞智(知)而弗辠

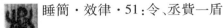

睡簡・效律・51:令、丞貲一盾

睡簡・效律・51:令、丞貲一甲

睡簡・效律・54:其令、丞坐之

龍簡・8:令、丞□縣、道官

龍簡・53:令、丞弗得

龍簡・152・摹:令、丞、令史各一甲
〖注〗丞,副职。

龍崗牘・正:沙羨丞甲、史丙免辟死爲庶人

里簡・J1(8)133 背:遷陵守丞陘告司空主

里簡・J1(8)154 正:遷陵守丞都敢言之

里簡・J1(8)156:遷陵守丞色下少内

里簡・J1(8)157 背:遷陵丞昌郄(卻)之啟陵

里簡・J1(8)158 正:遷陵守丞色敢告酉陽丞

里簡・J1(8)158 正:遷陵守丞色敢告酉陽丞

里簡・J1(9)1 正:陽陵守丞廚敢言之

里簡・J1(9)1 背:洞庭叚(假)尉觿謂遷陵丞

里簡・J1(9)2 正:陽陵守丞恬敢言之

里簡・J1(9)3 正:陽陵守丞恬敢言之

里簡・J1(9)3 背:洞庭叚(假)尉觿謂遷陵丞

里簡・J1(9)4 正:陽陵守丞廚敢言之

里簡・J1(9)5 正:陽陵守丞廚敢言之

里簡・J1(9)5 背:洞庭叚(假)尉觿謂遷陵丞

里簡・J1(9)6 正:陽陵守丞暉敢言之

里簡・J1(9)7 背:洞庭叚(假)尉觿謂遷陵丞

里簡・J1(9)8 正:陽陵守丞廚敢言之

里簡・J1(9)9 正:陽陵守丞恬敢言之

里簡・J1(9)9 背:洞庭叚(假)尉觿謂遷陵丞

里簡・J1(9)10 背:洞庭叚(假)尉觿謂遷陵丞

里簡・J1(9)10 背:陽陵守丞慶敢言之

里簡・J1(9)10 正:陽陵守丞廚敢言之

里簡・J1(9)11 正:陽陵守丞恬敢言之

里簡・J1(9)11 背:洞庭叚(假)尉觿謂遷陵丞

里簡・J1(9)12 背:洞庭叚(假)尉觿謂遷陵丞

里簡・J1(9)12 背:陽陵守丞廚敢言之

里簡・J1(16)5 背:遷陵丞歐敢告尉

里簡・J1(16)6 背:遷陵丞歐敢言之

里簡・J1(16)9 背:□遷陵守丞敦狐告都鄉主〖注〗守丞,官名。

集證・153.324:雝(雍)丞之印

集證・153.325・摹:雔丞之印

秦印編 49:樂成丞印

秦印編 49:白水弋丞

集證・149.254:白水弋丞

秦印編 49:彭城丞印

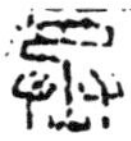

封泥印 142:彭城丞印

陶量(秦印編 499):丞

陶量(秦印編 50):丞

陶量(秦印編 50):丞

秦印編 49:字丞之印

秦印編 49:邦侯丞印

秦印編 49:旃郎廚丞

秦印編 49:蒼梧候丞

秦印編 49:琅左鹽丞

秦印編 49:琅左鹽丞

封泥集・附一 407:琅左鹽丞

秦印編 49:代馬丞印

封泥集 259・1:代馬丞印

封泥集 259・3:代馬丞印

封泥集 259・4:代馬丞印

集證・156.379:代馬丞印印

集證・156.380:代馬丞印

封泥印 92:代馬丞印

集證・156.377:冀丞之印

秦印編 49:宜春禁丞

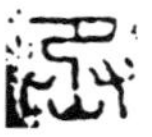

封泥印 68:宜春禁丞

新封泥 D・34:宜春禁丞

封泥集・附一 404:宜春禁丞

秦印編 49:襄陰丞印

新封泥 C・17.14:御府丞印

封泥集 147・4:御府丞印

封泥集 147・8:御府丞印

封泥集 148・9:御府丞印

封泥集 148・10:御府丞印

封泥集 148・11:御府丞印

封泥集 148・12:御府丞印

封泥集 148・13:御府丞印

封泥集 148・14:御府丞印

封泥集 148・15:御府丞印

封泥集 148・16:御府丞印

封泥集 148・18:御府丞印

封泥集 148・19:御府丞印

封泥集 148・21:御府丞印

封泥集 148・22:御府丞印

封泥集 148・23:御府丞印

封泥集 147・2:御府丞印

封泥集・附一 399:御府丞印

封泥印 57:御府丞印

集證・143. 172:御府丞印

集證・143. 173:御府丞印

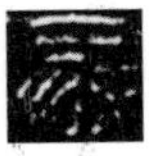

集證・144. 174:御府丞印

集證・144. 175:御府丞印

秦印編 49:丞長

秦印編 49:宦者丞印

秦印編 49:宦者丞印

集證・134. 28:宦者丞印

集證・134. 29:宦者丞印

封泥集 152・1:宦者丞印

封泥集 152・3:宦者丞印

封泥集 153・4:宦者丞印

封泥集 153・5:宦者丞印

封泥集 153・6:宦者丞印

封泥集 153・7:宦者丞印

封泥集 153・8:宦者丞印

封泥集 153・10:宦者丞印

封泥集 153・12:宦者丞印

封泥集 153・13:宦者丞印

封泥集 153・14:宦者丞印

封泥集 153・16:宦者丞印

封泥集 153・17:宦者丞印

封泥集 153・18:宦者丞印

封泥集 153・21:宦者丞印

封泥集 153・22:宦者丞印

封泥集 153・23:宦者丞印

封泥集 154・24:宦者丞印

新封泥 C・17. 23:宦者丞印

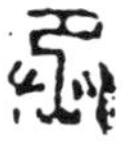

封泥印 42:宦者丞印

集證・155.364:黄丞之印

封泥集 295・1:鄧丞之印

封泥集 295・2:鄧丞之印

秦印編 49:屬邦工丞

封泥印 24:屬邦工丞

集證・139.110:屬邦工丞

封泥集 182・2:屬邦工丞

封泥集 182・4:屬邦工丞

封泥集 182・5:屬邦工丞

封泥集 182・6:屬邦工丞

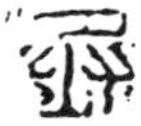

封泥集 182・7:屬邦工丞

封泥集 183・10:屬邦工丞

封泥集 183・12:屬邦工丞

封泥集 183・13:屬邦工丞

封泥集 183・15:屬邦工丞

封泥集 307・1:白狼之丞

封泥集 307・2:白狼之丞

秦印編 49:北宫私丞

新封泥 C・19.4:北宫私丞

集證・135.39:北宫私丞

封泥印 65:北宫私丞

封泥集 208・5:北宫私丞

封泥集 206・1:北宫宦丞

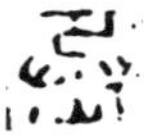

封泥集 206・2:北宫宦丞

封泥集 206・3:北宫宦丞

封泥集 207・5:北宫宦丞

封泥集 207・6:北宫宦丞

集證・135.32:北宫宦丞

封泥印 65:北宫宦丞

封泥集 290・1:建陵丞印

集證・156.368:建陵丞印

秦印編 49:高章宦丞

秦印編 49:萯陽苑丞

封泥集 320・1:博昌丞印

封泥印・附二 205:博昌丞印

封泥印 28:江左鹽丞

秦印編 49:江左鹽丞

秦印編 49:北宮弋丞

集證・135.37:北宮弋丞

封泥印 64:北宮弋丞

秦印編 49:公車司馬丞

封泥集 117・2:公車司馬丞

封泥集 117・3:公車司馬丞

封泥集 117・4:公車司馬丞

封泥集 117・5:公車司馬丞

封泥集 117・6:公車司馬丞

新封泥 C・19.1:公車司馬丞

封泥印 11:公車司馬丞

封泥集 317・1:樂陵丞印

秦印編 49:下家馬丞

集證・155.355:臨菑丞印

集證・155.356:臨菑丞印

封泥集 319・2:臨菑丞印

封泥集 319・3:臨菑丞印

封泥集 319・5:臨菑丞印

秦印編 49:中官丞印

封泥集 177・1:中官丞印

封泥集 177・2:中官丞印

封泥集 177・3:中官丞印

封泥集 178・4:中官丞印

封泥集 178・5:中官丞印

封泥集 178・6:中官丞印

封泥集 178・14:中官丞印

集證・135.41:中官丞印

封泥印 56:中官丞印

秦印編 49:少府工丞

封泥集 129・1:少府工丞

封泥集 129・2:少府工丞

封泥集 129・3:少府工丞

封泥集 130・6:少府工丞

封泥集 130・7:少府工丞

封泥集 130・9:少府工丞

封泥集 130・10:少府工丞

封泥集 130・12:少府工丞

封泥集 130・13:少府工丞

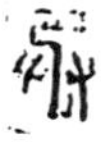

封泥集 130・14:少府工丞

封泥集 130・15:少府工丞

封泥集 130・16:少府工丞

封泥集 130・17:少府工丞

封泥集 130・19:少府工丞

封泥集 130・20:少府工丞

封泥集 130・22:少府工丞

封泥集 131・25:少府工丞

集證・134.23:少府工丞

封泥印 33:少府工丞

新封泥 C・16.18:少府工丞

封泥集 106・1:丞相之印

封泥印 1:左丞相印

集證・133.3:左丞相印

集證・133.4:左丞相印

封泥印 1:右丞相印

封泥集 108・2:右丞相印

封泥集 108・8:右丞相印

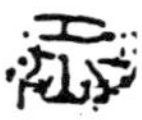

集證・133.5:右丞相印

集證・133.6:右丞相印

封泥集 110・1:奉[常]丞印

封泥印 2:泰醫丞印

封泥集 111・1:泰醫丞印

封泥集 111・5:泰醫丞印

封泥集 111・7:泰醫丞印

封泥集 111・8:泰醫丞印

集證・133.8:泰醫丞印

集證・133.9:泰醫丞印

封泥集 112・1:都水丞印

封泥集 112・4:都水丞印

集證・150.280:都水丞印

封泥印 9:都水丞印

封泥集 112・1:太醫丞印

封泥集 113・2:郎中丞印

封泥集 113・7:郎中丞印

封泥集 113・10:郎中丞印

封泥集 113・11:郎中丞印

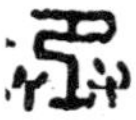

封泥集 113・12:郎中丞印

封泥集 113・13:郎中丞印

封泥集 114・16:郎中丞印

封泥集 114・17:郎中丞印

新封泥 C・17. 12:郎中丞印

集證・138. 92:郎中丞印

集證・138. 93:郎中丞印

封泥印 10:郎中丞印

集證・139. 96:衛士丞印

封泥印 11:衛士丞印

封泥集 120・1:中車府丞

封泥集 120・4:中車府丞

封泥集 120・7:中車府丞

封泥集 120・8:中車府丞

集證・144. 189:中車府丞

集證・145. 190:中車府丞

集證・145. 191:中車府丞

封泥印 12:中車府丞

封泥集 121・1:騎馬丞印

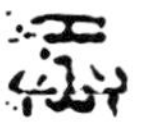

集證・148. 238:騎馬丞印

封泥印 13:騎馬丞印

封泥集 124・2:宮司空丞

封泥集 124・3:宮司空丞

封泥集 125・8:宮司空丞

封泥集 125・9:宮司空丞

封泥集 125・11:宮司空丞

封泥集 125・12:宮司空丞

封泥集 125・13:宮司空丞

封泥集 125・14:宮司空丞

封泥集 125・18:宮司空丞

封泥集 125・19:宮司空丞

封泥集 125・21:宮司空丞

封泥集 125・22:宮司空丞

集證・141. 138:宮司空丞

集證・141. 139:宮司空丞

新封泥 C・16. 6:宮司空丞

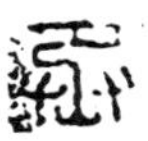

封泥印 86:宮司空丞

集證・140. 122:泰倉丞印

封泥集 127・2:泰倉丞印

封泥印 31：泰倉丞印

封泥集 127·1：泰內丞印

集證·145. 197：泰內丞印

封泥集 132·1：榦廥都丞

封泥集 132·4：榦廥都丞

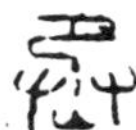
封泥印 34：榦廥都丞

集證·140. 119：榦廥都丞

集證·140. 120：榦廥都丞

封泥集 133·2：少府榦丞

封泥印 33：少府榦丞

集證·136. 58：大官丞印

新封泥 C·17. 13：大官丞印

新封泥 E·19：大官丞印

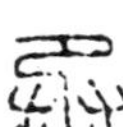
封泥印 35：泰官丞印

封泥集 134·1：泰官丞印

封泥集 134·2：泰官丞印

封泥集 135·7：泰官丞印

封泥集 135·8：泰官丞印

封泥集 135·9：泰官丞印

集證·136. 57：泰官丞印

封泥集 137·1：樂府丞印

封泥集 137·2：樂府丞印

封泥集 137·3：樂府丞印

封泥集 137·4：樂府丞印

封泥集 137·5：樂府丞印

封泥集 137·6：樂府丞印

封泥集 137·9：樂府丞印

封泥集 137·10：樂府丞印

封泥集 137·11：樂府丞印

封泥集 137·12：樂府丞印

封泥集 137·15：樂府丞印

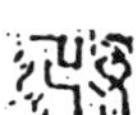
封泥集 138·23：樂府丞印

新封泥 E·1：樂府丞印

封泥印 7：樂府丞印

集證·138. 81：樂府丞印

封泥集 139·1：左樂丞印

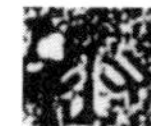
封泥集 139·2：左樂丞印

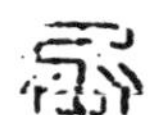
封泥集 139·6：左樂丞印

封泥集 139 · 7:左樂丞印

封泥集 139 · 8:左樂丞印

封泥集 139 · 9:左樂丞印

封泥集 139 · 10:左樂丞印

封泥集 139 · 11:左樂丞印

集證 · 138. 83:左樂丞印

集證 · 138. 84:左樂丞印

新封泥 C · 16. 3:左樂丞印

封泥印 7:左樂丞印

封泥集 140 · 1:佐弋丞印

封泥集 140 · 2:佐弋丞印

封泥集 141 · 5:佐弋丞印

封泥集 141 · 1:居室丞印

封泥集 141 · 2:居室丞印

封泥集 141 · 4:居室丞印

封泥集 141 · 5:居室丞印

封泥集 141 · 7:居室丞印

封泥集 141 · 8:居室丞印

封泥集 142 · 9:居室丞印

封泥集 142 · 10:居室丞印

封泥集 142 · 12:居室丞印

封泥集 142 · 13:居室丞印

封泥集 142 · 14:居室丞印

封泥集 142 · 15:居室丞印

封泥集 142 · 17:居室丞印

封泥集 142 · 18:居室丞印

封泥集 142 · 19:居室丞印

封泥集 142 · 20:居室丞印

封泥集 142 · 23:居室丞印

封泥集 142 · 24:居室丞印

封泥集 142 · 25:居室丞印

封泥集 142 · 27:居室丞印

封泥集 142 · 28:居室丞印

封泥集 143 · 29:居室丞印

封泥集 143 · 35:居室丞印

封泥集 143 · 36:居室丞印

封泥集 143 · 37:居室丞印

封泥集 143 · 38:居室丞印

封泥集 144・2:左司空丞

封泥集 144・4:左司空丞

封泥集 144・5:左司空丞

封泥集 144・7:左司空丞

封泥集 144・8:左司空丞

封泥集 145・9:左司空丞

封泥集 145・10:左司空丞

封泥集 145・11:左司空丞

封泥集 145・13:左司空丞

封泥集 145・16:左司空丞

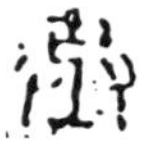

封泥集 145・17:左司空丞

封泥印 38:左司空丞

集證・141.131:左司空丞

集證・141.135:左司空丞

封泥集 149・1:永巷丞印

封泥集 149・2:永巷丞印

封泥集 149・3:永巷丞印

封泥集 150・1:永巷丞印

封泥集 150・2:永巷丞印

封泥集 150・3:永巷丞印

集證・134.18:永巷丞印

新封泥 C・18.3:永巷丞印

封泥印 39:永巷丞印

封泥集 154・1:宦走丞印

封泥集 152・1:左[織]縵丞

新封泥 E・4:內官丞印

集證・136.60:內官丞印

集證・136.59:內官丞印

封泥集 158・1:內官丞印

封泥集 158・2:內官丞印

封泥集 158・3:內官丞印

封泥集 158・4:內官丞印

封泥集 158・5:內官丞印

封泥集 158・6:內官丞印

封泥集 158・7:內官丞印

封泥集 158・8:內官丞印

封泥集 158・9:內官丞印

封泥集 158・10:內官丞印

封泥集 158・11:内官丞印

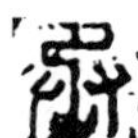封泥集 158・12:内官丞印

封泥集 158・13:内官丞印

封泥集 159・14:内官丞印

封泥集 159・15:内官丞印

封泥集 159・17:内官丞印

封泥集 159・18:内官丞印

封泥集 159・19:内官丞印

封泥集 159・21:内官丞印

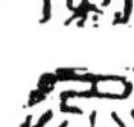封泥印 43:内官丞印

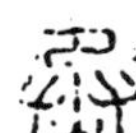集證・136. 63:御羞丞印

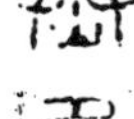封泥印 48:御羞丞印

封泥集 163・1:御羞丞印

封泥集 163・5:御羞丞印

封泥集 163・6:御羞丞印

封泥集 163・8:御羞丞印

封泥集 163・11:御羞丞印

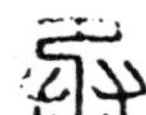封泥集 164・1:中羞丞印

封泥集 164・2:中羞丞印

封泥集 164・4:中羞丞印

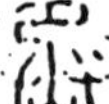封泥集 164・6:中羞丞印

封泥集 164・7:中羞丞印

封泥集 164・8:中羞丞印

封泥集 165・9:中羞丞印

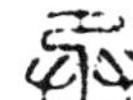封泥集 165・10:中羞丞印

封泥集 165・11:中羞丞印

封泥集 165・12:中羞丞印

封泥集 165・14:中羞丞印

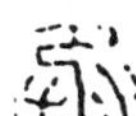封泥集 165・18:中羞丞印

封泥集 165・19:中羞丞印

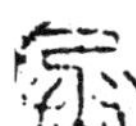封泥集 165・20:中羞丞印

封泥集 165・21:中羞丞印

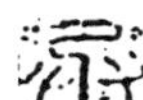封泥集 165・22:中羞丞印

集證・137. 65:中羞丞印

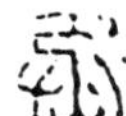集證・137. 66:中羞丞印

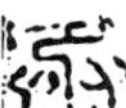封泥印 49:中羞丞印

封泥集 167・1:上林丞印

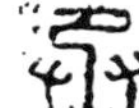集證・148. 243:上林丞印

封泥印 50:上林丞印

封泥集 168・1:寺工丞印

封泥集 168・2:寺工丞印

封泥集 168・3:寺工丞印

封泥集 168・5:寺工丞印

封泥集 168・6:寺工丞印

封泥集 168・7:寺工丞印

封泥集 168・8:寺工丞印

封泥集 168・14:寺工丞印

封泥集 168・16:寺工丞印

封泥集 168・17:寺工丞印

集證・142. 149:寺工丞印

集證・142. 150:寺工丞印

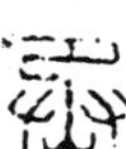
封泥印 51:寺工丞印

封泥集 170・1:寺從丞印

封泥集 170・2:寺從丞印

封泥集 170・3:寺從丞印

封泥集 170・6:寺從丞印

封泥集 170・7:寺從丞印

封泥集 170・10:寺從丞印

封泥集 170・11:寺從丞印

封泥集 170・12:寺從丞印

封泥集 170・13:寺從丞印

封泥集 171・14:寺從丞印

封泥集 171・15:寺從丞印

封泥集 171・16:寺從丞印

封泥集 171・17:寺從丞印

封泥集 171・19:寺從丞印

封泥集 171・21:寺從丞印

封泥集 171・23:寺從丞印

集證・139. 101:寺從丞印

集證・139. 102:寺從丞印

封泥印 52:寺從丞印

新封泥 C・18. 2:寺從丞印

封泥集 171・1:寺車丞印

封泥集 171・2:寺車丞印

封泥集 171・3:寺車丞印

封泥集 172・5:寺車丞印

封泥集 172・6:寺車丞印

封泥集 172・7:寺車丞印

封泥集 172・8:寺車丞印

封泥印 53:寺車丞印

集證・139.106:寺車丞印

集證・139.107:寺車丞印

新封泥 E・3:寺車丞印

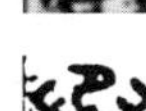集證・137.77:右中馬丞

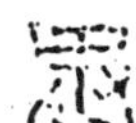封泥集 173・2:武庫丞印

封泥印 84:武庫丞印

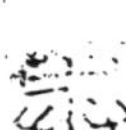封泥集 174・1:都船丞印

封泥集 174・2:都船丞印

封泥集 174・3:都船丞印

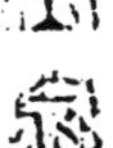封泥集 174・6:都船丞印

封泥集 174・7:都船丞印

封泥印 14:都船丞印

集證・143.170:都船丞印

新封泥 E・2:都船丞印

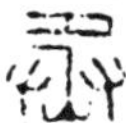封泥印 51:泰匠丞印

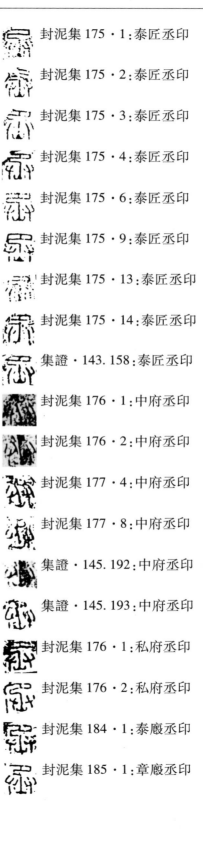

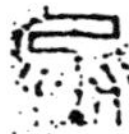封泥集 175・1:泰匠丞印

封泥集 175・2:泰匠丞印

封泥集 175・3:泰匠丞印

封泥集 175・4:泰匠丞印

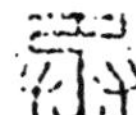封泥集 175・6:泰匠丞印

封泥集 175・9:泰匠丞印

封泥集 175・13:泰匠丞印

封泥集 175・14:泰匠丞印

集證・143.158:泰匠丞印

封泥集 176・1:中府丞印

封泥集 176・2:中府丞印

封泥集 177・4:中府丞印

封泥集 177・8:中府丞印

集證・145.192:中府丞印

集證・145.193:中府丞印

封泥集 176・1:私府丞印

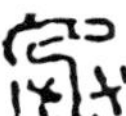封泥集 176・2:私府丞印

封泥集 184・1:泰廄丞印

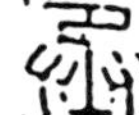封泥集 185・1:章廄丞印

封泥集 185・2:章廄丞印
封泥集 185・3:章廄丞印 
封泥集 185・4:章廄丞印 
封泥集 185・5:章廄丞印 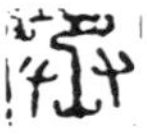
封泥集 185・6:章廄丞印 
封泥集 185・7:章廄丞印 
封泥集 187・9:宫廄丞印 
封泥集 185・10:章廄丞印
封泥集 185・11:章廄丞印 
封泥集 185・12:章廄丞印
封泥集 186・1:宫廄丞印 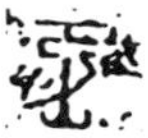
封泥集 186・2:宫廄丞印 
封泥集 186・5:宫廄丞印 
封泥集 186・6:宫廄丞印 
封泥集 186・7:宫廄丞印 
封泥集 187・10:宫廄丞印 
封泥集 179・1:私官丞印 
新封泥 C・18.7:私官丞印 
封泥印 44:私官丞印 
封泥集 180・1:飤官丞印 
封泥集 188・1:中廄丞印 
封泥集 188・3:中廄丞印 
封泥集 188・4:中廄丞印 
封泥集 188・6:中廄丞印 
封泥集 188・7:中廄丞印 
封泥集 188・9:中廄丞印 
封泥集 188・10:中廄丞印 
封泥集 188・11:中廄丞印 
封泥集 188・12:中廄丞印 
封泥集 188・13:中廄丞印
封泥集 189・14:中廄丞印 
封泥集 189・18:中廄丞印 
封泥集 189・19:中廄丞印 
封泥集 189・20:中廄丞印 
封泥集 189・31:中廄丞印 
封泥集 189・32:中廄丞印 
封泥集 189・33:中廄丞印 
封泥集 190・34:中廄丞印

封泥集 193・1:右廄丞印

封泥集 193・3:右廄丞印

封泥集 193・5:右廄丞印

封泥集 194・1:小廄丞印

封泥集 194・2:小廄丞印

封泥集 194・3:小廄丞印

封泥集 194・4:小廄丞印

封泥集 194・7:小廄丞印

封泥集 194・8:小廄丞印

封泥集 194・9:小廄丞印

封泥集 194・10:小廄丞印

封泥集 194・11:小廄丞印

封泥集 194・12:小廄丞印

封泥集 194・14:小廄丞印

封泥集 198・1:騶丞之印

封泥集 198・2:騶丞之印

集證・157.386:騶丞之印

集證・157.387:騶丞之印

封泥集 202・1:華陽丞印

封泥集 202・2:華陽丞印

封泥集 202・3:華陽丞印

封泥集 202・4:華陽丞印

封泥集 202・5:華陽丞印

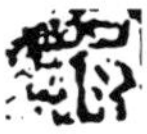

封泥集 202・7:華陽丞印

封泥集 202・9:華陽丞印

封泥集 202・10:華陽丞印

集證・136.49:華陽丞印

封泥印 61:華陽丞印

封泥集 203・1:南宮郎丞

封泥集 203・2:南宮郎丞

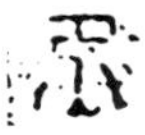

封泥集 203・3:南宮郎丞

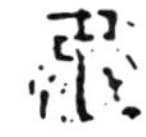

封泥集 203・4:南宮郎丞

封泥集 203・6:南宮郎丞

封泥集 204・10:南宮郎丞

封泥集 204・11:南宮郎丞

封泥集 204・12:南宮郎丞

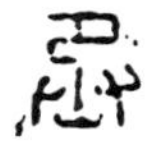

封泥印 63:南宮郎丞

封泥集 205・1:北宮弋丞

封泥集 205・2:北官弋丞
封泥集 205・5:北宮工丞 
封泥印 63:北宮工丞 
封泥集 206・1:北宮榦丞
封泥印 64:北宮榦丞 
封泥印 67:高章宦丞 
封泥集 210・1:高章宦丞 
封泥集 210・2:高章宦丞 
封泥集 210・3:高章宦丞 
封泥集 210・4:高章宦丞 
封泥集 210・5:高章宦丞 
封泥集 210・6:高章宦丞 
封泥集 210・7:高章宦丞 
封泥集 210・8:高章宦丞 
封泥集 210・9:高章宦丞 
封泥集 210・10:高章宦丞 
封泥集 210・11:高章宦丞 
封泥集 210・12:高章宦丞 
封泥集 211・15:高章宦丞 
封泥集 211・16:高章宦丞 
封泥集 211・18:高章宦丞 
封泥集 211・19:高章宦丞
封泥集 211・20:高章宦丞 
封泥集 211・21:高章宦丞 
封泥集 211・22:高章宦丞 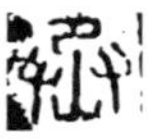
封泥集 211・25:高章宦丞 
封泥集 211・27:高章宦丞 
集證・136. 51:高章宦丞 
集證・136. 52:高章宦丞 
集證・136. 50:高章宦丞 
封泥集 212・1:安臺丞印 
封泥集 212・2:安臺丞印 
封泥集 212・3:安臺丞印 
封泥集 212・4:安臺丞印 
封泥集 212・5:安臺丞印 
封泥集 212・6:安臺丞印 
封泥集 212・7:安臺丞印 
封泥集 212・9:安臺丞印

封泥集 212·10:安臺丞印

封泥集 212·11:安臺丞印

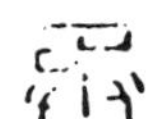封泥集 212·12:安臺丞印

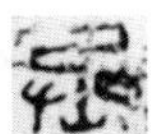封泥集 212·13:安臺丞印

封泥集 212·14:安臺丞印

封泥集 212·15:安臺丞印

封泥集 212·16:安臺丞印

封泥集 212·17:安臺丞印

封泥集 212·18:安臺丞印

封泥集 213·19:安臺丞印

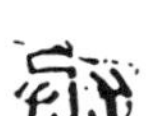封泥集 213·20:安臺丞印

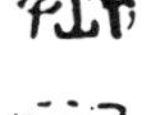封泥集 213·25:安臺丞印

集證·148. 246:安臺丞印

集證·148. 247:安臺丞印

集證·148. 248:安臺丞印

集證·148. 249:安臺丞印

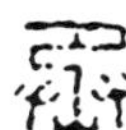封泥印 67:安臺丞印

封泥印 58:東苑丞印

封泥集 214·1:東苑丞印

集證·148. 250:東苑丞印

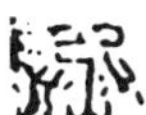封泥集 214·1:陽陵禁丞

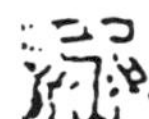集證·149. 256:陽陵禁丞

封泥印 69:陽陵禁丞

封泥集 215·2:杜南苑丞

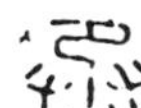集證·148. 251:杜南苑丞

封泥印 68:杜南苑丞

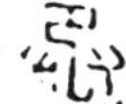封泥集 216·1:鼎胡苑丞

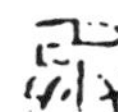封泥集 217·1:左雲夢丞

集證·149. 255:左雲夢丞

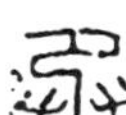封泥印 72:左雲夢丞

封泥集 219·1:詔事丞印

封泥集 219·2:詔事丞印

封泥集 220·5:詔事丞印

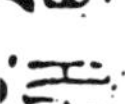封泥集 220·6:詔事丞印

封泥集 220·8:詔事丞印

封泥印 53:詔事丞印

集證·142. 156:詔事丞印

集證·142. 157:詔事丞印

封泥集 222・3:特庫丞印

封泥集 222・4:特庫丞印

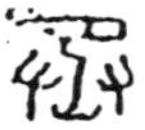

封泥集 222・6:特庫丞印

封泥集 222・7:特庫丞印

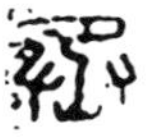

封泥印 82:特庫丞印

集證・145. 203:特庫丞印

封泥集 224・3:官臣丞印

封泥集 224・6:官臣丞印

集證・150. 271:官臣丞印

封泥集 225・1:走士丞印

封泥集 225・2:走士丞印

封泥集 225・4:走士丞印

封泥集 225・5:走士丞印

封泥集 225・7:走士丞印

集證・160. 439:走士丞印

封泥印 79:走士丞印

封泥集 227・2:左礜桃丞

封泥集 227・3:左礜桃丞

封泥集 227・7:左礜桃丞

封泥集 227・8:左礜桃丞

封泥集 227・9:左礜桃丞

封泥集 227・12:左礜桃丞

封泥印・待考 156:左礜桃丞

封泥集 228・1:右礜桃丞

封泥集 228・3:右礜桃丞

封泥集 228・4:右礜桃丞

封泥印・待考 156:右礜桃丞

封泥集 231・1:走翟丞印

封泥集 231・2:走翟丞印

集證・160. 437:走翟丞印

封泥印・待考 157:走翟丞印

封泥集 232・1:方輿丞印

封泥集 236・1:涑布之丞

新封泥 B・3. 35:容趨丞印

封泥集 238・2:容趨丞印

封泥集 238・3:容趨丞印

封泥集 242・1:咸陽丞印

封泥集 242・2:咸陽丞印

封泥集 242・3:咸陽丞印

封泥集 242・4:咸陽丞印

封泥集 242・5:咸陽丞印

封泥集 242・6:咸陽丞印

封泥集 242・7:咸陽丞印

封泥集 243・17:咸陽丞印

封泥集 243・25:咸陽丞印

封泥集 243・28:咸陽丞印

封泥集 243・29:咸陽丞印

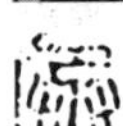封泥集 243・30:咸陽丞印

封泥集 243・31:咸陽丞印

集證・151. 294:咸陽丞印

新封泥 C・17. 25:咸陽丞印

封泥印 89:咸陽丞印

封泥集 244・1:咸陽工室丞

封泥集・附一 400:雝丞之印

封泥集 247・4:雝丞之印

封泥印 106:雝丞之印

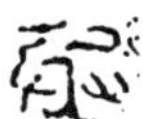集證・142. 144:櫟陽右工室丞

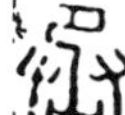封泥印 20:上家馬丞

封泥集 250・4:上家馬丞

封泥集 250・5:上家馬丞

集證・137. 75:上家馬丞

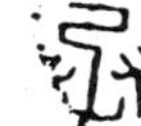集證・137. 76:上家馬丞

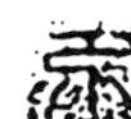封泥集 257・1:邯造工丞

封泥集 257・6:邯造工丞

封泥集 257・7:邯造工丞

封泥集 257・8:邯造工丞

封泥集 257・12:邯造工丞

封泥集 258・4:邯造工丞

集證・142. 153:邯造工丞

封泥印 91:邯造工丞

集證・141. 142:琅邪司丞

封泥集 266・1:琅邪水丞

封泥印・附二 198:琅邪水丞

封泥集 269・1:淮陽弩丞

封泥集 270・1:江右鹽丞

集證・141. 130:江右鹽丞

封泥印 90：邯鄲之丞

集證·157.381：邯鄲之丞

封泥集 272·1：瀕陽丞印

封泥集 272·2：瀕陽丞印

封泥集 272·6：瀕陽丞印

封泥集 272·7：瀕陽丞印

集證·152.316：重泉丞印

封泥集 274·1：高陵丞印

封泥集 274·2：高陵丞印

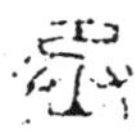

封泥集 274·3：高陵丞印

封泥集 274·6：高陵丞印

集證·152.307：高陵丞印

封泥印 96：高陵丞印

集證·151.300：下[邽]丞印

集證·152.301：下邽丞印

封泥集 274·2：下邽丞印

封泥集 276·1：杜丞之印

封泥集 276·2：杜丞之印

封泥集 276·7：杜丞之印

集證·151.297：杜丞之印

集證·151.298：杜丞之印

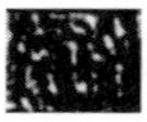

集證·151.299：杜丞之印

封泥印 99：杜丞之印

封泥集 277·1：茝陽丞印

封泥集 277·4：茝陽丞印

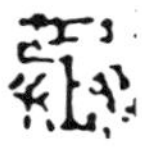

集證·152.303：茝陽丞印

封泥印 99：茝陽丞印

封泥集 278·1：雲陽丞印

封泥集 278·2：雲陽丞印

封泥集 278·4：雲陽丞印

封泥集 279·3：廢丘丞印

封泥集 279·5：廢丘丞印

封泥集 279·7：廢丘丞印

封泥集 279·8：廢丘丞印

集證·153.329：廢丘丞印

封泥印 104：廢丘丞印

封泥集 280·1：斄丞之印

封泥集 280·4：斄丞之印

集證·153.320:犛丞之印

封泥印104:犛丞之印

集證·152.311:臨晉丞印

集證·152.312:臨晉丞印

集證·152.314:衙丞之印

封泥印·附二200:衙丞之印

封泥印108:商丞之印

封泥集285·2:商丞之印

封泥集285·3:商丞之印

集證·159.424:定陽市丞

封泥集286·1:洛都丞印

集證·154.346:洛都丞印

封泥集288·1:卷丞之印

集證·154.333:新安丞印

封泥集281·1:美陽丞印

集證·153.321:美陽丞印

集證·153.322:美陽丞印

封泥印105:美陽丞印

封泥集291·1:乘(承)丞之印

封泥集291·2:乘(承)丞之印

封泥集291·1:游陽丞印

封泥集293·1:任城丞印

集證·157.388:任城丞印

封泥印127:任城丞印

集證·157.390:薛丞之印

封泥集294·1:無鹽丞印

集證·157.385:魯丞之印

集證·157.384:魯丞之印

新封泥C·19.8:魯丞之印

集證·156.374:南鄭丞印

封泥集298·1:西成丞印

集證·157.396:定陶丞印

集證·157.394:濟陰丞印

集證·157.395:濟陰丞印

封泥集299·3:濟陰丞印

封泥印132:濟陰丞印

封泥集300·1:吳丞之印

集證·156.376:吳丞之印

封泥印 135:吳丞之印

集證・156.373:芒丞之印

封泥印 125:芒丞之印

封泥集 302・1:新淦丞印

封泥印・附二 214:新淦丞印

集證・154.347:襄城丞印

封泥集 304・1:長平丞印

集證・155.352:長平丞印

封泥集 304・1:女陰丞印

集證・155.350:女陰丞印

封泥集 306・1:女陽丞印

封泥集 306・2:女陽丞印

封泥印 115:女陽丞印

封泥集 305・1:南頓丞印

封泥集 305・2:南頓丞印

集證・155.353:南頓丞印

封泥集 306・1:陽安丞印

封泥集 308・1:廷陵丞印

封泥集 309・1:廣成之丞

封泥集 309・1:夕陽丞印

封泥集 310・1:昌城丞印

封泥集 311・1:代丞之印

封泥印・附二 214:代丞之印

封泥集 311・1:當城丞印

封泥集 312・1:安邑丞印

集證・154.334:安邑丞印

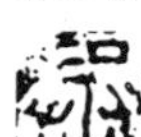
封泥印 110:安邑丞印

集證・154.335:蒲反丞印

集證・154.336:蒲反丞印

封泥集 313・2:蒲反丞印

封泥印 111:蒲反丞印

封泥集 314・1:傅陽丞印

封泥集 315・2:於陵丞印

封泥集 314・1:相丞之印

集證・156.371:相丞之印

封泥印 120:相丞之印

封泥集 315・1:蓍丞之印

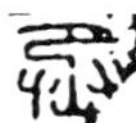
封泥集 315・2:蓍丞之印

封泥集 315・3:菁丞之印

集證・157.393:梁鄒丞印

封泥集 316・1:梁鄒丞印

封泥集 318・1:般陽丞印

集證・157.392:般陽丞印

封泥集 318・1:東平陵丞

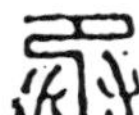封泥集 318・2:東平陵丞

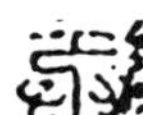封泥集 319・1:盧丞之印

集證・158.398:盧丞之印

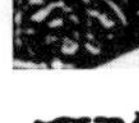封泥印 133:盧丞之印

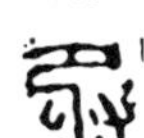封泥集 321・1:東安平丞

封泥集 322・1:樂安丞印

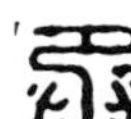封泥集 322・3:樂安丞印

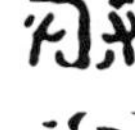封泥集 322・1:蓼城丞印

封泥印・附二 210:平壽丞印

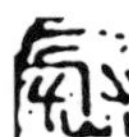封泥集 323・1:平壽丞印

集證・155.362:東牟丞印

集證・154.337:高陽丞印

封泥集 326・1:即墨丞印

封泥集 326・3:即墨丞印

集證・155.357:即墨丞印

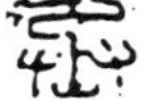封泥印・附二 217:即墨丞印

集證・155.363:腄丞之印

封泥印・附二 211:腄丞之印

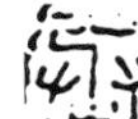集證・158.397:都昌丞印

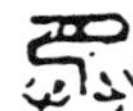集證・155.360:高密丞印

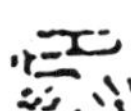集證・155.359:下密丞印

集證・155.361:夜丞之印

封泥集 330・1:昌陽丞印

封泥集 330・1:岐丞之印

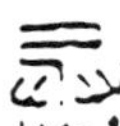封泥印・附二 201:岐丞之印

封泥集 331・1:橋邑丞印

封泥集 331・1:盧丘丞印

封泥印 88:咸陽亭丞

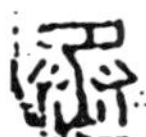封泥集 365・1:咸陽亭丞

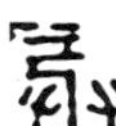新封泥 B・2.11:取慮丞印

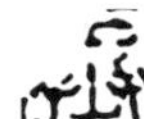新封泥 B・2.12:下相丞印

封泥集・附 392・2:丞

封泥集·附392·5:丞
封泥集·附392·6:丞 
封泥集·附392·7:丞 
封泥集·附392·8:丞 
封泥集·附392·13:丞 
封泥集·附392·16:丞 
封泥集·附393·24:丞 
封泥集·附393·27:丞 
封泥集·附393·36:丞 
封泥集·附393·38:丞 
封泥集·附394·43:丞 
封泥集·附394·44:丞 
封泥集·附394·46:丞 
封泥集·附394·47:丞 
封泥集·附394·51:丞 
封泥集·附395·66:丞
封泥集·附395·74:丞 
封泥集·附395·78:丞
封泥集·附396·84:丞 

封泥集·附396·85:丞
封泥集·附396·89:丞 
新封泥B·3.2:櫟陽丞印
封泥印97:櫟陽丞印 
新封泥B·3.3:櫟陽左工室丞 
新封泥B·3.10:朐衍導丞 
新封泥B·3.11:宜陽之丞
新封泥B·3.12:碭丞之印 
新封泥B·3.13:盧氏丞印 
封泥印110:盧氏丞印 
新封泥B·3.18:壽春丞印
封泥印121:壽春丞印 
新封泥B·3.19:鄺丞之印 
封泥印109:鄺丞之印 
新封泥B·3.20:新蔡丞印 
封泥印116:新蔡丞印 
新封泥B·3.23:庸□丞印 
新封泥B·3.25:下邑丞印 
封泥印144:下邑丞印

新封泥 B・3.26:慎丞之印

封泥印 117:慎丞之印

新封泥 B・3.29:長武丞印

封泥印 107:長武丞印

新封泥 B・3.30:徐無丞印

封泥印 139:徐無丞印

新封泥 B・3.31:台猶丞印

新封泥 B・3.32:浮陽丞印

封泥印 112:浮陽丞印

新封泥 B・3.33:夷興丞印

封泥印 138:夷興丞印

集證・136.54:居室丞印

集證・136.55:居室丞印

集證・136.56:居室丞印

新封泥 C・17.1:居室丞印

封泥印 36:居室丞印

集證・135.35:北□榦丞

集證・134.30:宦□丞印

集證・133.2:丞相□印

集證・133.7:奉丞[之]印

集證・139.98:公車司馬丞

集證・139.99:公車司馬丞

集證・142.143:咸阳工室丞

封泥印 89:咸阳工室丞

集證・138.88:宮臣丞印

集證・147.232:小廄丞印

集證・147.233:小廄丞印

封泥印 19:小廄丞印

集證・146.210:章廄丞印

集證・146.211:章廄丞印

封泥印 14:章廄丞印

集證・146.212:宮廄丞印

集證・146.213:宮廄丞印

新封泥 C・17.9:宮廄丞印

封泥印 15:宮廄丞印

集證・146.218:中廄丞印

集證・146.219:中廄丞印

集證・146.220:中廄丞印

封泥印 16：中廄丞印

集證・147. 228：右廄丞印

集證・147. 229：右廄丞印

新封泥 C・19. 2：右廄丞印

封泥印 18：右廄丞印

集證・154. 348：新城丞印

集證・155. 349：潁陽丞印

封泥印 115：潁陽丞印

封泥印 114：長社丞印

集證・160. 436：□趨丞印

新封泥 C・16. 16：西□丞印

集證・156. 369：承丞之印

集證・156. 370：承丞之印

集證・160. 431：左礜桃丞

集證・160. 434：右礜桃丞

新封泥 C・16. 11：旱丞之印

封泥印・待考 161：旱丞之印

新封泥 C・16. 22：大倉丞印

新封泥 E・5：大倉丞印

新封泥 C・17. 11：陽都船丞

新封泥 C・17. 21：南陽郎丞

新封泥 C・19. 3：桑林丞印

新封泥 D・41：桑林丞印

封泥印 74：桑林丞印

新封泥 E・18：南郡府丞

新封泥 C・19. 5：壽陵丞印

封泥印 114：壽陵丞印

新封泥 C・19. 6：瀘丘丞印

新封泥 C・19. 7：安臺丞印

新封泥 E・7：少府丞印

新封泥 E・8：車府丞印

新封泥 A・1. 16：車府丞印

新封泥 E・10：大匠丞印

新封泥 A・1. 10：大匠丞印

新封泥 E・17：桃枳丞印

封泥印 29：采青丞印

新封泥 D・17：采青丞印

封泥印 9：厎柱丞印

 封泥印 41：左□緩丞

 封泥印 55：中官幹丞

 封泥印 43：宦走丞印

 封泥印 61：坼禁丞印

 封泥印 62：盧山禁丞

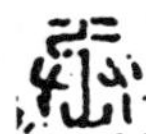 新封泥 D・36：盧山禁丞

 封泥印 71：鼎胡苑丞

 封泥印 72：白水苑丞

 新封泥 D・31：白水苑丞

 封泥印 87：□盧丞印

 封泥印 73：右雲夢丞

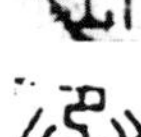 封泥印 84：募人丞印

 新封泥 D・40：募人丞印

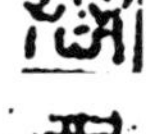 封泥印 94：瀕陽丞印

 封泥印 95：寧秦丞印

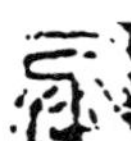 封泥印 100：茝丞之印

 封泥印 103：戲丞□□

 封泥印 107：雝工室丞

 封泥印 108：好畤丞印

 封泥印 113：緱氏丞印

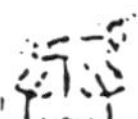 封泥印 111：雒陽丞印

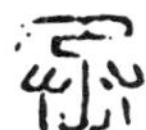 封泥印 118：游陽丞印

 集證・156. 366：游陽丞印

 封泥印 119：西陵丞印

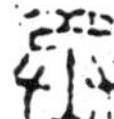 封泥印 122：曆陽丞印

 封泥印 122：新城父丞

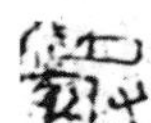 封泥印 123：略陽丞印

 封泥印 125：西共丞印

 封泥印 128：徐丞之印

 封泥印 129：郝丞□印

 封泥印 129：虹丞之印

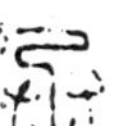 封泥印 131：魯陽丞印

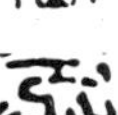 封泥印 131：溥道丞印

 封泥印 134：新東陽丞

 封泥印 136：閬中丞印

 封泥印 136：昫衍導丞

 封泥印 137：方□除丞

 封泥印 137：陰密丞印

封泥印 139：平城丞印

封泥印 140：呂丞之印

封泥印 142：安豐丞印

封泥印 143：晦陵丞印

封泥印 143：彭陽丞印

封泥印 144：章丞□□

封泥印・附二 193：大官丞印

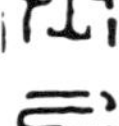封泥印・附二 197：□川府丞

封泥印・附二 211：掖丞之印

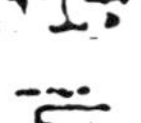封泥印・待考 160：右猷丞印

封泥印・待考 163：機之丞印

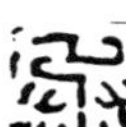封泥印・待考 164：□陽苑丞

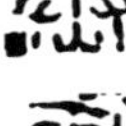封泥印・待考 164：突原禁丞

封泥印・待考 170：晦□丞□

新封泥 D・19：大府丞印

新封泥 A・2.4：大府丞印

新封泥 D・32：哭（突）原禁丞

新封泥 D・33：坼禁丞印

新封泥 D・42：厎柱丞印

新封泥 D・45：[ ]丞之印

新封泥 A・1.15：寺工丞璽

新封泥 A・2.3：大官榦丞

新封泥 A・2.7：大內丞印

新封泥 A・3.11：高櫟苑丞

新封泥 A・3.20：盜陽家丞

新封泥 A・4.2：高泉家丞

新封泥 A・4.16：鄓采金丞

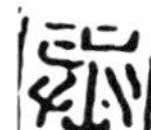新封泥 A・4.4：都共丞印

集證・150.277：日馬丞

始皇詔陶印（《研究》附）：乃詔丞相狀、綰

秦陶・1592：丞

赤峰秦瓦量・殘（銘刻選 43）：乃詔丞相狀、綰

秦陶・1582：乃詔丞□

秦陶・1584：丞

秦陶・1586：詔丞相□

秦陶・1590：□詔丞相狀、綰

廿九年漆奩・王輝摹（集證・27）：廿九年大（太）后詹事丞向

廿九年漆奩・黃盛璋摹（集證・27）：廿九年大（太）后詹事丞向

十七年漆盒·摹(漆盒·3):十七年大(太)后詹事丞□工師□

漆器(遺址·四.3):丞里□

0557　奐

南郊 137·125:西奐蘇氏十斗〖注〗西奐,地名。

0558　弇 𢍱

集證·192.8:弇□

0559　畁

睡簡·爲吏·1:晝局陳畁(棋)以爲耤(籍)〖注〗畁,讀爲"棋"。

秦印編 50:畁毋齒

0560　弄

睡簡·日甲·69 背:善弄〖注〗弄,玩。

集證·137.71:弄狗廚印〖注〗弄狗,官名。

秦印編 50:弄狗廚印

秦印編 50:陽御弄印

封泥印 80:陽御弄印

封泥集 229·1:陽御弄印

新封泥 C·18.4:陽御弄印

封泥集 229·1:陰御弄印

封泥集 229·3:陰御弄印

集證·137.72:陰御弄印

秦印編 50:陰御弄印

封泥印 79:陰御弄印

封泥印 45:尚御弄虎

新封泥 D·38:尚御弄虎

0561　𢍏

天簡 38·乙:𢍏人競=有〖注〗《說文》:"𢍏,持弩拊。"

0562　戒

天簡 35·乙:弗敬戒

天簡 35·乙:自天以戒

睡簡·答問·125:將盜戒(械)囚刑辠以上〖注〗盜械,施加刑械。

睡簡·爲吏·33:戒之戒之

睡簡·爲吏·40:安樂必戒

帛書·病方·321:必善齊(齋)戒

0563　𢍁 𠈁(兵)

杜虎符(秦銅·25):兵甲之符

杜虎符(秦銅·25):用兵五十人以上

新郪虎符(集證·38):甲兵之符

新郪虎符·摹(集證·37):甲兵之符

新郪虎符·摹(集證·37):用兵五十人以上

陽陵虎符(秦銅·97):甲兵之符

詛楚文·湫淵(中吳本):衛(率)者(諸)侯之兵以臨加我

詛楚文·湫淵(中吳本):飾(飭)甲底(砥)兵

詛楚文·巫咸(中吳本):衛(率)者(諸)侯之兵以臨加我

詛楚文·巫咸(中吳本):飾(飭)甲底(砥)兵

詛楚文·亞駝(中吳本):衛(率)者(諸)侯之兵以臨加我

詛楚文·亞駝(中吳本):飾(飭)甲底(砥)兵

會稽刻石·宋刻本:數動甲兵

繹山刻石·宋刻本:兵不復起

睡簡·秦律·102:公甲兵各以其官名刻久(記)之〖注〗甲兵,武器。

睡簡·秦律·102:其叚(假)百姓甲兵

睡簡·雜抄·15:稟卒兵〖注〗兵,兵器。

睡簡·日甲·9正:見兵

睡簡·日甲·33正:有兵

睡簡·日甲·35正:毋(無)兵

睡簡·日甲·37正:毋(無)兵

睡簡·日甲·39正:有兵

睡簡·日甲·41正:又(有)小兵

睡簡·日甲·41正:毋(無)大兵

睡簡·日甲·43正:毋(無)兵

睡簡·日甲·113正:恐御矢兵

睡簡·日甲·118背:矢兵不入于身

睡簡·日甲·122背:以坐而飲西(酒)矢兵不入於身

睡簡·日乙·21:必見兵

睡簡·日乙·54:有兵

睡簡·日乙·57:毋(無)兵

睡簡·日乙·58:有兵

睡簡·日乙·61:毋(無)兵

睡簡·日乙·63:毋(無)兵

睡簡·日乙·177:西見兵

睡簡·日乙·217:必兵死

睡簡·日乙·223:必兵死

睡簡·日乙·250:君子兵死

睡簡·爲吏·21:兵甲工用

里簡·J1(16)6 正:今洞庭兵輸内史及巴、南郡、蒼梧

里簡·J1(16)6 正:輸甲兵當傳者多

里簡·J1(16)6 正:有可令傳甲兵

關簡·297:上公、兵死、陽主歲=在中〖注〗兵死,死於戰事者。

帛書·病方·381:啻(帝)右(有)五兵

帛書·病方·382:若不能桼(漆)甲兵

秦印編 50:王兵

秦印編 50:都船兵

集證·142.154:王戎兵器

集證·143.159:鐵兵工□

封泥印 27:鐵兵工室

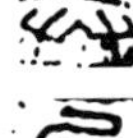
新封泥 D·43:鐵兵工室

封泥印 26:鐵兵□□

0564　龏

秦公簋·器(秦銅·14.1):嚴龏(恭)夤天命

秦公鎛鐘·摹(秦銅·16.1):嚴龏(恭)夤天命

大墓殘磬(集證·59):龏(共)超(桓)是嗣〖注〗龏,王輝說指秦共公(康公之子)。

大墓殘磬(集證·62):龏(共)超(桓)是嗣

大墓殘磬(集證·72):□寍(寢)龏(恭)雝(雍)〖注〗龏,通作“恭”,敬。

大墓殘磬(集證·73):□寍(寢)龏(恭)雝(雍)

大墓殘磬(集證·74):□寍(寢)龏(恭)雝(雍)

集證·163.492:孔龏〖注〗孔龏,人名。

睡簡·日甲·79 背:名馬童龏思(勇)辰戌

0565　具

秦編鐘·甲鐘(秦銅·10.1):具卽其服〖注〗具,皆、都。

秦編鐘·甲鐘左篆部·摹(秦銅·11.4):具卽其服

秦編鐘·丁鐘(秦銅·10.4):具卽其服

秦鎛鐘·1 號鎛(秦銅·12.2):具卽其服

秦鎛鐘·2 號鎛(秦銅·12.5):具卽其服

秦鎛鐘·3 號鎛(秦銅·12.8):具卽其服

石鼓文·而師(先鋒本):□具肝來

石鼓文·而師(先鋒本):具舊□復

石鼓文·而師(先鋒本):小大具□

泰山刻石·宋拓本:臣請具刻詔書金石刻

琅邪臺刻石:臣請具刻詔書金石刻

泰山刻石·廿九字本:臣請具刻詔書金石刻

繹山刻石·宋刻本:臣請具刻詔書金石刻

睡簡・封診・25:具弩二、矢廿〖注〗具弩,一套完整的弩。

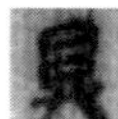
睡簡・爲吏・11:欲令之具下勿議

睡簡・語書・3:今灋律令已具矣〖注〗具,具備。

睡簡・答問・25:盜其具〖注〗具,祭祀用的供物。

睡簡・答問・26:不盡一具

睡簡・答問・27:必已置乃爲"具"

睡簡・答問・27:未置及不直(置)者不爲"具"

睡簡・答問・28:貍(薶)其具

睡簡・日甲・128 正:不可具爲百事

睡簡・日乙・132:聚具畜生

睡簡・日乙・134:不可具爲百[事]

龍簡・68・摹:吏具〖注〗具,辦,具備。

龍簡・181:具徒

龍簡・182・摹:□具與偕□

龍簡・197・摹:棺葬具

里簡・J1(9)981 正:具志已前上

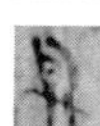
里簡・J1(16)6 正:[縣]亟以律令具論

集證・149.260:具園〖注〗具園,苑名。

封泥印 69:具園

封泥集 215・1:具園

0566　𠬜（攀）

集證・172.586:姚攀

秦印編 51:攀昌

秦印編 51:攀垧

秦印編 51:攀

0567　樊

集證・181.710:趙樊

秦印編 51:笱樊于

0568　共

萯陽鼎(集證・54.2):萯共〖注〗萯共,"萯陽共鼎"省文。

萯陽鼎(集證・55):萯陽共鼎〖注〗共,通"供"。

信宮罍(珍金・129):古西共左今左般〖注〗共,讀爲"供",指供給食物的官署。

信宮罍・摹(珍金・129):古西共左今左般

睡簡・答問・15:妻與共飲食之

睡簡・答問・18:共食肉

睡簡・答問・136:夫、妻、子五人共盜

睡簡・答問・137:夫、妻、子十人共盜

睡簡・秦律・47:皆八馬共

睡簡・秦律・72:其佐、史與共養

睡簡・秦律・73:各與其官長共養、車牛

睡簡・秦律・175:有(又)與主廥者共賞(償)不備

睡簡・效律・2:官嗇夫、冗吏皆共賞(償)不備之貨而入贏

睡簡・效律・24:令官嗇夫、冗吏共賞(償)敗禾粟

睡簡・效律・35:有(又)與主廥者共賞(償)不備

秦印編51:西共丞印〖注〗西共,指西縣共廚。

集證・157.383:西共丞印

封泥集244・1:西共丞印

封泥集244・2:西共丞印

封泥印125:西共丞印

秦印編51:西共□□

新封泥C・16.21:西共〖注〗共,"共廚"之省。

集證・165.511:共恬〖注〗共恬,人名。

新封泥A・4.4:都共丞印〖注〗都共,官名。

新封泥A・4.3:都共

秦陶A・3.1:邽工共洪〖注〗共洪,人名。

0569　龔　龔

睡簡・爲吏・11:五曰龔(恭)敬多讓〖編者按〗字不清晰,也可能應隸定作龏。

0570　異　異

秦懷后磬・摹:□允異〖注〗異,恭敬。

石鼓文・鑾車(先鋒本):遊□(隻?)允異

睡簡・答問・121:生埋之異事毆

睡簡・答問・168:入公異是〖注〗異是,與之不合。

睡簡・答問・172:同母異父相與奸

睡簡・爲吏・13:毋發可異史(使)煩請

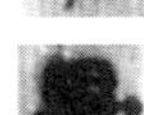
睡簡・爲吏・46:同能而異

睡簡・秦律・35:歲異積之

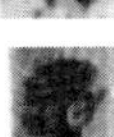
睡簡・秦律・65:勿敢異

睡簡・日甲・52正:利以分異

關簡・350:臣非異也

帛書・病方・166:堇葉異小

秦印編51:楊異

秦印編51:郭異

集證・163.490:公耳異

0571 戴戴

帛書・病方・290:戴䕯(糁)、黄芩、白蘞(薟)〖注〗戴䕯,即戴糁,黄耆别名,藥名。

秦印編51:戴昌

秦印編51:戴革

秦印編51:戴粮

秦印編51:戴黑

0572 舉(䙴)舉

睡簡・答問・60:其所包當詣䙴(遷)所

睡簡・答問・60:廷行事有罪當䙴(遷)

睡簡・答問・61:當䙴(遷)

睡簡・答問・62:當䙴(遷)

睡簡・答問・122:當䙴(遷)癘所處之

睡簡・答問・122:或曰當䙴(遷)䙴(遷)所定殺

睡簡・答問・123:當䙴(遷)癘䙴(遷)所

睡簡・封診・47:䙴(遷)蜀邊縣

睡簡・封診・92:以卅餘歲時䙴(遷)

睡簡・秦律・153:及法耐䙴(遷)者

睡簡・秦律・153:有辠法耐䙴(遷)其後

睡簡・秦律・154・摹:賜未受而死及法耐䙴(遷)者

睡簡・雜抄・11:皆䙴(遷)

睡簡・雜抄・33:皆䙴(遷)之

龍簡・199:宦者其有言䙴(遷)及有罪者□

龍簡・54・摹:皆䙴(遷)之

0573 與舁

睡簡・6號牘・正:與從軍

睡簡・11號牘・正:令與錢偕來

睡簡・答問・12:與甲言

睡簡・答問・15:妻與共飲食之

睡簡・答問・17:與食肉

睡簡・答問・18:甲妻、子與甲同辠

睡簡・答問・18:甲與其妻、子智(知)

睡簡・答問・20:云"與同辠"

睡簡・答問・20:有(又)曰"與同辠"

睡簡・答問・32:與盜同灋

睡簡・答問・71:與同居

睡簡・答問・74:相與鬬

睡簡・答問・75:臣强與主奸

 睡簡・答問・81:或與人鬭

 睡簡・答問・87:或與人鬭

 睡簡・答問・94:史不與嗇夫和

 睡簡・答問・172:同母異父相與奸

 睡簡・答問・180:徒、吏與偕使而弗爲私舍人

 睡簡・答問・184:客未布吏而與賈

 睡簡・答問・204:它邦耐(能)吏、行旞與偕者

 睡簡・封診・15:以五月晦與同里士五(伍)丙盜某里士五(伍)丁千錢

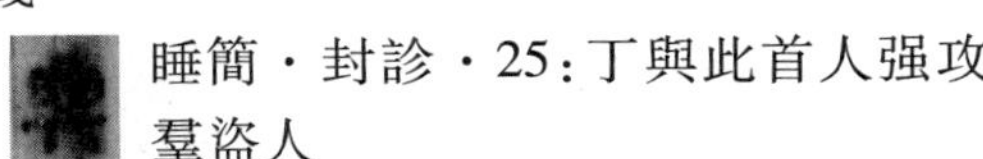 睡簡・封診・25:丁與此首人强攻羣盜人

 睡簡・封診・26:見丁與此首人而捕之

 睡簡・封診・29:丁與戊去亡

 睡簡・封診・35:甲、丙相與爭

 睡簡・封診・51:與牢隸臣某執丙

 睡簡・封診・73:乙獨與妻丙晦臥堂上

 睡簡・封診・84:甲與丙相捽

 睡簡・封診・93:皆莫肯與丙共桮(杯)器

 睡簡・封診・95:乙、丙相與奸

 睡簡・秦律・29:與出之

 睡簡・秦律・30:當□者與雜出之

 睡簡・秦律・31:令其故吏與新吏雜先索(索)出之

 睡簡・秦律・32:令令、丞與賞(償)不備

 睡簡・秦律・32:與倉□雜出之

 睡簡・秦律・37:與計偕

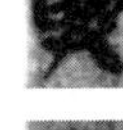 睡簡・秦律・50:雖有母而與其母冗居公者

 睡簡・秦律・55:城旦之垣及它事而勞與垣等者

 睡簡・秦律・59:免隸臣妾、隸臣妾垣及爲它事與垣等者

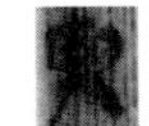 睡簡・秦律・73:各與其官長共養、車牛

 睡簡・秦律・80:而人與參辨券

 睡簡・秦律・81:亦官與辨券

 睡簡・秦律・83:令與其稗官分

 睡簡・秦律・92:與計偕

 睡簡・秦律・108:隸臣、下吏、城旦與工從事者冬作

 睡簡・秦律・111:其後歲賦紅(功)與故等

 睡簡・秦律・123:度攻(功)必令司空與匠度之

 睡簡・秦律・137:或欲籍(藉)人與並居之

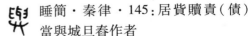

 睡簡・秦律・141:其與城旦舂作者

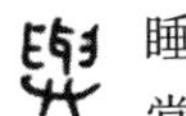 睡簡・秦律・145:居貲贖責(債)當與城旦舂作者

 睡簡・秦律・162:官嗇夫必與去者效代者

 睡簡・秦律・163:去者與居吏坐之

 睡簡・秦律・163:新吏與居吏坐之

 睡簡・秦律・173:縣嗇夫令人復度及與雜出之

 睡簡・秦律・174:皆與盜同灋

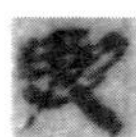 睡簡・秦律・175:有(又)與主廥者共賞(償)不備

 睡簡・日甲・23背:宜子與

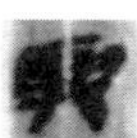 睡簡・日甲・35背:與人爲徒

 睡簡・日乙・122:以與人言

 睡簡・日乙・122:與人言

 睡簡・爲吏・5:與民有期

 睡簡・效律・20:去者與居吏坐之

 睡簡・效律・21:新吏與居吏坐之

 睡簡・效律・33:縣嗇夫令人復度及與雜出之

 睡簡・效律・19:代者與居吏坐之

 睡簡・效律・19:官嗇夫必與去者效代者

 睡簡・效律・35:皆與盜同灋

 睡簡・效律・35:有(又)與主廥者共賞(償)不備

 睡簡・語書・10:而惡與人辨治

 龍簡・4:皆與闌入門同罪

 龍簡・11:吏與參辨券□

 龍簡・21:與同灋(法)〖注〗與同法,法律習語,與犯罪者連坐,按同罪處置。

 龍簡・22・摹:與同罪

 龍簡・45・摹:皆與同罪

 龍簡・60:馳道與弩道同門、橋及限(?)□

 龍簡・61・摹:其故與徼(徼)(?)□(弩)□(道)行之

 龍簡・114:盜牧者與同罪

 龍簡・124:與盜田同灋

 龍簡・133・摹:與同灋

 龍簡・137:皆與盜同□

 龍簡・145・摹:相與□

 龍簡・147:與灋沒入其匿田之稼

 龍簡・148:亦與盜同灋

 龍簡・151:與盜□

 龍簡・174・摹:□重租與故

 龍簡・179:之亦與買者□

 龍簡・182・摹:□具與偕□

 龍簡・201:坐臧(贓)與盜同[灋]

 龍簡・223・摹:□者皆與□

關簡・333：及毋與人言

關簡・350：與皆出種

關簡・352：與腏以并涂囷廥下

帛書・脈法・74：氣出胎（郄）與肘

帛書・病方・23：薪（辛）夷、甘草各與［鼢］鼠等

帛書・病方・60：冶礜與橐莫

帛書・病方・61：以井上甕鐴處土與等

帛書・病方・117：□其□與其真□

帛書・病方・130：取丹沙與鱣魚血

帛書・病方・132：與久膏而□傅之

帛書・病方・192：以水與弱（溺）煮陳葵種而飲之

帛書・病方・199：等與人產子

帛書・病方・199：日與月相當

帛書・病方・199：月與日相當

帛書・病方・207：而父與母皆盡柏築之顛

帛書・病方・217：令其空（孔）盡容積（癩）者腎與膕

帛書・病方・246：□龜𣍷（腦）與地膽蟲相半

帛書・病方・308：黄神且與言

帛書・病方・殘1：與□

帛書・灸經甲・52：起於次指與大指上

帛書・灸經甲・55：得後與氣則快然衰〖注〗後與氣，大便和虚恭。

帛書・灸經甲・56：心痛與復（腹）張（脹）

帛書・灸經甲・61：有陽脈（脈）與之［俱］病

0574　興

杜虎符（秦銅・25）：凡興士被甲

新郪虎符（集證・38）：凡興士被甲

新郪虎符・摹（集證・37）：凡興士被甲

睡簡・秦律・101：如從興戍然

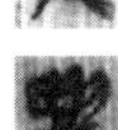睡簡・秦律・115：除興〖注〗除興，免除本次徵發。

睡簡・秦律・117：興徒以斬（塹）垣離（籬）散及補繕之

睡簡・秦律・118：令縣復興徒爲之

睡簡・秦律・120：縣嗇夫材興有田其旁者

睡簡・雜抄・1：有興〖注〗興，軍興。

睡簡・日甲・106 正：不可興土攻（功）

睡簡・日甲・106 正：五月六月不可興土攻（功）

睡簡・日甲・114 正：興，興毋（無）定處

睡簡・日乙・119：有興

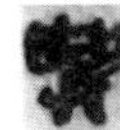睡簡・日乙・119：興在外〖注〗興，軍興。

 睡簡・日乙・125:不可築興土攻(功)

 睡簡・日乙・殘10:興室

 睡簡・爲吏・21:將而興之

 睡簡・爲吏・28:三曰興事不當

 睡簡・爲吏・32:興之必疾

 睡簡・爲吏・42:興事不時

 睡簡・爲吏・50:除害興利

 里簡・J1(16)6正:乃興繇(徭)

 里簡・J1(16)6正:縣弗令傳之而興黔首

 里簡・J1(16)6正:不欲興黔首

 帛書・病方・427:黄神興□

0575　要𡝩

 天簡29・乙:長要延二毆

 睡簡・日甲・22背:宇有要(腰)

 睡簡・日甲・73背:要(腰)有疵

 帛書・足臂・3・摹:要(腰)痛

0576　䢅(晨)

 天簡24・乙:日入至䢅〖編者按〗《説文》"䢅、晨"二字,"䢅"爲"早昧爽","晨"爲房星,今通用"晨"。

 天簡26・乙:日入至䢅

 天簡26・乙:日入至䢅

 天簡31・乙:䢅時

 睡簡・日甲・77正:不死毋䢅(脣?)

 睡簡・日乙・105:毋(無)䢅

 帛書・病方・183:以己巳䢅

0577　農𨑇𦦶辳

 睡簡・秦律・144:居貲贖責(債)者歸田農〖注〗田農,農作。

 龍簡・175・摹:反農□

 關簡・347:先農〖注〗先農,古神名。

 關簡・348:我獨祠先農

 關簡・348:爲先農除舍

 關簡・349:先農笱(苟)令某禾多一邑

 關簡・349:先農桓(恆)先泰父食

 關簡・350:農夫事也

 關簡・351:農夫使其徒來代之

 關簡・352:農夫笱(苟)如□

 關簡・352:某爲農夫畜

帛書・病方・殘5:農

0578　爨㸑

睡簡・答問・192:古主爨竈者殹

睡簡・答問・192:可(何)謂"爨人"〖注〗爨,燒竈。

睡簡・日甲・66正・摹:八月楚爨月

睡簡・日甲・112正:九月、十月、爨月作事北方

0579　革革

睡簡・秦律・17:以其筋、革、角及其賈(價)錢效

睡簡・秦律・18:即入其筋、革、角

睡簡・秦律・89:韋革、紅器相補繕〖注〗韋革,生熟皮革。

睡簡・雜抄・6:決革,二甲〖注〗決革,破傷皮膚。

睡簡・雜抄・16:臧(藏)皮革橐(蠹)突

睡簡・雜抄・27:夬(決)革一寸

睡簡・爲吏・18:皮革橐(蠹)突

睡簡・效律・42:官府臧(藏)皮革

龍簡・85:以皮、革、筋給用

秦印編52:革工

秦印編52:戴革

0580　鞏

集證・182.720:鞏佗

集證・182.719:鞏光

集證・161.446:上官鞏〖注〗鞏,人名。

秦印編52:鞏目

0581　鞮

秦印編52:李鞮

秦印編52:王鞮

0582　鞞

睡簡・日甲・77背:其爲人也鞞鞞(竨竨)然〖注〗鞞鞞,讀爲"竨竨",矮小的樣子。

0583　韅

睡簡・答問・179・摹:騷馬蟲皆麗衡厄(軛)鞅韅轅韗(靷)〖注〗《說文》:"韅,著掖鞥也。"

0584　靳

睡簡・爲吏・32:稾靳瀆(瀆)

秦印編52:靳窮

秦印編52:靳未

0585　勒

石鼓文・田車（先鋒本）：鋚勒馬=〖注〗《説文》："勒，馬頭絡銜也。"

0586　鞅

商鞅方升（秦銅・21）：大良造鞅爰積十六尊（寸）五分尊（寸）壹爲升〖注〗鞅，商鞅，人名。

十六年大良造鞅戈鐓（秦銅・17）：十六年大良造庶長鞅之造

十九年大良造鞅殳鐓・摹（集證・15）：十九年大良造庶長鞅之造殳

睡簡・答問・179：騷馬蟲皆麗衡厄（軛）鞅韅轅靷（靭）〖注〗鞅，駕車馬的皮件。《左傳》注："在腹曰鞅。"

集證・163.478：王鞅

集證・163.478：臣鞅

秦印編52：王鞅

0587　靷

睡簡・答問・179：騷馬蟲皆麗衡厄（軛）鞅韅轅靷（靭）〖注〗靷，讀爲"靭"，駕車馬的皮件。《左傳》注："在胸曰靭。"

0588　鞫

睡簡・答問・33：其獄鞫乃直（值）臧（贓）〖注〗鞫，審訊問罪。

睡簡・答問・35：獄鞫乃直（值）臧（贓）

睡簡・答問・53：毄（繫）投書者鞫審讞之

睡簡・答問・115・摹：以乞鞫及爲人乞鞫者〖注〗乞鞫，要求重加審判。

睡簡・封診・6・摹：男子某有鞫

龍崗牘・正・摹：鞫之

0589　鞥

詛楚文・巫咸（中吳本）：鞥（鞈）輸棧輿〖注〗鞥輸，舊釋爲"鞹輸"。鞥，郭沫若釋爲"鞳"；陳世輝釋爲"鞈"，《説文》："防汗也。"

詛楚文・亞駝（中吳本）：鞥（鞈）輸棧輿

詛楚文・湫淵（中吳本）：鞥（鞈）輸棧輿

0590　輸

詛楚文・巫咸（中吳本）：鞥（鞈）輸棧輿〖注〗輸，郭沫若讀爲"輸"；陳世輝説爲"褕"之異體，訓粗布短衣。

詛楚文・亞駝（中吳本）：鞥（鞈）輸棧輿

詛楚文・湫淵（中吳本）：鞥（鞈）輸棧輿

0591　鞻

秦印編288：鞻台〖注〗鞻台，人名。

0592　鬲䰛㽁

秦印編53：咸陽巨鬲

 秦陶・1284:咸陽巨鬲

 秦陶・1285:咸陽巨鬲

0593 融

集證・163.485:公臼融

秦印編 53:臣融

0594 鬻

十五年上郡守壽戈・摹(集證・24):丞鬻〖注〗字或"鬻"字省,人名。

0595 鬵 鬵

 帛書・病方・5:煏瓦鬵炭□〖注〗瓦鬵,一種陶制烹器。《説文》:"大釜也。一曰鼎大上小下若甑,曰鬵。"

秦印編 53:史鬵

0596 鬴(釜)

睡簡・日甲・45 背・摹:復(覆)鬴戶外〖注〗《説文》:"鬴,鍑屬。"

秦印編 53:鬴

0597 鬳

睡簡・日甲・67 正・摹:九月楚鬳(獻)馬

睡簡・日甲・112 正:鬳(獻)馬、中夕、屈夕作事東方

0598 鬺

關簡・378:置鬺後數宿

關簡・324:而三溫鬺(煮)之

關簡・374:参(三)煴(溫)鬺(煮)之

關簡・314:盡鬺(煮)之

帛書・病方・451:鬺(煮)叔(菽)取汁洒□

0599 鬻

關簡・309:取十餘叔(菽)置鬻(粥)中而歙(飲)之

關簡・343:敢告鬻

關簡・310:鬻(粥)足以入之腸

關簡・312:入酒若鬻(粥)中

帛書・病方・92:成鬻(粥)五斗

帛書・病方・92:以青粱米爲鬻(粥)

0600 鬻 鬻 鬻 羹 鬻鬻鬻(羹)

睡簡・秦律・182・摹:有采(菜)羹〖注〗羹,肉湯。

睡簡・秦律・181:采(菜)羹

睡簡・秦律・179・摹:采(菜)羹

帛書・病方・192:有(又)盆(齏)陽□而羹之

0601 鬻(煮)鬻

帛書・病方・34:以水財煮李實

帛書・病方・36:□煮炊

帛書・病方・63:冬日煮其本

帛書・病方・63:煮莖

帛書・病方・68:□搗(搗)而煮之

帛書・病方・73:煮以酒□

帛書・病方・75:煮鐵

帛書・病方・77:而煮水一甕□

帛書・病方・99:煮鹿肉若野彘肉

帛書・病方・100:煮羊肉

帛書・病方・133:以清煮膠

帛書・病方・162:以美醯三□煮

帛書・病方・168:以其汁煮膠一廷(梃)半

帛書・病方・168:以水一斗煮葵種一斗

帛書・病方・174:有(又)煮一分

帛書・病方・176:三沥煮之

帛書・病方・181:以水一斗煮膠一參

帛書・病方・182:并以酒煮而飲之

帛書・病方・184:煮荊

帛書・病方・185:三溫煮石韋若酒而飲之

帛書・病方・188:煮隱夫木

帛書・病方・189:以醯、西(酒)三乃(沥)煮黍稷而飲其汁

帛書・病方・192:以水與弱(溺)煮陳葵種而飲之

帛書・病方・248:以煮青蒿大把二

帛書・病方・261:煮一斗棗

帛書・病方・264:以弱(溺)孰(熟)煮一牡鼠

帛書・病方・273:三沥煮逢(蓬)虆

帛書・病方・296:煮成三升

帛書・病方・300:煮

帛書・病方・309:煮秫米期足

帛書・病方・332:煮水二[斗]

帛書・病方・347:并以截□斗煮之

帛書・病方・365:以澤(釋)泔煮□

帛書・病方・399:煮以水

帛書・病方・410:以淳酒半斗煮之

帛書・病方・417:煮桃葉

帛書・病方・418:煮弱(溺)二斗

帛書・病方・426:三沥煮

帛書・病方・447:以鍑煮

帛書・病方・殘7:[以]鐵鬵(鬵)煮

帛書・病方・殘11:□流水□斗煮□

0602　爲

秦箕斂(箕斂・封3):立號爲皇帝

商鞅方升(秦銅・21):大良造鞅爰積十六尊(寸)五分尊(寸)壹爲升

北私府橢量・始皇詔(秦銅・146):立號爲皇帝

北私府橢量・始皇詔(秦銅・146):立號爲皇帝

北私府橢量・二世詔(秦銅・147):盡始皇帝爲之

北私府橢量・二世詔(秦銅・147):如後嗣爲之者

大騩銅權(秦銅・131):盡始皇帝爲之

大騩銅權(秦銅・131):立號爲皇帝

大騩銅權(秦銅・131):如後嗣爲之者

二世元年詔版一(秦銅・161):盡始皇帝爲之

二世元年詔版一(秦銅・161):如後嗣爲之者

二世元年詔版二(秦銅・162):盡始皇帝爲之

二世元年詔版三(秦銅・163):盡始皇帝爲之

二世元年詔版三(秦銅・163):如後嗣爲之者

二世元年詔版四(秦銅・164):盡始皇帝爲之

二世元年詔版四(秦銅・164):如後嗣爲之者

二世元年詔版五(秦銅・165):如後嗣爲之者

二世元年詔版五(秦銅・165):盡始皇帝爲之

二世元年詔版六(秦銅・166):盡始皇帝爲之

二世元年詔版六(秦銅・166):如後嗣爲之者

二世元年詔版七(秦銅・167):如後嗣爲之者

二世元年詔版八(秦銅・168):盡始皇帝爲之

二世元年詔版八(秦銅・168):如後嗣爲之者

二世元年詔版九(秦銅・169):如後嗣爲之者

二世元年詔版十(秦銅・170):如後嗣爲之者

二世元年詔版十一(秦銅・171):如後嗣爲之者

二世元年詔版十一(秦銅・171):盡始皇帝爲之

二世元年詔版十二(秦銅・172):盡始皇帝爲之

二世元年詔版十二(秦銅・172):如後嗣爲之者

二世元年詔版十三(集證・50):盡始皇帝爲之

二世元年詔版十三(集證・50):如後嗣爲之者

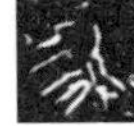
高奴禾石銅權(秦銅・32.2):立號爲皇帝

兩詔版(秦銅・174.1):盡始皇帝爲之

 兩詔版(秦銅・174. 1):立號爲皇帝

 兩詔斤權一(集證・45):立號爲皇帝

 兩詔斤權一(集證・45):如後嗣爲之者

兩詔斤權一・摹(集證・46):盡始皇帝爲之

兩詔斤權一・摹(集證・46):立號爲皇帝

兩詔斤權一・摹(集證・46):如後嗣爲之者

兩詔斤權二・照片(集證・47. 2):立號爲皇帝

兩詔斤權二・摹(集證・49):盡始皇帝爲之

兩詔斤權二・摹(集證・49):立號爲皇帝

兩詔斤權二・摹(集證・49):如後嗣爲之者

兩詔銅權一(秦銅・175):如後嗣爲之者

兩詔銅權一(秦銅・175):立號爲皇帝

兩詔銅權一(秦銅・175):盡始皇帝爲之

兩詔銅權二(秦銅・176):盡始皇帝爲之

兩詔銅權三(秦銅・178):如後嗣爲之者

兩詔銅權四(秦銅・179. 1):立號爲皇帝

兩詔橢量一(秦銅・148):盡始皇帝爲之

 兩詔橢量一(秦銅・148):如後嗣爲之者

 兩詔橢量二(秦銅・149):如後嗣爲之者

 兩詔橢量二(秦銅・149):立號爲皇帝

 兩詔橢量二(秦銅・149):盡始皇帝爲之

 兩詔橢量三之一(秦銅・150):立號爲皇帝

兩詔橢量三之二(秦銅・151):如後嗣爲之者

兩詔橢量三之二(秦銅・151):盡始皇帝爲之

 美陽銅權(秦銅・183):盡始皇帝爲之

 美陽銅權(秦銅・183):立號爲皇帝

 美陽銅權(秦銅・183):如後嗣爲之者

平陽銅權・摹(秦銅・182):盡始皇帝爲之

平陽銅權・摹(秦銅・182):立號爲皇帝

平陽銅權・摹(秦銅・182):如後嗣爲之者

僅存銘兩詔銅權(秦銅・135－18. 1):立號爲皇帝

僅存銘兩詔銅權(秦銅・135－18. 2):盡始皇帝爲之

僅存銘兩詔銅權(秦銅・135－18. 2):如後嗣爲之者

僅存銘始皇詔銅權・一(秦銅・135-1):立號爲皇帝

僅存銘始皇詔銅權・二(秦銅・135-2):立號爲皇帝

僅存銘始皇詔銅權・三(秦銅・135-3):立號爲皇帝

僅存銘始皇詔銅權・四(秦銅・135-4):立號爲皇帝

僅存銘始皇詔銅權・六(秦銅・135-6):立號爲皇帝

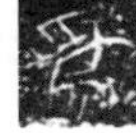僅存銘始皇詔銅權・七（秦銅・135-7）：立號爲皇帝

僅存銘始皇詔銅權・八（秦銅・135-8）：立號爲皇帝

僅存銘始皇詔銅權・九（秦銅・135-9）：立號爲皇帝

僅存銘始皇詔銅權・十（秦銅・135-10）：立號爲皇帝

僅存銘始皇詔銅權・十一（秦銅・135-11）：立號爲皇帝

僅存銘始皇詔銅權・十四（秦銅・135-14）：立號爲皇帝

僅存銘始皇詔銅權・十六（秦銅・135-16）：立號爲皇帝

僅存銘始皇詔銅權・十七（秦銅・135-17）：立號爲皇帝

始皇詔八斤銅權一（秦銅・134）：立號爲皇帝

始皇詔八斤銅權二（秦銅・135）：立號爲皇帝

始皇詔版一（秦銅・136）：立號爲皇帝

始皇詔版二（秦銅・137）：立號爲皇帝

始皇詔版三（秦銅・138）：立號爲皇帝

始皇詔版七（秦銅・143）：立號爲皇帝

始皇詔版八（秦銅・144）：立號爲皇帝

始皇詔版九・殘（集證・44.2）：立號爲皇帝

始皇詔十六斤銅權一（秦銅・127）：立號爲皇帝

始皇詔十六斤銅權二（秦銅・128）：立號爲皇帝

始皇詔十六斤銅權三（秦銅・129）：立號爲皇帝

始皇詔十六斤銅權四（秦銅・130.1）：立號爲皇帝

始皇詔鐵石權四（秦銅・123）：立號爲皇帝

始皇詔銅方升一（秦銅・98）：立號爲皇帝

始皇詔銅方升三（秦銅・100）：立號爲皇帝

始皇詔銅方升四（秦銅・101）：立號爲皇帝

始皇詔銅權一（秦銅・110）：立號爲皇帝

始皇詔銅權二（秦銅・111）：立號爲皇帝

始皇詔銅權三（秦銅・112）：立號爲皇帝

始皇詔銅權四（秦銅・113）：立號爲皇帝

始皇詔銅權五（秦銅・114）：立號爲皇帝

始皇詔銅權九（秦銅・118）：立號爲皇帝

始皇詔銅權十（秦銅・119）：立號爲皇帝

始皇詔銅權十一（珍金・124）：立號爲皇帝

始皇詔銅橢量一（秦銅・102）：立號爲皇帝

始皇詔銅橢量二（秦銅・103）：立號爲皇帝

始皇詔銅橢量三（秦銅・104）：立號爲皇帝

始皇詔銅橢量四（秦銅・105）：立號爲皇帝

始皇詔銅橢量五（秦銅・106）：立號爲皇帝

始皇詔銅橢量六（秦銅・107）：立號爲皇帝

武城銅橢量(秦銅·109):立號爲皇帝

旬邑銅權(秦銅·133):盡始皇帝爲之

旬邑銅權(秦銅·133):立號爲皇帝

旬邑銅權(秦銅·133):如後嗣爲之者

左樂兩詔鈞權(集證·43):立號爲皇帝

左樂兩詔鈞權(集證·43):如後嗣爲之者

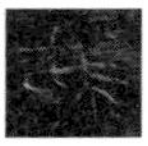

廿三年少府戈(珍金·106):廿三年少工爲〖注〗爲,人名。

廿三年少府戈·摹(珍金·107):廿三年少工爲

吉爲作元用劍·摹(秦銅·189):吉爲乍(作)元用

吉爲作元用劍·摹(秦銅·189):吉爲乍(作)元用

石鼓文·乍邍(先鋒本):爲卅(三十)里

石鼓文·乍邍(先鋒本):爲所斿𩰫

詛楚文·湫淵(中吳本):毋相爲不利

詛楚文·巫咸(中吳本):毋相爲不利

詛楚文·亞駝(中吳本):毋相爲不利

秦駰玉版·甲·摹:可以爲正

秦駰玉版·甲·摹:潔可以爲瀘

秦駰玉版·甲·摹:爲我感憂

秦駰玉版·甲·摹:姓(生)爲刑灋

秦駰玉版·甲·摹:以此爲尚(常)

秦駰玉版·乙·摹:以此爲尚(常)

秦駰玉版·乙·摹:可以爲正

秦駰玉版·乙·摹:潔可以爲瀘

秦駰玉版·乙·摹:爲我感憂

秦駰玉版·乙·摹:姓(生)爲刑灋

泰山刻石·宋拓本:如後嗣爲之者

繹山刻石·宋刻本:如後嗣爲之者

繹山刻石·宋刻本:金石刻盡始皇帝所爲也

琅邪臺刻石:金石刻盡始皇帝所爲也

琅邪臺刻石:如後嗣爲之者

會稽刻石·宋刻本:行爲辟方

會稽刻石·宋刻本:夫爲寄豭

會稽刻石·宋刻本:妻爲逃嫁

青川牘·摹:袤八則爲畛

青川牘·摹:更修爲田律〖注〗爲田,制田。

青川牘·摹:輒爲之

青川牘·摹:百畝爲頃

青川牘·摹:十月爲橋

 天簡 22・甲:可爲嗇夫

 天簡 24・乙:其式爲有

 天簡 24・乙:得其前五爲得

 天簡 24・乙:爲聞

 天簡 24・乙:有爲殹

 天簡 24・乙:爲式

 天簡 25・乙:爲人美不捡

 天簡 25・乙:参爲

 天簡 26・乙:爲人長面大目

 天簡 27・乙:爲人小頸大復(腹)

 天簡 27・乙:爲人小面

 天簡 28・乙:以爲

 天簡 28・乙:埶爲大祝

 天簡 30・乙:爲病益篤

 天簡 32・乙:凡爲行者毋犯其鄉之忌

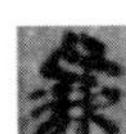 天簡 33・乙:三而爲二

 天簡 33・乙:三而爲四

 天簡 34・乙:爲客□主

 天簡 38・乙:爲室

 天簡 38・乙:以子爲貞不失水火

 睡簡・語書・2:是以聖王作爲灋度

 睡簡・語書・3:而使之之於爲善殹

 睡簡・語書・4:故騰爲是而脩灋律令、田令及爲閒(奸)私方而下之

〖注〗爲是,爲此。

 睡簡・語書・4:故騰爲是而脩灋律令、田令及爲閒(奸)私方而下之

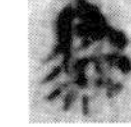 睡簡・語書・5:聞吏民犯灋爲閒(奸)私者不止

 睡簡・語書・6:則爲人臣亦不忠矣

 睡簡・語書・13:故如此者不可不爲罰

 睡簡・語書・13:令、丞以爲不直

 睡簡・語書・14:以爲惡吏

 睡簡・11 號牘・正:母必爲之

 睡簡・11 號牘・正:書到皆爲報

 睡簡・答問・1:有(又)黥以爲城旦

 睡簡・答問・3:當刑爲城旦

 睡簡・答問・8:當耐爲隸臣

 睡簡・答問・14:不智(知),爲收

 睡簡・答問・14:當以三百論爲盜

 睡簡・答問・15:當爲收

 睡簡・答問・16:爲守臧(贓)

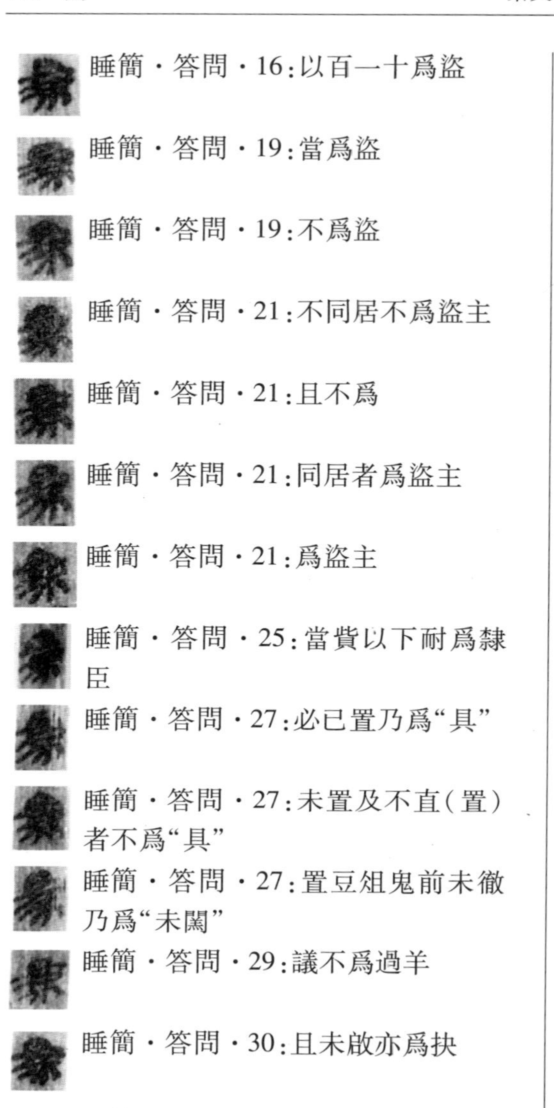

睡簡・答問・16:以百一十爲盜

睡簡・答問・19:當爲盜

睡簡・答問・19:不爲盜

睡簡・答問・21:不同居不爲盜主

睡簡・答問・21:且不爲

睡簡・答問・21:同居者爲盜主

睡簡・答問・21:爲盜主

睡簡・答問・25:當貲以下耐爲隸臣

睡簡・答問・27:必已置乃爲“具”

睡簡・答問・27:未置及不直(置)者不爲“具”

睡簡・答問・27:置豆俎鬼前未徹乃爲“未闋”

睡簡・答問・29:議不爲過羊

睡簡・答問・30:且未啟亦爲抉

睡簡・答問・30:抉籥(鑰)者已抉啟之乃爲抉

睡簡・答問・32:其他不爲

睡簡・答問・32:唯縣少內爲“府中”

睡簡・答問・33:甲當黥爲城旦

睡簡・答問・33:吏爲失刑辠

睡簡・答問・34:或端爲

睡簡・答問・35:甲當耐爲隸臣

睡簡・答問・35:吏爲失刑辠

睡簡・答問・35:黥甲爲城旦

睡簡・答問・36:爲不直

睡簡・答問・43:爲告不審

睡簡・答問・43:端爲,爲誣人

睡簡・答問・44:或曰爲告不審

睡簡・答問・45:當爲告盜駕(加)臧(贓)

睡簡・答問・45:且爲告不審

睡簡・答問・45:問乙爲誣人

睡簡・答問・46:爲告盜駕(加)臧(贓)

睡簡・答問・47:爲告不審

睡簡・答問・48:爲告黥城旦不審

睡簡・答問・55:爲有秩僞寫其印爲大嗇夫

睡簡・答問・55:爲有秩僞寫其印爲大嗇夫〖注〗爲,如。

睡簡・答問・59:廷行事吏爲詛(詐)僞

睡簡・答問・61:嗇夫不以官爲事

睡簡・答問・61:以奸爲事

睡簡・答問・64:可(何)如爲“封”

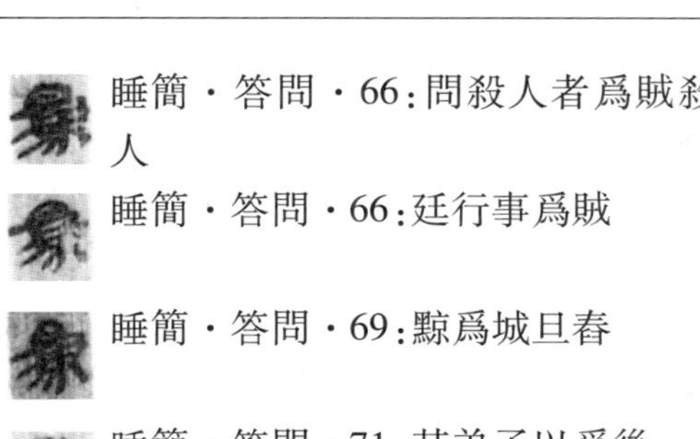

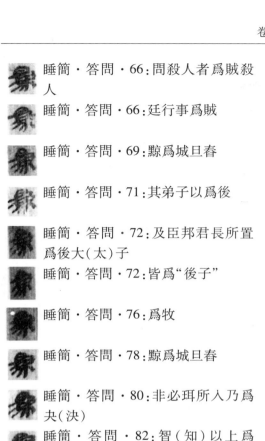

睡簡・答問・66：問殺人者爲賊殺人

睡簡・答問・66：廷行事爲賊

睡簡・答問・69：黥爲城旦舂

睡簡・答問・71：其弟子以爲後

睡簡・答問・72：及臣邦君長所置爲後大(太)子

睡簡・答問・72：皆爲“後子”

睡簡・答問・76：爲牧

睡簡・答問・78：黥爲城旦舂

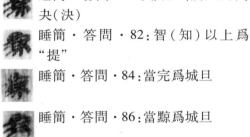

睡簡・答問・80：非必珥所入乃爲夬(決)

睡簡・答問・82：智(知)以上爲“提”

睡簡・答問・84：當完爲城旦

睡簡・答問・86：當黥爲城旦

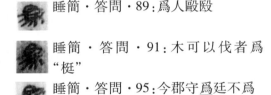

睡簡・答問・89：爲人毆毆

睡簡・答問・91：木可以伐者爲“梃”

睡簡・答問・95：今郡守爲廷不爲

睡簡・答問・95：今郡守爲廷不爲

睡簡・答問・96：爲告不審

睡簡・答問・102：免老告人以爲不孝

睡簡・答問・103：賊殺傷、盜它人爲“公室”

睡簡・答問・103：不爲“公室告”

睡簡・答問・109：其辠當刑爲隸臣

睡簡・答問・110：耐以爲鬼薪而鋈(夭)足

睡簡・答問・111：當耐爲鬼薪未斷

睡簡・答問・113：其爲羣盜

睡簡・答問・115：以乞鞫及爲人乞鞫者

睡簡・答問・116：可(何)謂“從母爲收”

睡簡・答問・116：完爲城旦

睡簡・答問・116：令從母爲收

睡簡・答問・117：當耐爲隸臣

睡簡・答問・117：當耐爲司寇

睡簡・答問・118：當耐爲隸臣

睡簡・答問・118：當耐爲隸臣

睡簡・答問・124：耐爲隸臣

睡簡・答問・124：完爲城旦

睡簡・答問・125：羣盜赦爲庶人

睡簡・答問・125：能自捕及親所智(知)爲捕

睡簡・答問・126：斬左止(趾)爲城旦

睡簡・答問・131：坐臧(贓)爲盜

 睡簡·答問·142:而爲之

 睡簡·答問·142:弗爲

 睡簡·答問·142:可(何)如爲"犯令、灋(廢)令"

 睡簡·答問·142:令曰爲之

 睡簡·答問·142:令曰勿爲

 睡簡·答問·145:後爲令

 睡簡·答問·145:任人爲丞

 睡簡·答問·157:不論□爲匿田

 睡簡·答問·157:部佐爲匿田

 睡簡·答問·157:且可(何)爲

 睡簡·答問·157:爲匿田

 睡簡·答問·158:今馬爲人敗

 睡簡·答問·161:爲"奇"

 睡簡·答問·161:可(何)如爲"奇"

 睡簡·答問·161:它不爲

 睡簡·答問·162:乃爲"錐履"

睡簡·答問·162:以錦縵(鞔)履不爲

 睡簡·答問·164:皆爲"乏繇(徭)"

 睡簡·答問·164:爲"逋事"

 睡簡·答問·166:女子甲爲人妻

 睡簡·答問·168:甲取(娶)人亡妻以爲妻

 睡簡·答問·174:以爲非隸臣子殹

 睡簡·答問·174:或黥顏頯爲隸妾

 睡簡·答問·179:亡校券右爲害

 睡簡·答問·180:徒、吏與偕使而弗爲私舍人

 睡簡·答問·182:智(知)人通錢而爲臧(藏)

 睡簡·答問·191:皆爲"顯大夫"

 睡簡·答問·194:卜、史當耐者皆耐以爲卜、史隸

 睡簡·答問·196:其他皆爲"更人"

 睡簡·答問·205:欲令乙爲盜之

 睡簡·答問·208:可(何)如爲"大痍"

 睡簡·答問·208:爲"大痍"

 睡簡·答問·209:可(何)如爲"大誤"

 睡簡·答問·209:其他爲小

 睡簡·答問·209:人戶、馬牛及者(諸)貨材(財)直(值)過六百六十錢爲"大誤"

 睡簡·封診·1:有恐爲敗

 睡簡·封診·7:騰(謄)皆爲報

 睡簡·封診·14:騰(謄)皆爲報

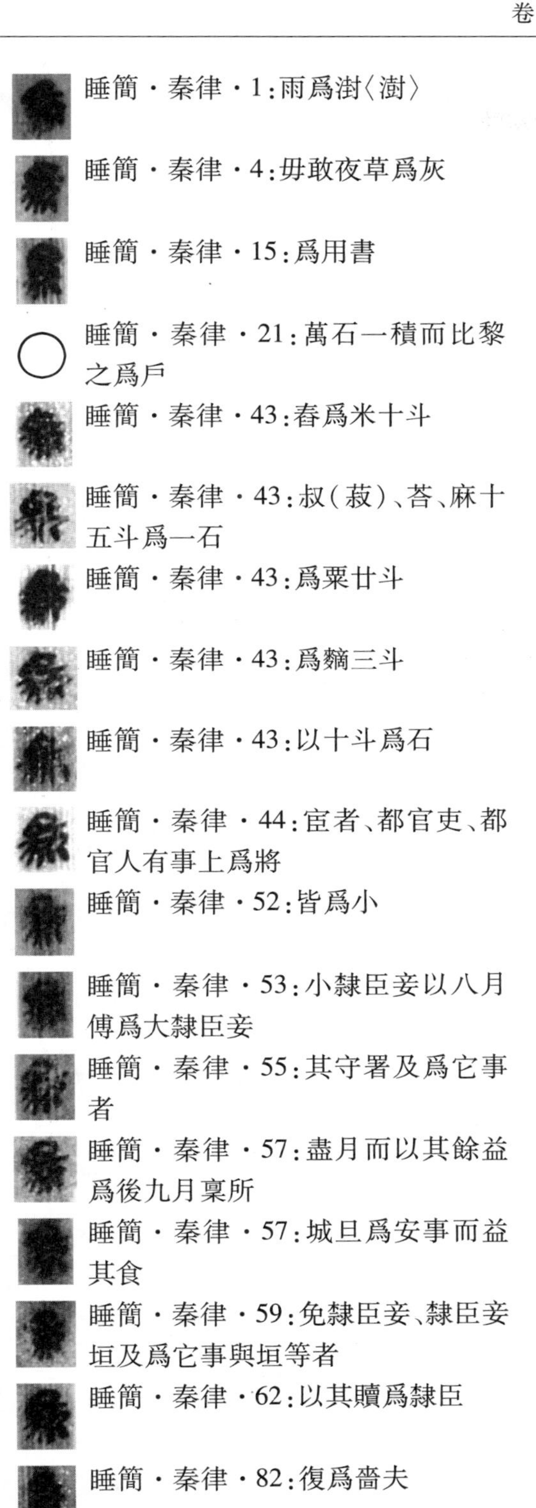

睡簡・秦律・1：雨爲澍〈澍〉

睡簡・秦律・4：毋敢夜草爲灰

睡簡・秦律・15：爲用書

睡簡・秦律・21：萬石一積而比黎之爲戶

睡簡・秦律・43：舂爲米十斗

睡簡・秦律・43：叔（菽）、荅、麻十五斗爲一石

睡簡・秦律・43：爲粟廿斗

睡簡・秦律・43：爲䊪三斗

睡簡・秦律・43：以十斗爲石

睡簡・秦律・44：宦者、都官吏、都官人有事上爲將

睡簡・秦律・52：皆爲小

睡簡・秦律・53：小隸臣妾以八月傅爲大隸臣妾

睡簡・秦律・55：其守署及爲它事者

睡簡・秦律・57：盡月而以其餘益爲後九月稟所

睡簡・秦律・57：城旦爲安事而益其食

睡簡・秦律・59：免隸臣妾、隸臣妾垣及爲它事與垣等者

睡簡・秦律・62：以其贖爲隸臣

睡簡・秦律・82：復爲嗇夫

睡簡・秦律・86：其金及鐵器入以爲銅

睡簡・秦律・88：凡糞其不可買（賣）而可以爲薪及蓋蘙〈虋〉者

睡簡・秦律・90：囚有寒者爲褐衣

睡簡・秦律・91：爲褐以稟衣

睡簡・秦律・91：爲幏布一

睡簡・秦律・98：爲器同物者

睡簡・秦律・99：爲計

睡簡・秦律・100：有工者勿爲正

睡簡・秦律・100：縣及工室聽官爲正衡石贏（纍）、斗用（桶）、升

睡簡・秦律・108：爲矢程

睡簡・秦律・113：勿以爲人僕、養

睡簡・秦律・113：隸臣有巧可以爲工者

睡簡・秦律・116：興徒以爲邑中之紅（功）者

睡簡・秦律・117：勿計爲繇（徭）

睡簡・秦律・118：而勿計爲繇（徭）

睡簡・秦律・118：令縣復興徒爲之

睡簡・秦律・120：至秋毋（無）雨時而以繇（徭）爲之

睡簡・秦律・121：不得爲繇（徭）

睡簡・秦律・122：縣爲恆事及灋有爲殹

睡簡・秦律・122：縣爲恆事及灋有爲殹

 睡簡・秦律・122:爲之

 睡簡・秦律・122:欲以城旦舂益爲公舍官府及補繕之

 睡簡・秦律・123:爲不察

 睡簡・秦律・124:而以其實爲繇(徭)徒計

 睡簡・秦律・125:皆爲用而出之

 睡簡・秦律・125:縣、都官用貞(楨)、栽爲傰(棚)牏

 睡簡・秦律・128:毋(無)金錢者乃月爲言脂、膠

 睡簡・秦律・128:官有金錢者自爲買脂、膠

 睡簡・秦律・129:爲鐵攻(工)

 睡簡・秦律・137:令相爲兼居之

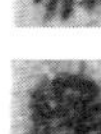 睡簡・秦律・148:爲大車折鞪(輮)

 睡簡・秦律・150:司寇勿以爲僕、養、守官府及除有爲殹

 睡簡・秦律・151:百姓有母及同牲(生)爲隸妾

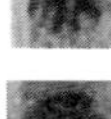 睡簡・秦律・151:非適(謫)辠殹而欲爲冗邊五歲

 睡簡・秦律・155:欲歸爵二級以免親父母爲隸臣妾者一人

 睡簡・秦律・155:及隸臣斬首爲公士

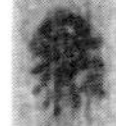 睡簡・秦律・156:工隸臣斬首及人爲斬首以免者

 睡簡・秦律・156:皆令爲工

 睡簡・秦律・156:免以爲庶人

 睡簡・秦律・156:以爲隱官工

 睡簡・秦律・157:爲補之

 睡簡・秦律・168:萬[石一積而]比黎之爲戶

 睡簡・秦律・171:終歲而爲出凡曰

 睡簡・秦律・189:令、丞爲不從令

 睡簡・秦律・193:侯(候)、司寇及羣下吏毋敢爲官府佐、史及禁苑憲盜

 睡簡・秦律・197:節(卽)新爲吏舍

 睡簡・雜抄・4:耐爲侯(候)

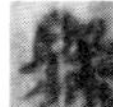 睡簡・雜抄・4:爲(僞)聽命書
〖注〗僞,假裝。

 睡簡・雜抄・5:公士以下刑爲城旦

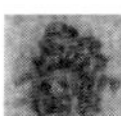 睡簡・雜抄・5:上造以上爲鬼薪

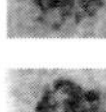 睡簡・雜抄・5:有爲故秦人出

 睡簡・雜抄・6:皆耐爲侯(候)

 睡簡・雜抄・18:敢爲它器

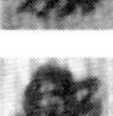 睡簡・雜抄・19:城旦爲工殿者

 睡簡・雜抄・24:榦可用而久(記)以爲不可用

 睡簡・雜抄・25:射虎車二乘爲曹

 睡簡・雜抄・32:敢爲酢(詐)僞者

 睡簡・雜抄・37:以爲隸臣

睡簡・雜抄・38:以爲隸臣

睡簡・雜抄・38:求盜勿令送逆爲它

睡簡・雜抄・41:署勿令爲它事

睡簡・雜抄・42:敢令爲它事

睡簡・雜抄・42:縣尉時循視其攻(功)及所爲

睡簡・日甲・1背:毋可有爲

睡簡・日甲・11背:子、寅、卯、巳、酉、戌爲牡日

睡簡・日甲・11背:丑、辰、申、午、未、亥爲牝

睡簡・日甲・12背:三月、四月、九月、十月爲牝月

睡簡・日甲・12背:十二月、正月、七月、八月爲牡月

睡簡・日甲・14背:爲池西南

睡簡・日甲・14正:可以爲嗇夫

睡簡・日甲・14正:有爲也

睡簡・日甲・15背:女子爲正

睡簡・日甲・15背:爲池正北

睡簡・日甲・18正:爲官府室祠

睡簡・日甲・19背:依道爲小內

睡簡・日甲・20背:女子爲正〖編者按〗此及下例是“爲”字省形。

睡簡・日甲・21背:女子爲正

睡簡・日甲・23背:取婦爲小內

睡簡・日甲・24背:爲芻矢以鳶(弋)之

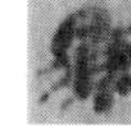睡簡・日甲・24背:爲民不羊(祥)

睡簡・日甲・27背:以犬矢爲完(丸)

睡簡・日甲・28背:牡棘爲矢

睡簡・日甲・30背:以爲偶人犬

睡簡・日甲・33背:以桑心爲丈(杖)

睡簡・日甲・34背:是神虫偽爲人

睡簡・日甲・34正:利爲嗇夫

睡簡・日甲・35背:與人爲徒

睡簡・日甲・36正:以爲嗇夫

睡簡・日甲・40正:有爲不成

睡簡・日甲・42正:男女爲盜

睡簡・日甲・42正:爲嗇夫

睡簡・日甲・44背:是宲宲〈是是宲〉人生爲鬼

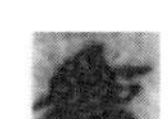睡簡・日甲・44背:鬼恆爲人惡瞢(夢)

睡簡・日甲・44正:不可又(有)爲也

睡簡・日甲・45背:爲桑丈(杖)奇(倚)戶內

睡簡・日甲・46正:不可又(有)爲也

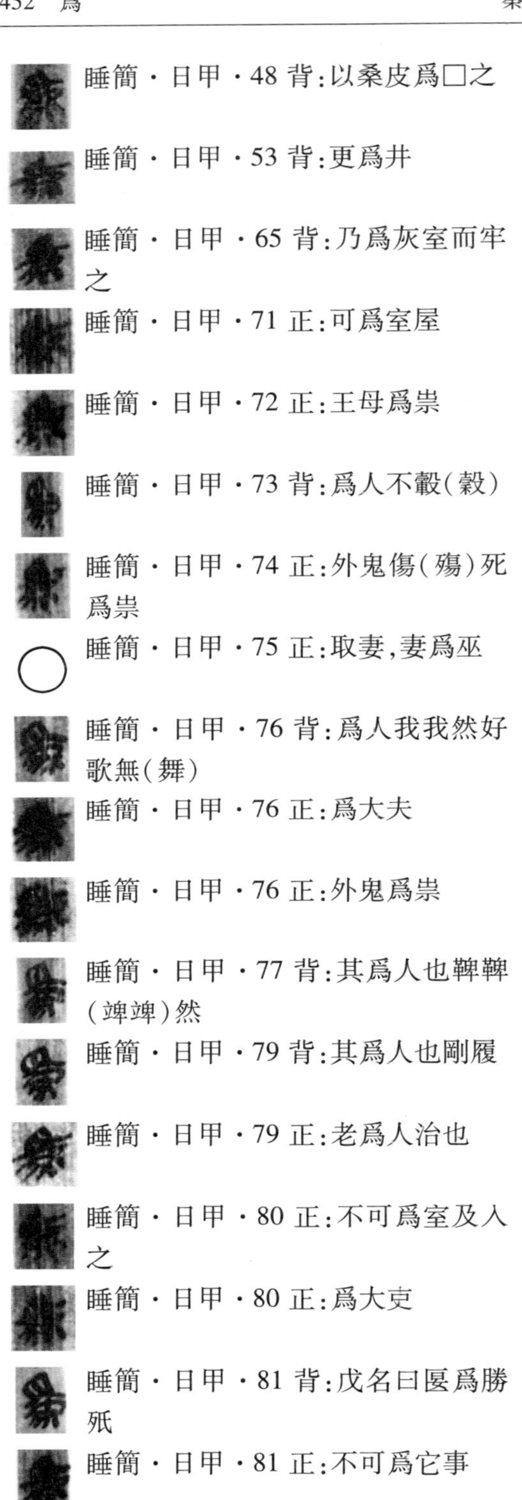

睡簡・日甲・48 背:以桑皮爲□之

睡簡・日甲・53 背:更爲井

睡簡・日甲・65 背:乃爲灰室而牢之

睡簡・日甲・71 正:可爲室屋

睡簡・日甲・72 正:王母爲祟

睡簡・日甲・73 背:爲人不穀(穀)

睡簡・日甲・74 正:外鬼傷(殤)死爲祟

睡簡・日甲・75 正:取妻,妻爲巫

睡簡・日甲・76 背:爲人我我然好歌無(舞)

睡簡・日甲・76 正:爲大夫

睡簡・日甲・76 正:外鬼爲祟

睡簡・日甲・77 背:其爲人也鞞鞞(竨竨)然

睡簡・日甲・79 背:其爲人也剛履

睡簡・日甲・79 正:老爲人治也

睡簡・日甲・80 正:不可爲室及入之

睡簡・日甲・80 正:爲大吏

睡簡・日甲・81 背:戌名曰匽爲勝死

睡簡・日甲・81 正:不可爲它事

睡簡・日甲・82 正:爲吏

睡簡・日甲・84 正:利入禾粟及爲囷倉

睡簡・日甲・87 正:爲正

睡簡・日甲・93 正:爲邑桀(傑)

睡簡・日甲・97 正:啻(帝)爲室寅

睡簡・日甲・98 正:啻(帝)爲室巳

睡簡・日甲・99 正:啻(帝)爲室辰

睡簡・日甲・100 正:凡爲室日

睡簡・日甲・101 正:不可以爲室、復(覆)屋

睡簡・日甲・103 正:爲羊牢馬廄

睡簡・日甲・104 正:不可爲土攻(功)

睡簡・日甲・105 正:毋可有爲

睡簡・日甲・111 背:先爲禹除道

睡簡・日甲・113 正:可以漬米爲酒

睡簡・日甲・117 背:不可爲複衣

睡簡・日甲・120 正:女子爲巫

睡簡・日甲・121 正:其主且爲巫

睡簡・日甲・121 背:不可爲複衣

睡簡・日甲・122 正:其主爲巫

睡簡・日甲・125 正:戌不可以爲牀

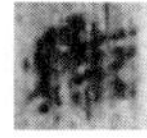 睡簡・日甲・128正:節(卽)有爲也

 睡簡・日甲・128正:不可具爲百事

 睡簡・日甲・129正:凡是有爲也

 睡簡・日甲・129正:有爲而禺(遇)雨

 睡簡・日甲・144背:利爲嗇夫

 睡簡・日甲・145正:必爲人臣妾

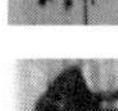 睡簡・日甲・146正:女爲賈

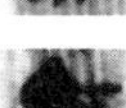 睡簡・日甲・148正:不女爲醫

 睡簡・日甲・148正:女子爲也

 睡簡・日甲・159背:勶(脊)爲身剛

 睡簡・日甲・159背:腹爲百草囊

睡簡・日甲・159背:腳爲身□

 睡簡・日乙・40:無不可有爲也

 睡簡・日乙・44:它毋有爲也

 睡簡・日乙・45:毋可有爲也

 睡簡・日乙・46:毋可有爲也

 睡簡・日乙・56:毋(無)可爲

 睡簡・日乙・66:利爲木事

 睡簡・日乙・80:不可爲室及入之

睡簡・日乙・80:爲吏

 睡簡・日乙・81:不可爲它事

 睡簡・日乙・82:生爲吏

 睡簡・日乙・84:利入禾粟及爲囷倉

 睡簡・日乙・86:以邋(獵)置罔(網)及爲門

 睡簡・日乙・87:爲正

 睡簡・日乙・89:可以爲土事

 睡簡・日乙・93:爲邑桀(傑)

 睡簡・日乙・94:男爲見(覡)

 睡簡・日乙・94:女爲巫

 睡簡・日乙・96:子爲吏

 睡簡・日乙・99:可以爲室

 睡簡・日乙・103:妻爲巫

 睡簡・日乙・104:子爲大夫

 睡簡・日乙・107:老爲人治也

 睡簡・日乙・111:屋以此日爲蓋屋

 睡簡・日乙・134:不可具爲百[事]

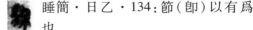

 睡簡・日乙・134:節(卽)以有爲也

 睡簡・日乙・135:凡且有爲也

睡簡・日乙・135:有爲也而遇雨

睡簡・日乙・145:耐(乃)爲四席

睡簡・日乙・158:外鬼父葉(世)爲姓(眚)

睡簡・日乙・160:外鬼爲姓(眚)

睡簡・日乙・160:巫亦爲姓(眚)

睡簡・日乙・162:巫爲姓(眚)

睡簡・日乙・164:中鬼見社爲姓(眚)

睡簡・日乙・166:巫爲姓(眚)

睡簡・日乙・170:外鬼兄枼(世)爲姓(眚)

睡簡・日乙・174:牲(牲)爲姓(眚)

睡簡・日乙・176:巫爲姓(眚)

睡簡・日乙・178:高王父爲姓(眚)

睡簡・日乙・178:野立(位)爲□

睡簡・日乙・180:母枼(世)見之爲姓(眚)

睡簡・日乙・181:生人爲姓(眚)

睡簡・日乙・183:王父爲姓(眚)

睡簡・日乙・184:王父爲姓(眚)

睡簡・日乙・185:外鬼、傷(殤)死爲姓(眚)

睡簡・日乙・187:外鬼爲姓(眚)

睡簡・日乙・188:己丑爲圂廁

睡簡・日乙・190:凡癸爲屏圂

睡簡・日乙・191:不可卜筭〈筮〉、爲屋

睡簡・日乙・238:爲臣妾

睡簡・日乙・242:女子爲巫

睡簡・日乙・244:女子爲醫

睡簡・日乙・244:爲人臣

睡簡・日乙・247:男子爲人臣

睡簡・日乙・247:女子爲人妾

睡簡・日乙・248:必爲上卿

睡簡・日乙・248:女子爲邦君妻

睡簡・日乙・249:爲人隋也

睡簡・日乙・255:爲閒者不寡夫乃寡婦

睡簡・日乙・殘4:可爲蟲

睡簡・爲吏・1:凡爲吏之道

睡簡・爲吏・1:敢爲固

睡簡・爲吏・1:晝局陳畁(棋)以爲耤(籍)

睡簡・爲吏・10:四曰喜爲善行

睡簡・爲吏・19:勿令爲戶

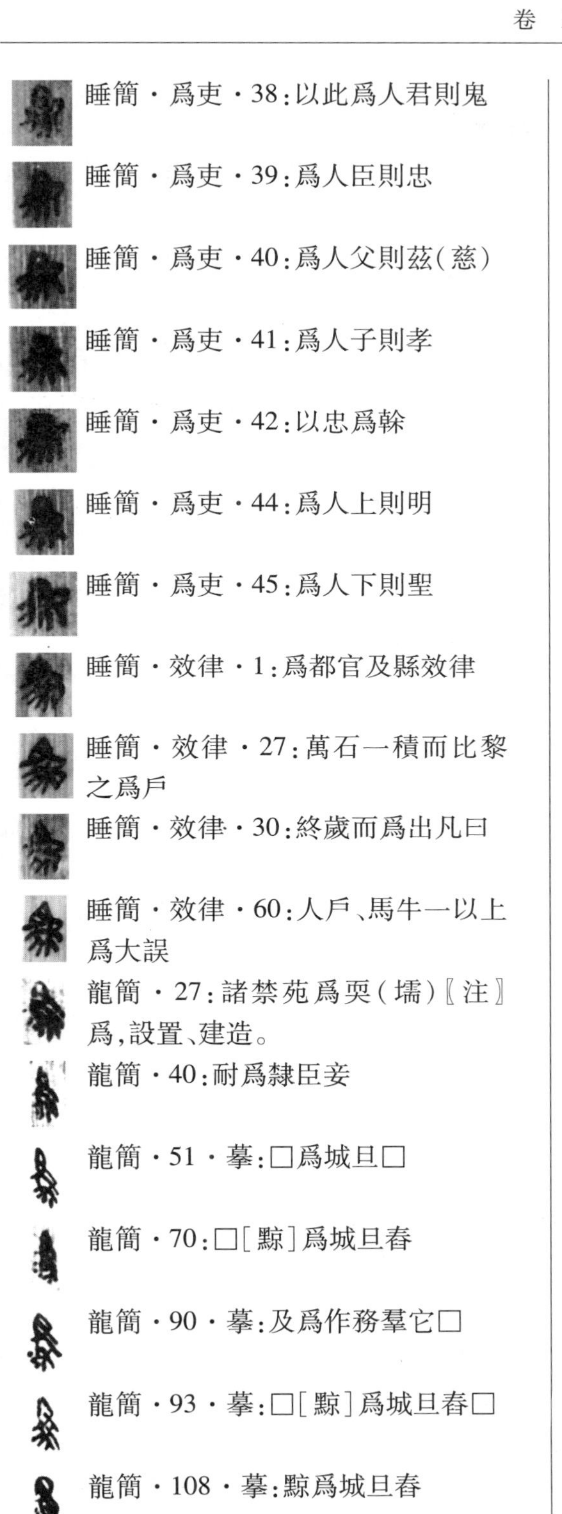

睡簡・爲吏・38:以此爲人君則鬼

睡簡・爲吏・39:爲人臣則忠

睡簡・爲吏・40:爲人父則茲(慈)

睡簡・爲吏・41:爲人子則孝

睡簡・爲吏・42:以忠爲榦

睡簡・爲吏・44:爲人上則明

睡簡・爲吏・45:爲人下則聖

睡簡・效律・1:爲都官及縣效律

睡簡・效律・27:萬石一積而比黎之爲戶

睡簡・效律・30:終歲而爲出凡曰

睡簡・效律・60:人戶、馬牛一以上爲大誤

龍簡・27:諸禁苑爲耎(堧)〖注〗爲,設置、建造。

龍簡・40:耐爲隸臣妾

龍簡・51・摹:□爲城旦□

龍簡・70:□[黥]爲城旦舂

龍簡・90・摹:及爲作務羣它□

龍簡・93・摹:□[黥]爲城旦舂□

龍簡・108・摹:黥爲城旦舂

龍簡・133:程田以爲臧(贓)

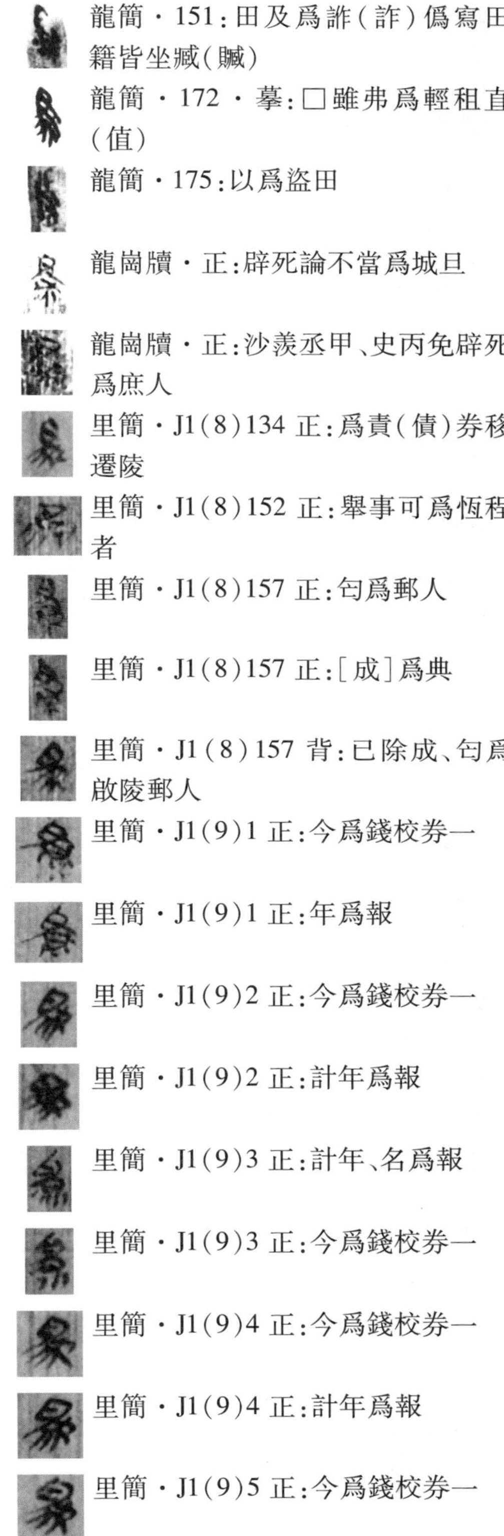

龍簡・151:田及爲詐(詐)僞寫田籍皆坐臧(贓)

龍簡・172・摹:□雖弗爲輕租直(值)

龍簡・175:以爲盜田

龍崗牘・正:辟死論不當爲城旦

龍崗牘・正:沙羨丞甲、史丙免辟死爲庶人

里簡・J1(8)134 正:爲責(債)券移遷陵

里簡・J1(8)152 正:舉事可爲恆程者

里簡・J1(8)157 正:匄爲鄉人

里簡・J1(8)157 正:[成]爲典

里簡・J1(8)157 背:已除成、匄爲啟陵鄉人

里簡・J1(9)1 正:今爲錢校券一

里簡・J1(9)1 正:年爲報

里簡・J1(9)2 正:今爲錢校券一

里簡・J1(9)2 正:計年爲報

里簡・J1(9)3 正:計年、名爲報

里簡・J1(9)3 正:今爲錢校券一

里簡・J1(9)4 正:今爲錢校券一

里簡・J1(9)4 正:計年爲報

里簡・J1(9)5 正:今爲錢校券一

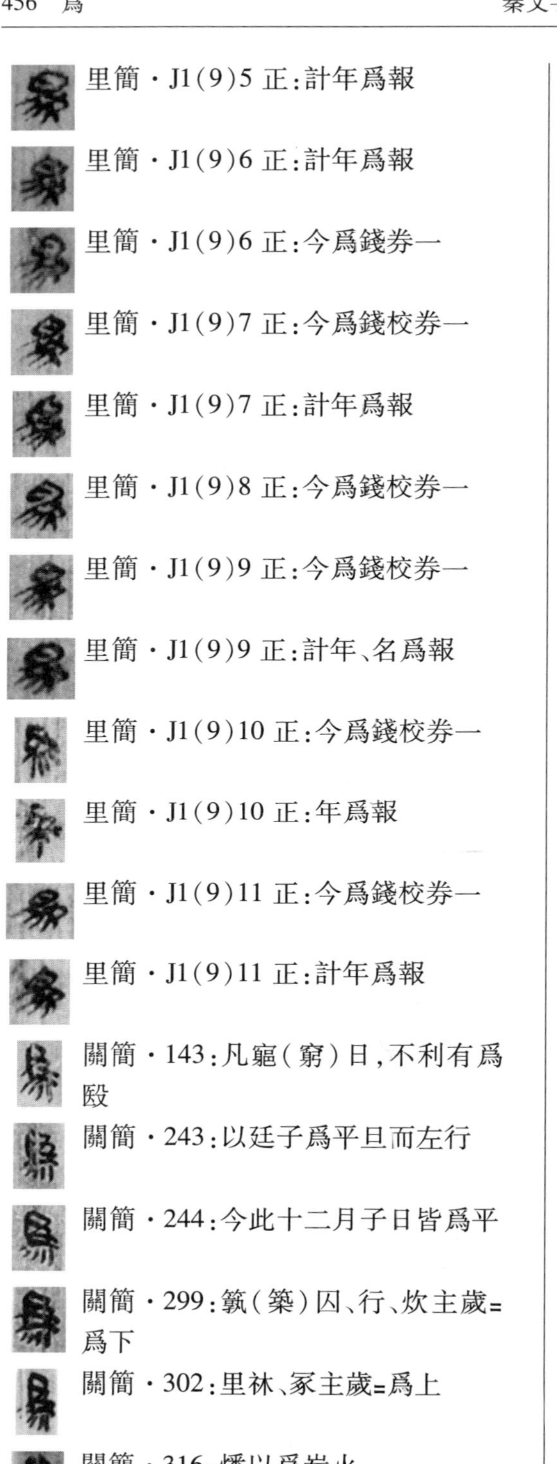

里簡・J1(9)5 正:計年爲報

里簡・J1(9)6 正:計年爲報

里簡・J1(9)6 正:今爲錢券一

里簡・J1(9)7 正:今爲錢校券一

里簡・J1(9)7 正:計年爲報

里簡・J1(9)8 正:今爲錢校券一

里簡・J1(9)9 正:今爲錢校券一

里簡・J1(9)9 正:計年、名爲報

里簡・J1(9)10 正:今爲錢校券一

里簡・J1(9)10 正:年爲報

里簡・J1(9)11 正:今爲錢校券一

里簡・J1(9)11 正:計年爲報

關簡・143:凡竆(窮)日,不利有爲毆

關簡・243:以廷子爲平旦而左行

關簡・244:今此十二月子日皆爲平

關簡・299:簐(篻)囚、行、炊主歲=爲下

關簡・302:里社、冢主歲=爲上

關簡・316:燔以爲炭火

關簡・345:某爲我已之

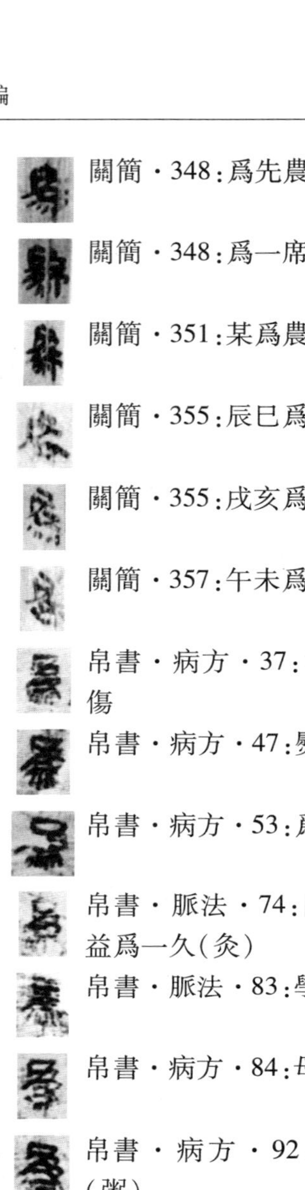

關簡・348:爲先農除舍

關簡・348:爲一席

關簡・351:某爲農夫畜

關簡・355:辰巳爲虚

關簡・355:戌亥爲㧓(孤)

關簡・357:午未爲㧓(孤)

帛書・病方・37:治以枲絮爲獨□傷

帛書・病方・47:熨乾更爲

帛書・病方・53:爲若不已

帛書・脈法・74:陽上於環二寸而益爲一久(灸)

帛書・脈法・83:學□見於爲人□

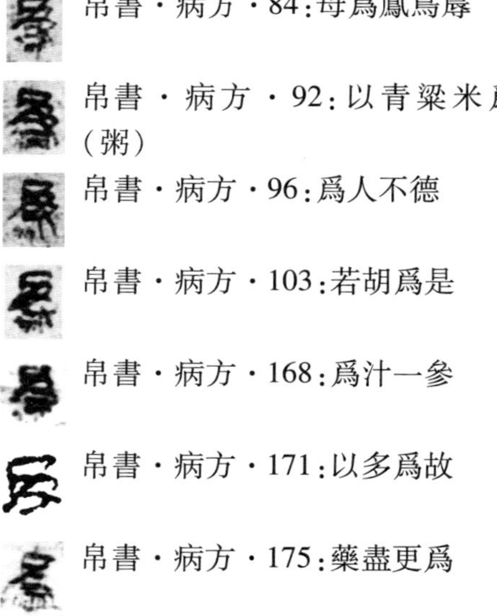

帛書・病方・84:毋爲鳳鳥蓐

帛書・病方・92:以青粱米爲鬻(粥)

帛書・病方・96:爲人不德

帛書・病方・103:若胡爲是

帛書・病方・168:爲汁一參

帛書・病方・171:以多爲故

帛書・病方・175:藥盡更爲

帛書・病方・176:分以爲三

帛書・病方・180:兩人爲靡(磨)其尻

帛書・病方・200:以日出爲之

帛書・病方・214:以稈爲弓

帛書・病方・214:以甗衣爲弦

帛書・病方・218:而以采爲四寸杙二七

帛書・病方・219:□再爲之

帛書・病方・220:爲之恆以星出時爲之

帛書・病方・225:以爲弧

帛書・病方・228:爲二處

帛書・病方・230:以爲不仁

帛書・病方・231:以爲□

帛書・病方・249:爲竅

帛書・病方・251:以爲漿

帛書・病方・260:□爲極

帛書・病方・260:爲領傷

帛書・病方・261:以爲四斗汁

帛書・病方・266:爲穿地

帛書・病方・309:令爲灰

帛書・病方・380:今若爲下民疕

帛書・病方・381:瀉刀爲裝

帛書・病方・411:以爲大丸

帛書・病方・417:以爲湯

帛書・病方・437:沐浴爲蠱者

帛書・病方・442:中別爲□之倡而笄門戶上各一

帛書・病方・444:以敝箕爲輿

帛書・病方・殘3:□槐爲箬

帛書・病方・殘7:束□二日□爲笄□

帛書・灸經甲・40:此爲陽[蹶(厥)]

帛書・灸經甲・42:爲十二病

帛書・灸經甲・49:爲四病

帛書・灸經甲・53:爲五[病]

帛書・灸經甲・64:此爲骨蹶(厥)

帛書・灸經甲・65:爲十病

帛書・灸經甲・69:爲五病

帛書・灸經甲・71:此爲臂蹶(厥)

帛書・灸經甲・71:爲[一病]

陶量(秦印編53):爲

陶量(秦印編53):爲

陶量(秦印編 53):爲

秦印編 53:橋爲

秦印編 53:姚爲

秦印編 53:徐爲

秦印編 53:徐爲

秦印編 53:唐爲

秦印編 53:張爲

集證・172. 585:姚爲

始皇詔陶印(《研究》附):立號爲皇帝

秦陶・1550:立號爲皇帝

秦陶・1580:立號爲皇□

秦陶・1581:爲皇帝

秦陶・1582:爲皇帝

秦陶・1587:爲

秦陶・1588:爲

瓦書・郭子直摹:乃爲瓦書

瓦書・郭子直摹:以爲右庶長歜宗邑

瓦書・郭子直摹:以爲宗邑

瓦書(秦陶・1610):乃爲瓦書

瓦書(秦陶・1610):以爲右庶長歜宗邑

瓦書(秦陶・1610):以爲宗邑

0603　埶(埶)

石鼓文・吳人(先鋒本):□□埶(埶)寓逢〖注〗字形象手持樹木植於土中,即"埶"字。《說文》:"埶,種也。"

0604　䡅(孰)

秦駰玉版・甲・摹:孰敢不精

秦駰玉版・乙・摹:孰敢不精

天簡 28・乙・摹:卦類雜虛孰爲大祝

天簡 29・乙:孰瘫(應)鐘皆曰〖編者按〗此字或釋爲"射"。

睡簡・爲吏・6:祿立(位)有續孰敫上

睡簡・爲吏・26・摹:孰(熟)道毋治(怠)〖注〗孰,讀爲"熟"。孰道,詳加教導。

關簡・375:孰(熟)□而鬻(煮)之

帛書・病方・無編號:孰

帛書・病方・18:卽并煎□孰(熟)

帛書・病方・25:取薺孰(熟)乾實

帛書・病方・57:孰澡(操)湮汲〖注〗孰,善、精。

帛書・病方・58:令孰奮兩手如□間手□道□

 帛書・病方・95:孰(熟)

 帛書・病方・113:卽孰(熟)所冒鷄而食之

 帛書・病方・131:以新布孰暨(摡)之〖注〗孰摡,仔細擦拭。

 帛書・病方・174:孰(熟)

 帛書・病方・176:孰(熟)

 帛書・病方・181:孰(熟)而啜之

 帛書・病方・193:孰析〖注〗孰析,細細解碎。

 帛書・病方・241:孰(熟)

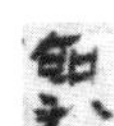 帛書・病方・244:如孰(熟)二斗米頃

 帛書・病方・264:以弱(溺)孰(熟)煮一牡鼠

 帛書・病方・270:孰(熟)燔之

 帛書・病方・286:熬孰(熟)

 帛書・病方・304:麥孰(熟)

 帛書・病方・309:㲋(纔)孰(熟)

 帛書・病方・328:孰(熟)者(煮)餘疾

 帛書・病方・338:[先]孰洒加(痂)以湯

 帛書・病方・353:煮孰(熟)

 帛書・病方・362:卽孰□加(痂)□而已

 帛書・病方・388:孰(熟)

 帛書・病方・409:孰撓之

 帛書・病方・409:先孰洒騷(瘙)以湯

 帛書・病方・428:先以黍潘孰洒涿(瘃)

0605　𠭙

 大墓残磬(集證・59):又(有)巤(躐)𠭙(載)羕(漾)〖注〗𠭙,語助詞,讀爲"載",乃、則。

 大墓残磬(集證・59):㲃虎(鉏鋙)𠭙(載)入

 大墓残磬(集證・62):㲃虎(鉏鋙)𠭙(載)入

 大墓残磬(集證・62):又(有)巤(躐)𠭙(載)□又(有)靇(靈)

 石鼓文・吳人(先鋒本):𠭙(載)西𠭙(載)北

 石鼓文・吳人(先鋒本):𠭙(載)西𠭙(載)北

 石鼓文・鑾車(先鋒本):眚車𠭙衍(行)

0606　鬭

 睡簡・答問・74:相与鬭,交傷

 睡簡・答問・75:鬭折脊項骨

 睡簡・答問・80:鬭夬(決)人耳

 睡簡・答問・81:或與人鬭

睡簡・答問・83:或鬭

睡簡・答問・84:士五(伍)甲鬭

睡簡・答問・85:拔以鬭

睡簡・答問・86:鬭以箴(針)、鉥、錐

睡簡・答問・87:或與人鬭

睡簡・答問・88:或鬭

睡簡・答問・89:鬭,爲人毆毆(也)

睡簡・答問・90:邦客與主人鬭

睡簡・答問・119:吏論以爲鬭傷人

睡簡・答問・199:有大繇(徭)而曹鬭相趣

睡簡・日乙・242:必鬭见血

睡簡・日乙・62:必鬭見血

睡簡・封診・84・摹:自晝與同里大女子丙鬭

0607　　又

秦子簋蓋・摹(珍金・31):又(有)夒(柔)孔嘉〖注〗又夒,李學勤讀爲“有柔”,柔柔。《毛傳》:“柔,安。”

秦編鐘・甲鐘(秦銅・10.1):克明又心〖注〗又,讀爲“有”,爲。或說“又”爲“㕚(厥)”之誤。

秦編鐘・甲鐘左鼓・摹(秦銅・11.2):克明又心

秦編鐘・丁鐘(秦銅・10.4):克明又心

秦鎛鐘・1號鎛(秦銅・12.2):克明又心

秦鎛鐘・2號鎛(秦銅・12.5):克明又心

秦鎛鐘・3號鎛(秦銅・12.8):克明又心

秦公鎛鐘・摹(秦銅・16.1):竈(肇)又(有)下國

秦公鎛鐘・摹(秦銅・16.1):十又(有)二公〖注〗十又二公,王輝說指秦文、竫、憲、出、武、德、宣、成、穆、康、共、桓諸公。

秦公鎛鐘・摹(秦銅・16.4):高引又(有)慶

秦公鎛鐘・摹(秦銅・16.4):匍又(有)四方〖注〗匍有四方,即廣有天下,普遍地保有天下。

秦公簋・器(秦銅・14.1):十又(有)二公

秦公簋・蓋(秦銅・14.2):高引又(有)慶

有司伯喪矛一(珍金・46):又(有)嗣(司)白(伯)喪之車矛

有司伯喪矛一・摹(珍金・46):又(有)嗣(司)白(伯)喪之車矛

有司伯喪矛二(珍金・47):又(有)嗣(司)白(伯)喪之車矛

有司伯喪矛二・摹(珍金・47):又(有)嗣(司)白(伯)喪之車矛

秦懷后磬・摹:樂又(有)䎽(聞)于百□

大墓殘磬(集證・62):又(有)𢧢(𢨋)䣎(載)□又(有)霝(靈)

大墓殘磬(集證・62):又(有)𢧢(𢨋)䣎(載)□又(有)霝(靈)

大墓殘磬(集證・59):又(有)𢧢(𢨋)䣎(載)羕(漾)

大墓殘磬(集證・60):高陽又(有)霝(靈)

大墓殘磬(集證・84):允龢又(有)霝(靈)殸(磬)

石鼓文・吳人(先鋒本):□䲅=大□求又□是〖注〗又,通“有”。

石鼓文・汧殹(先鋒本):又(有)鱒又(有)鮊

石鼓文・汧殹(先鋒本):又(有)鱒又(有)鮊

石鼓文・汧殹(先鋒本):澫又(有)小魚

石鼓文・田車(先鋒本):其趍又旃

詛楚文・湫淵(中吳本):又(有)秦嗣王〖注〗有秦,即秦。有,句首語助詞。

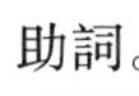詛楚文・湫淵(中吳本):今又悉興其眾

詛楚文・亞駝(中吳本):今又悉興其眾

詛楚文・亞駝(中吳本):又(有)秦嗣王

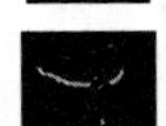詛楚文・巫咸(中吳本):又(有)秦嗣王

秦駰玉版・甲・摹:東方又(有)士

秦駰玉版・甲・摹:而靡又(有)息休

秦駰玉版・甲・摹:又(有)秦曾孫小子駰曰

秦駰玉版・乙・摹:東方又(有)士

秦駰玉版・乙・摹:而靡又(有)[息]休

秦駰玉版・乙・摹:又(有)秦曾孫小子駰曰

秦駰玉版・乙・摹:大山又(有)賜

睡簡・日甲・34 正:大事又(有)慶

睡簡・日甲・36 正:又(有)疾,不死

睡簡・日甲・38 正:是胃(謂)又(有)小逆

睡簡・日甲・41 正:又(有)歲,又(有)小兵

睡簡・日甲・41 正:又(有)歲,又(有)小兵

睡簡・日甲・42 正:先辱而後又(有)慶

睡簡・日甲・44 正:不可又(有)爲也

睡簡・日甲・46 正:不可又(有)爲也

帛書・病方・108:靡(磨)又(疣)內辟(壁)二七

帛書・病方・108:弱(搦)又(疣)內北

帛書・病方・109:葵莖靡(磨)又(疣)二七

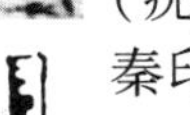秦印編 54:宋又

秦陶・658:又(右)禾

秦陶・659:又(右)禾

秦陶・660:又(右)禾

秦陶・661:又(右)禾

秦陶・643:又(右)角

秦陶・667:又(右)渫

秦陶・674:又(右)角

秦陶・682:又(右)貿

0608　叉

秦駰玉版・乙・摹:小子駰敢以芥(介)圭、吉璧、吉叉(瑑)〖注〗叉,讀

爲"璅",《說文》:"璅,石之似玉者。"曾憲通等讀爲"瑵"。

0609　父

詛楚文·湫淵(中吳本):拘圉其叔父

詛楚文·巫咸(中吳本):拘圉其叔父

詛楚文·亞駝(中吳本):拘圉其叔父

睡簡·答問·20:人奴妾盜其主之父母

睡簡·答問·78:比大父母

睡簡·答問·78:毆大父母〖注〗大父母,祖父母。

睡簡·答問·103:父母擅殺、刑、髡子及奴妾

睡簡·答問·103:子盜父母

睡簡·答問·104:子告父母

睡簡·答問·106:父殺傷人及奴妾

睡簡·答問·106:父死而誧(甫)告之

睡簡·答問·106:父死而告之

睡簡·答問·108:殺傷父臣妾

睡簡·答問·108:父已死

睡簡·答問·172:同母異父相與奸

睡簡·答問·177:臣邦父母產子及產它邦而是謂"真"

睡簡·答問·178:臣邦父、秦母謂毆

睡簡·秦律·155:欲歸爵二級以免親父母爲隸臣妾者一人

睡簡·日甲·3背:父母必從居

睡簡·日甲·4背:父母有咎

睡簡·日甲·68正:父母爲祟

睡簡·日甲·78正:祠父母良日

睡簡·日甲·144正:去父母南

睡簡·日乙·殘9:父母

睡簡·日乙·158:高王父譴適(謫)

睡簡·日乙·158:外鬼父葉(世)爲姓(眚)〖注〗父世,父輩。

睡簡·日乙·168:高王父譴姓(眚)

睡簡·日乙·174:王父譴

睡簡·日乙·176:外鬼父枼(世)見而欲

睡簡·日乙·178:高王父爲姓(眚)

睡簡·日乙·181:王父欲殺

睡簡·日乙·183:王父爲姓(眚)

睡簡·日乙·184:王父爲姓(眚)

睡簡·日乙·247:不利父母

睡簡·爲吏·19:贅壻後父

睡簡·爲吏·23:贅壻後父

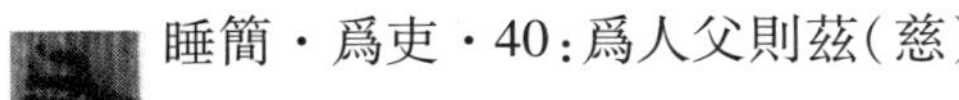
睡簡・爲吏・40:爲人父則茲(慈)

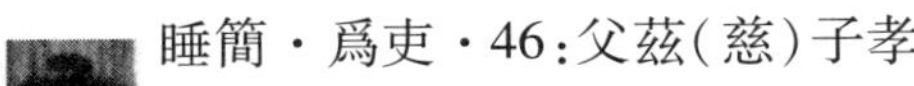
睡簡・爲吏・46:父茲(慈)子孝

關簡・347:人皆祠泰父〖注〗泰父,即大父。

關簡・349:先農栖(恆)先泰父食

帛書・病方・82:兄父産大山

帛書・病方・84:父居蜀

帛書・病方・96:父居北

帛書・病方・199:父乖母强

帛書・病方・207:而父與母皆盡柏築之顛

帛書・病方・207:父而衝

帛書・病方・443:濆者魃父魃母

封泥印122:新城父丞

秦印編54:章□□父

封泥集358・3:尚父鄉印

封泥集358・1:尚父鄉印

封泥集358・2:尚父鄉印

0610　安 㝃 傁　安㝃傁(叟)

睡簡・爲吏・21:故某慮贅壻某安之乃(仍)孫〖注〗安,今通作“叟”。

0611　燮　燮

秦公鎛鐘・摹(秦銅・16.3):靈(柔)燮百邦〖注〗柔燮,安和。

秦印編55:燮

0612　曼　曼

集證・176.652:曼印

0613　夬　夬

睡簡・答問・79・摹:夬(決)其耳〖注〗決,撕裂。

睡簡・答問・80:所夬(決)非珥所入殹

睡簡・答問・80:非必珥所入乃爲夬(決)

睡簡・答問・80:今夬(決)耳故不穿

睡簡・答問・80:律曰:“鬭夬(決)人耳,耐。”

睡簡・答問・87:夬(決)人脣

睡簡・封診式・58:以刃夬(決)二所

睡簡・秦律・157:其有死亡及故有夬(缺)者

睡簡・雜抄・27:夬(決)革一寸

睡簡・日乙・197:東南夬麗〖注〗夬麗,分離。

睡簡・日乙・198:正西夬麗

睡簡・日乙・199:正北夬麗

睡簡・日乙・200:正東夬麗

睡簡・爲吏・9:非以官祿夬助治〖注〗夬,疑爲"史"字之誤,讀爲"使"。

睡簡・爲吏・11:毋以忿怒夬(决)

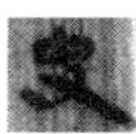睡簡・爲吏・44:夬(决)獄不正

龍簡・202・摹:□未夬(决)而言者〖注〗决,决定。

龍簡・204・摹:□罪者獄未夬(决)□〖注〗决,决獄,判决獄訟。

龍簡・279・摹:□已夬(决)乃□

0614 尹

秦印編55:尹蘐

秦印編55:尹鈷

秦印編55:尹豎

秦印編55:尹莊

秦印編55:尹福

秦印編55:尹牟

秦印編55:尹參

秦印編55:尹嘉

集證・164.494:尹思

集證・164.493:尹銛

0615 及 乁 弓 遘

不其簋蓋(秦銅・3):女(汝)及戎大辜(敦)戟(搏)

滕縣不其簋器(秦銅・4):女(汝)及戎大辜(敦)

秦編鐘・甲鐘(秦銅・10.1):公及王姬曰

秦編鐘・甲鐘鉦部・摹(秦銅・11.1):公及王姬曰

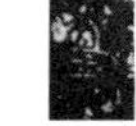秦編鐘・丙鐘(秦銅・10.3):公及王姬曰

秦鎛鐘・1號鎛(秦銅・12.1):公及王姬曰

秦鎛鐘・2號鎛(秦銅・12.4):公及王姬曰

秦鎛鐘・3號鎛(秦銅・12.7):公及王姬曰

石鼓文・汧殹(先鋒本):隹(惟)楊及柳

石鼓文・吾水(先鋒本):金(今)及如□□

詛楚文・亞駝(中吳本):昔我先君穆公及楚成王是繆(勠)力同心

詛楚文・亞駝(中吳本):亦應受皇天上帝及不(丕)顯大神亞駝之幾(機)靈德賜

詛楚文・湫淵(中吳本):不畏皇天上帝及大沈氒(厥)湫之光列(烈)威神

詛楚文・湫淵(中吳本):求蔑灋(廢)皇天上帝及大神氒(厥)湫之卹祠、圭玉、羲(犧)牲

詛楚文・湫淵(中吳本):述(遂)取䈞(吾)邊城新郢及鄔(於)、長、敎(莘)

詛楚文・湫淵(中吳本):昔我先君穆公及楚成王是繆(勠)力同心

詛楚文·湫淵(中吳本):亦應受皇天上帝及大沈氒(厥)湫之幾(機)靈德賜

詛楚文·巫咸(中吳本):不畏皇天上帝及不(丕)顯大神巫咸之光列(烈)威神

詛楚文·巫咸(中吳本):求蔑灋(廢)皇天上帝及不(丕)顯大神巫咸之卹祠、圭玉、羲(犧)牲

詛楚文·巫咸(中吳本):述(遂)取俉(吾)邊城新郢及郁(於)、長、敘(莘)

詛楚文·巫咸(中吳本):昔我先君穆公及楚成王是繆(勠)力同心

詛楚文·巫咸(中吳本):亦應受皇天上帝及不(丕)顯大神巫咸[之]幾(機)靈德賜

詛楚文·亞駝(中吳本):不畏皇天上帝及不(丕)顯大神亞駝之光列(烈)威神

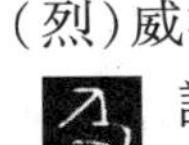詛楚文·亞駝(中吳本):求蔑灋(廢)皇天上帝及不(丕)顯大神亞駝之卹祠、圭玉、羲(犧)牲

詛楚文·亞駝(中吳本):述(遂)取俉(吾)邊城新郢及郁(於)、長、敘(莘)

秦駰玉版·甲·摹:□及羊、豢

秦駰玉版·乙·摹:□及羊、豢

繹山刻石·宋刻本:陀及五帝

泰山刻石·宋拓本:化及無窮

青川牘·摹:及登千(阡)百(陌)之大草

青川牘·摹:九月大除道及除澮

王家臺·12:及

王家臺·12:及

睡簡·答問·22:盜及者(諸)它辠

睡簡·答問·23:當以布及其它所買畀甲

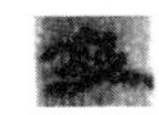睡簡·答問·23:當以衣及布畀不當

睡簡·答問·25:祠固用心腎及它支(肢)物

睡簡·答問·26:及盜不直(置)者

睡簡·答問·27:未置及不直(置)者不爲"具"

睡簡·答問·33:問甲及吏可(何)論

睡簡·答問·35:問甲及吏可(何)論

睡簡·答問·58:咸陽及它縣發弗智(知)者當皆貲

睡簡·答問·68:問甲當論及收不當

睡簡·答問·69:其子新生而有怪物其身及不全而殺之

睡簡·答問·72:及臣邦君長所置爲後大(太)子

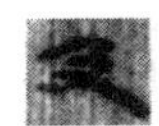睡簡·答問·103:父母擅殺、刑、髡子及奴妾

睡簡·答問·108:殺傷父臣妾、畜產及盜之

睡簡·答問·111:以當刑隸臣及完城旦誣告人

睡簡·答問·125:能自捕及親所智(知)爲捕

睡簡·答問·139:問吏及乙論可(何)毆

睡簡·答問·140:盜出朱(珠)玉邦關及買(賣)於客者

睡簡·答問·148:擅强質及和受質者

睡簡·答問·152:倉鼠穴幾可(何)而當論及誶

睡簡·答問·156:當伍及人不當

睡簡·答問·158:不當論及賞(償)稼

睡簡·答問·164:已閲及敦(屯)車食若行到繇(徭)所乃亡

睡簡·答問·165:可(何)謂"匿戶"及"敖童弗傅"

睡簡·答問·166:得及自出

睡簡·答問·177:臣邦父母產子及產它邦而是謂"真"

睡簡·答問·180:其邦徒及僞吏不來

睡簡·答問·200:寄及客

睡簡·答問·208:及將長令二人扶出之〖注〗及,達到。

睡簡·答問·206:貣(貸)人贏律及介人

睡簡·答問·207:氣(餼)人贏律及介人

睡簡·答問·209:人戶、馬牛及者(諸)貨材(財)直(值)過六百六十錢爲"大誤"

睡簡·封診·14:亡及逋事各幾可(何)日

睡簡·封診·21:及馬一匹

睡簡·封診·22:及履

睡簡·封診·36:有失伍及菌(遲)不來者

睡簡·封診·48:令吏徒將傳及恆書一封詣令史

睡簡·封診·57:柀(被)汙頭北(背)及地

睡簡·封診·58:襦北(背)及中衽□汙血

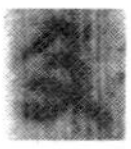

睡簡·封診·69:頭足去終所及地各幾可(何)

睡簡·封診·70:及視索迹鬱之狀

睡簡·封診·80:不智(知)盜人數及之所

睡簡·封診·82:繆繒五尺緣及殿(純)

睡簡·封診·83:不智(知)其裏□可(何)物及亡狀

睡簡·封診·83:繆緣及殿(純)

睡簡·封診·86:卽診嬰兒男女、生髮及保(胞)之狀

睡簡·封診·86:診甲前血出及癰狀

睡簡·秦律·1:及誘(秀)粟

睡簡·秦律·1·摹:輒以書言澍〈澍〉稼、誘(秀)粟及豤(墾)田暘毋(無)稼者頃數

睡簡·秦律·2:早〈旱〉及暴風雨、水潦、夆(螽)蚰、羣它物傷稼者

睡簡·秦律·4:毋敢伐材木山林及雍(壅)隄水

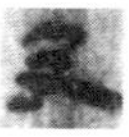

睡簡·秦律·5:邑之紤(近)皂及它禁苑者

睡簡·秦律·6:其追獸及捕獸者

睡簡·秦律·6:百姓犬入禁苑中而不追獸及捕獸者

睡簡·秦律·8:芻自黃䅵(穌)及䕩束以上皆受之

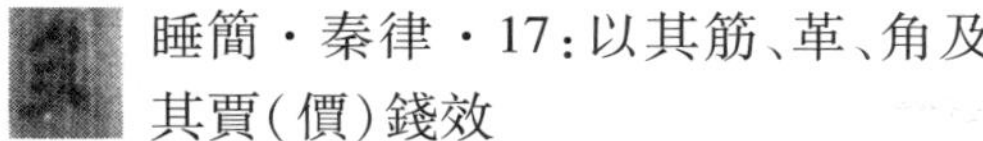
睡簡・秦律・17：以其筋、革、角及其買(價)錢效

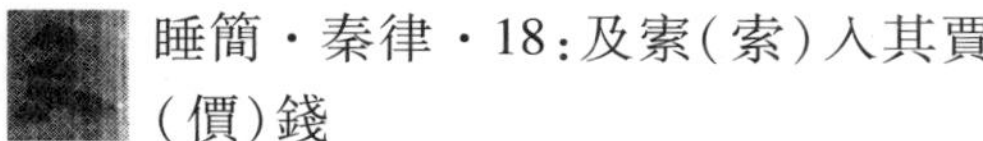
睡簡・秦律・18：及索(索)入其買(價)錢

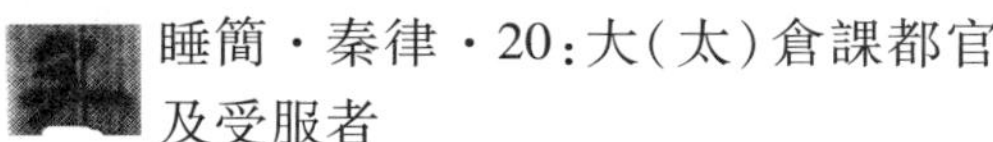
睡簡・秦律・20：大(太)倉課都官及受服者

睡簡・秦律・20：及受服牛者卒歲死牛三以上

睡簡・秦律・20：吏主者、徒食牛者及令、丞皆有罪

睡簡・秦律・21：而遺倉嗇夫及離邑倉佐主稟者各一戶以氣(餼)

睡簡・秦律・21：縣嗇夫若丞及倉、鄉相雜以印之

睡簡・秦律・27：長吏相雜以入禾倉及發

睡簡・秦律・28：其出入、增積及效如禾

睡簡・秦律・37：縣上食者籍及它費大(太)倉

睡簡・秦律・45：有事軍及下縣者

睡簡・秦律・46：及告歸盡月不來者

睡簡・秦律・55：城旦之垣及它事而勞與垣等者

睡簡・秦律・59：免隸臣妾、隸臣妾垣及爲它事與垣等者

睡簡・秦律・61：其老當免老、小高五尺以下及隸妾欲以丁粼者一人贖

睡簡・秦律・62：女子操敃(文)紅及服者

睡簡・秦律・68：賈市居死者及官府之吏

睡簡・秦律・76：有責(債)於公及貲、贖者居它縣

睡簡・秦律・77：百姓叚(假)公器及有責(債)未賞(償)

睡簡・秦律・77：及隸臣妾有亡公器、畜生者

睡簡・秦律・79：令其官嗇夫及吏主者代賞(償)之

睡簡・秦律・80：嗇夫即以其直(值)錢分負其官長及冗吏

睡簡・秦律・81：隃(逾)歲而弗入及不如令者

睡簡・秦律・82：而坐其故官以貲賞(償)及有它責(債)

睡簡・秦律・84：及恆作官府以負責(債)

睡簡・秦律・84：及有辠以收

睡簡・秦律・84：未賞(償)及居之未備而死

睡簡・秦律・86：其金及鐵器入以爲銅

睡簡・秦律・88：凡糞其不可買(賣)而可以爲薪及蓋蘙〈蘙〉者

睡簡・秦律・94：隸臣、府隸之毋(無)妻者及城旦

睡簡・秦律・95：隸臣妾之老及小不能自衣者

睡簡・秦律・95：不仁其主及官者

睡簡・秦律・97：爲作務及官府市

睡簡・秦律・100：縣及工室聽官爲正衡石贏(纍)、斗用(桶)、升

睡簡・秦律・101：邦中之繇(徭)及公事官(館)舍

睡簡・秦律・103：入叚(假)而而毋(無)久及非其官之久(記)也

睡簡・秦律・105：其事已及免

睡簡・秦律・115：及詣〖注〗及，疑讀爲“急”。

 睡簡・秦律・116:司空將紅(功)及君子主堵者有辠

 睡簡・秦律・117:興徒以斬(塹)垣離(籬)散及補繕之

 睡簡・秦律・118:及雖未盈卒歲而或盜玦(決)道出入

 睡簡・秦律・120:其近田恐獸及馬牛出食稼者

 睡簡・秦律・121:縣毋敢擅壞更公舍官府及廷

 睡簡・秦律・122:縣爲恆事及灋有爲殹

 睡簡・秦律・122:欲以城旦舂益爲公舍官府及補繕之

 睡簡・秦律・123:贏員及減員自二日以上

 睡簡・秦律・125:及大車轅不勝任

 睡簡・秦律・125:及載縣(懸)鐘虡〈虡〉用輻(膈)

 睡簡・秦律・126:及叚(假)人食牛不善

 睡簡・秦律・126:及不芥(介)車

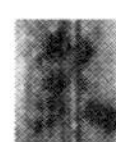 睡簡・秦律・128:官長及吏以公車牛稟其月食及公牛乘馬之稟

 睡簡・秦律・128:官長及吏以公車牛稟其月食及公牛乘馬之稟

 睡簡・秦律・131:令縣及都官取柳及木楘(柔)可用書者

 睡簡・秦律・131:令縣及都官取柳及木楘(柔)可用書者

 睡簡・秦律・133:有辠以貲贖及有責(債)於公

 睡簡・秦律・136:大嗇夫、丞及官嗇夫有辠

 睡簡・秦律・136:作務及賈而負責(債)者

 睡簡・秦律・139:盡八月各以其作日及衣數告其計所官

 睡簡・秦律・142:妻更及有外妻者

 睡簡・秦律・145:及城旦傅堅、城旦舂當將司者

 睡簡・秦律・147:毋敢之市及留舍闠外

 睡簡・秦律・150:司寇勿以爲僕、養、守官府及除有爲殹

 睡簡・秦律・151:百姓有母及同牲(生)爲隸妾

 睡簡・秦律・153:及法耐署(遷)者

 睡簡・秦律・153:皆不得受其爵及賜

 睡簡・秦律・154:賜未受而死及法耐署(遷)者

 睡簡・秦律・155:及隸臣斬首爲公士

 睡簡・秦律・156:工隸臣斬首及人爲斬首以免者

 睡簡・秦律・157:其有死亡及故有夬(缺)者

 睡簡・秦律・157:縣、都官、十二郡免除吏及佐、羣官屬

 睡簡・秦律・159:及相聽以遣之

 睡簡・秦律・159:乃令視事及遣之

 睡簡・秦律・164:及積禾粟而敗之

 睡簡・秦律・169:縣嗇夫若丞及倉、鄉相雜以封印之

 睡簡・秦律・169:而遺倉嗇夫及離邑倉佐主稟者各一戶

 睡簡・秦律・171:效者見其封及隄(題)

睡簡・秦律・172:倉嗇夫及佐、史

睡簡・秦律・173:縣嗇夫令人復度及與雜出之

睡簡・秦律・174:及者(諸)移贏以賞(償)不備

睡簡・秦律・177:以齎律論及賞(償)

睡簡・秦律・182:及卜、史、司御、寺、府

睡簡・秦律・183:行命書及書署急者

睡簡・秦律・184:必書其起及到日月夙莫(暮)

睡簡・秦律・184:隸臣妾老弱及不可誠仁者勿令

睡簡・秦律・193:侯(候)、司寇及羣下吏毋敢爲官府佐、史及禁苑憲盜

睡簡・秦律・193:侯(候)、司寇及羣下吏毋敢爲官府佐、史及禁苑憲盜

睡簡・秦律・195:獨高其置芻廥及倉茅蓋者

睡簡・秦律・197:官嗇夫及吏夜更行官

睡簡・雜抄・2:及發弩射不中

睡簡・雜抄・6:及治(笞)之

睡簡・雜抄・13:軍人買(賣)稟稟所及過縣

睡簡・雜抄・14:及令、丞貲各一甲

睡簡・雜抄・17:丞及曹長一盾

睡簡・雜抄・18:非歲紅(功)及毋(無)命書

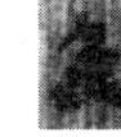睡簡・雜抄・18:工師及丞貲各二甲

睡簡・雜抄・20:令、丞及佐各一盾

睡簡・雜抄・23:及弗備

睡簡・雜抄・29:及不會膚(臚)期

睡簡・雜抄・32:及占瘩(癃)不審

睡簡・雜抄・39:縣嗇夫、尉及士吏行戍不以律

睡簡・雜抄・40:戍者城及補城

睡簡・雜抄・42:縣尉時循視其攻(功)及所爲

睡簡・日甲・9 背:代主及奊(謑)詢

睡簡・日甲・21 正:不可種之及初穫出入之

睡簡・日甲・27 正:弦望及五辰不可以興樂□

睡簡・日甲・31 背:人若鳥獸及六畜恆行人宮

睡簡・日甲・32 正:利見人及畜畜生

睡簡・日甲・38 正:不可取婦、家(嫁)女、出入貨及生(牲)

睡簡・日甲・42 正:利居室、入貨及生(牲)

睡簡・日甲・44 正:出入貨及生(牲)

睡簡・日甲・47 背:燔耋(鬈)及六畜毛邋(鬣)其止所

睡簡・日甲・50 正:離日不可以家(嫁)女、取婦及入人民畜生

睡簡・日甲・57 背:取白茅及黃土而西(洒)之

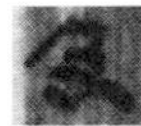睡簡・日甲・60 正:虚四徹不可入客、寓人及臣妾

睡簡・日甲・71 正:取婦、家(嫁)女、出入貨及祠

睡簡・日甲・75 正:利祠及行賈、賈市

睡簡・日甲・80 正:不可爲室及入之

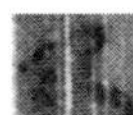睡簡・日甲・82 正:祠及行

睡簡・日甲・83 正:利祠及行

睡簡・日甲・84 正:利入禾粟及爲囷倉

睡簡・日甲・90 正:祠及行

睡簡・日甲・127 正:凡且有大行、遠行若飲食、歌樂、聚畜生及夫妻同衣

睡簡・日甲・138 背:毋起北南陳垣及矰(增)之

睡簡・日甲・142 背:勿以筑(築)室及波(破)地

睡簡・日甲・143 背:入月七日及冬未、春戌、夏丑、秋辰

睡簡・日甲・144 正:耆(嗜)酉(酒)及田邋(獵)

睡簡・日甲・147 正:辛卯生子,吉及穀(穀)

睡簡・日甲・151 背:丙及寅禾

睡簡・日甲・152 背:不可以始種及穫賞(嘗)

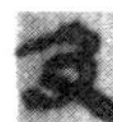睡簡・日甲・155 正:及春之未戌

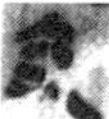睡簡・日乙・43:可以攻軍、入城及行

睡簡・日乙・44:不可以使人及畜六畜

睡簡・日乙・46:丙及寅禾

睡簡・日乙・46:可以蓋臧(藏)及謀

睡簡・日乙・46:田及子麥

睡簡・日乙・47:乙巳及丑黍

睡簡・日乙・47:辰卯及戌叔(菽)

睡簡・日乙・64:己□出種及鼠(予)人

睡簡・日乙・80:不可爲室及入之

睡簡・日乙・82:祠及行

睡簡・日乙・83:祠及百事

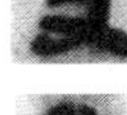睡簡・日乙・86:以邋(獵)置罔(網)及爲門

睡簡・日乙・90:祠及行

睡簡・日乙・96:利祠及[行]

睡簡・日乙・98:祠及行、出入[貨]

睡簡・日乙・100:不可祠及行

睡簡・日乙・124:不可以入臣妾及寄者

睡簡・日乙・130:凡製車及窓〈冠〉

睡簡・日乙・132:及夫妻同衣

睡簡・日乙・183:煩及歲皆在南方

睡簡・日乙・189:人〈入〉水中及谷

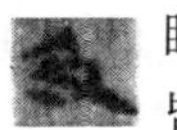 睡簡・日乙・196:□及入月旬八日皆大凶

 睡簡・爲吏・9:及官之敀豈可悔

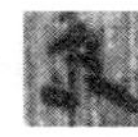 睡簡・爲吏・32:身及於死

 睡簡・效律・1:爲都官及縣效律

 睡簡・效律・18:大嗇夫及丞除

 睡簡・效律・18:故嗇夫及丞皆不得除

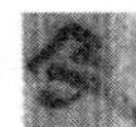 睡簡・效律・22:及積禾粟而敗之

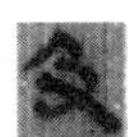 睡簡・效律・27:及籍之曰

 睡簡・效律・28:而遺倉嗇夫及離邑倉佐主稟者各一戶

 睡簡・效律・28:縣嗇夫若丞及倉、鄉相雜以封印之

 睡簡・效律・30:效者見其封及隄(題)以效之

 睡簡・效律・32:倉嗇夫及佐、史

 睡簡・效律・33:縣嗇夫令人復度及與雜出之

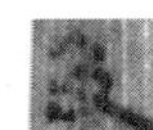 睡簡・效律・34:及者(諸)移贏以賞(償)不備

 睡簡・效律・46:貲工及吏將者各二甲

 睡簡・效律・48:不盈十斗以下及稟鬃縣中而負者

 睡簡・效律・49:百姓或之縣就(僦)及移輸者

 睡簡・效律・52:及都倉、庫、田、亭嗇夫坐其離官屬於鄉者

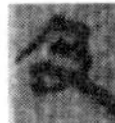 睡簡・效律・54:尉計及尉官吏節(卽)有劾

 睡簡・效律・58:及不當出而出之

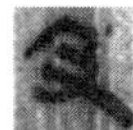 睡簡・效律・58:計脫實及出實多於律程

 睡簡・語書・1:其所利及好惡不同

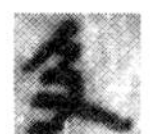 睡簡・語書・4:故騰爲是而脩瀍律令、田令及爲閒(奸)私方而下之

 岳山牘・M36:44 正:壬戌、癸亥不可以之遠□及來歸入室

 龍簡・1:諸叚兩雲夢池鱼(籞)及有到雲夢禁中者得取灌□

 龍簡・2・摹:竇出入及毋(無)符傳而闌入門者

 龍簡・4:詐(詐)僞、假人符傳及讓人符傳者

 龍簡・5・摹:及□偑〈佩〉入司馬門久(?)□

 龍簡・12:及以它詐(詐)僞入□

 龍簡・15:從皇帝而行及舍禁苑中者皆(?)□

 龍簡・38:諸取禁苑中柞(柞)、棫、橎、楢產葉及皮□

 龍簡・39:及見獸出在外

 龍簡・54:其騎及以乘車、軺車□

 龍簡・60:及弩道絕馳道

 龍簡・60・摹:馳道與弩道同門、橋及限(?)□

 龍簡・90・摹:及爲作務羣它□

 龍簡・101:馬、牛殺之及亡之

 龍簡・103:毋敢穿穽及置它機

龍簡・112:馬、牛、駒、犢、[羔]皮及□皆入禁□(官)□

龍簡・118・摹:及田不□坐□

龍簡・120:及斬人疇企(畦)

龍簡・129:人及虚租希(稀)程者

龍簡・137:直(值)其所失臧(贓)及所受臧(贓)

龍簡・151:田及爲詐(詐)僞寫田籍皆坐臧(贓)

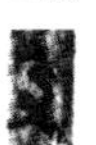
龍簡・161:□罪及稼臧(贓)論之

龍簡・193:不盈十石及過十□

龍簡・195:□及棄臧(贓)焉

龍簡・197・摹:吏及徒去辨□

龍簡・199:宦者其有言畧(遷)及有罪者□

龍簡・290:及

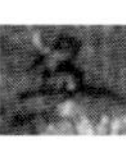
里簡・J1(9)981正:論及讂

里簡・J1(16)6正:今洞庭兵輸内史及巴、南郡、蒼梧

關簡・260:以孤虚循求盜所道入者及臧(藏)處

關簡・265:以此見人及戰斲(鬭)皆可

關簡・333:及毋與人言

帛書・病方・殘4:及更以□

帛書・病方・8:燔白鷄毛及人髮

帛書・病方・32:尉時及已熨四日内

帛書・病方・64:令毋痛及易瘳方

帛書・病方・94:及汁更洎

帛書・病方・114:取犬尾及禾在圈垣上[者]

帛書・病方・123:及毋手傅之

帛書・病方・152:以封隋(脽)及少[腹]□

帛書・病方・158:□及瘻不出者方

帛書・病方・161:痛於脬及衷

帛書・病方・169:有(又)以涂(塗)隋(脽)□下及其上

帛書・病方・172:漬襦頸及頭垢中

帛書・病方・211:穨(癩)及瘻

帛書・病方・221:□汁及膏□

帛書・病方・222:勿令風及

帛書・病方・336:及治病毋時

帛書・病方・375:傅藥毋食□彘肉、魚及女子

0616　秉

秦子簋蓋(珍金・35):秉德受命屯(純)魯〖注〗秉,執持、操守。

秦子簋蓋・摹(珍金・31):秉德受命屯(純)魯

秦公簋・器(秦銅・14.1):穆=帥秉明德

秦公鎛鐘·摹(秦銅·16.2):穆=帥秉明德

會稽刻石·宋刻本:男秉義程

睡簡·日甲·36 背:以棘椎桃秉(柄)以㱿(敲)其心

0617　反反　反反

秦駰玉版·甲·摹:忡=(申申)反盧〈瘟〉〖編者按〗盧,或釋爲"戾",讀"側"。

秦駰玉版·乙·摹:忡=(申申)反盧〈瘟〉

睡簡·6 號牘·背:以驚居反城中故

睡簡·11 號牘·正:攻反城久

睡簡·爲吏·22:反赦其身

睡簡·編年·5:歸蒲反〖注〗蒲反,地名。

睡簡·答問·20:云'反其辠'者〖注〗反其罪,誣告反坐。

睡簡·日甲·64 正:西數反其鄉

睡簡·日甲·65 正:北數反其鄉

睡簡·日甲·66 正:東數反其鄉

睡簡·日甲·67 正:南數反其鄉

睡簡·日甲·73 背:臧(藏)東南反(阪)下

睡簡·日甲·153 背:反枳(支)

睡簡·日甲·153 背:六日反枳(支)

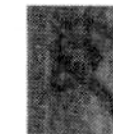睡簡·日甲·154 背:反枳(支)

睡簡·日乙·131:寄人反寄之

睡簡·日乙·192:人反寧之

睡簡·日乙·198:東南反鄉

睡簡·日乙·199:西南反鄉

睡簡·日乙·200:西北反鄉

龍簡·175·摹:反農□

里簡·J1(12)10 正:越人以城邑反

帛書·灸經甲·40:[不]可以反稷(側)

帛書·灸經甲·40:足外反〖注〗外反,外翻。

帛書·死候·86:唇反人盈

集證·154.336:蒲反丞印

集證·219.252:咸反里逿〖注〗反里,里名。

秦陶·1261:蒲反

秦陶·1474:[麗山]飤官□反一斗

秦陶·1475:麗山反

0618　叔叔　叔村

詛楚文·湫淵(中吳本):拘圉其叔父

詛楚文·巫咸(中吳本):拘圉其叔父

詛楚文・亞駝（中吳本）：拘圉其叔父

睡簡・日乙・47：辰卯及戌叔（菽）

睡簡・日乙・65：申戌叔（菽）

睡簡・答問・153：即出禾以當叔（菽）、麥

睡簡・答問・153：有稟叔（菽）、麥

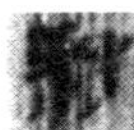
睡簡・秦律・38：叔（菽）畝半斗〖注〗菽，大豆。

睡簡・秦律・43：叔（菽）、荅、麻十五斗爲一石

里簡・J1（9）10 正：陽陵叔作士五（伍）勝日有貲錢千三百卌四〖注〗叔作，鄉里名。

關簡・309：取肥牛膽盛黑叔（菽）中〖注〗叔，即"菽"，豆類總稱。

關簡・309：取十餘叔（菽）置鬻（粥）中而歙（飲）之

關簡・329：以叔（菽）七

關簡・330：予若叔（菽）子而徼之齲已

關簡・369：譽赤叔（菽）各二七

帛書・病方・74：以□汁粲（餐）叔（菽）若苦

帛書・病方・85：并黍、叔（菽）、秫（朮）三

帛書・病方・161：黑叔（菽）三升〖注〗黑菽，黑大豆。

帛書・病方・259：大如黑叔（菽）

帛書・病方・293：令謼叔□鍪（熬）可□

帛書・病方・326：取陳黍、叔（菽）

帛書・病方・341：熬叔（菽）□皆等

帛書・病方・350：冶烏家（喙）、黎（藜）盧、蜀叔（菽）〖注〗蜀菽，藥名。

帛書・病方・419：用陵（菱）叔〈枝（芰）〉熬

帛書・病方・451：鬵（煮）叔（菽）取汁洒□

帛書・病方・453：而洒以叔（菽）汁

帛書・病方・456：用良叔（菽）、雷矢各□而㿽（擣）之

秦印編 55：李叔

秦印編 55：闕叔

0619　𠬛

秦駰玉版・甲・摹：周世既𠬛（沒）〖注〗𠬛，讀爲"沒"，滅、終。

秦駰玉版・乙・摹：周世既𠬛（沒）

0620　取

詛楚文・湫淵（中吳本）：述（遂）取𢦏（吾）邊城新郢及鄔（於）、長、敍（莘）

詛楚文・巫咸（中吳本）：述（遂）取𢦏（吾）邊城新郢及鄔（於）、長、敍（莘）

睡簡・爲吏・21：三曰居官善取

睡簡・爲吏・51：不取句（苟）免

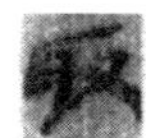
睡簡・答問・130：得取錢

 睡簡·答問·130:所捕耐辠以上得取

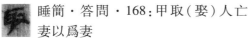

 睡簡·答問·168:甲取(娶)人亡妻以爲妻

 睡簡·答問·182:其主已取錢

 睡簡·封診式·73:今旦起啟戶取衣

 睡簡·秦律·4:取生荔、麛鷇(卵)鷇

 睡簡·秦律·42:其人弗取之

 睡簡·秦律·89:取不可葆繕者

 睡簡·秦律·78:毋過三分取一

 睡簡·秦律·131:令縣及都官取柳及木楘(柔)可用書者

 睡簡·雜抄·22:未取省而亡之

 睡簡·日甲·1背:取妻

 睡簡·日甲·2背:禹以取梌(塗)山之女日也

 睡簡·日甲·3背:牽牛以取織女而不果

 睡簡·日甲·5背:敝毛之士以取妻

 睡簡·日甲·5背:以取妻

 睡簡·日甲·6背:凡取妻、出女之日

 睡簡·日甲·6正:祭祀、家(嫁)子、取(娶)婦、入材

 睡簡·日甲·7背:不可家(嫁)女、取妻

睡簡·日甲·7背:以取妻

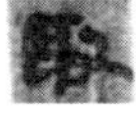 睡簡·日甲·8背:不可取妻、家(嫁)子

 睡簡·日甲·8背:十二日曰見莫取

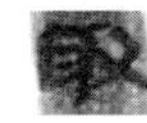 睡簡·日甲·9背:不可取妻

 睡簡·日甲·9背:不可取妻

 睡簡·日甲·10背:不可取妻

 睡簡·日甲·12背:牝月牡日取妻

 睡簡·日甲·17正:可以取妻、入人、起事

 睡簡·日甲·23背:取婦爲小內

 睡簡·日甲·24背:取桃枱〈棓〉椯(段)四隅中央

 睡簡·日甲·29背:取故丘之土

 睡簡·日甲·32正:可取婦、家(嫁)女、㓞(製)衣常(裳)

 睡簡·日甲·36正:不可取婦、家(嫁)女

 睡簡·日甲·38正:不可取婦、家(嫁)女、出入貨及生(牲)

 睡簡·日甲·39背:是上神下取妻

 睡簡·日甲·39正:取婦、家(嫁)女

 睡簡·日甲·39背:取西南隅

 睡簡·日甲·40正:可取

 睡簡·日甲·42正:可取婦、家(嫁)女、葬貍(埋)

 睡簡·日甲·44正:不可以見人、取婦、家(嫁)女

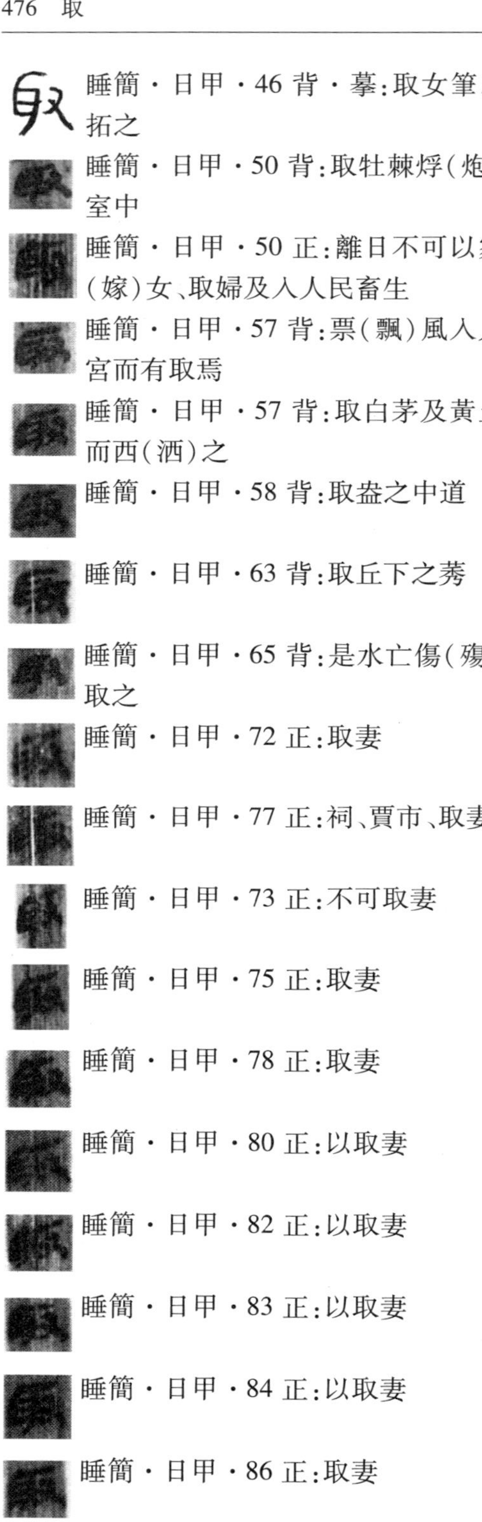

睡簡·日甲·46背·摹:取女筆以拓之

睡簡·日甲·50背:取牡棘烰(炮)室中

睡簡·日甲·50正:離日不可以家(嫁)女、取婦及入人民畜生

睡簡·日甲·57背:票(飄)風入人宫而有取焉

睡簡·日甲·57背:取白茅及黄土而西(洒)之

睡簡·日甲·58背:取盎之中道

睡簡·日甲·63背:取丘下之莠

睡簡·日甲·65背:是水亡傷(殤)取之

睡簡·日甲·72正:取妻

睡簡·日甲·77正:祠、賈市、取妻

睡簡·日甲·73正:不可取妻

睡簡·日甲·75正:取妻

睡簡·日甲·78正:取妻

睡簡·日甲·80正:以取妻

睡簡·日甲·82正:以取妻

睡簡·日甲·83正:以取妻

睡簡·日甲·84正:以取妻

睡簡·日甲·86正:取妻

睡簡·日甲·93正:取妻

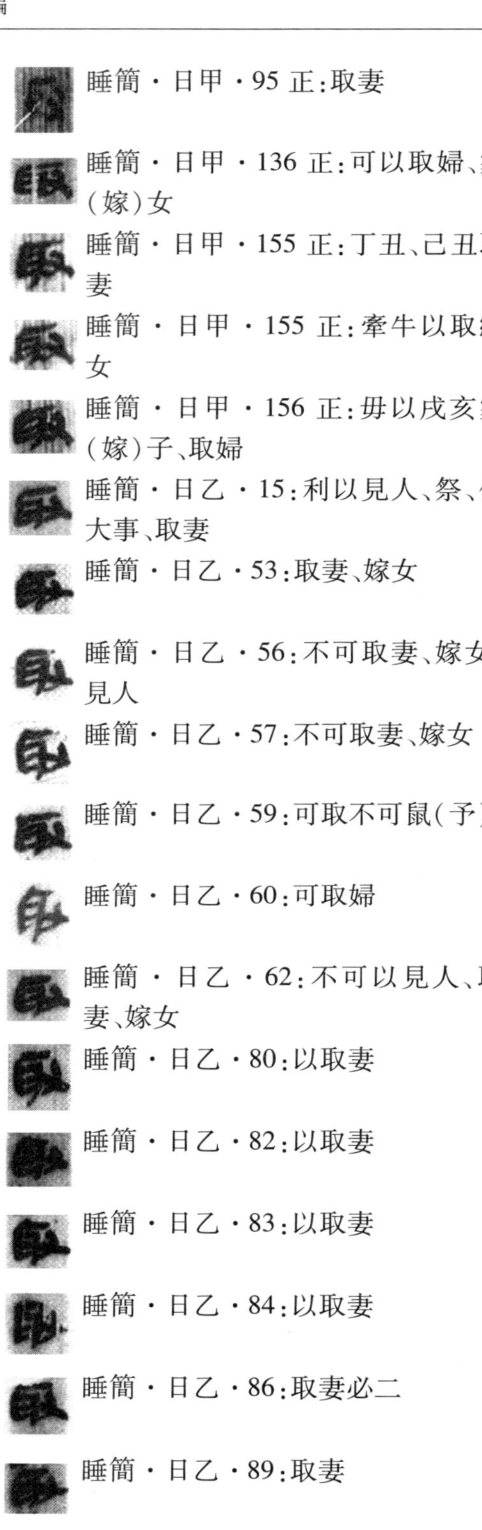

睡簡·日甲·95正:取妻

睡簡·日甲·136正:可以取婦、家(嫁)女

睡簡·日甲·155正:丁丑、己丑取妻

睡簡·日甲·155正:牽牛以取織女

睡簡·日甲·156正:毋以戌亥家(嫁)子、取婦

睡簡·日乙·15:利以見人、祭、作大事、取妻

睡簡·日乙·53:取妻、嫁女

睡簡·日乙·56:不可取妻、嫁女、見人

睡簡·日乙·57:不可取妻、嫁女

睡簡·日乙·59:可取不可鼠(予)

睡簡·日乙·60:可取婦

睡簡·日乙·62:不可以見人、取妻、嫁女

睡簡·日乙·80:以取妻

睡簡·日乙·82:以取妻

睡簡·日乙·83:以取妻

睡簡·日乙·84:以取妻

睡簡·日乙·86:取妻必二

睡簡·日乙·89:取妻

睡簡·日乙·91:取妻

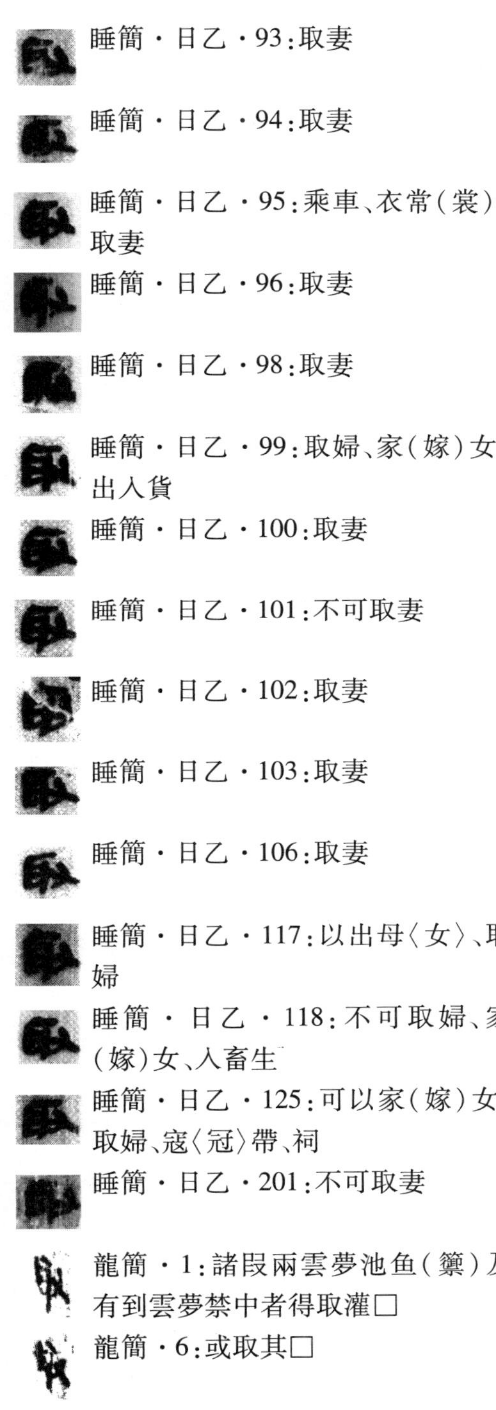

睡簡・日乙・93:取妻

睡簡・日乙・94:取妻

睡簡・日乙・95:乘車、衣常(裳)、取妻

睡簡・日乙・96:取妻

睡簡・日乙・98:取妻

睡簡・日乙・99:取婦、家(嫁)女、出入貨

睡簡・日乙・100:取妻

睡簡・日乙・101:不可取妻

睡簡・日乙・102:取妻

睡簡・日乙・103:取妻

睡簡・日乙・106:取妻

睡簡・日乙・117:以出母〈女〉、取婦

睡簡・日乙・118:不可取婦、家(嫁)女、入畜生

睡簡・日乙・125:可以家(嫁)女、取婦、寇〈冠〉帶、祠

睡簡・日乙・201:不可取妻

龍簡・1:諸叚兩雲夢池魚(籞)及有到雲夢禁中者得取灌□

龍簡・6:或取其□

龍簡・10・摹:取傳書鄉部稗官

龍簡・27:取者其罪與盜禁中[同]□

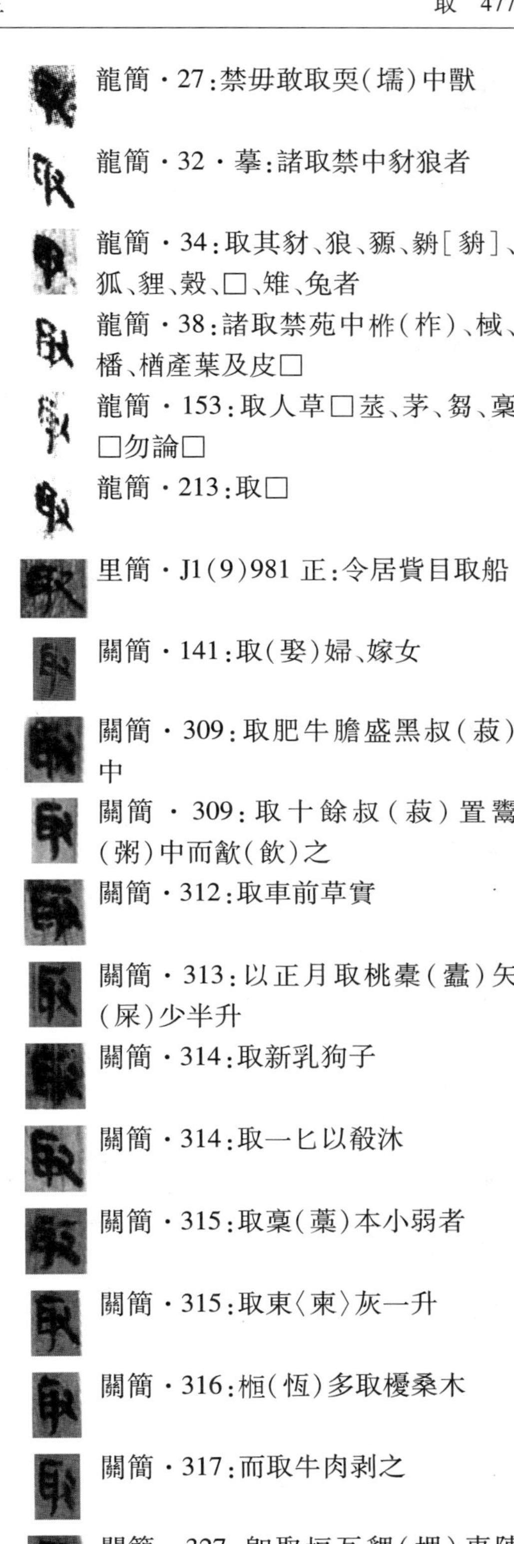

龍簡・27:禁毋敢取耎(壖)中獸

龍簡・32・摹:諸取禁中豺狼者

龍簡・34:取其豺、狼、豲、貈[貈]、狐、貍、㲉、□、雉、兔者

龍簡・38:諸取禁苑中柞(柞)、棫、橎、楢產葉及皮□

龍簡・153:取人草□蒸、茅、芻、稾□勿論□

龍簡・213:取□

里簡・J1(9)981 正:令居貲目取船

關簡・141:取(娶)婦、嫁女

關簡・309:取肥牛膽盛黑叔(菽)中

關簡・309:取十餘叔(菽)置鬻(粥)中而歓(飲)之

關簡・312:取車前草實

關簡・313:以正月取桃橐(蠹)矢(屎)少半升

關簡・314:取新乳狗子

關簡・314:取一匕以殽沐

關簡・315:取稾(藁)本小弱者

關簡・315:取東〈柬〉灰一升

關簡・316:桓(恆)多取櫌桑木

關簡・317:而取牛肉剝之

關簡・327:即取垣瓦貍(埋)東陳垣止(址)下

關簡・333:卽取車𦊠(蠤)

關簡・351:卽取腏以歸

關簡・354:取戶旁腏黍

關簡・372:取大白礜

關簡・375:取柬灰一斗

關簡・377:卽取守室二七

帛書・脈法・73:治病者取有餘而益不足殹(也)

帛書・病方・殘1・摹:取蛇兌(蛻)□鄉(嚮)者

帛書・病方・殘7:取流水一斗

帛書・病方・殘8:□發□取□

帛書・病方・14:取彘膏、□衍并冶

帛書・病方・18:以布捉取

帛書・病方・23:取鼢鼠

帛書・病方・23:取彘魚

帛書・病方・24:取三指最(撮)一

帛書・病方・25:取薺孰(熟)乾實

帛書・病方・25:取三指最(撮)到節一

帛書・病方・30:取一斗

帛書・病方・34:浚取其汁

帛書・病方・48:取雷尾〈戻(矢)〉三果(顆)

帛書・病方・53:取若門左

帛書・病方・54:更取水

帛書・病方・56:取恆石兩

帛書・病方・56:取其靡(磨)如麋(糜)者

帛書・病方・57:取竈末灰三指最(撮)□水中

帛書・病方・61:取丘(蚯)引(蚓)矢二升

帛書・病方・67:取牛胆、烏豙(喙)、桂

帛書・病方・73:取杞本長尺

帛書・病方・76:取麋(蘼)蕪本若□薺一□傅宥(痏)

帛書・病方・101:取井中泥

帛書・病方・102:取敝蒲席若籍之弱(蒻)

帛書・病方・105:取凷(塊)大如鷄卵者

帛書・病方・106:取凷(塊)言曰

帛書・病方・114:取犬尾及禾在圈垣上[者]

帛書・病方・115:取灌青

帛書・病方・115:取如□鹽廿分斗一

帛書・病方・125:二、三月十五日到十七日取烏卵

帛書・病方・127:少取藥

帛書・病方・130:取丹沙與鱣魚血

帛書・病方・143:取蘭□

帛書・病方・156:取桮(杯)水歕(噴)鼓三

帛書・病方・162:浚取[汁]

帛書・病方・163:取三指最(撮)到節一

帛書・病方・165:取橥、實并冶

帛書・病方・165:歲[更]取□毒堇

帛書・病方・165:取之

帛書・病方・168:浚取其汁

帛書・病方・173:取枲種麤(麤)屑二升

帛書・病方・174:浚取其汁

帛書・病方・176:浚取其汁

帛書・病方・176:取景天長尺、大圍束一

帛書・病方・182:取蠃牛二七

帛書・病方・187:取三歲陳霍(藿)

帛書・病方・187:烝(蒸)而取其汁

帛書・病方・191:取□其□

帛書・病方・191:先取鵲棠下蒿

帛書・病方・193:取馬矢觕者三斗

帛書・病方・194:取芥衷莢

帛書・病方・209:取臬垢

帛書・病方・215:靡(磨)取蠶種冶

帛書・病方・225:卽取桃支(枝)東鄉(嚮)者

帛書・病方・225:取□母□上

帛書・病方・236:旦取丰(蜂)卵一

帛書・病方・237:取三[指大撮]三

帛書・病方・237:取野獸肉食者五物之毛等

帛書・病方・239:取內戶旁祠空中黍腏、燔死人頭皆冶

帛書・病方・241:取其汁漬(漬)美黍米三斗

帛書・病方・242:卽取葰(谿)末、菽醬之宰(滓)半

帛書・病方・248:取弱(溺)五斗

帛書・病方・250:取署(署)苽(蓏)汁二斗以漬之

帛書・病方・250:取藺莖乾冶二升

帛書・病方・255:取肥□肉置火中

帛書・病方・262:取其脬

帛書・病方・267:而取盉

帛書・病方・270:取石大如卷(拳)二七

帛書・病方・270:取石置中

 帛書・病方・273:取汁四斗

 帛書・病方・274:取商〈啇〉牢漬醯中

 帛書・病方・286:取大叔(菽)一斗

 帛書・病方・287:□卽取其汁盡飲之

 帛書・病方・307:足(捉)取汁而煎

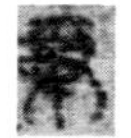 帛書・病方・325:取秋竹者(煮)之

 帛書・病方・326:取陳黍、叔(菽)

 帛書・病方・327:取無(蕪)夷(荑)中覈(核)

 帛書・病方・328:取灰

 帛書・病方・328:取雉式

 帛書・病方・329:冬日取其本

 帛書・病方・329:夏日取堇葉

 帛書・病方・330:取久溺中泥

 帛書・病方・347:取慶(蜣)良(螂)一斗

 帛書・病方・355:取陳葵莖

 帛書・病方・359:取其灰□三□[已]

 帛書・病方・359:取三歲織(職)豬膏

 帛書・病方・365:取桐本一欱所

 帛書・病方・366:取烏家(喙)、黎(藜)盧

 帛書・病方・368:取此半斗

 帛書・病方・369:自睪(擇)取大山陵

 帛書・病方・370:抉取若刀

 帛書・病方・372:已冶五物□取牛脂□細布□

 帛書・病方・373:如此□布[抒]取汁

 帛書・病方・376:取牡□一

 帛書・病方・377:稍取以塗身體(體)種(腫)者而灸之

 帛書・病方・389:□時取狼牙根

 帛書・病方・399:取雄鷄矢

 帛書・病方・401:取禹竈□塞傷痏□

 帛書・病方・402:以羽取□

 帛書・病方・411:最(撮)取大者一枚

 帛書・病方・412:取茹盧(蘆)本

 帛書・病方・413:取犁(藜)盧二齊

 帛書・病方・415:取闌(蘭)根、白付

 帛書・病方・442:取桃東枳(枝)

 帛書・病方・446:取段(鍛)鐵者灰三□

 帛書・病方・449:取夾□、白柎□

 帛書・病方・451:𤎩(煮)叔(菽)取汁洒□

帛書・病方・458:□取莓莖

帛書・病方・461:剝取皮□采根□

秦印編55:賈取

瓦書(秦陶・1610):取杜才(在)酆邱到于潏水

瓦書・郭子直摹:取杜才(在)酆邱到于潏水

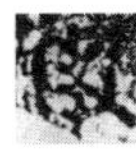秦陶・1246:汧取〖注〗取,人名。

秦陶・1247:汧取

秦陶・1250:汧取

0621 

卌八年上郡假守鼂戈(珍金・88):卌八年上郡叚(假)守鼂造〖注〗叚守,即假守,代理郡守。假,代理、兼攝。

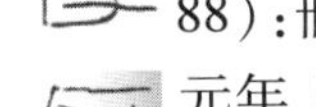卌八年上郡假守鼂戈・摹(珍金・88):卌八年上郡叚(假)守鼂造

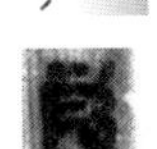元年上郡假守暨戈・摹(珍金・92):元年上郡叚(假)守暨造

睡簡・爲吏・18:叚(假)門逆呂(旅)

睡簡・爲吏・23:叚(假)門逆闒(旅)

睡簡・答問・19:今叚(假)父盜叚(假)子〖注〗假父,義父。

睡簡・答問・19:今叚(假)父盜叚(假)子〖注〗假子,義子。

睡簡・答問・131・摹:把其叚(假)以亡

睡簡・答問・159:旞火燔其叚(假)乘車馬

睡簡・秦律・48:百姓有欲叚(假)者

睡簡・秦律・48:叚(假)之

睡簡・秦律・75:別紨以叚(假)之

睡簡・秦律・77:百姓叚(假)公器及有責(債)未賞(償)

睡簡・秦律・100:叚(假)試即正

睡簡・秦律・101:叚(假)而有死亡者

睡簡・秦律・101:其叚(假)公

睡簡・秦律・101:亦令其徒、舍人任其叚(假)

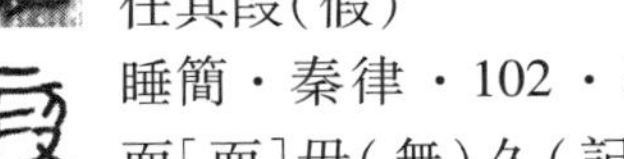睡簡・秦律・102・摹:入叚(假)而[而]毋(無)久(記)及非其官之久(記)也

睡簡・秦律・102:其叚(假)百姓甲兵

睡簡・秦律・104:其或叚(假)公器

睡簡・秦律・105:叚(假)器者

睡簡・秦律・106:官輒收其叚(假)

睡簡・秦律・106:其叚(假)者死亡、有辠毋(無)責也

睡簡・秦律・126・摹:及叚(假)人食牛不善

睡簡・秦律・126・摹:官府叚(假)公車牛者□叚(假)人所

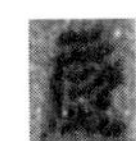睡簡・秦律・194:毋叚(假)百姓

睡簡・雜抄・1・摹:除守嗇夫、叚(假)佐居守者〖注〗假佐,官名。

睡簡・雜抄・36:叚(假)者,耐

龍簡・1:諸叚(假)兩雲夢池鱼(籞)及有到雲夢禁中者得取灌□〖注〗假,租借、租賃。

里簡・J1(8)134 正:自以二月叚(假)狼船〖注〗假,借。

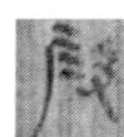
里簡・J1(9)1 背:洞庭叚(假)尉觿謂遷陵丞

里簡・J1(9)2 背:洞庭叚(假)尉觿謂遷陵丞

里簡・J1(9)3 背:洞庭叚(假)尉觿謂遷陵丞

里簡・J1(9)7 背:洞庭叚(假)尉觿謂遷陵丞

里簡・J1(9)9 背:洞庭叚(假)尉觿謂遷陵丞

里簡・J1(9)10 背:洞庭叚(假)尉觿謂遷陵丞

里簡・J1(9)11 背:洞庭叚(假)尉觿謂遷陵丞

里簡・J1(9)12 背:洞庭叚(假)尉觿謂遷陵丞

里簡・J1(16)6 正:洞庭守禮謂縣嗇夫、卒史嘉、叚(假)卒史穀、屬尉

關簡・336:搕某叚(瘕)心疾

帛書・病方・158:燔叚(煆)□

帛書・病方・255:叚(煆)駱阮少半斗

帛書・灸經甲・69:叚(瘕)

封泥印 148:桓叚

封泥集 374・1:桓叚

封泥集 374・2:桓叚

封泥集 374・3:桓叚

封泥集 374・4:桓叚

封泥集 374・6:桓叚

封泥集 374・8:桓叚

封泥集 374・9:桓叚

封泥集 374・5:桓叚

集證・170. 573:桓叚

封泥印 152:蘇叚

0622 友 丱習

秦駰玉版・甲・摹:而無辠□友□

秦駰玉版・乙・摹:而無辠□友□

睡簡・日甲・65 背・摹:人妻妾若朋友死

0623 度

北私府橢量・始皇詔(秦銅・146):灋(法)度量則〖注〗法度量則,(提供)天下效法、參照的度量衡的標準器。

北私府橢量・始皇詔(秦銅・146):灋(法)度量則

北私府橢量・二世詔(秦銅・147):灋(法)度量則

兩詔銅權一(秦銅・175):灋(法)度量則

兩詔銅權一(秦銅・175):灋(法)度量則

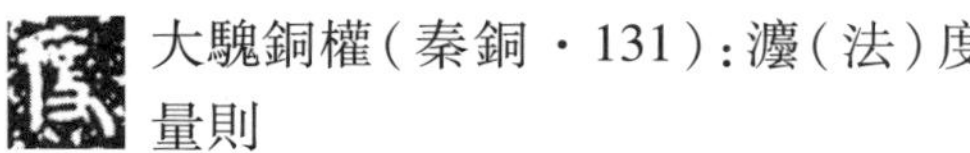
大騩銅權（秦銅・131）：灋（法）度量則

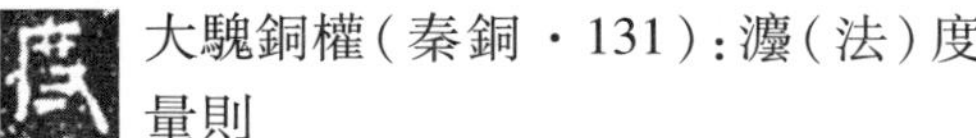
大騩銅權（秦銅・131）：灋（法）度量則

二世元年詔版一（秦銅・161）：灋（法）度量則

二世元年詔版二（秦銅・162）：灋（法）度量則

二世元年詔版三（秦銅・163）：灋（法）度量則

二世元年詔版四（秦銅・164）：灋（法）度量則

二世元年詔版五（秦銅・165）：灋（法）度量則

二世元年詔版八（秦銅・168）：灋（法）度量則

二世元年詔版九（秦銅・169）：灋（法）度量則

二世元年詔版十一（秦銅・171）：灋（法）度量則

二世元年詔版十三（集證・50）：灋（法）度量則

高奴禾石銅權（秦銅・32.2）：灋（法）度量則

兩詔斤權一（集證・45）：灋（法）度量則

兩詔斤權一（集證・45）：灋（法）度量則

兩詔斤權一・摹（集證・46）：灋（法）度量則

兩詔斤權一・摹（集證・46）：灋（法）度量則

兩詔斤權二・摹（集證・49）：灋（法）度量則

兩詔斤權二・摹（集證・49）：灋（法）度量則

兩詔版（秦銅・174.1）：灋（法）度量則

兩詔銅權二（秦銅・176）：灋（法）度量則

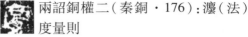

兩詔銅權二（秦銅・176）：灋（法）度量則

兩詔銅權三（秦銅・178）：灋（法）度量則

兩詔銅權三（秦銅・178）：灋（法）度量則

兩詔銅權四（秦銅・179.1）：灋（法）度量則

兩詔銅權五（秦銅・180）：灋（法）度量則

兩詔橢量一（秦銅・148）：灋（法）度量則

兩詔橢量一（秦銅・148）：灋（法）度量則

兩詔橢量二（秦銅・149）：灋（法）度量則

兩詔橢量二（秦銅・149）：灋（法）度量則

兩詔橢量三之一（秦銅・150）：灋（法）度量則

兩詔橢量三之二（秦銅・151）：灋（法）度量則

美陽銅權（秦銅・183）：灋（法）度量則

美陽銅權（秦銅・183）：灋（法）度量則

平陽銅權・摹（秦銅・182）：灋（法）度量則

平陽銅權・摹（秦銅・182）：灋（法）度量則

僅存銘兩詔銅權（秦銅・135-18.1）：灋（法）度量則

僅存銘兩詔銅權（秦銅・135-18.2）：灋（法）度量則

僅存銘兩詔銅權（秦銅・135-18.2）：灋（法）度量則

僅存銘始皇詔銅權・一(秦銅・135-1):灋(法)度量則

僅存銘始皇詔銅權・二(秦銅・135-2):灋(法)度量則

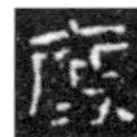僅存銘始皇詔銅權・三(秦銅・135-3):灋(法)度量則

僅存銘始皇詔銅權・四(秦銅・135-4):灋(法)度量則

僅存銘始皇詔銅權・六(秦銅・135-6):灋(法)度量則

僅存銘始皇詔銅權・七(秦銅・135-7):灋(法)度量則

僅存銘始皇詔銅權・八(秦銅・135-8):灋(法)度量則

僅存銘始皇詔銅權・九(秦銅・135-9):灋(法)度量則

僅存銘始皇詔銅權・十(秦銅・135-10):灋(法)度量則

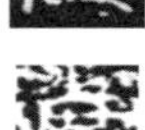僅存銘始皇詔銅權・十一(秦銅・135-11):灋(法)度量則

僅存銘始皇詔銅權・十三(秦銅・135-13):灋(法)度量則

僅存銘始皇詔銅權・十四(秦銅・135-14):灋(法)度量則

僅存銘始皇詔銅權・十七(秦銅・135-17):灋(法)度量則

秦箕斂(箕斂・封3):灋度量則

商鞅方升(秦銅・21):灋(法)度量則

始皇詔八斤銅權一(秦銅・134):灋(法)度量則

始皇詔八斤銅權二(秦銅・135):灋(法)度量則

始皇詔版一(秦銅・136):灋(法)度量則

始皇詔版二(秦銅・137):灋(法)度量則

始皇詔版三(秦銅・138):灋(法)度量則

始皇詔版五・殘(秦銅・141):灋(法)度量則

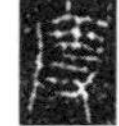始皇詔版八(秦銅・144):灋(法)度量則

始皇詔十六斤銅權一(秦銅・127):灋(法)度量則

始皇詔十六斤銅權二(秦銅・128):灋(法)度量則

始皇詔十六斤銅權三(秦銅・129):灋(法)度量則

始皇詔十六斤銅權四(秦銅・130.2):灋(法)度量則

始皇詔鐵石權四(秦銅・123):灋(法)度量則

始皇詔鐵石權五(秦銅・124):灋(法)度量則

始皇詔銅方升一(秦銅・98):灋(法)度量則

始皇詔銅方升三(秦銅・100):灋(法)度量則

始皇詔銅權一(秦銅・110):灋(法)度量則

始皇詔銅權三(秦銅・112):灋(法)度量則

始皇詔銅權四(秦銅・113):灋(法)度量則

始皇詔銅權五(秦銅・114):灋(法)度量則

始皇詔銅權六(秦銅・115):灋(法)度量則

始皇詔銅權九(秦銅・118):灋(法)度量則

始皇詔銅權十(秦銅・119):灋(法)度量則

始皇詔銅權十一(珍金・124):灋(法)度量則

 始皇詔銅橢量一（秦銅·102）：灋（法）度量則

 始皇詔銅橢量二（秦銅·103）：灋（法）度量則

 始皇詔銅橢量三（秦銅·104）：灋（法）度量則

 始皇詔銅橢量四（秦銅·105）：灋（法）度量則

 始皇詔銅橢量五（秦銅·106）：灋（法）度量則

 始皇詔銅橢量六（秦銅·107）：灋（法）度量則

 武城銅橢量（秦銅·109）：灋（法）度量則

 旬邑銅權（秦銅·133）：灋（法）度量則

 旬邑銅權（秦銅·133）：灋（法）度量則

 左樂兩詔鈞權（集證·43）：灋（法）度量則

 會稽刻石·宋刻本：皆遵軌度

 睡簡·秦律·9：相輪度〖注〗度，稱量。或說，相輪度指芻稾可互相折算。

 睡簡·秦律·23：令度之

 睡簡·秦律·23：唯倉自封印者是度縣

 睡簡·秦律·23：勿度縣〖注〗度縣，稱量。

 睡簡·秦律·123：度攻（功）必令司空與匠度之

 睡簡·秦律·123：度攻（功）必令司空與匠度之

 睡簡·秦律·124：以律論度者

 睡簡·秦律·171：唯倉所自封印是度縣

 睡簡·秦律·171：勿度縣

 睡簡·秦律·172：必以廥籍度之

 睡簡·秦律·173：縣嗇夫令人復度及與雜出之

 睡簡·爲吏·5：慎度量

 睡簡·爲吏·7：賦斂毋（無）度

 睡簡·爲吏·19：善度民力

 睡簡·效律·25：度禾、芻稾而不備

 睡簡·效律·30：唯倉所自封印是度縣

 睡簡·效律·30：勿度縣

 睡簡·效律·32：必以廥籍度之

 睡簡·效律·33：縣嗇夫令人復度及與雜出之

 睡簡·語書·2：是以聖王作爲灋（法）度

 秦印編56：徐度

 陶量（秦印編56）：度

 陶量（秦印編56）：度

 陶量（秦印編56）：度

 秦陶·1589：灋（法）度量則

 秦陶·1590：灋（法）度量則

秦陶·1594：□度量則

秦陶・1599:度

秦陶・1604:度量□

始皇詔陶印(《研究》附):灋(法)度量則

0624　𠂇

秦印編 56:盼□族𠂇

0625　卑

秦印編 56:卑言

瓦書・郭子直摹:卑司御不更顝封之〖注〗卑,讀爲"俾"。

瓦書(秦陶・1610):卑司御不更顝封之

0626　史

王八年内史操戈(珍金・56):王八年内史操左之造〖注〗内史,官名。

王八年内史操戈・摹(珍金・56):王八年内史操左之造

琅邪臺刻石:丞相臣斯、臣去疾、御史大夫臣德昧死言〖注〗御史大夫,官名。

泰山刻石・廿九字本:□臣斯、臣去疾、御史大夫臣□昧死言

泰山刻石・宋拓本:丞相臣斯、臣去疾、御史大夫臣德昧死言

繹山刻石・宋刻本:丞相臣斯、臣去疾、御史大夫臣德昧死言

青川牘・摹:王命丞相戊(茂)、内史匽氏

睡簡・效律・19:實官佐、史被免徙

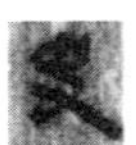睡簡・效律・32:新倉嗇夫、新佐、史主廥者

睡簡・效律・32:倉嗇夫及佐、史

睡簡・效律・55:司馬令史掾苑計

睡簡・效律・55:司馬令史坐之

睡簡・效律・55:如令史坐官計劾然

睡簡・答問・94:史不與嗇夫和〖注〗史,從事文書事務的小史。

睡簡・答問・94:問史可(何)論

睡簡・答問・140:上朱(珠)玉内史

睡簡・答問・151:令史監者一盾

睡簡・答問・194:可(何)謂"耐卜隸、耐史隸"〖注〗耐史隸,受耐刑而仍做史事務的奴隸。

睡簡・答問・194:卜、史當耐者皆耐以爲卜、史隸

睡簡・答問・194:卜、史當耐者皆耐以爲卜、史隸

睡簡・編年・10:喜揄史

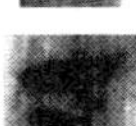睡簡・封診・16:即令[令]史某往執丙

睡簡・封診・48:令吏徒將傳及恆書一封詣令史

睡簡・封診・50:即令令史己往執

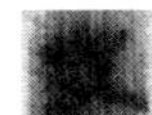睡簡・封診・50:令史己爰書

睡簡・封診・55:即令令史某往診

 睡簡・封診・74:卽令令史某往診

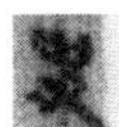 睡簡・封診・85:卽令令史某往執丙

 睡簡・秦律・20:內史課縣

 睡簡・秦律・28:上內史

 睡簡・秦律・32:令有秩之吏、令史主

 睡簡・秦律・72・摹:其佐、史與共養

 睡簡・秦律・73:都官佐、史不盈十五人者

 睡簡・秦律・88:以書時謁其狀內史

 睡簡・秦律・112:籍書而上內史

 睡簡・秦律・161・摹:令君子毋(無)害者若令史守官

睡簡・秦律・161・摹:毋令官佐、史守

 睡簡・秦律・162:實官佐、史被免、徙

 睡簡・秦律・168:倉嗇夫某、佐某、史某、稟人某

 睡簡・秦律・172:倉嗇夫及佐、史

 睡簡・秦律・172:新佐、史主廥者

 睡簡・秦律・175:至計而上廥籍內史

 睡簡・秦律・179:御史卒人使者

 睡簡・秦律・182:上造以下到官佐、史毋(無)爵者

睡簡・秦律・182・摹:及卜、史、司御、寺、府〖注〗史,筮人。

 睡簡・秦律・187:上會九月內史

 睡簡・秦律・188:內史雜

 睡簡・秦律・189:內史雜

 睡簡・秦律・190:內史雜

 睡簡・秦律・191:令敫史毋從事官府

 睡簡・秦律・191:內史雜

 睡簡・秦律・192:內史雜

 睡簡・秦律・193:內史雜

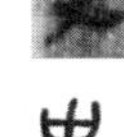 睡簡・秦律・193・摹:侯(候)、司寇及羣下吏毋敢爲官府佐、史及禁苑憲盜

 睡簡・秦律・197:令令史循其廷府

 睡簡・秦律・198:內史雜

 睡簡・秦律・199:歲讎辟律於御史

 睡簡・雜抄・10:吏自佐、史以上負從馬、守書私卒

 睡簡・雜抄・13:縣司空、司空佐史、士吏將者弗得

 睡簡・雜抄・30:令、丞、佐、史各一盾

 睡簡・爲吏・13:毋發可異史(使)煩請

 睡簡・日乙・52:祠史先龍丙望

 龍簡・152・摹:令、丞、令史各一甲〖注〗令史,部門主管文書之吏。

 龍簡・205・摹:史□貲各一盾

龍崗牘・正:沙羨丞甲、史丙免辟死爲庶人

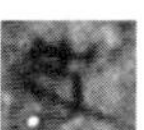
里簡・J1(8)133 正:[獄]史啟

里簡・J1(8)134 正:今而補曰謁問復獄卒史衰、義

里簡・J1(8)152 正:廷下御史書

里簡・J1(8)158 正:主令史下絡帬直(值)書已到

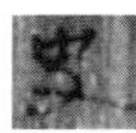
里簡・J1(9)981 正:史逐將作者氾中

里簡・J1(16)6 正:洞庭守禮謂縣嗇夫、卒史嘉、叚(假)卒史穀、屬尉

里簡・J1(16)6 正:今洞庭兵輸內史及巴、南郡、蒼梧

里簡・J1(16)6 正:洞庭守禮謂縣嗇夫、卒史嘉、叚(假)卒史穀、屬尉

里簡・J1(16)6 背:令史犯行

關簡・28:乙丑史但毄(繫)

關簡・48:甲申史𠷎(徹)行

關簡・49:丁亥史除

關簡・366:北斗長史

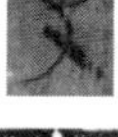
集證・164.502:史市〖注〗史市,人名。

集證・164.503:史公〖注〗史公,人名。"公"或對長者尊稱。

秦印編 56:史市

秦印編 56:史連

秦印編 56:史頎

秦印編 56:史政

秦印編 56:史鬻

秦印編 56:史公

秦印編 56:史□

秦印編 56:史欣

秦印編 56:史陘

秦印編 56:史角

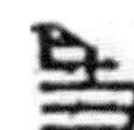
封泥集 109・3:御史之印

新封泥 A・1.3:泰史〖注〗泰史,即太史,官名。

封泥集 180・1:內史之印

封泥集 180・2:內史之印

封泥集 180・4:內史之印

秦印編 56:內史之印

秦印編 56:內史之印

集證・150.282:內史之印

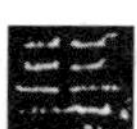
集證・150.283:內史之印

新封泥 C・16.13:內史之印

封泥印 4:內史之印

瓦書(秦陶・1610):史曰初

瓦書·郭子直摹:史羈手

瓦書·郭子直摹:史曰初

瓦書(秦陶·1610):史羈手

地圖注記·摹(地圖·4):燔史谷

0627　事　事叓

不其簋蓋(秦銅·3):用杢(永)乃事

滕縣不其簋器(秦銅·4):用杢(永)乃事

秦編鐘·甲鐘(秦銅·10.1):以虩事緣(蠻)方

秦編鐘·甲鐘鉦部·摹(秦銅·11.1):以虩事緣(蠻)方

秦編鐘·丙鐘(秦銅·10.3):以虩事緣(蠻)方

秦鎛鐘·1號鎛(秦銅·12.1):以虩事緣(蠻)方

秦鎛鐘·2號鎛(秦銅·12.4):以虩事緣(蠻)方

秦鎛鐘·3號鎛(秦銅·12.7):以虩事緣(蠻)方

秦公鎛鐘·摹(秦銅·16.2):虩事緣(蠻)夏

秦公鎛鐘·摹(秦銅·16.3):于秦執事

秦公簋·器(秦銅·14.1):虩事緣(蠻)夏

三年詔事鼎(秦銅·62):三年詔事〖注〗詔事,官署名。

杜虎符(秦銅·25):燔燧之事

新郪虎符(集證·38):燔隊(燧)事

新郪虎符·摹(集證·37):燔隊(燧)事

卅年詔事戈(珍金·74):卅年詔事

卅年詔事戈·摹(珍金·74):卅年詔事

卅三年詔事戈·摹(秦銅·48):卅三年詔事

五十年詔事戈·摹(集證·31):五十年詔事宕

五年相邦呂不韋戈一(集證·33):詔事圖

五年相邦呂不韋戈一(集證·33):詔事

五年相邦呂不韋戈二(秦銅·68.1):詔事圖

五年相邦呂不韋戈二·摹(秦銅·68.1):詔事圖

五年相邦呂不韋戈二(秦銅·68.2):詔事

五年相邦呂不韋戈二·摹(秦銅·68.2):詔事

八年相邦呂不韋戈·摹(秦銅·71):詔事圖

八年相邦呂不韋戈·摹(秦銅·71):詔事

大墓殘磬(集證·64):極(亟)事于秦〖注〗事,侍奉。

石鼓文·霝雨(先鋒本):□□其事

秦駰玉版·甲·摹:敃=(掔掔)烝(烝?)民之事明神

秦駰玉版·甲·摹:欲事天地、四亟(極)、三光、山川、神示(祇)、五祀、先祖〖注〗事,侍奉。李零釋爲"祭祀"。

秦駰玉版·乙·摹:欲事天地、四亟(極)、三光、山川、神示(祇)、五祀、先祖

秦駰玉版・乙・摹：豎=(豎豎)烝(烝?)民之事明神

會稽刻石・宋刻本：考驗事實

會稽刻石・宋刻本：以事合從

會稽刻石・宋刻本：兼聽萬事

會稽刻石・宋刻本：本原事蹟

天簡30・乙・摹：市旅折事君不遂

天簡30・乙：市旅得事君吉

睡簡・語書・9：事無不能殹

睡簡・語書・9：以一曹事不足獨治殹

睡簡・語書・10：緰(偷)隨(惰)疾事

睡簡・語書・10：不智(知)事

睡簡・語書・11：是以善斥(訴)事

睡簡・11號牘・背：爲黑夫、驚多問嬰記季事可(何)如

睡簡・答問・38：廷行事以不審論〖注〗廷行事,法廷成例。

睡簡・答問・56：廷行事以僞寫印

睡簡・答問・59：廷行事吏爲詛(詐)僞

睡簡・答問・60：廷行事有辠當署(遷)

睡簡・答問・61：嗇夫不以官爲事

睡簡・答問・61：以奸爲事

睡簡・答問・66：廷行事爲賊

睡簡・答問・100：有(又)以它事告之

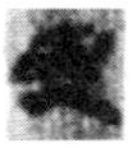

睡簡・答問・121：生埋之異事殹

睡簡・答問・127：當從事官府

睡簡・答問・127：復從事

睡簡・答問・127：今甲從事

睡簡・答問・142：廷行事皆以"犯令"論

睡簡・答問・144：事它郡縣而不視其事者

睡簡・答問・144：事它郡縣而不視其事者

睡簡・答問・148・摹：廷行事强質人者論

睡簡・答問・149・摹：廷行事貲一甲

睡簡・答問・150：廷行事貲一甲

睡簡・答問・152：廷行事鼠穴三以上貲一盾

睡簡・答問・162：然而行事比焉

睡簡・答問・164：爲"逋事"〖注〗逋事,逃避官府役使。

睡簡・封診・6：可定名事里〖注〗名事里,姓名、身份、籍貫。

睡簡・封診・13：可定名事里

睡簡・封診・14：亡及逋事各幾可(何)日

睡簡・封診・40：其定名事里

 睡簡・封診・44・摹:其定名事里

 睡簡・秦律・25:而書入禾增積者之名事邑里于廥籍

 睡簡・秦律・44:宦者、都官吏、都官人有事上爲將

 睡簡・秦律・45:有事軍及下縣者

 睡簡・秦律・48:吏輒柀事之

 睡簡・秦律・49:隸臣妾其從事公

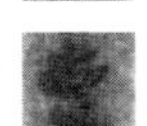 睡簡・秦律・54:更隸妾節(即)有急事

 睡簡・秦律・55:城旦之垣及它事而勞與垣等者

 睡簡・秦律・55:其守署及爲它事者

 睡簡・秦律・57:城旦爲安事而益其食〖注〗安事,指輕的勞役。

 睡簡・秦律・83:如其事

 睡簡・秦律・101・摹:邦中之繇(徭)及公事官(館)舍

 睡簡・秦律・105:其事已及免

 睡簡・秦律・108:隸臣、下吏、城旦與工從事者冬作

 睡簡・秦律・111:新工初工事

 睡簡・秦律・122:縣爲恆事及灋有爲殹

 睡簡・秦律・159:乃令視事及遣之〖注〗視事,到任行使職權。

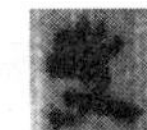 睡簡・秦律・159:所不當除而敢先見事

 睡簡・秦律・188:有事請殹

 睡簡・秦律・192:毋敢從史之事

 睡簡・雜抄・37:戰死事不出

 睡簡・雜抄・39:令送逆爲它事者

 睡簡・雜抄・41:署勿令爲它事

 睡簡・雜抄・42:敢令爲它事

 睡簡・日甲・3正:百事順成

 睡簡・日甲・4正:利以實事

 睡簡・日甲・10正:作事、入材

 睡簡・日甲・13正:利以起大事

 睡簡・日甲・17正:可以取妻、入人、起事

 睡簡・日甲・33正:復事〖注〗復事,復職。

 睡簡・日甲・34正:小事果成

 睡簡・日甲・34正:大事又(有)慶

 睡簡・日甲・36正:利解事

 睡簡・日甲・36正:復事

 睡簡・日甲・61背:大事也

 睡簡・日甲・61背:小事也

 睡簡・日甲・78正:百事凶

 睡簡・日甲・79正:百事凶

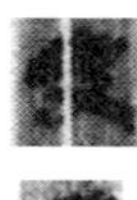 睡簡・日甲・81 正:百事凶

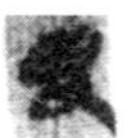 睡簡・日甲・81 正:不可爲它事

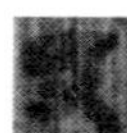 睡簡・日甲・83 正:百事吉

 睡簡・日甲・87 正:百事凶

 睡簡・日甲・89 正:百事凶

 睡簡・日甲・93 正:百事吉

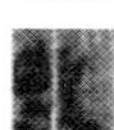 睡簡・日甲・112 正:紡月、夏夕〈尸〉、八月作事西方

 睡簡・日甲・112 正:九月、十月、爨月作事北方

 睡簡・日甲・112 正:刑夷作事南方

 睡簡・日甲・112 正:鬳(獻)馬、中夕、屈夕作事東方

 睡簡・日甲・113 正:勿以作事

 睡簡・日甲・128 正:不可具爲百事

 睡簡・日甲・129 背:凡有土事必果

 睡簡・日甲・130 背:凡有土事弗果居

 睡簡・日甲・136 背:百事不吉

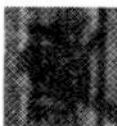 睡簡・日甲・142 正:有事

 睡簡・日甲・144 正:事君

 睡簡・日甲・156 正:以作女子事

 睡簡・日甲・163 正:百事不成

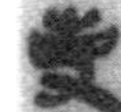 睡簡・日書乙種・14:不可以作大事

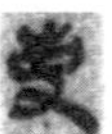 睡簡・日乙・15:君子益事

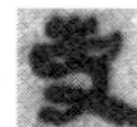 睡簡・日乙・15:利以見人、祭、作大事、取妻

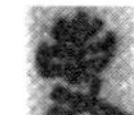 睡簡・日乙・19:作事

 睡簡・日乙・24:利以起大事、祭、家(嫁)子

 睡簡・日乙・25:利以乘車、寇〈冠〉、帶劍、裚(製)衣常(裳)、祭、作大事、家(嫁)子

 睡簡・日乙・56:利□事

 睡簡・日乙・66:利爲木事

 睡簡・日乙・81:不可爲它事

 睡簡・日乙・81:百事兇(凶)

 睡簡・日乙・83:祠及百事

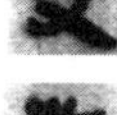 睡簡・日乙・87:百事兇(凶)

 睡簡・日乙・89:百事兇(凶)

 睡簡・日乙・89:可以爲土事

 睡簡・日乙・91:百事吉

 睡簡・日乙・92:百事兇(凶)

 睡簡・日乙・93:百事吉

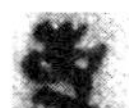 睡簡・日乙・101:百事兇(凶)

 睡簡・日乙・102:百事兇(凶)

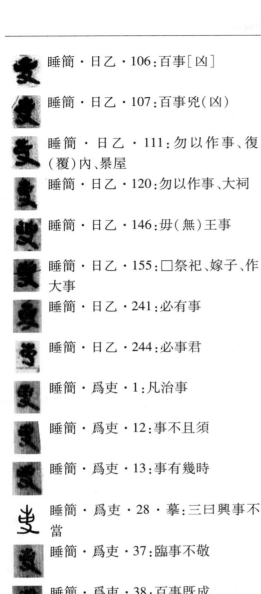

 睡簡·日乙·106:百事[凶]

 睡簡·日乙·107:百事兇(凶)

 睡簡·日乙·111:勿以作事、復(覆)内、暴屋

 睡簡·日乙·120:勿以作事、大祠

 睡簡·日乙·146:毋(無)王事

 睡簡·日乙·155:□祭祀、嫁子、作大事

 睡簡·日乙·241:必有事

 睡簡·日乙·244:必事君

 睡簡·爲吏·1:凡治事

 睡簡·爲吏·12:事不且須

 睡簡·爲吏·13:事有幾時

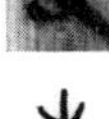 睡簡·爲吏·28·摹:三曰興事不當

 睡簡·爲吏·37:臨事不敬

 睡簡·爲吏·38:百事既成

  睡簡·爲吏·42:興事不時

龍簡·6·摹:禁苑吏、苑人及黔首有事禁中

龍簡·68·摹:事已

 龍簡·7·摹:諸有事禁苑中者

 龍簡·19:追事已

 里簡·J1(16)6背:聽書從事

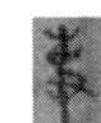 里簡·J1(8)134正:[衰、義]事已

 里簡·J1(8)152正:舉事可爲恆程者

 里簡·J1(8)157正:謁令、尉以從事

 里簡·J1(9)1背:以洞庭司馬印行事

 里簡·J1(9)1背:其以律令從事

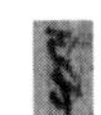 里簡·J1(9)2背:以洞庭司馬印行事

 里簡·J1(9)2背:以律令從事

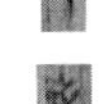 里簡·J1(9)3背:以洞庭司馬印行事

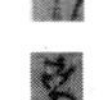 里簡·J1(9)3背:以律令從事

里簡·J1(9)4背:以洞庭司馬印行事

 里簡·J1(9)4背:以律令從事

 里簡·J1(9)5背:以洞庭司馬印行事

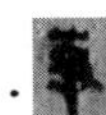 里簡·J1(9)6背:以律令從事

里簡·J1(9)7背:以洞庭司馬印行事

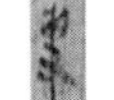 里簡·J1(9)7背:其以律令從事

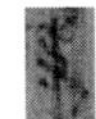 里簡·J1(9)8背:以洞庭司馬印行事

 里簡·J1(9)8背:其以律令從事

 里簡·J1(9)9背:以洞庭司馬印行事

里簡・J1(9)9 背:其以律令從事

里簡・J1(9)10 背:以洞庭司馬印行事

里簡・J1(9)10 背:其以律令從事

里簡・J1(9)11 背:以洞庭司馬印行事

里簡・J1(9)11 背:其以律令從事

里簡・J1(9)12 背:以洞庭司馬印行事

里簡・J1(9)12 背:其以律令從事

里簡・J1(16)5 背:聽書從事

里簡・J1(16)6 正:急事不可留

關簡・350:農夫事也

關簡・29:正月丁卯嘉平視事〖注〗視事,治事。

關簡・50:丙戌後事已

關簡・140:利以舉大事

關簡・187:所言者急事也

關簡・189:請謁事也

關簡・189:所言者行事也

關簡・191:所言者憂病事也

關簡・193:所言者家室事

關簡・195:□樹賞賜事也

關簡・197:所言者吉事也

關簡・199:善事成

關簡・201:所言者末事、急事也

關簡・201:所言者末事、急事也

關簡・203:吉事不成

關簡・203:所言者請謁、獄訟事也

關簡・203:凶事成

關簡・205:所言者憂病事也

關簡・207:所言者虛故事〖注〗故事,舊事。

關簡・209:所言者危行事也

關簡・211:所言者分楬事也

關簡・213:[所言]者善事也

關簡・215:所言者惡事也

關簡・217:凶事成

關簡・217:吉事不成

關簡・217:所言者獄訟事、請謁事也

關簡・217:所言者獄訟事、請謁事也

關簡・219:所言者凶事也

關簡・221:所言者惡事也

 關簡・223:急相窮(窮)事也

 關簡・225:所言者錢財事也

 關簡・227:所言者急事也

 關簡・229:所言者家室、請謁事也

 關簡・231:所言者獄訟、請謁事也

 關簡・233:所言者憂病事也

 關簡・235:所言者家室、故事也

 關簡・237:所言者變治事也

 關簡・239:所言者行事也

 關簡・253:百事不成

 帛書・病方・232:□[取]女子月事布〖注〗月事,月經。

 集證・184.750:思事〖注〗思事,"思言敬事"之省文。

 集證・184.744:思言敬事〖注〗敬事,恭敬、慎重地處理政事。

 秦印編57:思事

秦印編57:思事

 秦印編56:宣曲喪事

 秦印編57:慎事

 秦印編56:南鄉喪事

 秦印編56:上賢事能

 秦印編56:君事

 秦印編56:審事

 秦印編56:審事

 集證・184.746:敬事

 秦陶・1458.2:敬事

 秦陶・1458.1:敬事

 秦印編57:敬事

 秦印編57:敬事

 秦印編57:敬事

 秦印編57:敬事

 秦印編57:敬事

 秦印編57:敬事

 秦印編57:敬事

 秦印編57:敬事

 秦印編57:敬事

 秦印編57:敬事

 秦印編57:敬事

 秦印編57:敬事相思

 秦印編57:詔事之印

集證·184.747:思言敬事

秦印編57:思言敬事

秦印編57:思言敬事

秦印編57:思言敬事

集證·184.753:一心慎事

秦印編57:一心慎事

秦印編57:一心慎事

秦印編57:詔事之印〖注〗詔事,官名。

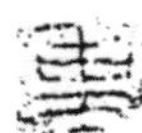封泥印53:詔事丞印

封泥集219·2:詔事丞印

封泥集220·4:詔事丞印

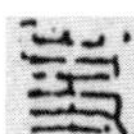封泥集220·6:詔事丞印

封泥集220·7:詔事丞印

封泥集220·9:詔事丞印

集證·142.157:詔事丞印

十七年漆盒·摹(漆盒·3):十七年大(太)后詹事丞□〖注〗詹事,官名。

廿九年漆奩·黄盛璋摹(集證·27):廿九年大(太)后詹事丞向

廿九年漆奩·王輝摹(集證·27):廿九年大(太)后詹事丞向

0628　支 𡬝

睡簡·答問·25:祠固用心腎及它支(肢)物

睡簡·答問·75:比折支(肢)

睡簡·答問·79:若折支(肢)指、胅體(體)

睡簡·答問·208:支(肢)或未斷

帛書·病方·17:獨□長支(枝)者二廷(梃)

帛書·病方·49:四支(肢)毋濡

帛書·病方·121:□熱弗能支而止

帛書·病方·225:卽取桃支(枝)東鄉(嚮)者

集證·160.432:左礜桃支

集證·160.433:左礜桃支

封泥集226·1:左礜桃支

封泥集226·2:左礜桃支

秦印編57:左礜桃支

封泥印·待考155:左礜桃支

封泥集226·1:右礜桃支

秦印編57:右礜桃支

秦印編57:右礜桃支

封泥印·待考155:右礜桃支

新封泥 A・4.20:磬桃支印

秦印編 57:支闌

0629　䌛肆(肆)

睡簡・日乙・191:辰不可以哭、穿肆(殔)〖注〗殔,《儀禮》注:"埋棺之坎也,掘之於西階。"

秦印編 57:宜陽肆〖注〗肆,人名。

秦陶・1232:宜陽肆

集證・178.673:楊肆〖注〗楊肆,人名。

秦印編 57:大夫肆

秦陶 A・2.11:宜陽工肆

0630　肅書

秦印編 58:王肅

秦印編 58:肅慧

0631　書

琅邪臺刻石:臣請具刻詔書金石刻

泰山刻石・廿九字本:臣請具刻詔書金石刻

泰山刻石・宋拓本:臣請具刻詔書金石刻

繹山刻石・宋刻本:臣請具刻詔書金石刻

睡簡・秦律・183:行命書及書署急者〖注〗命書,即制書。

睡簡・秦律・183:行命書及書署急者

睡簡・秦律・184:行傳書、受書

睡簡・秦律・184:行傳書、受書

睡簡・11 號牘・正:黑夫寄益就書曰

睡簡・11 號牘・正:今書節(即)到

睡簡・11 號牘・正:書到皆爲報

睡簡・答問・53:見書而投者不得

睡簡・答問・138:告盜書丞印以亡

睡簡・答問・146:亡久書、符券、公璽、衡羸(纍)〖注〗久,讀爲"記"。記書,即地方政權對下級指示的文書。

睡簡・答問・169:棄妻不書〖注〗書,指報告登記。

睡簡・封診・45:以書言

睡簡・封診・48:令吏徒將傳及恆書一封詣令史

睡簡・封診・51:令史已爰書

睡簡・封診・73:爰書

睡簡・封診・84:爰書

睡簡・封診・91:即疏書甲等名事關諜(牒)北(背)〖注〗疏書,分條記錄。

睡簡・封診・91:爰書

睡簡・秦律・1:輒以書言澍〈澍〉稼、誘(秀)粟及豤(墾)田暘毋(無)

稼者頃數

睡簡・秦律・2:近縣令輕足行其書

睡簡・秦律・15:爲用書〖注〗用書,一種報銷損耗的文書。

睡簡・秦律・17:以其診書告官論之

睡簡・秦律・25:而書入禾增積者之名事邑里于廥籍

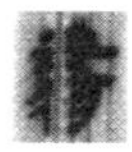
睡簡・秦律・33:程禾、黍□以書言年

睡簡・秦律・35:到十月牒書數

睡簡・秦律・87:以書時謁其狀内史

睡簡・秦律・102:必書其久(記)

睡簡・秦律・112:籍書而上内史

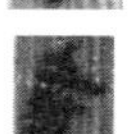
睡簡・秦律・183:行書〖注〗行書,律名,關於傳送文書的法律。

睡簡・秦律・184:必書其起及到日月夙莫(暮)

睡簡・秦律・184:書有亡者

睡簡・秦律・185:行書

睡簡・秦律・198:毋依臧(藏)府、書府〖注〗書府,收藏文書的府庫。

睡簡・雜抄・4:爲(僞)聽命書

睡簡・雜抄・11:吏自佐、史以上負從馬、守書私卒

睡簡・雜抄・18:非歲紅(功)及毋(無)命書

睡簡・效律・29:有(又)書其出者

睡簡・日乙・14:利以學書

睡簡・日乙・260:日書

睡簡・語書・8:别書江陵布

睡簡・語書・10:是以不爭書(署)〖注〗書,疑讀爲"署",處理事務。

睡簡・語書・11:喜爭書

睡簡・語書・13:移書曹〖注〗移書,致送文書。

睡簡・語書・14:志千里使有籍書之

睡簡・語書・15:語書〖注〗語書,教戒的文告。

龍簡・5・摹:及以傳書閲入之

龍簡・7・摹:□傳書縣、道官〖注〗書,公文書。

龍簡・10:取傳書鄉部稗官

里簡・J1(8)133 背:聽書從事

里簡・J1(8)152 正:今書已到

里簡・J1(8)152 正:書到言

里簡・J1(8)152 正:廷下御史書

里簡・J1(8)156:書到言

里簡・J1(8)158 正:主令史下絡帬直(值)書已到

里簡・J1(9)3 正:以環書道遠

里簡・J1(9)9 正:道遠毋環書

里簡・J1(16)6 背:尉别書都鄉司空

關簡・364:其庚寅遣書下

帛書・脈法・83:書而熟學之

新封泥 A・5.1:書府

新封泥 D・9:書府

瓦書(秦陶・1610):乃爲瓦書

瓦書・郭子直摹:乃爲瓦書

0632　畫畵劃

睡簡・日甲・111 背・摹:即五畫地

睡簡・日甲・111 背:掓其畫中央土而懷之

睡簡・爲吏・1:畫局陳卑(棋)以爲耤(籍)

睡簡・語書・13・摹:府令曹畫之〖注〗畫,讀爲"過",責。

睡簡・語書・13:其畫最多者

關簡・132:畫當一日

關簡・134:直周中三畫者

關簡・345:即午畫地

帛書・病方・13:五畫地□之〖注〗五畫地,在地上畫五下。

秦印編 58:畫鄉〖注〗畫鄉,鄉名。

秦印編 58:畫鄉

0633　晝書

睡簡・封診・18:自晝甲見丙陰市庸中〖注〗自晝,昨日白晝。

睡簡・封診・29:自晝居某山

睡簡・封診・84:自晝與同里大女子丙鬬

睡簡・封診・95:自晝見某所

睡簡・日甲・157 正:晝見

睡簡・日甲・158 正・摹:晝見

睡簡・日甲・160 正:晝見

睡簡・日甲・161 正:晝見

睡簡・日甲・162 正:晝見

睡簡・日甲・163 正:晝見

睡簡・日甲・165 正:晝見

睡簡・日甲・166 正:晝見

睡簡・日乙・157:晝夕得

睡簡・日乙・159:晝夕不得

睡簡・日乙・161:晝夕不得

睡簡・日乙・163:晝夕不得

睡簡・日乙・165:夕晝得

睡簡・日乙・167:晝夕不得

睡簡・日乙・169:晝夕不得

睡簡・日乙・171:晝夕得

睡簡・日乙・173:晝夕不得

睡簡・日乙・177:晝夕得

0634　隸 隸　　隸 隸

高奴禾石銅權(秦銅・32.1):工隸臣牟〖注〗隸臣,刑徒名。

十五年上郡守壽戈(集證・23):冶工隸臣□

十五年上郡守壽戈・摹(集證・24):冶工隸臣□

廿年相邦冉戈・摹(秦銅・42):隸臣□

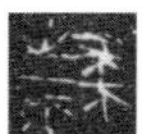
廿五年上郡守周戈(登封・4.1):工隸臣□

廿七年上郡守趞戈(集證・25.2):工隸臣積

廿七年上郡守趞戈・故宮藏・摹(秦銅・46):工隸臣積

卅八年上郡守慶戈(長平出土戈圖版):工隸臣于

卅八年上郡守慶戈・摹(長平出土戈圖版):工隸臣于

卌年上郡守起戈一・摹(秦銅・50):工隸臣庚

卌年上郡守起戈二・摹(集證・30):工隸臣□

元年上郡假守暨戈・摹(珍金・92):工隸臣□

二年上郡守冰戈・摹(秦銅・55):工隸臣徒

二年上郡守戈(集證・18):[工]隸臣□

廿四年上郡守戟(潛山・19):丞申工隸臣渠

睡簡・爲吏・28:徒隸攻丈

睡簡・答問・8:當耐爲隸臣

睡簡・答問・25:當貲以下耐爲隸臣

睡簡・答問・35:甲當耐爲隸臣

睡簡・答問・108:以當刑隸臣辠誣告人

睡簡・答問・117:當耐司寇而以耐隸臣誣人

睡簡・答問・118:當耐爲隸臣

睡簡・答問・124:耐爲隸臣

睡簡・答問・132:隸臣妾毄(繫)城旦舂

睡簡・答問・174:今隸臣死

睡簡・答問・174:以爲非隸臣子毆

睡簡・答問・174:或黥顏頯爲隸妾

睡簡・答問・188:宮隸有刑

睡簡・答問・194:可(何)謂"耐卜隸、耐史隸"〖注〗耐卜隸,受耐刑而仍做卜事務的奴隸。

睡簡・答問・194:卜、史當耐者皆耐以爲卜、史隸

睡簡・答問・194:可(何)謂"耐卜隸、耐史隸"〖注〗耐史隸,受耐刑而仍做史事務的奴隸。

睡簡・封診・51:與牢隸臣某執丙

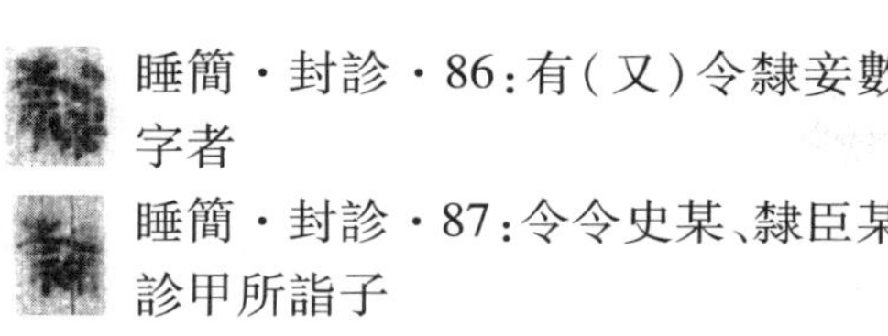

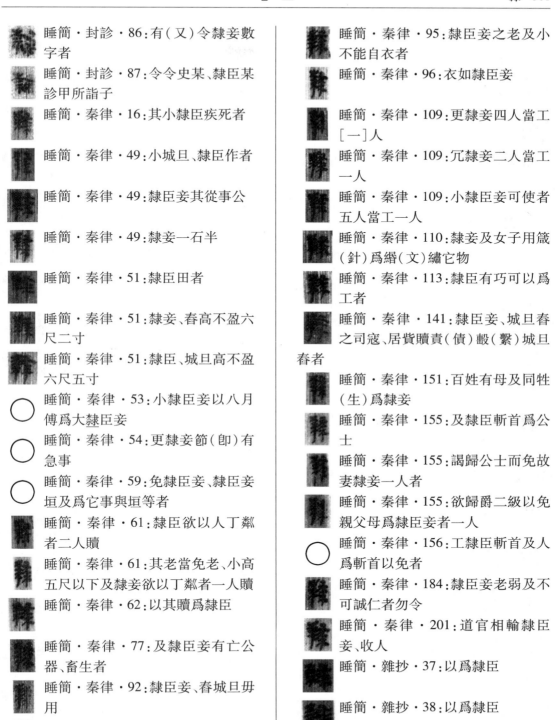

睡簡·封診·86:有(又)令隸妾數字者

睡簡·封診·87:令令史某、隸臣某診甲所詣子

睡簡·秦律·16:其小隸臣疾死者

睡簡·秦律·49:小城旦、隸臣作者

睡簡·秦律·49:隸臣妾其從事公

睡簡·秦律·49:隸妾一石半

睡簡·秦律·51:隸臣田者

睡簡·秦律·51:隸妾、舂高不盈六尺二寸

睡簡·秦律·51:隸臣、城旦高不盈六尺五寸

睡簡·秦律·53:小隸臣妾以八月傅爲大隸臣妾

睡簡·秦律·54:更隸妾節(卽)有急事

睡簡·秦律·59:免隸臣妾、隸臣妾垣及爲它事與垣等者

睡簡·秦律·61:隸臣欲以人丁粼者二人贖

睡簡·秦律·61:其老當免老、小高五尺以下及隸妾欲以丁粼者一人贖

睡簡·秦律·62:以其贖爲隸臣

睡簡·秦律·77:及隸臣妾有亡公器、畜生者

睡簡·秦律·92:隸臣妾、舂城旦毋用

睡簡·秦律·94:隸臣、府隸之毋(無)妻者及城旦

睡簡·秦律·94:隸臣、府隸之毋(無)妻者及城旦

睡簡·秦律·95:隸臣妾之老及小不能自衣者

睡簡·秦律·96:衣如隸臣妾

睡簡·秦律·109:更隸妾四人當工[一]人

睡簡·秦律·109:冗隸妾二人當工一人

睡簡·秦律·109:小隸臣妾可使者五人當工一人

睡簡·秦律·110:隸妾及女子用箴(針)爲緡(文)繡它物

睡簡·秦律·113:隸臣有巧可以爲工者

睡簡·秦律·141:隸臣妾、城旦舂之司寇、居貲贖責(債)毄(繫)城旦舂者

睡簡·秦律·151:百姓有母及同牲(生)爲隸妾

睡簡·秦律·155:及隸臣斬首爲公士

睡簡·秦律·155:謁歸公士而免故妻隸妾一人者

睡簡·秦律·155:欲歸爵二級以免親父母爲隸臣妾者一人

睡簡·秦律·156:工隸臣斬首及人爲斬首以免者

睡簡·秦律·184:隸臣妾老弱及不可誠仁者勿令

睡簡·秦律·201:道官相輸隸臣妾、收人

睡簡·雜抄·37:以爲隸臣

睡簡·雜抄·38:以爲隸臣

龍簡·40·摹:耐爲隸臣妾〖注〗隸臣妾,服勞役的刑徒。隸臣,男性;隸妾,女性。

里簡・J1(8)154 正:恆以朔日上所買徒隸數

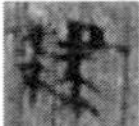
里簡・J1(9)984 背:隸妾以來

里簡・J1(16)6 正:徒隸

帛書・病方・171:卽□隸

0635 堅

睡簡・答問・127・摹:大夫甲堅鬼薪〖注〗堅,疑讀爲"礥",鞭打。

睡簡・封診・59:地堅

睡簡・封診・67:地堅

睡簡・封診・80・摹:小堂下及垣外地堅

睡簡・秦律・145:及城旦傅堅、城旦舂當將司者〖注〗堅,築土。

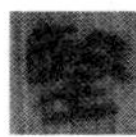
睡簡・爲吏・3:慎謹堅固

關簡・328:堅貍(埋)之

帛書・病方・225:以奎蠡蓋其堅(腎)

帛書・病方・245:若有堅血如拍末而出者

秦印編 58:王堅

秦印編 58:張堅

0636 豎 豎

集證・171.577:茅豎

秦印編 58:尹豎

秦印編 58:董豎

0637 臣

不其簋蓋(秦銅・3):臣五家

滕縣不其簋器(秦銅・4):臣五家

高奴禾石銅權(秦銅・32.1):工隸臣牟〖注〗隸臣,刑徒名。

六年上郡守閒戈(登封・4.2):高奴工師蕃鬼薪工臣

十五年上郡守壽戈(集證・23):冶工隸臣□

十五年上郡守壽戈・摹(集證・24):冶工隸臣□

廿五年上郡守周戈(登封・4.1):工隸臣□

廿七年上郡守趞戈・故宮藏・摹(秦銅・46):工隸臣積

廿七年上郡守趞戈(集證・25.2):工隸臣積

卅八年上郡守慶戈(長平出土戈圖版):工隸臣于

卅八年上郡守慶戈・摹(長平出土戈圖版):工隸臣于

卌年上郡守起戈一・摹(秦銅・50):工隸臣庚

卌年上郡守起戈二・摹(集證・30):工隸臣□

元年上郡假守暨戈・摹(珍金・92):工隸臣□

二年上郡守冰戈・摹(秦銅・55):工隸臣徒

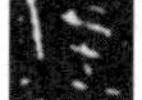
二年上郡守戈(集證・18):[工]隸臣□

廿四年上郡守戟(潛山·19):工隸臣渠

琅邪臺刻石:丞相臣斯、臣去疾、御史大夫臣德昧死言

琅邪臺刻石:丞相臣斯、臣去疾、御史大夫臣德昧死言

琅邪臺刻石:丞相臣斯、臣去疾、御史大夫臣德昧死言

琅邪臺刻石:臣昧死請

琅邪臺刻石:臣請具刻詔書金石刻

泰山刻石·廿九字本:□臣斯、臣去疾、御史大夫臣□昧死言

泰山刻石·廿九字本:臣昧死請

泰山刻石·廿九字本:□臣斯、臣去疾、御史大夫臣□昧死言

泰山刻石·廿九字本:□臣斯、臣去疾、御史大夫臣□昧死言

泰山刻石·廿九字本:臣請具刻詔書金石刻

泰山刻石·宋拓本:丞相臣斯、臣去疾、御史大夫臣德昧死言

泰山刻石·宋拓本:從臣思蹟(跡)

泰山刻石·宋拓本:臣昧死請

泰山刻石·宋拓本:臣請具刻詔書金石刻

泰山刻石·宋拓本:丞相臣斯、臣去疾、御史大夫臣德昧死言

泰山刻石·宋拓本:丞相臣斯、臣去疾、御史大夫臣德昧死言

會稽刻石·宋刻本:從臣誦烈

會稽刻石·宋刻本:羣臣誦功

繹山刻石·宋刻本:丞相臣斯、臣去疾、御史大夫臣德昧死言

繹山刻石·宋刻本:丞相臣斯、臣去疾、御史大夫臣德昧死言

繹山刻石·宋刻本:臣昧死請

繹山刻石·宋刻本:臣請具刻詔書金石刻

繹山刻石·宋刻本:丞相臣斯、臣去疾、御史大夫臣德昧死言

繹山刻石·宋刻本:群臣從者

繹山刻石·宋刻本:群臣誦略

繹山刻石·宋刻本:戎臣奉詔

睡簡·語書·6:則爲人臣亦不忠矣

睡簡·答問·5:人臣甲謀遣人妾乙盜主牛〖注〗人臣,私家的奴、婢。

睡簡·答問·8:當耐爲隸臣

睡簡·答問·25:當貲以下耐爲隸臣

睡簡·答問·35:甲當耐爲隸臣

睡簡·答問·72:及臣邦君長所置爲後大(太)子

睡簡·答問·75:臣强與主奸

睡簡·答問·76:臣妾牧殺主

睡簡·答問·104:主擅殺、刑、髡其子、臣妾

睡簡·答問·104:臣妾告主

睡簡·答問·108:是謂"當刑隸臣"

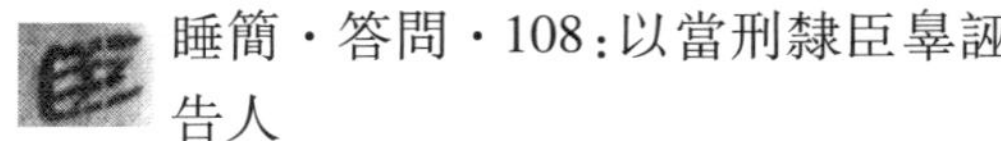
睡簡·答問·108:以當刑隸臣辠誣告人

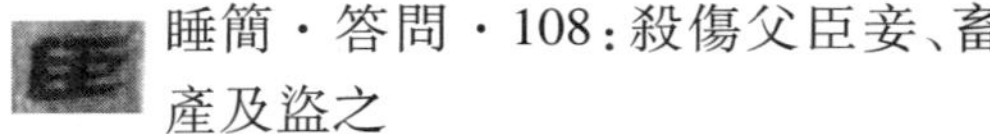
睡簡·答問·108:殺傷父臣妾、畜產及盜之

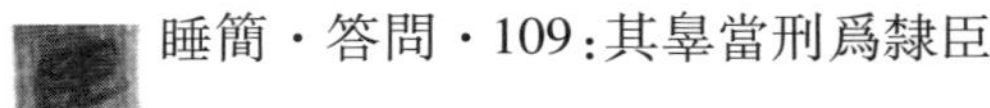
睡簡·答問·109:其辠當刑爲隸臣

睡簡·答問·111:以當刑隸臣及完城旦誣告人

睡簡·答問·113:臣邦真戎君長

睡簡·答問·117:當耐司寇而以耐隸臣誣人

睡簡·答問·118:當耐爲隸臣

睡簡·答問·118:當耐爲隸臣

睡簡·答問·124:傷之,耐爲隸臣

睡簡·答問·132:隸臣妾毄(繫)城旦舂

睡簡·答問·170:妻賸(媵)臣妾、衣器當收不當

睡簡·答問·171:妻賸(媵)臣妾、衣器當收

睡簡·答問·174:今隸臣死

睡簡·答問·174:以爲非隸臣子殹

睡簡·答問·176:臣邦人不安其主長而欲去夏者

睡簡·答問·177:臣邦父母產子及產它邦而是謂“真”

睡簡·答問·177:真臣邦君公有辠

睡簡·答問·180:使者(諸)侯、外臣邦

睡簡·封診·51:與牢隸臣某執丙

〇　睡簡·秦律·49:小城旦、隸臣作者

睡簡·秦律·51:隸臣田者

睡簡·秦律·51:隸臣、城旦高不盈六尺五寸

睡簡·秦律·53:小隸臣妾以八月傅爲大隸臣妾

睡簡·秦律·59:免隸臣妾、隸臣妾垣及爲它事與垣等者

睡簡·秦律·61:隸臣欲以人丁粼者二人贖

睡簡·秦律·62:以其贖爲隸臣

睡簡·秦律·77:及隸臣妾有亡公器、畜生者

睡簡·秦律·92:隸臣妾、舂城旦毋用

睡簡·秦律·94:隸臣、府隸之毋(無)妻者及城旦

睡簡·秦律·95:隸臣妾之老及小不能自衣者

睡簡·秦律·108:隸臣、下吏、城旦與工從事者冬作

睡簡·秦律·109:小隸臣妾可使者五人當工一人

睡簡·秦律·113:隸臣有巧可以爲工者

〇　睡簡·秦律·141:隸臣有妻

睡簡·秦律·155:及隸臣斬首爲公士

睡簡·秦律·155:欲歸爵二級以免親父母爲隸臣妾者一人

睡簡·秦律·156:工隸臣斬首及人爲斬首以免者

睡簡·秦律·184:隸臣妾老弱及不可誠仁者勿令

睡簡・秦律・201:道官相輸隸臣妾、收人

睡簡・雜抄・37:以爲隸臣

睡簡・雜抄・38:以爲隸臣

睡簡・日甲・9背:十五日曰臣代主

睡簡・日甲・60正:虚四徹不可入客、寓人及臣妾

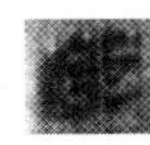
睡簡・日甲・108正:毋以午出入臣妾、馬[牛]

睡簡・日甲・145正:必爲人臣妾

睡簡・日乙・42:可以入臣妾

睡簡・日乙・124:不可以入臣妾及寄者

睡簡・日乙・238:爲臣妾

睡簡・日乙・244:爲人臣

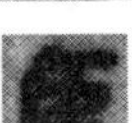
睡簡・日乙・247:男子爲人臣

睡簡・日乙・251:臣妾亡

睡簡・日乙・259:其北壁臣

睡簡・爲吏・39:爲人臣則忠

睡簡・爲吏・46:君鬼臣忠

龍簡・40・摹:耐爲隸臣妾

里簡・J1(16)5背:隸臣尚行

里簡・J1(16)6正:必先悉行城旦舂、隸臣妾、居貲贖責(債)

關簡・350:臣非異也

秦印編58:官田臣印

集證・149.269:官田臣印

秦印編59:蘇臣

秦印編58:令狐臣

秦印編59:臣閬

集證・177.658:買臣

秦印編58:殷買臣

秦印編59:馮戎臣

秦印編58:杜臣

秦印編58:得臣

集證・165.506:臣寅

集證・165.508:臣勝

集證・170.569:宛臣

秦印編58:臣欣

集證・168.550:臣欣

秦印編58:張臣

秦印編58:臣時

集證・173.605:臣誇

 集證·219.245:咸臣西辟

 集證·219.249:咸芮里臣

 封泥集 224·1:官臣丞印

 封泥集 224·4:官臣丞印

 封泥集 224·5:官臣丞印

 封泥集 224·6:官臣丞印

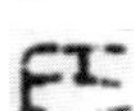 新封泥 A·4.10:官臣之印

 新封泥 E·16:官臣之印

 秦印編 59:官臣丞印

 集證·138.88:宮臣丞印

集證·163.478:臣鞅

 集證·165.507:臣雎

 集證·169.562:笵臣

 集證·168.547:杜□臣

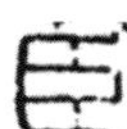 封泥集·附 396·82:臣

0638 臧 [illegible] 臧 [illegible]

 天簡 27·乙:臧(藏)困屋

 睡簡·爲吏·24:比(庇)臧(藏)封印

 睡簡·效律·42:官府臧(藏)皮革

 睡簡·封診·73:自宵臧(藏)乙復(複)結衣一乙房內中

 睡簡·答問·1:臧(贜)一錢以上

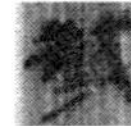 睡簡·答問·7:臧(贜)不盈一錢

 睡簡·答問·9:受分臧(贜)不盈一錢

 睡簡·答問·9:臧(贜)直(值)千錢

 睡簡·答問·12:當並臧(贜)以論

 睡簡·答問·12:各坐臧(贜)

 睡簡·答問·13:臧(贜)不盈一錢

 睡簡·答問·16:爲守臧(贜)〖注〗守,看守。

 睡簡·答問·17:臧(贜)直(值)百一十

 睡簡·答問·18:臧(贜)直(值)百五十

 睡簡·答問·25:益〈盜〉一腎臧(贜)不盈一錢

 睡簡·答問·33:其獄鞫乃直(值)臧(贜)

 睡簡·答問·35:獄鞫乃直(值)臧(贜)

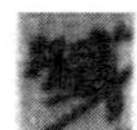 睡簡·答問·35:以得時直(值)臧(贜)

 睡簡·答問·45:當爲告盜駕(加)臧(贜)

 睡簡·答問·46:爲告盜駕(加)臧(贜)

 睡簡·答問·49:當並臧(贜)以論

 睡簡·答問·131:坐臧(贜)爲盜

睡簡·答問·182:人後告臧(藏)者

睡簡·答問·182:智(知)人通錢而爲臧(藏)

睡簡·答問·205:甲把其衣錢匿臧(藏)乙室

睡簡·答問·205:可(何)謂"臧(贓)人"〖注〗贓,栽贓陷害。

睡簡·秦律·197:吏已收臧(藏)

睡簡·秦律·197:毋敢以火入臧(藏)府、書府中〖注〗藏府,收藏器物的府庫。

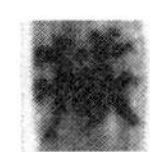睡簡·秦律·198:毋依臧(藏)府、書府

睡簡·雜抄·16:臧(藏)律〖注〗藏律,律名,關於府藏的法律。

睡簡·雜抄·16:臧(藏)皮革橐(蠹)突

睡簡·日甲·17背:毋(無)臧(藏)貨

睡簡·日甲·69背:臧(藏)於垣內中糞蔡下

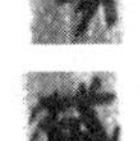睡簡·日甲·70背:臧(藏)牛廄中草木下

睡簡·日甲·71背:臧(藏)於瓦器閒

睡簡·日甲·72背:臧(藏)於草中

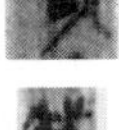睡簡·日甲·73背:臧(藏)東南反(阪)下

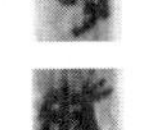睡簡·日甲·74背:臧(藏)於瓦器下

睡簡·日甲·75背:臧(藏)於草木下

睡簡·日甲·76背:臧(藏)於芻稾中

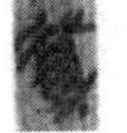睡簡·日甲·78背:臧(藏)於園中草下

睡簡·日甲·79背:臧於糞蔡中土中

睡簡·日甲·80背:臧(藏)於圂中垣下

睡簡·日乙·45:不可以臧(藏)蓋〖注〗藏蓋,收藏。

睡簡·日乙·46:可以蓋臧(藏)及謀

睡簡·日乙·94:不可臧(藏)

龍簡·133:程田以爲臧(贓)〖注〗贓,納賄、受賄。

龍簡·137:直(值)其所失臧(贓)及所受臧(贓)

龍簡·137:直(值)其所失臧(贓)及所受臧(贓)

龍簡·147:坐其所匿稅臧(贓)

龍簡·148·摹:其所受臧(贓)

龍簡·151:田及爲詐(詐)僞寫田籍皆坐臧(贓)

龍簡·160:迸徙其田中之臧(贓)而不□

龍簡·161·摹:□罪及稼臧(贓)論之

龍簡·195·摹:□及棄臧(贓)焉

龍簡·201:坐臧(贓)與盜同[灋]

關簡·260:以孤虛循求盜所道入者及臧(藏)處

關簡·354:裹臧(藏)到種禾時

帛書·死候·86:三陰貸(腐)臧(臟)煉(爛)腸而主殺

帛書·病方·29:裹以繒臧(藏)

帛書・病方・165:裹以韋臧(藏)

帛書・病方・377:抒臧(藏)之

秦印編 59:臧□

秦印編 59:周臧

秦印編 59:凡臧

秦印編 59:臧

秦印編 59:臧

秦印編 59:臧

秦印編 59:臧

秦陶・288:臧

秦陶・1134:臧

秦陶・1135:臧

秦陶・1186:臧

秦陶・271:宮臧

秦陶・272:宮臧

秦陶・273:宮臧

秦陶・274:宮臧

秦陶・275:宮臧

秦陶・276:宮臧

秦陶・278:宮臧

秦陶・280:宮臧

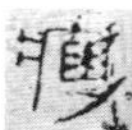秦陶・282:宮臧

秦陶・284:宮臧

秦陶・285:宮臧

秦陶・286:宮臧

秦陶・287:宮臧

0639 殳

大良造鞅殳鐏(集證・16):□造庶長鞅之造殳〖注〗殳,王輝說爲王或諸侯之儀仗兵器,後泛指兵器。

大良造鞅殳鐏・摹(集證・16):□造庶長鞅之造殳

十九年大良造鞅殳鐏(集證・15):十九年大良造庶長鞅之造殳

十九年大良造鞅殳鐏・摹(集證・15):十九年大良造庶長鞅之造殳

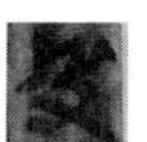天簡 25・乙:殳者參〖編者按〗殳,與"投"通。

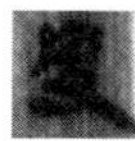睡簡・爲吏・23:槍閵(藺)環殳

0640 毄(毄)

天簡 30・乙:事君吉毄者久〖編者按〗《說文》:"毄,相擊中也,如車相擊。"典籍通作"毄"。

里簡・J1(9)981 正:[船]毄[繫]絕

關簡・28・摹:乙丑史但轂(繫)〖注〗轂,拘禁。

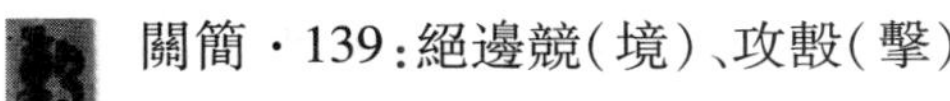

關簡・139:絕邊競(境)、攻轂(擊)

關簡・233:占獄訟,轂(繫)留

關簡・244:此正月平旦轂(繫)申者〖注〗繫,星占家用來稱謂北斗斗柄指向的術語。

關簡・244:轂(繫)行

帛書・足臂・13:轂(繫)舌□

帛書・病方・200:操葮(鍛)石轂(擊)而母

帛書・灸經甲・39:轂(繫)於外踝之前廉

帛書・灸經甲・62:轂(繫)於內腂(踝)外廉

○ 睡簡・日甲・32背:男女未入宮者轂(擊)鼓奮鐸喿(譟)之

睡簡・日甲・33背:鬼來而轂(擊)之

睡簡・日甲・49背:以若(箬)便(鞭)轂(擊)之

睡簡・日乙・18:家(嫁)子、攻轂(擊)

睡簡・爲吏・11:以轂(擊)畸

睡簡・答問・6:轂(繫)一歲

睡簡・答問・63:當轂(繫)作如其所縱

睡簡・答問・132:備轂(繫)日

睡簡・答問・132:隸臣妾轂(繫)城旦舂

睡簡・秦律・136:所弗問而久轂(繫)之

睡簡・秦律・142:人奴妾轂(繫)城旦舂

睡簡・秦律・143:轂(繫)城旦舂

睡簡・日甲・33正:轂(繫),亟出

睡簡・日甲・38背:轂(繫)以葦

睡簡・日甲・39背:轂(繫)以葦

睡簡・日甲・42正:以轂(繫),不免

○ 睡簡・日甲・47正:柖(招)榣(搖)轂(繫)未

睡簡・日甲・47正:玄戈轂(繫)尾

睡簡・日甲・48正:玄戈轂(繫)心

○ 睡簡・日甲・49正:玄戈轂(繫)房

睡簡・日甲・50正:玄戈轂(繫)翼

睡簡・日甲・51正:柖(招)榣(搖)轂(繫)卯

睡簡・日甲・51正・摹:玄戈轂(繫)張

睡簡・日甲・53正:玄戈轂(繫)此(觜)巂

睡簡・日甲・54正:柖(招)榣(搖)轂(繫)子

睡簡・日甲・54正:玄戈轂(繫)畢

○ 睡簡・日甲・55正:柖(招)榣(搖)轂(繫)亥

睡簡・日甲・55正:玄戈轂(繫)茅(昴)

○ 睡簡・日甲・56正:柖(招)榣(搖)轂(繫)戌

睡簡・日甲・56 正：玄戈毄（繫）營室

睡簡・日甲・57 正：招（招）榣（搖）毄（繫）酉

睡簡・日甲・57 正：玄戈毄（繫）危

睡簡・日甲・58 正：招（招）榣（搖）毄（繫）申

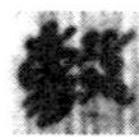睡簡・日甲・58 正：玄戈毄（繫）虛

睡簡・日乙・59：毄（繫），亟出

睡簡・日乙・62：以毄（繫），久

0641　毆

睡簡・答問・75：比毆主

睡簡・答問・78：今毆高大父母

睡簡・答問・78：毆大父母

睡簡・答問・79・摹：夫毆治之

睡簡・答問・89：毆者顧折齒

睡簡・答問・89：爲人毆殹

0642　殿

睡簡・封診・82：繆繒五尺緣及殿（純）〖注〗純，衣物邊飾。

睡簡・封診・83：繆緣及殿（純）

睡簡・秦律・14：賜田典日旬殿

睡簡・雜抄・17・摹：省三歲比殿〖注〗比殿，連續評爲下等。

睡簡・雜抄・17：省殿

睡簡・雜抄・19：大車殿

睡簡・雜抄・19：殿，貲嗇夫一甲

睡簡・雜抄・19：城旦爲工殿者

睡簡・雜抄・20：纍園殿

睡簡・雜抄・21：采山重殿〖注〗重殿，再次評爲下等。

睡簡・雜抄・21：纍園三歲比殿

睡簡・雜抄・22：殿而不負費

睡簡・雜抄・22：三歲比殿

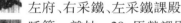

睡簡・雜抄・23：大（太）官、右府、左府、右采鐵、左采鐵課殿

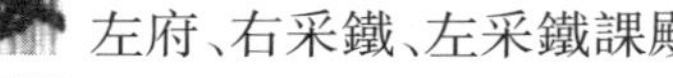

睡簡・雜抄・29：馬勞課殿

睡簡・雜抄・30：馬勞課殿

0643　殹

杜虎符（秦銅・25）：行殹

新郪虎符・摹（集證・37）：行殹

兩詔斤權一（集證・45）：其於久遠殹

兩詔斤權一・摹（集證・46）：其於久遠殹

兩詔斤權二・摹（集證・49）：其於久遠殹

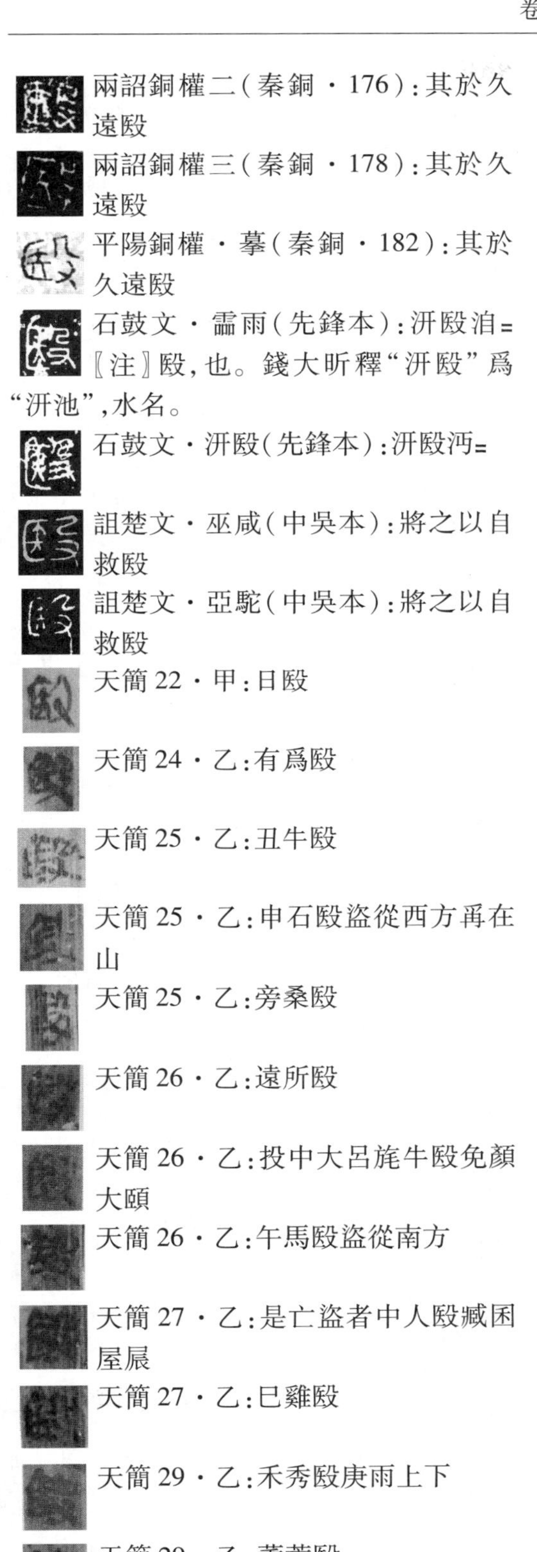

兩詔銅權二（秦銅・176）：其於久遠殹

兩詔銅權三（秦銅・178）：其於久遠殹

平陽銅權・摹（秦銅・182）：其於久遠殹

石鼓文・霝雨（先鋒本）：汧殹洎=〖注〗殹，也。錢大昕釋“汧殹”爲“汧池”，水名。

石鼓文・汧殹（先鋒本）：汧殹沔=

詛楚文・巫咸（中吳本）：將之以自救殹

詛楚文・亞駝（中吳本）：將之以自救殹

天簡22・甲：日殹

天簡24・乙：有爲殹

天簡25・乙：丑牛殹

天簡25・乙：申石殹盜從西方再在山

天簡25・乙：旁桑殹

天簡26・乙：遠所殹

天簡26・乙：投中大呂旄牛殹免顏大頤

天簡26・乙：午馬殹盜從南方

天簡27・乙：是亡盜者中人殹臧囷屋扆

天簡27・乙：巳雞殹

天簡29・乙：禾秀殹庚雨上下

天簡29・乙：薰蒿殹

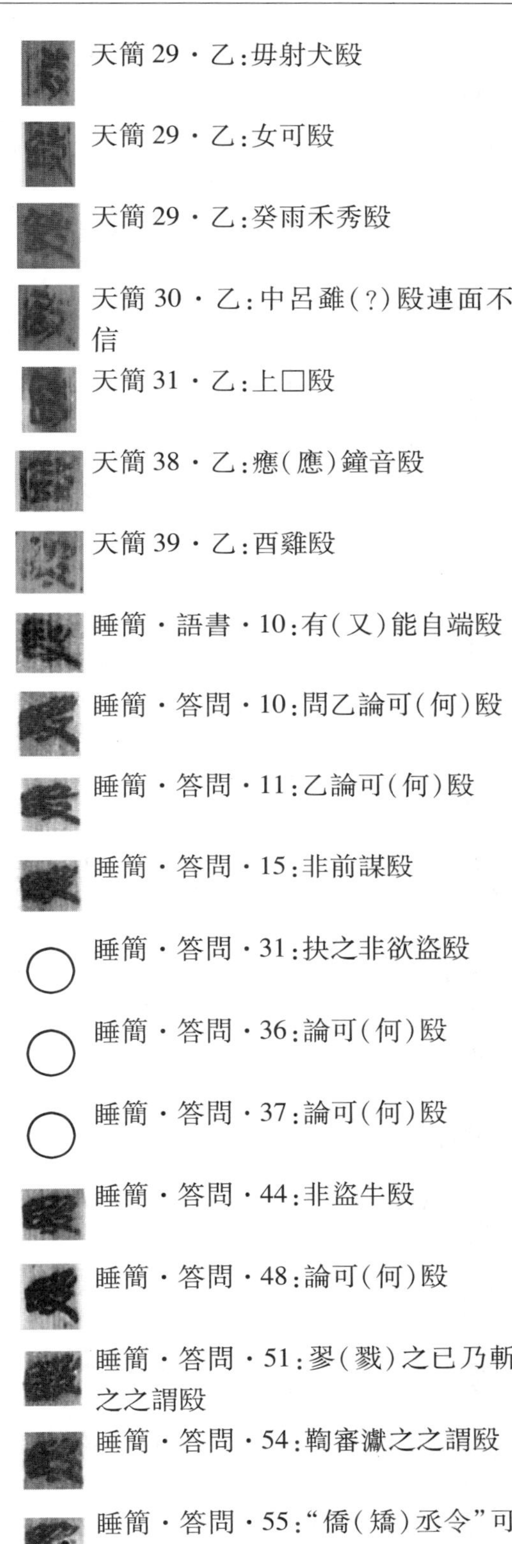

天簡29・乙：毋射犬殹

天簡29・乙：女可殹

天簡29・乙：癸雨禾秀殹

天簡30・乙：中呂雒（?）殹連面不信

天簡31・乙：上□殹

天簡38・乙：癄（應）鐘音殹

天簡39・乙：酉雞殹

睡簡・語書・10：有（又）能自端殹

睡簡・答問・10：問乙論可（何）殹

睡簡・答問・11：乙論可（何）殹

睡簡・答問・15：非前謀殹

睡簡・答問・31：抉之非欲盜殹

睡簡・答問・36：論可（何）殹

睡簡・答問・37：論可（何）殹

睡簡・答問・44：非盜牛殹

睡簡・答問・48：論可（何）殹

睡簡・答問・51：翏（戮）之已乃斬之之謂殹

睡簡・答問・54：鞫審潚之之謂殹

睡簡・答問・55：“僑（矯）丞令”可（何）殹

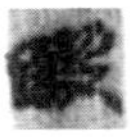

睡簡·答問·61:論可(何)殹

睡簡·答問·64:頃半(畔)"封"殹

睡簡·答問·69:子身全殹

睡簡·答問·74:皆論不殹

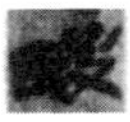

睡簡·答問·81:論可(何)殹

睡簡·答問·83:論各可(何)殹

睡簡·答問·85:未有傷殹

睡簡·答問·87:論可(何)殹

睡簡·答問·89:爲人毆殹

睡簡·答問·95:爲殹

睡簡·答問·99:"四鄰"即伍人謂殹

睡簡·答問·103:"非公室告"可(何)殹

睡簡·答問·103:"公室告"[何]殹

睡簡·答問·106:父時家辠殹

睡簡·答問·110:精葆子之謂殹

睡簡·答問·115:且未斷猶聽殹

睡簡·答問·115:論可(何)殹

睡簡·答問·116:弗買(賣)子母謂殹

睡簡·答問·121:生定殺水中之謂殹

睡簡·答問·129:論可(何)殹

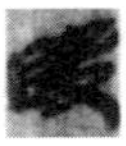

睡簡·答問·134:非傷殹

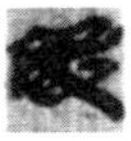

睡簡·答問·139:問吏及乙論可(何)殹

睡簡·答問·142:是謂"瀍(廢)令"殹

睡簡·答問·153:其論可(何)殹

睡簡·答問·161:擅有鬼立(位)殹

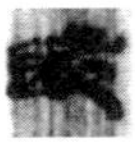

睡簡·答問·174:完之當殹

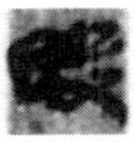

睡簡·答問·178:臣邦父、秦母謂殹

睡簡·答問·187:宮中主循者殹

睡簡·答問·189:皆主王犬者殹

睡簡·答問·192:古主爨竈者殹

睡簡·答問·196:或曰守囚即"更人"殹

睡簡·答問·196:原者"署人"殹

睡簡·答問·197:"賓署"即去殹

睡簡·答問·197:即去署殹

睡簡·答問·198:"衛(率)敖"當里典謂殹

睡簡·答問·201:獨戶母之謂殹

睡簡·答問·203:當以玉問王之謂殹

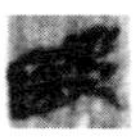

睡簡·答問·205:而實弗盜之謂殹

睡簡・答問・210:草實可食殹

睡簡・封診・38:丙毋(無)病殹

睡簡・封診・74:毋(無)它亡殹

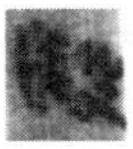

睡簡・封診・79:垣北卽巷殹

睡簡・封診・82:毋(無)意殹

睡簡・封診・83:新殹

睡簡・秦律・9:可殹

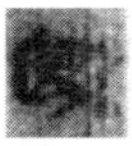

睡簡・秦律・17:其大廄、中廄、宮廄馬牛殹

睡簡・秦律・24:可殹

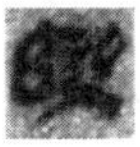

睡簡・秦律・30:可殹

睡簡・秦律・38:可殹

睡簡・秦律・83:其免殹

睡簡・秦律・89:可殹

睡簡・秦律・115:其得殹

睡簡・秦律・128:可殹

睡簡・秦律・150:司寇勿以爲僕、養、守官府及除有爲殹

睡簡・秦律・151:非適(謫)辠殹而欲爲冗邊五歲

睡簡・秦律・165:禾粟雖敗而尚可食殹

睡簡・秦律・184:以輒相報殹

睡簡・秦律・188:有事請殹

睡簡・秦律・195:非其官人殹

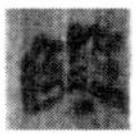

睡簡・雜抄・12:非吏殹

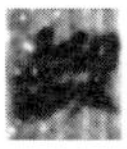

睡簡・日甲・61 正:若以是月殹西徙

睡簡・日甲・150 正:富難勝殹

睡簡・日乙・50:凡有入殹

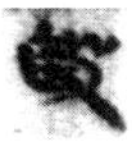

睡簡・日乙・51:有出殹

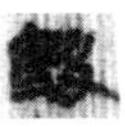

睡簡・爲吏・44:君子不病殹

睡簡・爲吏・45:以其病病殹

睡簡・爲吏・47:政之本殹

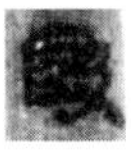

睡簡・爲吏・49:治之紀殹

睡簡・效律・17:同官而各有主殹

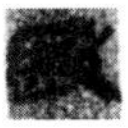

睡簡・效律・18:新嗇夫自效殹

睡簡・效律・24:禾粟雖敗而尚可飤(食)殹

睡簡・效律・56:計校相繆(謬)殹

睡簡・效律・60:誤自重殹

睡簡・效律・60:而復責其出殹

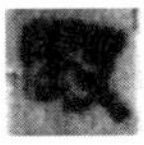

睡簡・語書・3:而使之之於爲善殹

睡簡・語書・6:是卽明避主之明灋殹

 睡簡・語書・7:是即不勝任、不智殹

 睡簡・語書・7:此皆大辠殹

 睡簡・語書・9:事無不能殹

 睡簡・語書・9:以一曹事不足獨治殹

 睡簡・語書・12:而上猶智之殹

 龍簡・26:沒入其販假殹

 龍簡・71・摹:□殹

 龍簡・106・摹:殺傷殹

 龍簡・118・摹:非田時殹

 龍簡・198・摹:勿予其言殹

 關簡・132:此所謂戎磨日殹

 關簡・143:凡竆(窮)日,不利有爲殹

 關簡・369:次(恣)殹

 帛書・脈法・72:脈(脈)亦聽(聖)人之所貴殹

 帛書・脈法・72:氣殹者

 帛書・脈法・73:治病者取有餘而益不足殹

 帛書・脈法・84:言不可不察殹

 帛書・病方・56:以相靡(磨)殹

 帛書・病方・100:多可殹

 帛書・病方・122:藥□而自□殹

 帛書・病方・126:□鳥殹

 帛書・病方・126:猶可用殹

 帛書・病方・160:令□起自次(恣)殹

 帛書・病方・334:自適殹

 帛書・病方・335:其瘳殹□癰

 帛書・病方・444:人殹人殹而比鬼

 帛書・死候・85:地氣殹

 帛書・死候・85:死脈(脈)殹

 帛書・灸經甲・54:是胃脈(脈)殹

 帛書・灸經甲・61:可治殹

 帛書・灸經甲・61:勿治殹

0644 𣪠 段

 帛書・病方・114:段治〖注〗《説文》:"段,椎物也。"段治,椎碎。

 帛書・病方・200:即以鐵椎攺段之二七

 集證・183.733:蘇段

 秦印編59:上造段周

 秦印編59:段狀

 秦印編59:李段

秦印編 59:段齒

秦印編 59:段豚

秦印編 59:段繚

秦印編 59:咸郿里段

秦陶・1350:咸郿里段

秦陶・1351:咸郿里段

秦陶・1352:咸郿里段

秦陶・1354:咸郿里段

0645　殽

睡簡・秦律・40:殽禾以臧(藏)之〖注〗殽,仿效。

關簡・314:取一匕以殽沐〖注〗殽,混合。

關簡・354:以殽種=

帛書・病方・67:殽□

帛書・病方・338:少殽以醯〖注〗殽,雜和。

帛書・病方・355:以毚職(膱)膏殽弁

0646　毅

集證・197.51:毅

0647　殺 㣲 殺 布

會稽刻石・宋刻本:殺之無辠

天簡 30・乙:斬伐寔=殺戮安=

睡簡・答問・66:問殺人者爲賊殺人

睡簡・答問・66:問殺人者爲賊殺人

睡簡・答問・66:斵(鬭)殺人

睡簡・答問・66:辠人捈(格)殺求盜

睡簡・答問・68・摹:甲殺人

睡簡・答問・68:甲殺人審

睡簡・答問・69:其子新生而有怪物其身及不全而殺之

睡簡・答問・69:擅殺子

睡簡・答問・72:擅殺、刑、髡其後子

睡簡・答問・71:而擅殺之

睡簡・答問・73:人奴擅殺子

睡簡・答問・76:臣妾牧殺主

睡簡・答問・76:欲賊殺主

睡簡・答問・77:或自殺

睡簡・答問・92:室人以投(殳)梃伐殺之

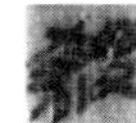睡簡・答問・92:所殺直(值)二百五十錢

睡簡・答問・97:問不殺人

睡簡・答問・102:謁殺

睡簡・答問・103:賊殺傷、盜它人爲“公室”

睡簡・答問・103:父母擅殺、刑、髡子及奴妾

睡簡・答問・104:主擅殺、刑、髡其子、臣妾

睡簡・答問・106:父殺傷人及奴妾

睡簡・答問・108:殺傷父臣妾、畜產及盜之

睡簡・答問・121:定殺〖注〗定,疑讀爲渟,水止。定殺,淹死。

睡簡・答問・121:生定殺水中之謂殹

睡簡・答問・122:或曰當署(遷)署(遷)所定殺

睡簡・答問・124:殺之

睡簡・答問・134:問乙賊殺人

睡簡・秦律・6:勿敢殺

睡簡・秦律・7:河(呵)禁所殺犬

睡簡・秦律・7:其他禁苑殺者

睡簡・秦律・84:牧將公畜生而殺、亡之

睡簡・封診式・50:謁殺

睡簡・日甲・33 背:殺而享(烹)食之

睡簡・日甲・36 正:不可殺

睡簡・日甲・40 正:利弋邋(獵)、報讎、攻軍、韋(圍)城、始殺

睡簡・日甲・85 正:戊午不可殺牛

睡簡・日甲・91 正:母以己巳、壬寅殺犬

睡簡・日甲・97 正:殺未

睡簡・日甲・98 正:殺戌

睡簡・日甲・99 正:殺丑

睡簡・日甲・100 正:殺日

睡簡・日甲・100 正:勿以殺六畜

睡簡・日甲・102 背:不可以殺

睡簡・日甲・104 背:不可以殺

睡簡・日甲・105 背:不可以殺

睡簡・日甲・106 背:大殺大央(殃)

睡簡・日甲・106 背:小殺小央(殃)

睡簡・日甲・106 背:此皆不可殺

睡簡・日甲・139 正:不可祠祀、殺生(牲)

睡簡・日乙・104:不可殺牛

睡簡・日乙・181:王父欲殺

睡簡・日乙・殘 5:四月巳午不可以殺

龍簡・28:□去耎(堧)廿里毋敢每(謀)殺□

龍簡·79:□殺

龍簡·82·摹:殺之

龍簡·97·摹:□殺獸□

龍簡·101·摹:馬、牛殺之及亡之

龍簡·106·摹:殺傷毆

龍簡·123·摹:盜賊以田時殺□

帛書·死候·86:三陰貸(腐)臧(臟)煉(爛)腸而主殺

帛書·病方·91:蚤殺人今茲

帛書·病方·109:有(又)以殺本若道旁葥(葥)根二七〖注〗殺,讀爲
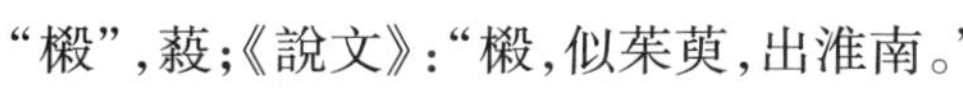“榝”,菽;《説文》:“榝,似茱萸,出淮南。”

帛書·病方·262:殺狗

0648 钕

大墓残磬(集證·59):钕虎(鉏鋙)翻(載)入〖注〗钕虎,孫常敘讀爲“鉏鋙”,一種櫛齒狀物,可以止樂。

0649 寸

睡簡·答問·6:高六尺七寸

睡簡·答問·88:其大方一寸

睡簡·答問·88:深半寸

睡簡·封診·35:袤五寸

睡簡·封診·65:足不傅地二寸

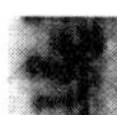睡簡·封診·66:不周項二寸

睡簡·封診·76:下廣二尺五寸

睡簡·封診·79:其瞳(踵)稠者三寸

睡簡·秦律·51:隸臣、城旦高不盈六尺五寸

睡簡·秦律·52:高五尺二寸

睡簡·秦律·52:隸妾、舂高不盈六尺二寸

睡簡·秦律·66:福(幅)廣二尺五寸

睡簡·雜抄·9:驀馬五尺八寸以上

睡簡·雜抄·27:夬(決)革一寸

睡簡·雜抄·27:過二寸

龍簡·14:六寸符皆傳□

龍簡·257·摹:□寸

帛書·灸經甲·58:去内腂(踝)一寸

帛書·足臂·19:上八寸

帛書·脈法·74:陽上於環二寸而益爲一久(灸)

帛書·病方·68:黄柃(芩)長三寸

帛書·病方·93:即封涂(塗)厚二寸

帛書·病方·218:而以采爲四寸杙二七

帛書・病方・248：[牝]痔之入竅中寸

帛書・病方・249：冶桂六寸

帛書・病方・255：[廣]三寸

帛書・病方・267：令其大圜寸

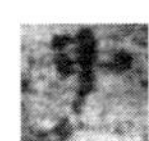帛書・病方・殘 8：皐去湯可一寸□

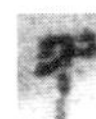帛書・病方・殘 14：□美棗一斗，以寸

0650　𡬝　　寺

二年寺工壺（集證・32）：二年寺工師初〖注〗寺工師，"寺工工師"之省文。寺工，官名。

二年寺工壺・摹（秦銅・52）：二年寺工師初

廿一年寺工車軎・甲軎（秦銅・93）：廿一年寺工獻

□年相邦呂不韋戈（珍金・99）：寺工

□年相邦呂不韋戈・摹（珍金・99）：寺工

二年寺工聾戈・摹（秦銅・58）：二年寺工聾

二年寺工聾戈・摹（秦銅・58）：寺工

□年寺工聾戈（集成 11197）：□年寺工聾

□年寺工聾戈（集成 11197）：寺工

三年相邦呂不韋戈・摹（秦銅・60）：寺工

三年相邦呂不韋戈・摹（秦銅・60）：寺工

四年相邦呂不韋戈・摹（秦銅・63）：寺工聾

十年寺工戈・摹（俑坑・3.1）：十年寺工

十年寺工戈・摹（俑坑・3.1）：寺工

寺工矛一・摹（秦銅・95）：寺工

寺工矛二（秦銅・152）：寺工

寺工矛三・摹（秦銅・153）：寺工

寺工銅鐏（秦銅・154）：寺工

寺工銅鐏・摹（秦銅・154）：寺工

三年相邦呂不韋戟（秦銅・61）：寺工聾

三年相邦呂不韋戟・摹（秦銅・61）：寺工聾

四年相邦呂不韋戟・摹（秦銅・65）：寺工聾

四年相邦呂不韋戟・摹（秦銅・65）：寺工

七年相邦呂不韋戟一（秦銅・70）：寺工

七年相邦呂不韋戟二・摹（俑坑・3.2）：寺工

七年相邦呂不韋戟二・摹（俑坑・3.2）：寺工周

十五年寺工鈹一・摹（秦銅・75）：十五年寺工敏

十五年寺工鈹一・摹（秦銅・75）：寺工

十五年寺工鈹二・摹（秦銅・76）：十五年寺工敏

十五年寺工鈹二・摹（秦銅・76）：寺工

十五年寺工鈹三・摹(秦銅・77):十[五]年寺工敏

十五年寺工鈹三・摹(秦銅・77):寺工

十六年寺工鈹・摹(秦銅・78):十六年寺工敏造

十六年寺工鈹・摹(秦銅・78):寺工

十七年寺工鈹一・摹(秦銅・79):十七年寺工敏造

十七年寺工鈹一・摹(秦銅・79):寺工

十七年寺工鈹二・摹(秦銅・91.1):寺工

十七年寺工鈹二・摹(秦銅・91.2):十七年寺工敏

十七年寺工鈹二・摹(秦銅・91.2):寺工

十七年寺工鈹四・摹(秦銅・82):十七年寺工敏

十七年寺工鈹五・摹(秦銅・83):十七年寺工敏造

十七年寺工鈹五・摹(秦銅・83):寺工

十七年寺工鈹五・摹(秦銅・83):寺工

十七年寺工鈹六・摹(秦銅・84):十七年寺工敏

十九年寺工鈹一・摹(秦銅・86):十九年寺工邦

十九年寺工鈹二・摹(秦銅・87):寺工

十九年寺工鈹二・摹(秦銅・87):十九年寺工邦

十九年寺工鈹三・摹(秦銅・88):十九年寺工邦

十九年寺工鈹四・摹(秦銅・89):十九年寺工邦

十九年寺工鈹四・摹(秦銅・89):寺工

十九年寺工鈹五・摹(秦銅・90):十九年寺工邦

十九年寺工鈹五・摹(秦銅・90):寺工

廿四年莒傷銅斧(沂南・2):廿四年莒傷(陽)丞寺〖注〗寺,人名。

石鼓文・車工(先鋒本):弓兹(弦)以寺(持)〖注〗寺,王昶釋爲"持",馬敘倫釋爲"待"。

石鼓文・田車(先鋒本):秀弓寺(持)射

睡簡・秦律・182:及卜、史、司御、寺、府〖注〗寺,讀爲"侍"。

睡簡・日甲・66背・摹:熱(爇)以寺(待)之〖注〗待,禦。

帛書・足臂・3:產寺(痔)

集證・139.105:寺從市府〖注〗寺,同"侍"。寺從,官名。

新封泥A・1.17:寺車府印

新封泥C・17.16:寺車府印

秦印編60:寺從市府

封泥集・附一402:寺從市府

秦印編60:寺工

新封泥A・1.14:寺工

秦印編60:寺工丞印

秦印編60:寺工丞印

封泥印51:寺工丞印

封泥集 168・1:寺工丞印

封泥集 168・2:寺工丞印

封泥集 168・3:寺工丞印

封泥集 168・5:寺工丞印

封泥集 168・13:寺工丞印

封泥集 168・16:寺工丞印

集證・142.149:寺工丞印

集證・142.150:寺工丞印

秦印編 60:寺工之印

封泥集 167・2:寺工之印

封泥印 50:寺工之印

集證・142.148:寺工之印

秦印編 60:寺車丞印〖注〗寺車,官名。

封泥集 171・1:寺車丞印

封泥集 171・2:寺車丞印

封泥集 171・3:寺車丞印

封泥集 172・5:寺車丞印

封泥集 172・9:寺車丞印

集證・139.106:寺車丞印

封泥印 53:寺車丞印

新封泥 E・3:寺車丞印

秦印編 60:寺樂左瑟〖注〗寺樂,侍樂,日常侍奉天子之樂。

封泥印 8:寺樂左瑟

秦印編 60:居室寺從

封泥集 143・2:居室寺從

封泥集 143・3:居室寺從

封泥集 144・4:居室寺從

集證・139.104:居室寺從

封泥印 37:居室寺從

秦印編 60:寺從丞印

封泥集 170・1:寺從丞印

封泥集 170・2:寺從丞印

封泥集 170・3:寺從丞印

封泥集 170・4:寺從丞印

封泥集 170・6:寺從丞印

封泥集 170・7:寺從丞印

封泥集 170・10:寺從丞印

封泥集 170・11:寺從丞印

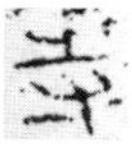

封泥集 170・13:寺從丞印

封泥集 171・14:寺從丞印

封泥集 171・15:寺從丞印

封泥集 171・16:寺從丞印

封泥集 171・19:寺從丞印

封泥集 171・20:寺從丞印

封泥集 171・21:寺從丞印

封泥集 171・22:寺從丞印

封泥集 171・23:寺從丞印

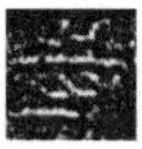

集證・139. 101:寺從丞印

集證・139. 102:寺從丞印

集證・139. 103:寺從丞印

新封泥 C・18. 2:寺從丞印

封泥印 52:寺從丞印

秦印編 60:寺從

封泥集 169・1:寺從

封泥集 169・2:寺從

封泥集 169・3:寺從

封泥集 169・6:寺從

集證・139. 100:寺從

封泥印 52:寺從

集證・221. 259:寺工毋死

秦印編 60:寺水

秦印編 60:寺水

秦印編 60:寺水

秦印編 60:寺水

秦陶・852:寺水

秦陶・853:寺水

秦陶・854:寺水

秦陶・857:寺水

秦陶・860:寺水

秦陶・862:寺水

秦陶・865:寺水

秦陶・866:寺水

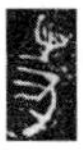

秦陶・867:寺水

秦陶・868:寺水

秦陶・869:寺水

秦陶・870:寺水

秦陶・871:寺水

秦陶・873:寺水

秦陶・874:寺水

秦陶・876:寺水

秦陶・878:寺水

秦陶・879:寺水

秦陶・880:寺水

秦陶・881:寺水

秦陶・883:寺水

秦陶・884:寺水

秦陶・886:寺水

秦陶・887:寺水

秦陶・888:寺水

秦陶・889:寺水

秦陶・890:寺水

秦陶・891:寺水

秦陶・892:寺水

秦陶・875:寺

秦陶・847:寺係

秦陶・848:寺係

秦陶・849:寺係

秦陶・855:寺眛

秦陶・859:寺顛

秦陶・864:寺嬰

封泥集・附393・24:寺□

漆筒墨書(集證・226.1):叡之寺(持)簧〖注〗寺,讀爲“持”,握。

0651　　將

詛楚文・湫淵(中吳本):將欲復其賜(凶)速(迹)

詛楚文・湫淵(中吳本):將之以自救也

詛楚文・巫咸(中吳本):將欲復其賜(凶)速(迹)

詛楚文・巫咸(中吳本):將之以自救殹

詛楚文・亞駝(中吳本):將欲復其賜(凶)速(迹)

詛楚文・亞駝(中吳本):將之以自救殹

秦駰玉版・甲・摹:故告大(?)壹(?)、大將軍〖注〗大將軍,官名,此指星神名。

秦駰玉版・乙・摹:故告大(?)壹(?)、大將軍

睡簡・答問・52:將軍材以錢若金賞

睡簡・答問・63:將上不仁邑里者而縱之〖注〗將上,向上級押送。

睡簡・答問・125:將司人而亡

睡簡・答問・125:將盜戒(械)囚刑辠以上

睡簡・答問・163:以將陽有(又)行治(笞)〖注〗將陽,疊韻聯綿詞,游蕩。

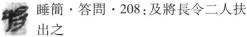

睡簡・答問・208:及將長令二人扶出之

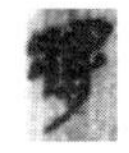睡簡・秦律・6:麛時毋敢將犬以之田〖注〗將,帶領。

睡簡・秦律・16:將牧公馬牛

睡簡・秦律・44:宦者、都官吏、都官人有事上爲將〖注〗將,督送。

睡簡・秦律・84:牧將公畜生而殺、亡之

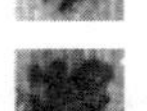睡簡・秦律・116:司空將紅(功)及君子主堵者有辠

睡簡・秦律・135:將司之〖注〗將司,監管。

睡簡・秦律・135:皆勿將司

睡簡・秦律・145:城旦司寇不足以將

睡簡・秦律・145:毋令居貲贖責(債)將城旦舂

睡簡・秦律・146:城旦司寇一人將

睡簡・秦律・146:及城旦傅堅、城旦舂當將司者

睡簡・秦律・147・摹:將司之

睡簡・秦律・147:其名將司者

睡簡・秦律・147:仗城旦勿將司

睡簡・雜抄・13:縣司空、司空佐史、士吏將者弗得

睡簡・雜抄・40:縣司空署君子將者

睡簡・雜抄・41:縣司空佐主將者

睡簡・日甲・26背:入人醯、醬、滫、將(漿)中

睡簡・日甲・86背:其後必有子將弟也死〖注〗將,或。

睡簡・日甲・116正:將軍門

睡簡・日甲・130正:凡民將行

睡簡・爲吏・3:民將望表以戾真

睡簡・爲吏・4:民心將移乃難親

睡簡・爲吏・13:將發令

睡簡・爲吏・21:將而興之〖注〗將,率領。

睡簡・爲吏・27:將軍以堙豪(壕)

睡簡・爲吏・43:民將姚(逃)去

睡簡・效律・46:貲工及吏將者各二甲

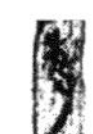龍簡・16:將者令徒□

龍簡・43・摹:耐者假將司之〖注〗將司,帶領、監管。

里簡・J1(9)981正:史逐將作者汜中

帛書・病方・250:飲藥將(漿)

集證・140.118:銍將粟印

集證・164.495:方將吉印

 秦印編 60：章廄將馬〖注〗將，監督、管理。將馬，官名。

 秦印編 60：章廄將馬

 集證・146.209：章廄將馬

 集證・147.223：左廄將馬

 秦印編 60：左廄將馬

 集證・147.222：左廄將馬

 集證・147.225：右廄將馬

 集證・147.226：右廄將馬

 秦印編 60：右中將馬

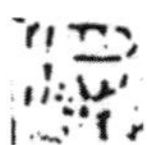 集證・146.217：中廄將馬

 集證・147.230：小廄將馬

 封泥集 195・2：小廐將馬

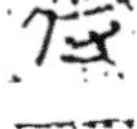 秦印編 60：小廐將馬

 封泥印 19：小廄將□

 秦印編 60：將匠安

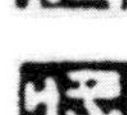 秦印編 60：力將□

 秦印編 60：將□

0652　尋

 關簡・57：乙未宿尋平〖注〗尋平，地名。

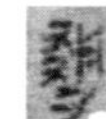 帛書・病方・83：□尋尋豙且貫而心

帛書・病方・265：尋（焊）然類辛狀〖注〗尋，假爲“焊”，灼熱。

0653　尃

秦公鎛鐘・摹（秦銅・16.2）：叡尃（敷）明井（型）〖注〗尃，讀爲“敷”，遍佈、廣及。

秦政伯喪戈一（珍金・42）：竈（肇）尃（撫）東方〖注〗尃，李學勤讀爲“敷”，擴展。一説讀爲“撫”，安定、鎮撫。

秦政伯喪戈一・摹（珍金・42）：竈（肇）尃（撫）東方

秦政伯喪戈二・摹（珍金・43）：竈（肇）尃（撫）東方

大墓殘磬（集證・63）：竈（肇）尃（敷）緐（蠻）夏

會稽刻石・宋刻本：六王尃倍

繹山刻石・宋刻本：乃降尃惠

0654　導

 石鼓文・吾水（先鋒本）：遊導（道）既平

 石鼓文・吾水（先鋒本）：遊其□導

石鼓文・乍邍（先鋒本）：□□盩導

石鼓文・乍邍（先鋒本）：導遄（徹）我嗣

 封泥集 287・1：翟導（道）丞印

 封泥印 101：翟導（道）丞印

新封泥B·3.10:眗衍導(道)丞

0655　制

睡簡·日甲·13正:寇〈冠〉、制(製)車、折(裚)衣常(裳)、服帶吉

睡簡·日甲·32正:可取婦、家(嫁)女、制(製)衣常(裳)

0656　皮 𥫶 𡰥

石鼓文·馬薦(先鋒本):□天□虹□皮□

石鼓文·汧殹(先鋒本):丞(承)皮(彼)淖淵〖注〗皮,假爲"彼"。

石鼓文·乍邍(先鋒本):帥皮(彼)阪□

睡簡·效律·42:官府臧(藏)皮革

睡簡·秦律·7:食其肉而入皮

睡簡·雜抄·16:臧(藏)皮革橐(蠹)突

睡簡·日甲·48背:以桑皮爲□之

睡簡·爲吏·18:皮革橐(蠹)突

龍簡·38·摹:諸取禁苑中柞(柞)、棫、檣、楢產葉及皮

龍簡·83:食其肉而入其皮

龍簡·85:以皮、革、筋給用

龍簡·86·摹:入其皮□縣道官

龍簡·112:馬、牛、駒、犢、[羔]皮及□皆入禁□

帛書·病方·25:林(朮)根去皮

帛書·病方·68:去皮而并冶

帛書·病方·100:燔貍皮

帛書·病方·139:兔皮□

帛書·病方·221:引下其皮

帛書·病方·348:大皮桐〖注〗大皮桐,藥名。

帛書·病方·407:以楡皮、白□、美桂〖注〗楡皮,藥名。

集證·222.268:皮□

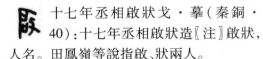

集證·222.269:皮氏卯〖注〗皮氏,地名。

0657　啟　啟

十七年丞相啟狀戈·摹(秦銅·40):十七年丞相啟狀造〖注〗啟狀,人名。田鳳嶺等說指啟、狀兩人。

廿一年啟封戈(附)·摹(新金·1.4):啟封〖注〗啟封,地名。

睡簡·編年·32:攻啟封

睡簡·封診·73:今旦起啟戶取衣

睡簡·答問·30:抉籥(鑰)者已抉啟之乃爲抉

睡簡·答問·30:抉之弗能啟即去

睡簡·答問·30:且未啟亦爲抉

睡簡·答問·31:弗能啟即去

 睡簡・答問・31:若未啟而得

 睡簡・答問・31:未啟當貲二甲

 睡簡・日甲・33背:啟吾

 睡簡・日甲・71背:旦閉夕啟西方

 睡簡・日甲・72背:旦閉夕啟北方

 睡簡・日甲・75背:旦啟夕閉東方

 睡簡・日甲・78背:旦啟夕閉

 睡簡・日乙・157:朝啟夕閉

 睡簡・日乙・159:[朝]閉夕啟

 睡簡・日乙・161:朝閉夕啟

 睡簡・日乙・163:朝閉夕啟

 睡簡・日乙・165:朝啟夕閉

 睡簡・日乙・167:朝閉夕啟

 睡簡・日乙・169:朝閉夕啟

 睡簡・日乙・171:朝啟多夕閉

 睡簡・日乙・173:朝閉夕啟

 睡簡・日乙・177:朝啟夕閉

 睡簡・日乙・179:[朝]啟夕閉

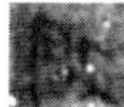 里簡・J1(8)133正:[獄]史啟敢□〖注〗啟,人名。

 里簡・J1(8)157背:遷陵丞昌郄(卻)之啟陵

 里簡・J1(8)157背:已除成、匄爲啟陵郵人

 里簡・J1(8)157正:成里典、啟陵郵人缺

 里簡・J1(8)157正:啟陵鄉夫敢言之

 里簡・J1(16)5背:都鄉別啟陵、貳春

 里簡・J1(16)9正:啟陵鄉□敢言之〖注〗啟陵,鄉名。

 里簡・J1(16)9正:啟陵鄉未有枼(牒)

 帛書・病方・35:强啟其口

 帛書・病方・256:時自啟竅

 秦印編61:啟陵

 秦印編61:王啟

 秦印編61:王啟

 秦印編61:楊啟

 秦印編61:啟

0658 𢕚𢕟 徹㣪

 睡簡・答問・27:置豆俎鬼前未徹乃爲"未闋"

 睡簡・秦律・10:禾、芻稾徹(撤)木、薦

 睡簡・爲吏・43:無志不徹〖注〗徹,達到。

 睡簡・爲吏・48:志徹官治

 睡簡・日甲・26 正:午徹

 睡簡・日甲・27 正:申徹

 睡簡・日甲・28 正:戌徹

 睡簡・日甲・29 正:子徹

 睡簡・日甲・31 正:辰徹

 睡簡・日甲・59 正:虛四徹不可入客、寓人及臣妾〖注〗徹,通道。

 睡簡・日甲・75 背:名徹達祿得獲錯

 睡簡・日甲・144 背:不可初穿門、爲戶牖、伐木、壞垣、起垣、徹屋及殺

 睡簡・日甲・155 背:利壞垣、徹屋、出寄者

 睡簡・日乙・47:午徹

 睡簡・日乙・48・摹:申徹

 睡簡・日乙・49:戌徹

 睡簡・日乙・50:子徹

 睡簡・日乙・51:寅徹

 睡簡・日乙・52:辰徹

 睡簡・日乙・62:徹,大徹

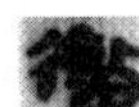 睡簡・日乙・62:徹,大徹

 帛書・病方・445:□若□徹胠魅□

0659　肈

 不其簋蓋(秦銅・3):女(汝)肈誨于戎工〖編者按〗古"肈"字从戈不从攴。"肈誨"即《詩經》之"肈敏",敏捷。或說"肈"義爲始。

 滕縣不其簋器(秦銅・4):女(汝)肈誨于戎工

0660　敏

十五年寺工鈹一・摹(秦銅・75):十五年寺工敏〖注〗敏,人名。

十五年寺工鈹二・摹(秦銅・76):十五年寺工敏

十六年寺工鈹・摹(秦銅・78):十六年寺工敏造

十七年寺工鈹一・摹(秦銅・79):十七年寺工敏造

十七年寺工鈹二・摹(秦銅・91.2):十七年寺工敏

十七年寺工鈹五・摹(秦銅・83):十七年寺工敏造

十八年寺工鈹・摹(秦銅・85):十八年寺工敏

秦懷后磬・摹:唯敏□竈〖注〗敏,舊釋爲"奴",劉昭瑞釋爲"敏"。

0661　敃

 雍工敃壺・摹(秦銅・53):雍工敃〖注〗敃,人名。

 工敃鼎・摹(秦銅・54):工敃□鼎

 睡簡・秦律・62:女子操敃(文)紅及服者〖注〗敃,讀爲"文",指文繡。

0662 敄

秦印編61:隗敄〖注〗隗敄,人名。

0663 效

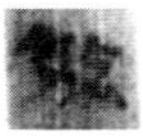

睡簡·秦律·18:以其筋、革、角及其賈(價)錢效〖注〗效,獻。

睡簡·秦律·22:效者發

睡簡·秦律·22:以隄(題)效之〖注〗效,驗。

睡簡·秦律·28:其出入、增積及效如禾

睡簡·秦律·80:縣、都官坐效、計以負賞(償)者

睡簡·秦律·80:以效少内

睡簡·秦律·83:效其官而有不備者

睡簡·秦律·117:輒以效苑吏

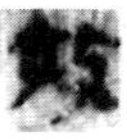

睡簡·秦律·162:故吏弗效

睡簡·秦律·162:官嗇夫必與去者效代者

睡簡·秦律·162:節(即)官嗇夫免而效

睡簡·秦律·163:效〖注〗效,律名,關於核驗官府物資財産的法律。

○ 睡簡·秦律·166:效

睡簡·秦律·167:效

睡簡·秦律·170:效

睡簡·秦律·171:嗇夫免而效

睡簡·秦律·171:以效之

睡簡·秦律·173:效

睡簡·秦律·176:效

睡簡·秦律·177:效

睡簡·秦律·178:效

睡簡·效律·1:爲都官及縣效律

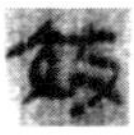

睡簡·效律·17:官嗇夫坐效以貲

睡簡·效律·17:縣令令人效其官

睡簡·效律·18:新嗇夫自效殹

睡簡·效律·19:官嗇夫必與去者效代者

睡簡·效律·19:節(即)官嗇夫免而效不備

睡簡·效律·20:故吏弗效

睡簡·效律·21:雖弗效

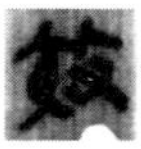

睡簡·效律·29:嗇夫免而效

睡簡·效律·30:效者見其封及隄(題)以效之

睡簡·效律·39:效公器贏、不備

睡簡·效律·50:以效贏、不備之律貲之

集證·185.768:效上士〖注〗效,效法。

0664 故 故

大騩銅權(秦銅·131):刻此詔故刻左

二世元年詔版一(秦銅·161):刻此詔故刻左

二世元年詔版二(秦銅·162):刻此詔故刻左

二世元年詔版三(秦銅·163):刻此詔故刻左

二世元年詔版四(秦銅·164):刻此詔故刻左

二世元年詔版五(秦銅·165):刻此詔故刻左

二世元年詔版六(秦銅·166):刻此詔故刻左

二世元年詔版八(秦銅·168):刻此詔故刻左

二世元年詔版九(秦銅·169):刻此詔故刻左

二世元年詔版十一(秦銅·171):刻此詔故刻左

二世元年詔版十二(秦銅·172):刻此詔故刻左

二世元年詔版十三(集證·50):刻此詔故刻左

兩詔版(秦銅·174.1):刻此詔故刻左

兩詔斤權一·摹(集證·46):刻此詔故刻左

兩詔斤權二·摹(集證·49):刻此詔故刻左

兩詔銅權二(秦銅·176):刻此詔故刻左

兩詔銅權三(秦銅·178):刻此詔故刻左

兩詔銅權四(秦銅·179.2):刻此詔故刻左

兩詔銅權五(秦銅·180):刻此詔故刻左

兩詔橢量一(秦銅·148):刻此詔故刻左

兩詔橢量二(秦銅·149):刻此詔故刻左

兩詔橢量三之二(秦銅·151):刻此詔故刻左

美陽銅權(秦銅·183):刻此詔故刻左

平陽銅權·摹(秦銅·182):刻此詔故刻左

旬邑銅權(秦銅·133):刻此詔故刻左

左樂兩詔鈞權(集證·43):刻此詔故刻左

秦駰玉版·甲·摹:故告大(?)壹(?)、大將軍

秦駰玉版·甲·摹:能自復如故

秦駰玉版·乙·摹:故告大(?)壹(?)、大將軍

秦駰玉版·乙·摹:能自復如故

天簡28·乙:復其故

睡簡·語書·2:故後有閒(干)令下者

睡簡·語書·4:故騰爲是而脩灋律令、田令及爲閒(奸)私方而下之

睡簡·語書·9:故有公心

睡簡·語書·12:故如此者不可不爲罰〖注〗故,句首提示詞。

睡簡·效律·18:故嗇夫及丞皆不得除

睡簡·效律·20:故吏弗效

 睡簡・效律・25：令復其故數

 睡簡・效律・48：負之如故

 睡簡・6號牘・背：驚遠家故

 睡簡・6號牘・背：且令故民有爲不如令者實□

 睡簡・6號牘・背：以驚居反城中故

 睡簡・答問・69：直以多子故

 睡簡・答問・80：令夬（決）耳故不穿

 睡簡・答問・126：以故辠論

 睡簡・答問・154：吏有故當止食

 睡簡・答問・173：甲、乙以其故相刺傷

 睡簡・封診・17：甲故士五（伍）

 睡簡・封診・72：以合（答）其故

 睡簡・封診・72：自殺者必先有故

 睡簡・秦律・31：令其故吏與新吏雜先案（索）出之

 睡簡・秦律・31：其故吏弗欲

 睡簡・秦律・31：其毋（無）故吏者

故 睡簡・秦律・82・摹：而坐其故官以貲賞（償）及有它責（債）

 睡簡・秦律・111：故工一歲而成〖注〗故，舊。

 睡簡・秦律・111：其後歲賦紅（功）與故等

 睡簡・秦律・155：謁歸公士而免故妻隸妾一人者〖注〗故，本。

 睡簡・秦律・157：其有死亡及故有夬（缺）者

 睡簡・秦律・160：不得除其故官佐、吏以之新官

 睡簡・秦律・162：故吏弗效

 睡簡・秦律・167：令復其故數

 睡簡・雜抄・5：有爲故秦人出〖注〗故秦人，指秦國本有的居民。

 睡簡・日甲・24背：故丘鬼恆畏人

 睡簡・日甲・27背：人毋（無）故鬼攻之不已

 睡簡・日甲・29背：取故丘之土

 睡簡・日甲・29背：人毋（無）故鬼昔（藉）其宮

 睡簡・日甲・32背：人毋（無）故而鬼惑之

 睡簡・日甲・32背：人毋（無）故而鬼有鼠（予）

 睡簡・日甲・37背：一宅中毋（無）故而室人皆疫

 睡簡・日甲・40背：一宅之中毋（無）故室人皆疫

 睡簡・日甲・43背：人毋（無）故一室人皆疫

 睡簡・日甲・49背：人毋（無）故而鬼祠（伺）其宮

 睡簡・日甲・50背：室毋（無）故而寒

 睡簡・日甲・56背：人之六畜毋（無）故而皆死

 睡簡・日甲・57背：人毋（無）故室皆傷

睡簡・日甲・67背：人毋（無）故而心悲也

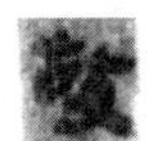
睡簡・日乙・257：故盜，其上作折其□齒之其□

睡簡・爲吏・12：下恆行巧而威故移

睡簡・爲吏・18：非邦之故也

龍簡・42・摹：故罪當完城旦舂以上者

龍簡・61・摹：其故與繇（徹）（?）□（弩）□（道）行之〖注〗故，故意。

龍簡・158・摹：黔首或始穜（種）卽故□

龍簡・170・摹：□租故重□

龍簡・171：□故輕故重□

龍簡・171：□故輕故重□

龍簡・174・摹：□重租與故

龍簡・245・摹：□故□

里簡・J1（8）134正：以求故荊績瓦

里簡・J1（9）3正：有物故

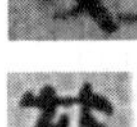
關簡・207：所言者慮故事〖注〗故事，舊事。

關簡・235：所言者家室、故事也

關簡・353：恆以臘日塞禱如故

帛書・病方・12：取故蒲席厭□燔□痏〖注〗故蒲席，卽敗蒲席。

帛書・病方・28：病已如故

帛書・病方・35：飮以□故

帛書・病方・125：病已如故

帛書・病方・171：以多爲故〖注〗以多爲故，以多爲度。

帛書・病方・320：去故般（瘢）

帛書・病方・323：□如故膚

帛書・病方・387：［病已］如故

帛書・病方・395：十餘日而瘳如故

帛書・病方・413：并和以車故脂

集證・159.416：脩故亭印〖注〗脩故，縣名。

秦印編61：公故私印

秦印編61：能故

秦印編61：咸倉故□

秦陶・1130：咸故倉□

地圖注記・摹（地圖・3）：故東谷

0665　政

秦政伯喪戈一（珍金・42）：戮政西旁（方）〖注〗政，政事、政治。

秦政伯喪戈一・摹（珍金・42）：戮政西旁（方）

秦政伯喪戈一（珍金・42）：秦政（正）白（伯）喪〖注〗正，泛指官長。

秦政伯喪戈一・摹（珍金・42）：秦政（正）白（伯）喪

秦政伯喪戈二・摹(珍金・43):戮政西旁(方)

秦政伯喪戈二・摹(珍金・43):秦政(正)白(伯)喪

大墓殘磬(集證・76):宜政

天簡 30・乙:以政下黔首

睡簡・爲吏・7:掇民之欲政乃立

睡簡・爲吏・13:索其政〖注〗政,通“正”。

睡簡・爲吏・41:從政之經

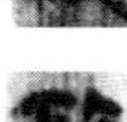
睡簡・爲吏・47:政之本殹

睡簡・日乙・237:利以臨官立(莅)政

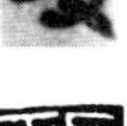
秦印編 61:卻政

秦印編 61:笵政

秦印編 61:張政

0666　數

詛楚文・湫淵(中吳本):敢數楚王熊相之倍(背)盟犯詛

詛楚文・巫咸(中吳本):敢數楚王熊相之倍(背)盟犯詛

詛楚文・亞駝(中吳本):敢數楚王熊相之倍(背)盟犯詛

繹山刻石・宋刻本:世無萬數

會稽刻石・宋刻本:數動甲兵

天簡 25・乙:如參合之數

天簡 25・乙:遠數有參之

天簡 25・乙:卽以鐘音之數矣

睡簡・爲吏・13:令數囚(究)環

睡簡・效律・8:數而贏、不備〖注〗數,清點物品的數目。

睡簡・效律・12:縣料而不備其見(現)數五分一以上

睡簡・效律・24:以其秏(耗)石數論𧴪(負)之

睡簡・答問・46:而不智(知)其羊數

睡簡・答問・52:毋(無)恆數

睡簡・答問・147:徙數謁吏〖注〗數,戶籍。

睡簡・封診・80:不智(知)盜人數及之所

睡簡・秦律・1:輒以書言澍〈澍〉稼、誘(秀)粟及豤(墾)田暘毋(無)稼者頃數

睡簡・秦律・2:所利頃數

睡簡・秦律・2:亦輒言其頃數

睡簡・秦律・8:以其受田之數

睡簡・秦律・10:輒上石數縣廷

睡簡・秦律・29:輒上數廷

睡簡・秦律・33:別其數

睡簡・秦律・35:到十月牒書數

睡簡・秦律・35:已獲上數

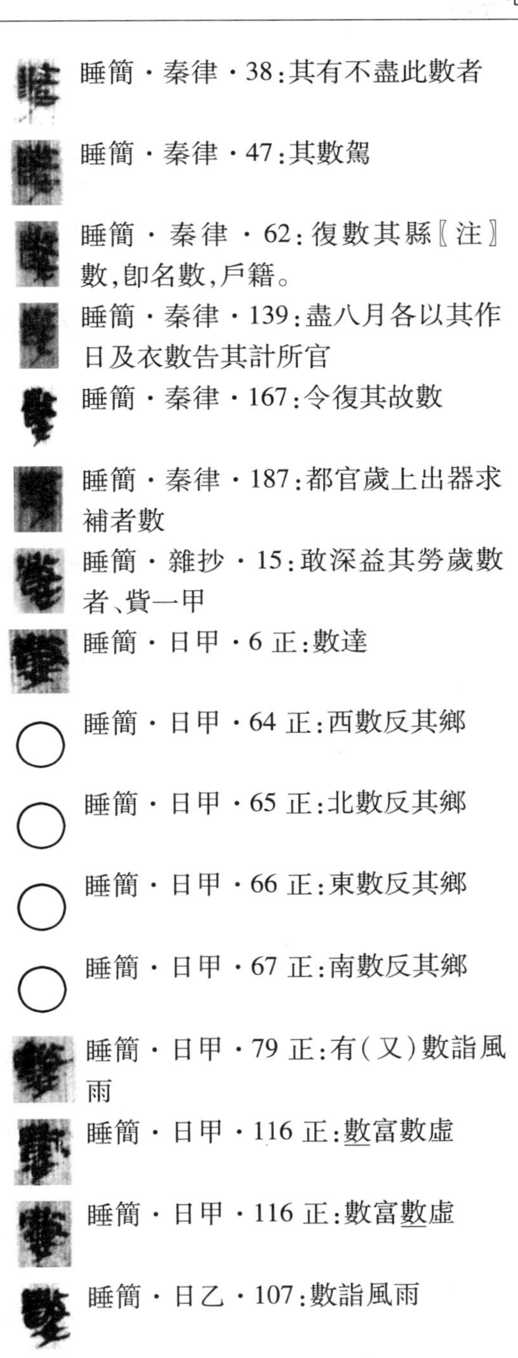

睡簡・秦律・38:其有不盡此數者

睡簡・秦律・47:其數駕

睡簡・秦律・62:復數其縣〖注〗數,即名數,戶籍。

睡簡・秦律・139:盡八月各以其作日及衣數告其計所官

睡簡・秦律・167:令復其故數

睡簡・秦律・187:都官歲上出器求補者數

睡簡・雜抄・15:敢深益其勞歲數者、貲一甲

睡簡・日甲・6 正:數達

睡簡・日甲・64 正:西數反其鄉

睡簡・日甲・65 正:北數反其鄉

睡簡・日甲・66 正:東數反其鄉

睡簡・日甲・67 正:南數反其鄉

睡簡・日甲・79 正:有(又)數詣風雨

睡簡・日甲・116 正:數富數虛

睡簡・日甲・116 正:數富數虛

睡簡・日乙・107:數詣風雨

睡簡・效律・12:其貲、誶如數者然

睡簡・效律・25:令復其故數

龍簡・39:禁苑嗇夫、吏數循行〖注〗數,頻繁、屢次。

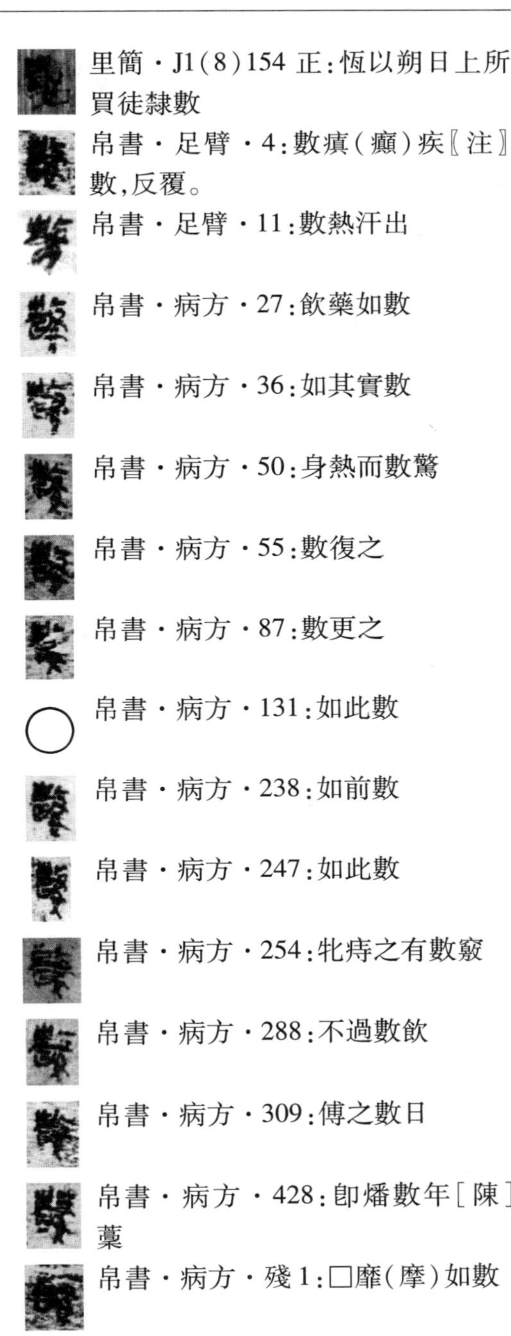

里簡・J1(8)154 正:恆以朔日上所買徒隸數

帛書・足臂・4:數瘨(癲)疾〖注〗數,反覆。

帛書・足臂・11:數熱汗出

帛書・病方・27:飲藥如數

帛書・病方・36:如其實數

帛書・病方・50:身熱而數驚

帛書・病方・55:數復之

帛書・病方・87:數更之

帛書・病方・131:如此數

帛書・病方・238:如前數

帛書・病方・247:如此數

帛書・病方・254:牝痔之有數竅

帛書・病方・288:不過數飲

帛書・病方・309:傅之數日

帛書・病方・428:即燔數年[陳]稾

帛書・病方・殘 1:□靡(摩)如數

秦印編 61:和數

0667　敞　敞

秦印編 62:武敞

集證・166.519:任敞

秦印編 62:女敞

0668　變　變

詛楚文・湫淵(中吳本):變輸(渝)盟剌(約)

詛楚文・巫咸(中吳本):變輸(渝)盟剌(約)

詛楚文・亞駝(中吳本):變輸(渝)盟剌(約)

睡簡・爲吏・40:變民習浴(俗)

關簡・237:所言者變治事也

0669　更　更

□□年上郡守戈(集證・20):工更長□〖注〗更,更卒。

□□年上郡守戈・摹(集證・20):工更長□

十二年上郡守壽戈・摹(秦銅・35):工更長□

十三年上郡守壽戈・摹(集證・21):工更長□

青川牘・摹:更修爲田律

睡簡・答問・147:弗爲更籍

睡簡・答問・188:可(何)謂"宮更人"〖注〗更人,夜間看守的人。

睡簡・答問・188:是謂"宮更人"

睡簡・答問・194:後更其律如它

睡簡・答問・196:其他皆爲"更人"

睡簡・答問・196:或曰守囚卽"更人"殹

睡簡・答問・196:可(何)謂"署人、更人"

睡簡・封診・4:更言不服〖注〗更言,改變口供。

睡簡・秦律・13:爲旱〈皂〉者除一更〖注〗更,更役。

睡簡・秦律・22:餘之索而更爲發戶

睡簡・秦律・24:雜出禾者勿更

睡簡・秦律・32:雜者勿更

睡簡・秦律・54:更隸妾節(卽)有急事〖注〗更,輪番更代。

睡簡・秦律・105:謁更其久

睡簡・秦律・109:更隸妾四人當工[一]人

睡簡・秦律・121:其有欲壞更殹

睡簡・秦律・121:縣毋敢擅壞更公舍官府及廷

睡簡・秦律・141:妻更及有外妻者

睡簡・秦律・181:宦奄如不更

睡簡・秦律・181:不更以下到謀人〖注〗不更,秦爵之四級。

睡簡・秦律・197:官嗇夫及吏夜更行官

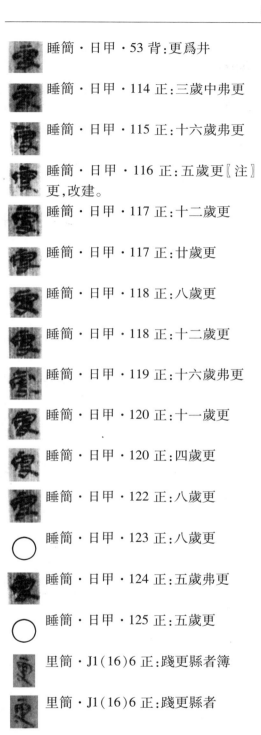

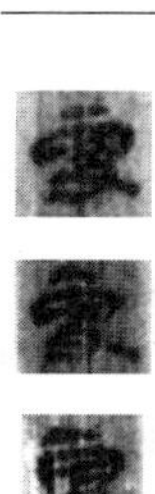睡簡・日甲・53 背:更爲井

睡簡・日甲・114 正:三歲中弗更

睡簡・日甲・115 正:十六歲弗更

睡簡・日甲・116 正:五歲更〖注〗更,改建。

睡簡・日甲・117 正:十二歲更

睡簡・日甲・117 正:廿歲更

睡簡・日甲・118 正:八歲更

睡簡・日甲・118 正:十二歲更

睡簡・日甲・119 正:十六歲弗更

睡簡・日甲・120 正:十一歲更

睡簡・日甲・120 正:四歲更

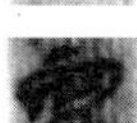睡簡・日甲・122 正:八歲更

睡簡・日甲・123 正:八歲更

睡簡・日甲・124 正:五歲弗更

睡簡・日甲・125 正:五歲更

里簡・J1(16)6 正:踐更縣者簿

里簡・J1(16)6 正:踐更縣者

關簡・318:寒輒更之

帛書・病方・31:更爊(熬)鹽以熨

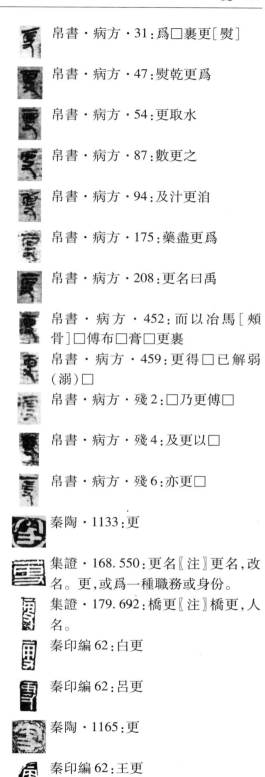

帛書・病方・31:爲□裹更[熨]

帛書・病方・47:熨乾更爲

帛書・病方・54:更取水

帛書・病方・87:數更之

帛書・病方・94:及汁更洎

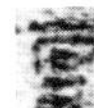帛書・病方・175:藥盡更爲

帛書・病方・208:更名曰禹

帛書・病方・452:而以冶馬[頰骨]□傅布□膏□更裹

帛書・病方・459:更得□已解弱(溺)□

帛書・病方・殘 2:□乃更傅□

帛書・病方・殘 4:及更以□

帛書・病方・殘 6:亦更□

秦陶・1133:更

集證・168.550:更名〖注〗更名,改名。更,或爲一種職務或身份。

集證・179.692:橋更〖注〗橋更,人名。

秦印編 62:白更

秦印編 62:呂更

秦陶・1165:更

秦印編 62:王更

秦印編 62：程更

 秦印編 62：遽更

 秦印編 62：朱更

 秦陶·492.2：觜（訾）［居］貲□□不更□必

 秦陶·492.3：□貲□□不更滕

 瓦書（秦陶·1610）：卑司御不更顝封之

瓦書·郭子直摹：卑司御不更顝封之

 秦陶·480：東武不更所資

 秦陶·481：東武東閒居貲不更瞗

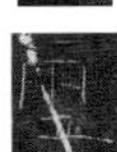 秦陶·484：博昌居此（貲）用里不更余

 秦陶·491：闌（蘭）陵居貲便里不更牙〖注〗不更，秦爵名。

0670　敕

 秦公簋·器（秦銅·14.1）：邁（萬）民是敕〖注〗《說文》："敕，誡也。"

秦公鎛鐘·摹（秦銅·16.3）：萬生（姓）是敕

0671　斂

 睡簡·爲吏·7：賦斂毋（無）度〖注〗斂，收。

0672　救

 詛楚文·湫淵（中吳本）：將之以自救也

 詛楚文·巫咸（中吳本）：將之以自救殹

 詛楚文·亞駝（中吳本）：將之以自救殹

 睡簡·日甲·41 背：以白沙救之

 睡簡·封診式·85：里人公士丁救

 秦印編 62：救圉

 秦印編 62：救申

 秦印編 62：救□

 秦印編 62：救邑

0673　赦 赦

睡簡·答問·37·摹：或以赦前盜千錢

睡簡·答問·37·摹：赦後盡用之而得

 睡簡·答問·125：羣盜赦爲庶人

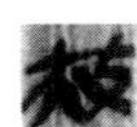 睡簡·答問·153：會赦未論

 睡簡·爲吏·1：［毋（無）辠］可赦

 睡簡·爲吏·22：反赦其身

0674　攸 汥

 會稽刻石·宋刻本：德惠攸長〖注〗攸，長。

 繹山刻石·宋刻本：咸思攸長

0675 敦

會稽刻石・宋刻本:和安敦勉

睡簡・雜抄・12・摹:徒食、敦(屯)長、僕射弗告〖注〗屯長,隊長。

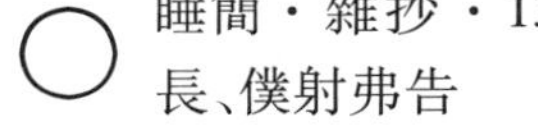
睡簡・雜抄・13:同車食、敦(屯)長、僕射弗告

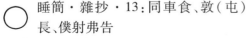

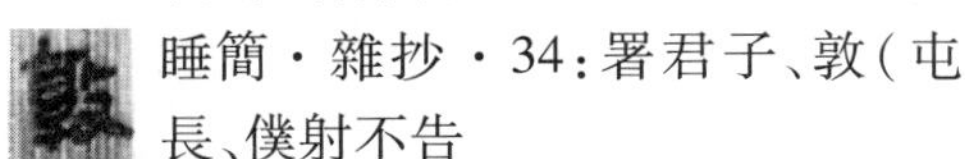
睡簡・雜抄・34:署君子、敦(屯)長、僕射不告

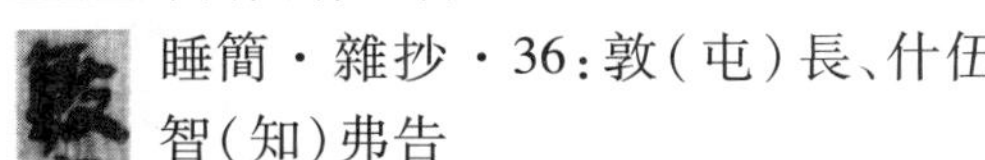
睡簡・雜抄・36:敦(屯)長、什伍智(知)弗告

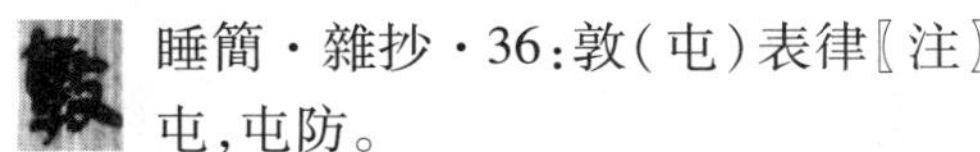
睡簡・雜抄・36:敦(屯)表律〖注〗屯,屯防。

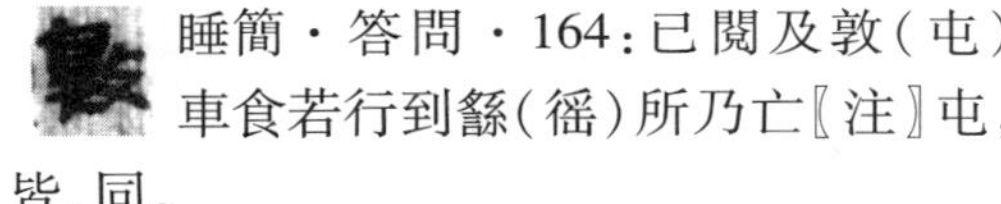
睡簡・答問・164:已閲及敦(屯)車食若行到繇(徭)所乃亡〖注〗屯,皆、同。

睡簡・語書・9:有(又)廉絜(潔)敦慤而好佐上〖注〗敦慤,忠厚誠實。

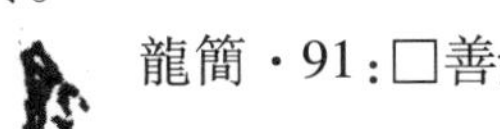
龍簡・91:□善射者敦□

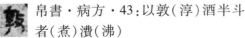

帛書・病方・43:以敦(淳)酒半斗者(煮)潰(沸)

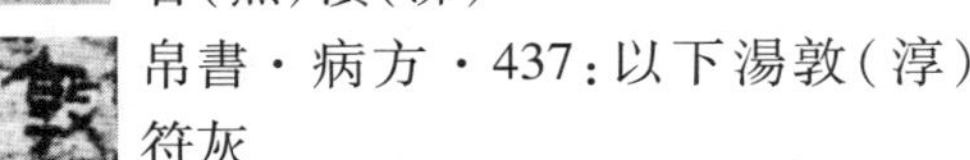
帛書・病方・437:以下湯敦(淳)符灰

封泥集・附一409:敦浦

秦印編62:張敦

0676 敗 敱

青川牘・摹:而有陷敗不可行

睡簡・答問・158:今馬爲人敗〖注〗敗,毁壞。

睡簡・封診・1:有恐爲敗

睡簡・秦律・16:令以其未敗直(值)賞(償)之

睡簡・秦律・16:其入之其弗亟而令敗者〖注〗敗,腐敗。

睡簡・秦律・27:勿令敗

睡簡・秦律・164:及積禾粟而敗之

睡簡・秦律・165:禾粟雖敗而尚可食殹

睡簡・秦律・196:有不從令而亡、有敗、失火

睡簡・日甲・1背:此大敗日

睡簡・日甲・21背:圈居宇正東方,敗

睡簡・效律・22:及積禾粟而敗之

睡簡・效律・24:禾粟雖敗而尚可飤(食)殹

睡簡・效律・24:令官嗇夫、冗吏共賞(償)敗禾粟

龍簡・125・摹:不以敗程租上□

龍簡・125・摹:不遺程、敗程租者

龍簡・251・摹:□治除敗□

關簡・300:其下有大敗

0677 寇

睡簡・答問・98:不聞號寇

睡簡・答問・98:甲號寇

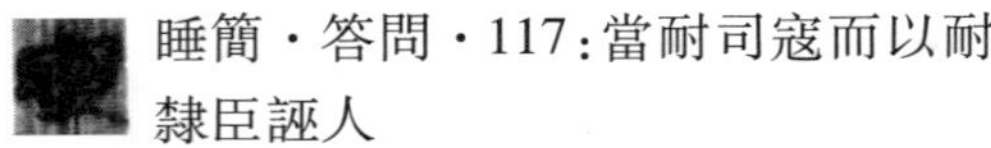
睡簡・答問・117:當耐司寇而以耐隸臣誣人

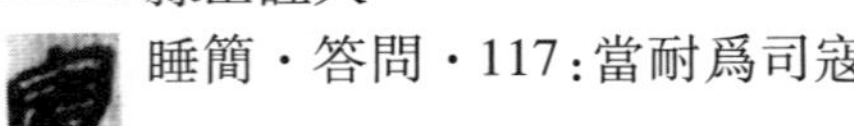
睡簡・答問・117:當耐爲司寇

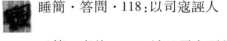

睡簡・答問・118:以司寇誣人

○ 睡簡・秦律・145:城旦司寇不足以將

○ 睡簡・秦律・146:城旦司寇一人將

睡簡・秦律・146:司寇不踐

睡簡・秦律・146:以爲城旦司寇

○ 睡簡・秦律・150:司寇勿以爲僕、養、守官府及除有爲殹

睡簡・秦律・193:侯(候)、司寇及羣下吏毋敢爲官府佐、史及禁苑憲盜

睡簡・雜抄・38:寇降〖注〗寇,敵兵。

睡簡・日甲・9 正:必耦(遇)寇盜

睡簡・日甲・13 正:寇〈冠〉、㓝(製)車、折〈裚〉衣常(裳)、服帶吉〖注〗寇,應爲"冠"字誤。

睡簡・日甲・14 正:可以入人、始寇〈冠〉、乘車

睡簡・日甲・91 正:可以寇〈冠〉

睡簡・日乙・15:裚(製)寇〈冠〉帶

睡簡・日乙・25:利以乘車、寇〈冠〉、帶劍、裚(製)衣常(裳)、祭、作大事、家(嫁)子

睡簡・日乙・91:可始寇〈冠〉

睡簡・日乙・125:可以家(嫁)女、取婦、寇〈冠〉帶、祠

睡簡・日乙・130:初寇〈冠〉

睡簡・日乙・130:凡初寇〈冠〉

睡簡・日乙・130:凡製車及寇〈冠〉□申

睡簡・日乙・189:甲乙夢被黑裘衣寇〈冠〉

里簡・J1(16)6 正:司寇

里簡・J1(16)6 正:司寇

新封泥 D・15:尚寇府印〖注〗尚寇,當爲"尚冠",官名。

秦陶・1494:寇

0678　收

睡簡・答問・14:不智(知),爲收〖注〗收,收藏。或說指收孥。

睡簡・答問・15:當爲收

睡簡・答問・68:問甲當論及收不當〖注〗收,收孥。

睡簡・答問・77:問死者有妻、子當收〖注〗收,收屍。或說指收孥。

睡簡・答問・107:勿收〖注〗收,收捕。或說指收孥。

睡簡・答問・108:有收當耐未斷

睡簡・答問・116:可(何)謂"從母爲收"

睡簡・答問・116:令從母爲收〖注〗收,收孥。

睡簡・答問・116:收其外妻、子

睡簡・答問・170:不收

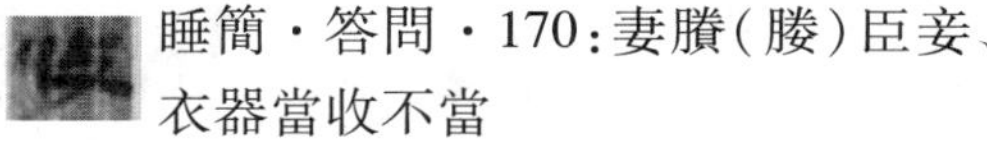

睡簡・答問・170:妻賸(媵)臣妾、衣器當收不當

睡簡・答問・171:妻有辠以收

睡簡・答問・171:妻賸(媵)臣妾、衣器當收

睡簡・答問・195:當收

睡簡・答問・195:不收

睡簡・秦律・77:其日踐(足?)以收責之〖注〗收責,收回。

睡簡・秦律・77:而弗收責

睡簡・秦律・84:及有辠以收〖注〗《說文》:"收,捕也。"

睡簡・秦律・106:弗亟收者有辠

睡簡・秦律・106:官輒收其叚(假)

睡簡・秦律・197:吏已收臧(藏)

睡簡・秦律・201:道官相輸隸臣妾、收人

睡簡・日甲・14 正:收亥

睡簡・日甲・17 正:收寅

睡簡・日甲・19 正:收辰

睡簡・日甲・20 正:收巳

睡簡・日甲・24 正:收酉

睡簡・日甲・25 正:收戌

秦印編 62:收顛

0679　攻　攻

廿年上郡戈・摹(集成 11548.1):廿年漆工帀(師)攻(?)丞□造〖注〗攻,人名。

睡簡・11 號牘・正:攻反城久

睡簡・編年・6:攻新城

睡簡・編年・9:攻析

睡簡・編年・13:攻伊闕〈闕〉

睡簡・編年・15:攻魏

睡簡・編年・16:攻宛

睡簡・編年・20:攻安邑

睡簡・編年・24:攻林

睡簡・編年・24:攻韓

睡簡・編年・25・摹:攻茲氏

睡簡・編年・29:攻魏粱(梁)

睡簡・編年・29:攻安陸

睡簡・編年・30:攻□山

睡簡・編年・32:攻啟封

睡簡・編年・33:攻蔡、中陽

睡簡・編年・34:攻華陽

 睡簡・編年・42:攻少曲

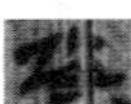 睡簡・編年・44:□攻

 睡簡・編年・44:攻大(太)行

 睡簡・編年・45:攻大壄(野)王

 睡簡・編年・47:攻長平

 睡簡・編年・51:攻陽城

 睡簡・封診・28:强攻羣盜某里公士某室

 睡簡・秦律・56:不操土攻(功)

 睡簡・秦律・56:城旦舂、舂司寇、白粲操土攻(功)

 睡簡・秦律・122:吏程攻(功)

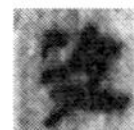 睡簡・秦律・123:度攻(功)必令司空與匠度之

 睡簡・秦律・123:其程攻(功)而不當者

 睡簡・秦律・126:不攻閒車〖注〗攻,治。攻閒,修繕。

 睡簡・秦律・129:爲鐵攻(工)

 睡簡・秦律・129:以攻公大車

 睡簡・秦律・130:攻閒其扁(辨)解

 睡簡・秦律・130:一脂、攻閒大車一兩(輛)

 睡簡・雜抄・35:軍新論攻城

 睡簡・雜抄・42:縣尉時循視其攻(功)及所爲

 睡簡・日甲・40正:利弋邋(獵)、報讎、攻軍、韋(圍)城、始殺

 睡簡・日甲・75正:可以攻伐

 睡簡・日甲・87正:可以敫(徼)人攻讎

 睡簡・日甲・104正:不可爲土攻(功)

 睡簡・日甲・106正:不可興土攻(功)

 睡簡・日甲・106正:十一月、十二月不可興土攻(功)

 睡簡・日甲・106正:五月六月不可興土攻(功)

 睡簡・日甲・131背:當其地不可起土攻(功)

 睡簡・日甲・136背:以起土攻(功)

 睡簡・日甲・138背:毋起土攻(功)

 睡簡・日甲・143正:攻(工)巧

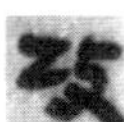 睡簡・日乙・18:家(嫁)子、攻毄(擊)

 睡簡・日乙・43:可以攻軍、入城及行

 睡簡・日乙・59:不可攻

 睡簡・日乙・87:可以敫人攻讎

 睡簡・日乙・103:不可攻

 睡簡・日乙・125:不可築興土攻(功)

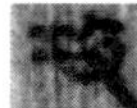 睡簡・爲吏・28:徒隸攻丈

 關簡・139:絕邊競(境)、攻毄(擊)

帛書·病方·339:以攻(釭)脂饍而傅〖注〗《說文》:"釭,車轂中鐵也。"即車軸。

秦印編63:攻角

0680　敼　敼

睡簡·爲吏·6:祿立(位)有續孰敼上〖注〗敼,亂。

睡簡·爲吏·10:及官之敼豈可悔

0681　敔　敔

石鼓文·霝雨(先鋒本):其奔其敔〖注〗《說文》:"敔,禁也。一曰樂器椌楬也,形如木虎。"

0682　攺　攺

詛楚文·湫淵(中吳本):外之則冒攺(改)氒(厥)心〖注〗攺,同"改"。冒攺,即昧改,冒亂改變。

詛楚文·巫咸(中吳本):外之則冒攺(改)氒(厥)心

詛楚文·亞駝(中吳本):外之則冒攺(改)氒(厥)心

帛書·病方·197:攺椎之〖注〗攺,逐鬼。

帛書·病方·200:即以鐵椎攺段之二七

帛書·病方·205:即操布攺之二七

秦印編63:高攺

秦印編63:王攺

秦印編63:史攺

秦印編63:王攺

秦印編63:于攺

0683　牧　牧

睡簡·答問·76:可(何)謂牧〖注〗牧,讀爲"謀"。

睡簡·答問·76:未殺而得,爲牧

睡簡·秦律·16:將牧公馬牛

睡簡·秦律·84:牧將公畜生而殺、亡之

睡簡·日甲·156背:先牧日丙

睡簡·爲吏·17:櫝(密)而牧之〖注〗牧,養。

龍簡·114:盜牧者與同罪

帛書·足臂·15:牧牧耆(嗜)臥以欬(咳)〖注〗牧牧,即默默、昧昧。

0684　敁

睡簡·日甲·143:丁巳生子穀(穀)而美,有敁〖注〗敁,疑讀爲"秩"。有秩,有俸祿。或說爲"敃"字之譌,"有敃"即"有聞"。

0685　敓

睡簡·日甲·157背:大夫先敓〈牧?〉兕席〖編者按〗或說敓讀爲"選"。

0686　鼛

 關簡・263:鼛(數)朔日以到六日

 關簡・243:鼛(數)東方平旦以雜之

 關簡・132:從朔日始鼛(數)之

0687　敫

 睡簡・秦律・191・摹:令敫史毋從事官府〖注〗敫,疑爲"赦"字之誤。

0688　教 ⿱爻言效

 大墓殘磬(集證・80):□或教自上□

 睡簡・爲吏・24:民之既教

 睡簡・語書・2:以教道(導)民

 帛書・病方・368:而以善截六斗□如此□醫以此教惠□

 秦印編63:相教

 秦印編63:相教

秦印編63:相教

0689　斆(學)

睡簡・秦律・111・摹:能先期成學者謁上

 睡簡・秦律・112:盈期不成學者

 睡簡・日乙・14:利以學書

 帛書・脈法・83:書而熟學之

 封泥集・附一408:招募學佴

0690　⿰户攵

 秦印編288:⿰户攵郤

 秦印編288:⿰户攵審

0691　魃

 帛書・病方・目录:魃〈魃〉〖注〗《說文》:"魃,一曰小兒鬼。"

0692　卜

卜淦□高戈・摹(秦銅・188):卜淦□高乍(作)鑄永寶用逸宜〖注〗卜淦,張懋鎔等說爲地名,卜,釋爲"外"。

睡簡・答問・194:卜、史當耐者皆耐以爲卜、史隸

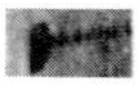

睡簡・答問・194:可(何)謂"耐卜隸、耐史隸"〖注〗耐卜隸,受耐刑而仍做卜事務的奴隸。

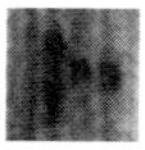

睡簡・秦律・182:及卜、史、司御、寺、府〖注〗卜,卜人。

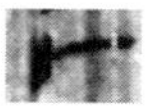

睡簡・日甲・101正:毋以子卜筮

 睡簡・日乙・126:毋以子卜筮

 睡簡・日乙・191:不可卜筭、爲屋

秦印編63:咸卜里戎

秦印編 63:咸卜里戎

秦印編 63:咸卜里戎

秦陶・1410:咸卜里戎〖注〗卜里,里名。

秦陶・1408:咸卜里戎

秦印編 63:卜賢

瓦書(秦陶・1610):卜蟄(蟄)

瓦書・郭子直摹:卜蟄(蟄)

秦陶・1406:咸卜□戎

0693　卦　　卦

天簡 27・乙:大族蕤賓毋射之卦曰

天簡 28・乙:卦類雜虚

天簡 35・乙:卦曰

天簡 38・乙:古先夷則之卦

0694　貞　　貞

會稽刻石・宋刻本:倍死不貞

天簡 28・乙:□音殹貞在黄鐘

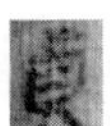
天簡 38・乙:貞在癄(應)鐘

睡簡・秦律・125:縣、都官用貞(楨)、栽爲傰(棚)牏〖注〗楨,夯築土牆用的立木。

秦印編 63:貞士

秦印編 63:吳貞

0695　占　　占

睡簡・雜抄・32:及占瘁(癃)不審

關簡・145:產子占

關簡・187:占來者

關簡・187:占行者

關簡・187:占病者

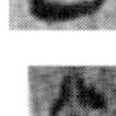
關簡・188:占[市旅]者

關簡・188:占物

關簡・189:占約結

關簡・189:占逐盜、追亡人

關簡・189:占獄訟

關簡・190:占行者

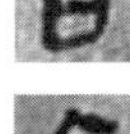
關簡・190:占戰斲(鬬)

關簡・190:占病者

關簡・190:占來者

關簡・190:占市旅

關簡・190：占物

關簡・191：占獄訟

關簡・191：占約結

關簡・191：占逐盜、追亡人

關簡・191：占病者

關簡・192：占來者

關簡・192：占市旅

關簡・192：占物

關簡・192：占戰斲（鬭）

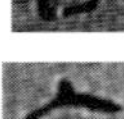關簡・193：占病

關簡・193：占獄訟

關簡・193：占約結

關簡・193：占逐盜、追亡人

關簡・194：占市旅

關簡・194：占物

關簡・194：占戰斲（鬭）

關簡・196：占物

關簡・196：占來者

關簡・197：占行者

關簡・197：占獄訟

關簡・197：占約結

關簡・197：占逐盜、追亡人

關簡・197：占病者

關簡・198：占來者

關簡・198：占市旅

關簡・198：占物

關簡・198：占戰斲（鬭）

關簡・199：占獄訟

關簡・199：占約結

關簡・199：占逐盜、追亡人

關簡・200：占病者

關簡・200：占來者

關簡・200：占市旅者

關簡・200：占行者

關簡・200：占戰斲（鬭）

關簡・200：占物

關簡・201：占獄訟

關簡・201：占約結

 關簡・201:占逐盜、追亡人

 關簡・201:占病者

 關簡・202:占來者

 關簡・202:占物

 關簡・202:占行者

 關簡・202:占戰斲(鬭)

 關簡・202:占市旅

 關簡・203:占獄訟

 關簡・203:占約結

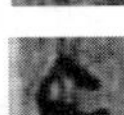 關簡・203:占逐盜、追亡人

 關簡・204:占戰斲(鬭)

 關簡・204:占病者

 關簡・204:占來者

 關簡・204:占市旅者

 關簡・204:占物

 關簡・204:占行者

 關簡・205:占約結

 關簡・205:占逐盜、追亡人

 關簡・205:占病者

 關簡・205:占獄訟

 關簡・206:占物

 關簡・206:占行者

 關簡・206:占戰斲(鬭)

 關簡・206:占市旅

 關簡・206:占來者

 關簡・207:占獄訟

 關簡・207:占約結

 關簡・207:占[行]者

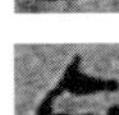 關簡・207:占病者

 關簡・207:占逐、追亡人

 關簡・208:占市旅者

 關簡・208:占物

 關簡・208:占戰斲(鬭)

 關簡・208:占來者

 關簡・209:占[行者]

 關簡・209:占病者

 關簡・209:占獄訟

 關簡・209:占約結

關簡・209:占逐盜、追亡人

關簡・210:占來者

關簡・210:占市旅者

關簡・210:占物

關簡・210:占戰斲(鬭)

關簡・211:占[病者]

關簡・211:占獄訟

關簡・211:占約結

關簡・211:占逐盜、追亡人

關簡・212:占來者

關簡・212:占市旅

關簡・212:占物

關簡・212:占戰斲(鬭)

關簡・212:占行者

關簡・213:占行者

關簡・213:占獄訟

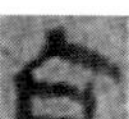關簡・213:占約結

關簡・213:占病者

關簡・213:占逐盜、追亡人

關簡・214:占市旅

關簡・214:占物

關簡・214:占戰斲(鬭)

關簡・215:占行者

關簡・215:占獄訟

關簡・215:占約結

關簡・215:占病者

關簡・215:占逐盜、追亡人

關簡・216:占物

關簡・216:占戰斲(鬭)

關簡・216:占來者

關簡・216:占市旅

關簡・217:占結者

關簡・217:占逐盜、追亡人

關簡・218:占來者

關簡・218:占市旅者

關簡・218:占物

關簡・218:占行者

關簡・218:占病者

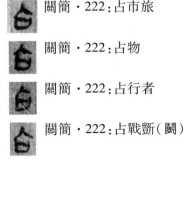

關簡・218:占戰斲(鬭)

關簡・219:占約結

關簡・219:占逐盜、追亡人

關簡・219:占得利、貨、財

關簡・219:占獄訟

關簡・220:占病者

關簡・220:占來者

關簡・220:占戰斲(鬭)

關簡・220:占市旅者

關簡・220:占物

關簡・220:占行者

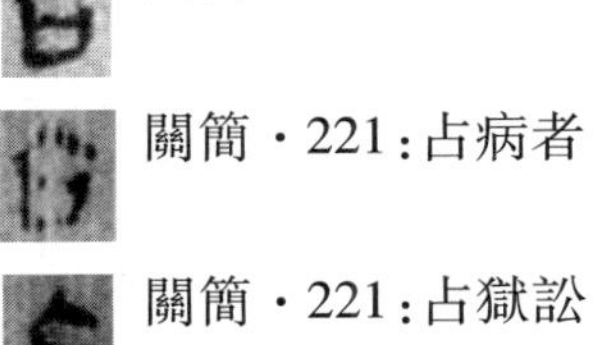

關簡・221:占病者

關簡・221:占獄訟

關簡・221:占約結

關簡・222:占來者

關簡・222:占市旅

關簡・222:占物

關簡・222:占行者

關簡・222:占戰斲(鬭)

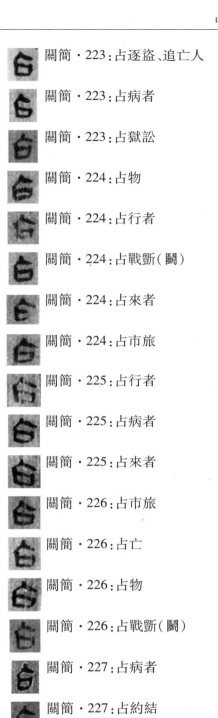

關簡・223:占逐盜、追亡人

關簡・223:占病者

關簡・223:占獄訟

關簡・224:占物

關簡・224:占行者

關簡・224:占戰斲(鬭)

關簡・224:占來者

關簡・224:占市旅

關簡・225:占行者

關簡・225:占病者

關簡・225:占來者

關簡・226:占市旅

關簡・226:占亡

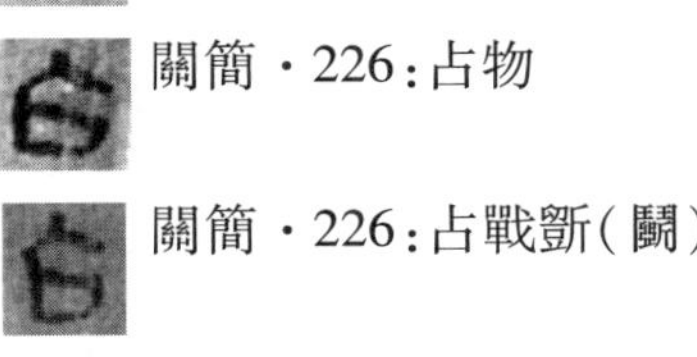

關簡・226:占物

關簡・226:占戰斲(鬭)

關簡・227:占病者

關簡・227:占約結

關簡・227:占逐盜、追亡人

關簡・228:占來者

關簡・228:占物

關簡・229:占獄訟

關簡・229:占約結

關簡・229:占逐盜、追亡人

關簡・230:占戰斷(鬬)

關簡・230:占物

關簡・230:占行

關簡・231:占獄訟

關簡・231:占約結

關簡・231:占逐盜、追亡人

關簡・232:占市旅

關簡・232:占物

關簡・232:占行者

關簡・232:占來者

關簡・232:占戰斷(鬬)

關簡・233:占約結

關簡・233:占逐盜、追亡人

關簡・233:占獄訟

關簡・234:占行者

關簡・234:占戰斷(鬬)

關簡・234:占市旅

關簡・234:占物

關簡・234:占來者

關簡・235:占約結

關簡・235:占[行者]

關簡・235:占病者

關簡・235:占逐盜、追亡人

關簡・236:占物

關簡・236:占戰斷(鬬)

關簡・236:占市旅者

關簡・237:占病者篤

關簡・237:占獄訟

關簡・237:占逐盜、追亡人

關簡・238:占市旅

關簡・238:占物

關簡・238:占行者

關簡・238:占戰斷(鬬)

關簡・238:占來者

 關簡・239:占病者

 關簡・239:占獄訟

 關簡・239:占約結

 關簡・239:占逐盜、追亡人

 關簡・240:占戰斲(鬬)

 關簡・240:占來者

 關簡・240:占市旅

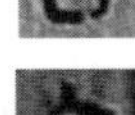 關簡・240:占行者

 關簡・240:占物

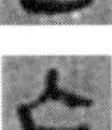 關簡・241:占逐盜、追亡人

 關簡・241:占病者

 關簡・241:占獄訟

 關簡・241:占約結

 關簡・242:占戰斲(鬬)不合

 關簡・242:占市旅

 關簡・242:占物

 關簡・242:占行者

 關簡・242:占來者

0696　𠧞(兆)

睡簡・日乙・157:朝兆不得

睡簡・日乙・159:朝兆得

睡簡・日乙・161:朝兆得

睡簡・日乙・163:朝兆得

睡簡・日乙・165:朝兆不得

睡簡・日乙・167:朝兆得

睡簡・日乙・169:朝兆得

睡簡・日乙・171:朝兆不得

睡簡・日乙・173:朝兆得

睡簡・日乙・177:朝兆不得

睡簡・日乙・179:朝兆不得

秦印編64:兆湯

0697　用𤰃

 不其簋蓋(秦銅・3):用衆(永)乃事

不其簋蓋(秦銅・3):用匄多福

不其簋蓋(秦銅・3):用乍(作)朕皇且(祖)公白(伯)、孟姬障毁

 不其簋蓋(秦銅・3):子=孫=其永寶用享

滕縣不其簋器（秦銅·4）：用丞（永）乃事

滕縣不其簋器（秦銅·4）：用匄多福

滕縣不其簋器（秦銅·4）：用乍（作）朕皇且（祖）公白（伯）、孟姬障毁

滕縣不其簋器（秦銅·4）：子=孫=其永寶用享

上博秦公鼎三（集證·1）：秦公乍（作）寶用鼎

上博秦公鼎四（集證·2）：秦公乍（作）寶用鼎

上博秦公鼎一（集證·5）：秦公乍（作）鑄用鼎

上博秦公鼎二（集證·6）：秦公乍（作）鑄用鼎

禮縣秦公鼎一（集證·8.1）：秦公乍（作）鑄用鼎

禮縣秦公簋（集證·8.3）：秦公乍（作）鑄用毁

新郪虎符（集證·38）：用兵五十人以上

新郪虎符·摹（集證·37）：用兵五十人以上

秦政伯喪戈一（珍金·42）：市鉣用逸宜

秦政伯喪戈一·摹（珍金·42）：市鉣用逸宜

秦政伯喪戈二（珍金·43）：市鉣用逸宜

秦政伯喪戈二·摹（珍金·43）：市鉣用逸宜

卜淦□高戈·摹（秦銅·188）：卜淦□高乍（作）鑄永寶用逸宜

故宫藏秦子戈（集證·10）：秦子乍（作）遣（造）中辟元用〖注〗元用，春秋兵器慣用語，義與"寶用、永用"接近。

故宫藏秦子戈（集證·10）：左右市（師）鮇（旅）用逸宜

故宫藏秦子戈·摹（集證·10）：秦子乍（作）遣（造）中辟元用

故宫藏秦子戈·摹（集證·10）：左右市（師）鮇（旅）用逸宜

傳世秦子戈（集證·11）：秦子乍（作）遣（造）公族元用

傳世秦子戈（集證·11）：左右市（師）□用逸宜

西安秦子戈·摹（集證·13）：秦子元用

珍秦齋秦子戈·摹（珍金·38）：秦子乍（作）遣（造）左辟元用

珍秦齋秦子戈（珍金·38）：左右市（師）鮇（旅）用逸宜

珍秦齋秦子戈·摹（珍金·38）：秦子乍（作）遣（造）左辟元用

珍秦齋秦子戈·摹（珍金·38）：左右市（師）鮇（旅）用逸宜

香港秦子戈二·摹（新戈·2）：秦子乍（作）遣（造）公族元用

元用戈·摹（秦銅·187）：□元用戈

秦子矛（集證·12）：□右市（師）鮇（旅）用逸宜

秦子矛（集證·12）：秦子□□公族元用

吉爲作元用劍·摹（秦銅·189）：吉爲乍（作）元用

吉爲作元用劍·摹（秦銅·189）：吉爲乍（作）元用

大墓殘磬（集證·70）：龖（申）用無疆〖注〗用，介詞，以。

大墓殘磬（集證·73）：龖（申）用無疆

大墓殘磬（集證·74）：龖（申）用無疆

石鼓文·吴人(先鋒本):□獻用□

詛楚文·湫淵(中吳本):敢用吉玉宣璧

詛楚文·巫咸(中吳本):敢用吉玉宣璧

詛楚文·亞駝(中吳本):敢用吉玉宣璧

秦駰玉版·甲·摹:□□用貳(二)義(犧)羊豢

秦駰玉版·乙·摹:□□用貳(二)義(犧)羊豢

秦駰玉版·乙·摹:□[敢](?)用牛義(犧)貳(二)

睡簡·6號牘·正:用垣柏錢矣

睡簡·11號牘·正:願母遺黑夫用勿少

睡簡·答問·25:祠固用心腎及它支(肢)物

睡簡·答問·32:府中公金錢私貣用之

睡簡·答問·37:赦後盡用之而得

睡簡·秦律·5:是不用時

睡簡·秦律·10:勿用

睡簡·秦律·15:爲用書〖注〗用書,一種報銷損耗的文書。

睡簡·秦律·65:百姓市用錢

睡簡·秦律·65:乃發用之

睡簡·秦律·88:毋(無)用

睡簡·秦律·88:用之

睡簡·秦律·91:用枲十四斤

睡簡·秦律·91:用枲十一斤

睡簡·秦律·91:用枲三斤

睡簡·秦律·91:用枲十八斤

睡簡·秦律·93:隸臣妾、舂城旦毋用

睡簡·秦律·100:縣及工室聽官爲正衡石贏(纍)、斗用(桶)、升〖注〗斗桶,秦漢時以十斗爲桶;或說六斗爲桶。

睡簡·秦律·110:隸妾及女子用箴(針)爲緡(文)繡它物

睡簡·秦律·125:及載縣(懸)鐘虡〈虡〉用輻(膈)

睡簡·秦律·125:皆爲用而出之

睡簡·秦律·125:縣、都官用貞(楨)、栽爲傰(棚)牏

睡簡·秦律·130:用膠一兩、脂二錘

睡簡·秦律·131·摹:令縣及都官取柳及木楘(柔)可用書者

睡簡·秦律·194:不用者

睡簡·秦律·194:正之如用者

睡簡·雜抄·24:榦可用而久以爲不可用

睡簡·雜抄·24:榦可用而久以爲不可用

睡簡·雜抄·24:工久(記)榦曰不可用

睡簡·雜抄·24:久(灸)者謁用之

睡簡·雜抄·32:至老時不用請〖注〗用,以。

睡簡·日甲·1正:凡不可用者

睡簡·日甲·103正:以用垣宇

睡簡·日乙·45:用得

睡簡·爲吏·21:兵甲工用

睡簡·語書·3:而吏民莫用

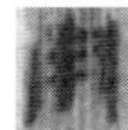睡簡·效律·50:計用律不審而羸、不備

龍簡·85:以皮、革、筋給用〖注〗給用,供給使用。

龍簡·214·摹:南郡用節不紿時令□〖注〗用節,按照時節從事生産。

關簡·309:用之

關簡·369:用水多少

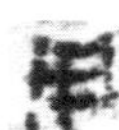帛書·病方·126:猶可用殹(也)

帛書·病方·165:用,取之

帛書·病方·194:壹用

帛書·病方·194:四五用

帛書·病方·419:用陵(菱)叔〈枝(芰)〉熬

帛書·病方·456:用良叔(菽)、雷矢各□

帛書·病方·460:□乾苺用之

帛書·病方·殘7:用帛五尺□

秦陶·484:博昌居此(貲)用里不更余〖注〗用里,地名。

0698 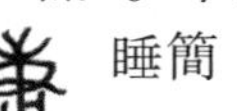 庸

石鼓文·乍邍(先鋒本):庸(庸)=鳴□〖注〗薛尚功釋爲"庸"。或釋爲"祇"。今按釋"祇"較有道理。

睡簡·封診·2·摹:勿庸輒詰

睡簡·封診·18:自晝甲見丙陰市庸中〖注〗庸,即"傭",雇傭。

卷　四

0699　目 𥄎　目𥄎

十九年寺工鈹一·摹(秦銅·86):工目〖注〗目,人名。

十九年寺工鈹二·摹(秦銅·87):工目

十九年寺工鈹三·摹(秦銅·88):工目

十九年寺工鈹四·摹(秦銅·89):工目

十九年寺工鈹五·摹(秦銅·90):工目

天簡26·乙:長面大目喜疾行

天簡27·乙:赤目

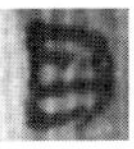

天簡27·乙:大復(腹)出目

睡簡·日甲·158背:令耳悤(聰)目明

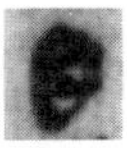

睡簡·日乙·240:有生(眚)目

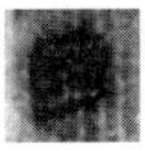

睡簡·爲吏·39:十耳當一目

睡簡·語書·11:因恙(佯)瞋目扼捾(腕)以視(示)力

睡簡·日甲·82背:己名曰宜食成怪目

睡簡·日甲·70背:疵在目

睡簡·日甲·74背:蛇目

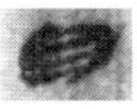

睡簡·日甲·44背:丈夫女子隋(墮)須(鬚)羸髮黄目

睡簡·日甲·143正:或生(眚)於目

里簡·J1(9)981正:令居貲目取船〖注〗目,人名。

關簡·368:目毋辟(避)胡者

帛書·足臂·8:目外漬(眥)痛

帛書·病方·51:目繲䀹然〖注〗目繲,疑卽目繫。目繲䀹然,指眼球上翻。

帛書·病方·423:如牛目

帛書·死候·87:目環(睘)視衺(衺)

帛書·灸經甲·53:目黄

帛書·灸經甲·63:坐而起則目瞙(䀮)如毋見

帛書·足臂·2:其直者貫目内漬(眥)

帛書·足臂·4:目痛

帛書·足臂·6:出目外漬(眥)

秦印編64:郭目

秦印編64:閔目

秦印編64:簞目

秦印編 64:鞏目

0700 睅 睆

秦印編 64:橋睆

0701 盼

集證・161.456:王盼〖注〗王盼,人名。

秦印編 64:咸新安盼

秦陶・1393:咸新安盼

0702 窅

秦印編 64:趙窅

0703 盱

秦印編 65:田盱

0704 瞏

睡簡・日甲・30 背:瞏(環)其宮

先秦幣・101.1:半瞏〖注〗瞏卽圜、圓。半瞏,一兩圜錢的一半,卽半兩。

0705 睽

大墓殘磬(集證・76):上帝是睽〖注〗睽,張目而視。

0706 眛

秦印編 65:眛〖編者按〗《說文》有"眛、眛"二字,皆訓"目不明",段玉裁說二者一字。古文字有"眛"無"眛"。

秦印編 65:右司空眛

秦印編 65:咸郚里眛〖注〗眛,人名。

封泥集 372・1:宣眛

秦陶・630:右司空眛

秦陶・633:右司空眛

秦陶・855:寺眛

0707 督

卅八年上郡守庆戈(长平出土戈):漆工督〖注〗督,人名。

卅八年上郡守庆戈・摹(长平出土戈):漆工督

秦印編 65:義督

秦印編 65:督

秦印編 65:石督

關簡・368:女毋辟(避)督暮=(暵暵)者〖注〗《說文》:"督,轉目視也。"

0708 䀰

帛書・脈法・72:䀰(脈)亦聽(聖)人之所貴殹

帛書・脈法・75:用碧(砭)啟脈(脈)者必如式

帛書・脈法・81:□虛則主病它脈(脈)□

帛書・脈法・83:□脈(脈)之縣(玄)

帛書・灸經甲・39:[少]陽脈(脈)

帛書・灸經甲・43:陽明脈(脈)

帛書・灸經甲・46:是陽明脈(脈)主治

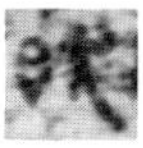

帛書・灸經甲・48:肩脈(脈)

帛書・灸經甲・49:是肩脈(脈)主治

帛書・灸經甲・50:耳脈(脈)

帛書・灸經甲・51:是耳脈(脈)主治

帛書・灸經甲・52:齒脈(脈)

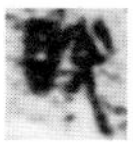

帛書・灸經甲・53:是齒脈(脈)主治

帛書・灸經甲・54:大(太)陰脈(脈)〖注〗太陰脈,指足太陰脈。

帛書・灸經甲・54:是胃脈(脈)殹(也)

帛書・灸經甲・55:是鉅陰脈(脈)主治〖注〗鉅陰脈,即太陰脈,指足太陰脈。

帛書・灸經甲・61:有陽脈(脈)與之[俱]病

帛書・灸經甲・62:少陰脈(脈)

帛書・灸經甲・64:是少[陰]脈(脈)主[治]

帛書・灸經甲・65:[少]陰之脈(脈)

帛書・灸經甲・67:臂鉅陰脈(脈)

帛書・灸經甲・71:是臂少陰脈(脈)主治

0709　睢　睢

秦印編65:賈睢

秦印編65:臣睢

秦印編65:王睢

0710　睦 𡘰　睦 𡘰

集證・174.617:張睦〖注〗張睦,人名。

0711　相　相

北私府橢量・始皇詔(秦銅・146):乃詔丞相狀、綰

北私府橢量・始皇詔(秦銅・146):乃詔丞相狀、綰

北私府橢量・二世詔(秦銅・147):元年制詔丞相斯、去疾

大騩銅權(秦銅・131):乃詔丞相狀、綰

大騩銅權(秦銅・131):元年制詔丞相斯、去疾

二世元年詔版八(秦銅・168):元年制詔丞相斯、去疾

二世元年詔版二(秦銅・162):元年制詔丞相斯、去疾

二世元年詔版九(秦銅・169):元年制詔丞相斯、去疾

二世元年詔版六(秦銅・166):元年制詔丞相斯、去疾

二世元年詔版三（秦銅・163）：元年制詔丞相斯、去疾

二世元年詔版十（秦銅・170）：元年制詔丞相斯、去疾

二世元年詔版十二（秦銅・172）：元年制詔丞相斯、去疾

二世元年詔版十三（集證・50）：元年制詔丞相斯、去疾

二世元年詔版四（秦銅・164）：元年制詔丞相斯、去疾

二世元年詔版五（秦銅・165）：元年制詔丞相斯、去疾

二世元年詔版一（秦銅・161）：元年制詔丞相斯、去疾

高奴禾石銅權（秦銅・32.2）：乃詔丞相狀、綰

兩詔斤權一・摹（集證・46）：乃詔丞相狀、綰

兩詔斤權一・摹（集證・46）：元年制詔丞相斯、去疾

兩詔版（秦銅・174.1）：乃詔丞相狀、綰

兩詔斤權二・摹（集證・49）：乃詔丞相狀、綰

兩詔斤權二・摹（集證・49）：元年制詔丞相斯、去疾

兩詔斤權一（集證・45）：乃詔丞相狀、綰

兩詔銅權二（秦銅・176）：元年制詔丞相斯、去疾

兩詔銅權三（秦銅・178）：乃詔丞相狀、綰

兩詔銅權三（秦銅・178）：元年制詔丞相斯、去疾

兩詔銅權四（秦銅・179.1）：乃詔丞相狀、綰

兩詔銅權一（秦銅・175）：乃詔丞相狀、綰

兩詔橢量二（秦銅・149）：元年制詔丞相斯、去疾

兩詔橢量三之二（秦銅・151）：元年制詔丞相斯、去疾

兩詔橢量三之一（秦銅・150）：乃詔丞相狀、綰

兩詔橢量一（秦銅・148）：乃詔丞相狀、綰

兩詔橢量一（秦銅・148）：元年制詔丞相斯、去疾

美陽銅權（秦銅・183）：乃詔丞相狀、綰

美陽銅權（秦銅・183）：元年制詔丞相斯、去疾

平陽銅權・摹（秦銅・182）：乃詔丞相狀、綰

平陽銅權・摹（秦銅・182）：元年制詔丞相斯、去疾

僅存銘兩詔銅權（秦銅・135-18.1）：乃詔丞相狀、綰

僅存銘兩詔銅權（秦銅・135-18.2）：乃詔丞相狀、綰

僅存銘兩詔銅權（秦銅・135-18.2）：元年制詔丞相斯、去疾

僅存銘始皇詔銅權・八（秦銅・135-8）：乃詔丞相狀、綰

僅存銘始皇詔銅權・二（秦銅・135-2）：乃詔丞相狀、綰

僅存銘始皇詔銅權・九（秦銅・135-9）：乃詔丞相狀、綰

僅存銘始皇詔銅權・六（秦銅・135-6）：乃詔丞相狀、綰

僅存銘始皇詔銅權・七（秦銅・135-7）：乃詔丞相狀、綰

僅存銘始皇詔銅權・三（秦銅・135-3）：乃詔丞相狀、綰

僅存銘始皇詔銅權・十（秦銅・135-10）：乃詔丞相狀、綰

僅存銘始皇詔銅權・十七(秦銅・135-17):乃詔丞相狀、綰

僅存銘始皇詔銅權・十四(秦銅・135-14):乃詔丞相狀、綰

僅存銘始皇詔銅權・四(秦銅・135-4):乃詔丞相狀、綰

僅存銘始皇詔銅權・一(秦銅・135-1):乃詔丞相狀、綰

秦箕斂(箕斂・封3):乃詔丞相狀、綰

商鞅方升(秦銅・21):乃詔丞相狀、綰

始皇詔八斤銅權二(秦銅・135):乃詔丞相狀、綰

始皇詔八斤銅權一(秦銅・134):乃詔丞相狀、綰

始皇詔版八(秦銅・144):乃詔丞相狀、綰

始皇詔版七(秦銅・143):乃詔丞相狀、綰

始皇詔版三(秦銅・138):乃詔丞相狀、綰

始皇詔版五・殘(秦銅・141):乃詔丞相狀、綰

始皇詔版一(秦銅・136):乃詔丞相狀、綰

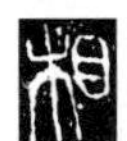始皇詔十六斤銅權二(秦銅・128):乃詔丞相狀、綰

始皇詔十六斤銅權三(秦銅・129):乃詔丞相狀、綰

始皇詔十六斤銅權四(秦銅・130.1):乃詔丞相狀、綰

始皇詔十六斤銅權一(秦銅・127):乃詔丞相狀、綰

始皇詔鐵石權二(秦銅・121):乃詔丞相狀、綰

始皇詔鐵石權四(秦銅・123):乃詔丞相狀、綰

始皇詔鐵石權五(秦銅・124):乃詔丞相狀、綰

始皇詔銅方升三(秦銅・100):乃詔丞相狀、綰

始皇詔銅方升四(秦銅・101):乃詔丞相狀、綰

始皇詔銅方升一(秦銅・98):乃詔丞相狀、綰

始皇詔銅權九(秦銅・118):乃詔丞相狀、綰

始皇詔銅權六(秦銅・115):乃詔丞相狀、綰

始皇詔銅權三(秦銅・112):乃詔丞相狀、綰

始皇詔銅權十(秦銅・119):乃詔丞相狀、綰

始皇詔銅權十一(珍金・124):乃詔丞相狀、綰

始皇詔銅權四(秦銅・113):乃詔丞相狀、綰

始皇詔銅權五(秦銅・114):乃詔丞相狀、綰

始皇詔銅權一(秦銅・110):乃詔丞相狀、綰

始皇詔銅石權(秦銅・126):乃詔丞相狀、綰

始皇詔銅橢量二(秦銅・103):乃詔丞相狀、綰

始皇詔銅橢量六(秦銅・107):乃詔丞相狀、綰

始皇詔銅橢量三(秦銅・104):乃詔丞相狀、綰

始皇詔銅橢量四(秦銅・105):乃詔丞相狀、綰

始皇詔銅橢量五(秦銅・106):乃詔丞相狀、綰

始皇詔銅橢量一(秦銅・102):乃詔丞相狀、綰

武城銅橢量（秦銅・109）：乃詔丞相狀、綰

旬邑銅權（秦銅・133）：乃詔丞相狀、綰

旬邑銅權（秦銅・133）：元年制詔丞相斯、去疾

左樂兩詔鈞權（集證・43）：乃詔丞相狀、綰

四年相邦樛斿戈（秦銅・26.1）：四年相邦樛斿之造〖注〗相邦，官名。

王四年相邦張儀戈（集證・17）：王四年相邦張義（儀）

十三年相邦義戈・摹（秦銅・30）：十三年相邦義之造

十四年相邦冉戈・摹（秦銅・38）：十四年相邦冉造

□□年丞相觸戈・摹（秦銅・39）：□□年丞相觸造

十七年丞相啟狀戈・摹（秦銅・40）：十七年丞相啟狀造

廿年相邦冉戈（集證・25.1）：廿年相邦冉造

廿年相邦冉戈・摹（秦銅・42）：廿年相邦冉造

廿一年相邦冉戈一・摹（秦銅・47.1）：廿一年相邦冉造

廿一年相邦冉戈二（珍金・64）：廿一年相邦冉造

廿一年相邦冉戈二・摹（珍金・64）：廿一年相邦冉造

廿六年戈・王輝摹（珍金179）：廿六年□相守□之造

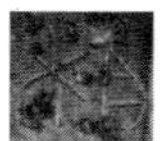
卅二年相邦冉戈（珍金・80）：卅二年相邦冉造

卅二年相邦冉戈・摹（珍金・80）：卅二年相邦冉造

□年相邦呂不韋戈（珍金・98）：□年相邦呂不韋造

□年相邦呂不韋戈・摹（珍金・98）：□年相邦呂不韋造

三年相邦呂不韋戈・摹（秦銅・60）：三年相邦呂□□（不韋）造

四年相邦呂不韋戈・摹（秦銅・63）：四年相邦呂不［韋造］

五年相邦呂不韋戈一（集證・33）：五年相邦呂不韋造

五年相邦呂不韋戈二（秦銅・68.1）：五年相邦呂不韋造

五年相邦呂不韋戈二・摹（秦銅・68.1）：五年相邦呂不韋造

五年相邦呂不韋戈三・摹（秦銅・69）：五年相邦呂不韋造

八年相邦呂不韋戈・摹（秦銅・71）：八年相邦呂不韋造

元年丞相斯戈・摹（秦銅・160）：元年丞相斯造

四年相邦呂不韋矛・摹（秦銅・66）：四年相邦呂不韋造

三年相邦呂不韋戟（秦銅・61）：三年相邦呂不韋造

三年相邦呂不韋戟・摹（秦銅・61）：三年相邦呂不韋造

四年相邦呂不韋戟・摹（秦銅・65）：四年相邦呂不韋造

七年相邦呂不韋戟一（秦銅・70）：七年相邦呂不韋造

七年相邦呂不韋戟二・摹（俑坑・3.2）：七年相邦呂不韋造

九年相邦呂不韋戟・摹（集證・35）：九年相邦呂不韋造

詛楚文・湫淵（中吳本）：敢數楚王熊相之倍（背）盟犯詛〖注〗熊相，楚懷王熊槐之名。歐陽修説“槐”當爲“相”字誤。

詛楚文・湫淵（中吳本）：今楚王熊相康回無道

詛楚文·湫淵(中吳本):毋相爲不利

詛楚文·湫淵(中吳本):以底(詆)楚王熊相之多辠

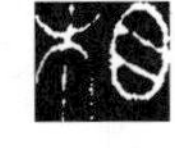
詛楚文·巫咸(中吳本):敢數楚王熊相之倍(背)盟犯詛

詛楚文·巫咸(中吳本):今楚王熊相康回無道

詛楚文·巫咸(中吳本):以底(詆)楚王熊相之多辠

詛楚文·亞駝(中吳本):敢數楚王熊相之倍(背)盟犯詛

詛楚文·亞駝(中吳本):今楚王熊相康回無道

詛楚文·亞駝(中吳本):毋相爲不利

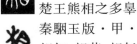

詛楚文·亞駝(中吳本):以底(詆)楚王熊相之多辠

秦駰玉版·甲·摹:王室相如〖注〗相如,相若、相似。

秦駰玉版·乙·摹:王室相如

琅邪臺刻石:丞相臣斯、臣去疾、御史大夫臣德昧死言

泰山刻石·宋拓本:丞相臣斯、臣去疾、御史大夫臣德昧死言

繹山刻石·宋刻本:丞相臣斯、臣去疾、御史大夫臣德昧死言

青川牘·摹:王命丞相戊(茂)、内史匽氏

睡簡·效律·28:縣嗇夫若丞及倉、鄉相雜以封印之

睡簡·效律·56:計校相繆(謬)殹

睡簡·爲吏·17:告相邦〖注〗相邦,相國。

睡簡·11號牘·正:報必言相家爵來未來

睡簡·答問·74:相與鬬

睡簡·答問·12:甲乙雅不相智(知)

睡簡·答問·199:有大繇(徭)而曹鬬相趣

睡簡·答問·167:相夫妻

睡簡·答問·172:同母異父相與奸

睡簡·答問·173:甲、乙以其故相刺傷

睡簡·封診·84:甲與丙相捽

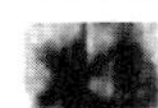
睡簡·封診·95:乙、丙相與奸

睡簡·封診·35:甲、丙相與爭

睡簡·封診·57:相瘈

睡簡·秦律·89:韋革、紅器相補繕

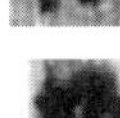
睡簡·秦律·8:相輸度

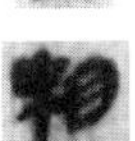
睡簡·秦律·201:道官相輸隸臣妾、收人

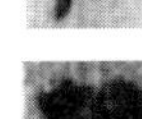
睡簡·秦律·21:縣嗇夫若丞及倉、鄉相雜以印之

睡簡·秦律·71:計毋相繆

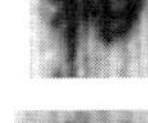
睡簡·秦律·184:以輒相報殹

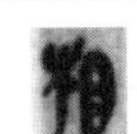
睡簡·秦律·169:縣嗇夫若丞及倉、鄉相雜以封印之

睡簡·秦律·137:令相爲兼居之

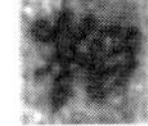
睡簡·秦律·140:官相紤(近)者

睡簡・秦律・159:及相聽以遣之

睡簡・雜抄・38:捕人相移以受爵者

睡簡・日甲・82背:庚名曰甲郢相衛魚

睡簡・日甲・32正:臨官立(蒞)正(政)相宜也

睡簡・日甲・39正:兩寡相當

睡簡・日甲・44正:是胃(謂)六甲相逆

睡簡・日甲・156正:是謂相(霜)〖注〗相,讀爲"霜",即"孀"字,《說文》:"喪也。"

關簡・191:相抳亂也

關簡・223:急相窮(窮)事也

帛書・病方・199:月與日相當

帛書・病方・246:□龜𦞦(腦)與地膽蟲相半

帛書・病方・殘7:完者相雜咀

帛書・病方・16:皆相□煎

帛書・病方・44:冶黃黔(芩)、甘草相半

帛書・病方・56:以相靡(磨)毀

帛書・病方・66:侯(候)天甸(電)而兩手相靡(摩)

帛書・病方・199:日與月相當

封泥印120:相丞之印〖注〗相,地名。

封泥印127:下相丞印〖注〗下相,地名。

集證・181.705:趙相如印

秦印編65:咸□園相

秦印編66:相教

秦印編65:趙相

秦印編66:相教

秦印編65:張相

秦印編66:相念

秦印編65:任相

秦印編66:相思

秦印編65:趙相如印

秦印編66:相思

秦印編65:相

秦印編66:相思得志

秦印編66:相思得志

秦印編66:敬事相思

秦印編66:相丞之印

秦印編66:右丞相印

陶量(秦印編66):相

陶量(秦印編66):相

陶量(秦印編66):相

封泥集108・7:右丞相印

封泥集106・1:丞相之印

封泥集107・1:左丞相印

封泥集108・1:右丞相印

封泥集108・2:右丞相印

封泥集108・3:右丞相印

封泥集108・4:右丞相印

封泥集108・5:右丞相印

封泥集108・6:右丞相印

封泥集314・1:相丞之印

新封泥B・2.12:下相丞印

封泥印1:右丞相印

集證・133.2:丞相□印

集證・133.4:左丞相印

集證・133.5:右丞相印

集證・133.6:右丞相印

集證・156.371・摹:相丞之印

赤峰秦瓦量・殘(銘刻選43):乃詔丞相狀、綰

集證・185.772:相思得志〖注〗相思得志,即希望志向得以實現。

秦陶・1606:詔□相

始皇詔陶印(《研究》附):乃詔丞相狀、綰

秦陶・1594:相

秦陶・1559:相

秦陶・1586:乃詔丞相□、綰

秦陶・1589:乃詔丞相狀、綰

秦陶・1590:乃詔丞相狀、綰

0712　瞋

睡簡・語書・11:因恙(佯)瞋目扼捾(腕)以視(示)力〖注〗瞋,張目。

0713　鴟

秦陶・481:東武東閒居貲不更鴟〖注〗鴟,人名。

0714　督

秦印編66:督光

0715　瞫

廿二年臨汾守戈(集證・36.1):廿二年臨汾守瞫〖注〗瞫,人名。

廿二年臨汾守戈・摹(集證・36.1):廿二年臨汾守瞫

秦印編 66:狐瞫

秦印編 66:李瞫

0716 眚

石鼓文・鑾車(先鋒本):眚車𩍰衎(行)〖注〗眚,同"省",視察。劉心源釋爲"獮",秋田。

0717 眼

秦陶・467・摹:眼

0718 眯

睡簡・日甲・24 背:一室中臥者眯也〖注〗《說文》:"眯,艸入目中也。"或說讀爲"寐"。

秦印編 66:芑眯

0719 睩

秦印編 67:睩虒

0720 盻

秦印編 67:盻□族ナ

0721 瞀

睡簡・日甲・13 背:人有惡瞢(夢),瞀(覺)〖注〗《玉篇》:"瞀,明也。"或說此爲覺字省形。

帛書・病方・459:卧瞀(覺)

0722 貂

秦印編 288:任貂

0723 睇

帛書・病方・51:目繲睇然〖注〗目繲,疑卽目繫。目繲睇然,指眼球上翻。

0724 眗

新封泥 B・3.10:眗衍導(道)丞〖注〗眗衍,地名。

0725 瞙

帛書・灸經甲・63:坐而起則目瞙(眊)如毋見

0726 省

會稽刻石・宋刻本:飾省宣義〖注〗省,過錯。

會稽刻石・宋刻本:宣省習俗

睡簡・雜抄・17:省殿〖注〗省,考查。〖編者按〗此及下二例亦有學者隸作眚,讀"省"。

睡簡・雜抄・17:省三歲比殿

睡簡・雜抄・22:未取省而亡之

0727　盾　　盾

睡簡・雜抄・28:貲一盾

睡簡・雜抄・31:貲嗇夫、佐各一盾

睡簡・答問・94:當貲一盾

睡簡・答問・38:當貲一盾

睡簡・答問・49:當貲二甲一盾

睡簡・答問・47:貲盾

睡簡・答問・47:貲盾不直

睡簡・答問・59:貲盾以上

睡簡・答問・10:當貲一盾

睡簡・答問・127:當貲一盾

睡簡・答問・160:當貲一盾

睡簡・答問・152:廷行事鼠穴三以上貲一盾

睡簡・答問・151:令史監者一盾

睡簡・秦律・178:官嗇夫貲一盾

睡簡・秦律・115:貲一盾

睡簡・雜抄・28:貲一盾

睡簡・雜抄・22:佐一盾

睡簡・雜抄・29:貲各一盾

睡簡・雜抄・29:貲一盾

睡簡・雜抄・20:令、丞及佐各一盾

睡簡・雜抄・26:貲一盾

睡簡・雜抄・27:貲二盾

睡簡・雜抄・27:貲一盾

睡簡・雜抄・23:貲其曹長一盾

睡簡・雜抄・23:貲嗇夫一盾

睡簡・雜抄・20:貲司空嗇夫一盾

睡簡・雜抄・30:令、丞、佐、史各一盾

睡簡・雜抄・33:戶一盾

睡簡・雜抄・34:貲各一盾

睡簡・雜抄・31:貲嗇夫、佐各一盾

睡簡・雜抄・3:貲教者一盾

睡簡・雜抄・30:貲皂嗇夫一盾

睡簡・雜抄・41:貲一盾

睡簡・雜抄・19:縣嗇夫、丞、吏、曹長各一盾

睡簡・雜抄・16:令、丞一盾

睡簡・雜抄・17:丞及曹長一盾

睡簡・雜抄・14:邦司空一盾

 睡簡・效律・9:貲嗇夫一盾

 睡簡・效律・7:貲各一盾

 睡簡・效律・3:貲一盾

 睡簡・效律・40:官嗇夫貲一盾

 睡簡・效律・47:貲各一盾

 睡簡・效律・44:貲官嗇夫一盾

 睡簡・效律・4:貲一盾

 睡簡・效律・59:貲官嗇夫一盾

 睡簡・效律・56:貲一盾

 睡簡・效律・57:貲一盾

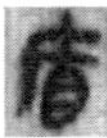 睡簡・效律・51:令、丞貲一盾

 睡簡・效律・5:貲一盾

 睡簡・效律・14:貲官嗇夫一盾

 龍簡・219・摹:□貲一盾□

龍簡・118・摹:一盾

龍簡・205・摹:史□貲各一盾

龍簡・212・摹:□各貲一盾□

0728 自 自

秦懷后磬・摹:自乍(作)遣(造)殸(磬)

 大墓殘磬(集證・81):或教自上

 石鼓文・霝雨(先鋒本):□□自鄘

 詛楚文・亞駝(中吳本):將之以自救殹

 詛楚文・湫淵(中吳本):將之以自救也

 詛楚文・巫咸(中吳本):將之以自救殹

 秦駰玉版・乙・摹:能自復如故

 繹山刻石・宋刻本:自泰古始

 會稽刻石・宋刻本:率眾自强

 天簡35・乙:自天以戒室

 睡簡・效律・18:新嗇夫自效殹

 睡簡・語書・9:有(又)能自端殹

 睡簡・效律・60:誤自重殹

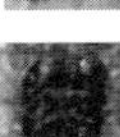 睡簡・效律・30:唯倉所自封印是度縣

 睡簡・效律・56:自二百廿錢以下

 睡簡・語書・5:自從令、丞以下智(知)而弗舉論

 睡簡・11號牘・正:黑夫自以布此

 睡簡・編年・23:自占年

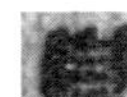 睡簡・答問・8:先自告

 睡簡・答問・62:其妻先自告

睡簡・答問・77:或自殺

睡簡・答問・126:後自捕所亡

睡簡・答問・125:能自捕及親所智(知)爲捕

睡簡・答問・132:未論而自出

睡簡・答問・131:自出

睡簡・答問・146:後自得所亡

睡簡・封診・84:自晝與同里大女子丙鬬

睡簡・封診・85:今甲裹把子來詣自告

睡簡・封診・85:自宵子變出

睡簡・封診・29:自晝居某山

睡簡・封診・96:今來自出

睡簡・封診・95:自晝見某所

睡簡・封診・73:自宵臧(藏)乙復(複)結衣一乙房内中〖注〗自宵,昨夜。

睡簡・封診・16:來自告

睡簡・秦律・8:芻自黄䅿(穌)及蘑束以上皆受之

睡簡・秦律・22:自封印

睡簡・秦律・23:唯倉自封印者是度縣

睡簡・秦律・95:隸臣妾之老及小不能自衣者

睡簡・秦律・128:官有金錢者自爲買脂、膠

睡簡・秦律・123:贏員及減員自二日以上

睡簡・秦律・179:自官士大夫以上

睡簡・秦律・171:唯倉所自封印是度縣

睡簡・秦律・138:凡不能自衣者

睡簡・秦律・138:以日當刑而不能自衣食者

睡簡・秦律・119:令苑輒自補繕之

睡簡・雜抄・10:吏自佐、史以上負從馬、守書私卒

睡簡・日甲・68背:是遽鬼執人以自伐〈代〉也

睡簡・日甲・36正:自歸

睡簡・日甲・36正:徙官自如

睡簡・日甲・34正:美惡自成

睡簡・日甲・158背:弗敺(驅)自出

睡簡・爲吏・18:自今以來

睡簡・爲吏・15:敬自賴之〖注〗自,以。

睡簡・效律・57:自二以上

龍崗牘・背:令自尚(常)也

關簡・200:自當〖注〗自當,指行商不賺不賠。

關簡・210:自當

關簡・236:自當

帛書·病方·369:自睪(擇)取大山陵

帛書·病方·399:□鼠令自死

帛書·病方·4:食之自次(恣)〖注〗自恣,隨意。

帛書·病方·32:過四日自適

帛書·病方·124:出入飲食自次(恣)

帛書·病方·160:令□起自次(恣)殹

帛書·病方·256:時自啟竅

帛書·病方·258:令自死

帛書·病方·328:鷄羽自解

帛書·病方·334:自適殹

帛書·病方·336:即自合而瘳矣

帛書·病方·365:癰自發者

瓦書·郭子直摹:自桑𨸏之封以東

瓦書(秦陶·1610):自桑𨸏之封以東

0729　　昆

秦印編288:公孫昆

0730　　皆

北私府橢量·始皇詔(秦銅·146):皆明壹之

兩詔銅權一(秦銅·175):皆明壹之

北私府橢量·始皇詔(秦銅·146):皆明壹之

兩詔銅權一(秦銅·175):皆明壹之

北私府橢量·二世詔(秦銅·147):皆有刻辭焉

大騩銅權(秦銅·131):皆明壹之

大騩銅權(秦銅·131):皆有刻辭焉

二世元年詔版八(秦銅·168):皆有刻辭焉

二世元年詔版二(秦銅·162):皆有刻辭焉

二世元年詔版九(秦銅·169):皆有刻辭焉

二世元年詔版六(秦銅·166):皆有刻辭焉

二世元年詔版七(秦銅·167):皆有刻辭焉

二世元年詔版三(秦銅·163):皆有刻辭焉

二世元年詔版十三(集證·50):皆有刻辭焉

二世元年詔版四(秦銅·164):皆有詔[刻]辭焉

二世元年詔版五(秦銅·165):皆有刻辭焉

二世元年詔版一(秦銅·161):皆有刻辭焉

高奴禾石銅權(秦銅·32.2):皆明壹之

兩詔斤權一·摹(集證·46):皆明壹之

兩詔斤權一·摹(集證·46):皆有刻辭焉

兩詔版(秦銅·174.1):皆明壹之

兩詔版(秦銅·174.1):皆有刻辭焉

兩詔斤權二·摹(集證·49):皆明壹之

兩詔斤權二·摹(集證·49):皆有刻辭焉

兩詔斤權一(集證·45):皆有刻辭焉

兩詔銅權三(秦銅·178):皆明壹之

兩詔銅權四(秦銅·179.1):皆明壹之

兩詔銅權一(秦銅·175):皆有刻辭焉

兩詔橢量二(秦銅·149):皆有刻辭焉

兩詔橢量三之二(秦銅·151):皆有刻辭焉

兩詔橢量三之一(秦銅·150):皆明壹之

兩詔橢量一(秦銅·148):皆明壹之

兩詔橢量一(秦銅·148):皆有刻辭焉

美陽銅權(秦銅·183):皆明壹之

美陽銅權(秦銅·183):皆有刻辭焉

平陽銅權·摹(秦銅·182):皆明壹之

平陽銅權·摹(秦銅·182):皆有刻辭焉

僅存銘兩詔銅權(秦銅·135-18.1):皆明壹之

僅存銘兩詔銅權(秦銅·135-18.2):皆明壹之

僅存銘兩詔銅權(秦銅·135-18.2):皆有刻辭焉

僅存銘始皇詔銅權·八(秦銅·135-8):皆明壹之

僅存銘始皇詔銅權·二(秦銅·135-2):皆明壹之

僅存銘始皇詔銅權·九(秦銅·135-9):皆明壹之

僅存銘始皇詔銅權·七(秦銅·135-7):皆明壹之

僅存銘始皇詔銅權·三(秦銅·135-3):皆明壹之

僅存銘始皇詔銅權·十(秦銅·135-10):皆明壹之

僅存銘始皇詔銅權·十二(秦銅·135-12):皆明壹之

僅存銘始皇詔銅權·十七(秦銅·135-17):皆明壹之

僅存銘始皇詔銅權·十三(秦銅·135-13):皆明壹之

僅存銘始皇詔銅權·十四(秦銅·135-14):皆明壹之

僅存銘始皇詔銅權·四(秦銅·135-4):皆明壹之

僅存銘始皇詔銅權·五(秦銅·135-5):皆明壹之

僅存銘始皇詔銅權·一(秦銅·135-1):皆明壹之

秦箕斂(箕斂·封3):皆明壹之

商鞅方升(秦銅·21):皆明壹之

始皇詔八斤銅權二(秦銅·135):皆明壹之

始皇詔八斤銅權一(秦銅·134):皆明壹之

始皇詔版八(秦銅·144):皆明壹之

始皇詔版六・殘(秦銅・142):皆明壹之

始皇詔版七(秦銅・143):皆明壹之

始皇詔版三(秦銅・138):皆明壹之

始皇詔版一(秦銅・136):皆明壹之

始皇詔十六斤銅權二(秦銅・128):皆明壹之

始皇詔十六斤銅權三(秦銅・129):皆明壹之

始皇詔十六斤銅權四(秦銅・130.2):皆明壹之

始皇詔十六斤銅權一(秦銅・127):皆明壹之

始皇詔鐵石權三(秦銅・122):皆明壹之

始皇詔鐵石權四(秦銅・123):皆明壹之

始皇詔銅方升三(秦銅・100):皆明壹之

始皇詔銅方升一(秦銅・98):皆明壹之

始皇詔銅權八(秦銅・117):皆明壹之

始皇詔銅權二(秦銅・111):皆明壹之

始皇詔銅權九(秦銅・118):皆明壹之

始皇詔銅權六(秦銅・115):皆明壹之

始皇詔銅權三(秦銅・112):皆明壹之

始皇詔銅權十(秦銅・119):皆明壹之

始皇詔銅權十一(珍金・124):皆明壹之

始皇詔銅權四(秦銅・113):皆明壹之

始皇詔銅權一(秦銅・110):皆明壹之

始皇詔銅橢量二(秦銅・103):皆明壹之

始皇詔銅橢量三(秦銅・104):皆明壹之

始皇詔銅橢量四(秦銅・105):皆明壹之

始皇詔銅橢量五(秦銅・106):皆明壹之

始皇詔銅橢量一(秦銅・102):皆明壹之

武城銅橢量(秦銅・109):皆明壹之

旬邑銅權(秦銅・133):皆明壹之

旬邑銅權(秦銅・133):皆有刻辭焉

左樂兩詔鈞權(集證・43):皆明壹之

左樂兩詔鈞權(集證・43):皆有刻辭焉

會稽刻石・宋刻本:皆遵軌度

天簡 27・乙:是=夫婦皆居

天簡 29・乙:瘛(應)鐘皆曰

睡簡・效律・35:皆與盜同灋

睡簡・效律・18:故嗇夫及丞皆不得除

睡簡・語書・7:此皆大辠毆

睡簡・語書・5:令吏民皆明智(知)之

睡簡·6號牘·正:皆毋恙也□

睡簡·6號牘·正:驚多問新負、媭皆得毋恙也

睡簡·11號牘·正:書到皆爲報

睡簡·答問·80:皆當耐

睡簡·答問·83:議皆當耐

睡簡·答問·23:皆畀其主

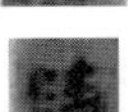睡簡·答問·25:皆各爲一具

睡簡·答問·72:皆爲"後子"

睡簡·答問·74:皆論不殹

睡簡·答問·30:論皆可(何)殹

睡簡·答問·4:皆贖黥

睡簡·答問·58:咸陽及它縣發弗智(知)者當皆貲

睡簡·答問·189:皆主王犬者殹

睡簡·答問·126:它辠比羣盜者皆如此

睡簡·答問·196:其他皆爲"更人"

睡簡·答問·194:卜、史當耐者皆耐以爲卜、史隸

睡簡·答問·191:皆爲"顯大夫"

睡簡·答問·164:皆爲"乏繇(徭)"

睡簡·答問·107:皆如家辠

睡簡·答問·179:騷馬蟲皆麗衡厄(軛)鞅韅轅靷(靷)

睡簡·答問·136:皆當刑城旦

睡簡·答問·148:皆貲二甲

睡簡·答問·142:廷行事皆以"犯令"論

睡簡·封診·80:皆不可爲廣袤

睡簡·封診·89:皆言甲前旁有乾血

睡簡·封診·93:皆莫肯與丙共桮(杯)器

睡簡·封診·91:皆告曰

睡簡·封診·7:騰(謄)皆爲報

睡簡·封診·30:皆毋(無)它坐辠

睡簡·封診·57:皆從(縱)頭北(背)

睡簡·封診·57:甾(腦)角出(頔)皆血出

睡簡·封診·14:騰(謄)皆爲報

睡簡·秦律·8:芻自黃䅑(穌)及䕓束以上皆受之

睡簡·秦律·85:皆出之

睡簡·秦律·81:皆以律論之

睡簡·秦律·22:皆輒出

睡簡·秦律·20:吏主者、徒食牛者及令、丞皆有辠

睡簡·秦律·93:縣、大内皆聽其官致

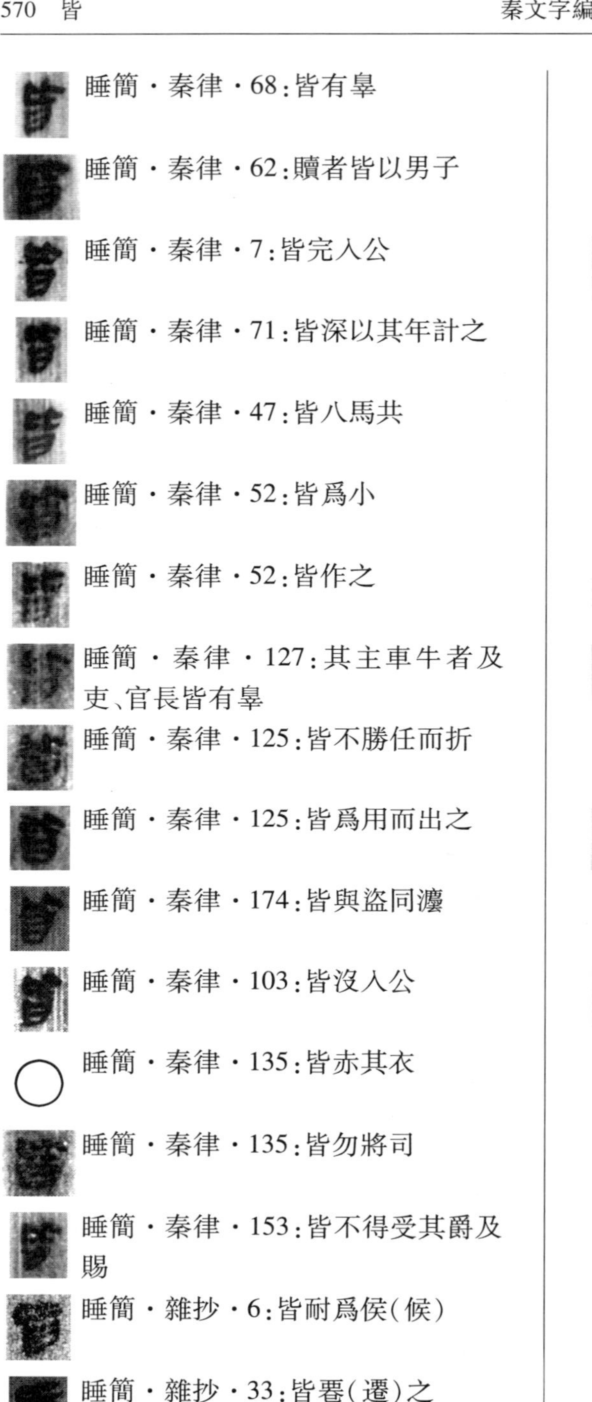

睡簡・秦律・68:皆有辠

睡簡・秦律・62:贖者皆以男子

睡簡・秦律・7:皆完入公

睡簡・秦律・71:皆深以其年計之

睡簡・秦律・47:皆八馬共

睡簡・秦律・52:皆爲小

睡簡・秦律・52:皆作之

睡簡・秦律・127:其主車牛者及吏、官長皆有辠

睡簡・秦律・125:皆不勝任而折

睡簡・秦律・125:皆爲用而出之

睡簡・秦律・174:皆與盜同灋

睡簡・秦律・103:皆沒入公

睡簡・秦律・135:皆赤其衣

睡簡・秦律・135:皆勿將司

睡簡・秦律・153:皆不得受其爵及賜

睡簡・雜抄・6:皆耐爲侯(候)

睡簡・雜抄・33:皆䙴(遷)之

睡簡・雜抄・11:皆貲二甲

睡簡・雜抄・11:皆䙴(遷)

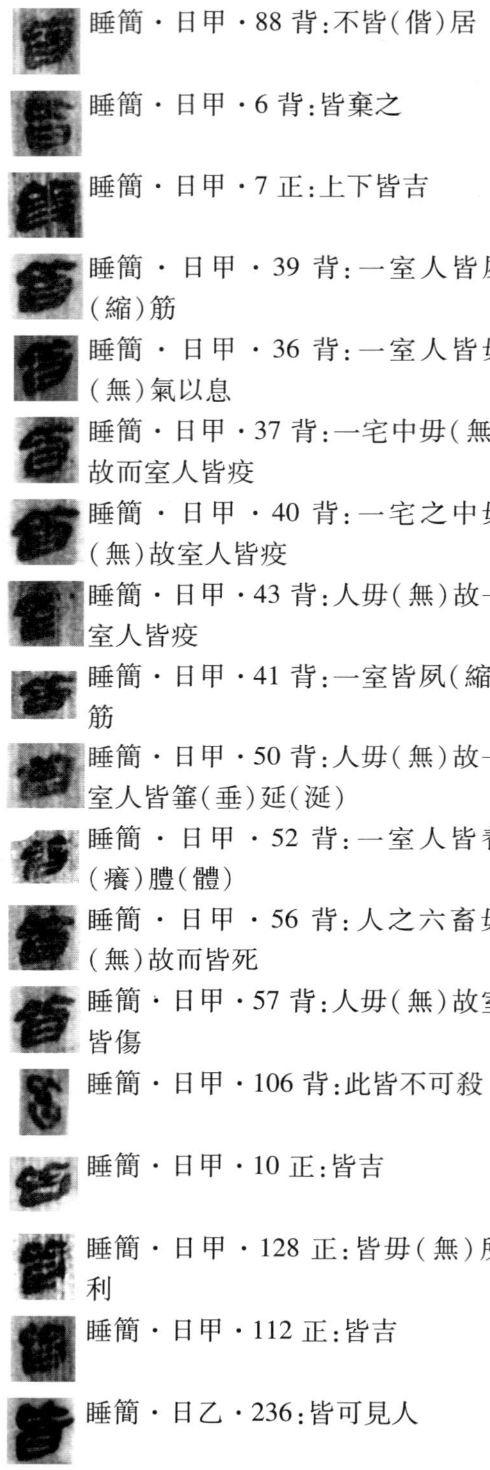

睡簡・日甲・88 背:不皆(偕)居

睡簡・日甲・6 背:皆棄之

睡簡・日甲・7 正:上下皆吉

睡簡・日甲・39 背:一室人皆夙(縮)筋

睡簡・日甲・36 背:一室人皆毋(無)氣以息

睡簡・日甲・37 背:一宅中毋(無)故而室人皆疫

睡簡・日甲・40 背:一宅之中毋(無)故室人皆疫

睡簡・日甲・43 背:人毋(無)故一室人皆疫

睡簡・日甲・41 背:一室皆夙(縮)筋

睡簡・日甲・50 背:人毋(無)故一室人皆箠(垂)延(涎)

睡簡・日甲・52 背:一室人皆養(癢)膿(體)

睡簡・日甲・56 背:人之六畜毋(無)故而皆死

睡簡・日甲・57 背:人毋(無)故室皆傷

睡簡・日甲・106 背:此皆不可殺

睡簡・日甲・10 正:皆吉

睡簡・日甲・128 正:皆毋(無)所利

睡簡・日甲・112 正:皆吉

睡簡・日乙・236:皆可見人

睡簡・日乙・25:皆可

睡簡・日乙・77:皆不可以大祠

睡簡・日乙・40:皆利日也

睡簡・日乙・45:入月六日、七日、八日、二旬二日皆知

睡簡・日乙・183:煩及歲皆在南方

睡簡・日乙・196:及入月旬八日皆大凶

睡簡・日乙・134:皆毋(無)所利

睡簡・日乙・155:皆可

睡簡・效律・2:官嗇夫、冗吏皆共賞(償)不備之貨而入贏

龍簡・150・摹:典、田典令黔首皆智(知)之

龍簡・154:黔首皆從千(阡)佰(陌)彊(疆)畔之其□

龍簡・151:田及爲詐(詐)僞寫田籍皆坐臧(贓)

龍簡・112:馬、牛、駒、犢、[羔]皮及□皆入禁□

龍簡・88:□道官皆勿論□

龍簡・208・摹:皆貲二甲

龍簡・223:□者皆與□

龍簡・293・摹:□皆□

龍簡・238:□下皆□

龍簡・234:皆瀆耐

龍簡・4:皆與闌入門同罪

龍簡・45・摹:皆與同罪

龍簡・54・摹:皆畱(遷)之

龍簡・137:皆與盜同□

龍簡・142・摹:皆以匿租者

龍簡・14:六寸符皆傳□

里簡・J1(16)9 正:皆不移年籍

關簡・350:與皆出種

關簡・265:以此見人及戰斵(鬬)皆可

關簡・244:今此十二月子日皆爲平

關簡・347:人皆祠泰父

帛書・足臂・18:皆久(灸)足泰(太)陰温(脈)

帛書・足臂・26:皆久(灸)臂泰(太)陰温(脈)

帛書・足臂・27:皆[久(灸)]臂少陰[温(脈)]

帛書・病方・4:汁宰(滓)皆索

帛書・病方・15:皆不般(瘢)

帛書・病方・16:皆相□煎

帛書・病方・24:皆合撓

帛書・病方・189:皆□

帛書・病方・207:而父與母皆盡柏築之顛

 帛書・病方・224:男女皆可

 帛書・病方・240:取内戶旁祠空中黍腏、燔死人頭皆治

 帛書・病方・259:冶麋(蘼)蕪本、方(防)風、烏豙(喙)、桂皆等

 帛書・病方・290:皆居三日

 帛書・病方・328:□皆燔冶

 帛書・病方・329:皆以甘〈口〉沮(咀)而封之

 帛書・病方・341:熬叔(菽)□皆等

 帛書・病方・345:[有(又)]以金鐐(鋊)冶末皆等

 帛書・病方・367:令癰種(腫)者皆已

 帛書・病方・殘4:熱之皆到□

 帛書・病方・殘6:□皆傅之

 帛書・病方・殘18:□見之皆□

 帛書・足臂・4:皆久(灸)泰(太)陽温(脈)

 帛書・足臂・8:皆久(灸)少陽温(脈)

 帛書・足臂・12:皆久(灸)陽明温(脈)

 帛書・足臂・30:皆久(灸)臂泰(太)陽温(脈)

 帛書・足臂・34:皆久(灸)臂陽明温(脈)

 陶量(秦印編67):皆

 陶量(秦印編67):皆

 秦陶・1602:皆明[壹之]

 秦陶・1603:皆□壹之

 始皇詔陶印(《研究》附):皆明壹之

 秦陶・1597:皆明[壹之]

 秦陶・1598:皆[明壹之]

 秦陶・1600:皆[明壹之]

 秦陶・1601:皆□壹[之]

0731　𩵋　　魯

 秦編鐘・乙鐘(秦銅・10.2):屯(純)魯多釐〖注〗純魯,典籍作純嘏,指大福。

 秦鎛鐘・1號鎛(秦銅・12.3):屯(純)魯多釐

 秦編鐘・乙鐘左鼓・摹(秦銅・11.6):屯(純)魯多釐

 秦編鐘・戊鐘(秦銅・10.5):屯(純)魯多釐

 秦公簋・蓋(秦銅・14.2):以受屯(純)魯多釐

 秦鎛鐘・2號鎛(秦銅・12.6):屯(純)魯多釐

 秦鎛鐘・3號鎛(秦銅・12.9):屯(純)魯多釐

 秦公鎛鐘・摹(秦銅・16.4):以受屯(純)魯多釐

 秦子簋蓋・摹(珍金・31):秉德受命屯(純)魯

 大墓殘磬(集證・82):屯(純)魯吉康

封泥集292·1:魯丞之印〖注〗魯,地名。

新封泥C·19.8:魯丞之印

秦印編67:魯點

秦印編67:魯清

集證·157.384:魯丞之印

封泥印131:魯陽丞印〖注〗魯陽,地名。

0732　𦒱　者

北私府橢量·始皇詔(秦銅·146):不壹歉疑者

兩詔銅權一(秦銅·175):不壹歉疑者

北私府橢量·始皇詔(秦銅·146):不壹歉疑者

兩詔銅權一(秦銅·175):不壹歉疑者

北私府橢量·二世詔(秦銅·147):如後嗣爲之者

大騩銅權(秦銅·131):不壹歉疑者

大騩銅權(秦銅·131):如後嗣爲之者

二世元年詔版八(秦銅·168):如後嗣爲之者

二世元年詔版九(秦銅·169):如後嗣爲之者

二世元年詔版六(秦銅·166):如後嗣爲之者

二世元年詔版三(秦銅·163):如後嗣爲之者

二世元年詔版十二(秦銅·172):如後嗣爲之者

二世元年詔版十三(集證·50):如後嗣爲之者

二世元年詔版五(秦銅·165):如後嗣爲之者

二世元年詔版一(秦銅·161):如後嗣爲之者

高奴禾石銅權(秦銅·32.2):不壹歉疑者

兩詔斤權一·摹(集證·46):不壹歉疑者

兩詔斤權一·摹(集證·46):如後嗣爲之者

兩詔版(秦銅·174.1):不壹歉疑者

兩詔斤權二·摹(集證·49):不壹歉疑者

兩詔斤權二·摹(集證·49):如後嗣爲之者

兩詔斤權一(集證·45):不壹歉疑者

兩詔銅權二(秦銅·176):不壹歉疑者

兩詔銅權二(秦銅·176):如後嗣爲之者

兩詔銅權三(秦銅·178):不壹歉疑者

兩詔銅權三(秦銅·178):如後嗣爲之者

兩詔銅權四(秦銅·179.1):不壹歉疑者

兩詔銅權一(秦銅·175):如後嗣爲之者

兩詔橢量二(秦銅·149):如後嗣爲之者

兩詔橢量三之二(秦銅·151):如後嗣爲之者

兩詔橢量三之一(秦銅·150):不壹歉疑者

兩詔橢量一（秦銅・148）：不壹歉疑者

兩詔橢量一（秦銅・148）：如後嗣爲之者

美陽銅權（秦銅・183）：不壹歉疑者

美陽銅權（秦銅・183）：如後嗣爲之者

平陽銅權・摹（秦銅・182）：不壹歉疑者

平陽銅權・摹（秦銅・182）：如後嗣爲之者

僅存銘兩詔銅權（秦銅・135-18.1）：不壹歉疑者

僅存銘兩詔銅權（秦銅・135-18.2）：不壹歉疑者

僅存銘兩詔銅權（秦銅・135-18.2）：如後嗣爲之者

僅存銘始皇詔銅權・八（秦銅・135-8）：不壹歉疑者

僅存銘始皇詔銅權・二（秦銅・135-2）：不壹歉疑者

僅存銘始皇詔銅權・九（秦銅・135-9）：不壹歉疑者

僅存銘始皇詔銅權・七（秦銅・135-7）：不壹歉疑者

僅存銘始皇詔銅權・三（秦銅・135-3）：不壹歉疑者

僅存銘始皇詔銅權・十（秦銅・135-10）：不壹歉疑者

僅存銘始皇詔銅權・十七（秦銅・135-17）：不壹歉疑者

僅存銘始皇詔銅權・十三（秦銅・135-13）：不壹歉疑者

僅存銘始皇詔銅權・十四（秦銅・135-14）：不壹歉疑者

僅存銘始皇詔銅權・四（秦銅・135-4）：不壹歉疑者

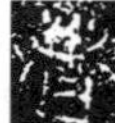僅存銘始皇詔銅權・五（秦銅・135-5）：不壹歉疑者

僅存銘始皇詔銅權・一（秦銅・135-1）：不壹歉疑者

秦箕斂（箕斂・封3）：不壹歉疑者

始皇詔八斤銅權二（秦銅・135）：不壹歉疑者

始皇詔八斤銅權一（秦銅・134）：不壹歉疑者

始皇詔版八（秦銅・144）：不壹歉疑者

始皇詔版二（秦銅・137）：不壹歉疑者

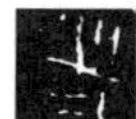始皇詔版六・殘（秦銅・142）：不壹歉疑者

始皇詔版七（秦銅・143）：不壹歉疑者

始皇詔版三（秦銅・138）：不壹歉疑者

始皇詔版一（秦銅・136）：不壹歉疑者

始皇詔十六斤銅權二（秦銅・128）：不壹歉疑者

始皇詔十六斤銅權三（秦銅・129）：不壹歉疑者

始皇詔十六斤銅權四（秦銅・130.2）：不壹歉疑者

始皇詔十六斤銅權一（秦銅・127）：不壹歉疑者

始皇詔鐵石權七（秦銅・125）：不壹歉疑者

始皇詔鐵石權四（秦銅・123）：不壹歉疑者

始皇詔銅方升二（秦銅・99）：不壹歉疑者

始皇詔銅方升三（秦銅・100）：不壹歉疑者

始皇詔銅方升一(秦銅·98):不壹歉疑者

始皇詔銅權八(秦銅·117):不壹歉疑者

始皇詔銅權二(秦銅·111):不壹歉疑者

始皇詔銅權九(秦銅·118):不壹歉疑者

始皇詔銅權六(秦銅·115):不壹歉疑者

始皇詔銅權三(秦銅·112):不壹歉疑者

始皇詔銅權十(秦銅·119):不壹歉疑者

始皇詔銅權十一(珍金·124):不壹歉疑者

始皇詔銅權四(秦銅·113):不壹歉疑者

始皇詔銅權五(秦銅·114):不壹歉疑者

始皇詔銅權一(秦銅·110):不壹歉疑者

始皇詔銅橢量二(秦銅·103):不壹歉疑者

始皇詔銅橢量六(秦銅·107):不壹歉疑者

始皇詔銅橢量三(秦銅·104):不壹歉疑者

始皇詔銅橢量四(秦銅·105):不壹歉疑者

始皇詔銅橢量五(秦銅·106):不壹歉疑者

始皇詔銅橢量一(秦銅·102):不壹歉疑者

武城銅橢量(秦銅·109):不壹歉疑者

旬邑銅權(秦銅·133):不壹歉疑者

旬邑銅權(秦銅·133):如後嗣爲之者

左樂兩詔鈞權(集證·43):不壹歉疑者

左樂兩詔鈞權(集證·43):如後嗣爲之者

詛楚文·湫淵(中吳本):箸者(諸)石章〖注〗者,讀爲"諸"。

詛楚文·湫淵(中吳本):衒(率)者(諸)侯之兵以臨加我

詛楚文·湫淵(中吳本):寘(置)者(諸)冥室櫝棺之中

詛楚文·亞駝(中吳本):箸者(諸)石章

詛楚文·巫咸(中吳本):衒(率)者(諸)侯之兵以臨加我

詛楚文·巫咸(中吳本):寘(置)者(諸)冥室櫝棺之中

詛楚文·巫咸(中吳本):箸者(諸)石章

詛楚文·亞駝(中吳本):衒(率)者(諸)侯之兵以臨加我

詛楚文·亞駝(中吳本):寘(置)者(諸)冥室櫝棺之中

琅邪臺刻石:如後嗣爲之者

繹山刻石·宋刻本:群臣從者

繹山刻石·宋刻本:如後嗣爲之者

泰山刻石·宋拓本:者(諸)產得宜

泰山刻石·宋拓本:如後嗣爲之者

青川牘·摹:四年十二月不除道者

天簡33·乙:下八而生者三而爲二

天簡 25・乙:殳者參

天簡 33・乙:上北而生者三而爲四

天簡 34・乙:□多者勝客

天簡 35・乙:合音數者是謂天絕紀

天簡 27・乙:盜者中人毆

天簡 27・乙:盜者

天簡 30・乙:居家者

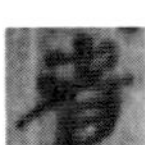天簡 30・乙:轂者

天簡 32・乙:凡爲行者毋犯其鄉之

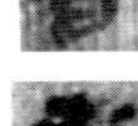睡簡・語書・5:聞吏民犯灋爲閒(奸)私者不止

睡簡・語書・12:故如此者不可不爲罰

睡簡・語書・1:古者

睡簡・語書・13:其畫最多者

睡簡・答問・179:者(諸)侯客來者

睡簡・秦律・20:吏主者、徒食牛者及令、丞皆有辠

睡簡・秦律・162:官嗇夫必與去者效代者

睡簡・效律・19:官嗇夫必與去者效代者

睡簡・答問・179:者(諸)侯客來者

睡簡・秦律・20:吏主者、徒食牛者及令、丞皆有辠

睡簡・秦律・162:官嗇夫必與去者效代者

睡簡・秦律・141:其與城旦舂作者

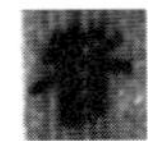睡簡・效律・19:官嗇夫必與去者效代者

睡簡・6 號牘・背:且令故民有爲不如令者

睡簡・6 號牘・背:聞新地城多空不實者

睡簡・6 號牘・正:綌布謹善者毋下二丈五尺

睡簡・11 號牘・正:可以爲禪裙襦者

睡簡・答問・89:毆者顧折齒

睡簡・答問・20:云"反其辠"者

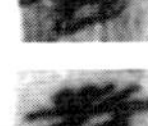睡簡・答問・208:"大痍"者

睡簡・答問・22:盜及者(諸)它辠

睡簡・答問・209:人戶、馬牛及者(諸)貨材(財)直(值)過六百六十錢爲"大誤"

睡簡・答問・26:及盜不直(置)者

睡簡・答問・27:未置及不直(置)者不爲"具"

睡簡・答問・203:者(諸)候(侯)客節(卽)來使入秦

睡簡・答問・204:"匧面"者

睡簡・答問・204:它邦耐吏、行旞與偕者

睡簡・答問・201:"室人"者

睡簡・答問・21:同居者爲盜主

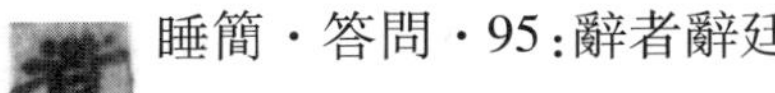
睡簡・答問・95:辭者辭廷

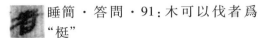

睡簡・答問・91:木可以伐者爲"梃"

睡簡・答問・66:問殺人者爲賊殺人

睡簡・答問・63:將上不仁邑里者而縱之

睡簡・答問・61:罨(遷)者妻當包不當

睡簡・答問・77:問死者有妻、子當收

睡簡・答問・38:告者可(何)論

睡簡・答問・38:問告者可(何)論

睡簡・答問・30:抉籥(鑰)者已抉啟之乃爲抉

睡簡・答問・40:告者可(何)論

睡簡・答問・58:咸陽及它縣發弗智(知)者當皆貲

睡簡・答問・52:廣眾心,聲聞左右者

睡簡・答問・53:見書而投者不得

睡簡・答問・53:能捕者購臣妾二人

睡簡・答問・53:所謂者

睡簡・答問・53:毄(繫)投書者鞫審灕之

睡簡・答問・51:"翏(戮)"者可(何)如

睡簡・答問・51:譽適(敵)以恐眾心者

睡簡・答問・100:"州告"者

睡簡・答問・182:人後告臧(藏)者

睡簡・答問・187:宮中主循者殹

睡簡・答問・180:使者(諸)侯、外臣邦

睡簡・答問・126:它辠比羣盜者皆如此

睡簡・答問・127:須亡者得

睡簡・答問・125:已刑者處隱官

睡簡・答問・121:癘者有辠

睡簡・答問・192:古主爨竈者殹

睡簡・答問・196:所道旞者命曰"署人"

睡簡・答問・196:原者"署人"殹

睡簡・答問・193:古主取薪者殹

睡簡・答問・194:卜、史當耐者皆耐以爲卜、史隸

睡簡・答問・195:雖不養主而入量(糧)者

睡簡・答問・195:謂"人貉"者

睡簡・答問・106:"家辠"者

睡簡・答問・162:律所謂者

睡簡・答問・164:律所謂者

睡簡・答問・176:臣邦人不安其主長而欲去夏者

睡簡・答問・139:有秩吏捕闌亡者

 睡簡・答問・148:和受質者

 睡簡・答問・148:擅强質及和受質者

 睡簡・答問・148:廷行事强質人者論

睡簡・答問・140:盜出朱(珠)玉邦關及買(賣)於客者

 睡簡・答問・142:律所謂者

 睡簡・答問・104:告者辠

 睡簡・答問・144:事它郡縣而不視其事者

 睡簡・答問・157:部佐匿者(諸)民田

 睡簡・答問・157:已租者(諸)民

 睡簡・答問・157:者(諸)民弗智(知)

 睡簡・答問・151:令史監者一盾

 睡簡・答問・113:有辠當贖者

 睡簡・答問・115:以乞鞫及爲人乞鞫者

 睡簡・封診・8:封有鞫者某里士五(伍)甲家室、妻、子、臣妾、衣器、畜産

 睡簡・封診・86:有(又)令隸妾數字者

 睡簡・封診・62:聞(號)寇者不毆

 睡簡・封診・72:口鼻或不能渭(喟)然者

 睡簡・封診・76:其所以埱者類旁鑿

 睡簡・封診・74:不智(知)穴盜者可(何)人、人數

 睡簡・封診・58:其褔北(背)直痏者

 睡簡・秦律・88:凡糞其不可買(賣)而可以爲薪及蓋蘙〈蘙〉者

 睡簡・秦律・82:貧窶毋(無)以賞(償)者

 睡簡・秦律・89:取不可葆繕者

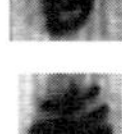 睡簡・秦律・86:縣、都官以七月糞公器不可繕者

 睡簡・秦律・86:有久(記)識者靡(磨)蚩(徹)之

 睡簡・秦律・87:都官遠大內者輸縣

 睡簡・秦律・83:效其官而有不備者

 睡簡・秦律・80:縣、都官坐效、計以負賞(償)者

 睡簡・秦律・81:其入嬴者

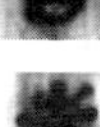 睡簡・秦律・81:隃(逾)歲而弗入及不如令者

 睡簡・秦律・20:大(太)倉課都官及受服者

 睡簡・秦律・22:而遺倉嗇夫及離邑倉佐主稟者各一戶以氣(餼)

 睡簡・秦律・22:見雜封者

 睡簡・秦律・22:效者發

 睡簡・秦律・20:及受服牛者卒歲死牛三以上

 睡簡・秦律・29:出之未索(索)而已備者

 睡簡・秦律・26:萬石之積及未盈萬石而被(柀)出者

 睡簡・秦律・23:出者負之

睡簡・秦律・23：非入者是出之

睡簡・秦律・23：唯倉自封印者是度縣

睡簡・秦律・24：其前入者是增積

睡簡・秦律・24：其贏者

睡簡・秦律・24：雜出禾者勿更

睡簡・秦律・25：而書入禾增積者之名事邑里于廥籍

睡簡・秦律・25：後入者獨負之

睡簡・秦律・200：行者有辠

睡簡・秦律・201：受者以律續食衣之

睡簡・秦律・2：早〈旱〉及暴風雨、水潦、蚤(螽)蚰、羣它物傷稼者

睡簡・秦律・98：爲器同物者

睡簡・秦律・90：過時者勿稟

睡簡・秦律・99：不同程者毋同其出

睡簡・秦律・96：亡、不仁其主及官者

睡簡・秦律・97：不從令者貲一甲

睡簡・秦律・90：囚有寒者爲褐衣

睡簡・秦律・93：在它縣者致衣從事之縣

睡簡・秦律・93：在咸陽者致其衣大内

睡簡・秦律・90：受(授)衣者

睡簡・秦律・94：隸臣、府隸之毋(無)妻者及城旦

睡簡・秦律・94：稟衣者

睡簡・秦律・94：其小者冬七十七錢

睡簡・秦律・95：隸臣妾之老及小不能自衣者

睡簡・秦律・68：賈市居死者及官府之吏

睡簡・秦律・68：擇行錢、布者

睡簡・秦律・6：百姓犬入禁苑中而不追獸及捕獸者

睡簡・秦律・62：邊縣者

睡簡・秦律・62：女子操敃(文)紅及服者

睡簡・秦律・62：贖者皆以男子

睡簡・秦律・66：其廣袤不如式者

睡簡・秦律・6：其追獸及捕獸者

睡簡・秦律・64：不盈千者

睡簡・秦律・64：官府受錢者

睡簡・秦律・61：隸臣欲以人丁粼者二人贖

睡簡・秦律・61：其老當免老、小高五尺以下及隸妾欲以丁粼者一人贖

睡簡・秦律・79：令其官嗇夫及吏主者代賞(償)之

睡簡・秦律・77：及隸臣妾有亡公器、畜生者

睡簡・秦律・7：其他禁苑殺者

 睡簡・秦律・73:不盈十人者

 睡簡・秦律・73:都官佐、史不盈十五人者

 睡簡・秦律・73:見牛者一人

 睡簡・秦律・70:受者以入計之

 睡簡・秦律・74:不盈七人者

 睡簡・秦律・74:猳生者

 睡簡・秦律・74:小官毋(無)嗇夫者

 睡簡・秦律・71:工獻輸官者

 睡簡・秦律・38:其有本者

 睡簡・秦律・30:當□者與雜出之

 睡簡・秦律・32:雜者勿更

 睡簡・秦律・37:都官以計時讎食者籍

 睡簡・秦律・37:縣上食者籍及它費大(太)倉

 睡簡・秦律・31:其毋(無)故吏者

 睡簡・秦律・48:百姓有欲叚(假)者

 睡簡・秦律・49:未能作者

 睡簡・秦律・49:小城旦、隸臣作者

 睡簡・秦律・46:及告歸盡月不來者

 睡簡・秦律・46:月食者已致稟而公使有傳食

 睡簡・秦律・43:稟毀(毇)粺者

 睡簡・秦律・44:宦者、都官吏、都官人有事上爲將〖注〗宦者,閹人。

 睡簡・秦律・44:已稟者

 睡簡・秦律・45:有事軍及下縣者

 睡簡・秦律・59:免隸臣妾、隸臣妾垣及爲它事與垣等者

 睡簡・秦律・5:唯不幸死而伐綰(棺)享(槨)者

 睡簡・秦律・50:未能作者

 睡簡・秦律・55:城旦之垣及它事而勞與垣等者

 睡簡・秦律・55:其守署及爲它事者

 睡簡・秦律・51:隸臣田者

 睡簡・秦律・5:邑之紤(近)皂及它禁苑者

 睡簡・秦律・182:上造以下到官佐、史毋(無)爵者

 睡簡・秦律・108:隸臣、下吏、城旦與工從事者冬作

 睡簡・秦律・183:不急者

 睡簡・秦律・183:行命書及書署急者

 睡簡・秦律・180:使者之從者

 睡簡・秦律・184:隸臣妾老弱及不可誠仁者勿令

 睡簡・秦律・184:書有亡者

 睡簡・秦律・185:宜到不來者

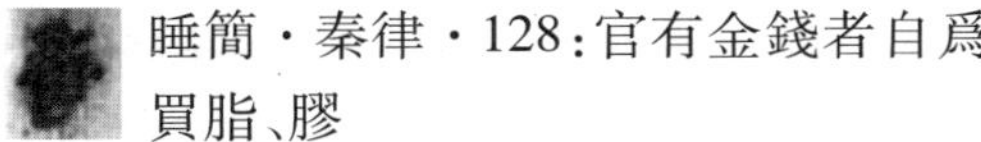

睡簡・秦律・128:官有金錢者自爲買脂、膠

睡簡・秦律・128:毋(無)金錢者乃月爲言脂、膠

睡簡・秦律・12:百姓居田舍者毋敢䤈(酤)酉(酒)

睡簡・秦律・102:其不可刻久(記)者

睡簡・秦律・120:其近田恐獸及馬牛出食稼者

睡簡・秦律・123:其程攻(功)而不當者

睡簡・秦律・124:以律論度者

睡簡・秦律・120:夏有壞者

睡簡・秦律・12:有不從令者有辠

睡簡・秦律・19:錢少律者

睡簡・秦律・194:不用者

睡簡・秦律・194:有實官縣料者

睡簡・秦律・194:正之如用者

睡簡・秦律・195:獨高其置芻廥及倉茅蓋者

睡簡・秦律・195:它垣屬焉者

睡簡・秦律・109:小隸臣妾可使者五人當工一人

睡簡・秦律・106:弗亟收者有辠

睡簡・秦律・169:而遺倉嗇夫及離邑倉佐主稟者各一戶

睡簡・秦律・16:馬[牛]死者

睡簡・秦律・106:其叚(假)者死亡、有辠毋(無)責也

睡簡・秦律・16:其入之其弗亟而令敗者

睡簡・秦律・163:去者弗坐

睡簡・秦律・163:去者與居吏坐之

睡簡・秦律・160:嗇夫之送見它官者

睡簡・秦律・164:其不可食者不盈百石以下

睡簡・秦律・161:令君子毋(無)害者若令史守官

睡簡・秦律・106:者(諸)擅叚(假)公器者有辠

睡簡・秦律・178:公器不久(記)刻者

睡簡・秦律・172:其有免去者

睡簡・秦律・172:新佐、史主廥者

睡簡・秦律・179:其有爵者

睡簡・秦律・179:御史卒人使者

睡簡・秦律・177:毋(無)齎者乃直(值)之

睡簡・秦律・17:其非疾死者

睡簡・秦律・17:其小隸臣疾死者

睡簡・秦律・173:而以律論不備者

睡簡・秦律・174:及者(諸)移贏以賞(償)不備

睡簡・秦律・175:有(又)與主廥者共賞(償)不備

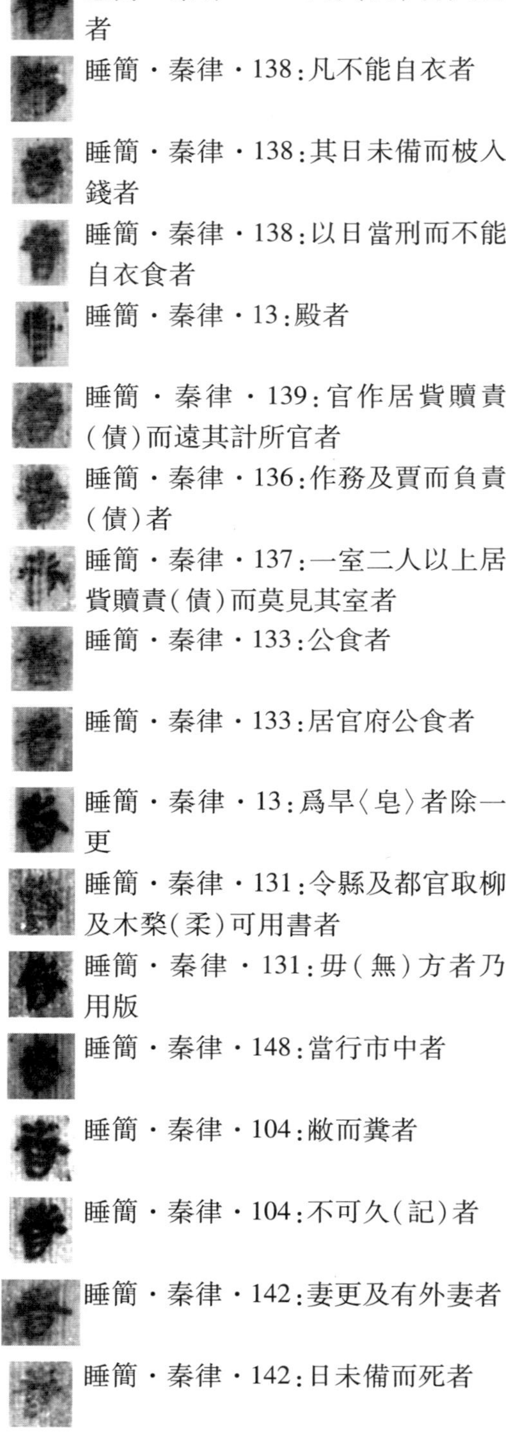

睡簡·秦律·171:效者見其封及隄(題)

睡簡·秦律·170:有(又)書其出者

睡簡·秦律·138:凡不能自衣者

睡簡·秦律·138:其日未備而被入錢者

睡簡·秦律·138:以日當刑而不能自衣食者

睡簡·秦律·13:殿者

睡簡·秦律·139:官作居貲贖責(債)而遠其計所官者

睡簡·秦律·136:作務及賈而負責(債)者

睡簡·秦律·137:一室二人以上居貲贖責(債)而莫見其室者

睡簡·秦律·133:公食者

睡簡·秦律·133:居官府公食者

睡簡·秦律·13:爲旱〈皂〉者除一更

睡簡·秦律·131:令縣及都官取柳及木楘(柔)可用書者

睡簡·秦律·131:毋(無)方者乃用版

睡簡·秦律·148:當行市中者

睡簡·秦律·104:敝而糞者

睡簡·秦律·104:不可久(記)者

睡簡·秦律·142:妻更及有外妻者

睡簡·秦律·142:日未備而死者

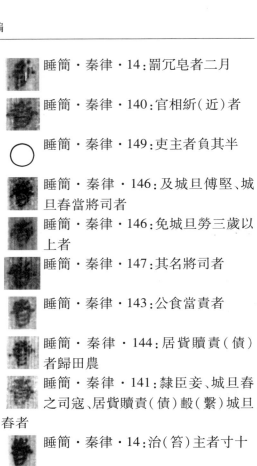

睡簡·秦律·14:罰冗皂者二月

睡簡·秦律·140:官相紤(近)者

○　睡簡·秦律·149:吏主者負其半

睡簡·秦律·146:及城旦傅堅、城旦舂當將司者

睡簡·秦律·146:免城旦勞三歲以上者

睡簡·秦律·147:其名將司者

睡簡·秦律·143:公食當責者

睡簡·秦律·144:居貲贖責(債)者歸田農

睡簡·秦律·141:隸臣妾、城旦舂之司寇、居貲贖責(債)毄(繫)城旦舂者

睡簡·秦律·14:治(笞)主者寸十

睡簡·秦律·14:最者

睡簡·秦律·152:欲入錢者

睡簡·秦律·105:官輒告叚(假)器者曰

睡簡·秦律·105:叚(假)器者

睡簡·秦律·156:工隸臣斬首及人爲斬首以免者

睡簡·秦律·156:其不完者

睡簡·秦律·156:謁歸公士而免故妻隸妾一人者

睡簡·秦律·157:其有死亡及故有夬(缺)者

睡簡·秦律·105:其久靡不可智(知)者、令齎賞(償)

睡簡・秦律・105:器敝久(記)恐靡(磨)者

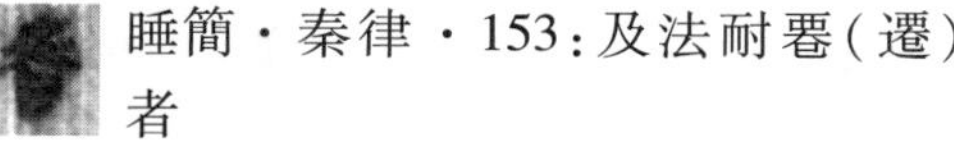
睡簡・秦律・153:及法耐畧(遷)者

睡簡・秦律・154:賜未受而死及法耐畧(遷)者

睡簡・秦律・155:欲歸爵二級以免親父母爲隸臣妾者一人

睡簡・秦律・15:銷敝不勝而毀者

睡簡・秦律・118:縣葆者補繕之

睡簡・秦律・112:能先期成學者謁上

睡簡・秦律・112:盈期不成學者

睡簡・秦律・11:過二月弗稾、弗致者

睡簡・秦律・101:叚(假)而有死亡者

睡簡・秦律・116:司空將紅(功)及君子主堵者有辠

睡簡・秦律・116:興徒以爲邑中之紅(功)者

睡簡・秦律・113:隸臣有巧可以爲工者

睡簡・秦律・100:有工者勿爲正

睡簡・秦律・1:輒以書言澍〈澍〉稼、誘(秀)粟及豤(墾)田暘毋(無)稼者頃數

睡簡・雜抄・24:負久(灸)者

睡簡・雜抄・25:而貲工曰不可者二甲

睡簡・雜抄・38:捕人相移以受爵者

睡簡・雜抄・32:敢爲酢(詐)僞者

睡簡・雜抄・39:令送逆爲它事者

睡簡・雜抄・36:叚(假)者

睡簡・雜抄・37:不死者歸

睡簡・雜抄・34:宿者已上守除

睡簡・雜抄・42:使者貲二甲

睡簡・雜抄・40:戍者城及補城

睡簡・雜抄・40:所城有壞者

睡簡・雜抄・40:縣司空署君子將者

睡簡・雜抄・41:令戍者勉補繕城

睡簡・雜抄・41:縣司空佐主將者

睡簡・雜抄・1:除守嗇夫、叚(假)佐居守者

睡簡・雜抄・19:城旦爲工殿者

睡簡・雜抄・16:敢深益其勞歲數者

睡簡・雜抄・13:縣司空、司空佐史、士吏將者弗得

睡簡・雜抄・11:不當稟軍中而稟者

睡簡・日甲・80背:盜者大鼻而票(剽)行

睡簡・日甲・89背:必有死者二人

睡簡・日甲・89背:其後必有死者三人

睡簡・日甲・86正:亡者

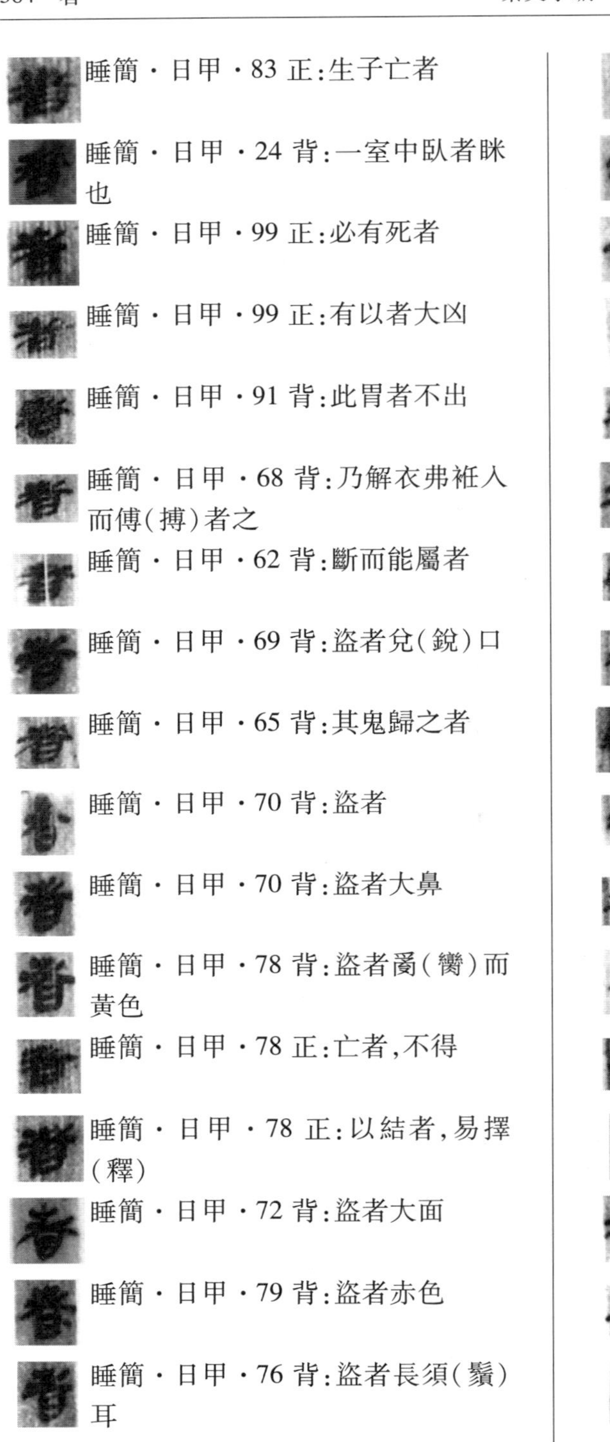

睡簡·日甲·83 正:生子亡者

睡簡·日甲·24 背:一室中臥者眯也

睡簡·日甲·99 正:必有死者

睡簡·日甲·99 正:有以者大凶

睡簡·日甲·91 背:此胃者不出

睡簡·日甲·68 背:乃解衣弗袵入而傅(搏)者之

睡簡·日甲·62 背:斷而能屬者

睡簡·日甲·69 背:盜者兑(鋭)口

睡簡·日甲·65 背:其鬼歸之者

睡簡·日甲·70 背:盜者

睡簡·日甲·70 背:盜者大鼻

睡簡·日甲·78 背:盜者𤔲(彎)而黄色

睡簡·日甲·78 正:亡者,不得

睡簡·日甲·78 正:以結者,易擇(釋)

睡簡·日甲·72 背:盜者大面

睡簡·日甲·79 背:盜者赤色

睡簡·日甲·76 背:盜者長須(鬚)耳

睡簡·日甲·76 正:以結者,不擇(釋)

睡簡·日甲·77 背:盜者園(圓)面

睡簡·日甲·73 背:盜者男子

睡簡·日甲·74 背:盜者長而黑

睡簡·日甲·75 背:盜者長頸

睡簡·日甲·71 背:盜者壯

睡簡·日甲·38 正:亡者

睡簡·日甲·32 背:男女未入宮者毄(擊)鼓奮鐸喿(譟)之

睡簡·日甲·36 正:死者

睡簡·日甲·40 正:亡者

睡簡·日甲·44 正:亡者

睡簡·日甲·57 正:己巳入寄者

睡簡·日甲·57 正:毋以辛酉入寄者

睡簡·日甲·55 正:異者焦寠

睡簡·日甲·5 正:最(聚)眾必亂者

睡簡·日甲·120 背:必鼠(予)死者

睡簡·日甲·122 正:利毋(無)爵者

睡簡·日甲·124 正:澍(樹)者死

睡簡·日甲·141 背:必有死者

睡簡·日甲·152 正:在奎者富

睡簡·日甲·152 正:在外者奔亡

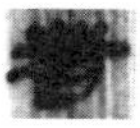

睡簡·日甲·153正:在掖(腋)者愛

睡簡·日甲·154正:在手者巧盜

睡簡·日甲·155背:利壞垣、徹屋、出寄者

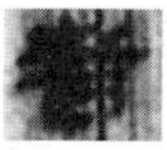

睡簡·日甲·151正:夾頸者貴

睡簡·日甲·151正:在足下者賤

睡簡·日甲·116背:必鼠(予)死者

睡簡·日甲·1正:凡不可用者

睡簡·日乙·83:生子亡者

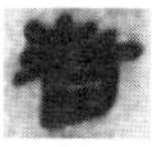

睡簡·日乙·208:丙丁死者

睡簡·日乙·202:甲乙死者

睡簡·日乙·209:戊己死者

睡簡·日乙·206:壬癸死者

睡簡·日乙·207:甲乙死者

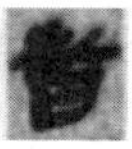

睡簡·日乙·203:丙丁死者

睡簡·日乙·203:死者主也

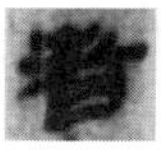

睡簡·日乙·205:庚辛死者

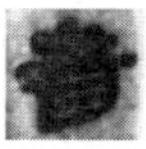

睡簡·日乙·220:庚辛死者

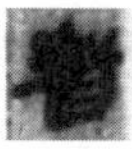

睡簡·日乙·223:冬三月甲乙死者

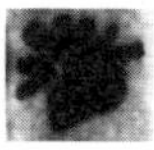

睡簡·日乙·221:壬癸死者

睡簡·日乙·256:其食者五口

睡簡·日乙·255:爲閒者不寡夫乃寡婦

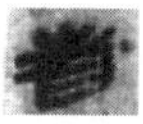

睡簡·日乙·210:庚辛死者

睡簡·日乙·219:戊己死者

睡簡·日乙·216:壬癸死者

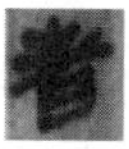

睡簡·日乙·217:甲乙死者

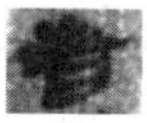

睡簡·日乙·213:丙丁死者

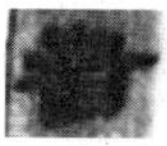

睡簡·日乙·214:戊己死者

睡簡·日乙·215:庚辛死者

睡簡·日乙·211:[壬癸]死者

睡簡·日乙·62:亡者

睡簡·日乙·76:西北鄉(嚮)者被刑

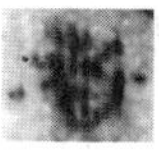

睡簡·日乙·74:南鄉(嚮)者富

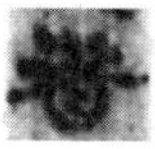

睡簡·日乙·74:生東鄉(嚮)者貴

睡簡·日乙·75:北鄉(嚮)者賤

睡簡·日乙·42:凡五巳不可入寄者

睡簡·日乙·59:亡者

睡簡·日乙·106:亡者

睡簡·日乙·106:以結者,易擇(釋)

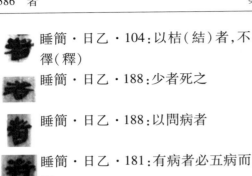

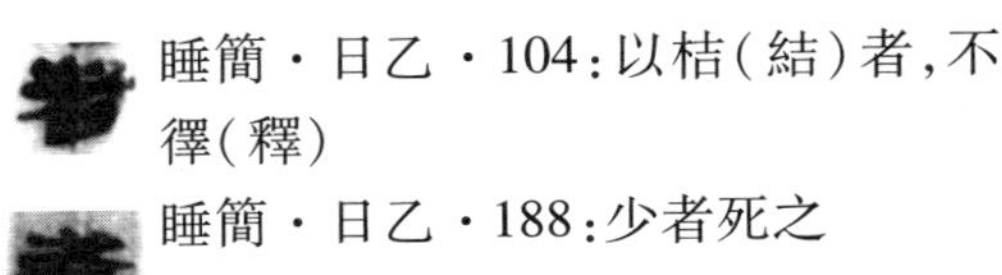
睡簡·日乙·104:以桔(結)者,不澤(釋)

睡簡·日乙·188:少者死之

睡簡·日乙·188:以問病者

睡簡·日乙·181:有病者必五病而□

睡簡·日乙·124:不可以入臣妾及寄者

睡簡·日乙·121:毋以戊辰、己巳入(納)寄者

睡簡·日乙·166:把者精(青)色

睡簡·日乙·170:把者赤色

睡簡·日乙·178:把者白色

睡簡·日乙·172:把者[赤]色

睡簡·日乙·174:把者白色

睡簡·日乙·140:行者

睡簡·日乙·140:遠行者毋以壬戌、癸亥到室

睡簡·日乙·142:凡行者毋犯其大忌

睡簡·日乙·147:伏者以死

睡簡·日乙·141:久宦者毋以甲寅到室

睡簡·日乙·158:把者黑色

睡簡·日乙·151:亡者

睡簡·日乙·117:夫妻必有死者

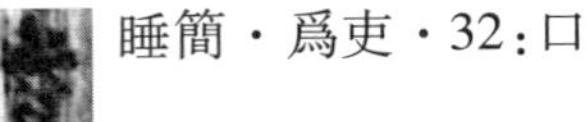

睡簡·爲吏·32:口者,關

睡簡·爲吏·5:來者有稽莫敢忘

睡簡·爲吏·12:五者畢至

睡簡·效律·22:其不可飤(食)者

睡簡·效律·29:而遺倉嗇夫及離邑倉佐主稟者各一戶

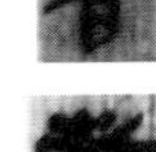
睡簡·效律·29:效者見其封及隄(題)以效之

睡簡·效律·29:有(又)書其出者

睡簡·效律·20:去者與居吏坐之

睡簡·效律·21:去者弗坐

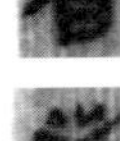
睡簡·效律·32:其有免去者

睡簡·效律·32:新倉嗇夫、新佐、史主廥者

睡簡·效律·39:[毋齎]者乃直(值)之

睡簡·效律·33:而以律論不備者

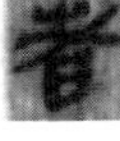
睡簡·效律·34:及者(諸)移贏以賞(償)不備

睡簡·效律·35:有(又)與主廥者共賞(償)不備

睡簡·效律·48:不盈十斗以下及稟鬃縣中而負者

睡簡·效律·46:貲工及吏將者各二甲

睡簡·效律·43:大者貲官嗇夫一盾

睡簡·效律·43:小者除

 睡簡·效律·41:甲旅札贏其籍及不備者

 睡簡·效律·53:及都倉、庫、田、亭嗇夫坐其離官屬于鄉者

 睡簡·效律·51:其吏主者坐以貲、誶如官嗇夫

 睡簡·效律·12:其貲、誶如數者然

 睡簡·效律·19:代者與居吏坐之

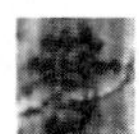 睡簡·效律·11:縣料而不備者

 睡簡·效律·1:以其賈(價)多者辠之

 睡簡·語書·8:獨多犯令而令、丞弗得者

 睡簡·語書·2:凡灋律令者

 睡簡·語書·2:故後有閒(干)令下者

 睡簡·語書·7:舉劾不從令者

 龍簡·155:黔首錢假其田已(?)□者

 龍簡·117:田不從令者

 龍簡·114·摹:盜牧者與同罪

龍簡·1:諸叚兩雲夢池魚(籞)及有到雲夢禁中者得取灌□

龍簡·144:租者監者詒受匿(?)租所□

 龍簡·144:租者監者詒受匿(?)租所

 龍崗牘·正:吏論失者已坐以論

 龍簡·8:不從律者

 龍簡·20:□不出者

 龍簡·208·摹:者

龍簡·202·摹:□未央(決)而言者

龍簡·203·摹:[爭]而不剋者□

 龍簡·204:□罪者獄未央(決)□

 龍簡·201:言吏入者

龍簡·2·摹:竇出入及毋(無)符傳而闌入門者

龍簡·28·摹:諸禁苑有耎(壖)者

 龍簡·220:□謁者必

  龍簡·223:□者皆與□

龍簡·27·摹:取者其罪與盜禁中[同]□

龍簡·23·摹:擅殺者

 龍簡·247·摹:□者吏貲□

龍簡·91:□善射者敦□

龍簡·78·摹:□者勿□

龍簡·76·摹:□捕者貲二甲□

龍簡·7:諸有事禁苑中者

龍簡·30·摹:黔首其欲弋射耎(壖)獸者勿禁

  龍簡·3:傳者入門

龍簡·32:諸取禁中豺狼者

龍簡·34:取其豺、狼、貇、貑〈豽〉、狐、貍、縠、□、雉、兔者

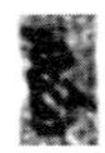
龍簡·35:沙丘苑中風荼者

龍簡·4:詐(詐)僞、假人符傳及讓人符傳者

龍簡·42:故罪當完城旦舂以上者

龍簡·43·摹:耐者假將司之

龍簡·54·摹:敢行馳道中者

龍簡·18·摹:追盜賊、亡人出入禁苑耎(?)者得□

龍簡·129·摹:人及虛租希(稀)程者

龍簡·127·摹:當遺二程者

龍簡·125:不遺程、敗程租者

龍簡·199:宦者其有言䙴(遷)及有罪者□〖注〗宦者,太監。或説指爲官者。

龍簡·197·摹:者棺葬具

龍簡·16:將者令徒□

龍簡·165:□者租匿田□

龍簡·179:之亦與買者□

龍簡·176:□租者不丈□

龍簡·17:亡人挾弓、弩、矢居禁中者

龍簡·138·摹:有犯令者而(?)弗得

龍簡·148:遺者罪減焉□一等

龍簡·142:皆以匿租者

龍簡·141:然租不平而劾者

龍簡·150:租者且出以律

龍簡·15·摹:從皇帝而行及舍禁苑中者皆(?)□

龍簡·152:部主者各二甲〖注〗主者,主管官吏。

龍簡·155·摹:或者□

龍簡·11·摹:□于禁苑中者

里簡·J1(16)6正:踐更縣者簿

里簡·J1(8)154正:毋當令者

里簡·J1(8)152正:舉事可爲恆程者

里簡·J1(9)981正:謾者訾遣詣廷

里簡·J1(9)981正:史逐將作者氾中

里簡·J1(16)6正:踐更縣者

關簡·148:西首者壽

關簡·146:東首者貴

關簡·147:南首者富

關簡·151:北首者北

關簡·241:所言者宦御若行者也

關簡·200:占病者

關簡·200:占來者

關簡·200:占市旅者

關簡·200:占行者

關簡·208:占[行]者

關簡·208:占來者

關簡·208:占市旅者

關簡·202:占病者

關簡·202:占來者

關簡·202:占行者

關簡·209:所言者危行事也

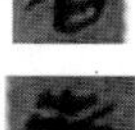關簡·209:占病者

關簡·206:占病者

關簡·206:占來者

關簡·206:占行者

關簡·207:所言者虛故事

關簡·207:占病者

關簡·203:所言者請謁、獄訟事也

關簡·204:占病者

關簡·204:占來者

關簡·204:占市旅者

關簡·204:占行者

關簡·205:所言者憂病事也

關簡·201:所言者末事、急事也

關簡·220:占病者

關簡·220:占來者

關簡·220:占市旅者

關簡·220:占行者

關簡·228:占來者

關簡·222:占來者

關簡·222:占行者

關簡·229:所言者家室、請謁事也

關簡·226:占來者

關簡·227:所言者急事也

關簡·227:占病者

關簡·223:所言者

關簡·223:以期約結者

關簡·224:占病者

 關簡・224:占來者

 關簡・224:占行者

 關簡・225:所言者錢財事也

 關簡・225:占病者

 關簡・221:所言者惡事也

 關簡・221:占病者

 關簡・260:□以孤虛循求盜所道入者及臧(藏)處

 關簡・230:[占]病者

 關簡・230:來者

 關簡・238:占來者

 關簡・238:占行者

 關簡・232:[占]病者

 關簡・232:占來者

 關簡・232:占行者

 關簡・239:所言者行事也

 關簡・239:占病者

 關簡・236:占[行者]

 關簡・236:占市旅者

 關簡・237:所言者變治事也

 關簡・233:所言者憂病事也

 關簡・234:占來者

 關簡・234:占行者

 關簡・235:所言者家室、故事也

 關簡・235:占病者

 關簡・231:所言者獄訟、請謁事也

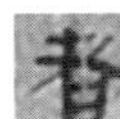 關簡・240:占來者

 關簡・240:占行者

 關簡・242:占來者

 關簡・242:占行者

 關簡・244:此正月平旦毄(繫)申者

 關簡・241:所言者宦御若行者也

 關簡・241:占病者

 關簡・210:占來者

 關簡・210:占市旅者

 關簡・218:占病者

 關簡・218:占來者

 關簡・218:占市旅者

 關簡・218:占行者

關簡・212:占來者

關簡・212:占行者

關簡・219:所言者凶事也

關簡・216:占來者

關簡・217:所言者獄訟事、請謁事也

關簡・217:占結者

關簡・213:[所言]者善事也

關簡・213:占病者

關簡・213:占行者

關簡・215:所言者惡事也

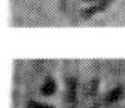關簡・215:占病者

關簡・211:所言者分楬事也

關簡・328:所謂“牛”者

關簡・329:稅(脫)去黑者

關簡・323:叚(瘕)者

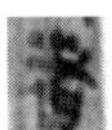關簡・321:人所恆炊(吹)者

關簡・368:目毋辟(避)胡者

關簡・368:女毋辟(避)督暮=(暯暯)者

關簡・376:我智(知)令=某=瘧=者某也

關簡・336:卽兩手搕病者腹

關簡・337:卽令病心者南首臥

關簡・335:病心者

關簡・350:卽名富者名

關簡・315:取稾(藁)本小弱者

關簡・311:溫病不汗者

關簡・188:占[市旅]者

關簡・189:所言者行事也

關簡・187:所言者急事也

關簡・187:占病者

關簡・187:占來者

關簡・187:占行者

關簡・190:占病者

關簡・190:占來者

關簡・190:占行者

關簡・198:占來者

關簡・192:占來者

關簡・199:所言者急

關簡・196:[占]行者

關簡・196：占來者

關簡・197：所言者吉事也

關簡・197：占病者

關簡・197：占行者

關簡・193：所言者家室事

關簡・191：所言者憂病事也

關簡・191：占病者

關簡・133：直一者

關簡・133：直周者

關簡・134：直周中三畫者

帛書・足臂・26：諸病此物者

帛書・足臂・27：諸病[此]物者

帛書・足臂・30：諸病此物者

帛書・病方・244：小者如棗覈(核)者方

帛書・病方・244：小者如棗覈(核)者方

帛書・脈法・72：氣毆者

帛書・脈法・73：治病者取有餘而益不足毆

帛書・脈法・75：用碧(砭)啟脈(脈)者必如式

帛書・病方・6：□者百冶

帛書・病方・7：大□者八十

帛書・病方・11：止血出者

帛書・病方・12：令傷者毋痛

帛書・病方・13：傷者血出

帛書・病方・16：金傷者

帛書・病方・17：獨□長支(枝)者二廷(梃)

帛書・病方・17：傷者

帛書・病方・21：久傷者

帛書・病方・26：不者

帛書・病方・30：痙者

帛書・病方・34：傷而頸(痙)者

帛書・病方・34：以飲病者

帛書・病方・35：節(即)其病甚弗能飲者

帛書・病方・41：傷而頸(痙)者

帛書・病方・42：即有頸(痙)者

帛書・病方・43：傷脛(痙)者

帛書・病方・43：以敦(淳)酒半斗者(煮)潰(沸)

帛書・病方・45：索痙者

帛書・病方・48：大者以一斗

帛書・病方・50:閒(癇)者

帛書・病方・51:嬰兒瘈者

帛書・病方・52:噴者豦(劇)噴

帛書・病方・56:取其靡(磨)如麋(糜)者

帛書・病方・56:以傅犬所齧者

帛書・病方・57:狂[犬]齧人者

帛書・病方・58:以飲病者

帛書・病方・59:□狂犬齧者□莫傅

帛書・病方・61:犬筮(噬)人傷者

帛書・病方・64:令[齧]者臥

帛書・病方・66:巢者

帛書・病方・71:毒烏豙(喙)者

帛書・病方・76:禺(遇)人毒者

帛書・病方・85:產其中者

帛書・病方・103:令尤(疣)者抱禾

帛書・病方・104:以月晦日之丘井有水者

帛書・病方・105:取由(塊)大如鷄卵者

帛書・病方・107:靡(磨)大者

帛書・病方・113:冒其所以犬矢濕者

帛書・病方・114:瘨(癲)疾者

帛書・病方・127:足以涂(塗)施者

帛書・病方・130:白瘧者

帛書・病方・132:大帶者

帛書・病方・134:冥(螟)者

帛書・病方・145:□以浴病者

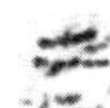帛書・病方・154:以龍須(鬚)一束并者(煮)□

帛書・病方・158:□及癃(閉)不出者方

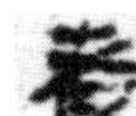帛書・病方・166:葉從(縱)纗者

帛書・病方・173:脬盈者方

帛書・病方・180:令病者北(背)火炙之

帛書・病方・193:取馬矢觕者三斗

帛書・病方・193:穜(腫)橐者

帛書・病方・195:賁者一襄胡

帛書・病方・195:濆者二襄胡

帛書・病方・195:濆者三襄胡

帛書・病方・196:賁者潼(腫)

帛書・病方・196:必令同族抱積(癩)者

帛書・病方・198:令斬足者清明東鄉(嚮)

帛書·病方·200:令積(癩)者東鄉(嚮)

帛書·病方·206:令積(癩)者屋霤下東鄉(嚮)

帛書·病方·208:今人挾提積(癩)者

帛書·病方·209:以久(灸)積(癩)者中顛

帛書·病方·210:令積(癩)者北首臥北鄉(嚮)廡中

帛書·病方·211:取死者叕烝(蒸)之

帛書·病方·213:積(癩)者及股癰、鼠復(腹)者

帛書·病方·217:即令積(癩)者煩夸(瓠)

帛書·病方·217:令其空(孔)盡容積(癩)者腎與朡

帛書·病方·223:傴攣而未大者[方]

帛書·病方·225:即取桃支(枝)東鄉(嚮)者

帛書·病方·229:炊者必順其身

帛書·病方·237:取野獸肉食者五物之毛等

帛書·病方·239:把其本小者而盭(盩)絕之

帛書·病方·241:多空(孔)者

帛書·病方·244:大者如棗

帛書·病方·245:若有堅血如抇末而出者

帛書·病方·246:時養(癢)時痛者方

帛書·病方·248:不後上鄉(嚮)者方

帛書·病方·249:以煮青蒿大把二、鮒魚如手者七

帛書·病方·251:菌者

帛書·病方·253:血出者方

帛書·病方·254:蟯白徒道出者方

帛書·病方·258:痔者

帛書·病方·261:未有巢者

帛書·病方·262:巢塞直(脂)者

帛書·病方·263:人州出不可入者

帛書·病方·263:以膏膏出者

帛書·病方·265:痔者其直(脂)旁有小空(孔)

帛書·病方·268:即令痔者居(踞)𥁕

帛書·病方·283:益(嗌)雎(疽)者

帛書·病方·284:爛疽者

帛書·病方·286:諸疽物初發者

帛書·病方·307:闌(爛)者

帛書·病方·308:熱者

帛書·病方·316:浴湯熱者熬彘矢

帛書·病方·317:以湯大熱者熬彘矢

帛書·病方·318:般(瘢)者

帛書・病方・320:善削瓜壯者

帛書・病方・325:取秋竹者(煮)之

帛書・病方・328:孰(熟)者(煮)餘疾

帛書・病方・332:胻久傷者癰

帛書・病方・335:病不□者一入湯中卽瘳

帛書・病方・335:其甚者五、六入湯中而瘳

帛書・病方・365:癰自發者

帛書・病方・366:癰種(腫)者

帛書・病方・367:令癰種(腫)者皆已

帛書・病方・369:身有癰者

帛書・病方・376:身有體癰種(腫)者方

帛書・病方・377:稍取以塗身膿(體)種(腫)者而灸之

帛書・病方・378:頤癰者

帛書・病方・404:[以]豬肉肥者□

帛書・病方・411:最(撮)取大者一枚

帛書・病方・416:而入豬膏□者一合其中

帛書・病方・416:乾而復傅者□

帛書・病方・434:踐而涿(瘃)者

帛書・病方・435:□蠱者

帛書・病方・435:卽以食邪者

帛書・病方・437:□蠱而病者

帛書・病方・437:卽□病者

帛書・病方・437:沐浴爲蠱者

帛書・病方・438:病蠱者

帛書・病方・439:令病者每旦以三指三最(撮)藥入一桮(杯)酒若鬻(粥)中而飲之

帛書・病方・441:漬女子未嘗丈夫者[布]□音(杯)

帛書・病方・443:漬者魃父魃母

帛書・病方・449:疣其末大本小□者

帛書・病方・451:[治瘧:瘧]者

帛書・病方・452:以彘膏已湔(煎)者膏之

帛書・病方・454:瘧者有牝牡

帛書・病方・455:有去者

帛書・病方・456:瘧者

帛書・病方・殘1:□者□詐

帛書・病方・殘1:□最者一桮(杯)酒中

帛書・病方・殘1:病者□

帛書・病方・殘1:取蛇兌(蛻)□鄉(嚮)者

帛書・病方・殘1:飲病者□

帛書・病方・殘 2:□者勿灸□

帛書・病方・殘 7:瘘入中者

帛書・病方・殘 12:□食者□

帛書・病方・殘 15:積(癩)者□

帛書・病方・目録:□者

帛書・病方・目録:巢者

帛書・死候・88:五者扁(徧)有

帛書・灸經甲・56:三者同則死

帛書・足臂・1:其直者貫□

帛書・足臂・2:其直者貫目内漬(眥)

帛書・足臂・4:諸病此物者

帛書・足臂・6:其直者貫腋

帛書・足臂・8:諸[病]此物者

帛書・足臂・12:諸病此物者

帛書・足臂・18:諸病此物者

帛書・足臂・20:諸病此物者

帛書・足臂・21:皆有此五病者

秦印編 67:駱者

秦印編 68:宦者丞印

秦印編 67:章者

秦印編 68:宦者丞印

秦印編 67:李□者

秦印編 68:內者府印

秦印編 67:李旖者印

秦印編 68:者

秦印編 67:旖者

秦印編 67:楊者

秦印編 67:者虘〖注〗者虘,人名。者,疑讀爲“諸”。

秦印編 67:者敖

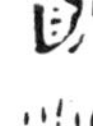秦印編 67:中謁者

秦印編 67:謁者之印

秦印編 67:西方謁者

秦印編 67:高章宦者

封泥集 115・1:謁者之印〖注〗謁者,官名。

封泥集 115・2:謁者之印

封泥集 150・1:內者〖注〗內者,官名。

封泥集 150・2:內者

封泥集 150・3:內者

封泥集 150・4:內者

封泥集 150・5:內者

封泥集 150・6:內者

封泥集 151・1:內者府印

封泥集 152・1:宦者丞印〖注〗宦者,官名。

封泥集 152・2:宦者丞印

封泥集 152・3:宦者丞印

封泥集 153・4:宦者丞印

封泥集 153・5:宦者丞印

封泥集 153・6:宦者丞印

封泥集 153・7:宦者丞印

封泥集 153・8:宦者丞印

封泥集 153・9:宦者丞印

封泥集 153・10:宦者丞印

封泥集 153・11:宦者丞印

封泥集 153・13:宦者丞印

封泥集 153・14:宦者丞印

封泥集 153・16:宦者丞印

封泥集 153・17:宦者丞印

封泥集 153・18:宦者丞印

封泥集 154・24:宦者丞印

封泥集 209・1:高章宦者

封泥集 222・1:中謁者

封泥集 223・1:西方謁者

封泥集 223・2:西方謁者

集證・134.25:謁者□印

集證・134.26:謁者之印

集證・134.27:西方謁者

集證・134.28:宦者丞印

集證・134.29:宦者丞印

集證・136.53:高章宦者

集證・136.61:內者

集證・136.62:內者府印

集證・138.90:中謁者

新封泥 C・16.17:高章宦者

新封泥 C・17.15:西方謁者

新封泥 C・17.17:中謁者

新封泥 C・17.23:宦者丞印

封泥印 39:內者

封泥印 40:內者府印

封泥印 42:宦者丞印

封泥印 42:宦者

封泥印 66:高章宦者

封泥印 75:中謁者

封泥印 76:謁者之印

封泥印 77:西方謁者

新封泥 D・12:宦者

秦陶・1593:[不壹]歉疑者

秦陶・1600:[不]壹□疑者

秦陶・1602:[不]壹□疑者

始皇詔陶印(《研究》附):不壹歉疑者

0733　𣉻 𥏼(智)

秦駰玉版・甲・摹:使明神智(知)吾情

秦駰玉版・甲・摹:余亦弗智(知)

〖注〗智,讀爲“知”。《方言》:“知,愈也。”

秦駰玉版・甲・摹:衆人弗智(知)

秦駰玉版・乙・摹:使明神智(知)吾情

秦駰玉版・乙・摹:余亦弗智(知)

秦駰玉版・乙・摹:衆人弗智(知)

睡簡・11 號牘・正:傷未可智(知)也

睡簡・答問・82:智(知)以上爲“提”

睡簡・語書・10:不智(知)事

睡簡・語書・12:而上猶智(知)之殹

睡簡・答問・9:乙智(知)其盜

睡簡・答問・36:吏智(知)而端重若輕之

睡簡・答問・46:而不智(知)其羊數

睡簡・答問・45:乙智(知)

睡簡・答問・58:咸陽及它縣發弗智(知)者當皆貲

睡簡・答問・10:其見智(知)之而弗捕〖注〗見知,知情。

睡簡・答問・182:智(知)人通錢而爲臧(藏)

睡簡・答問・18:甲與其妻、子智(知)

睡簡・答問・12:甲乙雅不相智(知)

睡簡・答問・125:能自捕及親所智(知)爲捕〖注〗親所知,親屬朋友。

睡簡・答問・168:不智(知)亡

睡簡・答問・16:弗智(知)

睡簡・答問・17:其妻、子智(知)

 睡簡・答問・173:丙弗智(知)

睡簡・答問・14・摹:不智(知),爲收

睡簡・答問・14:妻智(知)夫盜而匿之

睡簡・答問・157:者(諸)民弗智(知)

睡簡・答問・15:妻智(知)夫盜

睡簡・答問・11:弗智(知)盜

 睡簡・封診・80:不智(知)盜人數及之所

睡簡・封診・83:不智(知)其里□可(何)物及亡狀

睡簡・封診・摹・67:不可智(知)人迹

睡簡・封診・74:不智(知)穴盜者可(何)人、人數

睡簡・封診・59:不可智(知)賊迹

睡簡・封診・55:署中某所有賊死、結髮、不智(知)可(何)男子一人

睡簡・秦律・175:大嗇夫、丞智(知)而弗辠

睡簡・秦律・105:其久(記)靡(磨)不可智(知)者、令齎賞(償)

睡簡・雜抄・36:敦(屯)長、什伍智(知)弗告

睡簡・日甲・82 背:癸名曰陽生先智丙

睡簡・爲吏・26:二曰不智(知)所使

睡簡・爲吏・32:智能愚

 睡簡・爲吏・18:審智(知)民能

 睡簡・爲吏・17:四曰犯上弗智(知)害

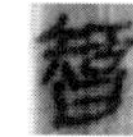 睡簡・效律・35:大嗇夫、丞智(知)而弗辠

 睡簡・語書・6:若弗智(知)

 睡簡・語書・6:自從令、丞以下智(知)而弗舉論

 睡簡・語書・7:是即不勝任、不智殹

 睡簡・語書・7:智(知)而弗敢論

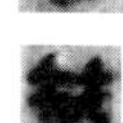 睡簡・語書・5:令吏民皆明智(知)之

龍簡・150・摹:典、田典令黔首皆智(知)之

 龍簡・22・摹:𣉻(知)請(情)入之
〖注〗知情,法律用語,指了解内情。

 里簡・J1(12)10 正:蠻、衿、害弗智(知)□

 里簡・J1(9)11 正:不智(知)何縣署

 里簡・J1(8)134 正:不智(知)所居

 里簡・J1(9)9 正:不智(知)何縣署

 里簡・J1(9)10 正:不智(知)何縣署

 里簡・J1(9)1 正:不智(知)何縣署

里簡・J1(9)2 正:不智(知)何縣署

 里簡・J1(9)3 正:不智(知)何縣署

 里簡・J1(9)4 正:不智(知)何縣署

 里簡・J1(9)5 正:不智(知)何縣署

里簡・J1(9)6正:不智(知)何縣署

里簡・J1(9)7正:不智(知)何縣署

里簡・J1(9)8正:不智(知)何縣署

關簡・337:而心疾不智(知)而咸戟

關簡・335:不智(知)歲實

關簡・376:我智(知)令=某=瘧=者某也

帛書・病方・194:智(知)〖注〗知,奏效,《方言》:"知,愈也。"

帛書・病方・210:若智(知)某病狐□

帛書・病方・259:不智(知)益一

集證・164.498:毋智〖注〗毋智,即無智,人名。

集證・170.570:羌毋智〖注〗羌毋智,人名。

集證・172.591:智恆

秦印編68:王智

秦印編68:毋智

0734 百 百 百 百

秦編鐘・甲鐘(秦銅・10.1):盜(盜)百蠻(蠻)

秦編鐘・甲鐘左篆部・摹(秦銅・11.4):盜(盜)百蠻(蠻)

秦編鐘・丁鐘(秦銅・10.4):盜(盜)百蠻(蠻)

秦鎛鐘・1號鎛(秦銅・12.2):盜(盜)百蠻(蠻)

秦鎛鐘・2號鎛(秦銅・12.5):盜(盜)百蠻(蠻)

秦鎛鐘・3號鎛(秦銅・12.8):盜(盜)百蠻(蠻)

秦公鎛鐘・摹(秦銅・16.3):柔(柔)燮百邦

秦公鎛鐘・摹(秦銅・16.3):咸畜百辟胤士

卅三年銀盤・摹(齊王・18.3):千三百廿二釿

萯陽鼎(集證・55):第百卅七

萯陽鼎(集證・55):第百卅七

萯陽鼎(集證・55):百廿七

雍庫鑰(秦銅・93附圖):名百一〖注〗名百一,編號。

秦懷后磬・摹:樂又(有)𦖞(聞)于百□

大墓殘磬(集證・59):百樂咸奏〖注〗百樂,指種類繁多的樂器。

大墓殘磬(集證・61):百樂咸奏

大墓殘磬(集證・75):百生(姓)〖注〗百生,即百姓,指來宗廟助祭的異姓貴族。

詛楚文・湫淵(中吳本):伐威(滅)我百姓

詛楚文・巫咸(中吳本):伐威(滅)我百姓

詛楚文・亞駝(中吳本):伐威(滅)我百姓

玉璜刻文・摹(集證・243.2):左百□(十?)一

青川牘・摹:百畝爲頃

青川牘・摹:及癹千(阡)百(陌)之大草〖注〗百,借爲"陌"。

青川牘・摹:一百(陌)道

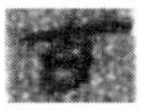

睡簡・效律・15:過二千二百錢以上

睡簡・效律・15:直(值)過千一百錢以到二千二百錢

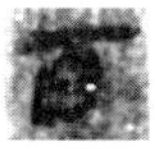

睡簡・效律・15:直(值)過千一百錢以到二千二百錢

睡簡・6號牘・正:願母幸遣錢五、六百

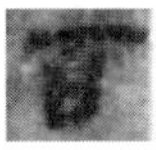

睡簡・效律・8:直(值)百一十錢以到二百廿錢

睡簡・效律・8:過二百廿錢以到千一百錢

睡簡・效律・47:不盈二百斗以下到百斗

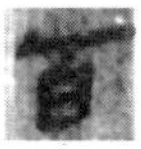

睡簡・效律・56:過二百廿錢以到二千二百錢

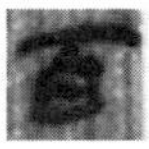

睡簡・效律・13:過千一百錢以到二千二百錢

睡簡・效律・13:過千一百錢以到二千二百錢

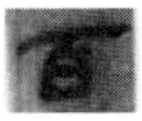

睡簡・效律・13:直(值)過二百廿錢以到千一百錢

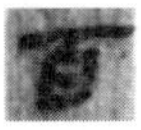

睡簡・效律・9:過千一百錢以到二千二百錢

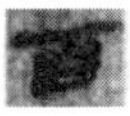

睡簡・答問・8:司寇盜百一十錢

睡簡・答問・2:不盈六百六十到二百廿錢

睡簡・答問・209:人戶、馬牛及者(諸)貨材(財)直(值)過六百六十錢爲“大誤”

睡簡・答問・92:所殺直(值)二百五十錢

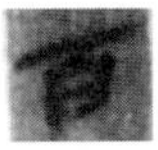

睡簡・答問・38:盜百

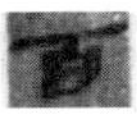

睡簡・答問・38:告人盜百一十

睡簡・答問・38:問盜百

睡簡・答問・35:臧(贓)直(值)百一十

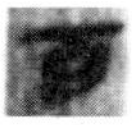

睡簡・答問・35:臧(贓)直(值)過六百六十

睡簡・答問・49:直(值)百

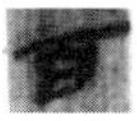

睡簡・答問・40:問盜六百七十

睡簡・答問・18:臧(贓)直(值)百五十

睡簡・答問・1:盜過六百六十錢

睡簡・答問・12:其臧(贓)直(值)各四百

睡簡・答問・16:以百一十爲盜

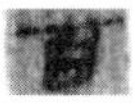

睡簡・答問・17:臧(贓)直(值)百一十

睡簡・答問・148:百姓有責(債)

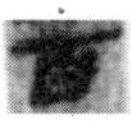

睡簡・答問・14:當以三百論爲盜

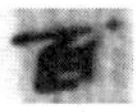

睡簡・答問・14:妻所匿三百

睡簡・答問・141:或捕告人奴妾盜百一十錢

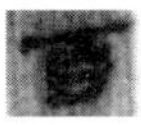

睡簡・答問・15:夫盜二百錢

睡簡・答問・15:夫盜三百錢

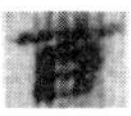

睡簡・答問・15:妻所匿百一十

睡簡・答問・101:百步中比壄(野)

睡簡・封診・60:男子死(屍)所到某亭百步

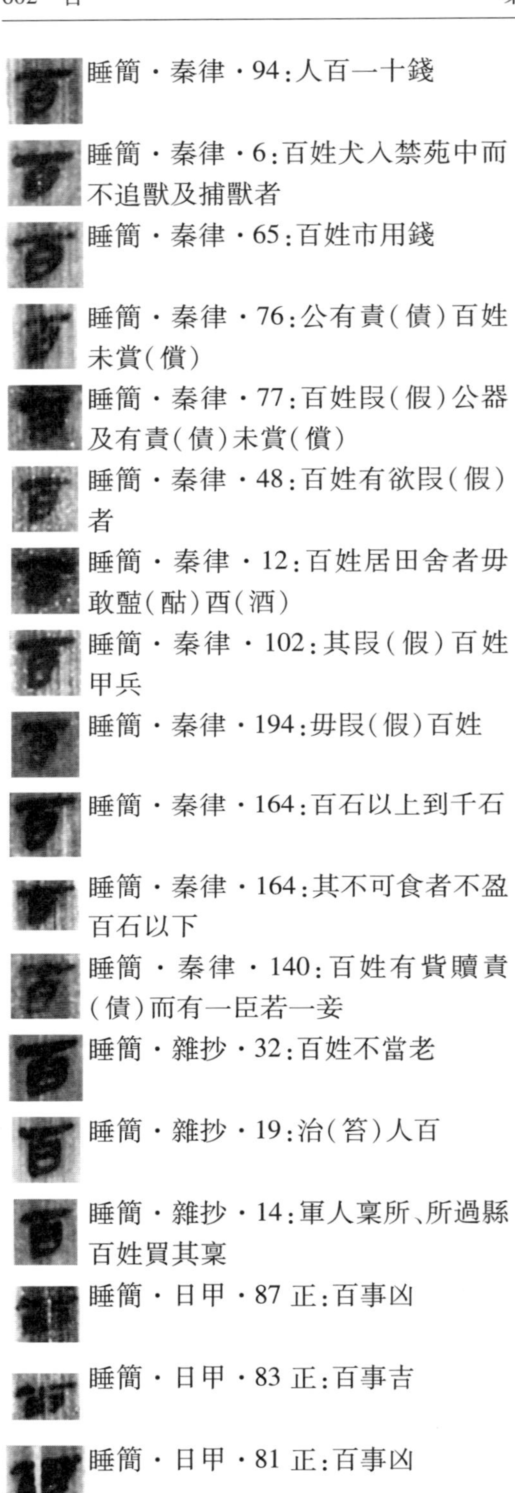

睡簡・秦律・94:人百一十錢

睡簡・秦律・6:百姓犬入禁苑中而不追獸及捕獸者

睡簡・秦律・65:百姓市用錢

睡簡・秦律・76:公有責(債)百姓未賞(償)

睡簡・秦律・77:百姓叚(假)公器及有責(債)未賞(償)

睡簡・秦律・48:百姓有欲叚(假)者

睡簡・秦律・12:百姓居田舍者毋敢醢(酤)酉(酒)

睡簡・秦律・102:其叚(假)百姓甲兵

睡簡・秦律・194:毋叚(假)百姓

睡簡・秦律・164:百石以上到千石

睡簡・秦律・164:其不可食者不盈百石以下

睡簡・秦律・140:百姓有貲贖責(債)而有一臣若一妾

睡簡・雜抄・32:百姓不當老

睡簡・雜抄・19:治(笞)人百

睡簡・雜抄・14:軍人稟所、所過縣百姓買其稟

睡簡・日甲・87正:百事凶

睡簡・日甲・83正:百事吉

睡簡・日甲・81正:百事凶

睡簡・日甲・93正:百事吉

睡簡・日甲・78正:百事凶

睡簡・日甲・79正:百事凶

睡簡・日甲・3正:百事順成

睡簡・日甲・128正:不可具爲百事

睡簡・日甲・163正:百事不成

睡簡・日甲・136背:百事不吉

睡簡・日甲・131正:百中大凶

睡簡・日甲・131正:二百里外必死

睡簡・日甲・159背:腹爲百草囊

睡簡・日甲・11正:利以兌(說)明(盟)組(詛)、百不羊(祥)

睡簡・日乙・88:百事吉

睡簡・日乙・89:百事兇(凶)

睡簡・日乙・87:百事兇(凶)

睡簡・日乙・83:祠及百事

睡簡・日乙・81:百事兇(凶)

睡簡・日乙・92:百事兇(凶)

睡簡・日乙・93:百事吉

睡簡・日乙・91:百事吉

睡簡・日乙・102:百事兇(凶)

睡簡・日乙・106:百事[凶]

睡簡・日乙・107:百事兇(凶)

睡簡・日乙・101:百事兇(凶)

睡簡・日乙・134:不可具爲百[事]

睡簡・日乙・116:百虫弗居

睡簡・日乙・115:百虫弗居

睡簡・爲吏・38:百事既成

睡簡・爲吏・14:百姓榣(搖)貳乃難請

睡簡・效律・8:過二百廿錢以到千一百錢

睡簡・效律・8:直(值)百一十錢以到二百廿錢

睡簡・效律・22:不盈百石以下

睡簡・效律・23:百石以到千石

睡簡・效律・9:過二千二百錢以上

睡簡・效律・9:過千一百錢以到二千二百錢

睡簡・效律・49:百姓或之縣就(僦)及移輸者

睡簡・效律・46:水減二百斗以上

睡簡・效律・47:不盈百斗以下到十斗

睡簡・效律・47:不盈二百斗以下到百斗

睡簡・效律・59:過六百六十錢以上

睡簡・效律・59:廿二錢以到六百六十錢

睡簡・效律・56:過二百廿錢以到二千二百錢

睡簡・效律・56:自二百廿錢以下

睡簡・效律・57:過二千二百錢以上

睡簡・效律・13:直(值)過二百廿錢以到千一百錢

睡簡・效律・14:百分一以到不盈十分一

睡簡・效律・14:過二千二百錢以上

龍簡・40・摹:二百廿錢到百一十錢

龍簡・40・摹:二百廿錢到百一十錢

里簡・J1(9)11 正:陽陵谿里士五(伍)采有貲餘錢八百五十二

里簡・J1(6)1 正:凡一千一百一十三字

里簡・J1(9)2 正:陽陵仁陽士五(伍)不[狄]有貲錢八百卅六

里簡・J1(9)3 正:陽陵下里士五(伍)不識有貲餘錢千七百廿八

里簡・J1(9)4 正:陽陵孝里士五(伍)衷有貲錢千三百卌四

里簡・J1(9)6 正:陽陵褆陽上造徐有貲錢二千六百八十八

里簡・J1(9)7 正:陽陵褆陽士五(伍)小欬有貲錢萬一千二百七十一

里簡・J1(9)8 正:陽陵逆都士五(伍)越人有貲錢千三百卌四

里簡・J1(9)9 正:陽陵仁陽士五(伍)頯有贖錢七千六百八十

里簡・J1(9)10 正:陽陵叔作士五(伍)勝日有貲錢千三百卌四

關簡・253：百事不成

帛書・病方・420：百疕盡已

帛書・病方・無編號：百

帛書・病方・7：百冶

帛書・病方・8：百草末八灰

帛書・病方・42：陰乾百日

帛書・病方・319：百日已

帛書・病方・369：我直（值）百疾之□

秦印編 68：百乖

集證・186.779：百嘗〖注〗百嘗，嘗百味，比喻經歷豐富。

集證・186.780：百嘗

秦印編 68：百賞

秦印編 68：百賞

秦印編 68：百向

秦印編 68：君有百离

秦陶・1145：百

秦陶・1146：百

秦陶・1147：百

秦陶・1142：百

秦陶 A・4.9：百

地圖注記・摹（地圖・5）：北有灌夏百錦

0735　𣌭　鼻

睡簡・答問・83：齧斷人鼻若耳若指若脣

睡簡・封診・66：其口鼻氣出渭（喟）然

睡簡・封診・70：視口鼻渭（喟）然不殹

睡簡・封診・53：鼻腔壞

睡簡・封診・53：刺其鼻不疐（嚏）

睡簡・日甲・80 背：盜者大鼻而票（剽）行

睡簡・日甲・70 背：盜者大鼻

睡簡・日甲・72 背：疵在鼻

睡簡・日甲・158 背：令其鼻能糗（嗅）鄉（香）

關簡・346：以靡（摩）其鼻中

帛書・灸經甲・52：夾（挾）鼻

帛書・足臂・2：之鼻

帛書・病方・134：或在鼻

帛書・病方・135：使人鼻抉（缺）指斷

帛書・足臂・10：以上之鼻

封泥集 384・1：薛鼻

秦印編 68:淳于鼻

秦印編 68:李鼻

秦印編 68:笵鼻

秦印編 68:鼻

0736　奭奭

八年相邦呂不韋戈・摹(秦銅・71):工奭〖注〗奭,人名。

秦印編 68:楊奭

秦印編 68:奭

0737　習

會稽刻石・宋刻本:宣省習俗

睡簡・爲吏・40:變民習浴(俗)

0738　羽

睡簡・爲吏・26:金錢羽旄〖注〗羽,鳥羽。

里簡・J1(16)5 背:羽手〖注〗羽,人名。

帛書・病方・364:取□羽□二□二

帛書・病方・402:以羽取□

帛書・病方・54:有血如蠅羽者

帛書・病方・214:以□羽□

帛書・病方・258:以羽熏纂

帛書・病方・328:鷄羽自解

瓦當・2.3:羽陽千歲〖注〗羽陽,宮名。

0739　翰

石鼓文・吾水(先鋒本):四翰(翰)騖=〖注〗鄭樵釋爲籀文"翰",尹彭壽云:"翰从飛,猶翼亦作䶒。"

0740　翟

秦印編 68:翟民

秦印編 69:走翟丞印

秦印編 68:翟君

秦印編 69:走翟丞印〖注〗走翟,官名。

秦印編 68:翟武

秦印編 68:翟夫

秦印編 68:翟妃

封泥集 231・1:走翟丞印

封泥集 231・2:走翟丞印

封泥集 231・3:走翟丞印

封泥集 232・4:走翟丞印

封泥集 232・5:走翟丞印

封泥集 287・1:翟道丞印〖注〗翟,地名。

集證・152. 309:翟道丞印

集證・160. 437:走翟丞印

封泥印・待考 157:走翟丞印

集證・182. 718:翟遺

0741　翦

秦印編 69:李翦

0742　翁

秦印編 69:中翁

秦印編 69:翁子

秦印編 69:靃翁

秦印編 69:翁

0743　翥

秦印編 69:王翥

秦印編 69:李翥

0744　翏

睡簡・答問・51:生翏(戮)

睡簡・答問・51:譽適(敵)以恐眾心者,翏(戮)

睡簡・日乙・169:辰大翏(瘳)

睡簡・日乙・169・摹:丑少翏(瘳)

睡簡・日乙・167:亥大翏(瘳)

睡簡・日乙・167:申少翏(瘳)

睡簡・日乙・163:申大翏(瘳)

睡簡・日乙・163:未少翏(瘳)

睡簡・日乙・165:戌大翏(瘳)

睡簡・日乙・165:酉少翏(瘳)

睡簡・日乙・161:申大翏(瘳)

睡簡・日乙・161:午少翏(瘳)

睡簡・日乙・179:酉大翏(瘳)

睡簡・日乙・177:辰大翏(瘳)

睡簡・日乙・177:卯少翏(瘳)

睡簡・日乙・173:子少翏(瘳)

睡簡・日乙・175:戌少翏(瘳)

睡簡・日乙・175:子大翏(瘳)

睡簡・日乙・171:卯大翏(瘳)

睡簡・日乙・171:子少翏(瘳)

 睡簡・日乙・159：卯少翏(瘳)

 睡簡・日乙・159：巳大翏(瘳)、死生

 睡簡・日乙・157：派〈辰〉少翏(瘳)

 睡簡・日乙・157：午大翏(瘳)

 秦陶・1229：臨晉翏〖注〗翏，人名。

 秦陶・1271：臨晉翏

0745 翼

 睡簡・日甲・94 正：翼，利行

 睡簡・日甲・88 背：翼也，其後必有別

0746 隹

 石鼓文・汧殹(先鋒本)：隹(惟)鱮隹(惟)鯉〖注〗惟，句首語氣詞。

 石鼓文・汧殹(先鋒本)：隹(惟)鱮隹(惟)鯉

 石鼓文・霝雨(先鋒本)：隹(惟)舟以衎(行)

 石鼓文・汧殹(先鋒本)：其魚隹(惟)可(何)

 石鼓文・汧殹(先鋒本)：隹(惟)楊及柳

 石鼓文・吾水(先鋒本)：日隹(惟)丙申

 大墓殘磬(集證・66)：隹(惟)四年八月初吉甲申

0747 雅

 睡簡・答問・12：甲乙雅不相智(知)〖注〗雅，素。

0748 隻

石鼓文・鑾車(先鋒本)：遊□(隻)允異〖注〗隻，舊釋爲“事”。郭沫若說爲“獲”本字。

0749 雒

封泥印 109：上雒丞印〖注〗上雒，地名。

封泥印 111：雒陽丞印〖注〗雒陽，地名。

0750 閵 藺

 睡簡・日甲・2 正：不成以祭，閵(吝)〖注〗閵，讀爲“吝”，小不利。

 睡簡・爲吏・23：槍閵(藺)環殳〖注〗藺，擂石。

0751 雟

睡簡・日甲・56 正・摹：張、畢、此(觜)雟大凶〖注〗觜雟，二十八宿之一。

 睡簡・日甲・53 正：畢、此(觜)雟致死

 睡簡・日甲・53 正：玄戈毄(繫)此(觜)雟

 關簡・225・摹：斗乘此(觜)雟

 關簡・226：此(觜)雟

0752　雉䳢

石鼓文・馬薦(先鋒本):□天□虹□皮□走驕=馬薦䔲=莽=敚=雉□心其一□之

石鼓文・田車(先鋒本):麀鹿雉兔

龍簡・95:[苑]雉□

龍簡・34・摹:取其豺、狼、貇、貈[貈]、狐、貍、㲉、□、雉、兔者

帛書・病方・328:取雉弌

帛書・病方・372:桂、枯畺(薑)、薪(新)雉〖注〗新雉,辛夷,藥名。

0753　雞鷄

天簡27・乙:巳雞殹

天簡35・乙:不利雞

天簡39・乙:酉雞殹

睡簡・日乙・76:雞日

睡簡・秦律・63:畜雞離倉

睡簡・日甲・92正:可以出入雞

睡簡・日甲・92正:勿以出入雞

睡簡・日乙・76:雞良日

關簡・367:日入雞

關簡・179:雞後鳴

帛書・病方・殘1:治以□雞、柍

帛書・病方・438:以烏雄雞一

帛書・病方・8:燔白雞毛及人髮

帛書・病方・94:亨(烹)三宿雄雞二

帛書・病方・105:取凷(塊)大如雞卵者

帛書・病方・112:而中剶雞□

帛書・病方・112:先侍(偫)白雞、犬矢

帛書・病方・113:即孰(熟)所冒雞而食之

帛書・病方・130:雞湮居二□之□

帛書・病方・130:若以雞血

帛書・病方・258:食雞

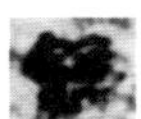
帛書・病方・258:以醬灌黃雌雞

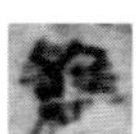
帛書・病方・310:以雞卵弁兔毛

帛書・病方・328:雞羽自解

帛書・病方・438:令雞、蛇盡燋

0754　雛鶵

秦印編69:張雛

0755　離　　離

青川牘・摹:鮮草離

天簡 30・乙:□呂離(?)毆連面不信毆〖編者按〗此字或釋爲“雒”。

睡簡・秦律・21・摹:而遺倉嗇夫及離邑倉佐主稟者各一戶以氣(餼)〖注〗離,附屬。離邑,即屬邑,指鄉。

睡簡・效律・52:及都倉、庫、田、亭嗇夫坐其離官屬于鄉者

睡簡・效律・28:而遺倉嗇夫及離邑倉佐主稟者各一戶

睡簡・秦律・63:畜雞離倉

睡簡・秦律・169:而遺倉嗇夫及離邑倉佐主稟者各一戶

睡簡・秦律・117:興徒以斬(塹)垣離(籬)散及補繕之

睡簡・日甲・60 正:西南刺離

睡簡・日甲・62 正:東北刺離

睡簡・日甲・61 正:西北刺離

睡簡・日甲・59 正:東南刺離

睡簡・日甲・10 背:戌興〈與〉亥是胃(謂)分離日

關簡・54:壬辰宿迣離涌東

關簡・51:己丑宿迣離涌西〖注〗離涌,地名。

秦印編 70:離鼂

秦印編 70:蘇離

秦印編 70:離印

秦印編 70:離印

0756　雕 鵰　　雕鵰

雕陰鼎(集證・52):雕陰〖注〗雕陰,地名。

集證・191.1:雕陰

集證・191.1:雕陰

0757　雝　　雝(雍)

秦編鐘・乙鐘鉦部・摹(秦銅・11.5):霝音鍴=雝=(雍=)

秦編鐘・戊鐘(秦銅・10.5):霝音鍴=雝=(雍=)〖注〗鍴,陳世輝說讀爲“端”。端雍即肅雍。端端雍雍,形容聲音敬和嚴正。劉心源謂“雝”爲“邕”之繁文。

秦鎛鐘・1 號鎛(秦銅・12.3):霝音鍴=雝=(雍=)

秦鎛鐘・2 號鎛(秦銅・12.6):霝音鍴=雝=(雍=)

秦公鎛鐘・摹(秦銅・16.4):其音鍴=雝=(雍=)孔煌

雝工敃壺・摹(秦銅・53):雝(雍)工敃〖注〗雝,地名。

雍庫鑰(秦銅・93 附圖):雝(雍)庫鑰重一斤一兩

十六年大良造鞅戈鐓(秦銅・17):雝(雍)竈

大良造鞅殳鐏・摹(集證・16):雝(雍)驕□〖注〗雝,地名。

廿一年相邦冉戈一・摹(秦銅・47.1):雝(雍)工帀(師)葉

廿一年相邦冉戈一·摹(秦銅·47.1):雝(雍)

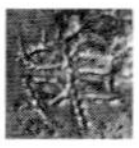

廿一年相邦冉戈二(珍金·64):雝(雍)工帀(師)葉

廿一年相邦冉戈二·摹(珍金·64):雝(雍)工帀(師)葉

卅二年相邦冉戈(珍金·80):雝(雍)工帀(師)齒

卅二年相邦冉戈·摹(珍金·80):雝(雍)工帀(師)齒

卅一年鄭令戈·摹(珍金·143):雝(雍)

大墓殘磬(集證·72):□寴(寢)龔(恭)雒(雍)〖注〗雍,和。

大墓殘磬(集證·74):寴(寢)龔(恭)雒(雍)

睡簡·秦律·4·摹:毋敢伐材木山林及雍(壅)隄水〖注〗壅隄水,阻斷水流。

帛書·病方·267·摹:以土雍(壅)亖

集證·153.324:雝丞之印

集證·138.85:雝左樂鐘

集證·153.323:雝丞之印

集證·153.325:雝丞之印

封泥印5:雝祠丞印

封泥印106:雝丞之印

封泥印106:雝工室印

封泥印107:雝工室丞

秦印編70:陳雝

秦印編70:雝赤

秦印編70:趙雝

秦印編70:雝左樂鐘

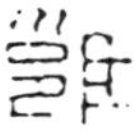

秦印編70:雝工室印

秦印編70:雝丞之印

秦印編70:雝丞之印

封泥集246·3:雝丞之印

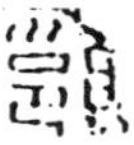

封泥集247·1:雝工室丞

封泥集247·4:雝丞之印

封泥集247·6:雝丞之印

封泥集248·1:雝左樂鐘

0758 雁

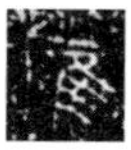

秦編鐘·乙鐘(秦銅·10.2):雁(膺)受大令(命)

秦編鐘·乙鐘左鼓·摹(秦銅·11.6):雁(膺)受大令(命)

秦鎛鐘·2號鎛(秦銅·12.6):雁(膺)受大令(命)

秦鎛鐘·3號鎛(秦銅·12.9):雁(膺)受大令(命)

0759 雇 鶚 鳸

漆器M6·15(雲夢·附二):雇里〖注〗雇里,里名。

0760　雄

帛書·病方·94:亨(烹)三宿雄雞二

帛書·病方·408:以雄黄二兩〖注〗雄黄,藥名。

帛書·病方·438:以烏雄雞一、蛇一

0761　雌

帛書·病方·258:以醬灌黄雌雞

0762　雋

秦印編70:雋亭

秦陶·1305:雋亭

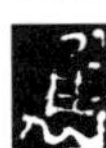
秦陶·1307:雋亭

0763　睢

帛書·病方·271:骨睢(疽)倍白蔹(蘞)

帛書·病方·273:以洒睢(疽)癰

帛書·病方·274:睢(疽)始起

帛書·病方·280:睢(疽)未□烏豙(喙)十四果(顆)

帛書·病方·283:益(嗌)睢(疽)者

帛書·病方·289:血睢(疽)始發

帛書·病方·292:氣睢(疽)始發

帛書·病方·299:□睢(疽)

0764　奪

睡簡·雜抄·37·摹:奪後爵

睡簡·日甲·2正·摹:寄人必奪主室

睡簡·日乙·17:人必奪其室

0765　奮

詛楚文·湫淵(中吳本):奮士盛師

詛楚文·巫咸(中吳本):奮士[盛]師

詛楚文·亞駝(中吳本):奮士盛師

睡簡·日甲·32背:男女未入宮者毄(擊)鼓奮鐸喿(譟)之

帛書·病方·58:令孰奮兩手如□

秦印編70:趙奮

0766　舊　鵂

石鼓文·而師(先鋒本):具舊□復

會稽刻石·宋刻本:顯陳舊章

0767 乖(乖)

帛書・病方・199:父乖母强

帛書・病方・200:乖已

0768 瞢

睡簡・日甲・40背:多瞢(夢)米(寐)死

睡簡・日甲・44背:鬼恒爲人惡瞢(夢)

睡簡・日甲・13背:有惡瞢(夢)

睡簡・日甲・13背:人有惡瞢(夢)

0769 蔑

詛楚文・湫淵(中吳本):求蔑灋(廢)皇天上帝及大神乓(厥)湫之卹祠、圭玉、羲(犧)牲〖注〗蔑灋,蔑廢,即蔑棄。

詛楚文・巫咸(中吳本):求蔑灋(廢)皇天上帝及不(丕)顯大神巫咸之卹祠、圭玉、羲(犧)牲

0770 羊

秦駰玉版・甲・摹:□及羊、豢

秦駰玉版・乙・摹:□用貳(二)羲(犧)羊豢

秦駰玉版・乙・摹:□及羊、豢

天簡27・乙:未羊

睡簡・日甲・11正:利以兑(說)明(盟)組(詛)、百不羊(祥)

睡簡・日乙・72:羊良日

睡簡・日乙・72:羊日

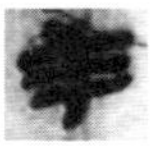

睡簡・日乙・156:牛羊入戌

睡簡・答問・29:甲卽牽羊去

睡簡・答問・29:議不爲過羊

睡簡・答問・210:可(何)謂"羊軀(軀)"

睡簡・答問・46:而不智(知)其羊數

睡簡・答問・46:卽告吏曰盜三羊

睡簡・答問・46:甲盜羊

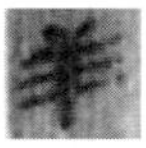

睡簡・答問・46:乙智(知)盜羊

睡簡・答問・47:今乙盜羊

睡簡・答問・45:甲盜羊

睡簡・答問・50:上造甲盜一羊

睡簡・雜抄・31:牛羊課〖注〗牛羊課,律名,關於考核牛羊畜養的法律。

睡簡・雜抄・31:羊牝十

睡簡・日甲・86正・摹:羊良日

睡簡・日甲・87正:春三月庚辰可以筑(築)羊卷(圈)

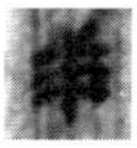

睡簡・日甲・87正:羊必千

睡簡・日甲・24 背:爲民不羊(祥)

睡簡・日甲・66 正:以南大羊(祥)

睡簡・日甲・64 正:以北大羊(祥)

睡簡・日甲・65 正:以東大羊(祥)

睡簡・日甲・79 背:老羊也

睡簡・日甲・5 正:兌(說)不羊(祥)

睡簡・日甲・100 正:牛羊死

睡簡・日甲・103 正:爲羊牢馬廄

睡簡・日甲・122 正:羊

龍簡・99:馬、牛、羊食人口

龍簡・100:牧縣官馬、牛、羊盜□之

龍簡・102・摹:沒入私馬、牛、[羊]、[駒]、犢、羔縣道官

龍簡・111:□馬、牛、羊、犬、彘于人田□

龍簡・98・摹:廿五年四月乙亥以來□馬牛羊□

關簡・324:以羊矢(屎)三斗

帛書・病方・306:以犬毛若羊毛封之

帛書・病方・337:以少(小)嬰兒弱(溺)漬羖羊矢〖注〗羖羊矢,卽羊屎。

帛書・病方・10:纇(燔)羊矢

帛書・病方・100:煮羊肉

帛書・病方・437:而烝(蒸)羊尼(眉)

0771　羔　羔

龍簡・102・摹:沒入私馬、牛、[羊]、[駒]、犢、羔縣道官

0772　牂　牂

秦印編 70:王牂

0773　羭　羭

帛書・病方・241:亨(烹)肥羭〖注〗羭,黑色牝羊。

0774　羖　羖

帛書・病方・337:以少(小)嬰兒弱(溺)漬羖羊矢〖注〗羖羊矢,卽羊屎。

帛書・病方・354:炙羖脂弁〖注〗羖脂,牡羊脂。

0775　羥　羥

集證・203.73:大羥〖注〗羥,人名。

0776　羸　羸

詛楚文・湫淵(中吳本):唯是秦邦之羸眾敝賦〖注〗羸,瘦。

詛楚文・巫咸(中吳本):唯是秦邦之羸眾敝賦

詛楚文・亞駝(中吳本):唯是秦邦之羸眾敝賦

睡簡·效律·1:勿嬴(纍)〖注〗纍,纍計。

睡簡·答問·146·摹:亡久書、符券、公璽、衡嬴(纍)〖注〗衡纍,衡權。

睡簡·秦律·194·摹:各有衡石嬴(纍)、斗甬(桶)

睡簡·日甲·50背:鬼恆嬴(裸)入人宫

睡簡·效律·7:黄金衡嬴(纍)不正〖注〗黄金衡纍,稱量黄金用的天平法碼。

0777　羣

會稽刻石·宋刻本:羣臣誦功

會稽刻石·宋刻本:運理羣物

繹山刻石·宋刻本:羣臣從者

繹山刻石·宋刻本:羣臣誦略

睡簡·答問·126:它辠比羣盜者皆如此

睡簡·答問·125:羣盜赦爲庶人

睡簡·封診·26:丁與此首人强攻羣盜人

睡簡·秦律·2:早〈旱〉及暴風雨、水潦、蚤(螽)蚰、羣它物傷稼者〖注〗群它物,等物。

睡簡·秦律·193·摹:侯(候)、司寇及羣下吏毋敢爲官府佐、史及禁苑憲盜

睡簡·秦律·174:羣它物當負賞(償)而僞出之以彼(貱)賞(償)

睡簡·秦律·157:縣、都官、十二郡免除吏及佐、羣官屬

睡簡·日甲·3正:上下羣神鄉(饗)之

睡簡·日甲·40正·摹:是胃(謂)其羣不捧

睡簡·效律·34:羣它物當負賞(償)而僞出之以彼(貱)賞(償)

睡簡·日乙·59:羣不捧

龍簡·90·摹:及爲作務羣它□

0778　辈

睡簡·爲吏·35:畜產肥辈(胔)

睡簡·雜抄·29:膚(臚)吏乘馬篤、辈(胔)

0779　美

美陽銅權(秦銅·183):美陽〖注〗美陽,秦縣名。

秦駰玉版·甲·摹:羲(犧)豭既美

秦駰玉版·乙·摹:羲(犧)豭既美

天簡22·甲:得美言

天簡25·乙:爲人美

睡簡·日乙·54:歲美

睡簡·日甲·113正:可以漬米爲酒,酒美

睡簡·日乙·24:生子,美

睡簡·秦律·65:美惡雜之

睡簡・日甲・32 正:既美且長

睡簡・日甲・33 背:有美味

睡簡・日甲・34 正:美惡自成

睡簡・日甲・12 正:男女必美

睡簡・日甲・143 正:殸(穀)而美

睡簡・日甲・158 正:有美言

睡簡・日甲・157 背:肥豚清酒美白粱

睡簡・日甲・157 正:有美言

睡簡・日甲・157 正:有美言

關簡・247:有美言

關簡・248:有美言

關簡・247:有美言

帛書・病方・236:漬美醯一桮(杯)

帛書・病方・241:取其汁潸(漬)美黍米三斗

帛書・病方・344:先飲美[酒]令身溫

帛書・病方・61:而以美[醯]□之

帛書・病方・127:以美醯□之於瓦編中

帛書・病方・161:以美醯三□煮

帛書・病方・169:贛戎鹽若美鹽

帛書・病方・178:薄洒之以美酒

帛書・病方・407:以榆皮、白□、美桂〖注〗美桂,藥名。

封泥印 105:美陽丞印

集證・179. 694:橋美

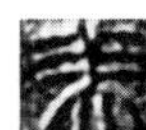集證・153. 322:美陽丞印

秦印編 71:美陽丞印

秦印編 71:美高

秦印編 71:美陽工蒼

封泥集 281・1:美陽丞印

集證・223. 279:美陽工倉

秦陶 A・3. 13:美□工蒼

秦陶 A・4. 8:美

秦陶・1198. 2:美陽工蒼

秦陶・1199:美陽工蒼

秦陶・1201:美陽工蒼

秦陶・1202:美陽工蒼

秦陶・1206:美陽工蒼

秦陶・1273:美陽工□

秦陶 A・3. 12:美陽工蒼

0780　羌 [illegible]

秦印編 71:羌敬

秦印編 71:羌百賞

秦印編 71:羌盂

集證·170.570:羌毋智〖注〗羌毋智,人名。

0781　肇

睡簡·日甲·32 背:是肇(誘)鬼

0782　瞿

秦印編 71:瞿安

0783　靃(霍)

帛書·病方·187:取三歲陳霍(藿)〖注〗藿,豆葉。

秦印編 71:靃突

秦印編 71:靃翁

0784　鳥

睡簡·日甲·31 背:人若鳥獸及六畜恆行人宮

睡簡·日甲·49 背:鳥獸虫豸甚衆

睡簡·日甲·59 背:鳥獸能言

龍簡·30·摹:時來鳥

帛書·病方·125:二、三月十五日到十七日取鳥卵

帛書·病方·126:□鳥殹

秦印編 71:橋鳥

0785　鳳

帛書·病方·82:□而鳳鳥□

帛書·病方·84:毋爲鳳鳥蓐

0786　朋鵬

睡簡·日甲·65 背:人妻妾若朋友死

0787　鶱

秦印編 72:郭鶱

0788　鷬(難)䲜鸌雔

天簡 29·乙:請謁難得

睡簡·封診式·91:甲等難飲食焉

睡簡·日甲·150 正:富難勝殹(也)

睡簡·爲吏·39:苛難留民

睡簡·爲吏·4:民心將移乃難親

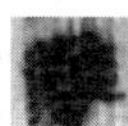 睡簡・爲吏・51:臨難見死

 睡簡・爲吏・14:百姓榣(搖)貳乃難請

 關簡・204:發而難

 帛書・病方・45:筋攣(攣)難以信(伸)

 集證・173.594:段難

 秦印編71:魏難

 秦印編71:張難

0789 鳶(鳶)

 睡簡・日甲・24背:爲芻矢以鳶(弋)之〖注〗弋,射。

 睡簡・日甲・30背:鳶(弋)以芻矢

0790 鷇

 睡簡・秦律・4:取生荔、麛鸞(卵)鷇〖注〗鷇,需哺食的幼鳥。

0791 鳴

 石鼓文・乍邍(先鋒本):鼎(庸)=鳴□

 關簡・174:雞未鳴

0792 截

睡簡・日甲・51背:以廣灌爲截以燔之〖注〗截,"鳶"的異體字。

0793 烏䊹(於)

 帛書・病方・16:以方(肪)膏、烏家(喙)□〖注〗烏喙,烏頭別名,藥名。

 帛書・病方・17:秋烏家(喙)二□

 帛書・病方・67:取牛肶、烏家(喙)、桂

 帛書・病方・71:毒烏家(喙)者

 帛書・病方・259:冶糜(蘼)蕪本、方(防)風、烏家(喙)、桂皆等

 帛書・病方・280:睢(疽)未□烏家(喙)十四果(顆)

 帛書・病方・347:以烏家(喙)五果(顆)

 帛書・病方・350:冶烏家(喙)、黎(藜)盧、蜀叔(菽)

 帛書・病方・366:取烏家(喙)、黎(藜)盧

 帛書・病方・413:烏家(喙)一齊

 帛書・病方・438:以烏雄鷄一、蛇一

 封泥集301・1:烏呈之印〖注〗烏呈,地名。

 秦印編72:張烏

 秦印編72:烏丁

 秦印編72:烏眗閭

 秦印編72:烏呈(呈)之印

秦陶・1258:高陽工烏〖注〗烏,人名。

秦陶·1267:烏氏工昌〖注〗烏氏,地名。

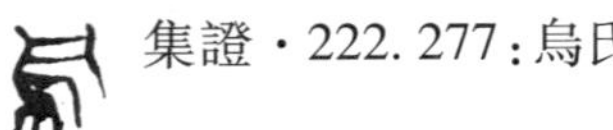

集證·222.277:烏氏援

左樂兩詔鈞權(集證·43):其於久遠也

北私府橢量·二世詔(秦銅·147):其於久遠也

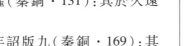

大騩銅權(秦銅·131):其於久遠也

二世元年詔版九(秦銅·169):其於久遠也

二世元年詔版六(秦銅·166):其於久遠也

二世元年詔版七(秦銅·167):其於久遠也

二世元年詔版三(秦銅·163):其於久遠也

二世元年詔版十二(秦銅·172):其於久遠也

二世元年詔版十三(集證·50):其於久遠也

二世元年詔版十一(秦銅·171):其於久遠也

二世元年詔版四(秦銅·164):其於久遠也

二世元年詔版五(秦銅·165):其於久遠也

二世元年詔版一(秦銅·161):其於久遠也

兩詔斤權一·摹(集證·46):其於久遠殹

兩詔斤權二·摹(集證·49):其於久遠殹

兩詔斤權一(集證·45):其於久遠殹

兩詔銅權二(秦銅·176):其於久遠殹

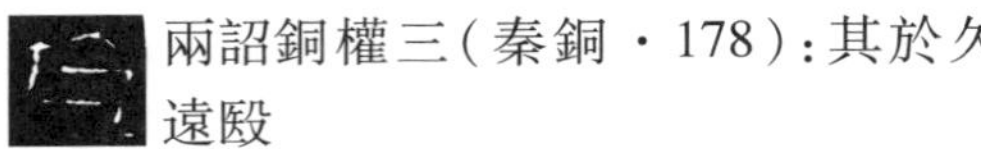

兩詔銅權三(秦銅·178):其於久遠殹

兩詔銅權一(秦銅·175):其於久遠也

兩詔橢量二(秦銅·149):其於久遠也

兩詔橢量三之二(秦銅·151):其於久遠也

兩詔橢量一(秦銅·148):其於久遠也

美陽銅權(秦銅·183):其於久遠也

平陽銅權·摹(秦銅·182):其於久遠殹

僅存銘兩詔銅權(秦銅·135-18.2):其於久遠也

旬邑銅權(秦銅·133):其於久遠也

繹山刻石·宋刻本:其於久遠也

琅邪臺刻石:其於久遠也

泰山刻石·宋拓本:其於久遠也

繹山刻石·宋刻本:流血於野

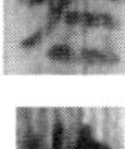

天簡35·乙:四以四倍之至於四

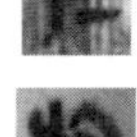

睡簡·效律·58:計脫實及出實多於律程

睡簡·語書·1:害於邦

睡簡·語書·3:而使之之於爲善殹(也)〖注〗之於,達到。

睡簡·語書·4:不便於民

睡簡·語書·1:或不便於民

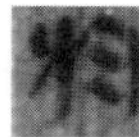睡簡·語書·4:甚害於邦

睡簡·秦律·76:有責(債)於公及貲、贖者居它縣

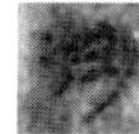睡簡·秦律·133:有辠以貲贖及有責(債)於公

睡簡·日甲·80背:臧(藏)於圂中垣下

睡簡·日甲·20背:宇多於東南

睡簡·日甲·69背:臧(藏)於垣内中糞蔡下

睡簡·日甲·78背:臧(藏)於園中草下

睡簡·日甲·72背:臧(藏)於草中

睡簡·日甲·72正:得之於黄色索魚、堇西(酒)

睡簡·日甲·79背:臧於糞蔡中土中

睡簡·日甲·76背:臧(藏)於芻稾中

睡簡·日甲·76正:得之於酉(酒)脯脩節(鼈)肉

睡簡·日甲·74背:臧(藏)於瓦器下

睡簡·日甲·75背:臧(藏)於草木下

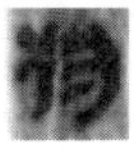

睡簡·日甲·71背:不全於身

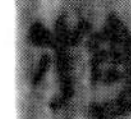睡簡·日甲·71背:臧(藏)於瓦器閒

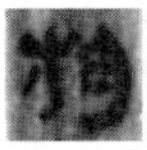

睡簡·日甲·7正:女必出於邦

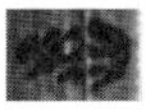

睡簡·日甲·58背:乃棄其屨於中道

睡簡·日甲·56背:以戊日日中而食黍於道

睡簡·日甲·55背:免於憂矣

睡簡·日甲·102正:害於驕母

睡簡·日甲·101正:害於上皇

睡簡·日甲·18背:宇多於東北之北

睡簡·日甲·19背:宇多於東北

睡簡·日甲·16背:宇多於西南之西

睡簡·日甲·17背:宇多於西北之北

睡簡·日甲·142正:有疵於體(體)而恿(勇)

睡簡·日甲·143正:或生(眚)於目

睡簡·日乙·238:不然必有疵於前

睡簡·日乙·240:女子於南

睡簡·日乙·246:必有疵於體(體)

睡簡·日乙·241:穀於武

睡簡·日乙·187:得於酉(酒)、脯脩節(鼈)肉

睡簡·日乙·185:得於肥肉、鮮魚、卵

睡簡·日乙·181:禺(遇)御於豕肉

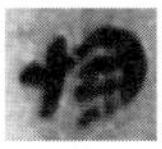

睡簡·爲吏·32:身及於死

睡簡·爲吏·45:不精於材(財)

龍簡·59:騎馬於它馳道

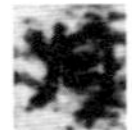
帛書・足臂・5:出於踝前

帛書・足臂・5:枝於骨間

帛書・足臂・6:出於項、耳

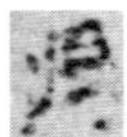
帛書・脈法・74:陽上於環二寸而益爲一久(灸)

帛書・脈法・83:□見於爲人□

帛書・病方・54:而棄之於垣

帛書・病方・121:□之於□熱弗能支而止

帛書・病方・128:卽置其編於稅火上

帛書・病方・161:痛於脬及衷

帛書・病方・217:東鄉(嚮)坐於東陳垣下

帛書・病方・218:卽內(納)腎臘於壺空(孔)中

帛書・病方・390:□在於脥(喉)

帛書・灸經甲・39:毄(繫)於外踝之前廉

帛書・灸經甲・48:起於耳後

帛書・灸經甲・50:起於手北(背)

帛書・灸經甲・52:起於次指與大指上

帛書・灸經甲・58:毄(繫)於足大指菆(叢)[毛]之上

帛書・灸經甲・62:毄(繫)於內腂(踝)外廉

帛書・灸經甲・62:毄(繫)於腎

帛書・灸經甲・67:在於手掌中

帛書・灸經甲・70:起於臂兩骨之間之間

帛書・足臂・1:出於胎(郄)

帛書・足臂・2:上於豆(脰)

帛書・足臂・5:出於股外兼(廉)

封泥集 315・2:於陵丞印〖注〗於陵,地名。

秦印編 72:於陵丞印

0794　舄 誰　舄(誰)

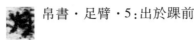

秦印編 72:舄

帛書・病方・191:先取誰棠下蒿

0795　焉　焉

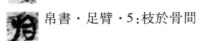

北私府橢量・二世詔(秦銅・147):皆有刻辭焉

大騩銅權(秦銅・131):皆有刻辭焉

二世元年詔版八(秦銅・168):皆有刻辭焉

二世元年詔版二(秦銅・162):皆有刻辭焉

二世元年詔版六(秦銅・166):皆有刻辭焉

二世元年詔版三(秦銅・163):皆有刻辭焉

二世元年詔版十二(秦銅・172):皆有刻辭焉

二世元年詔版十三（集證・50）：皆有刻辭焉

二世元年詔版五（秦銅・165）：皆有刻辭焉

二世元年詔版一（秦銅・161）：皆有刻辭焉

兩詔斤權一・摹（集證・46）：皆有刻辭焉

兩詔版（秦銅・174.1）：皆有刻辭焉

兩詔斤權二・摹（集證・49）：皆有刻辭焉

兩詔銅權二（秦銅・176）：皆有刻辭焉

兩詔銅權三（秦銅・178）：皆有刻辭焉

兩詔橢量二（秦銅・149）：皆有刻辭焉

兩詔橢量三之二（秦銅・151）：皆有刻辭焉

兩詔橢量一（秦銅・148）：皆有刻辭焉

美陽銅權（秦銅・183）：皆有刻辭焉

平陽銅權・摹（秦銅・182）：皆有刻辭焉

僅存銘兩詔銅權（秦銅・135-18.2）：皆有刻辭焉

旬邑銅權（秦銅・133）：皆有刻辭焉

左樂兩詔鈞權（集證・43）：皆有刻辭焉

詛楚文・亞駝（中吳本）：親卬（仰）不（丕）顯大神亞駝而質焉

詛楚文・湫淵（中吳本）：親卬（仰）大沈氒（厥）湫而質焉

詛楚文・巫咸（中吳本）：親卬（仰）不（丕）顯大神巫咸而質焉

睡簡・日甲・51背：燔豕矢焉

睡簡・日乙・42：不出三歲必代寄焉

睡簡・答問・185：得比焉

睡簡・答問・168：有子焉

睡簡・答問・162：然而行事比焉

睡簡・答問・133：得比焉

睡簡・封診・91：甲等難飲食焉

睡簡・封診・59：利焉

睡簡・秦律・24：入禾未盈萬石而欲增積焉

睡簡・秦律・25：乃入焉

睡簡・秦律・195：它垣屬焉者

睡簡・秦律・195：毋敢舍焉

睡簡・雜抄・11：令市取錢焉

睡簡・日甲・69背：面有黑子焉

睡簡・日甲・67背：其鬼恆夜謼（呼）焉

睡簡・日甲・71背：面有黑焉

睡簡・日甲・38背：是是棘鬼在焉

睡簡・日甲・41背：是是匄鬼貍（埋）焉

睡簡・日甲・58正：不出歲亦寄焉

睡簡・日甲・57背:票(飄)風入人宮而有取焉

睡簡・日乙・113:若或死焉

龍簡・149:遺者罪減焉□一等

帛書・病方・52:薪燔之而□匕焉

0796　畢

會稽刻石・宋刻本:遠近畢清

泰山刻石・宋拓本:遠近畢理

睡簡・日甲・54正:玄戈毄(繫)畢

睡簡・日乙・86・摹:畢,以邋(獵)置罔(網)及爲門

睡簡・爲吏・12:五者畢至

關簡・149:四月,畢〖注〗畢,二十八宿之一。

關簡・223:畢

關簡・223:斗乘畢

關簡・167:畢

集證・176.649:畢賢〖注〗畢賢,人名。

秦印編72:畢止

秦印編51:畢濫

秦印編51:畢最

秦印編51:畢禾

0797　糞

天簡27・乙:糞土中蹇

睡簡・日甲・69背・摹:臧(藏)於垣内中糞蔡下

睡簡・日甲・79背・摹:臧於糞蔡中土中

睡簡・日甲・126正:不可燔糞〖注〗《説文》:"糞,棄除。"

睡簡・秦律・88:凡糞其不可買(賣)而可以爲薪及蓋蘙〈蘙〉者

睡簡・秦律・89:乃糞之

睡簡・秦律・86:縣、都官以七月糞公器不可繕者〖注〗糞,棄除,處理。

睡簡・秦律・87:糞其有物不可以須時

睡簡・秦律・104・摹:敝而糞者

0798　棄弃(棄)

睡簡・答問・71:當棄市〖注〗棄市,在市場中當衆處死。

睡簡・答問・169:其棄妻亦當論不當

睡簡・答問・169:棄妻不書

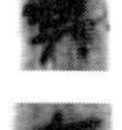
睡簡・答問・167:乙即弗棄

睡簡・答問・172:棄市

睡簡・雜抄・16:棄勞

睡簡・日甲・2背:不棄

 睡簡・日甲・94 正:必棄

 睡簡・日甲・6 背:皆棄之

 睡簡・日甲・3 背:棄若亡

 睡簡・日甲・58 背:乃棄其屨於中道

 睡簡・日甲・5 背:不死,棄

 睡簡・日甲・5 背:以取妻,棄

 睡簡・日甲・10 背:死若棄

 睡簡・日甲・155 正:三棄

 睡簡・日乙・94:必棄

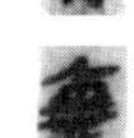 睡簡・日乙・17:利以說盂(盟)詐(詛)、棄疾、鑿宇、葬〖注〗棄疾,去疾,除去疾病。

 龍簡・195・摹:□及棄臧(贓)焉

 龍簡・17:棄市

 帛書・病方・54:而棄之於垣

 帛書・病方・49:輒棄其水圂中

 秦印編 72:棄疾

 秦印編 72:江棄疾

 集證・162. 476:王棄

0799　再　再

 天簡 28・乙:再害

 睡簡・爲吏・22:廿五年閏再十二月丙午朔辛亥

 帛書・病方・452:再膏傅

 帛書・病方・殘 3:□煮熱再浮(漿)飲□

 帛書・病方・57:小(少)多如再食浮(漿)

 帛書・病方・116:再飲而已

 帛書・病方・218:再靡(磨)之

 帛書・病方・219:□再爲之

 帛書・病方・448:復再三傅其處而已

0800　爯　爯

 天簡 25・乙:盜從西方[入]爯在山谷〖編者按〗《說文》:"爯,并舉也。"徐中舒說"象以手提魚之形,故有升舉之義"。

 天簡 26・乙:爯在中廏

 天簡 27・乙:爯在牢圈中

 天簡 39・乙:爯在囷屋東扆糞旁

0801　幺　幺

 秦印編 72:幺

秦陶・1167:幺

秦陶・1185:幺

0802　幼

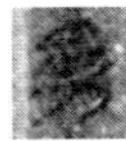睡簡・日甲・50背:是幼殤死不葬

睡簡・日甲・50背:幼龔(龍)處之

0803　幽

詛楚文・湫淵(中吳本):幽剌(約)敍(親)戚〖注〗幽約,幽縊,暗中縊殺。

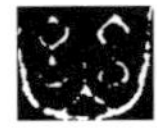詛楚文・巫咸(中吳本):幽剌(約)敍(親)戚

詛楚文・亞駝(中吳本):幽剌(約)敍(親)戚

0804　幾

詛楚文・湫淵(中吳本):亦應受皇天上帝及大沈氒(厥)湫之幾(機)靈德賜

詛楚文・巫咸(中吳本):亦應受皇天上帝及不(丕)顯大神巫咸[之]幾(機)靈德賜

詛楚文・亞駝(中吳本):亦應受皇天上帝及不(丕)顯大神亞駝之幾(機)靈德賜

睡簡・爲吏・13:事有幾時〖注〗幾,終了。

睡簡・答問・136:問甲當購幾可(何)

睡簡・答問・134:購幾可(何)

睡簡・答問・135:購幾可(何)

睡簡・答問・152:倉鼠穴幾可(何)而當論及誶

睡簡・封診・69:頭足去終所及地各幾可(何)

睡簡・封診・14:幾籍亡

睡簡・封診・14:亡及逋事各幾可(何)日

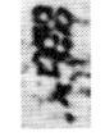帛書・灸經甲・66:久(灸)幾息則病已矣〖注〗幾息,既息。

帛書・病方・248:狀類牛幾三□然

秦印編73:徐幾

0805　叀 𠧪 卣

秦印編73:叀

秦印編73:叀

秦陶・1043:叀

秦陶・1044:叀

秦陶・1042:叀

0806　惠 𢜩

會稽刻石・宋刻本:德惠攸長

繹山刻石・宋刻本:乃降專惠

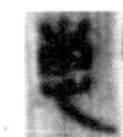睡簡・爲吏・2:惠以聚之

帛書·病方·368:□醫以此教惠□

0807　叀　叀

秦公簋·器(秦銅·14.2):畯(畯)叀(極)才(在)天

秦公鎛鐘·摹(秦銅·16.4):畯叀(極)才(在)立(位)〖注〗畯叀,徐中舒說義爲《詩經》之"駿極",叀,至也。

大墓殘磬(集證·70):乍(作)叀配天〖注〗叀,徐中舒說"叀、亟"對文,皆形容老壽之長。

睡簡·封診·53·摹:刺其鼻不叀(嚏)

秦陶·1334:咸郿里叀〖注〗叀,人名。

秦印編304:咸郿里叀

0808　玄　玄 𢆯

睡簡·日甲·49正:玄戈毄(繫)房

睡簡·日甲·47正:玄戈毄(繫)尾〖注〗玄戈,星名。

睡簡·日甲·50正:玄戈毄(繫)翼

睡簡·日甲·58正:玄戈毄(繫)虛

睡簡·日甲·52正:玄戈毄(繫)七星

睡簡·日甲·56正:玄戈毄(繫)營室

睡簡·日甲·57正:玄戈毄(繫)危

睡簡·日甲·54正:玄戈毄(繫)畢

睡簡·日甲·55正:玄戈毄(繫)茅(昴)

睡簡·日甲·51正:玄戈毄(繫)張

封泥印146:玄

0809　兹　兹

石鼓文·車工(先鋒本):弓兹以寺(持)〖注〗兹,舊釋爲"兹"。强運開釋爲"弦"之借字。〖編者按〗或說此與0108號"茲"爲一字。

0810　予　予

龍簡·198:勿予其言毆〖注〗予,贊同。或說通"預",干預。

龍簡·177:□寫律予租□

里簡·J1(9)981正:弗予

關簡·330:予若叔(菽)子而徽之齲已

帛書·病方·44:予(抒)其汁

秦印編73:予獟

0811　舒　舒

秦印編73:衛舒

0812　放　放

秦印編73:放諸

0813 敖

睡簡・答問・165:可(何)謂"匽戶"及"敖童弗傅"

睡簡・雜抄・32:匿敖童

睡簡・爲吏・19:一曰見民杲(倨)敖(傲)

秦印編73:者敖

瓦書・郭子直摹:大田佐敖童曰未〖注〗敖童,李學勤說爲身份名;黄盛璋說爲爵稱;袁仲一說爲大田佐之字。

0814 敫

睡簡・日甲・87 正:可以敫(徼)人攻讎〖注〗徼,攔截。

睡簡・日甲・28 正:未敫

睡簡・日甲・27 正:巳敫

睡簡・日甲・73 正:必有敫(憿)〖注〗《說文》:"憿,幸也。"

睡簡・日甲・38 正:敫

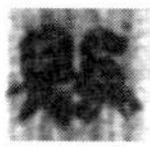

睡簡・日甲・138 正:凡敫日

睡簡・日甲・138 正:秋三月辰敫

睡簡・日甲・132 正:行之敫也

睡簡・日甲・139 正:冬三月未敫

睡簡・日甲・137 正:春三月戌敫

睡簡・日乙・殘5:□敫其□

睡簡・日乙・28:敫酉

睡簡・日乙・29:敫戌

睡簡・日乙・32:敫丑

睡簡・日乙・36:敫巳

睡簡・日乙・35:敫辰

睡簡・日乙・31:敫子

睡簡・日乙・48:巳敫

睡簡・日乙・42:敫日

睡簡・日乙・49:未敫

睡簡・日乙・47:卯敫

睡簡・日乙・50:酉敫

睡簡・日乙・57:敫,有細喪

睡簡・日乙・51:亥敫

睡簡・日乙・101:必有敫(憿)

0815 爰

商鞅方升(秦銅・21):大良造鞅爰積十六尊(寸)五分尊(寸)壹爲升

睡簡・封診・84・摹:爰書

睡簡・封診・91:爰書

睡簡・封診・51・摹:令史己爰書

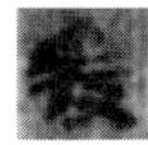
睡簡・日甲・50 背:爰母處其室

秦印編 74:爰

0816 𤔔

睡簡・日甲・78 背:盜者𤔔(巒)而黃色

0817 受

秦子簋蓋(珍金・35):秉德受命屯(純)魯

秦子簋蓋・摹(珍金・31):秉德受命屯(純)魯

秦編鐘・甲鐘(秦銅・10.1):我先且(祖)受天命商(賞)宅受或(國)

〖注〗受國,李零說用作被動語態。

秦編鐘・甲鐘(秦銅・10.1):我先且(祖)受天命商(賞)宅受或(國)

秦編鐘・甲鐘(秦銅・10.1):以受多福

秦編鐘・甲鐘鉦部・摹(秦銅・11.1):我先且(祖)受天命商(賞)宅受或(國)

秦編鐘・甲鐘鉦部・摹(秦銅・11.1):我先且(祖)受天命商(賞)宅受或(國)

秦編鐘・甲鐘左鼓・摹(秦銅・11.2):以受多福

秦編鐘・甲鐘頂篆部・摹(秦銅・11.3):翼受明德

秦編鐘・乙鐘(秦銅・10.2):以受大福

秦編鐘・乙鐘鉦部・摹(秦銅・11.5):以受大福

秦編鐘・乙鐘左篆部・摹(秦銅・11.7):雁(膺)受大令(命)

秦編鐘・丙鐘(秦銅・10.3):我先且(祖)受天命商(賞)宅受或(國)

秦編鐘・丙鐘(秦銅・10.3):我先且(祖)受天命商(賞)宅受或(國)

秦編鐘・丁鐘(秦銅・10.4):翼受明德

秦編鐘・丁鐘(秦銅・10.4):以受多福

秦編鐘・戊鐘(秦銅・10.5):以受大福

秦鎛鐘・1 號鎛(秦銅・12.1):我先且(祖)受天命商(賞)宅受或(國)

秦鎛鐘・1 號鎛(秦銅・12.1):我先且(祖)受天命商(賞)宅受或(國)

秦鎛鐘・1 號鎛(秦銅・12.2):以受多福

秦鎛鐘・1 號鎛(秦銅・12.2):翼受明德

秦鎛鐘・1 號鎛(秦銅・12.3):以受大福

秦鎛鐘・2 號鎛(秦銅・12.4):我先且(祖)受天命商(賞)宅受或(國)

秦鎛鐘・2 號鎛(秦銅・12.4):我先且(祖)受天命商(賞)宅受或(國)

秦鎛鐘・2 號鎛(秦銅・12.5):以受多福

秦鎛鐘・2 號鎛(秦銅・12.5):翼受明德

秦鎛鐘・2 號鎛(秦銅・12.6):雁(膺)受大令(命)

秦鎛鐘・2 號鎛(秦銅・12.6):以受大福

秦鎛鐘・3 號鎛(秦銅・12.7):我先且(祖)受天命商(賞)宅受或(國)

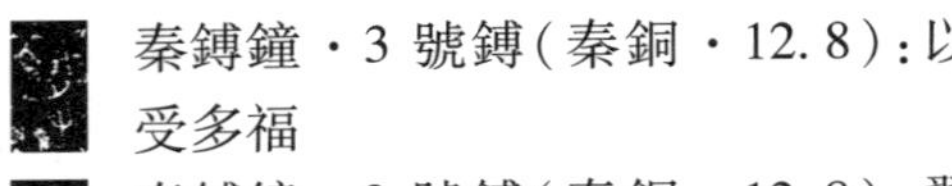
秦鎛鐘・3號鎛(秦銅・12.8):以受多福

秦鎛鐘・3號鎛(秦銅・12.8):翼受明德

秦鎛鐘・3號鎛(秦銅・12.9):雁(膺)受大令(命)

秦鎛鐘・3號鎛(秦銅・12.9):以受大福

秦公簋・蓋(秦銅・14.2):以受屯(純)魯多釐

秦公簋・器(秦銅・14.1):不(丕)顯朕皇且(祖)受天命

秦公鎛鐘・摹(秦銅・16.1):不(丕)顯朕皇且(祖)受天命

秦公鎛鐘・摹(秦銅・16.2):以受多福

秦公鎛鐘・摹(秦銅・16.4):以受屯(純)魯多釐

卅年詔事戈(珍金・75):受(授)屬邦〖注〗受,讀爲"授",授予、頒發。

卅年詔事戈・摹(珍金・75):受(授)屬邦

十三年少府矛・摹(秦銅・73):武庫受(授)屬邦

少府矛・摹(秦銅・72):武庫受(授)屬邦

寺工矛一・摹(秦銅・95):武庫受(授)屬邦

大墓殘磬(集證・82):受釁(眉)壽無疆

大墓殘磬(集證・83):受釁(眉)

石鼓文・吳人(先鋒本):□曾受其章

詛楚文・亞駝(中吳本):亦應受皇天上帝及不(丕)顯大神亞駝之幾(機)靈德賜

詛楚文・巫咸(中吳本):亦應受皇天上帝及不(丕)顯大神巫咸[之]幾(機)靈德賜

詛楚文・湫淵(中吳本):亦應受皇天上帝及大沈氒(厥)湫之幾(機)靈德賜

睡簡・日乙・215:其東北受兇(凶)

睡簡・爲吏・22:四曰受令不僂

睡簡・語書・13:曹莫受〖注〗受,受命。

睡簡・秦律・201:受衣未受

睡簡・秦律・201:受衣未受

睡簡・答問・9:受分臧(贓)不盈一錢

睡簡・答問・67:受分十錢

睡簡・答問・148:和受質者

睡簡・答問・148:擅强質及和受質者

睡簡・答問・11:寄乙,乙受

睡簡・封診式・38:受賈(價)錢

睡簡・秦律・8:芻自黃𪏰(穌)及䕺束以上皆受之

睡簡・秦律・86:內受買(賣)之

睡簡・秦律・87:縣受買(賣)之

睡簡・秦律・8:以其受田之數

睡簡・秦律・20:大(太)倉課都官及受服者

睡簡・秦律・20:及受服牛者卒歲死牛三以上

睡簡・秦律・201:受者以律續食衣之

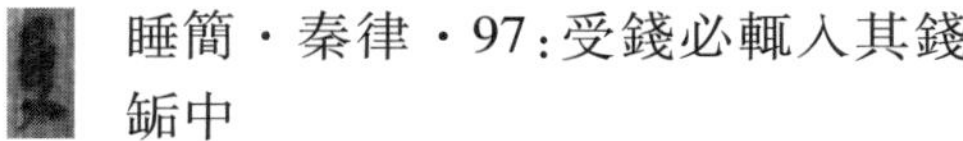
睡簡・秦律・97:受錢必輒入其錢缿中

睡簡・秦律・90・摹:受(授)衣者

睡簡・秦律・64:官府受錢者

睡簡・秦律・70:受者以入計之

睡簡・秦律・184:行傳書、受書

睡簡・秦律・102:受之以久(記)

睡簡・秦律・104:久(記)必乃受之

睡簡・秦律・153:皆不得受其爵及賜

睡簡・秦律・15:受勿責

睡簡・秦律・154:賜未受而死及灋耐署(遷)者

睡簡・雜抄・38:捕人相移以受爵者

睡簡・日乙・208:去室西南受兇(凶)

睡簡・日乙・206:其東受兇(凶)

睡簡・日乙・207:東南受央(殃)

睡簡・日乙・210:其東受兇(凶)

睡簡・日乙・212:[其]東受兇(凶)

睡簡・日乙・216:其東受兇(凶)

睡簡・日乙・213:其西受兇(凶)

龍簡・137:直(值)其所失臧(贓)及所受臧(贓)

龍簡・148:其所受臧(贓)

龍簡・144:租者監者詐受匿(?)租所□

里簡・J1(9)9正:以受(授)陽陵司空

里簡・J1(9)10正:以受(授)陽陵司空

里簡・J1(9)9正:令顡署所縣受責

里簡・J1(9)11正:以受(授)陽陵司空

里簡・J1(9)1正:以受(授)陽陵司空

里簡・J1(9)2正:以受(授)陽陵司空

里簡・J1(9)3正:以受(授)陽陵司空

里簡・J1(9)4正:以受(授)陽陵司空

里簡・J1(9)5正:以受(授)陽陵司空

里簡・J1(9)7正:以受(授)陽陵司空

里簡・J1(9)8正:以受(授)陽陵司空

0818　　爭

繹山刻石・宋刻本:以開爭理

睡簡・語書・10:是以不爭書

睡簡・語書・11:喜爭書

龍簡・203・摹:遇(?)而爭

0819 㪅(敢)敢

杜虎符(秦銅・25):乃敢行之

新郪虎符・摹(集證・37):乃敢行之

詛楚文・湫淵(中吳本):倍(吾)不敢曰可

詛楚文・湫淵(中吳本):敢數楚王熊相之倍(背)盟犯詛

詛楚文・亞駝(中吳本):倍(吾)不敢曰可

詛楚文・亞駝(中吳本):敢數楚王熊相之倍(背)盟犯詛

詛楚文・湫淵(中吳本):敢用吉玉宣璧

詛楚文・巫咸(中吳本):倍(吾)不敢曰可

詛楚文・巫咸(中吳本):敢數楚王熊相之倍(背)盟犯詛

詛楚文・巫咸(中吳本):敢用吉玉宣璧

詛楚文・亞駝(中吳本):敢用吉玉宣璧

秦駰玉版・甲・摹:孰敢不精

秦駰玉版・甲・摹:吾敢告之

秦駰玉版・甲・摹:小子駰敢以芥(介)圭、吉璧、吉叉(瑑)

秦駰玉版・乙・摹:吾敢告之

秦駰玉版・乙・摹:小子駰敢以芥(介)圭、吉璧、吉叉(瑑)

秦駰玉版・乙・摹:孰敢不精

睡簡・日甲・111背:敢告曰

睡簡・日乙・194:敢告璽(爾)宛奇

睡簡・爲吏・2・摹:不敢徒語恐見惡

睡簡・6號牘・背:驚敢大心問姑秭(姊)

睡簡・11號牘・正・摹:黑夫、驚敢再拜問中

睡簡・答問・162:毋敢履錦履

睡簡・封診・50:敢告

睡簡・秦律・26:毋敢增積

睡簡・秦律・200:勿敢行

睡簡・秦律・68:毋敢擇行錢、布

睡簡・秦律・6:麛時毋敢將犬以之田

睡簡・秦律・65:勿敢異

睡簡・秦律・6:勿敢殺

睡簡・秦律・4:毋敢伐材木山林及雍(壅)隄水

睡簡・秦律・4:毋敢夜草爲灰

睡簡・秦律・183:勿敢留

睡簡・秦律・12:百姓居田舍者毋敢醢(酤)酉(酒)

睡簡・秦律・121:縣毋敢擅壞更公舍官府及廷

睡簡・秦律・192:毋敢從史之事

睡簡・秦律・197:毋敢以火入臧(藏)府、書府中

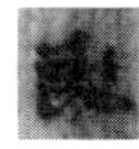睡簡・秦律・193:侯(候)、司寇及羣下吏毋敢爲官府佐、史及禁苑憲盜

睡簡・秦律・195:毋敢舍焉

睡簡・秦律・159:所不當除而敢先見事

睡簡・雜抄・32:敢爲酢(詐)僞者

睡簡・雜抄・42:敢令爲它事

睡簡・雜抄・18:敢爲它器

睡簡・雜抄・15:敢深益其勞歲數者、貲一甲

睡簡・日甲・126 正:賤人弗敢居

睡簡・日甲・130 正:毋(無)敢顮(顧)

睡簡・日甲・13 背:敢告壐(爾)豺踦

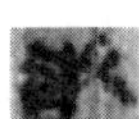睡簡・日甲・119 正:賤人弗敢居

睡簡・日甲・116 正:賤人弗敢居

睡簡・爲吏・5:來者有稽莫敢忘

睡簡・爲吏・1:敢爲固

龍簡・103:毋敢穿穽及置它機

龍簡・85:而毋敢射[殺]□

龍簡・27・摹:禁毋敢取耎(壖)中獸

龍簡・23:勿敢擅殺

龍簡・180:□敢販假□贏□

龍簡・54:敢行馳道中者

里簡・J1(16)8 背:敢言之

里簡・J1(16)9 正:啟陵鄉□敢言之

里簡・J1(9)9 背:陽陵遬敢言之

里簡・J1(9)1 正:敢言之

里簡・J1(9)2 正:敢言之

里簡・J1(9)4 正:敢言之

里簡・J1(9)5 正:敢言之

里簡・J1(9)6 正:敢言之

里簡・J1(9)7 正:敢言之

里簡・J1(9)8 正:敢言之

里簡・J1(9)9 正:敢言之

里簡・J1(9)10 正:敢言之

里簡・J1(9)11 正:敢言之

里簡・J1(9)2 正:敢言之

里簡・J1(9)4 正:敢言之

里簡・J1(9)5 正:敢言之

里簡・J1(9)6 正:敢言之

里簡・J1(9)8 正:敢言之

里簡・J1(8)152 正:敢言之

里簡・J1(8)152 正:少內守是敢言之

里簡・J1(8)158 正:敢告主

里簡・J1(8)158 正:遷陵守丞色敢告酉陽丞

里簡・J1(9)1 正:敢言之

里簡・J1(9)1 正:司空騰敢言之

里簡・J1(9)1 正:陽陵守丞廚敢言之

里簡・J1(9)2 正:敢言之

里簡・J1(9)2 正:司空騰敢言之

里簡・J1(9)2 正:陽陵守丞恬敢言之

里簡・J1(9)2 正:陽陵遬敢言之

里簡・J1(9)3 背:敢言之

里簡・J1(9)3 正:司空騰敢言之

里簡・J1(9)3 正:陽陵守丞恬敢言之

里簡・J1(9)4 正:敢言之

里簡・J1(9)4 正:司空騰敢言之

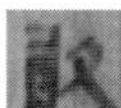里簡・J1(9)4 正:陽陵守丞廚敢言之

里簡・J1(9)4 正:陽陵守丞欣敢言之

里簡・J1(9)5 正:敢言之

里簡・J1(9)5 正:司空騰敢言之

里簡・J1(9)5 正:陽陵守丞廚敢言之

里簡・J1(9)5 正:陽陵遬敢言之

里簡・J1(9)6 正:敢言之

里簡・J1(9)6 正:司空騰敢言之

里簡・J1(9)6 正:陽陵守丞[𥈭]敢言之

里簡・J1(9)6 正:陽陵遬敢言之

里簡・J1(9)7 背:敢言之

里簡・J1(9)7 背:陽陵遬敢言之

里簡・J1(9)7 正:敢言之

里簡・J1(9)7 正:司空騰敢言之

里簡・J1(9)7 正:陽陵守丞廚敢言之

里簡・J1(9)8 正:敢言之

里簡・J1(9)8 正:司空騰敢言之

里簡・J1(9)8 正:陽陵守丞廚敢言之

里簡・J1(9)8 正:陽陵遬敢言之

里簡・J1(9)9 背:敢言之

里簡・J1(9)9 正:敢言之

里簡・J1(9)9 正:司空騰敢言之

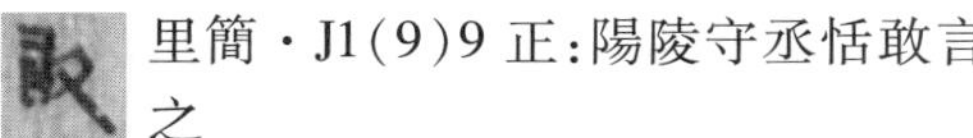
里簡・J1(9)9 正:陽陵守丞恬敢言之

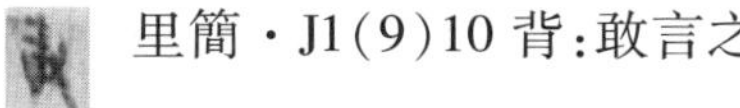
里簡・J1(9)10 背:敢言之

里簡・J1(9)10 背:陽陵守丞慶敢言之

里簡・J1(9)10 正:敢言之

里簡・J1(9)10 正:司空騰敢言之

里簡・J1(9)10 正:陽陵守丞廚敢言之

里簡・J1(9)11 背:敢言之

里簡・J1(9)11 正:敢言之

里簡・J1(9)11 正:司空騰敢言之

里簡・J1(9)11 正:陽陵守丞恬敢言之

里簡・J1(9)11 正:陽陵遬敢言之

里簡・J1(9)12 背:敢言之

里簡・J1(9)12 背:陽陵遬敢言之

里簡・J1(9)981 正:敢言之

里簡・J1(9)981 正:田官守敬敢言之

里簡・J1(6)1 背:以以郵行行守敢以以

里簡・J1(8)133 正:[獄]史敀敢□

里簡・J1(8)133 正:敢言之

里簡・J1(8)134 正:敢言之

里簡・J1(8)154 正:敢言之

里簡・J1(8)154 正:遷陵守丞都敢言之

里簡・J1(8)157 正:敢言之

里簡・J1(8)157 正:啟陵鄉夫敢言之

關簡・343:敢告鬻

關簡・326:敢告東陳垣君子

關簡・338:敢告曲池

帛書・病方・84:毋敢上下尋

秦印編 74:楊敢

秦印編 74:狗敢

秦印編 74:李敢

秦印編 74:李敢

秦印編 74:昌敢

秦印編 74:王敢

0820　殤

睡簡・日甲・50 背:是幼殤死不葬

0821　歾(朽)

睡簡・秦律・164:仓扁(漏)歾(朽)禾粟

睡簡・效律・22：仓屚(漏)歺(朽)禾粟

0822　　殃

會稽刻石・宋刻本：遂起禍殃

0823　　殄 ㄐ

會稽刻石・宋刻本：殄熄暴悖〖注〗殄，盡也。

0824　　殂

龍簡・90・摹：得殂〖注〗《說文》："殂，禽獸所食餘也。"殘缺字後寫作"殘"。段玉裁注隸作"肙"，說右旁爲月。

0825　　殖

帛書・病方・45：取封殖(埴)土冶之〖注〗殖，即"埴"，黏土。

0826　　殀

睡簡・日甲・81背：戊名曰匽爲勝殀

0827　　死 𠒁

會稽刻石・宋刻本：倍死不貞

琅邪臺刻石：臣昧死請

琅邪臺刻石：丞相臣斯、臣去疾、御史大夫臣德昧死言

泰山刻石・二十九字本：□臣斯、臣去疾、御史大夫臣□昧死言

泰山刻石・二十九字本：臣昧死請

泰山刻石・宋拓本：臣昧死請

泰山刻石・宋拓本：丞相臣斯、臣去疾、御史大夫臣德昧死言

繹山刻石・宋刻本：臣昧死請

繹山刻石・宋刻本：丞相臣斯、臣去疾、御史大夫臣德昧死言

天簡23・甲：癉疾死可以治嗇夫

天簡39・乙：不死不亡

睡簡・爲吏・44：死毋(無)名

睡簡・日乙・157：死生在申

睡簡・日乙・110：大主死、瘁(癃)

睡簡・日乙・117：夫妻必有死者

睡簡・爲吏・51：臨難見死

睡簡・日乙・88：□徙死庚子寅辰北徙死

睡簡・日乙・88：□徙死庚子寅辰北徙死

睡虎地沮6號木牘・正：即死矣

睡簡・編年・7・摹：莊王死

睡簡・編年・52：王稽、張祿死

睡簡・答問・68：今甲病死已葬

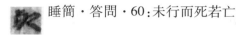

睡簡・答問・60:未行而死若亡

睡簡・答問・77:問死者有妻、子當收

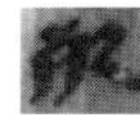睡簡・答問・74:子以貼死

睡簡・答問・108:父已死

睡簡・答問・106:父死而誧(甫)告之

睡簡・答問・106:父死而告之

睡簡・答問・107:未獄而死若已葬

睡簡・封診・68:卽令甲、女載丙死(屍)詣廷

睡簡・封診・69:當獨抵死(屍)所

睡簡・封診・63:里人士五(伍)丙經死其室

睡簡・秦律・84:其已分而死

睡簡・秦律・84:未而死

睡簡・秦律・85:未賞(償)及居之未備而死

睡簡・秦律・20:及受服牛者卒歲死牛三以上

睡簡・秦律・68:賈市居死者及官府之吏

睡簡・秦律・77:其人死亡〖注〗死亡爲一詞;或說:亡,逃亡。

睡簡・秦律・5:唯不幸死而伐綰(棺)享(槨)者

睡簡・秦律・18:其乘服公馬牛亡馬者而死縣

睡簡・秦律・19:十牛以上而三分一死

睡簡・秦律・16:亟謁死所縣

睡簡・秦律・16:馬[牛]死者

睡簡・秦律・106:其叚(假)者死亡、有辠毋(無)責也

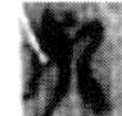睡簡・秦律・17:其非疾死者

睡簡・秦律・17:其小隸臣疾死者

睡簡・秦律・135:葆子以上居贖刑以上到贖死

睡簡・秦律・142:日未備而死者

睡簡・秦律・157:其有死亡及故有夬(缺)者

睡簡・秦律・153:未拜而死

睡簡・秦律・154:賜未受而死及灋耐䙴(遷)者

睡簡・秦律・101:叚(假)而有死亡者

睡簡・雜抄・37:不死者歸

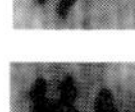睡簡・雜抄・37:有(又)後察不死

睡簡・雜抄・37:戰死事不出

睡簡・日甲・89背:必有死者二人

睡簡・日甲・89正:必五人死

睡簡・日甲・86背:其後必有子將弟也死

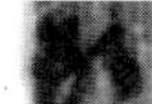睡簡・日甲・86正:以死,必二人

睡簡・日甲・83背:有死

睡簡·日甲·2 背:必以子死

睡簡·日甲·25 背:璽(爾)必以某(某)月日死

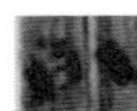睡簡·日甲·2 正:有弟必死

睡簡·日甲·92 背:其後必有小子死

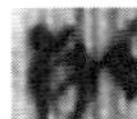睡簡·日甲·99 正:必有死者

睡簡·日甲·96 背:必有大女子死

睡簡·日甲·96 背:甲子死

睡簡·日甲·96 背:男子死

睡簡·日甲·93 背:日中死兇(凶)

睡簡·日甲·95 背:甲辰寅死

睡簡·日甲·69 正:青色死

睡簡·日甲·66 背:則死矣

睡簡·日甲·65 背:人妻妾若朋友死

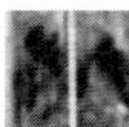睡簡·日甲·77 正:不死毋晨

睡簡·日甲·77 正:黑色死

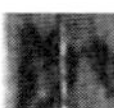睡簡·日甲·77 正:三月死

睡簡·日甲·73 正:黄色死

睡簡·日甲·74 正:外鬼傷(殤)死爲祟

睡簡·日甲·75 正:白色死

睡簡·日甲·75 正:不盈三歲死

睡簡·日甲·71 正:赤色死

睡簡·日甲·38 背:則死矣

睡簡·日甲·36 正:不死

睡簡·日甲·37 背:或死或病

睡簡·日甲·37 正:子死

睡簡·日甲·33 背:畏死矣

睡簡·日甲·40 背:多瞢(夢)米(寐)死

睡簡·日甲·4 背:夫先死

睡簡·日甲·49 正:角、犺(亢)致死

睡簡·日甲·43 背:或死或病

睡簡·日甲·44 正:不得必死

睡簡·日甲·44 正:子死

睡簡·日甲·50 背:是幼殤死不葬

睡簡·日甲·58 正:斗、牽牛致死

睡簡·日甲·52 背:人生子未能行而死

睡簡·日甲·52 正:東井、輿鬼致死

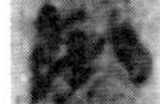睡簡·日甲·56 背:人之六畜毋(無)故而皆死

睡簡·日甲·56 正:危、營室致死

睡簡·日甲·57 正:須女、虚致死

睡簡·日甲·53 正:畢、此(觜)嶲致死

睡簡·日甲·54 正:胃、參致死

睡簡·日甲·55 正:奎、婁致死

睡簡·日甲·51 正:七星致死

睡簡·日甲·100 正:長子婦死

睡簡·日甲·100 正:大人死

睡簡·日甲·100 正:牛羊死

睡簡·日甲·100 正:孫子死

睡簡·日甲·100 正:中子婦死

睡簡·日甲·108 正:必死

睡簡·日甲·10 背:死若棄

睡簡·日甲·102 正:不死

睡簡·日甲·102 正:大主死

睡簡·日甲·106 正:必死

睡簡·日甲·107 正:其肉未索必死

睡簡·日甲·105 正:尌(樹)木,死

睡簡·日甲·120 背:必鼠(予)死者

睡簡·日甲·129 正:必有死亡之志至

睡簡·日甲·126 背:丙子、寅、辰南徙,死

睡簡·日甲·126 背:庚子、寅、辰西徙,死

睡簡·日甲·126 背:壬子、寅、辰北徙,死

睡簡·日甲·124 正:木長,澍(樹)者死

睡簡·日甲·133 正:凡此日以歸,死

睡簡·日甲·131 正:二百里外必死

睡簡·日甲·149 背:田亳主以乙巳死

睡簡·日甲·141 背:必有死者

睡簡·日甲·156 正:必死

睡簡·日甲·156 正:女果以死

睡簡·日甲·110 背:是謂出亡歸死之日也

睡簡·日甲·116 背:必鼠(予)死者

睡簡·日甲·115 背:必死

睡簡·日乙·89:必五生(牲)死

睡簡·日乙·89:旬死

睡簡·日乙·208:丙丁死者

睡簡·日乙·206:壬癸死者

睡簡·日乙·207:甲乙死者

睡簡·日乙·203:丙丁死者

睡簡・日乙・203:死者主也

睡簡・日乙・204:不去有死

睡簡・日乙・204:戊己死

睡簡・日乙・205:庚辛死者

睡簡・日乙・220:不去其室有死

睡簡・日乙・220:庚辛死者

睡簡・日乙・223:必兵死

睡簡・日乙・223:冬三月甲乙死者

睡簡・日乙・221:壬癸死者

睡簡・日乙・249:有子死

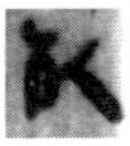

睡簡・日乙・247:不出三日必死

睡簡・日乙・250:君子兵死

睡簡・日乙・250:有死子

睡簡・日乙・258:其子已死矣

睡簡・日乙・251:有子死

睡簡・日乙・210:庚辛死者

睡簡・日乙・219:戊已死者

睡簡・日乙・216:壬癸死者

睡簡・日乙・217:必兵死

睡簡・日乙・217:甲乙死者

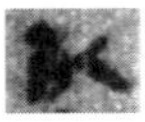

睡簡・日乙・213:丙丁死者

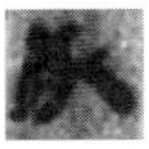

睡簡・日乙・214:戊己死者

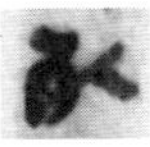

睡簡・日乙・215:庚辛死者

睡簡・日乙・62:以生子,死

睡簡・日乙・56:生子,死

睡簡・日乙・108:以女子日死

睡簡・日乙・103:不到三年死

睡簡・日乙・105:三月死

睡簡・日乙・188:長死之

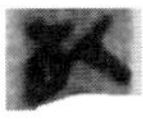

睡簡・日乙・182:有閒,不閒,死

睡簡・日乙・189:少者死之

睡簡・日乙・186:死□

睡簡・日乙・183:死火日

睡簡・日乙・184:死土日

睡簡・日乙・185:外鬼、傷(殤)死爲姓(眚)

睡簡・日乙・167:死生在寅

睡簡・日乙・163:死生在亥

睡簡・日乙・165:死生在子

睡簡·日乙·161:死生在子

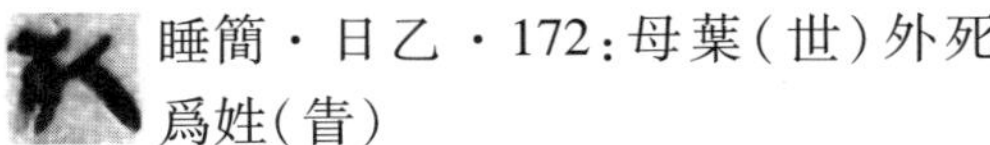
睡簡·日乙·172:母葉(世)外死爲姓(眚)

睡簡·日乙·179:死生在子

睡簡·日乙·177:死生在酉

睡簡·日乙·173:死生在辰

睡簡·日乙·175:死生在未

睡簡·日乙·147:道蹽(旁)以死

睡簡·日乙·147:伏者以死

睡簡·日乙·150:不得必死

睡簡·日乙·152:不得必死

睡簡·日乙·159:已大翏(瘳)、死生

睡簡·日乙·113:若或死焉

睡簡·爲吏·32:身及於死

龍簡·196·摹:黔首□不幸死

龍崗牘·正·摹:辟死論不當爲城旦〖注〗辟死,劉國勝說是人名。胡平生說"辟"是墓主名;死,已死亡。

龍崗牘·正:沙羨丞甲、史丙免辟死爲庶人

龍簡·75:□死□縣道[官]□

龍簡·37:盜死獸直(值)賈(價)以開(關)□

里簡·J1(9)1正:陽陵宜居士五(伍)毋死有貲餘錢八千六十四

〖注〗毋死,人名。

里簡·J1(9)1正:令毋死署所縣責

里簡·J1(9)1正:毋死戍洞庭郡

關簡·297:上公、兵死、陽主歲=在中〖注〗兵死,死於戰事者。

關簡·232:[占]病者,死

關簡·204:占病者,死

關簡·224:不死

帛書·足臂·24:不死

帛書·灸經甲·56:死

帛書·足臂·22:不過三日死

帛書·足臂·22:死

帛書·足臂·23:死

帛書·灸經甲·56:死

帛書·足臂·22:不過三日死

帛書·足臂·22:死

帛書·足臂·23:死

帛書·病方·211:取死者叕烝(蒸)之

帛書·病方·240:取內戶旁祠空中黍腏、燔死人頭皆冶

帛書·病方·357:□死人胻骨

帛書·病方·399:□鼠令自死

帛書・死候・85:其病唯折骨列(裂)膚一死

帛書・死候・86:□五死

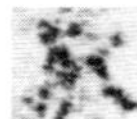
帛書・死候・86:過十日而死

帛書・死候・87:[則]骨先死

帛書・死候・87:則氣先死

帛書・死候・88:[則筋]先死

帛書・灸經甲・56:三者同則死

帛書・灸經甲・61:死

帛書・足臂・21:[不]過十日死

帛書・足臂・21:死

集證・221.259:寺工毋死〖注〗毋死,人名。

集證・221.260:寺工毋死

0828　　別

會稽刻石・宋刻本:審別職任

睡簡・答問・1:害盜別徼而盜〖注〗別,讀爲“背”。或說:別,分別。

睡簡・答問・116:子小不可別〖注〗別,分離。

睡簡・答問・116:子小未可別

睡簡・封診・85:別丙、甲

睡簡・日甲・88背:其後必有別

睡簡・秦律・63・摹:別計其錢

睡簡・秦律・33:別其數

睡簡・秦律・34:別黄、白、青

睡簡・秦律・35:別粲(秈)、穤(糯)秙(黏)稻

睡簡・秦律・35:別粲(秈)、穤(糯)之襄(釀)

里簡・J1(16)5背:尉別都鄉司空

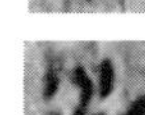
里簡・J1(16)6背:尉別書都鄉司空

里簡・J1(16)5背:都鄉別啟陵、貳春

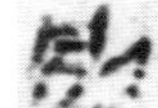
帛書・病方・442:中別爲□之倡而笄門戶上各一

秦印編74:孔別

0829　　骨

睡簡・答問・75:鬭折脊項骨

睡簡・日甲・55背:必枯骨也

帛書・足臂・31:循臂上骨下兼(廉)

帛書・足臂・33:循骨上兼(廉)

帛書・病方・271:骨雎(疽)倍白蔹(蘞)

帛書・病方・357:□死人胻骨

帛書・病方・451:□[馬]左頰骨

帛書・死候・85:其病唯折骨列(裂)膚一死

帛書・死候・87:[則]骨先死

帛書・灸經甲・43:[毄(繫)]於骭骨外廉〖注〗骭骨,脛骨。

帛書・灸經甲・50:出臂外兩骨之間

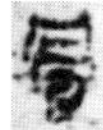
帛書・灸經甲・64:此爲骨蹷(厥)

帛書・灸經甲・67:上骨下廉

帛書・灸經甲・70:起於臂兩骨之間

帛書・灸經甲・70:之下骨上廉

帛書・足臂・5:枝於骨間

帛書・足臂・23:陽病折骨絶筋而無陰病

帛書・足臂・29:循骨下兼(廉)

0830　髕

帛書・病方・245:其中有如兔髕〖注〗兔髕,疑卽菟絲子,藥名。

0831　骭

帛書・灸經甲・43:[毄(繫)]於骭骨外廉〖注〗骭骨,脛骨。

帛書・灸經甲・43:循骭而上

帛書・灸經甲・46:骭蹷(厥)

0832　體

泰山刻石・宋拓本:男女體順

帛書・病方・376:身有體癰種(腫)者方

0833　髖

睡簡・日乙・251:癸失火,有髖(鬼)

0834　肉

睡簡・答問・18:共食肉

睡簡・答問・17:與食肉

睡簡・秦律・7:食其肉而入皮

睡簡・秦律・18:縣診而雜買(賣)其肉

睡簡・日甲・22背:其後必肉食

睡簡・日甲・70正:得之赤肉、雄鷄、酉(酒)

睡簡・日甲・76正:得之於酉(酒)脯脩節(鼈)肉

睡簡・日甲・74正:得之犬肉、鮮卵白色

睡簡・日甲・45背:以黍肉食宲人

睡簡・日甲・107正:其肉未索必死

睡簡・日甲・147正:肉食

睡簡・日甲・115正:嗇毋絶縣(懸)肉

睡簡・日乙・239:肉食

睡簡・日乙・180:黑肉從東方來

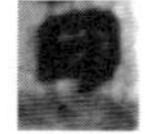睡簡·日乙·187:得於酉(酒)、脯脩節(鼈)肉

睡簡·日乙·183:得赤肉、雄鷄、酒

睡簡·日乙·185:得於肥肉、鮮魚、卵

睡簡·日乙·181:禹(遇)御於豕肉

睡簡·日乙·120:以昔肉吉

睡簡·日乙·160:腤肉從東方來

睡簡·日乙·168:赤肉從東方來

睡簡·日乙·166:乾肉從東方來

睡簡·日乙·164:狗肉從東方來

睡簡·日乙·170:赤肉從南方來

睡簡·日乙·176:赤肉從北方來

睡簡·日乙·158:黑肉從北方來

龍簡·83:食其肉而入其皮

關簡·317:而取牛肉剝(劙)之

帛書·病方·27:馬肉

帛書·病方·27:彘肉

帛書·病方·95:兔□肉陀(他)甗中

帛書·病方·99:煮鹿肉若野彘肉

帛書·病方·100:煮羊肉

帛書·病方·121:厚蔽肉

帛書·病方·201:以汁亨(烹)肉

帛書·病方·237:取野獸肉食者五物之毛等

帛書·病方·238:服藥時禁毋食彘肉、鮮魚

帛書·病方·239:有蠃肉出〖注〗蠃肉,螺肉。

帛書·病方·256:取肥□肉置火中

帛書·病方·342:炙牛肉

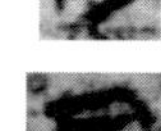帛書·病方·375:傅藥毋食□彘肉、魚及女子

帛書·病方·393:肉産

帛書·病方·394:傷□肉而止

帛書·病方·395:三日而肉産

帛書·病方·404:[以]豬肉肥者□

0835 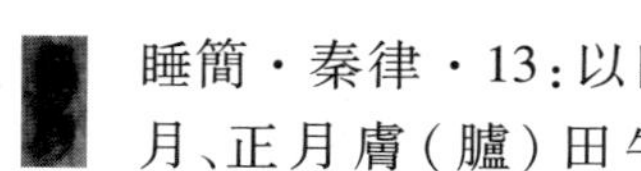 臚(膚)

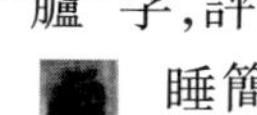睡簡·秦律·13:以四月、七月、十月、正月膚(臚)田牛〖注〗膚,卽"臚"字,評比。

睡簡·雜抄·29:膚(臚)吏乘馬篤、辈(眥)

睡簡·雜抄·29:及不會膚(臚)期

帛書·死候·85:其病唯折骨列(裂)膚一死

帛書·病方·322:産膚

帛書・病方・323:□如故膚

帛書・病方・454:牡高膚

0836　脣 頣(唇)

睡簡・答問・87:夬(決)人脣

睡簡・答問・83:齧斷人鼻若耳若指若脣

睡簡・封診・79:垣北去小堂北脣丈〖注〗脣,邊緣。

0837　腎

睡簡・答問・25:祠固用心腎及它支(肢)物

睡簡・答問・25:今或益〈盜〉一腎

帛書・病方・218:卽內(納)腎臓於壺空(孔)中〖注〗腎,外腎,卽陰囊。

帛書・病方・271:腎雎(疽)倍芍藥

帛書・病方・217:卽內(納)腎臓於壺空(孔)中

帛書・病方・217:令其空(孔)盡容積(癩)者腎與臓

帛書・灸經甲・62:毄(繫)於腎

0838　脾

帛書・灸經甲・41:脾(髀)[外]廉[痛]

帛書・足臂・7:脾(髀)外兼(廉)痛

秦陶・459:脾(?)

0839　肝

帛書・足臂・13:出肝

帛書・足臂・14:肝痛

0840　膽

關簡・309:取肥牛膽盛黑叔(菽)中〖注〗牛膽,草藥名。

帛書・病方・226:其藥曰陰乾黄牛膽〖注〗陰乾黄牛膽,卽牛膽。

帛書・病方・246:□龜𪘲(腦)與地膽蟲相半〖注〗地膽蟲,卽地膽,藥名。

帛書・病方・419:以犬膽和

0841　胃

睡簡・答問・108:是胃(謂)"家皐"

睡簡・日甲・91 背:□此胃者不出

睡簡・日甲・38 正:是胃(謂)又(有)小逆

睡簡・日甲・32 正:是胃(謂)重光

睡簡・日甲・34 正:命胃(謂)三勝

睡簡・日甲・34 正:是胃(謂)三昌

睡簡・日甲・40 正:是胃(謂)其羣不捧

睡簡・日甲・42 正:是胃(謂)乍陰乍陽

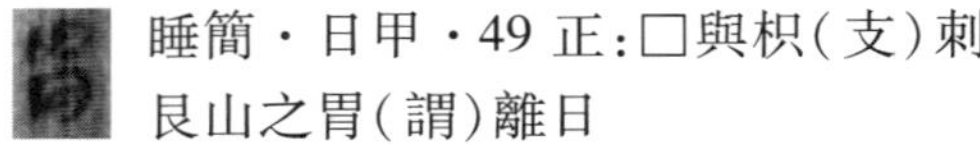
睡簡・日甲・49 正:□與枳(支)刺艮山之胃(謂)離日

睡簡・日甲・47 正:此所胃(謂)艮山

睡簡・日甲・44 正:是胃(謂)六甲相逆

睡簡・日甲・52 正:胃、角、犺(亢)大凶

睡簡・日甲・57 正:角、胃、參大凶

睡簡・日甲・54 正:胃、參致死

睡簡・日甲・51 正:胃、參少吉

睡簡・日甲・108 正:是胃(謂)并亡

睡簡・日甲・10 背:戌興〈與〉亥是胃(謂)分離日

睡簡・日甲・130 正:大顮(顧)是胃(謂)大楮(佇),兇(凶)

睡簡・日甲・130 正:少(小)顮(顧)是胃(謂)少(小)楮(佇)

睡簡・日甲・138 背:是胃(謂)地杓

睡簡・日甲・132 背:是胃(謂)土神

睡簡・日甲・139 背:是胃(謂)召(招)䍃(搖)合日

睡簡・日甲・136 背:是胃(謂)牝日

睡簡・日甲・137 背:是胃(謂)召(招)䍃(搖)合日

睡簡・日甲・134 背:是胃(謂)地衝

睡簡・日甲・142 背:是胃(謂)發蟄

睡簡・日甲・119 正:是胃(謂)邦君門

睡簡・日乙・84:胃,利入禾粟及爲囷倉

睡簡・日乙・237:是胃(謂)貴勝賤

關簡・219:斗乘胃

關簡・147:三月,胃〚注〛胃,二十八宿之一。

帛書・灸經甲・54:是胃脈(脈)殹

帛書・脈法・76:胃(謂)之過

帛書・脈法・77:胃(謂)之碧(砭)□

帛書・病方・423:是胃(謂)日□

帛書・灸經甲・54:彼(被)胃

0842 脬

帛書・病方・161:痛於脬及衷〚注〛脬,膀胱。

帛書・病方・173:脬盈者方

帛書・病方・262:取其脬

0843 腸

天簡 29・乙:病心腸

關簡・351:某不能腸(傷)其富

關簡・310:鬻(粥)足以入之腸

帛書・灸經甲・63・摹:心腸〈惕〉

帛書・病方・目錄・摹:腸積(癪)

帛書・死候・86:三陰貸(腐)臧(臟)煉(爛)腸而主殺

帛書・灸經甲・45:心腸〈惕〉

0844　膏　膏

帛書・病方・452:以彘膏已湔(煎)者膏之

帛書・病方・452:以彘膏已湔(煎)者膏之

帛書・病方・1:□膏、甘草各二

帛書・病方・14:取彘膏、□衍并冶
〖注〗彘膏,豬脂油。

帛書・病方・16:以方(肪)膏、烏豙(喙)□〖注〗肪膏,動物油脂。

帛書・病方・21:以職(膱)膏弁
〖注〗膱膏,即黏的油脂。

帛書・病方・37:漬□彘膏煎汁□沃

帛書・病方・44:即以彘膏財足以煎之

帛書・病方・48:以豬煎膏和之

帛書・病方・132:與久膏而□傅之
〖注〗久膏,陳久的脂油。

帛書・病方・186:膏痒

帛書・病方・240:以膱膏濡

帛書・病方・261:煮一斗棗、一斗膏

帛書・病方・263:以膏膏出者

帛書・病方・284:以彘膏未湔(煎)者灸銷(消)以和□傅之

帛書・病方・327:熱膏沃冶中

帛書・病方・327:豶膏以醂

帛書・病方・328:以豬膏和[傅]

帛書・病方・338:以彘膏脩(滫)

帛書・病方・341:以牡□膏、鱣血饍

帛書・病方・352:并以彘職(膱)膏弁

帛書・病方・355:以彘職(膱)膏殽弁

帛書・病方・356:以肥滿剡豶膏□夷□善以水洒加(痂)

帛書・病方・357:以識(膱)膏□

帛書・病方・358:而炙蛇膏令消

帛書・病方・359:取三歲織(膱)豬膏

帛書・病方・360:以牡彘膏饍

帛書・病方・398:以杜(牡)豬膏□

帛書・病方・418:豕膏一升

帛書・病方・421:豕膏和

帛書・病方・424:以久膏和傅

帛書・病方・452・摹:而以冶馬[頰骨]□傅布□膏□更裹

帛書・病方・452:再膏傅

帛書・病方・455:以豬織(膱)膏和

帛書・病方・殘8:膏盡□

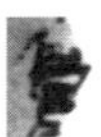帛書・病方・殘10:膏

帛書・病方・無編號:膏

帛書・灸經甲・40:甚則無膏〖注〗無膏,指全身皮膚失去潤澤。

0845   脅

帛書・病方・51:脅痛

帛書・灸經甲・41:脅痛

帛書・足臂・5:出脅

帛書・足臂・7:脅痛

帛書・足臂・8:脅外穜(腫)

帛書・足臂・27:脅痛

帛書・足臂・27:奏(湊)脅

秦印編74:笵脅

0846 肩(肩)

睡簡・日甲・76背:疵在肩

睡簡・日甲・75背:疵在肩

帛書・灸經甲・49:是肩眽(脈)主治

帛書・足臂・5:枝之肩薄(髆)

帛書・灸經甲・48:肩眽(脈)

帛書・灸經甲・48:下肩

帛書・足臂・29:出肩外兼(廉)

秦印編74:青肩〖注〗青肩,人名。

0847 胠(胳)

帛書・灸經甲・46:心與胠痛〖注〗胠,腋下脅上處。

帛書・足臂・13:入胠

帛書・灸經甲・62:出胳(郄)[中]央

帛書・脈法・74:氣出胳(郄)與肘

帛書・足臂・3:胳(郄)[䜌](攣)

帛書・足臂・13:入胳(郄)〖注〗胳,即卻,後常寫作郄。〖編者按〗桂馥《札樸・溫經・膂》:"胳即胠,掖(腋)下也。"帛書讀爲"卻(郄)",隙也。

帛書・足臂・1:出於胳(郄)

秦印編289:胳

0848 臂

睡簡・封診・88・摹:其頭、身、臂、手指、股以下到足、足指類人

睡簡・日甲・39背・摹:是會蟲居其室西臂(壁)

 睡簡・日乙・81:東臂(壁)

 帛書・足臂・34:皆久(灸)臂陽明温(脈)

 帛書・灸經甲・50:出臂外兩骨之間

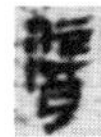 帛書・灸經甲・52:出臂上廉

 帛書・灸經甲・70:起於臂兩骨之間之間

 帛書・灸經甲・71:此爲臂蹶(厥)

 帛書・灸經甲・71:是臂少陰眽(脈)主治

 帛書・足臂・25:臂泰(太)陰温(脈)

 帛書・足臂・26:皆久(灸)臂泰(太)陰温(脈)

 帛書・足臂・27:臂少陰[温(脈)]

 帛書・足臂・28:皆[久(灸)]臂少陰[温(脈)]

 帛書・足臂・29:臂泰(太)陽温(脈)

 帛書・足臂・30:臂外兼(廉)痛

 帛書・足臂・30:皆久(灸)臂泰(太)陽温(脈)

 帛書・足臂・31:臂少陽温(脈)

 帛書・足臂・31:循臂上骨下兼(廉)

 帛書・足臂・32:[皆]久(灸)臂少陽之温(脈)

 青川牘・摹:內史匽氏、臂更修爲田律〖編者按〗此字原釋爲“願”,今隸爲“臂”。“匽氏”與“臂”是二人之名。

0849　臑　臑

睡簡・日甲・70背・摹:大辟(臂)臑而僂〖注〗《說文》:“臑,臂羊矢也。”

 睡簡・日甲・71背:從以上辟(臂)臑梗

 帛書・足臂・29:出臑下兼(廉)〖注〗臑,肱部。

 帛書・足臂・33:出臑□上

 帛書・灸經甲・49:臑以(似)折

 帛書・灸經甲・52:乘臑

 帛書・灸經甲・53:臑痛

 帛書・足臂・25:以奏(湊)臑內

 帛書・足臂・27:出臑內下兼(廉)

0850　肘　肘

 帛書・脈法・74:氣出胎(郄)與肘

帛書・病方・178:深至肘

 帛書・灸經甲・52:入肘中

 帛書・足臂・18:善肘〖注〗肘,疑讀爲“疛”,腹疾。

0851　腹　腹

 睡簡・日甲・159背:腹爲百草囊

 關簡・368:腹毋辟(避)男女牝牡者

 帛書・足臂・22・摹:有(又)腹張(脹)

 帛書・病方・263:以寒水戔(濺)其心腹

 帛書・病方・殘7:腹張(脹)

 帛書・灸經甲・47:腹外穜(腫)

 帛書・灸經甲・59:觸少腹〖注〗少腹,即小腹。

 帛書・足臂・10:夾(挾)少腹

 帛書・足臂・11:腹穜(腫)

 帛書・足臂・13:入腹

 帛書・足臂・14:腹街〖注〗腹街,腹股溝部。

 帛書・足臂・17:腹痛

 帛書・足臂・17:腹張(脹)

0852 脽

十七年丞相啟狀戈・摹(秦銅・40):庫脽〖注〗脽,人名。《說文》"𡱂(臀)"字或體"脾"即"脽"字。

 帛書・足臂・3:脽痛〖注〗脽,尻、臀。

 秦印編166:楊脽

 秦印編166:上官脽

秦印編166:脽狀

秦印編166:范脽輿

0853 股

睡簡・封診・88:其頭、身、臂、手指、股以下到足、足指類人

 帛書・足臂・16:出股內兼(廉)

帛書・足臂・17:股內痛

 帛書・足臂・19:□股內

 帛書・病方・85:蛭食(蝕)人胻股[膝]

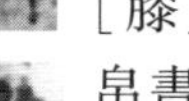 帛書・病方・213:穨(癩)者及股癰、鼠復(腹)者

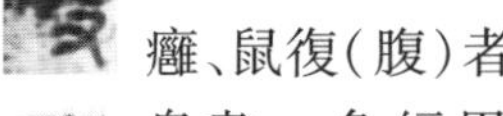 帛書・灸經甲・39:上出魚股之[外]〖注〗魚股,指股部前面的股四頭肌,屈膝時狀如魚形。

 帛書・灸經甲・54:出魚股陰下廉

 帛書・足臂・5:出於股外兼(廉)

 帛書・足臂・7:股外兼(廉)痛

 帛書・足臂・10:出股

 帛書・足臂・13:出股

 帛書・足臂・14:股內痛

0854 腳(脚)

 睡簡・日甲・159背:腳爲身□

0855　脛

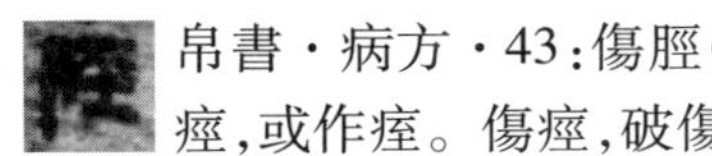

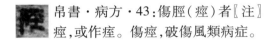

帛書・病方・43:傷脛(痙)者〖注〗痙,或作痓。傷痓,破傷風類病症。

0856　胻

睡簡・日甲・75 背:小胻〖注〗胻,小腿上部接近膝蓋部分。

帛書・足臂・11:胻痛

帛書・足臂・16:循胻内[兼(廉)]

帛書・足臂・17:胻内兼(廉)痛

帛書・病方・85:蛭食(蝕)人胻股[膝]

帛書・病方・235:積(癩)□久(灸)左胻□〖注〗左胻,左小腿。

帛書・病方・326:治胻膫(燎)〖注〗胻膫,小腿部燒傷。

帛書・病方・330:胻傷

帛書・病方・332:胻久傷者癰

帛書・病方・357:□死人胻骨

帛書・足臂・7:胻寒

帛書・足臂・7:胻外兼(廉)痛

帛書・足臂・10:循胻中

帛書・足臂・19:以上出胻内兼(廉)

0857　腨

帛書・灸經甲・38:腨痛〖注〗腨,小腿肚。

帛書・灸經甲・54:腨上廉

帛書・灸經甲・62:穿腨

0858　胲

秦印編 74:宋胲〖注〗宋胲,人名。

0859　肖

睡簡・爲吏・2:肖人聶心〖注〗肖人,即宵人,小人。

0860　胤 𦙍

秦編鐘・甲鐘頂篆部・摹(秦銅・11.3):盭龢胤士〖注〗胤士,陳直說爲父子承襲之世官。

秦編鐘・丁鐘(秦銅・10.4):盭龢胤士

秦鎛鐘・1 號鎛(秦銅・12.2):盭龢胤士

秦鎛鐘・2 號鎛(秦銅・12.5):盭龢胤士

秦鎛鐘・3 號鎛(秦銅・12.8):盭龢胤士

秦公鎛鐘・摹(秦銅・16.3):咸畜百辟胤士

秦公簋・蓋(秦銅・14.2):咸畜胤士

0861 臞

秦印編 75:王臞

0862 脫

天簡 26・乙:長喙而脫

睡簡・封診式・70:道索終所試脫頭

睡簡・效律・58:計脫實及出實多於律程〖注〗脫,失。

里簡・J1(16)5 背:皆勿留脫

帛書・灸經甲・49:肩以(似)脫

秦印編 75:東門脫

0863 臠

石鼓文・汧殹(先鋒本):臠之麀=〖注〗《說文》:"臠,臞也。一曰切肉臠也。"

0864 腄

集證・155.363:腄丞之印〖注〗腄,地名。

0865 肤

睡簡・答問・79:若折支(肢)、肤體(體)〖注〗肤,《說文》:"骨差也。"即脱臼。

0866 臘

關簡・347・摹:以臘日

關簡・353・摹:恆以臘日塞禱如故

集證・175.632:章臘〖注〗章,讀爲"郭"。章臘,人名。

漆器 M13・25(雲夢・附二):臘涂麫

0867 胙

關簡・348:某以壺露、牛胙

關簡・347:令女子之市買牛胙、市酒〖注〗《說文》:"胙,祭福肉也。"

0868 隋

睡簡・日甲・44 背:丈夫女子隋(墮)須(鬚)羸髮黄目

睡簡・日乙・249:爲人隋也

睡簡・爲吏・30:四曰善言隋(惰)行

帛書・病方・328:隋(墮)其尾

帛書・病方・151:□鹽隋(脽)炙尻〖注〗脽,臀部。

帛書・病方・152:以封隋(脽)及少[腹]□

帛書・病方・228:而傅之隋(脽)下

帛書・病方・247:燔小隋(橢)石〖注〗小橢石,橢圓形小石。

秦印編 75:趙隋

秦印編 75:窞隋

秦印編 75:李隋

集證・162.461:王隋

秦印編 75:高隋

秦印編 75:隋尚

0869  

秦印編 75:王肴

0870 胡

關簡・368:目毋辟(避)胡者〖注〗胡,老壽。

帛書・病方・195:賁者一襄胡

帛書・病方・195:瀆者二襄胡

帛書・病方・195:瀆者三襄胡

帛書・病方・103:若胡爲是

帛書・病方・207:子胡不已之有

秦印編 76:左胡

秦印編 76:胡

集證・170.572:胡牟

秦印編 76:胡類

秦印編 76:胡長

秦印編 76:趙胡

秦印編 76:王胡

秦印編 76:胡市

秦印編 76:胡贅

秦印編 76:胡傷

秦印編 76:趙胡

秦印編 76:趙胡

秦印編 76:胡毋偃

封泥印 71:鼎胡苑丞

封泥集 367・1:弁胡

新封泥 D・30:鼎胡苑印

秦陶・589:左胡

秦陶・590:左胡

秦陶・579:左胡

秦陶・588:左胡

秦陶・585:左胡

秦陶・586:胡

秦陶・587:胡

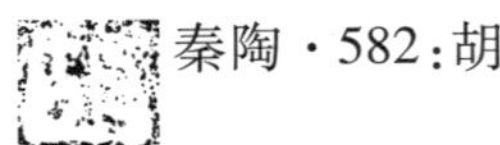秦陶・582:胡

0871 膫 膋

吊書・病方・326:治肦膫〖注〗膫,讀爲"燎",《說文》:"炙也。"卽燒傷。

0872 脯

睡簡・秦律・13:賜田嗇夫壺酉(酒)束脯〖注〗脯,乾肉。

睡簡・日乙・187:得於酉(酒)、脯脩節(鼈)肉

0873 脩

脩武府耳盃・摹(秦銅・197):脩武府〖注〗脩武,地名。

會稽刻石・宋刻本:黔首脩絜

青川牘・摹:更脩(修)爲田律

青川牘・摹:脩(修)波(陂)隄

青川牘・摹:以秋八月脩(修)封捋(埒)

睡簡・語書・4:故騰爲是而脩(修)灋律令、田令及爲閒(奸)私方而下之〖注〗脩,通"修",備。

睡簡・爲吏・5:正行脩身

睡簡・爲吏・36:地脩城固

睡簡・日甲・59背:以脩(滫)康(糠)

睡簡・日乙・187:得於酉(酒)、脯脩節(鼈)肉

關簡・53:己丑論脩賜〖注〗脩,人名。

關簡・368:以脩(滫)清一栝(杯)〖注〗脩,通"滫",淅米汁。滫清,卽澄清的泔水。

帛書・病方・241:有(又)以脩(滫)之〖注〗滫,淘米汁。

帛書・病方・361:先以涻脩(滫)□傅〖注〗涻,讀爲"酢"。酢滫,變酸了的米泔。

集證・145.205:脩武庫印〖注〗脩武,地名。

集證・159.416:脩故亭印〖注〗脩故,縣名。

秦印編76:葆脩

秦印編76:李脩

秦印編76:王脩

集證・185.766:脩身

秦印編76:脩削

秦印編76:王脩

秦印編76:焦脩

漆器M4・3-1(雲夢・附二):脩士楊

0874 朐

十八年上郡戈・摹(秦銅・41):十八年桼(漆)工朐丞巨造〖注〗朐,人名。

帛書・病方・3:□朐

帛書·病方·265:胸養(癢)〖注〗胸,假爲"漏"。或說胸卽榖道。

帛書·病方·目錄:胸養(癢)

封泥集323·1:臨胸丞印〖注〗臨胸,地名。

秦印編76:臨胸丞印

0875　胥

秦印編77:杜胥

秦印編77:宋胥

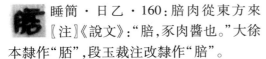

秦陶·429:胥

0876　脂

睡簡·日乙·160:脂肉從東方來〖注〗《說文》:"脂,豕肉醬也。"大徐本隸作"脂",段玉裁注改隸作"脂"。

帛書·病方·53:下如脂(衃)血〖注〗《說文》:"衃,凝血也。"

0877　脂

睡簡·秦律·128:官有金錢者自爲買脂、膠

睡簡·秦律·128:毋(無)金錢者乃月爲言脂、膠

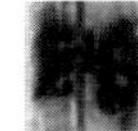睡簡·秦律·130:爲車不勞稱議脂之

睡簡·秦律·130:一脂、攻閒大車一兩(輛)〖注〗脂,加油潤滑。

睡簡·秦律·130:用膠一兩、脂二錘

帛書·病方·408:頭脂一升

帛書·病方·411:脂弁之

帛書·病方·413:并和以車故脂

帛書·病方·339:以攻(釭)脂饍而傅

帛書·病方·342:以久脂涂(塗)其上

帛書·病方·350:以頭脂□布炙以熨

帛書·病方·354:炙羖脂弁〖注〗羖脂,牡羊脂。

帛書·病方·378:牛煎脂二

帛書·病方·414:□靡(磨)脂□脂

0878　散

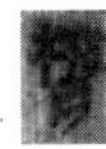睡簡·秦律·117:興徒以斬(塹)垣離(籬)散及補繕之〖注〗散或說讀爲"柵"。

龍簡·119·摹:亟散離(?)之〖注〗散,分離。

0879　膊

帛書·足臂·3:膊(腨)痛〖注〗膊,卽"腨",小腿肚。

帛書·足臂·14:膊(腨)内痛

帛書·足臂·1:上貫膊(腨)

帛書·足臂·13:上貫膊(腨)

0880　腏

關簡・348：三腏〖注〗腏，即"餟"，祭飯。

關簡・352：與腏以并涂囷廥下

關簡・354：取戶旁腏黍〖注〗腏黍，用黍製成的祭飯。

關簡・351：即取腏以歸

帛書・病方・240：取內戶旁祠空中黍腏、燔死人頭皆冶〖注〗黍腏，用黍做成的祭飯。

睡簡・日甲・156背・摹：中三腏

0881　膠

睡簡・秦律・128：官有金錢者自爲買脂、膠

睡簡・秦律・128：毋（無）金錢者乃月爲言脂、膠

睡簡・秦律・130：用膠一兩、脂二錘

帛書・病方・307：令類膠

帛書・病方・128：煮膠

帛書・病方・133：以清煮膠

帛書・病方・168：以其汁煮膠一廷（梃）半

帛書・病方・181：以水一斗煮膠一參、米一升

秦印編77：膠

0882　腐

帛書・死候・86：三陰貸（腐）臧（臟）煉（爛）腸而主殺

帛書・病方・359：燔胕（腐）荊箕〖注〗腐，腐爛。

0883　肎（肯）肎

睡簡・封診・92：甲等不肎來

帛書・病方・45：其肎（肎）直而口釦〖注〗肎，即"肯"字，骨間肉。

帛書・病方・46：以扁（遍）熨直肎（肎）攣筋所

0884　肥

睡簡・日甲・91正：以生子，肥

睡簡・日甲・157背：肥豚清酒美白粱

睡簡・日乙・91：以［生］子，肥

睡簡・日乙・185：得於肥肉、鮮魚、卵

睡簡・爲吏・35：畜產肥辈（胔）

關簡・309：取肥牛膽盛黑叔（菽）中

關簡・373：肥牛

帛書・病方・404：［以］豬肉肥者□

帛書・病方・241：亨（烹）肥羭

帛書・病方・255：取肥□肉置火中

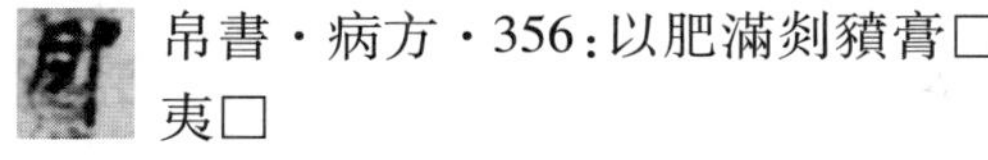
帛書・病方・356:以肥滿剡豶膏□夷□

0885　腔

睡簡・封診・53・摹:鼻腔壞

0886　朐

帛書・足臂・1:枝之下腴〖注〗下腴,人體部位名。〖編者按〗"枸矛"之枸字作榪,疑"朐"即"腴"字異體。

0887　肝

石鼓文・而師(先鋒本):□具肝來〖注〗舊釋爲"肝"。鄭樵釋爲"肝"。强運開讀爲"吁"。

0888　臚(臚)

帛書・脈法・75・摹:瘫(癰)穜(腫)有臚(膿)

帛書・脈法・76:臚(膿)大[而碧(砭)小]

0889　胅(喉)

帛書・病方・390:□在於胅(喉)〖注〗《類篇》:"胅,咽也。"

0890　膆

帛書・病方・421:而膆以熨疕〖注〗膆,疑讀爲"索",《方言》:"取也。"

0891　腤

帛書・足臂・33:奏(湊)腤(枕)〖注〗枕,即枕骨部。〖編者按〗《集韻》:"腩,腌也。亦作腤。肉羹。"

帛書・足臂・8:腤(枕)痛

帛書・足臂・6:出腤(枕)

0892　脺

帛書・病方・295:如人脺之□〖編者按〗《集韻》:"胞(脆),《説文》:'小耎易斷也。'或從卒。"又此字或釋"殍",卒。

0893　腸

帛書・足臂・15:舌輅□旦尚□數腸(喝)〖注〗喝,嘶啞。〖編者按〗《玉篇》:"腸,臆也。"

0894　脊

秦陶・480:東武不更所脊〖注〗所脊,人名。

0895　腄

帛書・病方・217:令其空(孔)盡容積(癪)者腎與腄〖注〗腄,即"朘",陰莖。

帛書・病方・218:即內(納)腎腄於壺空(孔)中

0896　**肮**

睡簡・語書・12:阬閬强肮(伉)以視(示)强〖注〗强伉,倔强。

0897　**肚**

帛書・病方・67:取牛肚、烏豙(喙)、桂〖注〗《説文》:"肚,食肉也。从丑,从肉。"〖編者按〗《説文》肚在十四卷。徐鍇繫傳説肚从肉(月)丑聲。

0898　**胙**

帛書・病方・445:□若□徹胙魅□魅□所

0899　**胅**

帛書・病方・264:血胅(痔)

帛書・灸經甲・38:胅(痔)

0900　**臏**

帛書・灸經甲・43:穿臏〖注〗臏,即"髕",膝蓋。

0901　**脞**

帛書・足臂・12:脞〈脞〉瘦〖注〗脞,"脞"字之誤,脞,股上接腰處。

帛書・足臂・19:上入脞間

帛書・足臂・20:病脞瘦

0902　**腂**

帛書・灸經甲・58 去内腂(踝)一寸〖編者按〗《新唐書・酷吏傳・敬羽》"膝腂",《舊唐書》即作"膝踝"。

帛書・灸經甲・62:毄(繫)於内腂(踝)外廉

0903　**脝**

帛書・灸經甲・51:煇煇脝脝〖注〗煇煇脝脝,形容聽覺混沌不清。

0904　**腋**

帛書・足臂・6:其直者貫腋

0905　**膉**

帛書・足臂・10:出膉(嗌)〖注〗嗌,咽喉。

0906　**膱**

帛書・病方・240:以膱膏濡〖注〗膱,或寫作"脏",《考工記》注:"亦黏也。"

0907　**脂**

睡簡・答問・74:子以脂死〖注〗脂,讀爲"枯"。《淮南子》注:"猶病也。"或説讀爲"辜"。

0908　**膻(體)**

睡簡・日甲・142 正:有疵於膻(體)而恿(勇)

睡簡・日乙・246:必有疵於體(體)

睡簡・爲吏・7:在體(體)級

帛書・病方・殘14:□靡(摩)身體(體)

帛書・病方・377:稍取以塗身體(體)種(腫)者而灸之〖注〗體,"體"字異构。

帛書・病方・443:□若四體(體)

0909　筋　筋

睡簡・秦律・18:即入其筋、革、角

睡簡・秦律・17:以其筋、革、角及其賈(價)錢效

睡簡・日甲・39背:一室人皆夙(縮)筋〖注〗縮筋,抽筋。

睡簡・日甲・41背:一室皆夙(縮)筋

龍簡・85:以皮、革、筋給用

帛書・病方・46:以扁(遍)熨直育(肎)攣筋所

帛書・灸經甲・70:筋之下

帛書・足臂・23:陽病折骨絕筋而無陰病

帛書・病方・45:筋癴(攣)難以信(伸)

帛書・足臂・25:循筋上兼(廉)

帛書・足臂・27:循筋下兼(廉)

0910　刀　刀

帛書・病方・112:即以刀剝(劙)其頭

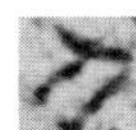
帛書・病方・245:剖以刀

帛書・病方・262:徐以刀[剝(劙)]去其巢

帛書・病方・370:抉取若刀

帛書・病方・381:瀉刀爲裝

0911　削　削

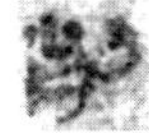
睡簡・雜抄・5:削籍

帛書・病方・73:削

帛書・病方・320:善削瓜壯者

0912　利 㓹　利 㓹

詛楚文・湫淵(中吳本):毋相爲不利

詛楚文・巫咸(中吳本):毋相爲不利

詛楚文・亞駝(中吳本):毋相爲不利

繹山刻石・宋刻本:利澤長久

泰山刻石・宋拓本:建設長利

青川牘・摹:利津梁

天簡35・乙:風不利雞

天簡 35・乙:風不利犬

天簡 35・乙:風不利豕

天簡 24・乙:利彼水

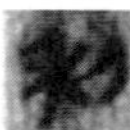
睡簡・爲吏・50:除害興利

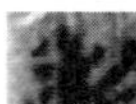
睡簡・爲吏・50:臨材(財)見利

睡簡・語書・1:其所利及好惡不同

睡簡・日甲・14 正:利棗(早)不利莫(暮)

睡簡・封診・59:利焉〖注〗利,合適。

睡簡・秦律・2:所利頃數

睡簡・日乙・14:利以學書

睡簡・日乙・15:利以見人、祭、作大事、取妻

睡簡・爲吏・27:則以權衡求利

睡簡・日甲・80 正:利祠

睡簡・日甲・83 正:利祠及行

睡簡・日甲・84 正:利入禾粟及爲囷倉

睡簡・日甲・81 正:不利出入人

睡簡・日甲・8 正:利以建野外

睡簡・日甲・20 背:不利人

睡簡・日甲・20 背:利賈市

睡簡・日甲・20 背:利豬

睡簡・日甲・6 正:利以家室

睡簡・日甲・7 正:利以行帥〈師〉出正(征)、見人

睡簡・日甲・32 正:利祠、飲食、歌樂

睡簡・日甲・32 正:利見人及畜畜生

睡簡・日甲・36 正:利解事

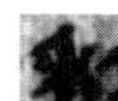
睡簡・日甲・34 正:利爲嗇夫

睡簡・日甲・40 正:利以祠外

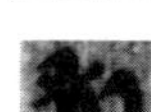
睡簡・日甲・40 正:利弋邋(獵)、報讎、攻軍、韋(圍)城、始殺

睡簡・日甲・42 正:利居室、入貨及生(牲)

睡簡・日甲・44 正:利以戰伐

睡簡・日甲・4 正:利以實事

睡簡・日甲・52 正:利以分異

睡簡・日甲・5 正:利以除凶厲(厲)

睡簡・日甲・10 正:利以祭祀

睡簡・日甲・18 背:利家

睡簡・日甲・120 正:所利賈市

睡簡・日甲・128 正:皆毋(無)所利

睡簡・日甲・122 正:利毋(無)爵者

睡簡・日甲・126 正:利爲邦門

睡簡・日甲・138 正:利以漁邋(獵)、請謁、責人、摯(執)盜賊

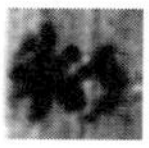

睡簡・日甲・13 正:利以起大事

睡簡・日甲・14 背:不利

睡簡・日甲・144 背:利爲嗇夫

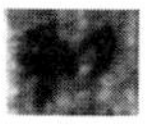

睡簡・日甲・14 正:利棗(早)不利莫(暮)

睡簡・日甲・155 背:利壞垣、徹屋、出寄者

睡簡・日甲・155 背:利爲囷倉

睡簡・日甲・11 正:利以兌(說)明(盟)組(詛)、百不羊(祥)

睡簡・日乙・80:利祠

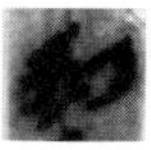

睡簡・日乙・84:利入禾粟及爲囷倉

睡簡・日乙・22:利以小然〈祭〉

睡簡・日乙・226:利入官

睡簡・日乙・227:利入官

睡簡・日乙・224:利入官

睡簡・日乙・225:利入官

睡簡・日乙・239:利酉(酒)醴

睡簡・日乙・23:利以裚(製)衣常(裳)、說孟(盟)詐(詛)

睡簡・日乙・236:利以臨官立(涖)政

睡簡・日乙・24:利以起大事、祭、家(嫁)子

睡簡・日乙・247:不利父母

睡簡・日乙・241:利樂

睡簡・日乙・252:利春

睡簡・日乙・25:利以乘車、寇〈冠〉、帶劍、裚(製)衣常(裳)、祭、作大事、家(嫁)子

睡簡・日乙・92:利以垣

睡簡・日乙・96:利祠及[行]

睡簡・日乙・94:利行

睡簡・日乙・60:利居室

睡簡・日乙・62:利單(戰)伐

睡簡・日乙・66:利爲木事

睡簡・日乙・40:皆利日也

睡簡・日乙・59:利祠外

睡簡・日乙・57:利以穿井、蓋屋

睡簡・日乙・103:利祠及行賈、賈市

睡簡・日乙・18:利以入(納)室

睡簡・日乙・129:利以裚(製)衣

睡簡・日乙・19:利以行師徒、見人、入邦

睡簡・日乙・17:利以說孟(盟)詐(詛)、棄疾、鑿宇、葬

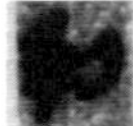睡簡・日乙・134:皆毋(無)所利

睡簡・日乙・14:利以結言

睡簡・爲吏・30:道傷(易)車利

關簡・139:利以遠行

關簡・143:不利有爲敺

關簡・141:利以行作、爲好事

關簡・220:細利〖注〗細利,小利,利潤不厚。

關簡・219:占得利、貨、財

關簡・368:今日庚午利浴督(蠶)

帛書・病方・173:弱(溺)不利

集證・152.313:利陽右尉〖注〗利陽,縣名。

集證・174.620:張利

集證・178.667:楊獨利

秦印編77:利陽右尉

集證・219.251:□□利志〖注〗利志,人名。

封泥集・附一409:利紀

秦印編77:呂利

秦印編77:張利

秦印編77:盧利

秦印編77:章利

秦印編77:楊利

秦印編77:楊獨利

封泥集356・2:利居鄉印

封泥集356・1:利居鄉印

0913　剡

帛書・病方・356:以肥滿剡豬膏□夷□〖注〗剡,斬。

帛書・病方・461:剡取皮□采根□〖注〗剡,斬。

0914 　初

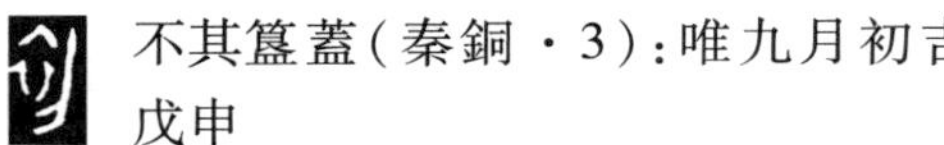不其簋蓋(秦銅・3):唯九月初吉戊申

滕縣不其簋器(秦銅・4):唯九月初吉戊申

二年寺工壺(集證・32):二年寺工師初〖注〗初,人名。

二年寺工壺・摹(秦銅・52):二年寺工師初

大墓殘磬(集證・68):□四年□初吉甲□

會稽刻石・宋刻本:初平灋式

嶧山刻石・宋刻本:維初在昔

睡簡・日乙・130:凡初寇〈冠〉

睡簡・答問・145:今初任者有辠

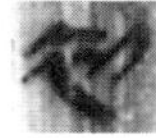睡簡・秦律・111：新工初工事

睡簡・日乙・30：初田毋以丁亥、戊戌

睡簡・日乙・130：初寇〈冠〉

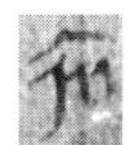里簡・J1（16）9 正：毋以智（知）劾等初産至今年數

帛書・病方・146：男子□卽以女子初有布

帛書・病方・223：治積（癪）初發

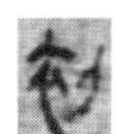帛書・病方・286：諸疽物初發者

秦印編 77：陽初

瓦書・郭子直摹：史曰初〖注〗初，人名。

0915　則

北私府橢量・始皇詔（秦銅・146）：灋（法）度量則〖注〗則，王輝說爲名詞，標準。孫常敍說爲名詞，衡石之權。張文質說爲虛詞，假定之辭。

北私府橢量・始皇詔（秦銅・146）：灋（法）度量則

大騩銅權（秦銅・131）：灋（法）度量則

高奴禾石銅權（秦銅・32.2）：灋（法）度量則

兩詔斤權一・摹（集證・46）：灋（法）度量則

兩詔版（秦銅・174.1）：灋（法）度量則

兩詔斤權二・摹（集證・49）：灋（法）度量則

兩詔斤權一（集證・45）：灋（法）度量則

兩詔銅權二（秦銅・176）：灋（法）度量則

兩詔銅權三（秦銅・178）：灋（法）度量則

兩詔銅權四（秦銅・179.1）：灋（法）度量則

兩詔銅權五（秦銅・180）：灋（法）度量則

兩詔銅權一（秦銅・175）：灋（法）度量則

兩詔橢量二（秦銅・149）：灋（法）度量則

兩詔橢量三之一（秦銅・150）：灋（法）度量則

兩詔橢量一（秦銅・148）：灋（法）度量則

美陽銅權（秦銅・183）：灋（法）度量則

平陽銅權・摹（秦銅・182）：灋（法）度量則

僅存銘兩詔銅權（秦銅・135-18.1）：灋（法）度量則

僅存銘始皇詔銅權・八（秦銅・135-8）：灋（法）度量則

僅存銘始皇詔銅權・二（秦銅・135-2）：灋（法）度量則

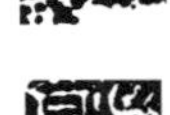僅存銘始皇詔銅權・九（秦銅・135-9）：灋（法）度量則

僅存銘始皇詔銅權・六（秦銅・135-6）：灋（法）度量則

僅存銘始皇詔銅權・七（秦銅・135-7）：灋（法）度量則

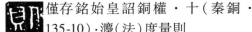

僅存銘始皇詔銅權・三（秦銅・135-3）：灋（法）度量則

僅存銘始皇詔銅權・十（秦銅・135-10）：灋（法）度量則

僅存銘始皇詔銅權・十七（秦銅・135-17）：灋（法）度量則

僅存銘始皇詔銅權・十三(秦銅・135-13):灋(法)度量則

僅存銘始皇詔銅權・十四(秦銅・135-14):灋(法)度量則

僅存銘始皇詔銅權・四(秦銅・135-4):灋(法)度量則

僅存銘始皇詔銅權・一(秦銅・135-1):灋(法)度量則

秦箕斂(箕斂・封3):灋度量則

商鞅方升(秦銅・21):灋(法)度量則

始皇詔八斤銅權二(秦銅・135):灋(法)度量則

始皇詔八斤銅權一(秦銅・134):灋(法)度量則

始皇詔版八(秦銅・144):灋(法)度量則

始皇詔版七(秦銅・143):灋(法)度量則

始皇詔版三(秦銅・138):灋(法)度量則

始皇詔版一(秦銅・136):灋(法)度量則

始皇詔十六斤銅權二(秦銅・128):灋(法)度量則

始皇詔十六斤銅權三(秦銅・129):灋(法)度量則

始皇詔十六斤銅權四(秦銅・130.2):灋(法)度量則

始皇詔十六斤銅權一(秦銅・127):灋(法)度量則

始皇詔鐵石權七(秦銅・125):灋(法)度量則

始皇詔鐵石權四(秦銅・123):灋(法)度量則

始皇詔鐵石權五(秦銅・124):灋(法)度量則

始皇詔銅方升二(秦銅・99):灋(法)度量則

始皇詔銅方升三(秦銅・100):灋(法)度量則

始皇詔銅方升四(秦銅・101):灋(法)度量則

始皇詔銅方升一(秦銅・98):灋(法)度量則

始皇詔銅權九(秦銅・118):灋(法)度量則

始皇詔銅權六(秦銅・115):灋(法)度量則

始皇詔銅權三(秦銅・112):灋(法)度量則

始皇詔銅權十(秦銅・119):灋(法)度量則

始皇詔銅權十一(珍金・124):灋(法)度量則

始皇詔銅權五(秦銅・114):灋(法)度量則

始皇詔銅權一(秦銅・110):灋(法)度量則

始皇詔銅橢量二(秦銅・103):灋(法)度量則

始皇詔銅橢量六(秦銅・107):灋(法)度量則

始皇詔銅橢量三(秦銅・104):灋(法)度量則

始皇詔銅橢量四(秦銅・105):灋(法)度量則

始皇詔銅橢量五(秦銅・106):灋(法)度量則

始皇詔銅橢量一(秦銅・102):灋(法)度量則

武城銅橢量(秦銅・109):灋(法)度量則

旬邑銅權(秦銅・133):灋(法)度量則

左樂兩詔鈞權(集證·43):瀍(法)度量則

石鼓文·吾水(先鋒本):嘉尌(樹)則里〖注〗則里,郭沫若說"則"讀爲"卽";"里"假爲"理";卽理,猶言就緒。

詛楚文·湫淵(中吳本):內之則虣(暴)虐(虐)不(無)姑(辜)

詛楚文·亞駝(中吳本):內之則虣(暴)虐(虐)不(無)辜

詛楚文·亞駝(中吳本):外之則冒改氒(厥)心

詛楚文·湫淵(中吳本):外之則冒改氒(厥)心

詛楚文·巫咸(中吳本):內之則虣(暴)虐(虐)不(無)辜

詛楚文·巫咸(中吳本):外之則冒改氒(厥)心

會稽刻石·宋刻本:人樂同則

青川牘·摹:袤八則爲畛

天簡24·乙:夷則

天簡38·乙:夷則之卦

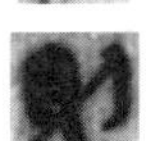睡簡·語書·6:則爲人臣亦不忠矣

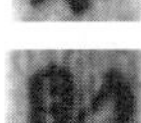睡簡·爲吏·45:爲人下則聖

睡簡·爲吏·41:爲人子則孝

睡簡·日甲·64背:則止矣

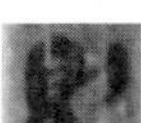睡簡·日甲·49背:則止矣

睡簡·日甲·28背:則已矣

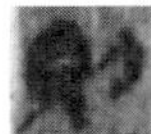睡簡·日甲·26背:則已矣

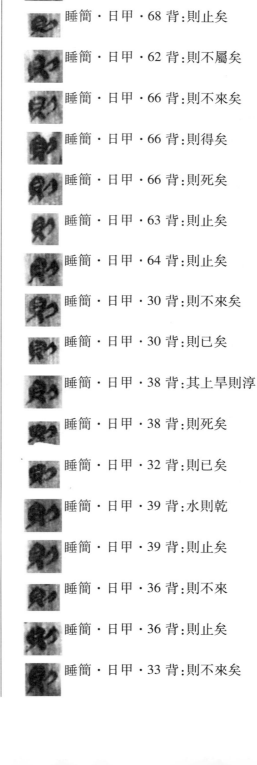

睡簡·日甲·24背:則不畏人矣

睡簡·日甲·60背:則止矣

睡簡·日甲·68背:則止矣

睡簡·日甲·62背:則不屬矣

睡簡·日甲·66背:則不來矣

睡簡·日甲·66背:則得矣

睡簡·日甲·66背:則死矣

睡簡·日甲·63背:則止矣

睡簡·日甲·64背:則止矣

睡簡·日甲·30背:則不來矣

睡簡·日甲·30背:則已矣

睡簡·日甲·38背:其上旱則淳

睡簡·日甲·38背:則死矣

睡簡·日甲·32背:則已矣

睡簡·日甲·39背:水則乾

睡簡·日甲·39背:則止矣

睡簡·日甲·36背:則不來

睡簡·日甲·36背:則止矣

睡簡·日甲·33背:則不來矣

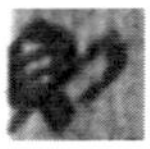

睡簡・日甲・34 背:則已矣
睡簡・日甲・35 背:則不來矣 
睡簡・日甲・35 背:則已矣 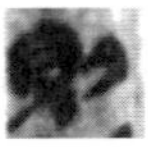
睡簡・日甲・42 背:則已矣 
睡簡・日甲・49 背:則止矣
睡簡・日甲・46 背:則不來矣
睡簡・日甲・46 背:則止矣 
睡簡・日甲・43 背:則不來矣 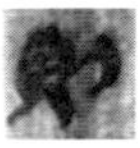
睡簡・日甲・43 背:則已矣
睡簡・日甲・44 背:則止矣 
睡簡・日甲・45 背:則已矣 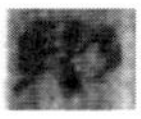
睡簡・日甲・41 背:則止矣 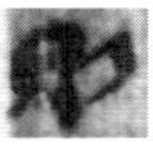
睡簡・日甲・50 背:則不來矣 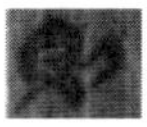
睡簡・日甲・58 背:則去矣 
睡簡・日甲・52 背:則已矣 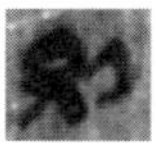
睡簡・日甲・59 背:則亡恙矣 
睡簡・日甲・59 背:則止矣 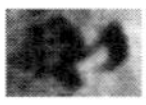
睡簡・日甲・56 背:遽則止矣 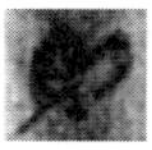
睡簡・日甲・56 背:則止矣 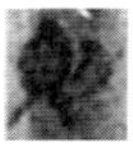

睡簡・日甲・55 背:則止矣
睡簡・日甲・51 背:旱則淳 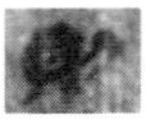
睡簡・日甲・51 背:其居所水則乾 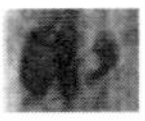
睡簡・日甲・51 背:則不來矣
睡簡・日甲・51 背:則止矣 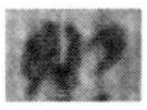
睡簡・日甲・123 正:則光門
睡簡・日甲・14 背:則止矣 
睡簡・日甲・119 正:則夸〈光〉門 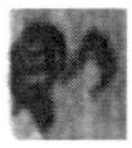
睡簡・日乙・233:清旦、食時、日則(昃)、莫(暮)、夕 
睡簡・日乙・195:不錢則布 
睡簡・日乙・195:不璽(繭)則絮 
睡簡・爲吏・29:則民傷指 
睡簡・爲吏・27:則以權衡求利 
睡簡・爲吏・25:則怨數至 
睡簡・爲吏・30:則士毋所比 
睡簡・爲吏・38:以此爲人君則鬼 
睡簡・爲吏・39:爲人臣則忠 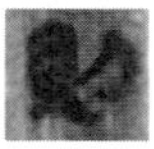
睡簡・爲吏・40:爲人父則茲(慈) 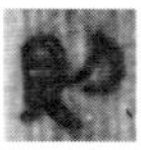
睡簡・爲吏・49:出則敬

睡簡・爲吏・44:爲人上則明

睡簡・爲吏・14:治則敬自賴之

帛書・灸經甲・68:是動則病

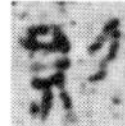帛書・脈法・75:則稱其小大而□之

帛書・脈法・81:□虛則主病它脈(脈)□

帛書・病方・31:熱則舉

帛書・病方・269:則下之

帛書・病方・269:則舉之

帛書・病方・334:湯寒則炊之

帛書・病方・396:欲裹之則裹之

帛書・死候・87:則氣先死

帛書・死候・88:則不沽〈活〉矣

帛書・灸經甲・39:是動則病

帛書・灸經甲・40:甚則無膏

帛書・灸經甲・44:是動則病

帛書・灸經甲・45:木音則傷〈惕〉然驚

帛書・灸經甲・50:是動則病

帛書・灸經甲・54:是動則病

帛書・灸經甲・55:得後與氣則怢然衰

帛書・灸經甲・56:三者同則死

帛書・灸經甲・60:甚則嗌乾

帛書・灸經甲・63:坐而起則目瞙(眊)如毋見

帛書・灸經甲・64:欬(咳)則有血

帛書・灸經甲・66:久(灸)幾息則病已矣

陶量(秦印編77):則

陶量(秦印編77):則

陶量(秦印編77):則

秦印編77:商則

封泥集371・1:卽則〖注〗卽則,人名。

封泥集385・1:蘇則〖注〗蘇則,人名。

始皇詔陶印(《研究》附):灋(法)度量則

秦陶・1589:灋(法)度量則

秦陶・1590:灋(法)度量則

秦陶・1594:□度量則

秦陶・1595:則

秦陶・1596:則

秦陶・1599:則

0916　剛 信

睡簡・日甲・79 背：其爲人也剛履

睡簡・日甲・159 背：脊（脊）爲身剛

睡簡・日乙・126：命曰毋（無）上剛

睡簡・爲吏・8・摹：嚴剛毋暴

睡簡・爲吏・35：剛能柔

秦印編 78：王剛

秦印編 78：楊剛

0917　切

帛書・病方・301：細切

0918　刌

帛書・病方・415：小刌一升〖注〗刌，切。

0919　刻

大騩銅權（秦銅・131）：刻此詔故刻左

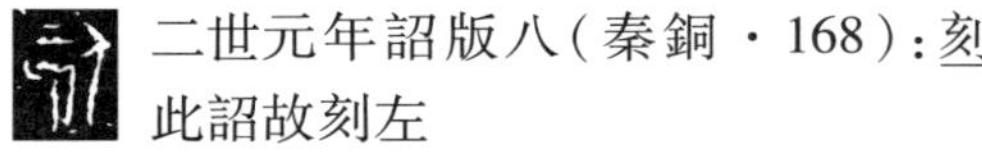
二世元年詔版八（秦銅・168）：刻此詔故刻左

二世元年詔版六（秦銅・166）：刻此詔故刻左

二世元年詔版三（秦銅・163）：刻此詔故刻左

二世元年詔版十二（秦銅・172）：刻此詔故刻左

二世元年詔版四（秦銅・164）：刻此詔故刻左

二世元年詔版五（秦銅・165）：刻此詔故刻左

二世元年詔版一（秦銅・161）：刻此詔故刻左

兩詔斤權一・摹（集證・46）：刻此詔故刻左

兩詔斤權二・摹（集證・49）：刻此詔故刻左

兩詔銅權三（秦銅・178）：刻此詔故刻左

兩詔橢量二（秦銅・149）：刻此詔故刻左

兩詔橢量三之二（秦銅・151）：刻此詔故刻左

兩詔橢量一（秦銅・148）：刻此詔故刻左

美陽銅權（秦銅・183）：刻此詔故刻左

平陽銅權・摹（秦銅・182）：刻此詔故刻左

僅存銘兩詔銅權（秦銅・135-18.2）：刻此詔故刻左

旬邑銅權（秦銅・133）：刻此詔故刻左

左樂兩詔鈞權（集證・43）：刻此詔故刻左

大騩銅權（秦銅・131）：刻此詔故刻左

二世元年詔版八（秦銅・168）：刻此詔故刻左

二世元年詔版六（秦銅・166）：刻此詔故刻左

二世元年詔版三（秦銅・163）：刻此詔故刻左

二世元年詔版十二（秦銅・172）：刻此詔故刻左

二世元年詔版四（秦銅・164）：刻此詔故刻左

二世元年詔版五（秦銅・165）：刻此詔故刻左

二世元年詔版一（秦銅・161）：刻此詔故刻左

兩詔斤權一・摹（集證・46）：刻此詔故刻左

兩詔斤權二・摹（集證・49）：刻此詔故刻左

兩詔銅權三（秦銅・178）：刻此詔故刻左

兩詔橢量二（秦銅・149）：刻此詔故刻左

兩詔橢量三之二（秦銅・151）：刻此詔故刻左

兩詔橢量一（秦銅・148）：刻此詔故刻左

美陽銅權（秦銅・183）：刻此詔故刻左

平陽銅權・摹（秦銅・182）：刻此詔故刻左

僅存銘兩詔銅權（秦銅・135-18.2）：刻此詔故刻左

旬邑銅權（秦銅・133）：刻此詔故刻左

左樂兩詔鈞權（集證・43）：刻此詔故刻左

北私府橢量・二世詔（秦銅・147）：皆有刻辭焉

大騩銅權（秦銅・131）：皆有刻辭焉

大騩銅權（秦銅・131）：今襲號而刻辭不稱始皇帝

二世元年詔版八（秦銅・168）：皆有刻辭焉

二世元年詔版八（秦銅・168）：今襲號而刻辭不稱始皇帝

二世元年詔版二（秦銅・162）：皆有刻辭焉

二世元年詔版二（秦銅・162）：刻此詔故刻左

二世元年詔版六（秦銅・166）：今襲號而刻辭不稱始皇帝

二世元年詔版七（秦銅・167）：刻此詔故刻左

二世元年詔版三（秦銅・163）：皆有刻辭焉

二世元年詔版三（秦銅・163）：今襲號而刻辭不稱始皇帝

二世元年詔版十三（集證・50）：皆有刻辭焉

二世元年詔版十三（集證・50）：今襲號而刻辭不稱始皇帝

二世元年詔版十三（集證・50）：刻此詔故刻左

二世元年詔版十一（秦銅・171）：皆有刻辭焉

二世元年詔版四（秦銅・164）：今襲號而刻辭不稱始皇帝

二世元年詔版五（秦銅・165）：皆有刻辭焉

二世元年詔版五（秦銅・165）：今襲號而刻辭不稱始皇帝

二世元年詔版一（秦銅・161）：皆有刻辭焉

二世元年詔版一（秦銅・161）：今襲號而刻辭不稱始皇帝

兩詔斤權一・摹（集證・46）：皆有刻辭焉

兩詔斤權一・摹（集證・46）：今襲號而刻辭不稱始皇帝

兩詔版（秦銅・174.1）：皆有刻辭焉

兩詔版（秦銅・174.1）：刻此詔故刻左

兩詔斤權二・摹（集證・49）：皆有刻辭焉

兩詔斤權二・摹（集證・49）：今襲號而刻辭不稱始皇帝

兩詔斤權一（集證・45）：皆有刻辭焉

兩詔斤權一（集證・45）：今襲號而刻辭不稱始皇帝

兩詔銅權二（秦銅・176）：皆有刻辭焉

兩詔銅權二（秦銅・176）：今襲號而刻辭不稱始皇帝

兩詔銅權二（秦銅・176）：刻此詔故刻左

兩詔銅權三（秦銅・178）：今襲號而刻辭不稱始皇帝

兩詔銅權四（秦銅・179.2）：刻此詔故刻左

兩詔銅權一（秦銅・175）：今襲號而刻辭不稱始皇帝

兩詔銅權一（秦銅・175）：刻此詔故刻左

兩詔橢量二（秦銅・149）：皆有刻辭焉

兩詔橢量二（秦銅・149）：今襲號而刻辭不稱始皇帝

兩詔橢量三之二（秦銅・151）：皆有刻辭焉

兩詔橢量三之二（秦銅・151）：今襲號而刻辭不稱始皇帝

兩詔橢量一（秦銅・148）：皆有刻辭焉

兩詔橢量一（秦銅・148）：今襲號而刻辭不稱始皇帝

美陽銅權（秦銅・183）：皆有刻辭焉

美陽銅權（秦銅・183）：今襲號而刻辭不稱始皇帝

平陽銅權・摹（秦銅・182）：皆有刻辭焉

平陽銅權・摹（秦銅・182）：今襲號而刻辭不稱始皇帝

僅存銘兩詔銅權（秦銅・135-18.2）：今襲號而刻辭不稱始皇帝

旬邑銅權（秦銅・133）：皆有刻辭焉

旬邑銅權（秦銅・133）：今襲號而刻辭不稱始皇帝

左樂兩詔鈞權（集證・43）：皆有刻辭焉

琅邪臺刻石：臣請具刻詔書金石刻

泰山刻石・宋拓本：臣請具刻詔書金石刻

繹山刻石・宋刻本：臣請具刻詔書金石刻

琅邪臺刻石：臣請具刻詔書金石刻

泰山刻石・宋拓本：臣請具刻詔書金石刻

繹山刻石・宋刻本：臣請具刻詔書金石刻

會稽刻石・宋刻本：請刻此石

琅邪臺刻石：今襲號而金石刻辭不稱始皇帝

琅邪臺刻石：金石刻盡始皇帝所爲也

泰山刻石・二十九字本：臣請具刻詔書金石刻

泰山刻石・宋拓本：今襲號而金石刻辭不稱始皇帝

泰山刻石・宋拓本：金石刻盡始皇帝所爲也

繹山刻石・宋刻本：刻此樂石

繹山刻石・宋刻本：今襲號而金石刻辭不稱始皇帝

繹山刻石・宋刻本：金石刻盡始皇帝所爲也

睡簡・秦律・102：公甲兵各以其官名刻久（記）之〖注〗刻（記），刻上標記。

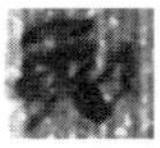
睡簡・秦律・102：其不可刻久（記）者

睡簡・秦律・178：公器不久（記）刻者

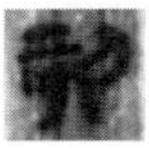
睡簡・爲吏・19：久刻職（識）物

里簡・J1（8）156：水十一刻［刻］下五

里簡・J1（9）984 背：水下八刻

里簡・J1（16）5 背：水十一刻［刻］下九

里簡・J1（16）6 背：水下六刻

里簡・J1（8）154 背：水十一刻［刻］下二

0920　副 疈　　副 疈

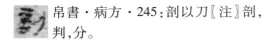

里簡・J1（9）981 正：遣佐壬操副詣廷〖注〗副，副本。

0921　剖　　剖

帛書・病方・245：剖以刀〖注〗剖，判，分。

0922　辨　　辨

睡簡・秦律・80：而人與參辨券〖注〗辨，分。

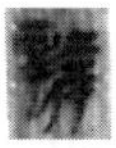
睡簡・秦律・81：亦官與辨券

睡簡・日甲・81 背：丁名曰浮妾榮辨僕上

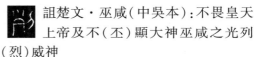

睡簡・語書・10：而惡與人辨治〖注〗辨，讀爲“別”。辨治，分治。

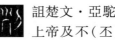

龍簡・11・摹：吏與參辨券〖注〗辨，剖，分。

0923　列　　列

詛楚文・湫淵（中吳本）：不畏皇天上帝及大沈氒（厥）湫之光列（烈）威神

詛楚文・巫咸（中吳本）：不畏皇天上帝及不（丕）顯大神巫咸之光列（烈）威神

詛楚文・亞駝（中吳本）：不畏皇天上帝及不（丕）顯大神亞駝之光列（烈）威神

睡簡・秦律・127：車蕃（藩）蓋强折列（裂）

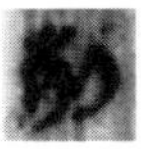
睡簡・秦律・68：列伍長弗告

帛書・死候・85：其病唯折骨列（裂）膚一死

秦印編 78：王□列

0924　刊　　刊

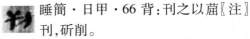

睡簡・日甲・66 背：刊之以蓾〖注〗刊，斫削。

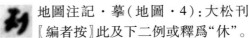

地圖注記・摹（地圖・4）：大松刊〖編者按〗此及下二例或釋爲“休”。

地圖注記・摹（地圖・4）：松刊

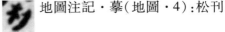

地圖注記・摹（地圖・5）：棣刊

0925　剢

關簡·317:而取牛肉剢之〖注〗剢,割。〖編者按〗此字或隸作"剢"。

帛書·病方·112:即以刀剢其頭。

帛書·病方·246:弗能剢

帛書·病方·246:先剢之

帛書·病方·112:而中剢鷄□

0926　割

睡簡·爲吏·29:斷割不刖

睡簡·爲吏·16:三曰擅裚〈製〉割〖注〗裚,即"製"字。製割,裁斷、決定。

帛書·病方·370:而割若葦

0927　劑

詛楚文·湫淵(中吳本):克劑(翦)楚師〖注〗劑,翦。姜亮夫釋爲"擠",推排。

詛楚文·巫咸(中吳本):克劑(翦)楚師

詛楚文·亞駝(中吳本):克劑(翦)楚師

0928　剽

睡簡·封診·21:騅牝右剽〖注〗剽,疑讀爲"瞟",目病。劉釗說剽讀爲"標",標識。

睡簡·日甲·98正:剽酉

睡簡·日甲·99正:剽子

睡簡·日甲·96正:剽卯

睡簡·日甲·97正:剽午

睡簡·日乙·28:剽亥

睡簡·日乙·26:剽酉

睡簡·日乙·30:剽丑

睡簡·日乙·32:剽卯

睡簡·日乙·36:剽未

睡簡·日乙·37:剽申

睡簡·日乙·33:剽辰

睡簡·日乙·34:剽巳

睡簡·日乙·35:剽午

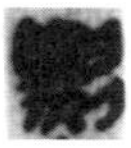

睡簡·日乙·31:剽寅

睡簡·日乙·44:剽日

0929　刖

睡簡·爲吏·29:斷割不刖

睡簡·爲吏·9:廉而毋刖〖注〗刖,割斷。

帛書・病方・370：而刖若肉

0930　制㓡

北私府橢量・二世詔(秦銅・147)：元年制詔丞相斯、去疾

大騩銅權(秦銅・131)：元年制詔丞相斯、去疾

二世元年詔版八(秦銅・168)：元年制詔丞相斯、去疾

二世元年詔版二(秦銅・162)：元年制詔丞相斯、去疾

二世元年詔版六(秦銅・166)：元年制詔丞相斯、去疾

二世元年詔版三(秦銅・163)：元年制詔丞相斯、去疾

二世元年詔版十三(集證・50)：元年制詔丞相斯、去疾

二世元年詔版五(秦銅・165)：元年制詔丞相斯、去疾

二世元年詔版一(秦銅・161)：元年制詔丞相斯、去疾

兩詔斤權一・摹(集證・46)：元年制詔丞相斯、去疾

兩詔斤權二・摹(集證・49)：元年制詔丞相斯、去疾

兩詔斤權一(集證・45)：元年制詔丞相斯、去疾

兩詔銅權三(秦銅・178)：元年制詔丞相斯、去疾

兩詔銅權五(秦銅・180)：元年制詔丞相斯、去疾

兩詔橢量二(秦銅・149)：元年制詔丞相斯、去疾

兩詔橢量三之二(秦銅・151)：元年制詔丞相斯、去疾

兩詔橢量一(秦銅・148)：元年制詔丞相斯、去疾

美陽銅權(秦銅・183)：元年制詔丞相斯、去疾

平陽銅權・摹(秦銅・182)：元年制詔丞相斯、去疾

僅存銘兩詔銅權(秦銅・135-18.2)：元年制詔丞相斯、去疾

旬邑銅權(秦銅・133)：元年制詔丞相斯、去疾

左樂兩詔鈞權(集證・43)：元年制詔丞相斯、去疾

泰山刻石・宋拓本：制曰：可

泰山刻石・宋拓本：作制明灋

繹山刻石・宋刻本：制曰：可

龍簡・8：□鄉(?)□制

0931　罰

睡簡・秦律・14：罰冗皂者二月

睡簡・語書・13・摹：故如此者不可不爲罰

睡簡・爲吏・4：均繇(徭)賞罰

0932　剿(劓)

睡簡・答問・120：當黥剿(劓)〖注〗剿，刑鼻。

0933　剬

帛書・病方・41：小剬一犬〖注〗小剬，切爲小段。

0934　剸

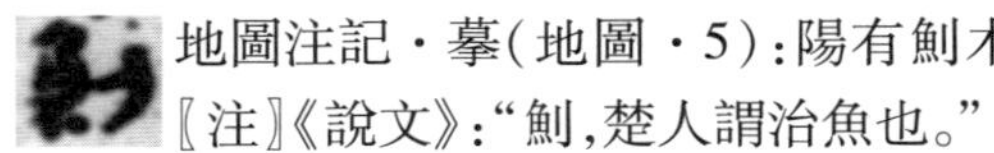

地圖注記・摹(地圖・5):陽有剸木〖注〗《說文》:"剸,楚人謂治魚也。"

0935　券

睡簡・答問・179:可(何)謂"亡券而害"

睡簡・答問・179:亡校券右爲害

睡簡・答問・146:亡久書、符券、公璽、衡羸(纍)〖注〗券,契券。

睡簡・秦律・80:而人與參辨券〖注〗辨,分。參辨券,可以分成三份的券書。

睡簡・秦律・81:亦官與辨券

龍簡・11:吏與參辨券□

里簡・J1(9)11 正:今爲錢校券一

里簡・J1(8)134 正:今寫校券一牒

里簡・J1(9)1 正:今爲錢校券一〖注〗校券,作爲憑證的符券。

里簡・J1(9)2 正:今爲錢校券一

里簡・J1(9)3 正:今爲錢校券一

里簡・J1(9)4 正:今爲錢校券一

里簡・J1(9)5 正:今爲錢校券一

里簡・J1(9)6 正:今爲錢券一

里簡・J1(9)7 正:今爲錢校券一

里簡・J1(9)8 正:今爲錢校券一

里簡・J1(9)9 正:今爲錢校券一

里簡・J1(9)10 正:今爲錢校券一

0936　刺

睡簡・答問・173:甲、乙以其故相刺傷

睡簡・封診・53:刺其鼻不疐(嚏)

睡簡・日甲・60 正:西南刺離〖注〗刺,疑讀爲"謫"。

睡簡・日甲・62 正:東北刺離

睡簡・日甲・61 正:西北刺離

睡簡・日甲・36 背:以牡棘之劍刺之

睡簡・日甲・35 背:以良劍刺其頸

睡簡・日甲・59 正:東南刺離

睡簡・日甲・124 背:二旬二日刺

睡簡・日甲・124 背:七日刺

睡簡・日甲・124 背:入月六日刺

帛書・病方・252:其莖有刺(刺)

0937　㓨

詛楚文・巫咸(中吳本):欲㓨伐我社禝(稷)〖注〗㓨,讀爲"踐"。

詛楚文・亞駝(中吳本):欲剗伐我社稷(稷)

0938　剋

龍簡・203・摹:[爭]而不剋者□〖注〗剋,通"克",取勝。

0939　劉(鐂)

秦印編 267:鄒劉〖編者按〗《說文》未收"劉"字,金部有"鐂"字,徐鍇疑即"劉"字。

0940　蒯

帛書・病方・290:□戴蘽(糝)、黄芩、白蒯(蘞)〖注〗白蘞,藥名。

0941　削

秦印編 289:脩削

0942　剤

秦印編 295:剤昌里印

0943　剷

帛書・病方・368:細剷(剸)〖注〗細剸,切爲細段。

0944　刃

睡簡・封診・67:它度毋(無)兵刃木索迹

睡簡・封診・58:以刃夬(決)二所

帛書・病方・10:以刃傷

0945　劍(劍)

睡簡・答問・85:論比劍

睡簡・封診・32:直以劍伐痍丁

睡簡・日甲・35 背:以良劍刺其頸

睡簡・日甲・42 背:以牡棘之劍之

睡簡・日甲・148 正:武而好衣劍

睡簡・日乙・25:利以乘車、寇〈冠〉、帶劍、裚(製)衣常(裳)、祭、作大事、家(嫁)子

睡簡・日乙・38:帶劍

關簡・323:燔劍若有方之端

新封泥 D・16:尚劍府印

0946　耒

廿六年蜀守武戈(集證・36.2):丞耒〖注〗耒,人名。

廿六年蜀守武戈・摹(集證・36.2):丞耒

0947　耦

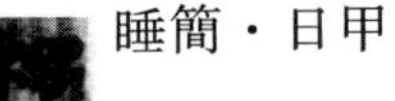睡簡・日甲・9 正:必耦(遇)寇盜

0948 𦔎 耤

卌年上郡守起戈一・摹(秦銅・50):□工帀(師)耤(?)〖注〗耤,人名。

秦簡・答問・204:耤(藉)秦人使

秦簡・答問・196:耤(藉)牢有六署〖注〗藉,假設。

秦簡・日甲・81背:甲盜名曰耤鄭壬鐍强當良

秦簡・爲吏・2:畫局陳卑(棋)以爲耤(藉)〖注〗耤,讀爲"藉",借助。

秦印編78:井耤

0949 角 角

二年寺工譬戈・摹(秦銅・58):丞(?)角〖注〗角,人名。

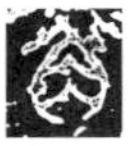

石鼓文・車工(先鋒本):骍=角弓

睡簡・日乙・91:二月角十三日

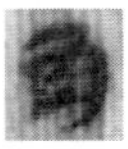

睡簡・爲吏・17:犀角象齒

睡簡・封診・35:其右角痏一所〖注〗角,額角。

睡簡・封診・57:甾(腦)角出(顀)皆血出

睡簡・秦律・18:即入其筋、革、角

睡簡・秦律・17:以其筋、革、角及其賈(價)錢效

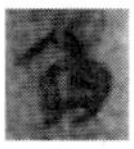

睡簡・日甲・5背:中春軫、角

睡簡・日甲・52正:胃、角、犺(亢)大凶

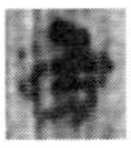

睡簡・日甲・57正:角、房少吉

睡簡・日甲・57正:角、胃、參大凶

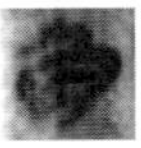

睡簡・日甲・54正:角、房大吉

睡簡・日甲・55正:角、犺(亢)大吉

睡簡・日甲・1正:八月角

睡簡・日乙・96:角,利祠及[行]

關簡・162:角

關簡・131:八月,角〖注〗角,二十八宿之一。

關簡・187:斗乘角

關簡・187:角

帛書・病方・90:卽燔鹿角

帛書・病方・244:而張角

帛書・病方・244:以小角角之

秦印編78:史角

秦印編78:任角

秦印編78:攻角

秦印編78:王角

秦印編78:右角

秦印編78:右角

秦陶·1160:角

秦陶·1278:咸原少角〖注〗少角,人名。

秦陶·1281:咸原少角

秦陶·643:右角

秦陶·645:右角

秦陶·674:右角

秦陶·679:角

0950　觭

秦印編78:王觭

秦印編78:王觭

秦印編78:□觭

秦印編78:徐觭

新封泥A·5.2:觭印

0951　觸

□□年丞相觸戈·摹(秦銅·39):□□年丞相觸造〖注〗觸,人名,陳邦懷説或即壽燭。

0952　衡 奧

睡簡·答問·179·摹:騷馬蟲皆麗衡厄(軛)軮鑾轅靷(靷)

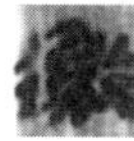睡簡·答問·179:以火炎其衡厄(軛)〖注〗衡,車轅前端駕馬的横木。

睡簡·答問·146:亡久書、符券、公璽、衡赢(纍)〖注〗衡纍,衡權。

睡簡·秦律·194:各有衡石赢(纍)、斗甬(桶)

睡簡·日甲·17背:門出衡〖注〗衡,門上的横木。

睡簡·日甲·159背:令頭爲身衡

睡簡·爲吏·27:則以權衡求利

睡簡·效律·7:黄金衡赢(纍)不正〖注〗黄金衡纍,稱量黄金用的天平砝碼。

睡簡·效律·3:衡石不正〖注〗衡石,指衡制單位石。

封泥集254·1:衡山發弩〖注〗衡山,地名。

0953　解

睡簡·封診·66:解索

睡簡·秦律·130:攻閒其扁(辨)解

睡簡·日甲·68背:乃解衣弗衽

睡簡·日甲·36正:利解事

關簡·207:占獄訟,解

關簡·227:獄訟,解

關簡·225:獄訟,解

關簡·231:占獄訟,不解

關簡・241:占獄訟,解

關簡・199:占獄訟,急,後解

關簡・193:占獄訟,解

關簡・191:占獄訟,不解

帛書・病方・4:解痛

帛書・病方・328:雞羽自解

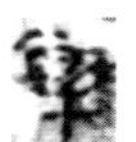
帛書・病方・459:已解弱(溺)

秦印編 79:解

秦印編 79:陳解

秦印編 79:解印

秦印編 79:解罣

秦印編 79:解貴

秦印編 79:歐□解

秦印編 79:解穆

0954　觿

里簡・J1(9)1 背:洞庭叚(假)尉觿謂遷陵丞〖注〗觿,人名。

里簡・J1(9)2 背:洞庭叚(假)尉觿謂遷陵丞

里簡・J1(9)3 背:洞庭叚(假)尉觿謂遷陵丞

里簡・J1(9)4 背:洞庭叚(假)尉觿謂遷陵丞

里簡・J1(9)5 背:洞庭叚(假)尉觿謂遷陵丞

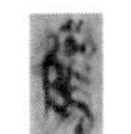
里簡・J1(9)6 背:洞庭叚(假)尉觿謂遷陵丞

里簡・J1(9)7 背:洞庭叚(假)尉觿謂遷陵丞

里簡・J1(9)9 背:洞庭叚(假)尉觿謂遷陵丞

里簡・J1(9)10 背:洞庭叚(假)尉觿謂遷陵丞

里簡・J1(9)11 背:洞庭叚(假)尉觿謂遷陵丞

里簡・J1(9)12 背:洞庭叚(假)尉觿謂遷陵丞

關簡・150:此(觜)觿(巂)〖注〗觜巂,二十八宿之一。

關簡・165:此(觜)巂(觿)

秦印編 79:韓觿

0955　觱(觱)

睡簡・秦律・87:盡七月而觱(畢)

睡簡・秦律・183:日觱(畢)